# 행정법총론

## 기출문제 정복하기

# 9급 공무원 행정법총론
## 기출문제 정복하기


개정2판 발행    2025년 01월 10일
개정3판 발행    2026년 01월 09일

편 저 자 | 공무원시험연구소
발 행 처 | ㈜서원각
등록번호 | 1999-1A-107호
주    소 | 경기도 고양시 일산서구 덕산로 88-45(가좌동)
교재주문 | 031-923-2051
팩    스 | 031-923-3815
교재문의 | 카카오톡 플러스 친구[서원각]
홈페이지 | goseowon.com

# PREFACE
이 책 의 머 리 말

시험의 성패를 결정하는 데 있어 가장 중요한 요소 중 하나는 충분한 학습이라고 할 수 있다. 하지만 무작정 많은 양을 학습하는 것은 바람직하지 않다. 시험에 출제되는 모든 과목이 그렇듯, 전통적으로 중요하게 여겨지는 이론이나 내용들이 존재한다. 그리고 이러한 이론이나 내용들은 회를 걸쳐 반복적으로 시험에 출제되는 경향이 나타날 수밖에 없다. 따라서 모든 시험에 앞서 필수적으로 짚고 넘어가야 하는 것이 기출문제에 대한 파악이다.

행정법총론은 판례 문제 비중이 높고 판례를 인용해서 지문을 구성하는 경우가 많으므로, 지문의 길이가 길다. 따라서 시간 내에 풀기 위해서는 빠르고 정확한 풀이가 요구된다. 다른 과목보다도 특히 행정법총론은 평균적으로 80% 이상 기출문제에서 출제되고 있으므로 기출문제를 통해 빈출 지문 및 유형을 숙지해서 풀이 시간을 단축하는 것이 필요하다. 기본 이론, 주요 법령 그리고 핵심 판례는 물론 최근에 다양해지고 있는 문제 유형을 파악하는 데에도 기출문제가 중요하다.

9급 공무원 최근 기출문제 시리즈는 기출문제 완벽분석을 책임진다. 그동안 시행된 국가직·지방직 및 서울시 기출문제를 연도별로 수록하여 매년 빠지지 않고 출제되는 내용을 파악하고, 다양하게 변화하는 출제경향에 적응하여 단기간에 최대의 학습효과를 거둘 수 있도록 하였다. 또한 상세하고 꼼꼼한 해설로 기본서 없이도 효율적인 학습이 가능하도록 하였으며, 모의고사 방식으로 구성하여 최종적인 실력점검이 될 수 있도록 하였다.

9급 공무원 시험의 경쟁률이 해마다 점점 더 치열해지고 있다. 이럴 때일수록 기본적인 내용에 대한 탄탄한 학습이 빛을 발한다. 수험생 모두가 자신을 믿고 본서와 함께 끝까지 노력하여 합격의 결실을 맺기를 희망한다.

# STRUCTURE
## 이 책의 특징 및 구성

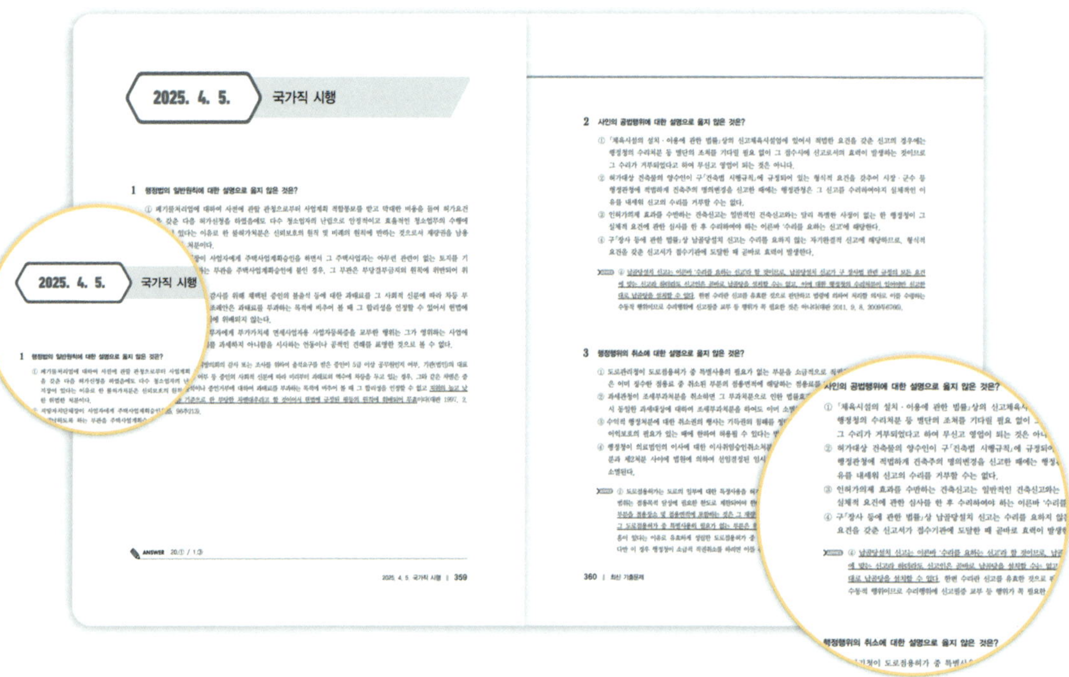

## 최신 기출문제분석

최신의 최다 기출문제를 수록하여 기출 동향을 파악하고, 학습한 이론을 정리할 수 있습니다. 기출문제들을 반복하여 풀어봄으로써 이전 학습에서 확실하게 깨닫지 못했던 세세한 부분까지 철저하게 파악, 대비하여 실전대비 최종 마무리를 완성하고, 스스로의 학습상태를 점검할 수 있습니다.

## 상세한 해설

상세한 해설을 통해 한 문제 한 문제에 대한 완전학습을 가능하도록 하였습니다. 정답을 맞힌 문제라도 꼼꼼한 해설을 통해 다시 한 번 내용을 확인할 수 있습니다. 틀린 문제를 체크하여 내가 취약한 부분을 파악할 수 있습니다.

4

# CONTENT
이 책 의 차 례

## 행정법총론

# 행정법총론

**1** 다음 중 행정주체에 대한 설명으로 옳지 않은 것은? (단, 다툼이 있는 경우 판례에 의함)

① 「도시 및 주거환경정비법」상 주택재건축정비사업조합은 공법인으로서 목적 범위 내에서 법령이 정하는 바에 따라 일정한 행정작용을 행하는 행정주체의 지위를 갖는다.
② 공무수탁사인은 수탁받은 공무를 수행하는 범위 내에서 행정주체이고, 「행정절차법」이나 「행정소송법」에서는 행정청이다.
③ 경찰과의 사법상 용역계약에 의해 주차위반차량을 견인하는 민간사업자는 공무수탁사인이 아니다.
④ 지방자치단체는 행정주체이지 행정권 발동의 상대방인 행정객체는 될 수 없다.

>**ADVICE** ④ 행정주체에 의한 공권력행사의 상대방을 행정객체라고 하는데, 지방자치단체를 포함한 다른 공공단체는 일반적으로 행정주체의 지위에 있지만 국가나 다른 공공단체에 대해서는 행정객체의 지위에 있게 되는 경우도 있다.

**2** 「행정절차법」에 관한 설명 중 옳지 않은 것은? (단, 다툼이 있는 경우 판례에 의함)

① 특별한 사정이 없는 한 신청에 대한 거부처분은 처분의 사전통지 대상이 아니다.
② 대통령에 의한 한국방송공사 사장의 해임에는 「행정절차법」이 적용된다.
③ 고시의 방법으로 불특정한 다수인을 상대로 의무를 부과하거나 권익을 제한하는 처분도 상대방에게 의견제출의 기회를 주어야 한다.
④ 불이익처분의 직접 상대방인 당사자도 아니고 행정청이 참여하게 한 이해관계인도 아닌 제3자에 대해서는 사전통지에 관한 규정이 적용되지 않는다.

>**ADVICE** ③ '고시'의 방법으로 불특정 다수인을 상대로 의무를 부과하거나 권익을 제한하는 처분은 성질상 의견 제출의 기회를 주어야 하는 상대방을 특정할 수 없으므로, 이와 같은 처분에 있어서까지 구 행정절차법 제22조 제3항에 의하여 그 상대방에게 의견 제출의 기회를 주어야 한다고 해석할 것은 아니다(대법원 2014.10.27. 2012두7745).

**3** 국가배상제도에 대한 설명으로 옳은 것은? (단, 다툼이 있는 경우 판례에 의함)

① 사인이 받은 손해란 생명·신체·재산상의 손해는 인정하지만, 정신상의 손해는 인정하지 않는다.

② 국가배상책임에 있어서 공무원의 행위는 '법령에 위반한 것'이어야 하고, 법령위반이라 함은 엄격한 의미의 법령 위반뿐만 아니라 인권존중, 권력남용금지, 신의성실 등의 위반도 포함하여 그 행위가 객관적인 정당성을 결여하고 있음을 의미한다.

③ 「국가배상법」이 정한 손해배상청구의 요건인 '공무원의 직무'에는 권력적 작용뿐만 아니라 비권력적 작용과 단순한 사경제의 주체로서 하는 작용도 포함된다.

④ 부작위로 인한 손해에 대한 국가배상청구는 공무원의 작위의무를 명시한 형식적 의미의 법령에 위배된 경우에 한한다.

> **ADVICE** ① 국가배상책임에 있어서 손해는 가해행위로부터 발생한 일체의 손해로서, 적극적 손해, 소극적 손해, 재산상의 손해 또는 생명·신체 등 비재산상 손해 그리고 정신적 손해가 모두 포함된다.
> ③ 「국가배상법」이 정한 손해배상청구의 요건인 공무원의 직무에는 권력적 작용뿐만 아니라 비권력적 작용도 포함된다. 다만 단순한 사경제의 주체로서 하는 작용은 포함되지 않는다.
> ④ 국민의 생명, 신체, 재산 등에 대하여 절박하고 중대한 위험상태가 발생하였거나 발생할 우려가 있어서 국민의 생명, 신체, 재산 등을 보호하는 것을 본래적 사명으로 하는 국가가 초법규적·일차적으로 그 위험 배제에 나서지 아니하면 국민의 생명, 신체, 재산 등을 보호할 수 없는 경우 형식적 의미의 법령에 근거가 없더라도 국가나 관련 공무원에 대하여 위험을 배제할 작위의무를 인정할 수 있다(대법원 2004.6.25, 2003다69652).

**4** 「개인정보 보호법」의 내용으로 옳은 것은?

① 개인정보처리자가 「개인정보 보호법」을 위반한 행위로 손해를 입힌 경우 정보주체는 손해배상을 청구할 수 있는데, 이때 개인정보처리자가 고의·과실이 없음에 대한 입증책임을 진다.

② 개인정보는 살아있는 개인뿐만 아니라 사망자의 성명, 주민등록번호 및 영상 등을 통하여 개인을 알아볼 수 있는 정보도 포함한다.

③ 「개인정보 보호법」의 대상정보의 범위에는 공공기관·법인·단체에 의하여 처리되는 정보가 포함되고, 개인에 의해서 처리되는 정보는 포함되지 않는다.

④ 개인정보처리자는 개인정보가 유출되었음을 알게 되었을 때에는 지체 없이 방송통신위원회 위원장에게 신고하여야 한다.

> **ADVICE** ① 개인정보 보호법 제39조(손해배상책임) 제1항 … 정보주체는 개인정보처리자가 이 법을 위반한 행위로 손해를 입으면 개인정보처리자에게 손해배상을 청구할 수 있다. 이 경우 그 개인정보처리자는 고의 또는 과실이 없음을 입증하지 아니하면 책임을 면할 수 없다.
>
> ② 동법 제2조(정의) 제1호 … "개인정보"란 <u>살아 있는 개인에 관한 정보</u>로서 다음 각 목의 어느 하나에 해당하는 정보를 말한다.
>
>    가. <u>성명, 주민등록번호 및 영상 등을 통하여 개인을 알아볼 수 있는 정보</u>
>
>    나. 해당 정보만으로는 특정 개인을 알아볼 수 없더라도 다른 정보와 쉽게 결합하여 알아볼 수 있는 정보. 이 경우 쉽게 결합할 수 있는지 여부는 다른 정보의 입수 가능성 등 개인을 알아보는 데 소요되는 시간, 비용, 기술 등을 합리적으로 고려하여야 한다.
>
>    다. 가명처리함으로써 원래의 상태로 복원하기 위한 추가 정보의 사용·결합 없이는 특정 개인을 알아볼 수 없는 정보
>
> ③ 동법 제2조(정의) 제5호 … 개인정보처리자란 업무를 목적으로 개인정보파일을 운용하기 위하여 스스로 또는 다른 사람을 통하여 개인정보를 처리하는 공공기관, 법인, 단체 및 <u>개인</u> 등을 말한다.
>
> ④ • 동법 제34조(개인정보 유출 통지 등) 제1항 … 개인정보처리자는 개인정보가 유출되었음을 알게 되었을 때에는 지체 없이 <u>해당 정보주체에게</u> 다음 각 호의 사실을 알려야 한다.
>
>    1. 유출된 개인정보의 항목
>
>    2. 유출된 시점과 그 경위
>
>    3. 유출로 인하여 발생할 수 있는 피해를 최소화하기 위하여 정보주체가 할 수 있는 방법 등에 관한 정보
>
>    4. 개인정보처리자의 대응조치 및 피해 구제절차
>
>    5. 정보주체에게 피해가 발생한 경우 신고 등을 접수할 수 있는 담당부서 및 연락처
>
> • 동법조 제3항 … 개인정보처리자는 대통령령으로 정한 규모 이상의 개인정보가 유출된 경우에는 제1항에 따른 통지 및 제2항에 따른 조치 결과를 지체 없이 <u>보호위원회 또는 대통령령으로 정하는 전문기관에 신고하여야 한다.</u> 이 경우 보호위원회 또는 대통령령으로 정하는 전문기관은 피해 확산방지, 피해 복구 등을 위한 기술을 지원할 수 있다.

**5** 다음 〈보기〉 중 강학상 특허인 것을 모두 고른 것은? (단, 다툼이 있는 경우 판례에 의함)

〈보기〉

㉠ 공유수면매립면허

㉡ 재건축조합설립인가

㉢ 운전면허

㉣ 여객자동차운수사업법에 따른 개인택시운송사업면허

㉤ 귀화허가

㉥ 재단법인의 정관변경허가

㉦ 사립학교 법인임원취임에 대한 승인

① ㉠, ㉢

② ㉡, ㉣, ㉦

③ ㉠, ㉡, ㉤, ㉥

④ ㉠, ㉡, ㉣, ㉤

> **ADVICE** ㉠ [특허] 공유수면매립면허는 특허로서 재량행위이며 일단 실효된 공유수면매립면허의 효력을 회복시키는 행위도 재량행위이다(대판 1989. 9. 12, 88누9206).
>
> ㉡ [특허] 도시 및 주거환경정비법상 재개발조합설립 인가신청에 대한 행정청의 조합설립인가처분은 단순히 사인들의 조합설립행위에 대한 보충행위로서의 성질을 갖는 것이 아니라 법령상 일정한 요건을 갖출 경우 행정주체(공법인)의 지위를 부여하는 일종의 설권적 처분의 성격을 갖는 것이다. (대법원 2009.9.24, 2009마168·169)
>
> ㉢ [허가] 운전면허는 예방적 금지의 해제로서 자연적 자유를 회복시키는 것이므로 허가에 해당한다.
>
> ㉣ [특허] 개인택시운송사업면허는 특정인에게 권리나 이익을 부여하는 행정행위로서 법령에 특별한 규정이 없는 한 재량행위이고, 그 면허에 필요한 기준을 정하는 것 역시 행정청의 재량에 속하는 것이다(대법원 2005.4.28, 2004두8910).
>
> ㉤ [특허] 귀화허가는 외국인에게 대한민국 국적을 부여함으로써 국민으로서의 법적 지위를 포괄적으로 설정하는 행위이고, 법무부장관은 귀화신청인이 법률이 정하는 귀화요건을 갖추었다고 하더라도 귀화를 허가할 것인지 여부에 관하여 재량권을 가진다(대법원 2010.7.15, 2009두19069).
>
> ㉥ [인가] 재단법인의 정관변경 "허가"는 법률상의 표현이 허가로 되어 있기는 하나, 그 성질에 있어 법률행위의 효력을 보충해 주는 것이지 일반적 금지를 해제하는 것이 아니므로, 그 법적 성격은 인가라고 보아야 한다(대판 1996.5.16, 95누4810 전합).
>
> ㉦ [인가] 구 사립학교법 제20조 제1항, 제2항은 학교법인의 이사장·이사·감사 등의 임원은 이사회의 선임을 거쳐 관할청의 승인을 받아 취임하도록 규정하고 있는바, 관할청의 임원취임승인행위는 학교법인의 임원선임행위의 법률상 효력을 완성케 하는 보충적 법률행위이다(대판 2007.12.27, 2005두9651).

**6** 다음 중 선결문제에 대한 기술로 옳지 않은 것은? (단, 다툼이 있는 경우 판례에 의함)

① 위법한 행정대집행이 완료되면 그 처분의 무효확인 또는 취소를 구할 소의 이익은 없다 하더라도, 미리 그 행정처분의 취소판결이 있어야만 그 처분의 위법임을 이유로 한 손해배상청구를 할 수 있다.

② 조세의 과오납으로 인한 부당이득반환청구소송에서 행정행위가 당연무효가 아닌 경우 민사법원은 그 처분의 효력을 부인할 수 없다.

③ 연령 미달의 결격자가 타인의 이름으로 운전면허시험에 응시, 합격하여 교부받은 운전면허는 당연무효가 아니라 취소되지 않는 한 유효하므로 피고인의 운전행위는 무면허운전에 해당하지 않는다.

④ 민사소송에 있어서 어느 행정처분의 당연무효여부가 선결문제로 되는 때에는 이를 판단하여 당연무효임을 전제로 판결할 수 있고, 반드시 행정소송 등의 절차에 의하여 그 취소나 무효확인을 받아야 하는 것은 아니다.

> **ADVICE** ① 위법한 행정대집행이 완료되면 그 처분의 무효확인 또는 취소를 구할 소의 이익은 없다 하더라도, 미리 그 행정처분의 취소판결이 있어야만, 그 행정처분의 위법임을 이유로 한 손해배상 청구를 할 수 있는 것은 아니다(대판 1972.4.28, 선고, 72다337).


**7** 행정규칙에 관한 설명 중 옳지 않은 것은? (단, 다툼이 있는 경우 판례에 의함)

① 설정된 재량기준이 객관적으로 합리적이 아니라거나 타당하지 않다고 볼 만한 다른 특별한 사정이 없다면 행정청의 의사는 존중되어야 한다.

② 「공공기관의 운영에 관한 법률」의 위임에 따라 입찰자격제한 기준을 정하는 부령은 행정내부의 재량준칙에 불과하다.

③ 재량준칙이 정한 바에 따라 되풀이 시행되어 행정관행이 이루어지게 되면 행정청은 상대방에 대한 관계에서 그 규칙에 따라야 할 자기구속을 받게 된다.

④ 구 「청소년보호법 시행령」상 별표에 따른 과징금처분기준은 단지 상한을 정한 것이 아니라 특정금액을 정한 것이다.

> **ADVICE** ④ 구 청소년보호법 시행령 제40조 [별표 6]의 <u>위반행위의 종별에 따른</u> 과징금처분 기준은 법규명령이기는 하나 모법의 위임규정의 내용과 취지 및 헌법상의 과잉금지의 원칙과 평등의 원칙 등에 비추어 사안에 따라 적정한 과징금의 액수를 정하여야 할 것이므로 그 수액은 정액이 아니라 <u>최고한도액이다</u>(대법원 2001.3.9, 99두5207).

**8** 행정행위의 부관에 대한 기술로 옳은 것은? (단, 다툼이 있는 경우 판례에 의함)

① 허가에 붙은 기한이 부당하게 짧은 경우에는 허가기간의 연장신청이 없는 상태에서 허가기간이 만료하였더라도 그 후에 허가기간 연장신청을 하였다면 허가의 효력은 상실되지 않는다.

② 부관은 주된 행정행위에 부가된 종된 규율로서 독자적인 존재를 인정할 수 없으므로 사정변경으로 인해 당초 부담을 부가한 목적을 달성할 수 없게 된 경우라도 부담의 사후변경은 허용될 수 없다.

③ 무효인 부담이 붙은 행정행위의 상대방이 그 부담의 이행으로 사법상 법률행위를 한 경우에 그 사법상 법률행위 자체가 당연무효로 되는 것은 아니다.

④ 행정행위에 부가된 허가기간은 그 자체로서 항고소송의 대상이 될 수 없을 뿐만 아니라 그 기간의 연장신청의 거부에 대하여도 항고소송을 청구할 수 없다.

>**ADVICE** ① 일반적으로 행정처분에 효력기간이 정하여져 있는 경우에는 그 기간의 경과로 그 행정처분의 효력은 상실되고, 다만 허가에 붙은 기한이 그 허가된 사업의 성질상 부당하게 짧은 경우에는 이를 그 허가 자체의 존속기간이 아니라 그 허가조건의 존속기간으로 보아 그 기한이 도래함으로써 그 조건의 개정을 고려한다는 뜻으로 해석할 수는 있지만, 그와 같은 경우라 하더라도 그 허가기간이 연장되기 위하여는 그 종기가 도래하기 전에 그 허가기간의 연장에 관한 신청이 있어야 하며, 만일 그러한 연장신청이 없는 상태에서 허가기간이 만료하였다면 그 허가의 효력은 상실된다(대판 2007.10.11, 선고, 2005두12404).

② 행정처분에 이미 부담이 부가되어 있는 상태에서 그 의무의 범위 또는 내용 등을 변경하는 부관의 사후변경은, 법률에 명문의 규정이 있거나 그 변경이 미리 유보되어 있는 경우 또는 상대방의 동의가 있는 경우에 한하여 허용되는 것이 원칙이지만, 사정변경으로 인하여 당초에 부담을 부가한 목적을 달성할 수 없게 된 경우에도 그 목적달성에 필요한 범위 내에서 예외적으로 허용된다(대판 1997.5.30, 선고, 97누2627).

④ 행정행위에 부가된 허가기간은 그 자체로서 항고소송의 대상이 될 수 없다. 그러나 그 기간의 연장신청의 거부는 독립된 거부처분에 해당하여 그에 대하여 항고소송을 청구할 수 있다.

**9** 행정상 강제징수에 관한 설명으로 옳지 않은 것은?

① 행정상의 금전급부의무를 이행하지 않는 경우를 대상으로 한다.
② 독촉만으로는 시효중단의 효과가 발생하지 않는다.
③ 매각은 원칙적으로 공매에 의하나 예외적으로 수의계약에 의할 수도 있다.
④ 판례에 따르면 공매행위는 행정행위에 해당된다.

**ADVICE** ② 독촉은 체납처분의 전제요건이며 시효중단사유가 된다.

**10** 항고소송의 대상적격에 관한 설명으로 옳은 것은? (단, 다툼이 있는 경우 판례에 의함)

① 국유재산의 대부계약에 따른 대부료 부과는 처분성이 있다.
② 행정재산의 사용료 부과는 처분성이 없다.
③ 농지개량조합의 직원에 대한 징계처분은 처분성이 인정된다.
④ 한국마사회가 기수의 면허를 취소하는 것은 처분성이 인정된다.

**ADVICE** ③ 농지개량조합과 그 직원과의 관계는 사법상의 근로계약관계가 아닌 공법상의 특별권력관계이고, 그 조합의 직원에 대한 징계처분의 취소를 구하는 소송은 행정소송사항에 속한다(대판 1995. 6. 9, 선고 94누10870).
① 국유재산의 대부계약에 따른 대부료 부과는 사법관계로, 처분성이 없다.
② 국유재산의 관리청이 행정재산의 사용·수익을 허가한 다음 그 사용·수익하는 자에 대하여 하는 사용료 부과는 순전히 사경제주체로서 행하는 사법상의 이행청구라 할 수 없고, 이는 관리청이 공권력을 가진 우월적 지위에서 행한 것으로서 항고소송의 대상이 되는 행정처분이라 할 것이다(대판 1996. 2. 13, 선고 95누11023).
④ 한국마사회가 조교사 또는 기수의 면허를 부여하거나 취소하는 것은 경마를 독점적으로 개최할 수 있는 지위에서 우수한 능력을 갖추었다고 인정되는 사람에게 경마에서의 일정한 기능과 역할을 수행할 수 있는 자격을 부여하거나 이를 박탈하는 것에 지나지 아니하므로, 이는 국가 기타 행정기관으로부터 위탁받은 행정권한의 행사가 아니라 일반 사법상의 법률관계에서 이루어지는 단체 내부에서의 징계 내지 제재처분이다(대판 2008. 1. 31, 선고 2005두8269).

**11** 행정행위의 종류에 관한 설명 중 옳은 것은? (단, 다툼이 있는 경우 판례에 의함)

① 한약조제시험을 통하여 약사에게 한약조제권을 인정함으로써 한의사들의 영업상 이익이 감소되었다고 하더라도 이러한 이익은 사실상의 이익에 불과하다.
② 개인택시운송사업면허는 성질상 일반적 금지에 대한 해제에 불과하다.
③ 사회복지법인의 정관변경허가에 대해서는 부관을 붙일 수 없다.
④ 친일반민족행위자재산조사위원회의 국가귀속결정은 친일재산을 국가의 소유로 귀속시키는 형성행위이다.

> **ADVICE** ② 자동차운수사업법에 의한 개인택시운송사업면허는 특정인에게 권리나 이익을 부여하는 행정행위이다.
>
> ③ 사회복지법인의 정관변경을 허가할 것인지의 여부는 주무관청의 정책적 판단에 따른 재량에 맡겨져 있다고 할 것이고, 주무관청이 정관변경허가를 함에 있어서는 비례의 원칙 및 평등의 원칙에 적합하고 행정처분의 본질적 효력을 해하지 않는 한도 내에서 부관을 붙일 수 있다(대판 2002. 9. 24. 선고 2000두5661).
>
> ④ 친일반민족행위자 재산의 국가귀속에 관한 특별법 제3조 제1항 본문, 제9조 규정들의 취지와 내용에 비추어 보면, 같은 법 제2조 제2호에 정한 친일재산은 친일반민족행위자재산조사위원회가 국가귀속결정을 하여야 비로소 국가의 소유로 되는 것이 아니라 특별법의 시행에 따라 그 취득·증여 등 원인행위시에 소급하여 당연히 국가의 소유로 되고, 위 위원회의 국가귀속결정은 당해 재산이 친일재산에 해당한다는 사실을 확인하는 이른바 준법률행위적 행정행위의 성격을 가진다(대판 2008. 11. 13. 선고 2008두13491).

**12** 다음 중 행정입법에 대한 설명 중 옳은 것을 모두 고른 것은? (단, 다툼이 있는 경우 판례에 의함)

> ㉠ 법령의 직접적인 위임에 따라 위임행정기관이 그 법령을 시행하는 데 필요한 구체적인 사항을 정한 것이라면, 그 제정형식이 고시, 훈령, 예규 등과 같은 행정규칙이더라도 그것이 상위법령의 위임한계를 벗어나지 아니하는 한, 상위법령과 결합하여 대외적 구속력을 가진다.
> ㉡ 상위법령에서 세부사항 등을 시행규칙으로 정하도록 위임하였는데, 이를 고시로 정한 경우에 대외적 구속력을 가지는 법규명령으로서의 효력이 인정될 수 있다.
> ㉢ 판례는 종래부터 법령의 위임을 받아 부령으로 정한 제재적 행정처분의 기준을 행정규칙으로 보고, 대통령령으로 정한 제재적 행정처분의 기준은 법규명령으로 보는 경향이 있다.
> ㉣ 하위법령은 그 규정이 상위법령의 규정에 명백히 저촉되어 무효인 경우를 제외하고는 관련 법령의 내용과 그 입법취지, 연혁 등을 종합적으로 살펴서 그 의미를 상위법령에 합치되는 것으로 해석하여야 한다.

① ㉠, ㉡

② ㉡, ㉢

③ ㉠, ㉡, ㉢

④ ㉠, ㉢, ㉣

> **ADVICE** ㉡ [×] 행정규칙이나 규정이 <u>상위법령의 위임범위</u>를 벗어난 경우에는 법규명령으로서 대외적 구속력을 인정할 여지는 없다. 이는 행정규칙이나 규정 '내용'이 위임범위를 벗어난 경우뿐 아니라 <u>상위법령의 위임규정에서 특정하여 정한 권한행사의 '절차'나 '방식'에 위배되는 경우</u>도 마찬가지이므로, 상위법령에서 세부사항 등을 시행규칙으로 정하도록 위임하였음에도 이를 고시 등 행정규칙으로 정하였다면 그 역시 <u>대외적 구속력을 가지는 법규명령으로서 효력이 인정될 수 없다</u>(대판 2012. 7. 5. 선고 2010다72076).

**13** 행정의 실효성 확보수단에 대한 기술로 옳은 것은? (단, 다툼이 있는 경우 판례에 의함)

① 「공익사업을 위한 토지 등의 취득 및 보상에 관한 법률」상의 수용대상 토지의 명도의무는 강제적으로 실현할 필요가 인정되므로 대체적 작위의무에 해당한다.

② 철거명령과 철거대집행 계고처분을 이미 했음에도 그 후에 제2차, 제3차 계고처분을 하였다면, 최종적인 제3차 계고처분에 대하여 항고소송을 제기해야 한다.

③ 구 「건축법」상 이행강제금을 부과받은 자의 이의에 의해 「비송사건절차법」에 의한 재판절차가 개시된 후에 그 이의한 자가 사망했다면 그 재판절차는 종료된다.

④ 「국세징수법」상 공매처분을 하면서 체납자에게 공매통지를 하였다면 공매통지가 적법하지 않다 하더라도 공매처분에 절차상 하자가 있다고 할 수는 없다.

> **ADVICE** ③ 이행강제금 납부의무는 상속인 기타의 사람에게 승계될 수 없는 일신전속적인 성질의 것이므로 이미 사망한 사람에게 이행강제금을 부과하는 내용의 처분이나 결정은 당연무효이고, 이행강제금을 부과받은 사람의 이의에 의하여 비송사건절차법에 의한 재판절차가 개시된 후에 그 이의한 사람이 사망한 때에는 사건 자체가 목적을 잃고 절차가 종료한다(대결 2006. 12. 8, 2006마470).
> ① 명도의무는 그것을 강제적으로 실현하면서 직접적인 실력행사가 필요한 것이지 대체적 작위의무라고 볼 수 없으므로 특별한 사정이 없는 한 행정대집행법에 의한 대집행의 대상이 될 수 있는 것이 아니다(대판 2005. 8. 19, 선고 2004다2809).
> ② 행정대집행법상의 건물철거의무는 제1차 철거명령 및 계고처분으로서 발생하였고 제2차, 제3차의 계고처분은 새로운 철거의무를 부과한 것이 아니고 다만 대집행기한의 연기통지에 불과하므로 행정처분이 아니다(대판 1994. 10. 28. 선고 94누5144).
> ④ 체납자 등에 대한 공매통지는 국가의 강제력에 의하여 진행되는 공매에서 체납자 등의 권리 내지 재산상의 이익을 보호하기 위하여 법률로 규정한 절차적 요건이라고 보아야 하며, 공매처분을 하면서 체납자 등에게 공매통지를 하지 않았거나 공매통지를 하였더라도 그것이 적법하지 아니한 경우에는 절차상의 흠이 있어 그 공매처분은 위법하다. 다만, 공매통지의 목적이나 취지 등에 비추어 보면, 체납자 등은 자신에 대한 공매통지의 하자만을 공매처분의 위법사유로 주장할 수 있을 뿐 다른 권리자에 대한 공매통지의 하자를 들어 공매처분의 위법사유로 주장하는 것은 허용되지 않는다(대판 2008. 11. 20. 선고 2007두18154).
> *공매통지 자체가 행정처분에 해당하는 것은 아니다.

## 14 당사자소송의 대상이 아닌 것은? (단, 다툼이 있는 경우 판례에 의함)

① 구 「도시재개발법」상 재개발조합의 조합원 자격 확인
② 구 「석탄산업법」상 석탄가격안정지원금의 지급청구
③ 납세의무자의 부가가치세 환급세액 지급청구
④ 구 「공익사업을 위한 토지 등의 취득 및 보상에 관한 법률」상 환매금액의 증감청구

> **ADVICE** ④ 구 공익사업을 위한 토지 등의 취득 및 보상에 관한 법률 제91조에 규정된 환매권은 상대방에 대한 의사표시를 요하는 형성권의 일종으로서 재판상이든 재판 외이든 위 규정에 따른 기간 내에 행사하면 매매의 효력이 생기는 바, 이러한 환매권의 존부에 관한 확인을 구하는 소송 및 구 공익사업법 제91조 제4항에 따라 환매금액의 증감을 구하는 소송 역시 민사소송에 해당한다(대판 2013. 2. 28. 선고 2010두22368).

---

✎ **ANSWER**  12.④  13.③  14.④

**15** 행정행위 또는 처분에 대한 기술로 옳은 것은? (단, 다툼이 있는 경우 판례에 의함)

① 상급행정기관의 하급행정기관에 대한 승인·동의·지시 등은 행정기관 상호 간의 내부행위로서 항고소송의 대상이 되는 행정처분이라 볼 수 없다.
② 통상 고시 또는 공고에 의하여 행정처분을 하는 경우에 행정처분이 있었음을 안 날이란 행정처분의 이해관계를 갖는 자가 고시 또는 공고가 있었다는 사실을 현실적으로 안 날이 된다.
③ 지방경찰청장의 횡단보도 설치행위는 국민의 구체적인 권리의무에 직접적인 변동을 초래하지 않으므로 행정소송법상 처분에 해당하지 않는다.
④ 「도로법」상 도로구역의 결정·변경고시는 행정처분으로서 「행정절차법」 제21조 제1항의 사전통지나 제22조 제3항의 의견청취의 절차를 거쳐야 한다.

> **ADVICE** ② 통상 고시 또는 공고에 의하여 행정처분을 하는 경우에는 그 처분의 상대방이 불특정 다수인이고 그 처분의 효력이 불특정 다수인에게 일률적으로 적용되는 것이므로, 그 행정처분에 이해관계를 갖는 자가 고시 또는 공고가 있었다는 사실을 현실적으로 알았는지 여부에 관계없이 <u>고시가 효력을 발생하는 날 행정처분이 있음을 알았다고 보아야 한다</u>(대판 2007. 6. 14, 선고 2004두619).
> ③ 지방경찰청장이 도로교통법 제10조 제1항에 의하여 횡단보도를 설치한 경우 보행자는 횡단보도를 통해서만 도로를 횡단하여야 하고 차의 운전자는 횡단보도 앞에서 일시정지하는 등으로 횡단보도를 통행하는 보행자를 보호할 의무가 있음을 규정하는 도로교통법의 취지에 비추어 볼 때 <u>지방경찰청장이 횡단보도를 설치하여 보행자의 통행방법 등을 규제하는 것은 행정청이 특정사항에 대하여 의무의 부담을 명하는 행위이고 이는 국민의 권리의무에 직접 관계가 있는 행위로서 행정처분이라고 보아야 할 것이다</u>(대판 2000. 10. 27, 선고 98두8964 참조).
> ④ 행정절차법 제2조 제4호가 행정절차법의 당사자를 행정청의 처분에 대하여 직접 그 상대가 되는 당사자로 규정하고, 도로법 제25조 제3항이 도로구역을 결정하거나 변경할 경우 이를 <u>고시에 의하도록 하면서, 그 도면을 일반인이 열람할 수 있도록 한 점 등을 종합하여 보면, 도로구역을 변경한 이 사건 처분은 행정절차법 제21조 제1항의 사전통지나 제22조 제3항의 의견청취의 대상이 되는 처분은 아니라고 할 것이다</u>(대판 2008.6.12, 선고, 2007두1767).

**16** 사인의 공법행위로서의 신고에 대한 기술로 옳은 것은? (단, 다툼이 있는 경우 판례에 의함)

① 행정청은 전입신고자가 거주의 목적 이외에 다른 이해관계를 가지고 있는지 여부를 심사하여 주민등록법상 주민등록 전입신고의 수리를 거부할 수 있다.
② 타법상의 인·허가 의제가 수반되는 건축법상의 건축신고는 특별한 사정이 없는 한 행정청이 그 실체적 요건에 관한 심사를 한 후 수리하여야 한다.
③ 사업양도·양수에 따른 지위승계신고가 수리된 경우 사업의 양도·양수가 무효라도 허가관청을 상대로 신고수리처분의 무효확인을 구할 수는 없다.
④ 「식품위생법」에 의해 영업양도에 따른 지위승계신고를 수리하는 행정청의 행위는 단순히 양수인이 그 영업을 승계하였다는 사실의 신고를 접수한 행위에 그친다.

 ① 전입신고를 받은 시장·군수 또는 구청장의 <u>심사 대상은 전입신고자가 30일 이상 생활의 근거로 거주할 목적으로 거</u>
<u>주지를 옮기는지 여부만으로 제한된다고 보아야 한다. 따라서 전입신고자가 거주의 목적 이외에 다른 이해관계에 관한</u>
<u>의도를 가지고 있는지 여부,</u> 무허가 건축물의 관리, 전입신고를 수리함으로써 당해 지방자치단체에 미치는 영향 등과
같은 사유는 주민등록법이 아닌 다른 법률에 의하여 규율되어야 하고, <u>주민등록전입신고의 수리 여부를 심사하는 단계</u>
<u>에서는 고려 대상이 될 수 없다</u>(대판 2009. 6. 18. 선고 2008두10997 전원합의체).

③ 사업양도·양수에 따른 허가관청의 지위승계신고의 수리는 적법한 사업의 양도·양수가 있었음을 전제로 하는 것이므
로 그 <u>수리대상인 사업양도·양수가 존재하지 아니하거나 무효인 때에는 수리를 하였다 하더라도 그 수리는 유효한 대</u>
<u>상이 없는 것으로서 당연히 무효라 할 것이고,</u> 사업의 양도행위가 무효라고 주장하는 양도자는 <u>민사쟁송으로 양도·양</u>
<u>수행위의 무효를 구함이 없이 막바로 허가관청을 상대로 하여 행정소송으로 위 신고수리처분의 무효확인을 구할 법률</u>
<u>상 이익이 있다</u>(대판 2005. 12. 23. 선고 2005두3554).

④ 식품위생법 제25조 제3항에 의한 영업양도에 따른 지위승계신고를 수리하는 허가관청의 행위는 단순히 양도·양수인
사이에 이미 발생한 사법상의 사업양도의 법률효과에 의하여 양수인이 그 영업을 승계하였다는 사실의 신고를 접수하
는 행위에 그치는 것이 아니라, <u>영업허가자의 변경이라는 법률효과를 발생시키는 행위라고 할 것이다</u>(대판 1995. 2.
24. 선고 94누9146).

## 17  행정심판에 대한 설명으로 옳지 않은 것은?

① 판례에 따르면, 처분의 절차적 위법사유로 인용재결이 있었으나 행정청이 절차적 위법사유를 시정한 후 행
정청이 종전과 같은 처분을 하는 것은 재결의 기속력에 반한다.

② 사정재결은 무효등확인심판에는 적용되지 아니한다.

③ 당사자의 신청을 거부하거나 부작위로 방치한 처분의 이행을 명하는 재결이 있으면 행정청은 지체 없이 이
전의 신청에 대하여 재결의 취지에 따라 처분을 하여야 한다.

④ 행정심판위원회는 필요하면 당사자가 주장하지 않은 사실에 대하여도 심리할 수 있다.

 ① • 행정심판법 제49조(재결의 기속력 등) 제2항 ··· <u>재결에 의하여 취소되거나 무효 또는 부존재로 확인되는 처분이 당사자</u>
의 신청을 거부하는 것을 내용으로 하는 경우에는 그 처분을 한 행정청은 <u>재결의 취지에 따라 다시 이전의 신청에</u>
<u>대한 처분을 하여야 한다.</u>

• 동법조 제4항 ··· 신청에 따른 처분이 <u>절차의 위법 또는 부당을 이유로 재결로써 취소된 경우에는</u> 제2항을 준용한다.

→ 절차적 위법사유를 시정한 후 처분을 하는 것은 재결의 취지에 따른 처분이 된다. 즉, 재결의 기속력에 반하지 않
는다.

**18** 「공익사업을 위한 토지 등의 취득 및 보상에 관한 법률」상 토지수용에 따른 권리구제에 대한 기술로 옳은 것은? (단, 다툼이 있는 경우 판례에 의함)

① 사업폐지에 대한 손실보상청구권은 사법상 권리로서 민사소송 절차에 의해야 한다.
② 농업손실에 대한 보상청구권은 「행정소송법」상 당사자소송에 의해야 한다.
③ 수용재결에 불복하여 이의신청을 거쳐 취소소송을 제기하는 때에는 이의재결을 한 중앙토지수용위원회를 피고로 해야 한다.
④ 잔여지 수용청구를 받아들이지 않는 토지수용위원회의 재결에 대해서는 취소소송을 제기할 수 있다.

> **ADVICE** ② 구 공익사업을 위한 토지 등의 취득 및 보상에 관한 법률에 따른 농업손실보상청구권은 공익사업의 시행 등 적법한 공권력의 행사에 의한 재산상의 특별한 희생에 대하여 전체적인 공평부담의 견지에서 공익사업의 주체가 그 손해를 보상하여 주는 손실보상의 일종으로 공법상의 권리임이 분명하므로 그에 관한 쟁송은 민사소송이 아닌 행정소송절차에 의하여야 할 것이다(대판 2011.10.13. 2009다43461).
> ① 공익사업을 위한 토지 등의 취득 및 보상에 관한 법률 시행규칙 제57조는 "공익사업의 시행으로 인하여 건축물의 건축을 위한 건축허가 등 관계법령에 의한 절차를 진행 중이던 <u>사업 등이 폐지·변경 또는 중지되는 경우 그 사업 등에 소요된 법정수수료 그 밖의 비용 등의 손실에 대하여는 이를 보상하여야 한다.</u>"고 규정하고 있다. 사업폐지 등에 대한 보상청구권은 공익사업의 시행 등 적법한 공권력의 행사에 의한 재산상의 특별한 희생에 대하여 전체적인 공평부담의 견지에서 공익사업의 주체가 그 손해를 보상하여 주는 손실보상의 일종으로 <u>공법상의 권리임이 분명하므로 그에 관한 쟁송은 민사소송이 아닌 행정소송절차에 의하여야 할 것이다</u>(대법원 2012.10.11. 2010다23210).
> ③ 수용재결에 불복하여 취소소송을 제기하는 때에는 이의신청을 거친 경우에도 <u>수용재결을 한 중앙토지수용위원회 또는 지방토지수용위원회를 피고로 하여 수용재결의 취소를 구하여야 한다.</u> 다만 이의신청에 대한 재결 자체에 고유한 위법이 있음을 이유로 하는 경우에는 그 이의재결을 한 중앙토지수용위원회를 피고로 하여 이의재결의 취소를 구할 수 있다고 보아야 한다(대법원 2010.1.28. 2008두1504).
> ④ 구 「공익사업을 위한 토지 등의 취득 및 보상에 관한 법률」 제74조 제1항에 의한 잔여지 수용청구를 받아들이지 않은 토지수용위원회의 재결에 대하여 토지소유자가 불복하여 제기하는 소송의 성질은 보상금의 증감에 관한 소송에 해당하므로 그 상대방은 사업시행자가 된다.

**19** 「행정소송법」 제8조 제2항은 "행정소송에 관하여 이 법에 특별한 규정이 없는 사항에 대하여는 법원조직법과 민사소송법 및 민사집행법의 규정을 준용한다."고 규정한다. 이에 관한 다음의 설명 중 옳지 않은 것은? (단, 다툼이 있는 경우 판례에 의함)

① 행정소송 사건에서 「민사소송법」상 보조참가가 허용된다.
② 「민사소송법」상 가처분은 항고소송에서 허용된다.
③ 「민사집행법」상 가처분은 당사자소송에서 허용된다.
④ 행정소송으로 제기해야 할 사건을 민사소송으로 잘못 제기한 경우에 수소법원이 행정소송에 대한 관할이 없다면 특별한 사정이 없는 한 관할법원에 이송하여야 한다.

 ② 항고소송의 대상이 되는 행정처분의 효력이나 집행 혹은 절차속행 등의 정지를 구하는 신청은 행정소송법상 집행정지 신청의 방법으로서만 가능할 뿐 민사소송법상 가처분의 방법으로는 허용될 수 없다(대법원 2009.11.2, 2009마596).

→ 행정소송법에는 가처분에 관한 명문규정이 없으며, 민사소송법상 가처분 규정은 행정소송에서 인정되지 않는다.

③ 당사자소송에 대하여는 행정소송법 제23조 제2항의 집행정지에 관한 규정이 준용되지 아니하므로(동법 제44조-당사자 소송의 준용규정-참조), 이를 본안으로 하는 가처분에 대하여는 행정소송법 제8조 제2항에 따라 민사집행법상 가처분에 관한 규정이 준용되어야 한다(대결 2015. 8. 21, 2015무26).

## 20 취소소송에 대한 기술로 옳은 것은? (단, 다툼이 있는 경우 판례에 의함)

① 과세처분취소소송에서 과세처분의 위법성 판단시점은 처분시이므로 과세행정청은 처분 당시의 자료만에 의하여 처분의 적법여부를 판단하고 처분 당시의 처분사유만을 주장할 수 있다.

② 시행규칙에 법 위반 횟수에 따라 가중처분하게 되어 있는 제재적 처분 기준이 규정되어 있다 하더라도, 기간의 경과로 효력이 소멸한 제재적 처분을 취소소송으로 다툴 법률상 이익은 없다.

③ 상급행정청으로부터 내부위임을 받은 데 불과한 하급행정청이 권한 없이 행정처분을 한 경우에는 실제로 그 처분을 행한 하급행정청을 피고로 취소소송을 제기해야 한다.

④ 취소소송을 제기하기 위해서는 처분 등이 존재하여야 하며, 거부처분이 성립하기 위해서는 개인의 신청권이 존재하여 야 하고, 여기서 신청권이란 신청인이 신청의 인용이라는 만족적 결과를 얻을 권리를 의미하는 것이다.

 ③ 행정처분의 취소 또는 무효확인을 구하는 행정소송은 다른 법률에 특별한 규정이 없는 한 그 처분을 행한 행정청을 피고로 하여야 하며, 행정처분을 행할 적법한 권한 있는 상급행정청으로부터 내부위임을 받은 데 불과한 하급행정청이 권한 없이 행정처분을 한 경우에도 실제로 그 처분을 행한 하급행정청을 피고로 하여야 할 것이지 그 처분을 행할 적법한 권한 있는 상급행정청을 피고로 할 것은 아니다(대판 1994. 8. 12, 선고 94누2763).

① 항고소송에서 행정처분의 위법여부는 행정처분이 있을 때의 법령과 사실 상태를 기준으로 판단하여야 하며, 법원은 행정처분 당시 행정청이 알고 있었던 자료뿐만 아니라 사실심 변론종결 당시까지 제출된 모든 자료를 종합하여 처분 당시 존재하였던 객관적 사실을 확정하고 그 사실에 기초하여 처분의 위법여부를 판단할 수 있다(대법원 2010.1.14, 2009두11843).

② 선행처분을 가중사유 또는 전제요건으로 하는 후행처분을 받을 우려가 현실적으로 존재하는 경우에는, 선행처분을 받은 상대방은 비록 그 처분에서 정한 제재기간이 경과하였다 하더라도 그 처분의 취소소송을 통하여 그러한 불이익을 제거할 권리보호의 필요성이 충분히 인정된다고 할 것이므로, 선행처분의 취소를 구할 법률상 이익이 있다고 보아야 한다(대법원 2006.6.22, 2003두1684 전원합의체).

④ 거부처분의 처분성을 인정하기 위한 전제요건이 되는 신청권의 존부는 구체적 사건에서 신청인이 누구인가를 고려하지 않고 관계 법규의 해석에 의하여 일반 국민에게 그러한 신청권을 인정하고 있는가를 살펴 추상적으로 결정되는 것이고, 신청인이 그 신청에 따른 단순한 응답을 받을 권리를 넘어서 신청의 인용이라는 만족적 결과를 얻을 권리를 의미하는 것은 아니다(대판 2009.9.10, 2007두20638).

✎ **ANSWER**  18.②  19.②  20.③

**1** 개인적 공권에 대한 설명으로 옳지 않은 것은? (다툼이 있는 경우 판례에 의함)

① 환경영향평가에 관한 자연공원법령 및 환경영향평가법령들의 취지는 환경공익을 보호하려는 데 있으므로 환경영향평가 대상지역 안의 주민들이 수인한도를 넘는 환경침해를 받지 아니하고 쾌적한 환경에서 생활할 수 있는 개별적 이익까지 보호하는 데 있다고 볼 수는 없다.

② 행정처분에 있어서 불이익처분의 상대방은 직접 개인적 이익의 침해를 받은 자로서 취소소송의 원고적격이 인정되지만 수익처분의 상대방은 그의 권리나 법률상 보호되는 이익이 침해되었다고 볼 수 없으므로 달리 특별한 사정이 없는 한 취소를 구할 이익이 없다.

③ 상수원보호구역 설정의 근거가 되는 규정은 상수원의 확보와 수질보전일 뿐이고, 그 상수원에서 급수를 받고 있는 지역주민들이 가지는 이익은 상수원의 확보와 수질보호라는 공공의 이익이 달성됨에 따라 반사적으로 얻게 되는 이익에 불과하다.

④ 개인적 공권이 성립하려면 공법상 강행법규가 국가 기타 행정주체에게 행위의무를 부과해야 한다. 과거에는 그 의무가 기속행위의 경우에만 인정되었으나, 오늘날에는 재량행위에도 인정된다고 보는 것이 일반적이다.

> **ADVICE** ① 환경영향평가에 관한 구 자연공원법령 및 구 환경영향평가법령상의 관련 규정의 취지는 집단시설지구개발사업으로 인하여 직접적이고 중대한 환경피해를 입으리라고 예상되는 환경영향평가 대상지역 안의 주민들이 개발 전과 비교하여 수인한도를 넘는 환경침해를 받지 아니하고 쾌적한 환경에서 생활할 수 있는 개별적 이익까지도 이를 보호하려는 데에 있다 할 것이므로, 위 주민들이 위 변경승인처분과 관련하여 갖고 있는 위와 같은 환경상의 이익은 주민 개개인에 대하여 개별적으로 보호되는 직접적·구체적인 이익이라고 보아야 할 것이다(대판 2011.9.8. 2009두6766).

**2** 행정지도에 대한 설명으로 옳지 않은 것은? (다툼이 있는 경우 판례에 의함)

① 위법한 행정지도에 따라 행한 사인의 행위는 법령에 명시적으로 정함이 없는 한 위법성이 조각된다고 할 수 없다.

② 행정지도의 상대방은 행정지도의 내용에 동의하지 않는 경우 이를 따르지 않을 수 있으므로, 행정지도의 내용이나 방식에 대해 의견제출권을 갖지 않는다.

③ 행정지도가 말로 이루어지는 경우에 상대방이 행정지도의 취지 및 내용, 행정지도를 하는 자의 신분에 관한 사항을 적은 서면의 교부를 요구하면 그 행정지도를 하는 자는 직무 수행에 특별한 지장이 없으면 이를 교부하여야 한다.

④ 「국가배상법」이 정한 배상청구의 요건인 '공무원의 직무'에는 권력적 작용만이 아니라 행정지도와 같은 비권력적 작용도 포함된다.

> **ADVICE** ② 행정절차법 제50조(의견제출) … 행정지도의 상대방은 해당 행정지도의 방식·내용 등에 관하여 행정기관에 의견제출을 할 수 있다.
> ③ 동법 제49조(행정지도의 방식) 제2항


**3** 행정행위의 취소와 철회에 대한 판례의 입장으로 옳지 않은 것은?

① 행정처분을 한 처분청은 그 처분에 하자가 있는 경우에는 원칙적으로 별도의 법적 근거가 없더라도 스스로 이를 직권으로 취소할 수 있고, 이러한 경우 이해관계인에게는 처분청에 대하여 그 취소를 요구할 신청권이 부여된 것으로 볼 수 있다.

② 변상금 부과처분에 대한 취소소송이 진행 중이라도 그 부과권자는 위법한 처분을 스스로 취소하고 그 하자를 보완하여 다시 적법한 부과처분을 할 수도 있다.

③ 행정행위를 한 처분청은 사정변경이 생겼거나 또는 중대한 공익상의 필요가 발생한 경우에는 그 효력을 상실케 하는 별개의 행정행위로 이를 철회할 수 있다고 할 것이나, 기득권을 침해하는 경우에는 기득권의 침해를 정당화할 만한 중대한 공익상의 필요 또는 제3자의 이익보호의 필요가 있는 때에 한하여 상대방이 받는 불이익과 비교·교량하여 철회하여야 한다.

④ 행정청이 의료법인의 이사에 대한 이사취임승인취소처분을 직권으로 취소하면 이사의 지위가 소급하여 회복된다.

> **ADVICE** ① 행정처분을 한 처분청은 그 처분에 하자가 있는 경우에는 원칙적으로 별도의 법적 근거가 없더라도 스스로 이를 직권으로 취소할 수 있지만, 그와 같이 직권취소를 할 수 있다는 사정만으로 이해관계인에게 처분청에 대하여 그 취소를 요구할 신청권이 부여된 것으로 볼 수는 없으므로, 처분청이 위와 같이 법규상 또는 조리상의 신청권이 없이 한 이해관계인의 복구준공통보 등의 취소신청을 거부하더라도, 그 거부행위는 항고소송의 대상이 되는 처분에 해당하지 않는다(대판 2006. 6. 30. 선고 2004두701).

 **ANSWER**  1.① 2.② 3.①

**4** 「행정절차법」의 내용에 대한 설명으로 옳은 것은?

① 행정청이 신청내용을 모두 그대로 인정하는 처분을 하는 경우 당사자에게 그 근거와 이유를 제시하여야 한다.

② 행정청이 신분·자격의 박탈처분을 할 때 미리 당사자 등에게 통지한 의견제출기한 내에 당사자 등의 청문 신청이 있는 경우에는 청문을 한다.

③ 법령 등에서 행정청에 일정한 사항을 통지함으로써 의무가 끝나는 신고를 규정하고 있는 경우 신고가 본법 제40조 제2항 각 호의 요건을 갖춘 경우에는 신고서가 접수기관에 발송된 때에 신고 의무가 이행된 것으로 본다.

④ 행정청은 직권으로 또는 당사자 및 이해관계인의 신청에 따라 여러 개의 사안을 병합하거나 분리하여 청문을 할 수 있다.

> **ADVICE** ① 행정절차법 제23조(처분의 이유 제시) 제1항 … 행정청은 처분을 할 때에는 <u>다음 각 호의 어느 하나에 해당하는 경우를 제외</u>하고는 당사자에게 그 근거와 이유를 제시하여야 한다.
>    <u>1. 신청 내용을 모두 그대로 인정하는 처분인 경우</u>
>    2. 단순·반복적인 처분 또는 경미한 처분으로서 당사자가 그 이유를 명백히 알 수 있는 경우
>    3. 긴급히 처분을 할 필요가 있는 경우
> ③ 동법 제40조(신고) 제2항 … 제1항에 따른 신고가 다음 각 호의 요건을 갖춘 경우에는 신고서가 <u>접수기관에 도달된 때에</u> 신고 의무가 이행된 것으로 본다.(후략)
> ④ 동법 제32조(청문의 병합·분리) … 행정청은 <u>직권으로 또는 당사자의 신청에 따라</u> 여러 개의 사안을 병합하거나 분리하여 청문을 할 수 있다.

**5** 법률유보의 원칙에 대한 설명으로 옳지 않은 것은?

① 다수설에 따르면 행정지도에 관해서 개별법에 근거규정이 없는 경우 행정지도의 상대방인 국민에게 미치는 효력을 고려하여 행정지도를 할 수 없다고 본다.

② 대법원은 지방의회의원에 대하여 유급보좌인력을 두는 것은 지방의회의원의 신분·지위 및 그 처우에 관한 현행 법령상의 제도에 중대한 변경을 초래하는 것으로서, 이는 개별 지방의회의 조례로써 규정할 사항이 아니라 국회의 법률로써 규정하여야 할 입법사항이라고 한다.

③ 헌법재판소는 토지 등 소유자가 도시환경정비사업을 시행하는 경우, 사업시행인가 신청시 필요한 토지등소유자의 동의정족수를 정하는 것은 국민의 권리와 의무의 형성에 관한 기본적이고 본질적인 사항으로 법률유보 내지 의회유보의 원칙이 지켜져야 할 영역이라고 한다.

④ 헌법재판소는 법률에 근거를 두면서 헌법 제75조가 요구하는 위임의 구체성과 명확성을 구비하는 경우에는 위임입법에 의하여도 기본권을 제한할 수 있다고 한다.

> **ADVICE** ① 행정지도는 비권력적 사실행위에 해당하므로 개별법에 근거규정이 없는 경우에도 상대방인 국민에게 미치는 효력을 고려하여 행정지도를 할 수 있다는 것이 다수설이다.

**6** 다음 사례에 대한 판례의 입장으로 옳지 않은 것은?

> 고속국도 관리청이 고속도로 부지와 접도구역에 송유관 매설을 허가하면서 상대방인 甲과 체결한 협약에 따라 송유관 시설을 이전하게 될 경우 그 비용을 甲이 부담하도록 하였는데, 그 후 「도로법 시행규칙」이 개정되어 접도구역에는 관리청의 허가 없이도 송유관을 매설할 수 있게 되었다.

① 협약에 따라 송유관 시설을 이전하게 될 경우 그 비용을 甲이 부담하도록 한 것은 행정행위의 부관 중 부담에 해당한다.
② 甲과의 협약이 없더라도 고속국도 관리청은 송유관매설허가를 하면서 일방적으로 송유관 이전 시 그 비용을 甲이 부담한다는 내용의 부관을 부가할 수 있다.
③ 「도로법 시행규칙」의 개정 이후에도 위 협약에 포함된 부관은 부당결부금지의 원칙에 반하지 않는다.
④ 「도로법 시행규칙」의 개정으로 접도구역에는 관리청의 허가 없이도 송유관을 매설할 수 있게 되었기 때문에 위 협약 중 접도구역에 대한 부분은 효력이 소멸된다.

**ADVICE** ④ 행정처분의 상대방이 수익적 행정처분을 얻기 위하여 행정청과 사이에 행정처분에 부가할 부담에 관한 협약을 체결하고 행정청이 수익적 행정처분을 하면서 협약상의 의무를 부담으로 부가하였으나 부담의 전제가 된 주된 행정처분의 근거 법령이 개정됨으로써 행정청이 더 이상 부관을 붙일 수 없게 된 경우에도 곧바로 협약의 효력이 소멸하는 것은 아니다. 고속국도 관리청이 고속도로 부지와 접도구역에 송유관 매설을 허가하면서 상대방과 체결한 협약에 따라 송유관 시설을 이전하게 될 경우 그 비용을 상대방에게 부담하도록 하였고, 그 후 도로법 시행규칙이 개정되어 접도구역에는 관리청의 허가 없이도 송유관을 매설할 수 있게 된 사안에서, 위 협약이 효력을 상실하지 않을 뿐만 아니라 위 협약에 포함된 부관이 부당결부금지의 원칙에도 반하지 않는다(대판 2009. 2. 12. 선고 2005다65500).

---

**ANSWER** 4.② 5.① 6.④

**7** **공법상 계약에 대한 설명으로 옳은 것은?**

① 현행 「행정절차법」은 공법상 계약에 대한 규정을 두고 있다.
② 대법원은 구 「농어촌 등 보건의료를 위한 특별조치법」 및 관계법령에 따른 전문직공무원인 공중보건의사의 채용계약 해지의 의사표시는 일반공무원에 대한 징계처분과 같은 성격을 가지며, 따라서 항고소송의 대상이 된다고 본다.
③ 공법상 계약은 행정주체와 사인 간에만 체결 가능하며, 행정주체 상호 간에는 공법상 계약이 성립할 수 없다.
④ 다수설에 따르면 공법상 계약은 당사자의 자유로운 의사의 합치에 의하므로 원칙적으로 법률유보의 원칙이 적용되지 않는다고 본다.

> **ADVICE** ① 현행 「행정절차법」은 공법상 계약에 대한 규정을 두고 있지 않다.
> ② 전문직공무원인 공중보건의사의 채용계약의 해지가 관할 도지사의 일방적인 의사표시에 의하여 그 신분을 박탈하는 불이익처분이라고 하여 곧바로 그 의사표시가 관할 도지사가 행정청으로서 공권력을 행사하여 행하는 행정처분이라고 단정할 수는 없고, (…중략…) 현행 실정법이 전문직공무원인 공중보건의사의 채용계약 해지의 의사표시는 일반공무원에 대한 징계처분과는 달라서 항고소송의 대상이 되는 처분 등의 성격을 가진 것으로 인정되지 아니하고, 일정한 사유가 있을 때에 관할 도지사가 채용계약 관계의 한쪽 당사자로서 대등한 지위에서 행하는 의사표시로 취급하고 있는 것으로 이해되므로, 공중보건의사 채용계약 해지의 의사표시에 대하여는 대등한 당사자간의 소송형식인 공법상의 당사자소송으로 그 의사표시의 무효확인을 청구할 수 있는 것이지, 이를 항고소송의 대상이 되는 행정처분이라는 전제하에서 그 취소를 구하는 항고소송을 제기할 수는 없다(대판 1996. 5. 31. 선고 95누10617).
> ③ 행정주체 상호 간에도 공법상 계약이 성립할 수 있다. 교육사무위탁, 조합비징수위탁 등이 이에 해당한다.

**8** **불확정개념과 판단여지 및 기속행위와 재량행위에 대한 설명으로 옳지 않은 것은?**

① 판단여지를 긍정하는 학설은 판단여지는 법률효과 선택의 문제이고 재량은 법률요건에 대한 인식의 문제라는 점, 양자는 그 인정근거와 내용 등을 달리하는 점에서 구별하는 것이 타당하다고 한다.
② 대법원은 재량행위에 대한 사법심사를 하는 경우에 법원은 행정청의 재량에 기한 공익판단의 여지를 감안하여 독자적인 판단을 하여 결론을 도출하지 않고, 당해 처분이 재량권의 일탈·남용에 해당하는지의 여부만을 심사하여야 한다고 한다.
③ 대법원은 처분을 할 것인지 여부와 처분의 정도에 관하여 재량이 인정되는 과징금 납부명령에 대하여 그 명령이 재량권을 일탈하였을 경우, 법원으로서는 재량권의 일탈 여부만 판단할 수 있을 뿐이지 재량권의 범위 내에서 어느 정도가 적정한 것인지에 관하여는 판단할 수 없어 그 전부를 취소할 수밖에 없고, 법원이 적정하다고 인정하는 부분을 초과한 부분만 취소할 수는 없다고 한다.
④ 다수설에 따르면 불확정개념의 해석은 법적 문제이기 때문에 일반적으로 전면적인 사법심사의 대상이 되고, 특정한 사실관계와 관련하여서는 원칙적으로 일의적인 해석(하나의 정당한 결론)만이 가능하다고 본다.

 ① 판단여지를 긍정하는 학설은 판단여지를 재량과는 구별해야 하는 이유를 다음과 같이 설명한다. 판단여지는 법원의 전속적 권한에 속하는 법률요건에 대한 인식(해석)의 문제이고, 재량은 행정청이 법률효과를 선택 및 결정하는 문제이다. 또, 인정 근거에서도 판단여지는 법원에 의해 주어지는 점, 재량은 입법자에 의해 부여된다는 점에서 양자가 구별된다.

## 9 행정입법에 대한 판례의 입장으로 옳지 않은 것은?

① 헌법재판소는 대법원규칙인 구 「법무사법 시행규칙」에 대해, 법규명령이 별도의 집행행위를 기다리지 않고 직접 기본권을 침해하는 것일 때에는 헌법 제107조 제2항의 명령·규칙에 대한 대법원의 최종심사권에도 불구하고 헌법소원심판의 대상이 된다고 한다.

② 대법원은 구 「여객자동차 운수사업법 시행규칙」 제31조 제2항 제1호, 제2호, 제6호는 구 「여객자동차 운수사업법」 제11조 제4항의 위임에 따라 시외버스운송사업의 사업계획변경에 관한 절차, 인가기준 등을 구체적으로 규정한 것으로서 행정청 내부의 사무처리준칙을 규정한 행정규칙에 불과하다고 할 수는 없다고 한다.

③ 대법원은 재량준칙이 되풀이 시행되어 행정관행이 성립된 경우에는 당해 재량준칙에 자기구속력을 인정한다. 따라서 당해 재량준칙에 반하는 처분은 법규범인 당해 재량준칙을 직접 위반한 것으로서 위법한 처분이 된다고 한다.

④ 헌법재판소는 법률이 일정한 사항을 행정규칙에 위임하더라도 그 위임은 전문적·기술적 사항이나 경미한 사항으로서 업무의 성질상 위임이 불가피한 사항에 한정된다고 한다.

 ③ 재량준칙은 일반적으로 행정조직 내부에서만 효력을 가질 뿐 대외적인 구속력을 갖는 것은 아니므로 행정처분이 이를 위반하였다고 하여 그러한 사정만으로 곧바로 위법하게 되는 것은 아니고, 다만 그 재량준칙이 정한 바에 따라 되풀이 시행되어 행정관행이 이루어지게 되면 평등의 원칙이나 신뢰보호의 원칙에 따라 행정기관은 상대방에 대한 관계에서 그 규칙에 따라야 할 자기구속을 받게 되므로, 이러한 경우에는 특별한 사정이 없는 한 그에 반하는 처분은 평등의 원칙이나 신뢰보호의 원칙에 어긋나 재량권을 일탈·남용한 위법한 처분이 된다(대판 2013. 11. 14. 선고 2011두28783)
→ 재량준칙을 직접 위반했기 때문이 아니라, 평등의 원칙이나 신뢰보호의 원칙에 어긋나기 때문에 위법하게 되는 것이다.

① 헌법 제107조 제2항이 규정한 명령·규칙에 대한 대법원의 최종심사권이란 구체적인 소송사건에서 명령·규칙의 위헌 여부가 재판의 전제가 되었을 경우 법률의 경우와는 달리 헌법재판소에 제청할 것 없이 대법원이 최종적으로 심사할 수 있다는 의미이며, 명령·규칙 그 자체에 의하여 직접 기본권이 침해되었음을 이유로 하여 헌법소원심판을 청구하는 것은 위 헌법 규정과는 아무런 상관이 없는 문제이다. 따라서 입법부·행정부·사법부에서 제정한 규칙이 별도의 집행행위를 기다리지 않고 직접 기본권을 침해하는 것일 때에는 모두 헌법소원심판의 대상이 될 수 있는 것이다(헌재 1990.10.15. 89헌마178).

---

✎ **ANSWER**  7.④  8.①  9.③

**10** 행정벌에 대한 설명으로 옳은 것은? (다툼이 있는 경우 판례에 의함)

① 종업원 등의 범죄에 대해 법인에게 어떠한 잘못이 있는지를 전혀 묻지 않고, 곧바로 그 종업원 등을 고용한 법인에게도 종업원 등에 대한 처벌조항에 규정된 벌금형을 과하도록 규정하는 것은 책임주의에 반한다.

② 행정벌과 이행강제금은 장래에 의무의 이행을 강제하기 위한 제재로서 직접적으로 행정작용의 실효성을 확보하기 위한 수단이라는 점에서는 동일하다.

③ 「질서위반행위규제법」상 개인의 대리인이 업무에 관하여 그 개인에게 부과된 법률상의 의무를 위반한 때에는 행위자인 대리인에게 과태료를 부과한다.

④ 일반형사소송절차에 앞선 절차로서의 통고처분은 그 자체로 상대방에게 금전납부의무를 부과하는 행위로서 항고소송의 대상이 된다.

> **ADVICE** ② 행정벌은 과거의 의무 위반에 대한 제재수단으로서 처벌이지만, 이행강제금은 장래에 의무의 이행을 강제하기 위한 제재로서 직접적으로 행정작용의 실효성을 확보하기 위한 수단이라는 점에서 서로 다르다.
> ③ 질서위반행위규제법 제11조(법인의 처리등) 제1항 … 법인의 대표자, 법인 또는 개인의 대리인·사용인 및 그 밖의 종업원이 업무에 관하여 법인 또는 그 개인에게 부과된 법률상의 의무를 위반한 때에는 법인 또는 그 개인에게 과태료를 부과한다.
> ④ 일반형사소송절차에 앞선 절차로서의 통고처분은 형사소송절차라는 불복할 수 있는 별도의 절차가 존재하므로 항고소송의 대상이 되지 않는다.

**11** 「공공기관의 정보공개에 관한 법률」에 따른 정보공개에 대한 설명으로 옳지 않은 것은? (다툼이 있는 경우 판례에 의함)

① 한국증권업협회는 증권회사 상호 간의 업무질서를 유지하고 유가증권의 공정한 매매거래 및 투자자보호를 위하여 구성된 회원조직으로, 「증권거래법」 또는 그 법에 의한 명령에 대하여 특별한 규정이 있는 것을 제외하고는 「민법」 중 사단법인에 관한 규정을 적용받으므로 구 「공공기관의 정보공개에 관한 법률 시행령」상의 '특별법에 의하여 설립된 특수법인'에 해당하지 않는다.

② 정보공개청구에 대하여 공공기관이 비공개결정을 한 경우 청구인이 이에 불복한다면 이의신청 절차를 거치지 않고 행정심판을 청구할 수 있다.

③ 모든 국민은 정보의 공개를 청구할 권리를 가진다고 규정하고 있고, 여기의 국민에는 자연인과 법인이 포함되지만 권리능력 없는 사단은 포함되지 않는다.

④ 공공기관은 정보공개의 청구를 받으면 그 청구를 받은 날부터 10일 이내에 공개 여부를 결정하여야 하나 부득이한 사유로 이 기간 이내에 공개 여부를 결정할 수 없는 때에는 그 기간이 끝나는 날의 다음 날부터 기산하여 10일의 범위에서 공개 여부 결정기간을 연장할 수 있다.

 ③ 공공기관의 정보공개에 관한 법률 제6조 제1항은 "모든 국민은 정보의 공개를 청구할 권리를 가진다"고 규정하고 있는데, 여기에서 말하는 국민에는 자연인은 물론 법인, 권리능력 없는 사단·재단도 포함되고, 법인, 권리능력 없는 사단·재단 등의 경우에는 설립목적을 불문하며, 한편 정보공개청구권은 법률상 보호되는 구체적인 권리이므로 청구인이 공공기관에 대하여 정보공개를 청구하였다가 거부처분을 받은 것 자체가 법률상 이익의 침해에 해당한다(대판 2003. 12. 12. 선고 2003두8050).

② 「공공기관의 정보공개에 관한 법률」 제19조(행정심판) 제2항 … 청구인은 제18조에 따른 이의신청 절차를 거치지 아니하고 행정심판을 청구할 수 있다.

④ • 동법 제11조(정보공개 여부의 결정) 제1항 … 공공기관은 정보공개의 청구를 받으면 그 청구를 받은 날부터 10일 이내에 공개 여부를 결정하여야 한다.

• 동법조 제2항 … 공공기관은 부득이한 사유로 제1항에 따른 기간 이내에 공개 여부를 결정할 수 없을 때에는 그 기간이 끝나는 날의 다음 날부터 기산(起算)하여 10일의 범위에서 공개 여부 결정기간을 연장할 수 있다. 이 경우 공공기관은 연장된 사실과 연장 사유를 청구인에게 지체 없이 문서로 통지하여야 한다.

## 12 취소소송에서의 처분사유의 추가·변경에 대한 설명으로 옳은 것은? (다툼이 있는 경우 판례에 의함)

① 처분청은 원고의 권리방어가 침해되지 않는 한도 내에서 당해 취소소송의 대법원 확정판결이 있기 전까지 처분사유의 추가·변경을 할 수 있다.

② 처분사유의 추가·변경이 인정되기 위한 요건으로서의 기본적 사실관계의 동일성 유무는, 처분사유를 법률적으로 평가하기 이전의 구체적인 사실에 착안하여 그 기초적인 사회적 사실관계가 기본적인 점에서 동일한지 여부에 따라 결정된다.

③ 추가 또는 변경된 사유가 당초의 처분시 그 사유를 명기하지 않았을 뿐 처분시에 이미 존재하고 있었고 당사자도 그 사실을 알고 있었다면 당초의 처분사유와 동일성이 인정된다.

④ 처분사유의 추가·변경이 절차적 위법성을 치유하는 것인 데 반해, 처분이유의 사후제시는 처분의 실체법상의 적법성을 확보하기 위한 것이다.

 ① 과세관청은 과세처분 이후는 물론 소송 도중이라도 사실심 변론종결시까지 처분의 동일성이 유지되는 범위 내에서 처분사유를 추가·변경할 수 있다(대판 2001. 10. 30. 선고 2000두5616).

③ 행정처분의 취소를 구하는 항고소송에 있어서, 처분청은 당초 처분의 근거로 삼은 사유와 기본적 사실관계가 동일성이 있다고 인정되는 한도 내에서만 다른 사유를 추가하거나 변경할 수 있고, 여기서 기본적 사실관계의 동일성 유무는 처분사유를 법률적으로 평가하기 이전의 구체적인 사실에 착안하여 그 기초인 사회적 사실관계가 기본적인 점에서 동일한지 여부에 따라 결정되며, 추가 또는 변경된 사유가 당초의 처분시 그 사유를 명기하지 않았을 뿐 처분시에 이미 존재하고 있었고 당사자도 그 사실을 알고 있었다 하여 당초의 처분사유와 동일성이 있는 것이라 할 수 없다(대판 2003. 12. 11. 선고 2003두8395).

④ 처분사유의 추가·변경이 처분의 실체법상의 적법성을 확보하는 것인데 반해, 처분이유의 사후제시는 절차적 위법성을 치유하기 위한 것이다.

 **ANSWER** 10.① 11.③ 12.②

**13** 공공의 영조물의 설치·관리의 하자로 인한 국가배상책임에 대한 판례의 입장으로 옳지 않은 것은?

① '공공의 영조물'이라 함은 강학상 공물을 뜻하므로 국가 또는 지방자치단체가 사실상의 관리를 하고 있는 유체물은 포함되지 않는다.

② '공공의 영조물의 설치·관리의 하자'에는 영조물이 공공의 목적에 이용됨에 있어 그 이용 상태 및 정도가 일정한 한도를 초과하여 제3자에게 사회통념상 참을 수 없는 피해를 입히고 있는 경우가 포함된다.

③ 영조물의 설치 및 관리에 있어서 항상 완전무결한 상태를 유지할 정도의 고도의 안전성을 갖추지 아니하였다고 하여 영조물의 설치 또는 관리에 하자가 있다고 단정할 수 없다.

④ 국가배상청구소송에서 공공의 영조물에 하자가 있다는 입증책임은 피해자가 지지만, 관리주체에게 손해발생의 예견가능성과 회피가능성이 없다는 입증책임은 관리주체가 진다.

> **ADVICE** ① 국가배상법 제5조 제1항 소정의 "공공의 영조물"이라 함은 국가 또는 지방자치단체에 의하여 특정 공공의 목적에 공여된 유체물 내지 물적 설비를 지칭하며, 특정 공공의 목적에 공여된 물이라 함은 일반공중의 자유로운 사용에 직접적으로 제공되는 공공용물에 한하지 아니하고, 행정주체 자신의 사용에 제공되는 공용물도 포함하며 국가 또는 지방자치단체가 소유권, 임차권 그 밖의 권한에 기하여 관리하고 있는 경우뿐만 아니라 <u>사실상의 관리를 하고 있는 경우도 포함한다</u>(대판 1995. 1. 24. 선고 94다45302).

**14** 「국세징수법」상 강제징수절차에 대한 판례의 입장으로 옳지 않은 것은?

① 세무 공무원이 국세의 징수를 위해 납세자의 재산을 압류하는 경우 그 재산의 가액이 징수할 국세액을 초과한다면 당해 압류처분은 무효이다.

② 국세를 납부기한까지 납부하지 아니하면 과세권자의 가산금 확정절차 없이 「국세징수법」 제21조에 의하여 가산금이 당연히 발생하고 그 액수도 확정된다.

③ 조세부과처분의 근거규정이 위헌으로 선언된 경우, 그에 기한 조세부과처분이 위헌결정 전에 이루어졌다 하더라도 위헌결정 이후에 조세채권의 집행을 위해 새로이 착수된 체납처분은 당연무효이다.

④ 공매통지가 적법하지 아니하다면 특별한 사정이 없는 한, 공매통지를 직접 항고소송의 대상으로 삼아 다툴 수 없고 통지 후에 이루어진 공매처분에 대하여 다투어야 한다.

> **ADVICE** ① 세무공무원이 국세의 징수를 위해 납세자의 재산을 압류하는 경우 그 재산의 가액이 징수할 국세액을 초과한다 하여 위 압류가 당연무효의 처분이라고는 할 수 없다(대판 1986. 11. 11. 선고 86누479).
> ② 출제 당시에는 옳은 지문이었으나, 2020년 이후 국세기본법상 가산금제도가 납부지연에 대한 행정상 제재 일원화를 위해 납부불성실제도와 통합·시행되면서 현재는 옳지 않은 지문이다(국세기본법상 가산금 관련 조항 삭제). 이에 따라 「국세징수법」 제21조도 삭제되었다.

**15** 「행정대집행법」상 행정대집행에 대한 설명으로 옳은 것은? (다툼이 있는 경우 판례에 의함)

① 의무를 명하는 행정행위가 불가쟁력이 발생하지 않은 경우에는 그 행정행위에 따른 의무의 불이행에 대하여 대집행을 할 수 없다.
② 부작위하명에는 행정행위의 강제력의 효력이 있으므로 당해 하명에 따른 부작위 의무의 불이행에 대하여는 별도의 법적 근거 없이 대집행이 가능하다.
③ 원칙적으로 '의무의 불이행을 방치하는 것이 심히 공익을 해하는 것으로 인정되는 경우'의 요건은 계고를 할 때에 충족되어 있어야 한다.
④ 「행정대집행법」 제2조에 따른 대집행의 실시여부는 행정청의 재량에 속하지 않는다.

**ADVICE** ① 불가쟁력이란 제소기간의 도과 등으로 상대방이 더 이상 행정행위의 효력을 다툴 수 없는 행정행위의 효력이다. 불가쟁력의 발생여부는 행정대집행의 전제요건이 아니므로 불가쟁력이 발생하지 않았더라도 대집행이 가능하다.
② 「행정대집행법」 제2조는 대집행의 대상이 되는 의무를 "법률(법률의 위임에 의한 명령, 지방자치단체의 조례를 포함)에 의하여 직접 명령되었거나 또는 법률에 의거한 행정청의 명령에 의한 행위로서 타인이 대신하여 행할 수 있는 행위"라고 규정하고 있으므로, 대집행계고처분을 하기 위하여는 법령에 의하여 직접 명령되거나 법령에 근거한 행정청의 명령에 의한 의무자의 대체적 작위의무 위반행위가 있어야 한다. 따라서 단순한 부작위의무의 위반, 즉 관계 법령에 정하고 있는 절대적 금지나 허가를 유보한 상대적 금지를 위반한 경우에는 (…중략…) 법치주의의 원리에 비추어 볼 때 위와 같은 부작위의무로부터 그 의무를 위반함으로써 생긴 결과를 시정하기 위한 작위의무를 당연히 끌어낼 수는 없으며, 또 위 금지규정(특히 허가를 유보한 상대적 금지규정)으로부터 작위의무, 즉 위반결과의 시정을 명하는 권한이 당연히 추론되는 것도 아니다(대판 1996. 6. 28. 선고 96누4374).
→ 부작위의무, 수인의무 등은 대집행의 대상이 될 수 없다. 그러나 부작위의무를 작위의무로 전환시킬 수 있는 법적 근거를 둔 경우에는 대집행의 대상이 된다.
④ 「행정대집행법」 제2조에 따른 대집행의 실시여부는 행정청의 재량에 속하는 것으로 보는 것이 다수설, 판례이다.

**16** 다음 사례에 대한 설명으로 옳지 않은 것은?

> 유흥주점영업허가를 받아 주점을 운영하는 甲은 A시장으로부터 연령을 확인하지 않고 청소년을 주점에 출입시켜 「청소년보호법」을 위반하였다는 사실을 이유로 한 영업허가취소처분을 받았다. 甲은 이에 불복하여 취소소송을 제기하였고 취소확정판결을 받았다.

① A시장은 甲이 청소년을 유흥접객원으로 고용하여 유흥행위를 하게 하였다는 이유로 다시 영업허가취소처분을 할 수는 있다.
② 영업허가취소처분은 지나치게 가혹하다는 이유로 취소확정판결이 내려졌다면, A시장은 甲에게 연령을 확인하지 않고 청소년을 출입시켰다는 이유로 영업허가정지처분을 할 수는 있다.
③ 청소년들을 주점에 출입시킨 사실이 없다는 이유로 취소확정판결이 내려졌다면, A시장은 甲에게 연령을 확인하지 않고 청소년을 출입시켰다는 이유로 영업허가취소처분을 할 수는 없다.
④ 청문절차를 거치지 않았다는 이유로 취소확정판결이 내려졌다면, A시장은 적법한 청문절차를 거치더라도 甲에게 연령을 확인하지 않고 청소년을 출입시켰다는 이유로 영업허가취소처분을 할 수는 없다.

> **ADVICE** ④ 행정처분의 절차 또는 형식에 위법이 있어 행정처분을 취소하는 판결이 확정되었을 때는 그 확정판결의 기판력은 거기에 적시된 절차 및 형식의 위법사유에 한하여 미치는 것이므로 행정관청은 그 <u>위법사유를 보완하여 다시 새로운 행정처분을 할 수 있고</u> 그 새로운 행정처분은 확정판결에 의하여 취소된 종전의 행정처분과는 별개의 처분이라 할 것이어서 종전의 처분과 중복된 행정처분이 아니다(대판 1992. 5. 26. 선고 91누5242).
> ①③ 법원이 밝힌 위법사유를 반복하여 처분한 경우 기속력에 반한다. 그러나 판결의 주문과 이유에 나타난 개개 사유가 위법하다는 부분에 기속력이 인정되므로 '<u>다른 사유</u>'로 '<u>동일한 처분</u>'을 하더라도 기속력에 반하지 않는다.
> ② 영업허가<u>취</u>소처분에 불복하여 제기된 취소소송에서 법원이 그 취소처분이 <u>비례원칙에 위반</u>된다고 하여 취소판결을 선고하여 확정된 경우, 동일한 행정법규 위반을 이유로 영업허가<u>정지</u>처분을 내리는 것은 기속력에 반하지 않는다. <u>즉 처분행정청은 법원의 인용판결이 확정된 이후에도 '동일한 사유'로 '다른 처분'을 할 수 있다.</u>

**17** 행정상 손실보상에 대한 설명으로 옳은 것은?

① 손실보상의 이론적 근거로서 특별희생설에 의하면, 공공복지와 개인의 권리 사이에 충돌이 있는 경우에는 개인의 권리가 우선한다.

② 손실보상청구권을 공권으로 보게 되면 손실보상청구권을 발생시키는 침해의 대상이 되는 재산권에는 공법상의 권리만이 포함될 뿐 사법상의 권리는 포함되지 않는다.

③ 헌법재판소는 헌법 제23조 제3항의 '공공필요'는 '국민의 재산권을 그 의사에 반하여 강제적으로라도 취득해야 할 공익적 필요성'을 의미하고, 이 요건 중 공익성은 기본권 일반의 제한사유인 '공공복리'보다 좁은 것으로 보고 있다.

④ 헌법 제23조 제3항을 국민에 대한 직접적인 효력이 있는 규정으로 보는 견해는 동조항의 재산권의 수용 · 사용 · 제한 규정과 보상규정을 불가분조항으로 본다.

〉ADVICE ① 손실보상의 이론적 근거인 특별희생설에 의하면, 공공복지와 개인의 권리 사이에 충돌이 있는 경우에는 <u>공공복지가 우선</u>하지만 특별한 희생이 강요된 자에게는 보상이 주어져야 한다고 본다.

② 손실보상청구권은 공권력 행사인 공용침해로 인하여 발생한 것이므로 공권이라는 견해에 따르더라도, 손실보상청구권을 발생시키는 침해가 재산권에 대한 것이라면 그 재산권이 공법상 권리인지 사법상 권리인지 묻지 않는다.

④ 헌법 제23조 제3항에 나와 있는 '재산권의 수용 · 사용 · 제한규정'과 '보상규정'을 불가분조항(결부조항)으로 보는 것은 '재산권 침해의 법률에는 보상에 관한 규정이 같이 있어야 한다.'는 것으로 위헌무효설이나 분리이론에서 강조하는 것이다. 위헌무효설에 따르면 보상에 대한 규정 없이 재산권을 수용 · 사용 · 제한하는 법률은 위헌이 된다. 반면에 직접효력설은 보상규정이 없을 때 헌법규정 제23조 제3항을 직접 적용하여 보상이 가능하므로 '재산권의 수용 · 사용 · 제한규정'과 '보상규정'을 불가분조항으로 보지 않는다.

• 헌법 제23조 제3항 … 공공필요에 의한 재산권의 수용 · 사용 또는 제한 및 그에 대한 보상은 법률로써 하되, 정당한 보상을 지급하여야 한다.

**18** 행정행위에 대한 설명으로 옳은 것은?

① 행정행위를 '행정청이 법 아래서 구체적 사실에 대한 법집행으로서 행하는 공법행위'로 정의하면, 공법상 계약과 공법상 합동행위는 행정행위의 개념에서 제외된다.
② 강학상 허가와 특허는 의사표시를 요소로 한다는 점과 반드시 신청을 전제로 한다는 점에서 공통점이 있다.
③ 행정행위의 효력으로서 구성요건적 효력과 공정력은 이론적 근거를 법적 안정성에서 찾고 있다는 공통점이 있다.
④ 「행정소송법」상 처분의 개념과 강학상 행정행위의 개념이 다르다고 보는 견해는 처분의 개념을 강학상 행정행위의 개념보다 넓게 본다.

>ADVICE ① 행정행위를 '행정청이 법 아래서 구체적 사실에 대한 법집행으로서 행하는 공법행위'로 보는 견해는 협의설이다. 협의설에서는 공법상 계약과 같은 비권력적 행위도 행정행위의 개념에 포함된다.
② 허가와 특허 모두 행정청의 의사표시에 따라 법률효과가 발생하는 법률행위적 행정행위이다. 그러나 특허는 신청을 전제로 하지만, 허가는 신청이 요구되지 않는 경우도 있다.
③ 공정력은 법적 안정성에서 이론적 근거를 찾지만 구성요건적 효력은 행정기관 상호간 권한 존중에서 그 이론적 근거를 찾는다. 구성요건적 효력이란 비록 행정행위에 하자가 있더라도 그 하자가 당연무효가 아닌 한 법원을 포함한 모든 다른 국가기관은 행정행위의 존재와 효과를 존중하여 스스로 판단의 기초내지는 구성요건으로 삼아야 하는 것을 말한다. 처분의 상대방 또는 이해관계인에 영향을 미치는 공정력과는 구별된다.

**19** 대법원 판례의 입장으로 옳은 것은?

① 행정청이 「도시 및 주거환경정비법」 등 관련법령에 근거하여 행하는 조합설립인가처분은 강학상 인가처분으로서 그 조합설립결의에 하자가 있다면 조합설립결의에 대한 무효확인을 구하여야 한다.

② 지적공부 소관청의 지목변경신청 반려행위는 행정사무의 편의와 사실증명의 자료로 삼기 위한 것이지 그 대장에 등재여부는 어떠한 권리의 변동이나 상실효력이 생기지 않으므로 이를 항고소송의 대상으로 할 수 없다.

③ 지방자치단체가 제정한 조례가 1994년 관세 및 무역에 관한 일반협정(General Agreement on Tariffs and Trade 1994)이나 정부조달에 관한 협정(Agreement on Government Procurement)에 위반되는 경우, 그 조례는 무효이다.

④ 어떠한 행정처분이 후에 항고소송에서 취소되었다면 그 기판력에 의하여 당해 행정처분은 곧바로 「국가배상법」 제2조의 공무원의 고의 또는 과실로 인한 불법행위를 구성한다.

> **ADVICE** ① 재개발조합설립인가신청에 대한 행정청의 <u>조합설립인가처분</u>은 단순히 사인들의 조합설립행위에 대한 보충행위로서의 성질을 가지는 것이 아니라 <u>법령상 일정한 요건을 갖추는 경우 행정주체의 지위를 부여하는 일종의 설권적 처분의 성질</u>을 가진다고 보아야 한다. 그러므로 구 도시 및 주거환경정비법상 재개발조합설립인가신청에 대하여 행정청의 조합설립인가처분이 있은 이후에는, 조합설립동의에 하자가 있음을 이유로 재개발조합 설립의 효력을 부정하려면 <u>항고소송으로 조합설립인가처분의 효력을 다투어야 한다</u>(대판 2010. 1. 28. 선고 2009두4845).
> ② 구 지적법 제20조, 제38조 제2항의 규정은 토지소유자에게 지목변경신청권과 지목정정신청권을 부여한 것이고, 한편 지목은 토지에 대한 공법상의 규제, 개발부담금의 부과대상, 지방세의 과세대상, 공시지가의 산정, 손실보상가액의 산정 등 토지행정의 기초로서 공법상의 법률관계에 영향을 미치고, 토지소유자는 지목을 토대로 토지의 사용·수익·처분에 일정한 제한을 받게 되는 점 등을 고려하면, 지목은 토지소유권을 제대로 행사하기 위한 전제요건으로서 토지소유자의 실체적 권리관계에 밀접하게 관련되어 있으므로 <u>지적공부 소관청의 지목변경신청 반려행위는 국민의 권리관계에 영향을 미치는 것으로서 항고소송의 대상이 되는 행정처분에 해당한다</u>(대판 2004. 4. 22. 선고 2003두9015).
> ④ <u>어떠한 행정처분이 후에 항고소송에서 취소되었다고 할지라도 그 기판력에 의하여 당해 행정처분이 곧바로 공무원의 고의 또는 과실로 인한 것으로서 불법행위를 구성한다고 단정할 수는 없는 것</u>이고, 그 행정처분의 담당공무원이 <u>보통 일반의 공무원을 표준으로 하여 볼 때 객관적 주의의무를 결하여 그 행정처분이 객관적 정당성을 상실하였다고 인정될 정도에 이른 경우에 국가배상법 제2조 소정의 <u>국가배상책임의 요건을 충족</u>하였다고 봄이 상당할 것이며, 이 때에 객관적 정당성을 상실하였는지 여부는 피침해이익의 종류 및 성질, 침해행위가 되는 행정처분의 태양 및 그 원인, 행정처분의 발동에 대한 피해자측의 관여의 유무, 정도 및 손해의 정도 등 제반 사정을 종합하여 손해의 전보책임을 국가 또는 지방자치단체에게 부담시켜야 할 실질적인 이유가 있는지 여부에 의하여 판단하여야 한다(대판 2000. 5. 12. 선고 99다70600).

---

**20** 대법원 판례의 입장으로 옳지 않은 것은?

① 「행정소송법」 제26조는 행정소송에서 직권심리주의가 적용되도록 하고 있지만, 행정소송에서도 당사자주의나 변론주의의 기본 구도는 여전히 유지된다.

② 영업자에 대한 행정제재처분에 대하여 행정심판위원회가 영업자에게 유리한 적극적 변경명령재결을 하고 이에 따라 처분청이 변경처분을 한 경우, 그 변경처분에 의해 유리하게 변경된 행정제재가 위법하다는 이유로 그 취소를 구하려면 변경된 내용의 당초처분을 취소소송의 대상으로 하여야 한다.

③ 원자로 및 관계시설의 부지사전승인처분은 그 자체로서 독립한 행정처분은 아니므로 이의 위법성을 직접 항고소송으로 다툴 수는 없고 후에 발령되는 건설허가처분에 대한 항고소송에서 다투어야 한다.

④ 구 「폐기물관리법」 관계 법령상의 폐기물처리업허가를 받기 위한 사업계획에 대한 부적정통보는 허가신청 자체를 제한하는 등 개인의 권리 내지 법률상의 이익을 개별적이고 구체적으로 규제하고 있어 행정처분에 해당한다.

> **ADVICE** ③ <u>원자력법 제11조 제3항 소정의 부지사전승인제도</u>는 원자로 및 관계 시설을 건설하고자 하는 자가 그 계획중인 건설부지가 원자력법에 의하여 원자로 및 관계 시설의 부지로 적법한지 여부 및 굴착공사 등 일정한 범위의 공사를 할 수 있는지 여부에 대하여 <u>건설허가 전에 미리 승인을 받는 제도</u>로서, 원자로 및 관계 시설의 건설에는 장기간의 준비 · 공사가 필요하기 때문에 필요한 모든 준비를 갖추어 건설허가신청을 하였다가 부지의 부적법성을 이유로 불허가될 경우 그 불이익이 매우 크고 또한 원자로 및 관계 시설 건설의 이와 같은 특성상 미리 사전공사를 할 필요가 있을 수도 있어 건설허가 전에 미리 그 부지의 적법성 및 사전공사의 허용 여부에 대한 승인을 받을 수 있게 함으로써 그의 경제적 · 시간적 부담을 덜어 주고 유효 · 적절한 건설공사를 행할 수 있도록 배려하려는 데 그 취지가 있다고 할 것이므로, <u>원자로 및 관계 시설의 부지사전승인처분은 그 자체로서 건설부지를 확정하고 사전공사를 허용하는 법률효과를 지닌 독립한 행정처분이기는 하지만</u>, 건설허가 전에 신청자의 편의를 위하여 미리 그 건설허가의 일부 요건을 심사하여 행하는 <u>사전적 부분 건설허가처분의 성격을 갖고 있는 것이어서 나중에 건설허가처분이 있게 되면 그 건설허가처분에 흡수되어 독립된 존재가치를 상실함으로써 그 건설허가처분만이 쟁송의 대상이 되는 것이므로</u>, 부지사전승인처분의 취소를 구하는 소는 소의 이익을 잃게 되고, 따라서 <u>부지사전승인처분의 위법성은 나중에 내려진 건설허가처분의 취소를 구하는 소송에서 이를 다투면 된다</u> (대판 1998. 9. 4. 선고 97누19588).

**1** 통치행위에 대한 판례의 입장으로 옳지 않은 것은?

① 고도의 정치적 성격을 지니는 남북정상회담 개최과정에서 정부에 신고하지 아니하거나 협력사업 승인을 얻지 아니한 채 북한측에 사업권의 대가 명목으로 송금한 행위 자체는 사법심사의 대상이 된다.

② 기본권 보장의 최후 보루인 법원으로서는 사법심사권을 행사함으로써, 대통령의 긴급조치권 행사로 인하여 우리나라 헌법의 근본이념인 자유민주적 기본질서가 부정되는 사태가 발생하지 않도록 그 책무를 다하여야 한다.

③ 신행정수도건설이나 수도이전문제는 그 자체로 고도의 정치적 결단을 요하므로 사법심사의 대상에서 제외되고, 그것이 국민의 기본권 침해와 관련되는 경우에도 헌법재판소의 심판대상이 될 수 없다.

④ 외국에의 국군 파견결정은 그 성격상 국방 및 외교에 관련된 고도의 정치적 결단을 요하는 문제로서, 헌법과 법률이 정한 절차가 지켜진 것이라면 대통령과 국회의 판단은 존중되어야 하고 사법적 기준만으로 이를 심판하는 것은 자제되어야 한다.

> **ADVICE** ③ 신행정수도건설이나 수도이전의 문제가 정치적 성격을 가지고 있는 것은 인정할 수 있지만, 그 자체로 고도의 정치적 결단을 요하여 사법심사의 대상으로 하기에는 부적절한 문제라고까지는 할 수 없다. 더구나 이 사건 심판의 대상은 이 사건 법률의 위헌여부이고 대통령의 행위의 위헌여부가 아닌바, 법률의 위헌여부가 헌법재판의 대상으로 된 경우 당해법률이 정치적인 문제를 포함한다는 이유만으로 사법심사의 대상에서 제외된다고 할 수는 없다(헌재 2004. 10. 21. 2004헌마554 등).

---

✎ **ANSWER** 20.③ / 1.③

**2** 공법상 부당이득에 대한 설명으로 옳지 않은 것은? (다툼이 있는 경우 판례에 의함)

① 공법상 부당이득에 관한 일반법은 없으므로 특별한 규정이 없는 경우, 「민법」상 부당이득반환의 법리가 준용된다.

② 부가가치세법령에 따른 환급세액 지급의무 등의 규정과 그 입법취지에 비추어 볼 때 부가가치세 환급세액 반환은 공법상 부당이득반환으로서 민사소송의 대상이다.

③ 잘못 지급된 보상금에 해당하는 금액의 징수처분을 해야 할 공익상 필요가 당사자가 입게 될 불이익을 정당화할 만큼 강한 경우, 보상금을 받은 당사자로부터 오지급금액의 환수처분이 가능하다.

④ 공법상 부당이득반환에 대한 청구권의 행사는 개별적인 사안에 따라 행정주체도 주장할 수 있다.

> **ADVICE** ② <u>납세의무자에 대한 국가의 부가가치세 환급세액 지급의무는</u> 그 납세의무자로부터 어느 과세기간에 과다하게 거래징수된 세액 상당을 국가가 실제로 납부받았는지와 관계없이 <u>부가가치세법령의 규정에 의하여 직접 발생하는 것으로서</u>, 그 법적 성질은 정의와 공평의 관념에서 수익자와 손실자 사이의 재산상태 조정을 위해 인정되는 부당이득 반환의무가 아니라 <u>부가가치세법령에 의하여 그 존부나 범위가 구체적으로 확정되고 조세 정책적 관점에서 특별히 인정되는 공법상 의무라고 봄이 타당하다. 그렇다면 납세의무자에 대한 국가의 부가가치세 환급세액 지급의무에 대응하는 국가에 대한 납세의무자의 부가가치세 환급세액 지급청구는 민사소송이 아니라 행정소송법 제3조 제2호에 규정된 당사자소송의 절차에 따라야 한다</u>(대판 2013. 3. 21. 선고 2011다95564).

**3** 행정상 법률관계에 대한 설명으로 옳지 않은 것은? (다툼이 있는 경우 판례에 의함)

① 공법관계에 있어서 자연인의 주소는 주민등록지이고, 그 수는 1개소에 한한다.

② 특별한 규정이 없는 경우, 「민법」의 법률행위에 관한 규정 중 의사표시의 효력발생시기, 대리행위의 효력, 조건과 기한의 효력 등의 규정은 행정행위에도 적용된다.

③ 주민등록의 신고는 행정청에 도달하기만 하면 신고로서의 효력이 발생하는 것이 아니라 행정청이 수리한 경우에 비로소 신고의 효력이 발생한다.

④ 「건축법」상 착공신고가 반려될 경우 당사자에게 그 반려행위를 다툴 실익이 없는 것이므로 착공신고 반려행위의 처분성이 인정되지 않는다.

> **ADVICE** ④ 건축주 등으로서는 <u>착공신고가 반려될 경우</u>, 당해 건축물의 착공을 개시하면 시정명령, 이행강제금, 벌금의 대상이 되거나 당해 건축물을 사용하여 행할 행위의 허가가 거부될 우려가 있어 <u>불안정한 지위에 놓이게 된다</u>. 따라서 착공신고 반려행위가 이루어진 단계에서 당사자로 하여금 <u>반려행위의 적법성을 다투어 법적 불안을 해소한 다음 건축행위에 나아가도록</u> 함으로써 장차 있을지도 모르는 위험에서 미리 벗어날 수 있도록 길을 열어 주고, 위법한 건축물의 양산과 철거를 둘러싼 분쟁을 조기에 근본적으로 해결할 수 있게 하는 것이 <u>법치행정의 원리에 부합한다</u>. 그러므로 <u>행정청의 착공신고 반려행위는 항고소송의 대상이 된다고 보는 것이 옳다</u>(대판 2011. 6. 10. 선고 2010두7321).

**4** 행정행위의 부관에 대한 설명으로 옳은 것은? (다툼이 있는 경우 판례에 의함)

① 부담부 행정행위의 경우 부담에서 부과하고 있는 의무의 이행이 있어야 비로소 주된 행정행위의 효력이 발생한다.
② 공유재산의 관리청이 기부채납된 행정재산에 대하여 행하는 사용·수익 허가의 경우, 부관인 사용·수익 허가의 기간에 위법사유가 있다면 허가 전부가 위법하게 된다.
③ 학설의 다수견해는 수정부담의 성격을 부관으로 이해한다.
④ 행정행위의 부관은 법령에 명시적 근거가 있는 경우에만 부가할 수 있다.

❯ ADVICE  ② 기부채납 받은 행정재산에 대한 사용·수익허가에서 그 허가기간은 행정행위의 본질적 요소에 해당한다고 볼 것이어서, 부관인 허가기간에 위법사유가 있다면 이로써 사용·수익허가 전부가 위법하게 될 것이다. (대법원 2001.6.15, 99두509)
① 부담부 행정행위의 경우 부담이 부과되어도 주된 행정행위의 효력은 처음부터 유효하게 발생한다는 점에서 조건이 성취되어야 비로소 효력이 발생하는 정지조건부 행정행위와 차이가 있다.
③ 수정부담은 행정행위의 상대방이 신청한 것과는 다르게 행정행위의 내용을 정하는 것으로 <u>새로운 행정행위</u>(수정허가, 변경처분 등)로 보는 것이 다수견해이다.
④ <u>재량행위에 있어서는 관계 법령에 명시적인 금지규정이 없는</u> 한 행정목적을 달성하기 위하여 부관을 붙일 수 있으며, 그 부관의 내용이 이행 가능하고 비례의 원칙 및 평등의 원칙에 적합하며 행정처분의 본질적 효력을 저해하지 아니하는 한도 내의 것인 이상 거기에 부관의 한계를 벗어난 위법이 있다고 할 수 없다(대판 1998. 10. 23. 선고 97누164).


**5** 행정입법에 대한 설명으로 옳지 않은 것은? (다툼이 있는 경우 판례에 의함)

① 법률의 시행령이 형사처벌에 관한 사항을 규정하면서 법률의 명시적인 위임 범위를 벗어나 처벌의 대상을 확장하는 것은 죄형법정주의원칙에 어긋나는 것이므로, 그러한 시행령은 위임입법의 한계를 벗어난 것으로서 무효이다.
② 다양한 사실관계를 규율하거나 사실관계가 수시로 변화될 것이 예상되는 분야에서는 다른 분야에 비하여 상대적으로 입법위임의 명확성·구체성이 완화된다.
③ 행정입법부작위에 대해서는 당사자의 신청이 있는 경우에 한하여 부작위위법확인소송의 대상이 된다.
④ 자치법적 사항을 규정한 조례에 대한 법률의 위임은 법규명령에 대한 법률의 위임과 같이 반드시 구체적으로 범위를 정하여야 할 필요가 없으며 포괄적인 것으로 족하다.

❯ ADVICE  ③ 행정소송은 구체적 사건에 대한 법률상 분쟁을 법에 의하여 해결함으로써 법적 안정을 기하자는 것이므로 <u>부작위위법확인소송의 대상이 될 수 있는 것은 구체적 권리의무에 관한 분쟁이어야 하고</u> 추상적인 법령에 관하여 제정의 여부 등은 그 자체로서 국민의 구체적인 권리의무에 직접적 변동을 초래하는 것이 아니어서 그 <u>소송의 대상이 될 수 없다</u>(대판 1992. 5. 8, 91누11261).
→'당사자의 신청 여부'에 따라 소송대상 여부가 달라지는 것이 아니라, 행정입법부작위의 '성질상' 부작위위법확인소송의 대상이 되지 않는다.

**ANSWER**  2.② 3.④ 4.② 5.③

**6** 행정계획에 대한 설명으로 옳지 않은 것은? (다툼이 있는 경우 판례에 의함)

① 개발제한구역의 지정·고시에 대한 헌법소원 심판청구는 행정쟁송절차를 모두 거친 후가 아니면 부적법하다.

② 국공립대학의 총장직선제 개선 여부를 재정지원 평가요소로 반영하고 이를 개선하지 않을 경우 다음 연도에 지원금을 삭감 또는 환수하도록 규정한 교육부장관의 '대학교육역량강화사업 기본계획'은 헌법소원의 대상이 된다.

③ 관계 법령에 따라 일정한 행정처분을 구하는 신청을 할 수 있는 법률상 지위에 있는 자의 국토이용계획변경신청을 거부하는 것이 실질적으로 당해 행정처분 자체를 거부하는 결과가 되는 경우, 그 신청인에게 국토이용계획변경을 신청할 권리가 인정된다.

④ 위법한 도시기본계획에 대하여 제기되는 취소소송은 법원에 의하여 허용되지 아니한다.

> **ADVICE** ② 2012년도와 2013년도 <u>대학교육역량강화사업 기본계획</u>은 대학교육역량강화 지원사업을 추진하기 위한 국가의 기본방침을 밝히고 국가가 제시한 일정 요건을 충족하여 높은 점수를 획득한 대학에 대하여 지원금을 배분하는 것을 내용으로 하는 <u>행정계획일 뿐</u>, 위 계획에 따를 의무를 부과하는 것은 아니다. 총장직선제를 개선하지 않을 경우 지원금을 받지 못하게 될 가능성이 있어 대학들이 이 계획에 구속될 여지가 있다 하더라도, 이는 <u>사실상의 구속에 불과하고 이에 따를지 여부는 전적으로 대학의 자율에 맡겨져 있다</u>. 더구나 총장직선제를 개선하려면 학칙이 변경되어야 하므로, <u>계획 자체만으로는 대학의 구성원인 청구인들의 법적 지위나 권리의무에 어떠한 영향도 미친다고 보기 어렵다</u>. 따라서 <u>2012년도와 2013년도 계획 부분은 헌법소원의 대상이 되는 공권력 행사에 해당하지 아니한다</u>(헌재 2016. 10. 27. 2013헌마576).
> ① 건설부장관의 <u>개발제한구역의 지정·고시</u>는 공권력의 행사로서 <u>헌법소원의 대상이 됨</u>은 물론이나 <u>헌법소원은 다른 법률에 구제절차가 있는 경우에는 그 절차를 모두 거친 후에 비로소 심판청구를 할 수 있는 것인 바</u>, <u>개발제한구역 지정행위(도시계획결정)에 대하여는 행정심판 및 행정소송 등을 제기할 수 있으므로</u> 청구인으로서는 우선 그러한 구제절차를 거쳐야 함에도 불구하고 그러한 절차를 거치지 아니하였음이 기록상 명백하므로 이 부분에 대한 심판청구 또한 부적법하다(헌재 1991.9.16. 90헌마105).

**7** 하자의 승계에 대한 설명으로 옳지 않은 것은? (다툼이 있는 경우 판례에 의함)

① 선행행위에 무효의 하자가 존재하더라도 선행행위와 후행행위가 결합하여 하나의 법적 효과를 목적으로 하는 경우에는 하자의 승계에 대한 논의의 실익이 있다.

② 적정행정의 유지에 대한 요청에서 나오는 하자의 승계를 인정하면 국민의 권리를 보호하고 구제하는 범위가 더 넓어진다.

③ 선행행위에 대하여 불가쟁력이 발생하지 않았거나 선행행위와 후행행위가 서로 독립하여 각각 별개의 법률효과를 목적으로 하는 때에는 원칙적으로 선행행위의 하자를 이유로 후행행위의 효력을 다툴 수 없다.

④ 선행행위와 후행행위가 서로 독립하여 별개의 법률효과를 목적으로 하는 경우라도 선행행위의 불가쟁력이나 구속력이 그로 인하여 불이익을 입는 자에게 수인한도를 넘는 가혹함을 가져오고 그 결과가 예측가능한 것이 아닌 때에는 하자의 승계를 인정할 수 있다.

 ① 선행행위에 <u>무효인</u> 하자가 있으면 그 하자는 <u>당연히 승계</u>되어 후행행위 역시 무효가 되므로 하자의 승계에 대한 논의는 불필요하다.

③ 선행행위에 불가쟁력이 발생하지 않았다면 그 자체에 대해 다투면 되므로 선행행위의 하자를 이유로 후행행위 효력을 다투는 하자 승계가 문제되지 않는다.

③④ 두 개 이상의 행정처분이 연속적으로 행하여지는 경우 선행처분과 후행처분이 서로 결합하여 1개의 법률효과를 완성하는 때에는 선행처분에 하자가 있으면 그 하자는 후행처분에 승계되므로 선행처분에 불가쟁력이 생겨 그 효력을 다툴 수 없게 된 경우에도 선행처분의 하자를 이유로 후행처분의 효력을 다툴 수 있는 반면 <u>선행처분과 후행처분이 서로 독립하여 별개의 법률효과를 목적으로 하는 때에는 선행처분에 불가쟁력이 생겨 그 효력을 다툴 수 없게 된 경우에는 선행처분의 하자가 중대하고 명백하여 당연무효인 경우를 제외하고는 선행처분의 하자를 이유로 후행처분의 효력을 다툴 수 없는 것이 원칙이나 선행처분과 후행처분이 서로 독립하여 별개의 효과를 목적으로 하는 경우에도 선행처분의 불가쟁력이나 구속력이 그로 인하여 불이익을 입게 되는 자에게 수인한도를 넘는 가혹함을 가져오며, 그 결과가 당사자에게 예측가능한 것이 아닌 경우에는 국민의 재판받을 권리를 보장하고 있는 헌법의 이념에 비추어 선행처분의 후행처분에 대한 구속력은 인정될 수 없다</u>(대판 1994. 1. 25. 선고 93누8542).

## 8 갑은 관할 행정청에 「여객자동차 운수사업법」에 따른 개인택시운송사업면허를 신청하였다. 이에 대한 설명으로 옳은 것은? (다툼이 있는 경우 판례에 의함)

① 개인택시운송사업면허의 법적 성질은 강학상 허가에 해당한다.

② 관련 법령에 법적 근거가 없더라도 개인택시운송사업면허를 하면서 부관을 붙일 수 있다.

③ 개인택시운송사업면허가 거부된 경우, 거부처분에 대해 취소소송과 함께 제기한 갑의 집행정지 신청은 법원에 의해 허용된다.

④ 갑이 개인택시운송사업면허를 받았다가 이를 을에게 양도하였고 운송사업의 양도·양수에 대한 인가를 받은 이후에는 양도·양수 이전에 있었던 갑의 운송사업면허 취소사유를 이유로 을의 운송사업면허를 취소할 수 없다.

 ①② 개인택시운송사업면허는 특정인에게 권리나 이익을 부여하는 이른바 수익적 행정행위로서 법령에 특별한 규정이 없는 한 재량행위이다. 재량행위에 있어서는 관계 법령에 명시적인 금지규정이 없는 한 행정목적을 달성하기 위하여 부관을 붙일 수 있다.

③ 신청에 대한 거부처분의 효력을 정지하더라도 거부처분이 없었던 것과 같은 상태, 즉 거부처분이 있기 전의 신청시의 상태로 되돌아가는 데에 불과하고 행정청에게 신청에 따른 처분을 하여야 할 의무가 생기는 것이 아니므로, <u>거부처분의 효력정지는 그 거부처분으로 인하여 신청인에게 생길 손해를 방지하는 데 아무런 보탬이 되지 아니하여 그 효력정지를 구할 이익이 없다</u>(대결 1995.6.21. 95두26).

④ 구 여객자동차 운수사업법 제14조 제4항에 의하면 개인택시운송사업을 양수한 사람은 양도인의 운송사업자로서의 <u>지위를 승계하므로, 관할 관청은 개인택시 운송사업의 양도·양수에 대한 인가를 한 후에도 그 양도·양수 이전에 있었던 양도인에 대한 운송사업면허 취소사유를 들어 양수인의 사업면허를 취소할 수 있다</u>(대법원 2010.11.11, 2009두14934).

✎ **ANSWER**   6.② 7.① 8.②

**9** 행정소송에 있어 기속행위와 재량행위의 구별에 대한 설명으로 옳은 것은? (다툼이 있는 경우 판례에 의함)

① 기속행위의 경우에는 절차상의 하자만으로 독립된 취소사유가 될 수 없으나, 재량행위의 경우에는 절차상의 하자만으로도 독립된 취소사유가 된다.

② 기속행위의 경우에는 소송의 계속 중에 처분사유를 추가·변경할 수 있으나, 재량행위의 경우에는 처분사유의 추가·변경이 허용되지 않는다.

③ 실체적 위법을 이유로 거부처분을 취소하는 판결이 확정된 경우, 해당 행정행위가 기속행위이든 재량행위이든 원고의 신청을 인용하여야 할 의무가 발생하는 점에서는 동일하다.

④ 과징금 감경 여부는 과징금 부과 관청의 재량에 속하는 것이므로, 과징금 부과 관청이 이를 판단함에 있어서 재량권을 일탈·남용하여 과징금 부과처분이 위법하다고 인정될 경우, 법원으로서는 법원이 적정하다고 인정되는 부분을 초과한 부분만 취소할 수는 없다.

> **ADVICE**  ④ 명의신탁이 조세를 포탈하거나 법령에 의한 제한을 회피할 목적이 아니어서 '부동산 실권리자명의 등기에 관한 법률 시행령' 제3조의2 단서의 과징금 감경사유가 있는 경우 과징금 감경 여부는 과징금 부과 관청의 재량에 속하는 것이므로, 과징금 부과 관청이 이를 판단하면서 재량권을 일탈·남용하여 과징금 부과처분이 위법하다고 인정될 경우, 법원으로서는 과징금 부과처분 전부를 취소할 수밖에 없고, 법원이 적정하다고 인정되는 부분을 초과한 부분만 취소할 수는 없다(대판 2010. 7. 15. 선고 2010두703).
> ① 판례는 재량행위, 기속행위 불문하고 절차적 하자를 독립된 취소사유로 보고 있다.
> ② 판례는 처분사유의 추가·변경의 범위를 기속행위, 재량행위로 구분하지 않고, 기본적 사실관계의 동일성이 유지되는 한도 내에서, 그리고 처분의 동일성이 인정되는 한도 내에서 처분사유의 추가·변경을 인정하고 있다.
> ③ 실체적 위법을 이유로 거부처분을 취소하는 판결이 확정된 경우, 해당 행정행위가 기속행위인 경우 원고의 신청을 인용하여야 할 의무가 발생하지만, 재량행위인 경우 하자 없는 재량권을 행사해야 할 의무가 발생할 뿐이어서 행정청이 반드시 원고의 신청대로 인용할 의무는 없다.

**10** 「행정절차법」이 규정하고 있는 내용으로 옳지 않은 것은? (※ 기출변형)

① 행정청에 처분을 구하는 신청은 문서로 함이 원칙이며, 행정청은 신청에 필요한 구비서류, 접수기관, 처리 기간, 그 밖에 필요한 사항을 게시하거나 이에 대한 편람을 갖추어 두고 누구나 열람할 수 있도록 하여야 한다.

② 신속하게 국민의 권리를 보호하여야 하거나 예측이 어려운 특별한 사정이 발생하는 등 긴급한 사유로 예고가 현저히 곤란한 경우, 정책 등의 예고가 공공의 안전 또는 복리를 현저히 해칠 우려가 상당한 경우에는 행정청은 이를 예고하지 아니할 수 있다.

③ 행정기관은 행정지도의 상대방이 행정지도에 따르지 아니하였다는 것을 이유로 불이익한 조치를 하여서는 아니 되며, 행정지도의 상대방은 해당 행정지도의 방식 · 내용 등에 관하여 행정기관에 의견제출을 할 수 있다.

④ 행정청은 행정계획의 취지, 주요 내용을 관보 · 공보나 인터넷 · 신문 · 방송 등을 통하여 널리 공고하여야 하고 국회 소관 상임위원회에 이를 제출하여야 하되, 공고기간은 특별한 사정이 없으면 40일 이상으로 한다.

**〉ADVICE** ④ 행정예고의 예고방법에 대해서는 입법예고의 예고방법(행정절차법 제42조)을 준용하고 있으며(동법 제47조 제2항 참조), 그 예고기간은 '20일 이상'으로 해야 한다(동법 제46조 제3항).

- 행정절차법 제42조(예고방법) 제1항 … 행정청은 입법안의 취지, 주요 내용 또는 전문(全文)을 다음 각 호의 구분에 따른 방법으로 공고하여야 하며, <u>추가로 인터넷, 신문 또는 방송 등을 통하여 공고할 수 있다.</u>
  1. 법령의 입법안을 입법예고하는 경우 : 관보 및 법제처장이 구축 · 제공하는 정보시스템을 통한 공고
  2. 자치법규의 입법안을 입법예고하는 경우 : 공보를 통한 공고
- 동법조 제2항 … 행정청은 대통령령을 입법예고하는 경우 <u>국회 소관 상임위원회에 이를 제출하여야 한다.</u>
- 동법 제46조(행정예고) 제3항 … <u>행정예고기간은</u> 예고 내용의 성격 등을 고려하여 정하되, 특별한 사정이 없으면 <u>20일 이상으로 한다.</u>

① 행정절차법 제17조(처분의 신청) 제1항 및 제3항

② 동법 제46조(행정예고) 제1항 … 행정청은 정책, 제도 및 계획(이하 "정책등"이라 한다)을 수립 · 시행하거나 변경하려는 경우에는 이를 예고하여야 한다. 다만, 다음 각 호의 어느 하나에 해당하는 경우에는 예고를 하지 아니할 수 있다.
  1. 신속하게 국민의 권리를 보호하여야 하거나 예측이 어려운 특별한 사정이 발생하는 등 긴급한 사유로 예고가 현저히 곤란한 경우
  2. 법령등의 단순한 집행을 위한 경우
  3. 정책등의 내용이 국민의 권리 · 의무 또는 일상생활과 관련이 없는 경우
  4. 정책등의 예고가 공공의 안전 또는 복리를 현저히 해칠 우려가 상당한 경우
  ※ 2019. 12. 10. 개정사항을 반영한 기출변형

③ 동법 제48조(행정지도의 원칙) 제2항 및 제50조(의견제출)

11 정보공개의무를 부담하는 공공기관에 대한 설명으로 옳지 않은 것은? (다툼이 있는 경우 판례에 의함)

① 사립대학교는 「공공기관의 정보공개에 관한 법률 시행령」에 따른 공공기관에 해당하나, 국비의 지원을 받는 범위 내에서만 공공기관의 성격을 가진다.

② 한국방송공사는 「공공기관의 정보공개에 관한 법률 시행령」 제2조 제4호에 규정된 '특별법에 따라 설립된 특수법인'에 해당한다.

③ 한국증권업협회는 「공공기관의 정보공개에 관한 법률 시행령」 제2조 제4호에 규정된 '특별법에 따라 설립된 특수법인'에 해당하지 아니한다.

④ 사립학교에 대하여 「교육관련기관의 정보공개에 관한 특례법」이 적용되는 경우에도 「공공기관의 정보공개에 관한 법률」을 적용할 수 없는 것은 아니다.

> **ADVICE** ① 공공기관은 국가기관에 한정되는 것이 아니라 지방자치단체, 정부투자기관, 그 밖에 공동체 전체의 이익에 중요한 역할이나 기능을 수행하는 기관도 포함되는 것으로 해석되고, 여기에 정보공개의 목적, 교육의 공공성 및 공·사립학교의 동질성, 사립대학교에 대한 국가의 재정지원 및 보조 등 여러 사정을 고려해 보면, 사립대학교에 대한 국비 지원이 한정적·일시적·국부적이라는 점을 고려하더라도, 같은 법 시행령 제2조 제1호가 정보공개의무를 지는 공공기관의 하나로 사립대학교를 들고 있는 것이 모법인 구 공공기관의 정보공개에 관한 법률의 위임 범위를 벗어났다거나 사립대학교가 국비의 지원을 받는 범위 내에서만 공공기관의 성격을 가진다고 볼 수 없다(대판 2006. 8. 24. 선고 2004두2783).
>
> ④ 구 교육관련기관의 정보공개에 관한 특례법은, 교육관련기관이 보유·관리하는 정보의 공개의무와 공개에 필요한 기본적인 사항을 정하여 국민의 알권리를 보장하고 학술 및 정책연구를 진흥함과 아울러 학교교육에 대한 참여와 교육행정의 효율성 및 투명성을 높이기 위하여 정보공개법에 대한 특례를 규정함을 목적으로 제정된 법률로서, (…중략…) 아울러 교육기관정보공개법 제4조는 정보의 공개 등에 관하여 이 법에서 규정하지 아니한 사항에 대해서는 정보공개법을 적용한다고 규정하고 있다. 위와 같이 교육기관정보공개법은 공공기관이 직무상 작성 또는 취득하여 관리하고 있는 정보 가운데 교육관련기관이 학교교육과 관련하여 직무상 작성 또는 취득하여 관리하고 있는 정보의 공개에 관하여 특별히 규율하는 법률이므로, 학교에 대하여 교육기관정보공개법이 적용된다고 하여 더 이상 정보공개법을 적용할 수 없게 되는 것은 아니라고 할 것이다(대법원 2013.11.28. 2011두5049).

**12** 행정상 실효성 확보수단에 대한 판례의 입장으로 옳은 것은?

① 「건축법」상 이행강제금의 부과에 대해서는 항고소송을 제기할 수 없고 「비송사건절차법」에 따라 재판을 청구할 수 있다.

② 「도로교통법」상 통고처분에 대하여 이의가 있는 자는 통고처분에 따른 범칙금의 납부를 이행한 후에 행정쟁송을 통해 통고처분을 다툴 수 있다.

③ 세법상의 세무조사결정은 납세의무자의 권리·의무에 직접 영향을 미치는 공권력의 행사이므로 항고소송의 대상이 된다.

④ 과세처분 이후에 그 근거법률이 위헌결정을 받았으나 이미 과세처분의 불가쟁력이 발생한 경우, 당해 과세처분에 대한 조세채권의 집행을 위한 체납처분의 속행은 적법하다.

>**ADVICE** ① 2005년 건축법 개정 이전에는 이행강제금의 징수 및 이의절차에 관해 과태로 부과 처분에 대한 불복절차를 준용한다고 규정돼 있었다. 따라서 이행강제금 부과 처분에 대해서는 비송사건절차법이 정하는 바에 따라 이의신청 등을 통해 다투었다. 2005년 11월 8일 건축법 개정 이후 이행강제금에 대해서도 항고소송으로 다툴 수 있게 되었다.

② 도로교통법 제118조에서 규정하는 경찰서장의 통고처분은 행정소송의 대상이 되는 행정처분이 아니므로 그 처분의 취소를 구하는 소송은 부적법하고, 도로교통법상의 통고처분을 받은 자가 그 처분에 대하여 이의가 있는 경우에는 통고처분에 따른 범칙금의 납부를 이행하지 아니함으로써 경찰서장의 즉결심판청구에 의하여 법원의 심판을 받을 수 있게 될 뿐이다(대판 1995. 6. 29. 선고 95누4674).

④ 조세 부과의 근거가 되었던 법률규정이 위헌으로 선언된 경우, 비록 그에 기한 과세처분이 위헌결정 전에 이루어졌고, 과세처분에 대한 제소기간이 이미 경과하여 조세채권이 확정되었으며, 조세채권의 집행을 위한 체납처분의 근거규정 자체에 대하여는 따로 위헌결정이 내려진 바 없다고 하더라도, 위와 같은 위헌결정 이후에 조세채권의 집행을 위한 새로운 체납처분에 착수하거나 이를 속행하는 것은 더 이상 허용되지 않고, 나아가 이러한 위헌결정의 효력에 위배하여 이루어진 체납처분은 그 사유만으로 하자가 중대하고 객관적으로 명백하여 당연무효라고 보아야 한다(대판 2012. 2. 16. 선고 2010두10907).

**13** 「행정소송법」상 필요적 전치주의가 적용되는 사안에서, 행정심판을 청구하여야 하나 당해 처분에 대한 행정심판의 재결을 거치지 아니하고 취소소송을 제기할 수 있는 경우에 해당하는 것은?

① 동종사건에 관하여 이미 행정심판의 기각재결이 있는 경우

② 서로 내용상 관련되는 처분 또는 같은 목적을 위하여 단계적으로 진행되는 처분 중 어느 하나가 이미 행정심판의 재결을 거친 경우

③ 처분의 집행 또는 절차의 속행으로 생길 중대한 손해를 예방하여야 할 긴급한 필요가 있는 경우

④ 처분을 행한 행정청이 행정심판을 거칠 필요가 없다고 잘못 알린 경우

> **ADVICE** ③ 행정심판의 재결을 거치지 아니하고 취소소송을 제기할 수 있는 경우(행정소송법 제18조 제2항 참조)는 다음과 같다.
> - 행정심판청구가 있은 날로부터 60일이 지나도 재결이 없는 때
> - 처분의 집행 또는 절차의 속행으로 생길 중대한 손해를 예방하여야 할 긴급한 필요가 있는 때
> - 법령의 규정에 의한 행정심판기관이 의결 또는 재결을 하지 못할 사유가 있는 때
> - 그 밖의 정당한 사유가 있는 때
>
> ①②④ 행정심판을 제기함 없이 취소소송을 제기할 수 있는 경우(동법조 제3항 참조)는 다음과 같다.
> - 동종사건에 관하여 이미 행정심판의 기각재결이 있는 때
> - 서로 내용상 관련되는 처분 또는 같은 목적을 위하여 단계적으로 진행되는 처분중 어느 하나가 이미 행정심판의 재결을 거친 때
> - 행정청이 사실심의 변론종결후 소송의 대상인 처분을 변경하여 당해 변경된 처분에 관하여 소를 제기하는 때
> - 처분을 행한 행정청이 행정심판을 거칠 필요가 없다고 잘못 알린 때

**14** 협의의 소의 이익에 대한 설명으로 옳은 것은? (다툼이 있는 경우 판례에 의함)

① 취임승인이 취소된 학교법인의 정식이사들에 대해 원래 정해져 있던 임기가 만료되면 그 임원취임승인취소처분의 취소를 구할 소의 이익이 없다.
② 지방의회 의원의 제명의결 취소소송 계속 중 임기 만료로 지방의원으로서의 지위를 회복할 수 없는 자는 제명의결의 취소를 구할 소의 이익이 없다.
③ 수형자의 영치품에 대한 사용신청 불허처분 후 수형자가 다른 교도소로 이송된 경우 원래 교도소로의 재이송 가능성이 소멸되었으므로 그 불허처분의 취소를 구할 소의 이익이 없다.
④ 법인세 과세표준과 관련하여 과세관청이 법인의 소득처분 상대방에 대한 소득처분을 경정하면서 증액과 감액을 동시에 한 결과 전체로서 소득처분금액이 감소된 경우, 법인이 소득금액변동통지의 취소를 구할 소의 이익이 없다.

> **ADVICE** 권리보호의 필요(협의의 소의 이익) ··· 구체적 사안에 있어서 분쟁에 대한 취소 또는 무효확인 등 판단을 행할 구체적 · 현실적 필요성이 있는 것을 말한다. 위법한 처분을 취소하더라도 원상회복이 불가능한 경우 취소의 이익은 없게 된다.

④ 법인이 법인세의 과세표준을 신고하면서 배당, 상여 또는 기타소득으로 소득처분한 금액은 당해 법인이 신고기일에 소득처분의 상대방에게 지급한 것으로 의제되어 그때 원천징수하는 소득세의 납세의무가 성립 · 확정되며, 그 후 과세관청이 직권으로 상대방에 대한 소득처분을 경정하면서 일부 항목에 대한 증액과 다른 항목에 대한 감액을 동시에 한 결과 전체로서 소득처분금액이 감소된 경우에는 그에 따른 소득금액변동통지가 납세자인 당해 법인에 불이익을 미치는 처분이 아니므로 당해 법인은 그 소득금액변동통지의 취소를 구할 이익이 없다(대판 2012.4.13. 2009두5510).

① 비록 취임승인이 취소된 학교법인의 정식이사들에 대하여 원래 정해져 있던 임기가 만료되고 임원결격사유기간마저 경과하였다 하더라도, 그 임원취임승인취소처분이 위법하다고 판명되고 나아가 임시이사들의 지위가 부정되어 직무권한이 상실되면, 그 정식이사들은 후임이사 선임시까지 민법 제691조의 유추적용에 의하여 직무수행에 관한 긴급처리권을 가지게 되고 이에 터잡아 후임 정식이사들을 선임할 수 있게 되는바, 이는 감사의 경우에도 마찬가지이다.

• 제소 당시에는 권리보호의 이익을 갖추었는데 제소 후 취소 대상 행정처분이 기간의 경과 등으로 그 효과가 소멸한 때, 동일한 소송 당사자 사이에서 동일한 사유로 위법한 처분이 반복될 위험성이 있어 행정처분의 위법성 확인 내지 불분명한 법률문제에 대한 해명이 필요하다고 판단되는 경우, 그리고 선행처분과 후행처분이 단계적인 일련의 절차로 연속하여 행하여져 후행처분이 선행처분의 적법함을 전제로 이루어짐에 따라 선행처분의 하자가 후행처분에 승계된다고 볼 수 있어 이미 소를 제기하여 다투고 있는 선행처분의 위법성을 확인하여 줄 필요가 있는 경우 등에는 행정의 적법성 확보와 그에 대한 사법통제, 국민의 권리구제의 확대 등의 측면에서 여전히 그 처분의 취소를 구할 법률상 이익이 있다(대판 2007. 7. 19. 선고 2006두19297).

② 원고가 이 사건 제명의결 취소소송 계속중 임기가 만료되어 제명의결의 취소로 지방의회 의원으로서의 지위를 회복할 수는 없다 할지라도, 그 취소로 인하여 최소한 제명의결시부터 임기만료일까지의 기간에 대해 월정수당의 지급을 구할 수 있는 등 여전히 그 제명의결의 취소를 구할 법률상 이익은 남아 있다고 보아야 한다(대판 2009. 1. 30. 선고 2007두13487).

③ 영치품에 대한 사용신청 불허처분 이후 이루어진 원고의 다른 교도소로의 이송이라는 사정에 의하여 원고의 권리와 이익의 침해 등이 해소되지 아니한 점, 원고의 형기가 만료되기까지는 아직 상당한 기간이 남아 있을 뿐만 아니라, 진주교도소가 전국 교정시설의 결핵 및 정신질환 수형자들을 수용 · 관리하는 의료교도소인 사정을 감안할 때 원고의 진주교도소로의 재이송 가능성이 소멸하였다고 단정하기 어려운 점 등을 종합하면, 원고로서는 이 사건 처분의 취소를 구할 이익이 있다고 봄이 상당하다(대판 2008. 2. 14. 선고 2007두13203).

✎ **ANSWER**  13.③  14.④

**15** 영조물의 설치·관리상 하자책임에 대한 설명으로 옳지 않은 것은? (다툼이 있는 경우 판례에 의함)

① 일반 공중이 사용하는 공공용물 외에 행정주체가 직접 사용하는 공용물이나 하천과 같은 자연공물도 「국가배상법」 제5조의 '공공의 영조물'에 포함된다.

② 영조물의 하자 유무는 객관적 견지에서 본 안전성의 문제이며, 국가의 예산 부족으로 인해 영조물의 설치·관리에 하자가 생긴 경우에도 국가는 면책될 수 없다.

③ 고속도로의 관리상 하자가 인정되더라도 고속도로의 관리상 하자를 판단할 때 고속도로의 점유관리자가 손해의 방지에 필요한 주의의무를 해태하였다는 주장·입증책임은 피해자에게 있다.

④ 소음 등의 공해로 인한 법적 쟁송이 제기되거나 그 피해에 대한 보상이 실시되는 등 피해지역임이 구체적으로 드러나고 이러한 사실이 그 지역에 널리 알려진 이후에 이주하여 오는 경우에는 위와 같은 위험에의 접근에 따른 가해자의 면책 여부를 보다 적극적으로 인정할 여지가 있다.

> **ADVICE** ③ 고속도로의 관리상 하자가 인정되는 이상 <u>고속도로의 점유관리자는</u> 그 하자가 불가항력에 의한 것이거나 손해의 방지에 필요한 <u>주의를 해태하지 아니하였다는</u> 점을 주장·입증하여야 비로소 그 책임을 면할 수 있다(대판 2008. 3. 13, 2007다29287, 29294).

**16** 행정상 손실보상제도에 대한 설명으로 옳지 않은 것은?

① 헌법 제23조 제1항의 규정이 재산권의 존속을 보호하는 것이라면 제23조 제3항의 수용제도를 통해 존속보장은 가치보장으로 변하게 된다.

② 평등의 원칙으로부터 파생된 '공적 부담 앞의 평등'은 손실보상의 이론적 근거가 될 수 있다.

③ 헌법 제23조 제3항을 불가분조항으로 볼 경우, 보상규정을 두지 아니한 수용법률은 헌법위반이 된다.

④ 대법원은 구 「하천법」 부칙 제2조와 이에 따른 특별조치법에 의한 손실보상청구권의 법적 성질을 사법상의 권리로 보아 그에 대한 쟁송은 행정소송이 아닌 민사소송 절차에 의하여야 한다고 판시하고 있다.

> **ADVICE** ④ 하천법 중 개정법률은 그 부칙 제2조 제1항에서 국유로 된 제외지 안의 토지에 대하여는 관리청이 그 손실을 보상하도록 규정하였고, 하천구역 편입토지 보상에 관한 특별조치법' 제2조는 소멸시효의 만료로 보상청구권이 소멸되어 보상을 받지 못한 토지에 대하여는 시·도지사가 그 손실을 보상하도록 규정하고 있는바, 위 각 규정들에 의한 손실보상청구권은 모두 종전의 하천법 규정 자체에 의하여 하천구역으로 편입되어 국유로 되었으나 그에 대한 보상규정이 없었거나 보상청구권이 시효로 소멸되어 보상을 받지 못한 토지들에 대하여, 국가가 반성적 고려와 국민의 권리구제 차원에서 그 손실을 보상하기 위하여 규정한 것으로서, <u>그 법적 성질은 하천법 본칙이 원래부터 규정하고 있던 하천구역에의 편입에 의한 손실보상청구권과 하등 다를 바가 없는 것이어서 공법상의 권리임이 분명하므로 그에 관한 쟁송도 행정소송절차에 의하여야 한다</u>(대판 2006. 5. 18. 선고 2004다6207).
> ③ 헌법 제23조 제3항에 나와 있는 '재산권의 수용·사용·제한규정'과 '보상규정'을 불가분조항(결부조항)으로 보는 것은 '재산권 침해의 법률에는 보상에 관한 규정이 같이 있어야 한다.'는 것으로 위헌무효설이나 분리이론에서 강조하는 것이다. 따라서 보상에 대한 규정 없이 재산권을 수용·사용·제한하는 법률은 위헌이 된다.

**17** 법률상 이익에 대한 판례의 입장으로 옳은 것은?

① 사회권적 기본권의 성격을 가지는 연금수급권은 헌법에 근거한 개인적 공권이므로 헌법 규정만으로도 실현할 수 있다.

② 소극적 방어권인 헌법상의 자유권적 기본권은 법률의 규정이 없다고 하더라도 직접 공권이 성립될 수도 있다.

③ 인·허가 등 수익적 처분을 신청한 여러 사람이 상호 경쟁관계에 있다면, 그 처분이 타방에 대한 불허가 등으로 될 수밖에 없는 때에도 수익적 처분을 받지 못한 사람은 처분의 직접 상대방이 아니므로 원칙적으로 당해 수익적 처분의 취소를 구할 수 없다.

④ 「환경정책기본법」 제6조의 규정 내용 등에 비추어 국민에게 구체적인 권리를 부여한 것으로 볼 수 없더라도 환경영향평가 대상지역 밖에 거주하는 주민에게 헌법상의 환경권 또는 「환경정책기본법」에 근거하여 공유수면매립면허처분과 농지개량사업 시행인가처분의 무효확인을 구할 원고적격이 있다.

> **ADVICE** ① 연금수급권은 국가에 대하여 적극적으로 급부를 요구하는 것이므로 헌법 규정만으로는 실현할 수 없고 법률에 의한 형성을 필요로 한다.
>
> ③ 인·허가 등의 수익적 행정처분을 신청한 수인이 서로 경쟁관계에 있어서 일방에 대한 허가 등의 처분이 타방에 대한 불허가 등으로 귀결될 수밖에 없는 때 허가 등의 처분을 받지 못한 자는 비록 경원자에 대하여 이루어진 허가 등 처분의 상대방이 아니라 하더라도 당해 처분의 취소를 구할 당사자적격이 있다 할 것이고, 다만 구체적인 경우에 있어서 그 처분이 취소된다 하더라도 허가 등의 처분을 받지 못한 불이익이 회복된다고 볼 수 없을 때에는 당해 처분의 취소를 구할 정당한 이익이 없다고 할 것이다(대판 1992. 5. 8. 선고 91누13274).
>
> ④ 헌법 제35조 제1항에서 정하고 있는 환경권에 관한 규정만으로는 그 권리의 주체·대상·내용·행사방법 등이 구체적으로 정립되어 있다고 볼 수 없고, 환경정책기본법 제6조도 그 규정 내용 등에 비추어 국민에게 구체적인 권리를 부여한 것으로 볼 수 없다는 이유로, 환경영향평가 대상지역 밖에 거주하는 주민에게 헌법상의 환경권 또는 환경정책기본법에 근거하여 공유수면매립면허처분과 농지개량사업 시행인가처분의 무효확인을 구할 원고적격이 없다(대판 2006. 3. 16. 선고 2006두330).

**18** 항고소송의 대상인 행정처분에 대한 설명으로 옳지 않은 것은? (다툼이 있는 경우 판례에 의함)

① 중소기업기술정보진흥원장이 갑 주식회사와 체결한 중소기업 정보화지원사업 지원대상인 사업의 지원협약을 갑의 책임 있는 사유로 해지하고 협약에서 정한 대로 지급받은 정부지원금을 반환할 것을 통보한 경우, 협약의 해지 및 그에 따른 환수통보는 행정청이 우월한 지위에서 행하는 공권력의 행사로서 행정처분에 해당한다.

② 재단법인 한국연구재단이 갑 대학교 총장에게 연구개발비의 부당집행을 이유로 두뇌한국(BK)21 사업 협약을 해지하고 연구팀장 을에 대한 대학 자체징계를 요구한 것은 항고소송의 대상인 행정처분에 해당하지 않는다.

③ 지방자치단체 등이 건축물을 건축하기 위해 건축물 소재지 관할 허가권자인 지방자치단체의 장과 건축협의를 하였는데 허가권자인 지방자치단체의 장이 그 협의를 취소한 경우, 건축협의 취소는 항고소송의 대상인 행정처분에 해당한다.

④ 갑 시장이 감사원으로부터 소속 공무원 을에 대하여 징계의 종류를 정직으로 정한 징계 요구를 받게 되자 감사원에 징계 요구에 대한 재심의를 청구하였고 감사원이 재심의청구를 기각한 경우, 감사원의 징계 요구와 재심의결정은 항고소송의 대상이 되는 행정처분에 해당하지 않는다.

> **ADVICE** ① 중소기업 정보화지원사업에 따른 지원금 출연을 위하여 중소기업청장이 체결하는 협약은 공법상 대등한 당사자 사이의 의사표시의 합치로 성립하는 공법상 계약에 해당하는 점, (… 중략 …) 달리 지원금 환수에 관한 구체적인 법령상 근거가 없는 점 등을 종합하면, 협약의 해지 및 그에 따른 환수통보는 공법상 계약에 따라 행정청이 대등한 당사자의 지위에서 하는 의사표시로 보아야 하고, 이를 행정청이 우월한 지위에서 행하는 공권력의 행사로서 행정처분에 해당한다고 볼 수는 없다(대판 2015. 8. 27. 선고 2015두41449).
> ② 재단법인 한국연구재단이 갑 대학교 총장에게 연구개발비의 부당집행을 이유로 '해양생물유래 고부가식품 · 향장 · 한약 기초소재 개발 인력양성사업에 대한 2단계 두뇌한국(BK)21 사업' 협약을 해지하고 연구팀장 을에 대한 대학자체 징계 요구 등을 통보한 사안에서, 재단법인 한국연구재단이 갑 대학교 총장에게 을에 대한 대학 자체징계를 요구한 것은 법률상 구속력이 없는 권유 또는 사실상의 통지로서 을의 권리, 의무등 법률상 지위에 직접적인 법률적 변동을 일으키지 않는 행위에 해당하므로, 항고소송의 대상인 행정처분에 해당하지 않는다(대판 2014.12.11.2012두28704).
> ③ 구 건축법 내용에 의하면, 건축협의의 실질은 지방자치단체 등에 대한 건축허가와 다르지 않으므로, 지방자치단체 등이 건축물을 건축하려는 경우 등에는 미리 건축물의 소재지를 관할하는 허가권자인 지방자치단체의 장과 건축협의를 하지 않으면, 지방자치단체라 하더라도 건축물을 건축할 수 없다. 그리고 구 지방자치법 등 관련법령을 살펴보아도 지방자치단체의 장이 다른 지방자치단체를 상대로 한 건축협의 취소에 관하여 다툼이 있는 경우에 법적 분쟁을 실효적으로 해결할 구제수단을 찾기도 어렵다. 따라서 건축협의 취소는 상대방이 다른 지방자치단체 등 행정주체라 하더라도 '행정청이 행하는 구체적 사실에 관한 법집행으로서의 공권력 행사로서 처분에 해당한다고 볼 수 있고, 지방자치단체인 원고가 이를 다툴 실효적 해결 수단이 없는 이상, 원고는 건축물 소재지 관할 허가권자인 지방자치단체의 장을 상대로 항고소송을 통해 건축협의 취소의 취소를 구할 수 있다(대판 2014.2.27. 2012두22980).

④ 갑 시장이 감사원으로부터 감사원법 제32조에 따라 을에 대하여 징계의 종류를 정직으로 정한 징계 요구를 받게 되자 감사원법 제36조 제2항에 따라 감사원에 징계 요구에 대한 재심의를 청구하였고, 감사원이 재심의청구를 기각하자 을이 감사원의 징계 요구와 그에 대한 재심의결정의 취소를 구하고 갑 시장이 감사원의 재심의결정 취소를 구하는 소를 제기한 사안에서, 징계 요구는 징계 요구를 받은 기관의 장이 요구받은 내용대로 처분하지 않더라도 불이익을 받는 규정도 없고, 징계 요구 내용대로 효과가 발생하는 것도 아니며, 징계 요구에 의하여 행정청이 일정한 행정처분을 하였을 때 비로소 이해관계인의 권리관계에 영향을 미칠 뿐, 징계 요구 자체만으로는 징계 요구 대상 공무원의 권리·의무에 직접적인 변동을 초래하지도 아니하므로, 행정청 사이의 내부적인 의사결정의 경로로서 '징계 요구, 징계 절차 회부, 징계'로 이어지는 과정에서의 중간처분에 불과하여, 감사원의 징계 요구와 재심의결정이 항고소송의 대상이 되는 행정처분이라고 할 수 없고, 감사원법 제40조 제2항을 갑 시장에게 감사원을 상대로 한 기관소송을 허용하는 규정으로 볼 수는 없고 그 밖에 행정소송법을 비롯한 어떠한 법률에도 갑 시장에게 '감사원의 재심의 판결'에 대하여 기관소송을 허용하는 규정을 두고 있지 않으므로, 갑 시장이 제기한 소송이 기관소송으로서 감사원법 제40조 제2항에 따라 허용된다고 볼 수 없다(대판 2016.12.27. 2014두5637).

**19** 「행정소송법」상 제소기간에 대한 판례의 입장으로 옳은 것은?

① 청구취지를 변경하여 종전의 소가 취하되고 새로운 소가 제기된 것으로 변경되었다면 새로운 소에 대한 제소기간 준수여부는 원칙적으로 소의 변경이 있은 때를 기준으로 한다.

② 납세자의 이의신청에 의한 재조사결정에 따른 행정소송의 제소기간은 이의신청인 등이 재결청으로부터 재조사결정의 통지를 받은 날부터 기산한다.

③ 처분의 불가쟁력이 발생하였고 그 이후에 행정청이 당해 처분에 대해 행정심판청구를 할 수 있다고 잘못 알렸다면, 그 처분의 취소소송의 제소기간은 행정심판의 재결서를 받은 날부터 기산한다.

④ 「산업재해보상보험법」상 보험급여의 부당이득 징수결정의 하자를 이유로 징수금을 감액하는 경우 감액처분으로도 아직 취소되지 않고 남아 있는 부분이 위법하다 하여 다툴 때에는, 제소기간의 준수 여부는 감액처분을 기준으로 판단해야 한다.

> **ADVICE** ① 청구취지를 교환적으로 변경하여 종전의 소가 취하되고 새로운 소가 제기된 것으로 보게 되는 경우에 새로운 소에 대한 제소기간의 준수 등은 원칙적으로 소의 변경이 있은 때를 기준으로 하여 판단된다. 그러나 선행처분의 취소를 구하는 소가 그 후속처분의 취소를 구하는 소로 교환적으로 변경되었다가 다시 선행처분의 취소를 구하는 소로 변경된 경우 후속처분의 취소를 구하는 소에 선행처분의 취소를 구하는 취지가 그대로 남아 있었던 것으로 볼 수 있다면 선행처분의 취소를 구하는 소의 제소기간은 최초의 소가 제기된 때를 기준으로 정하여야 한다(대판 2013. 7. 11. 선고 2011두27544).
>
> ② 이의신청 등에 대한 결정의 한 유형으로 실무상 행해지고 있는 재조사결정은 처분청으로 하여금 하나의 과세단위의 전부 또는 일부에 관하여 당해 결정에서 지적된 사항을 재조사하여 그 결과에 따라 과세표준과 세액을 경정하거나 당초 처분을 유지하는 등의 후속 처분을 하도록 하는 형식을 취하고 있다. 이에 따라 재조사결정을 통지받은 이의신청인 등은 그에 따른 후속 처분의 통지를 받은 후에야 비로소 다음 단계의 쟁송절차에서 불복할 대상과 범위를 구체적으로 특정할 수 있게 된다. 이와 같은 재조사결정의 형식과 취지, 그리고 행정심판제도의 자율적 행정통제기능 및 복잡하고 전문적·기술적 성격을 갖는 조세법률관계의 특수성 등을 감안하면, 재조사결정은 당해 결정에서 지적된 사항에 관해서는 처분청의 재조사결과를 기다려 그에 따른 후속 처분의 내용을 이의신청 등에 대한 결정의 일부분으로 삼겠다는 의사가 내포된 변형결정에 해당한다고 볼 수밖에 없다. 그렇다면 재조사결정은 처분청의 후속 처분에 의하여 그 내용이 보완됨으로써 이의신청 등에 대한 결정으로서의 효력이 발생한다고 할 것이므로, 재조사결정에 따른 심사청구기간이나 심판청구기간 또는 행정소송의 제소기간은 이의신청인 등이 후속 처분의 통지를 받은 날부터 기산된다고 봄이 타당하다(대판 2010. 6. 25. 선고 2007두12514).
>
> ③ 행정소송법 제20조 제1항은 '취소소송은 처분 등이 있음을 안 날부터 90일 이내에 제기하여야 하나 행정청이 행정심판청구를 할 수 있다고 잘못 알린 경우에 행정심판청구가 있은 때의 기간은 재결서의 정본을 송달받은 날부터 기산한다'고 규정하고 있는데, 위 규정의 취지는 불가쟁력이 발생하지 않아 적법하게 불복청구를 할 수 있었던 처분 상대방에 대하여 행정청이 법령상 행정심판청구가 허용되지 않음에도 행정심판청구를 할 수 있다고 잘못 알린 경우에, 잘못된 안내를 신뢰하여 부적법한 행정심판을 거치느라 본래 제소기간 내에 취소소송을 제기하지 못한 자를 구제하려는 데에 있다. 이와 달리 이미 제소기간이 지남으로써 불가쟁력이 발생하여 불복청구를 할 수 없었던 경우라면 그 이후에 행정청이 행정심판청구를 할 수 있다고 잘못 알렸다고 하더라도 그 때문에 처분 상대방이 적법한 제소기간 내에 취소소송을 제기할 수 있는 기회를 상실하게 된 것은 아니므로 이러한 경우에 잘못된 안내에 따라 청구된 행정심판 재결서 정본을 송달받은 날부터 다시 취소소송의 제소기간이 기산되는 것은 아니다. 불가쟁력이 발생하여 더 이상 불복청구를 할 수 없는 처분에 대하여 행정청의 잘못된 안내가 있었다고 하여 처분 상대방의 불복청구 권리가 새로이 생겨나거나 부활한다고 볼 수는 없기 때문이다(대판 2012. 9. 27. 선고 2011두27247).

④ 행정청이 산업재해보상보험법에 의한 보험급여 수급자에 대하여 부당이득 징수결정을 한 후 징수결정의 하자를 이유로 징수금 액수를 감액하는 경우에 감액처분은 감액된 징수금 부분에 관해서만 법적 효과가 미치는 것으로서 당초 징수결정과 별개 독립의 징수금 결정처분이 아니라 그 실질은 처음 징수결정의 변경이고, 그에 의하여 징수금의 일부취소라는 징수의무자에게 유리한 결과를 가져오는 처분이므로 징수의무자에게는 그 취소를 구할 소의 이익이 없다. 이에 따라 감액처분으로도 아직 취소되지 않고 남아 있는 부분이 위법하다 하여 다투고자 하는 경우, 감액처분을 항고소송의 대상으로 할 수는 없고, 당초 징수결정 중 감액처분에 의하여 취소되지 않고 남은 부분을 항고소송의 대상으로 할 수 있을 뿐이며, 그 결과 제소기간의 준수 여부도 감액처분이 아닌 당초 처분을 기준으로 판단해야 한다(대판 2012. 9. 27. 선고 2011두27247).

## 20 판례의 입장으로 옳지 않은 것은?

① 행정청이 관련 법령에 근거하여 행하는 조합설립인가처분은 그 설립행위에 대한 보충행위로서의 성질에 그치지 않고 법령상 요건을 갖출 경우 「도시 및 주거환경정비법」상 주택재건축사업을 시행할 수 있는 권한을 갖는 행정주체(공법인)로서의 지위를 부여하는 일종의 설권적 처분의 성격을 갖는다.

② 교육부장관이 사학분쟁조정위원회의 심의를 거쳐 이사와 임시이사를 선임한 데 대하여 대학 교수협의회와 총학생회는 제3자로서 취소소송을 제기할 자격이 있다.

③ 건축사 업무정지처분을 받은 후 새로운 업무정지처분을 받음이 없이 1년이 경과하여 실제로 가중된 제재처분을 받을 우려가 없게 된 경우, 그 처분에서 정한 정지기간이 경과한 이상 특별한 사정이 없는 한 업무정지처분의 취소를 구할 법률상 이익이 없다.

④ 가중요건이 부령인 시행규칙상 처분기준으로 규정되어 있는 경우(예 : 「식품위생법 시행규칙」 제89조 [별표 23] 행정처분기준), 처분에서 정한 제재기간이 경과하였다면 그에 따라 선행처분을 받은 상대방은 그 처분의 취소를 구할 법률상 이익이 없다.

> **ADVICE** ④ 제재적 행정처분이 그 처분에서 정한 제재기간의 경과로 인하여 그 효과가 소멸되었으나, 부령인 시행규칙 또는 지방자치단체의 규칙의 형식으로 정한 처분기준에서 제재적 행정처분(선행처분)을 받은 것을 가중사유나 전제요건으로 삼아 장래의 제재적 행정처분(후행처분)을 하도록 정하고 있는 경우, 제재적 행정처분의 가중사유나 전제요건에 관한 규정이 법령이 아니라 규칙의 형식으로 되어 있다고 하더라도, 그러한 규칙이 법령에 근거를 두고 있는 이상 그 법적 성질이 대외적·일반적 구속력을 갖는 법규명령인지 여부와는 상관없이, 관할 행정청이나 담당공무원은 이를 준수할 의무가 있으므로 이들이 그 규칙에 정해진 바에 따라 행정작용을 할 것이 당연히 예견되고, 그 결과 행정작용의 상대방인 국민으로서는 그 규칙의 영향을 받을 수밖에 없다. 따라서 그러한 규칙이 정한 바에 따라 선행처분을 받은 상대방이 그 처분의 존재로 인하여 장래에 받을 불이익, 즉 후행처분의 위험은 구체적이고 현실적인 것이므로, 상대방에게는 선행처분의 취소소송을 통하여 그 불이익을 제거할 필요가 있다(대판 2006. 6. 22. 선고 2003두1684).
>
> ② 교육부장관이 사학분쟁조정위원회의 심의를 거쳐 갑 대학교를 설치·운영하는 을 학교법인의 이사와 임시이사를 선임한 데 대하여, 갑 대학교 교수협의회와 총학생회는 이사선임처분을 다툴 법률상 이익을 가지지만, 전국대학노동조합 갑 대학교 지부는 법률상 이익이 없다(대법원 2015.7.23. 선고 2012두19496).

---

✎ **ANSWER**  19.①  20.④

**1** 행정행위의 효력발생요건에 관한 설명으로 가장 옳지 않은 것은? (다툼이 있는 경우 판례에 의함)

① 행정행위의 효력발생요건으로서의 도달은 상대방이 그 내용을 현실적으로 알 필요까지는 없고, 다만 알 수 있는 상태에 놓여짐으로써 충분하다.

② 교부에 의한 송달은 수령확인서를 받고 문서를 교부함으로써 하며, 송달하는 장소에서 송달받을 자를 만나지 못한 경우에는 그 사무원·피용자 또는 동거인으로서 사리를 분별할 지능이 있는 사람에게 문서를 교부할 수 있다.

③ 정보통신망을 이용한 송달은 송달받을 자의 동의 여부와 상관없이 허용된다.

④ 판례는 내용증명우편이나 등기우편과는 달리 보통우편의 방법으로 발송되었다는 사실만으로는 그 우편물이 상당한 기간 내에 도달하였다고 추정할 수 없고, 송달의 효력을 주장하는 측에서 증거에 의하여 이를 입증하여야 한다고 본다.

> **ADVICE** ③ 행정절차법 제14조(송달) 제3항 … 정보통신망을 이용한 송달은 송달받을 자가 동의하는 경우에만 한다. 이 경우 송달받을 자는 송달받을 전자우편주소 등을 지정하여야 한다.

**2** 행정소송법상 취소판결의 효력 중 기속력에 관한 설명으로 가장 옳지 않은 것은? (다툼이 있는 경우 판례에 의함)

① 종전 확정판결의 행정소송 과정에서 한 주장 중 처분사유가 되지 아니하여 판결의 판단 대상에서 제외된 부분을 행정청이 그 후 새로이 행한 처분의 적법성과 관련하여 새로운 소송에서 다시 주장하는 것은 확정판결의 기판력에 저촉된다.

② 여러 법규 위반을 이유로 한 영업허가취소처분이 처분의 이유로 된 법규 위반 중 일부가 인정되지 않고 나머지 법규위반으로는 영업허가취소처분이 비례의 원칙에 위반된다고 취소된 경우에 판결에서 인정되지 않은 법규 위반사실을 포함하여 다시 영업정지처분을 내리는 것은 동일한 행위의 반복은 아니지만 판결의 취지에 반한다.

③ 파면처분에 대한 취소판결이 확정되면 파면되었던 원고를 복직시켜야 한다.

④ 법규 위반을 이유로 내린 영업허가취소처분이 비례의 원칙 위반으로 취소된 경우에 동일한 법규 위반을 이유로 영업정지처분을 내리는 것은 기속력에 반하지 않는다.

> **ADVICE** ① 처분사유로 볼 수 없다는 점이 확정되어 판결의 판단대상에서 제외되었다면, 피고가 그 후 새로이 행한 처분의 적법성과 관련하여 다시 위 주장을 하더라도 위 확정판결의 기판력에 저촉된다고 할 수 없다(대판 1991. 8. 9. 선고 90누7326).

**3** 「공공기관의 정보공개에 관한 법률」에 관한 설명으로 가장 옳지 않은 것은? (다툼이 있는 경우 판례에 의함)

① 이해관계자인 당사자에게 문서열람권을 인정하는 행정절차법상의 정보공개와는 달리 「공공기관의 정보공개에 관한 법률」은 모든 국민에게 정보공개청구를 허용한다.

② 행정정보공개의 출발점은 국민의 알 권리인데, 알 권리 자체는 헌법상으로 명문화되어 있지 않음에도 불구하고, 우리 헌법재판소는 초기부터 국민의 알 권리를 헌법상의 기본권으로 인정하여 왔다.

③ 재건축사업계약에 의하여 조합원들에게 제공될 무상보상 평수 산출내역은 법인 등의 영업상 비밀에 관한 사항이 아니며 비공개대상정보에 해당되지 않는다.

④ 판례는 '특별법에 의하여 설립된 특수법인'이라는 점만으로 정보공개의무를 인정하고 있으며, 다시금 해당 법인의 역할과 기능에서 정보공개의무를 지는 공공기관에 해당하는지 여부를 판단하지 않는다.

> **ADVICE** ④ <u>어느 법인이 공공기관의 정보공개에 관한 법률 제2조 제3호, 같은 법 시행령 제2조 제4호에 따라 정보를 공개할 의무가 있는 '특별법에 의하여 설립된 특수법인'에 해당하는지 여부는</u>, 국민의 알 권리를 보장하고 국정에 대한 국민의 참여와 국정운영의 투명성을 확보하고자 하는 위 법의 입법 목적을 염두에 두고, 해당 법인에게 부여된 업무가 국가행정업무이거나 이에 해당하지 않더라도 그 업무 수행으로써 추구하는 이익이 해당 법인 내부의 이익에 그치지 않고 공동체 전체의 이익에 해당하는 공익적 성격을 갖는지 여부를 중심으로 개별적으로 판단하되, 해당 법인의 설립근거가 되는 법률이 법인의 조직구성과 활동에 대한 행정적 관리 · 감독 등에서 민법이나 상법 등에 의하여 설립된 일반 법인과 달리 규율한 취지, 국가나 지방자치단체의 해당 법인에 대한 재정적 지원 · 보조의 유무와 그 정도, 해당 법인의 공공적 업무와 관련하여 국가기관 · 지방자치단체 등 다른 공공기관에 대한 정보공개청구와는 별도로 해당 법인에 대하여 직접 정보공개청구를 구할 필요성이 있는지 여부 등을 종합적으로 고려하여야 한다(대판 2010. 12. 23. 선고 2008두13101).

**4** 「공익사업을 위한 토지 등의 취득 및 보상에 관한 법률」상 손실보상의 원칙에 관한 설명으로 옳지 않은 것은?

① 동일한 사업지역에 보상시기를 달리하는 동일인 소유의 토지 등이 여러 개 있는 경우 토지소유자나 관계인이 요구할 때에는 한꺼번에 보상금을 지급하도록 하여야 한다.

② 공익사업에 필요한 토지 등의 취득 또는 사용으로 인하여 토지소유자나 관계인이 입은 손실은 사업시행자가 보상하여야 한다.

③ 보상액의 산정은 협의에 의한 경우에는 협의 성립 당시의 가격을, 재결에 의한 경우에는 수용 또는 사용의 재결 당시의 가격을 기준으로 한다.

④ 보상액을 산정할 경우에 해당 공익사업으로 인하여 토지 등의 가격이 변동되었을 때에는 이를 고려하여야 한다.

> **ADVICE** ④ 공익사업을 위한 토지 등의 취득 및 보상에 관한 법률 제67조(보상액의 가격시점 등) 제2항 … 보상액을 산정할 경우에 해당 공익사업으로 인하여 토지 등의 가격이 변동되었을 때에는 이를 <u>고려하지 아니한다.</u>
> ① 동법 제65조(일괄보상)
> ② 동법 제61조(사업시행자 보상)
> ③ 동법 제67조(보상액의 가격시점 등) 제1항

✎ **ANSWER**  1.③  2.①  3.④  4.④

**5** 판례가 항고소송의 대상인 처분성을 부정한 것을 모두 고른 것은?

---

ㄱ 수도요금체납자에 대한 단수조치

ㄴ 전기·전화의 공급자에게 위법건축물에 대한 단전 또는 전화통화 단절조치의 요청행위

ㄷ 공무원에 대한 당연퇴직통지

ㄹ 병역법상의 신체등위판정

ㅁ 교육부장관이 내신성적 산정기준의 통일을 기하기 위해 시·도 교육감에게 통보한 대학입시 기본계획
　　내의 내신성적 산정지침

---

① ㄱ, ㄴ, ㄷ　　　　　　　　　　　　② ㄴ, ㄹ, ㅁ

③ ㄱ, ㄴ, ㄹ, ㅁ　　　　　　　　　　④ ㄴ, ㄷ, ㄹ, ㅁ

**ADVICE** ㄱ [처분성 ○] 단수처분(수도의 공급거부)은 항고소송의 대상이 되는 행정처분에 해당한다(대판 1979.12.28. 79누218).

　ㄴ [처분성 ×] 건축법 제69조 제2항·제3항의 규정에 비추어 보면, 행정청이 위법건축물에 대한 시정명령을 하고 나서 위반자가 이를 이행하지 아니하여 전기·전화의 공급자에게 그 위법건축물에 대한 전기·전화공급을 하지 말아 줄 것을 요청한 행위는 권고적 성격의 행위에 불과한 것으로서 전기·전화공급자나 특정인의 법률상 지위에 직접적인 변동을 가져오는 것은 아니므로 이를 항고소송의 대상이 되는 행정처분이라고 볼 수 없다(대법원 1996.3.22. 96누433).

　ㄷ [처분성 ×] 국가공무원법 제69조에 의하면 공무원이 제33조 각 호의 1에 해당할 때에는 당연히 퇴직한다고 규정하고 있으므로, 국가공무원법상 당연퇴직은 결격사유가 있을 때 법률상 당연히 퇴직하는 것이지 공무원관계를 소멸시키기 위한 별도의 행정처분을 요하는 것이 아니며, 당연퇴직의 인사발령은 법률상 당연히 발생하는 퇴직사유를 공적으로 확인하여 알려주는 이른바 관념의 통지에 불과하고 공무원의 신분을 상실시키는 새로운 형성적 행위가 아니므로 행정소송의 대상이 되는 독립한 행정처분이라고 할 수 없다(대판 1995. 11. 14. 선고 95누2036).

　ㄹ [처분성 ×] 병역법상 신체등위판정은 행정청이라고 볼 수 없는 군의관이 하도록 되어 있으며, 그 자체만으로 바로 병역법상의 권리의무가 정하여지는 것이 아니라 그에 따라 지방병무청장이 병역처분을 함으로써 비로소 병역의무의 종류가 정하여지는 것이므로 항고소송의 대상이 되는 행정처분이라 보기 어렵다(대판 1993. 8. 27. 선고 93누3356).

　ㅁ [처분성 ×] 교육부장관이 내신성적 산정기준의 통일을 기하기 위해 대학입시기본계획의 내용에서 내신성적 산정기준에 관한 시행지침을 마련하여 시·도 교육감에서 통보한 것은 행정조직 내부에서 내신성적 평가에 관한 내부적 심사기준을 시달한 것에 불과하며, 각 고등학교에서 위 지침에 일률적으로 기속되어 내신성적을 산정할 수밖에 없고 또 대학에서도 이를 그대로 내신성적으로 인정하여 입학생을 선발할 수밖에 없는 관계로 장차 일부 수험생들이 위 지침으로 인해 어떤 불이익을 입을 개연성이 없지는 아니하나, 그러한 사정만으로서 위 지침에 의하여 곧바로 개별적이고 구체적인 권리의 침해를 받은 것으로는 도저히 인정할 수 없으므로, 그것만으로는 현실적으로 특정인의 구체적인 권리의무에 직접적으로 변동을 초래케 하는 것은 아니라 할 것이어서 내신성적 산정지침을 항고소송의 대상이 되는 행정처분으로 볼 수 없다(대판 1994. 9. 10. 선고 94두33).

**6** 현행 「행정절차법」의 적용과 관련하여 가장 옳지 않은 것은? (다툼이 있는 경우 판례에 의함)

① 「행정절차법」은 행정절차에 관한 일반법이지만, '국회 또는 지방의회의 의결을 거치거나 동의 또는 승인을 얻어 행하는 사항'에 대하여는 「행정절차법」의 적용이 배제된다.

② 행정과정에 대한 국민의 참여와 행정의 공정성, 투명성 및 신뢰성을 확보하고 국민의 권익을 보호함을 목적으로 하는 「행정절차법」의 입법목적과 「행정절차법」 제3조 제2항 제9호의 규정 내용 등에 비추어 보면, 공무원 인사관계 법령에 의한 처분에 관한 사항에 대하여 「행정절차법」의 적용이 배제된다.

③ 대법원에 따르면 「행정절차법」 적용이 제외되는 의결·결정에 대해서는 「행정절차법」을 적용하여 의견청취 절차를 생략할 수는 없다.

④ 「행정절차법」은 「국세기본법」과는 달리 행정청에 대해서만 신의성실의 원칙에 따를 것을 규정하고 있다.

>ADVICE ② 행정과정에 대한 국민의 참여와 행정의 공정성, 투명성 및 신뢰성을 확보하고 국민의 권익을 보호함을 목적으로 하는 행정절차법의 입법목적과 행정절차법 제3조 제2항 제9호의 규정 내용 등에 비추어 보면, 공무원 인사관계 법령에 의한 처분에 관한 사항 전부에 대하여 행정절차법의 적용이 배제되는 것이 아니라 성질상 행정절차를 거치기 곤란하거나 불필요하다고 인정되는 처분이나 행정절차에 준하는 절차를 거치도록 하고 있는 치분의 경우에만 행정절차법의 적용이 배제된다(대판 2007. 9. 21. 선고 2006두20631).

① 행정절차법 제3조(적용범위) 제2항 ⋯ 이 법은 다음 각 호의 어느 하나에 해당하는 사항에 대하여는 적용하지 아니한다.
  1. 국회 또는 지방의회의 의결을 거치거나 동의 또는 승인을 받아 행하는 사항 (후략)

③ 행정절차법 제3조 제2항, 같은 법 시행령 제2조 제6호에 의하면 공정거래위원회의 의결·결정을 거쳐 행하는 사항에는 행정절차법의 적용이 제외되게 되어 있으므로, 설사 공정거래위원회의 시정조치 및 과징금납부명령에 행정절차법 소정의 의견청취절차 생략사유가 존재한다고 하더라도, 공정거래위원회는 행정절차법을 적용하여 의견청취절차를 생략할 수는 없다(대판 2001.5.8. 2000두10212).

④ • 행정절차법 제4조(신의성실 및 신뢰보호) 제1항 ⋯ 행정청은 직무를 수행할 때 신의(信義)에 따라 성실히 하여야 한다.
  • 국세기본법 제15조(신의·성실) ⋯ 납세자가 그 의무를 이행할 때에는 신의에 따라 성실하게 하여야 한다. 세무공무원의 직무를 수행할 때에도 또한 같다.

**7** 행정조사에 관한 설명으로 옳은 것은?

① 행정조사는 사실행위의 형식으로만 가능하다.

② 조사대상자의 자발적 협조가 있을지라도 법령 등에서 행정조사를 규정하고 있어야 실시가 가능하다.

③ 조사대상자의 동의가 있는 경우 해가 뜨기 전이나 해가 진 뒤에도 현장조사가 가능하다.

④ 자발적인 협조에 따라 실시하는 행정조사에 대하여 조사대상자가 조사에 응할 것인지에 대한 응답을 하지 아니하는 경우에는 법령 등에 특별한 규정이 없는 한 그 조사에 동의한 것으로 본다.

> **ADVICE** ① 행정조사는 권력적 행정조사도 가능하다.
> ② 행정조사기본법 제5조(행정조사의 근거) … 행정기관은 법령등에서 행정조사를 규정하고 있는 경우에 한하여 행정조사를 실시할 수 있다. 다만, 조사대상자의 자발적인 협조를 얻어 실시하는 행정조사의 경우에는 그러하지 아니하다.
> ④ 동법 제20조(자발적인 협조에 따라 실시하는 행정조사) 제2항 … 행정조사에 대하여 조사대상자가 조사에 응할 것인지에 대한 응답을 하지 아니하는 경우에는 법령등에 특별한 규정이 없는 한 그 조사를 거부한 것으로 본다.

**8** 판례에 따를 때 행정입법에 관한 설명으로 가장 옳지 않은 것은?

① 법률의 위임 규정 자체가 그 의미 내용을 정확하게 알 수 있는 용어를 사용하여 위임의 한계를 분명히 하고 있는데도 고시에서 그 문언적 의미의 한계를 벗어나면 위임의 한계를 일탈한 것으로써 허용되지 아니한다.

② 한국표준산업분류는 우리나라의 산업구조를 가장 잘 반영하고 있고, 업종의 분류에 관하여 가장 공신력 있는 자료로 평가받고 있는 점 등을 고려하면, 업종의 분류에 관하여 판단자료와 전문성의 한계가 있는 대통령이나 행정 각부의 장에게 위임하기보다는 통계청장이 고시하는 한국표준산업분류에 위임할 필요성이 인정된다.

③ "가공품의 원료로 가공품이 사용될 경우 원산지표시는 원료로 사용된 가공품의 원료 농산물의 원산지를 표시하여야 한다"는 농림부고시인 「농산물원산지 표시요령」은 법규명령으로서의 대외적 구속력을 가진다.

④ 「공공기관의 운영에 관한 법률」에 따라 입찰참가자격 제한 기준을 정하고 있는 구 「공기업·준정부기관 계약사무규칙」, 「국가를 당사자로 하는 계약에 관한 법률 시행규칙」은 대외적으로 국민이나 법원을 기속하는 효력이 없다.

> **ADVICE** ③ 농수산물품질관리법 시행규칙은 <u>원산지표시의 위치, 글자의 크기·색도 등과 같은 표시방법에 관한 기술적이고 세부적인 사항만을 정하도록 위임한 것일 뿐, 원산지표시 방법에 관한 기술적인 사항이 아닌 원산지표시를 하여야 할 대상을 정하도록 위임한 것은 아니라고 해석되고, 그렇다면 (…중략…) 법규명령으로서의 대외적 구속력을 가질 수 없고,</u> 따라서 법원이 구 농산물품질관리법 시행령(2001. 9. 1. 대통령령 제17352호로 개정되기 전의 것)을 해석함에 있어서 농산물원산지 표시요령 제4조 제2항을 따라야 하는 것은 아니다(대결 2006. 4. 28, 2003마715)

④ 공공기관의 운영에 관한 법률 제39조 제2항, 제3항에 따라 <u>입찰참가자격 제한기준을 정하고 있는 구 공기업·준정부기관 계약사무규칙 제15조 제2항, 국가를 당사자로 하는 계약에 관한 법률 시행규칙 제76조 제1항 [별표 2], 제3항 등은 비록 부령의 형식으로 되어 있으나 규정의 성질과 내용이 공기업·준정부기관이 행하는 입찰참가자격 제한처분에 관한 행정청 내부의 재량준칙을 정한 것에 지나지 아니하여 대외적으로 국민이나 법원을 기속하는 효력이 없다</u>(대판 2014.11.27. 2013두18964).

**9** 다음 중 단계별 행정행위에 관한 판례의 태도로서 가장 옳지 않은 것은?

① 폐기물처리업에 대하여 관할 관청의 사전 적정통보를 받고 막대한 비용을 들여 허가요건을 갖춘 다음 허가신청을 하였음에도 청소업자의 난립으로 효율적인 청소업무의 수행에 지장이 있다는 이유로 한 불허가처분이 신뢰보호의 원칙에 반하여 재량권을 남용한 위법한 처분이다.

② 폐기물처리업 사업계획에 대하여 적정통보를 한 것만으로 그 사업부지 토지에 대한 국토이용계획변경신청을 승인하여 주겠다는 취지의 공적인 견해표명을 한 것으로 볼 수 없다.

③ 행정청이 내인가를 한 다음 이를 취소하는 행위는 인가 신청을 거부하는 처분으로 보아야 한다.

④ 구 「주택건설촉진법」에 의한 주택건설사업계획 사전결정이 있는 경우 주택건설계획 승인 처분은 사전결정에 기속되므로 다시 승인 여부를 결정할 수 없다.

> **ADVICE** ④ 주택건설촉진법 제33조 제1항이 정하는 주택건설사업계획의 승인은 이른바 수익적 행정처분으로서 행정청의 재량행위에 속하고, 따라서 그 전 단계로서 같은 법 제32조의4 제1항이 정하는 주택건설사업계획의 사전결정 역시 재량행위라고 할 것이므로, 사전결정을 받으려고 하는 주택건설사업계획이 관계 법령이 정하는 제한에 배치되는 경우는 물론이고, 그러한 제한사유가 없는 경우에도 공익상 필요가 있으면 처분권자는 그 사전결정 신청에 대하여 불허가결정을 할 수 있다(대판 1998. 4. 24. 선고 97누1501).
>
> ② <u>폐기물관리법령에 의한 폐기물처리업 사업계획에 대한 적정통보와 국토이용관리법령에 의한 국토이용계획변경은 각기 그 제도적 취지와 결정단계에서 고려해야 할 사항들이 다르다는 이유로, 폐기물처리업 사업계획에 대하여 적정통보를 한 것만으로 그 사업부지 토지에 대한 국토이용계획변경신청을 승인하여 주겠다는 취지의 공적인 견해표명을 한 것으로 볼 수 없다</u>(대법원 2005.4.28. 2004두8828).

**10** 영업허가의 양도와 제재처분의 효과 및 제재사유의 승계에 관한 설명으로 가장 옳지 않은 것은? (다툼이 있는 경우 판례에 의함)

① 양도인의 위법행위로 양도인에게 이미 제재처분이 내려진 경우에 영업정지 등 그 제재처분의 효력은 양수인에게 당연히 이전된다.

② 주택건설사업이 양도되었으나 그 변경승인을 받기 이전에 행정청이 양수인에 대하여 양도인에 대한 사업계획승인을 취소하였다는 사실을 통지한 경우 이러한 통지는 양수인의 법률상 지위에 변동을 일으키므로 행정처분이다.

③ 회사분할 시 분할 전 회사에 대한 제재사유가 신설회사에 대하여 승계되지 않으므로 회사의 분할 전 법 위반행위를 이유로 과징금을 부과하는 것은 허용되지 않는다.

④ 양도인이 위법행위를 한 후 제재를 피하기 위하여 영업을 양도한 경우 그 제재사유의 승계에 관하여 명문의 규정이 없는 경우, 위법행위로 인한 제재사유는 항상 인적 사유이고 경찰책임 중 행위책임의 문제라는 논거는 승계부정설의 논거이다.

> **ADVICE** ② 주택건설사업계획에 있어서 사업주체변경의 승인은 그로 인하여 사업주체의 변경이라는 공법상의 효과가 발생하는 것이므로, 사실상 내지 사법상으로 주택건설사업 등이 양도·양수되었을지라도 아직 변경승인을 받기 이전에는 그 사업계획의 피승인자는 여전히 종전의 사업주체인 양도인이고 양수인이 아니라 할 것이어서, 사업계획승인취소처분 등의 사유가 있는지의 여부와 취소사유가 있다고 하여 행하는 취소처분은 피승인자인 양도인을 기준으로 판단하여 그 양도인에 대하여 행하여져야 할 것이므로 행정청이 주택건설사업의 양수인에 대하여 양도인에 대한 사업계획승인을 취소하였다는 사실을 통지한 것만으로는 양수인의 법률상 지위에 어떠한 변동을 일으키는 것은 아니므로 위 통지는 항고소송의 대상이 되는 행정처분이라고 할 수는 없다(대판 2000. 9. 26. 선고 99두646).

**11** 부관에 대한 행정쟁송에 관한 설명으로 옳지 않은 것은? (다툼이 있는 경우 판례에 의함)

① 부담이 아닌 부관은 독립하여 행정소송의 대상이 될 수 없으므로 이의 취소를 구하는 소송에 대하여는 각하판결을 하여야 한다.

② 위법한 부관에 대하여 신청인이 부관부행정행위의 변경을 청구하고, 행정청이 이를 거부한 경우 동 거부처분의 취소를 구하는 소송을 제기할 수 있다.

③ 기부채납받은 행정재산에 대한 사용·수익허가에서 공유재산의 관리청이 정한 사용·수익허가의 기간은 그 허가의 효력을 제한하기 위한 행정행위의 부관으로서 이러한 사용·수익허가의 기간에 대해서는 독립하여 행정소송을 제기할 수 있다.

④ 토지소유자가 토지형질변경행위허가에 붙은 기부채납의 부관에 따라 토지를 국가나 지방자치단체에 기부채납(증여)한 경우, 기부채납의 부관이 당연무효이거나 취소되지 아니한 이상 토지소유자는 위 부관으로 인하여 증여계약의 중요부분에 착오가 있음을 이유로 증여계약을 취소할 수 없다.

 ③ <u>행정행위의 부관은 부담인 경우를 제외하고는 독립하여 행정소송의 대상이 될 수 없는바</u>, 기부채납받은 행정재산에 대한 사용·수익허가에서 공유재산의 관리청이 정한 사용·수익허가의 기간은 그 허가의 효력을 제한하기 위한 <u>행정행위의 부관으로서 이러한 사용·수익허가의 기간에 대해서는 독립하여 행정소송을 제기할 수 없다</u>(대판 2001. 6. 15. 선고 99두509).

**12** 다음 사안에 관한 설명으로 가장 옳지 않은 것은? (다툼이 있는 경우 판례에 의함)

> 甲은 공중보건의로 근무하면서 乙을 치료하였는데 그 과정에서 乙은 폐혈증으로 사망하였다. 유족들은 甲을 상대로 손해배상청구의 소를 제기하였고, 甲의 의료상 경과실이 인정된다는 이유로 甲에게 손해배상책임을 인정한 판결이 확정되었다. 이에 甲은 乙의 유족들에게 판결금 채무를 지급하였고, 이후 국가에 대해 구상권을 행사하였다.

① 공중보건의 甲은 국가배상법상의 공무원에 해당한다.
② 공중보건의 甲이 직무수행 중 불법행위로 乙에게 손해를 입힌 경우 국가 등이 국가배상책임을 부담하는 외에 甲 개인도 고의 또는 중과실이 있다고 한다면 민사상 불법행위로 인한 손해배상책임을 진다.
③ 乙의 유족에게 손해를 직접 배상한 경과실이 있는 공중보건의 甲은 국가에 대하여 자신이 변제한 금액에 대하여 구상권을 취득할 수 없다.
④ 공무원의 직무수행 중 불법행위로 인한 배상과 관련하여, 피해자가 공무원에 대해 직접적으로 손해배상을 청구할 수 있는지 여부에 대한 명시적 규정은 국가배상법상으로 존재하지 않는다.

 ③ 공중보건의인 갑에게 치료를 받던 을이 사망하자 을의 유족들이 갑 등을 상대로 손해배상청구의 소를 제기하였고, 갑의 의료과실이 인정된다는 이유로 갑 등의 손해배상책임을 인정한 판결이 확정되어 갑이 을의 유족들에게 판결금 채무를 지급한 사안에서, <u>갑은 공무원으로서 직무 수행 중 경과실로 타인에게 손해를 입힌 것이어서 을과 유족들에 대하여 손해배상책임을 부담하지 아니함에도</u> 을의 유족들에 대한 패소판결에 따라 그들에게 손해를 배상한 것이고, 이는 민법 제744조의 도의관념에 적합한 비채변제에 해당하여 을과 유족들의 국가에 대한 손해배상청구권은 소멸하고 <u>국가는 자신의 출연 없이 채무를 면하였으므로</u>, 갑은 국가에 대하여 변제금액에 관하여 구상권을 취득한다(대판 2014. 8. 20. 선고 2012다54478).

**13** 판례가 행정행위의 하자의 승계를 인정한 것을 모두 고른 것은?

> ㉠ 행정대집행에서의 계고와 대집행영장의 통지
> ㉡ 안경사시험합격취소처분과 안경사면허취소처분
> ㉢ 개별공시지가결정과 과세처분
> ㉣ 일제강점하 반민족행위 진상규명에 관한 특별법에 따른 친일반민족행위자 결정과 독립유공자 예우에 관한 법률에 의한 법 적용 배제결정
> ㉤ 공무원의 직위해제처분과 면직처분
> ㉥ 건물철거명령과 대집행계고처분
> ㉦ 과세처분과 체납처분

① ㉠, ㉡, ㉢, ㉣　　　　　　② ㉠, ㉢, ㉣, ㉦
③ ㉠, ㉣, ㉤, ㉦　　　　　　④ ㉡, ㉢, ㉣, ㉤

> **ADVICE** ㉠ [하자승계 인정] 대집행의 계고, 대집행영장에 의한 통지, 대집행의 실행, 대집행에 요한 비용의 납부명령 등은 서로 결합하여 하나의 법률효과를 발생시키는 것이므로, 선행처분인 계고처분이 하자가 있는 위법한 처분이라면, 비록 그 하자가 중대하고도 명백한 것이 아니어서 당연무효의 처분이라고 볼 수 없고 행정소송으로 효력이 다투어지지도 아니하여 이미 불가쟁력이 생겼으며, 후행처분인 대집행영장발부통보처분 자체에는 아무런 하자가 없다고 하더라도, 후행처분인 대집행영장발부통보처분의 취소를 청구하는 소송에서 청구원인으로 선행처분인 계고처분이 위법한 것이기 때문에 그 계고처분을 전제로 행하여진 대집행영장발부통보처분도 위법한 것이라는 주장을 할 수 있다(대판 1996. 2. 9. 선고 95누12507).
>
> ㉡ [하자승계 인정] 안경사가 되고자 하는 자는 보건사회부의 소속기관인 국립보건원장이 시행하는 안경사 국가시험에 합격한 후 보건사회부장관의 면허를 받아야 하고 보건사회부장관은 안경사 국가시험에 합격한 자에게 안경사면허를 주도록 규정하고 있으므로, 국립보건원장이 같은 법 제7조 제2항에 의하여 안경사 국가시험의 합격을 무효로 하는 처분을 함에 따라 보건사회부장관이 안경사면허를 취소하는 처분을 한 경우 합격무효처분과 면허취소처분은 동일한 행정목적을 달성하기 위하여 단계적인 일련의 절차로 연속하여 행하여지는 행정처분으로서, 안경사 국가시험에 합격한 자에게 주었던 안경사면허를 박탈한다는 하나의 법률효과를 발생시키기 위하여 서로 결합된 선행처분과 후행처분의 관계에 있다(대판 1993. 2. 9. 선고 92누4567).
>
> ㉢ [하자승계 인정] 개별공시지가결정은 이를 기초로 한 과세처분 등과는 별개의 독립된 처분으로서 서로 독립하여 별개의 법률효과를 목적으로 하는 것이나, 개별공시지가는 이를 토지소유자나 이해관계인에게 개별적으로 고지하도록 되어 있는 것이 아니어서 토지소유자 등이 개별공시지가결정 내용을 알고 있었다고 전제하기도 곤란할 뿐만 아니라 (…중략…) 항상 토지의 가격을 주시하고 개별공시지가결정이 잘못된 경우 정해진 시정절차를 통하여 이를 시정하도록 요구하는 것은 부당하게 높은 주의의무를 지우는 것이라고 아니할 수 없고, 위법한 개별공시지가결정에 대하여 그 정해진 시정절차를 통하여 시정하도록 요구하지 아니하였다는 이유로 위법한 개별공시지가를 기초로 한 과세처분 등 후행 행정처분에서 개별공시지가결정의 위법을 주장할 수 없도록 하는 것은 수인한도를 넘는 불이익을 강요하는 것으로서 국민의 재산권과 재판받을 권리를 보장한 헌법의 이념에도 부합하는 것이 아니라고 할 것이므로, 개별공시지가결정에 위

법이 있는 경우에는 그 자체를 행정소송의 대상이 되는 행정처분으로 보아 그 위법 여부를 다툴 수 있음은 물론 이를 기초로 한 과세처분 등 행정처분의 취소를 구하는 행정소송에서도 선행처분인 개별공시지가결정의 위법을 독립된 위법사유로 주장할 수 있다고 해석함이 타당하다(대판 1994. 1. 25. 선고 93누8542).

ⓔ [하자승계 인정] 갑을 친일반민족행위자로 결정한 친일반민족행위진상규명위원회의 최종발표(선행처분)에 따라 지방보훈지청장이 독립유공자 예우에 관한 법률 적용 대상자로 보상금 등의 예우를 받던 갑의 유가족 을 등에 대하여 독립유공자법 적용배제자 결정(후행처분)을 한 사안에서, 진상규명위원회가 갑의 친일반민족행위자 결정 사실을 통지하지 않아 을은 후행처분이 있기 전까지 선행처분의 사실을 알지 못하였고, 후행처분인 지방보훈지청장의 독립유공자법 적용배제결정이 자신의 법률상 지위에 직접적인 영향을 미치는 행정처분이라고 생각했을 뿐, 통지를 받지도 않은 진상규명위원회의 친일반민족행위자 결정처분이 자신의 법률상 지위에 영향을 주는 독립된 행정처분이라고 생각하기는 쉽지 않았을 것으로 보여, 을이 선행처분에 대하여 일제강점하 반민족행위 진상규명에 관한 특별법에 의한 이의신청절차를 밟거나 후행처분에 대한 것과 별개로 행정심판이나 행정소송을 제기하지 않았다고 하여 선행처분의 하자를 이유로 후행처분의 효력을 다툴 수 없게 하는 것은 을에게 수인한도를 넘는 불이익을 주고 그 결과가 을에게 예측가능한 것이라고 할 수 없어 선행처분의 후행처분에 대한 구속력을 인정할 수 없으므로 선행처분의 위법을 이유로 후행처분의 효력을 다툴 수 있음에도, 이와 달리 본 원심판결에 법리를 오해한 위법이 있다(대판 2013. 3. 14. 선고 2012두6964).

ⓜ [하자승계 부정] 경찰공무원법 제50조 제1항에 의한 직위해제처분과 같은 제3항에 의한 면직처분은 후자가 전자의 처분을 전제로 한 것이기는 하나 각각 단계적으로 별개의 법률효과를 발생하는 행정처분이어서 선행직위 해제처분의 위법사유가 면직처분에는 승계되지 아니한다 할 것이므로 선행된 직위해제 처분의 위법사유를 들어 면직처분의 효력을 다툴 수는 없다(대판 1984. 9. 11. 선고 84누191).

ⓗ [하자승계 부정] 건물철거명령이 당연무효가 아닌 이상 행정심판이나 소송을 제기하여 그 위법함을 소구하는 절차를 거치지 아니하였다면 위 선행행위인 건물철거명령은 적법한 것으로 확정되었다고 할 것이므로 후행행위인 대집행계고처분에서는 그 건물이 무허가건물이 아닌 적법한 건축물이라는 주장이나 그러한 사실인정을 하지 못한다(대판 1998. 9. 8. 선고 97누20502).

ⓢ [하자승계 부정] 일정한 행정목적을 위하여 독립된 행위가 단계적으로 이루어진 경우에 선행행위인 과세처분의 하자는 당연무효사유를 제외하고는 집행행위인 체납처분에 승계되지 아니한다(대판 1961. 10. 26. 선고 4292행상73).

**14** 행정상 법률관계의 당사자에 관한 설명으로 옳은 것은? (다툼이 있는 경우 판례에 의함)

① 국가나 지방자치단체는 행정청과는 달리 당사자소송의 당사자가 될 수 있고 국가배상책임의 주체가 될 수 있다.

② 법인격 없는 단체는 공무수탁사인이 될 수 없다.

③ 「도시 및 주거환경정비법」에 따른 주택재건축정비조합은 공법인으로서 행정주체의 지위를 가진다고 보기 어렵다.

④ 「민영교도소 등의 설치·운영에 관한 법률」상의 민영교도소는 행정보조인(행정보조자)에 해당한다.

> ⫸**ADVICE** ① 행정소송법에서 당사자소송의 피고적격 대상, 국가배상법에서 배상책임의 주체를 국가와 지방자치단체로 제한하고 있다.
> - 행정소송법 제39조(피고적격) … 당사자소송은 <u>국가·공공단체 그 밖의 권리주체</u>를 피고로 한다.
> - 국가배상법 제2조(배상책임) 제1항 … <u>국가나 지방자치단체는</u> 공무원 또는 공무를 위탁받은 사인(이하 "공무원"이라 한다)이 직무를 집행하면서 고의 또는 과실로 법령을 위반하여 타인에게 손해를 입히거나, 「자동차손해배상 보장법」에 따라 손해배상의 책임이 있을 때에는 이 법에 따라 그 손해를 배상하여야 한다. (생략)
> ② 공무수탁사인이란 공행정사무를 위탁받아 자신의 이름으로 처리하는 권한을 갖고 있는 행정주체인 사인을 말한다. 공무수탁사인은 자연인일 수도 있고, 사법인 또는 법인격 없는 단체일 수도 있다.
> ③ 「도시 및 주거환경정비법」상의 주택재건축정비조합은 행정주체로서의 공법인의 성질을 가진다.
> ④ 「민영교도소 등의 설치 운영에 관한 법률」상의 민영교도소는 공무수탁사인에 해당한다.

**15** 「행정심판법」에 따른 행정심판에 관한 설명으로 가장 옳은 것은? (다툼이 있는 경우 판례에 의함)

① 취소심판의 인용재결에는 취소재결·변경재결·취소명령재결·변경명령재결이 있다.

② 거부처분은 취소심판의 대상이므로 거부처분의 상대방은 이에 대하여 취소심판만 청구할 수 있다.

③ 행정심판위원회가 처분을 취소하거나 변경하는 재결을 하면, 행정청은 재결의 기속력에 따라 처분을 취소 또는 변경하는 처분을 하여야 하고, 이를 통하여 당해 처분은 처분 시에 소급하여 소멸되거나 변경된다.

④ 거부처분취소재결이 있는 경우에는 행정청은 그 재결의 취지에 따라 이전의 신청에 대한 처분을 하여야 하는 것이므로 행정청이 그 재결의 취지에 따른 처분을 하지 아니하고 그 처분과는 양립할 수 없는 다른 처분을 하는 것은 재결의 기속력에 반하여 위법하다.

> ⫸**ADVICE** ④ 행정심판법 제49조 제3항 … 당사자의 신청을 거부하거나 부작위로 방치한 처분의 이행을 명하는 재결이 있으면 행정청은 지체 없이 이전의 신청에 대하여 재결의 취지에 따라 처분을 하여야 한다.
> ① 취소명령재결은 처분청이 처분을 취소하지 않는 경우가 많아 실효성이 떨어져 삭제되었다.
> - 행정심판법 제43조(재결의 구분) 제3항 … 위원회는 취소심판의 청구가 이유가 있다고 인정하면 처분을 취소 또는 다른 처분으로 변경하거나 처분을 다른 처분으로 변경할 것을 피청구인에게 명한다.
> ② 거부처분에 대해서는 취소심판뿐 아니라 의무이행심판도 청구할 수 있다.
> ③ 취소심판의 재결은 처분시로 소급하여 처분이 소멸되거나 변경되는 형성적 성질을 가지므로(통설), 행정청은 별도로 처분을 취소 또는 변경할 이행의무를 지지 않는다.

**16** 질서위반행위와 과태료처분에 관한 설명으로 옳은 것은?

① 과태료의 부과 · 징수, 재판 및 집행 등의 절차에 관하여 「질서위반행위규제법」과 타 법률이 달리 규정하고 있는 경우에는 후자를 따른다.

② 하나의 행위가 2 이상의 질서위반행위에 해당하는 경우에는 각 질서위반행위에 대하여 정한 과태료 중 가장 중한 과태료를 부과하는 것이 원칙이다.

③ 과태료는 행정질서유지를 위한 의무 위반이라는 객관적 사실에 대하여 과하는 제재이므로 과태료 부과에는 고의, 과실을 요하지 않는다.

④ 과태료에는 소멸시효가 없으므로 행정청의 과태료처분이나 법원의 과태료재판이 확정된 이상 일정한 시간이 지나더라도 그 처벌을 면할 수는 없다.

>ADVICE ② 질서위반행위규제법 제13조(수개의 질서위반행위의 처리) 제1항
① 동법 제5조(다른 법률과의 관계) … 과태료의 부과 · 징수, 재판 및 집행 등의 절차에 관한 다른 법률의 규정 중 이 법의 규정에 저촉되는 것은 이 법으로 정하는 바에 따른다.
③ 동법 제7조(고의 또는 과실) … 고의 또는 과실이 없는 질서위반행위는 과태료를 부과하지 아니한다.
④ 동법 제15조(과태료의 시효) 제1항 … 과태료는 행정청의 과태료 부과처분이나 법원의 과태료 재판이 확정된 후 5년간 징수하지 아니하거나 집행하지 아니하면 시효로 인하여 소멸한다.

**17** 처분사유의 추가 · 변경에 대한 설명으로 가장 옳지 않은 것은? (다툼이 있는 경우 판례에 의함)

① 추가 또는 변경된 사유가 당초의 처분 시 그 사유를 명기하지 않았을 뿐 처분 시에 이미 존재하고 있었고 당사자도 그 사실을 알고 있었다 하여 당초의 처분사유와 동일성이 있는 것이라 할 수 없다.

② 취소소송에서 행정청의 처분사유의 추가 · 변경은 사실심변론종결시까지만 허용된다.

③ 당초의 처분사유인 중기취득세의 체납과 그 후 추가된 처분사유인 자동차세의 체납은 기본적 사실관계의 동일성이 부정된다.

④ 주류면허 지정조건 중 제6호 무자료 주류판매 및 위장거래 항목을 근거로 한 면허취소 처분에 대한 항고소송에서, 지정조건 제2호 무면허판매업자에 대한 주류판매를 새로이 그 취소사유로 주장하는 것은 기본적 사실관계의 동일성이 인정된다.

>ADVICE ④ 주류면허 지정조건 중 제6호 무자료 주류판매 및 위장거래 항목을 근거로 한 면허취소처분에 대한 항고소송에서, 지정조건 제2호 무면허판매업자에 대한 주류판매를 새로이 그 취소사유로 주장하는 것은 기본적 사실관계가 다른 사유를 내세우는 것으로서 허용될 수 없다(출대판 1996. 9. 6. 선고 96누7427).

ANSWER   14.① 15.④ 16.② 17.④

**18** 신고에 관한 설명으로 가장 옳지 않은 것은? (다툼이 있는 경우 판례에 의함)

① 「건축법」에 따른 착공신고를 반려하는 행위는 당사자에게 장래의 법적 불이익이 예견되지 않아 이를 법적으로 다툴 실익이 없으므로 항고소송의 대상이 될 수 없다.

② 「건축법」에 따른 건축신고를 반려하는 행위는 장차 있을지도 모르는 위험에서 미리 벗어날 수 있도록 길을 열어주고 위법한 건축물의 양산과 그 철거를 둘러싼 분쟁을 조기에 근본적으로 해결할 수 있게 하여야 한다는 점에서 항고소송의 대상이 된다.

③ 인·허가의제 효과를 수반하는 건축신고는 행정청이 그 실체적 요건에 관한 심사를 한 후 수리하여야 하기 때문에 수리를 요하는 신고이다.

④ 「수산업법」 제44조 소정의 어업의 신고는 행정청의 수리에 의하여 비로소 그 효과가 발생하는 수리를 요하는 신고이다.

> **ADVICE** ① 건축주 등으로서는 <u>착공신고가 반려될 경우</u>, 당해 건축물의 착공을 개시하면 시정명령, 이행강제금, 벌금의 대상이 되거나 당해 건축물을 사용하여 행할 행위의 허가가 거부될 우려가 있어 <u>불안정한 지위에 놓이게 된다</u>. 따라서 착공신고 반려행위가 이루어진 단계에서 당사자로 하여금 반려행위의 적법성을 다투어 법적 불안을 해소한 다음 건축행위에 나아가도록 함으로써 장차 있을지도 모르는 위험에서 미리 벗어날 수 있도록 길을 열어 주고, 위법한 건축물의 양산과 철거를 둘러싼 분쟁을 조기에 근본적으로 해결할 수 있게 하는 것이 법치행정의 원리에 부합한다. 그러므로 <u>행정청의 착공신고 반려행위는 항고소송의 대상이 된다고 보는 것이 옳다</u>(대판 2011. 6. 10. 선고 2010두7321).

**19** 다음 판례 중 협의의 소의 이익(권리보호의 필요)이 인정되지 않는 것은?

① 현역입영대상자로서 현실적으로 입영을 한 자가 입영 이후의 법률관계에 영향을 미치고 있는 현역병입영통지처분 등을 한 관할 지방병무청장을 상대로 위법을 주장하여 그 취소를 구하는 경우

② 행정청이 영업허가신청 반려처분의 취소를 구하는 소의 계속 중 사정변경을 이유로 위 반려처분을 직권취소함과 동시에 위 신청을 재반려하는 내용의 재처분을 한 경우 당초의 반려처분의 취소를 구하는 경우

③ 도시개발사업의 공사 등이 완료되고 원상회복이 사회통념상 불가능하게 된 경우 도시개발사업의 시행에 따른 도시계획변경결정처분과 도시개발구역지정처분 및 도시개발사업 실시계획인가처분의 취소를 구하는 경우

④ 행정처분의 효력기간이 경과하였다고 하더라도 그 처분을 받은 전력이 장래에 불이익하게 취급되는 것으로 법정(법률)상 가중요건으로 되어 있고, 법정가중요건에 따라 새로운 제재적인 행정처분이 가해지고 있는 경우

 ② 행정청이 당초의 분뇨 등 관련영업 허가신청 반려처분의 취소를 구하는 소의 계속중, 사정변경을 이유로 위 반려처분을 직권취소함과 동시에 위 신청을 재반려하는 내용의 재처분을 한 경우, 당초의 반려처분의 취소를 구하는 소는 더 이상 소의 이익이 없게 되었다(대판 2006. 9. 28. 선고 2004두5317).

① 현역병입영통지처분에 따라 현실적으로 입영을 한 경우에는 그 처분의 집행은 종료되지만, 한편, 입영으로 그 처분의 목적이 달성되어 실효되었다는 이유로 다툴 수 없도록 한다면, 병역법상 현역입영대상자로서는 현역병입영통지처분이 위법하다 하더라도 법원에 의하여 그 처분의 집행이 정지되지 아니하는 이상 현실적으로 입영을 할 수밖에 없으므로 현역병입영통지처분에 대하여는 불복을 사실상 원천적으로 봉쇄하는 것이 되고, (…중략…) 현역입영대상자로서는 현실적으로 입영을 하였다고 하더라도, 입영 이후의 법률관계에 영향을 미치고 있는 현역병입영통지처분 등을 한 관할지방병무청장을 상대로 위법을 주장하여 그 취소를 구할 소송상의 이익이 있다(대판 2003. 12. 26. 선고 2003두1875).

③ 도시개발사업의 시행에 따른 도시계획변경결정처분과 도시개발구역지정처분 및 도시개발사업실시계획인가처분은 도시개발사업의 시행자에게 단순히 도시개발에 관련된 공사의 시공권한을 부여하는 데 그치지 않고 당해 도시개발사업을 시행할 수 있는 권한을 설정하여 주는 처분으로서 위 각 처분 자체로 그 처분의 목적이 종료되는 것이 아니고 위 각 처분이 유효하게 존재하는 것을 전제로 하여 당해 도시개발사업에 따른 일련의 절차 및 처분이 행해지기 때문에 위 각 처분이 취소된다면 그것이 유효하게 존재하는 것을 전제로 하여 이루어진 토지수용이나 환지 등에 따른 각종의 처분이나 공공시설의 귀속 등에 관한 법적 효력은 영향을 받게 되므로, 도시개발사업의 공사 등이 완료되고 원상회복이 사회통념상 불가능하게 되었더라도 위 각 처분의 취소를 구할 법률상 이익은 소멸한다고 할 수 없다(대판 2005. 9. 9. 2003두 5402, 5419).

④ 제재적 행정처분이 그 처분에서 정한 제재기간의 경과로 인하여 그 효과가 소멸되었으나, 부령인 시행규칙 또는 지방자치단체의 규칙의 형식으로 정한 처분기준에서 제재적 행정처분(선행처분)을 받은 것을 가중사유나 전제요건으로 삼아 장래의 제재적 행정처분(후행처분)을 하도록 정하고 있는 경우, (…중략…) 관할 행정청이나 담당공무원은 이를 준수할 의무가 있으므로 이들이 그 규칙에 정해진 바에 따라 행정작용을 할 것이 당연히 예견되고, 그 결과 행정작용의 상대방인 국민으로서는 그 규칙의 영향을 받을 수밖에 없다. 따라서 그러한 규칙이 정한 바에 따라 선행처분을 받은 상대방이 그 처분의 존재로 인하여 장래에 받을 불이익, 즉 후행처분의 위험은 구체적이고 현실적인 것이므로, 상대방에게는 선행처분의 취소소송을 통하여 그 불이익을 제거할 필요가 있다.

**20** 행정법의 일반원칙에 관한 설명으로 가장 옳은 것은? (다툼이 있는 경우 판례에 의함)

① 「행정규제기본법」과 「행정절차법」은 각각 규제의 원칙과 행정지도의 원칙으로 비례원칙을 정하고 있다.

② 위법한 행정규칙에 의하여 위법한 행정관행이 형성되었다 하더라도 행정청은 정당한 사유 없이 이 관행과 달리 조치를 할 수 없는 자기구속을 받는다.

③ 신뢰보호의 원칙과 관련하여, 행정청의 선행조치가 신청자인 사인의 사위나 사실은폐에 의해 이뤄진 경우라도 행정청의 선행조치에 대한 사인의 신뢰는 보호되어야 한다.

④ 지방의회의 감사 또는 조사를 위하여 출석요구를 받은 증인이 출석하지 않을 경우 증인의 사회적 지위에 따라 과태료의 액수에 차등을 두는 것을 내용으로 하는 조례안은 헌법에 규정된 평등의 원칙에 위배된다고 볼 수 없다.

> **ADVICE** ① • 행정규제기본법 제5조(규제의 원칙) 제3항 … 규제의 대상과 수단은 규제의 목적 실현에 필요한 <u>최소한의 범위에서</u> 가장 효과적인 방법으로 객관성·투명성 및 공정성이 확보되도록 설정되어야 한다.
> • 행정절차법 제48조(행정지도의 원칙) 제1항 … 행정지도는 그 목적 달성에 <u>필요한 최소한도에 그쳐야</u> 하며, 행정지도의 상대방의 의사에 반하여 부당하게 강요하여서는 아니 된다.
> ② 일반적으로 행정상의 법률관계 있어서 행정청의 행위에 대하여 신뢰보호의 원칙이 적용되기 위하여는 행정청이 개인에 대하여 신뢰의 대상이 되는 공적인 견해표명을 하였다는 점이 전제되어야 한다. 그리고 평등의 원칙은 본질적으로 같은 것을 자의적으로 다르게 취급함을 금지하는 것이고, <u>위법한 행정처분이 수차례에 걸쳐 반복적으로 행하여졌다 하더라도 그러한 처분이 위법한 것인 때에는 행정청에 대하여 자기구속력을 갖게 된다고 할 수 없다</u>(대판 2009. 6. 25. 선고 2008두13132).
> ③ 행정처분에 하자가 있음을 이유로 처분청이 이를 취소하는 경우에도 그 처분이 국민에게 권리나 이익을 부여하는 수익적 처분인 때에는 그 처분을 취소하여야 할 공익상의 필요와 그 취소로 인하여 당사자가 입게 될 불이익을 비교교량한 후 공익상의 필요가 당사자가 입을 불이익을 정당화할 만큼 강한 경우에 한하여 취소할 수 있는 것이지만, 그 <u>처분의 하자가 당사자의 사실은폐나 기타 사위의 방법에 의한 신청행위에 기인한 것이라면 당사자는 그 처분에 의한 이익이 위법하게 취득되었음을 알아 그 취소가능성도 예상하고 있었다고 할 것이므로, 그 자신이 위 처분에 관한 신뢰이익을 원용할 수 없음은 물론 행정청이 이를 고려하지 아니하였다고 하여도 재량권의 남용이 되지 아니한다</u>(대판 1996. 10. 25. 선고 95누14190).
> ④ <u>조례안이</u> 지방의회의 감사 또는 조사를 위하여 출석요구를 받은 증인이 5급 이상 공무원인지 여부, 기관(법인)의 대표나 임원인지 여부 등 <u>증인의 사회적 신분에 따라 미리부터 과태료의 액수에 차등을 두고 있는 경우,</u> 그와 같은 차별은 증인의 불출석이나 증언거부에 대하여 과태료를 부과하는 목적에 비추어 볼 때 그 합리성을 인정할 수 없고 <u>지위의 높고 낮음만을 기준으로 한 부당한 차별대우라고 할 것이어서 헌법에 규정된 평등의 원칙에 위배되어 무효이다</u>(대판 1997. 2. 25. 선고 96추213).

**1** 다음은 「행정절차법」상 기간과 관련된 규정을 정리한 것이다. ㉠~㉣에 들어갈 기간을 바르게 나열한 것은?

> • 행정청은 공청회를 개최하려는 경우에는 공청회 개최 ( ㉠ )일 전까지 제목, 일시 및 장소 등을 당사자 등에게 통지하고 관보, 공보, 인터넷 홈페이지 또는 일간신문 등에 공고하는 등의 방법으로 널리 알려야 한다.
> • 입법예고기간은 예고할 때 정하되, 특별한 사정이 없으면 ( ㉡ )일 (자치법규는 ( ㉢ )일) 이상으로 한다.
> • 행정예고기간은 예고 내용의 성격 등을 고려하여 정하되, 특별한 사정이 없으면 ( ㉣ )일 이상으로 한다.

|  | ㉠ | ㉡ | ㉢ | ㉣ |  | ㉠ | ㉡ | ㉢ | ㉣ |
|---|---|---|---|---|---|---|---|---|---|
| ① | 10 | 40 | 30 | 30 | ② | 14 | 30 | 20 | 20 |
| ③ | 14 | 40 | 20 | 20 | ④ | 15 | 30 | 20 | 30 |

**》ADVICE** • 행정절차법 제38조(공청회 개최의 알림) 참조

　　행정청은 공청회를 개최하려는 경우에는 <u>공청회 개최 14일</u> 전까지 제목, 일시 및 장소, 주요 내용, 발표자에 관한 사항, 발표신청 방법 및 신청기한, 정보통신망을 통한 의견제출, 그 밖에 공청회 개최에 필요한 사항을 당사자등에게 통지하고 관보, 공보, 인터넷 홈페이지 또는 일간신문 등에 공고하는 등의 방법으로 널리 알려야 한다.

• 행정절차법 제43조(예고기간)

　　입법예고기간은 예고할 때 정하되, 특별한 사정이 없으면 <u>40일(자치법규는 20일)</u> 이상으로 한다.

• 행정절차법 제46조(행정예고) 제3항

　　행정예고기간은 예고 내용의 성격 등을 고려하여 정하되, <u>특별한 사정이 없으면 20일</u> 이상으로 한다.

---

✎ **ANSWER** 20.① / 1.③

**2** 재량행위에 대한 판례의 입장으로 옳지 않은 것은?

① 「개발제한구역의 지정 및 관리에 관한 특별조치법」 및 구 「액화석유가스의 안전관리 및 사업법」 등의 관련 법규에 의하면, 개발제한구역에서의 자동차용 액화석유가스충전사업허가는 그 기준 내지 요건이 불확정개념으로 규정되어 있으므로 그 허가 여부를 판단함에 있어서 행정청에 재량권이 부여되어 있다고 보아야 한다.
② 재량행위의 경우 그 근거법규에 대하여 법원이 사실인정과 관련 법규의 해석 · 적용을 통하여 일정한 결론을 도출한 후 그 결론에 비추어 행정청이 한 판단의 적법 여부를 독자의 입장에서 판정한다.
③ 구 여객자동차운수사업법령상 마을버스운송사업면허의 허용 여부 및 마을버스 한정면허시 확정되는 마을버스 노선을 정함에 있어서 기존 일반노선버스의 노선과의 중복 허용 정도에 대한 판단은 행정청의 재량에 속한다.
④ 「야생 동 · 식물보호법」상 곰의 웅지를 추출하여 비누, 화장품 등의 재료를 사용할 목적으로 곰의 용도를 '사육곰'에서 '식 · 가공품 및 약용재료'로 변경하겠다는 내용의 국제적 멸종위기종의 용도변경승인 행위는 재량행위이다.

> **ADVICE** ② 행정행위를 기속행위와 재량행위로 구분하는 경우 양자에 대한 사법심사는, 전자의 경우 그 법규에 대한 원칙적인 기속성으로 인하여 법원이 사실인정과 관련 법규의 해석 · 적용을 통하여 일정한 결론을 도출한 후 그 결론에 비추어 행정청이 한 판단의 적법 여부를 독자의 입장에서 판정하는 방식에 의하게 되나, 후자의 경우 <u>행정청의 재량에 기한 공익판단의 여지를 감안하여 법원은 독자의 결론을 도출함이 없이 해당 행위에 재량권의 일탈 · 남용이 있는지 여부만을 심사하게 되고, 이러한 재량권의 일탈 · 남용 여부에 대한 심사는 사실오인, 비례 · 평등의 원칙 위배 등을 그 판단 대상으로 한다</u>(대법원2016. 1. 28. 선고 2015두52432).

**3** 처분에 대한 판례의 입장으로 옳지 않은 것은?

① 행정재산의 무단점유자에 대한 변상금부과행위는 처분이나, 대부한 일반재산에 대한 사용료부과고지행위는 처분이 아니다.
② 제1차 계고처분 이후 고지된 제2차, 제3차의 계고처분은 처분이 아니나, 거부처분이 있은 후 동일한 내용의 신청에 대하여 다시 거절의 의사표시를 한 경우에는 새로운 처분으로 본다.
③ 행정행위의 부관 중 조건이나 기한은 독립하여 행정소송의 대상이 될 수 없으나, 부담은 독립하여 행정소송의 대상이 될 수 있다.
④ 병역처분의 자료로 군의관이 하는 「병역법」상의 신체등급판정은 처분이나, 「산업재해보상보험법」상 장해보상금결정의 기준이 되는 장해등급결정은 처분이 아니다.

> **ADVICE** ④ • <u>병역법상 신체등위판정은 행정청이라고 볼 수 없는 군의관이 하도록 되어 있으며, 그 자체만으로 바로 병역법상의 권리의무가 정하여지는 것이 아니라 그에 따라 지방병무청장이 병역처분을 함으로써 비로소 병역의무의 종류가 정하여지는 것이므로 항고소송의 대상이 되는 행정처분이라 보기 어렵다</u>(대법원 1993. 8. 27. 선고 93누3356).
> • <u>산업재해보상보험법상 장해보상금 결정의 기준이 되는 장해등급결정은 처분이다</u>(대법원 2002. 4. 26. 선고 2001두8155).

**4** 강학상 공증행위에 해당하는 것만을 모두 고른 것은? (다툼이 있는 경우 판례에 의함)

> ㉠ 행정심판의 재결
> ㉡ 의료유사업자 자격증 갱신발급행위
> ㉢ 상표사용권설정등록행위
> ㉣ 건설업 면허증의 재교부
> ㉤ 특허출원의 공고

① ㉠, ㉡, ㉢

② ㉠, ㉣, ㉤

③ ㉡, ㉢, ㉣

④ ㉡, ㉣, ㉤

**ADVICE** ㉠ [확인] 재결은 준법률행위적 행정행위 중 <u>확인행위</u>로서의 성질을 갖는다.

㉡ [공증] 서울특별시장 또는 도지사의 의료유사업자 자격증 갱신발급행위는 유사의료업자의 자격을 부여 내지 확인하는 것이 아니라 특정한 사실 또는 법률관계의 존부를 공적으로 증명하는 소위 공증행위에 속하는 행정행위라 할 것이다 (대판 1977.5.24. 76누295).

㉢ [공증] 구 상표법, 구 상표등록령 등의 규정내용을 종합하면, 상표사용권설정 등록신청서가 제출된 경우 특허청장은 신청서와 그 첨부서류만을 자료로 형식적으로 심사하여 그 등록신청을 수리할 것인지의 여부를 결정하여야 되는 것으로서, <u>특허청장의 상표사용권설정등록행위는 사인간의 법률관계의 존부를 공적으로 증명하는 준법률행위적 행정행위(공증)</u>임이 분명하다(대판 1991.8.13. 90누9414).

㉣ [공증] 건설업면허증 및 건설업면허수첩의 재교부는 그 면허증 등의 분실, 헐어 못쓰게 된 때, 건설업의 면허이전 등 면허증 및 면허수첩 그 자체의 관리상의 문제로 인하여 종전의 면허증 및 면허수첩과 동일한 내용의 면허증 및 면허수첩을 새로이 또는 교체하여 발급하여 주는 것으로서, 이는 건설업의 면허를 받았다고 하는 특정사실에 대하여 형식적으로 그것을 증명하고 공적인 증거력을 부여하는 행정행위(강학상의 공증행위)이다(대판 1994.10.25. 93누21231).

㉤ [통지] 특허출원의 공고, 공무원의 당연퇴직 통보 등은 통지에 해당한다. 통지란 행정청이 특정인 또는 불특정 다수에게 어떠한 사실을 알림으로써 일정한 법적 효과를 발생시키는 행위를 말한다.

---

✎ **ANSWER**  2.②  3.④  4.③

**5** 행정행위의 하자에 대한 설명으로 옳은 것만을 모두 고른 것은? (다툼이 있는 경우 판례에 의함)

> ㉠ 명백성보충설에 의하면 무효판단의 기준에 명백성이 항상 요구되지는 아니하므로 중대명백설보다 무효의 범위가 넓어지게 된다.
> ㉡ 조세 부과처분이 무효라 하더라도 그로써 압류 등 체납처분의 효력을 다툴 수는 없다.
> ㉢ 구 「학교보건법」상 학교환경위생정화구역에서의 금지행위 및 시설의 해제 여부에 관한 행정처분을 함에 있어 학교환경위생정화위원회의 심의절차를 누락한 행정처분은 무효이다.
> ㉣ 선행행위의 하자를 이유로 후행행위를 다투는 경우뿐 아니라 후행행위의 하자를 이유로 선행행위를 다투는 것도 하자의 승계이다.

① ㉠
② ㉠, ㉣
③ ㉡, ㉢
④ ㉡, ㉢, ㉣

> **ADVICE** ㉡ [×] 선행처분이 무효인 경우에는 후행처분은 원인 무효가 될 수 있으므로 <u>선행처분이 무효이면 목적의 동일성이 없어도 후행처분의 무효를 주장할 수 있다.</u>
>
> ㉢ [×] 행정청이 구 학교보건법 소정의 학교환경위생정화구역 내에서 금지행위 및 시설의 해제 여부에 관한 행정처분을 함에 있어 학교환경위생정화위원회의 심의를 거치도록 한 취지는 그에 관한 전문가 내지 이해관계인의 의견과 주민의 의사를 행정청의 의사결정에 반영함으로써 공익에 가장 부합하는 민주적 의사를 도출하고 행정처분의 공정성과 투명성을 확보하려는 데 있고, 나아가 그 심의의 요구가 법률에 근거하고 있을 뿐 아니라 심의에 따른 의결내용도 단순히 절차의 형식에 관련된 사항에 그치지 않고 금지행위 및 시설의 해제 여부에 관한 행정처분에 영향을 미칠 수 있는 사항에 관한 것임을 종합해 보면, 금지행위 및 시설의 해제 여부에 관한 행정처분을 하면서 절차상 위와 같은 <u>심의를 누락한 흠이 있다면 그와 같은 흠을 가리켜 위 행정처분의 효력에 아무런 영향을 주지 않는다거나 경미한 정도에 불과하다고 볼 수는 없으므로, 특별한 사정이 없는 한 이는 행정처분을 위법하게 하는 취소사유가 된다</u>(대법원 2007. 3. 15. 선고 2006두15806).
>
> ㉣ [×] 하자승계는 선행처분의 위법성을 이유로 후행처분을 다투는 문제이다. 따라서, <u>후행처분의 위법성을 이유로 선행처분을 다투는 것은 하자승계가 아니다.</u>

**6** 법률유보원칙에 대한 판례의 입장으로 옳지 않은 것은?

① 대법원은 구「도시 및 주거환경정비법」제28조 제4항 본문이 사업시행인가 신청시의 동의요건을 조합의 정관에 포괄적으로 위임한 것은 헌법 제75조가 정하는 포괄위임 입법금지의 원칙이 적용되어 이에 위배된다고 하였다.

② 헌법재판소는 법률유보의 형식에 대하여 반드시 법률에 의한 규율만이 아니라 법률에 근거한 규율이면 되기 때문에 기본권제한의 형식이 반드시 법률의 형식일 필요는 없다고 하였다.

③ 헌법재판소는 중학교 의무교육 실시여부 자체는 법률로 정하여야 하는 기본사항으로서 법률유보사항이나 그 실시의 시기, 범위 등 구체적 실시에 필요한 세부사항은 법률유보사항이 아니라고 하였다.

④ 대법원은 지방의회의원에 대하여 유급보좌인력을 두는 것은 지방의회의원의 신분·지위 및 그 처우에 관한 현행 법령상의 제도에 중대한 변경을 초래하는 것으로서, 이는 개별 지방의회의 조례로써 규정할 사항이 아니라 국회의 법률로써 규정할 입법사항이라고 하였다.

> **ADVICE** ① 대법원과 헌법재판소의 판례를 비교하여 알아 둔다.
> - 조합의 사업시행인가 신청시의 <u>토지 등 소유자의 동의요건</u>이 비록 토지 등 소유자의 재산상 권리·의무에 영향을 미치는 사업시행계획에 관한 것이라고 하더라도, 그 동의요건은 사업시행인가 신청에 대한 토지 등 소유자의 사전 통제를 위한 <u>절차적 요건에 불과하고 토지 등 소유자의 재산상 권리·의무에 관한 기본적이고 본질적인 사항이라고 볼 수 없으므로 법률유보 내지 의회유보의 원칙이 반드시 지켜져야 하는 영역이라고 할 수 없고</u>, 따라서 개정된 도시 및 주거환경정비법 제28조 제4항 본문이 법률유보 내지 의회유보의 원칙에 위배된다고 할 수 없다(<u>대법원</u> 2007.10.12. 2006두14476).
> - 토지등소유자가 도시환경정비사업을 시행하는 경우 사업시행인가 신청시 필요한 <u>토지등 소유자의 동의요건을 정하는 것은 국민의 권리와 의무의 형성에 관한 기본적이고 본질적인 사항이므로 국회가 스스로 행하여야 하는 사항에 속하는 것임에도 불구하고 사업시행인가 신청에 필요한 동의정족수를 토지등소유자가 자치적으로 정하여 운영하는 규약에 정하도록 한 것은 법률유보원칙에 위반된다</u>(헌재 2011.8.30. 2009헌바128 등).
> ② 헌법이 인정하고 있는 위임입법의 형식은 예시적인 것으로 보아야 할 것이고, 그것은 법률이 행정규칙에 위임하더라도 그 행정규칙은 위임된 사항만을 규율할 수 있으므로 국회입법의 원칙과 상치되지도 않는다. (…중략…) 기본권을 제한하는 작용을 하는 법률이 입법위임을 할 때에는 대통령령, 총리령, 부령 등 법규명령에 위임함이 바람직하다. (…중략…) 법률이 고시의 형식으로 입법위임을 할 때에는 전문적·기술적 사항이나 경미한 사항으로서 업무의 성질상 위임이 불가피한 사항으로 한정되고, 포괄위임금지의 원칙상 구체적·개별적 위임이어야 한다(헌법재판소 2006.12.28. 2005헌바59).

---

✎ **ANSWER** 5.① 6.①

**7** 행정입법에 대한 판례의 입장으로 옳지 않은 것은?

① 제재적 행정처분의 기준이 부령의 형식으로 규정되어 있는 경우, 이 처분기준에 적합하다 하여 곧바로 당해 처분이 적법한 것이라고 할 수는 없다.

② 구 「청소년보호법」의 위임에 따른 동법 시행령상의 위반행위의 종별에 따른 과징금처분기준은 법규명령이다.

③ 어느 시행령의 규정이 모법에 저촉되는지 여부가 명백하지 아니하는 경우에는 모법과 시행령의 다른 규정들과 그 입법취지, 연혁 등을 종합적으로 살펴 모법에 합치한다는 해석도 가능한 경우라면 그 규정을 모법 위반으로 무효라고 선언하여서는 안된다.

④ 치과전문의 시험실시를 위한 시행규칙 규정의 제정 미비로 인해 치과전문의 자격을 갖지 못한 사람은 부작위위법확인소송을 통하여 구제 받을 수 있다.

> **ADVICE** ④ • 행정소송은 구체적 사건에 대한 법률상 분쟁을 법에 의하여 해결함으로써 법적 안정을 기하자는 것이므로 부작위위법확인소송의 대상이 될 수 있는 것은 구체적 권리 · 의무에 관한 분쟁이어야 하고 <u>추상적인 법령에 관하여 제정의 여부 등은 그 자체로서 국민의 구체적인 권리 · 의무에 직접적 변동을 초래하는 것이 아니어서 행정소송의 대상이 될 수 없으므로</u> 이 사건 소는 부적법하다(대법원 1992.5.8, 91누11261).
> → '치과전문의 시험실시를 위한 시행규칙' 입법부작위는 공권력의 불행사에 해당하므로 헌법소원의 대상이 된다. 그러나 '처분'의 부작위를 소송물로 하는 부작위위법확인소송을 통해서는 구제받을 수 없다.
> • [비교판례] 진정입법부작위에 대한 <u>헌법소원심판청구</u>의 청구기간과 관련된 사건으로 치과의사로서 전문의가 되고자 하는 자는 대통령령이 정하는 수련을 거쳐 보건복지부장관의 자격인정을 받아야 하고(의료법 제55조 제1항) 전문의의 자격인정 및 전문과목에 관하여 필요한 사항은 대통령령으로 정하는바 (…중략…) "일정한 수련과정을 이수한 자로서 전문의자격시험에 합격"할 것을 요구하고 있는데도, '<u>시행규칙</u>'이 위 규정에 따른 개정입법 및 새로운 입법을 하지 않고 있는 것은 진정입법부작위에 해당하므로 이 부분에 대한 심판청구는 청구기간의 제한을 받지 않는다(헌재 1998. 7. 16. 96헌마246).
> ① <u>제재적 행정처분의 기준이 부령의 형식으로 규정되어 있더라도 그것은 행정청 내부의 사무처리준칙을 정한 것에 지나지 아니하여 대외적으로 국민이나 법원을 기속하는 효력이 없고, 당해 처분의 적법 여부는 위 처분기준만이 아니라 관계 법령의 규정 내용과 취지에 따라 판단되어야 하므로, 위 처분기준에 적합하다 하여 곧바로 당해 처분이 적법한 것이라고 할 수는 없다</u>(대법원 2007. 9. 20, 2007두6946).

**8** 판례의 입장으로 옳지 않은 것은?

① 「출입국관리법」상 체류자격 변경허가는 설권적 처분에 해당하며, 재량행위의 성격을 가진다.

② 인·허가의제의 효과를 수반하는 건축신고는 수리를 요하는 신고에 해당한다.

③ 행정청이 구 「체육시설의 설치·이용에 관한 법률」의 규정에 의하여 체육시설업자 지위승계신고를 수리하는 처분을 하는 경우, 종전 체육시설업자에 대하여 「행정절차법」상 사전통지 등 절차를 거칠 필요는 없다.

④ 망인에 대한 서훈취소는 유족에 대한 것이 아니므로 유족에 대한 통지에 의해서만 성립하여 효력이 발생한다고 볼 수 없고, 그 결정이 처분권자의 의사에 따라 상당한 방법으로 대외적으로 표시됨으로써 행정행위로서 성립하여 효력이 발생한다고 봄이 타당하다.

> **ADVICE** ③ 행정청이 구 관광진흥법 또는 구 체육시설의 설치·이용에 관한 법률의 규정에 의하여 <u>유원시설업자 또는 체육시설업자 지위승계신고를 수리하는 처분을 하는 경우, 종전 유원시설업자 또는 체육시설업자에 대하여 행정절차법 제21조 제1항 등에서 정한 처분의 사전통지 등 절차를 거쳐야 한다</u>(대법원 2012. 12. 13. 선고 2011두29144).


**9** 손실보상에 대한 설명으로 옳지 않은 것은? (다툼이 있는 경우 판례에 의함)

① 농지개량사업 시행지역 내의 토지 등 소유자가 토지사용에 관한 승낙을 한 경우, 그에 대한 정당한 보상을 받지 않았더라도 농지개량사업 시행자는 토지소유자 및 그 승계인에 대하여 보상할 의무가 없다.

② 「공익사업을 위한 토지 등의 취득 및 보상에 관한 법률」상 토지수용위원회의 수용재결에 대한 이의절차는 실질적으로 행정심판의 성질을 갖는 것이므로 동법에 특별한 규정이 있는 것을 제외하고는 「행정심판법」의 규정이 적용된다.

③ 「공익사업을 위한 토지 등의 취득 및 보상에 관한 법률」상 수용재결이나 이의신청에 대한 재결에 불복하는 행정소송의 제기는 사업의 진행 및 토지 수용 또는 사용을 정지시키지 아니한다.

④ 「공익사업을 위한 토지 등의 취득 및 보상에 관한 법률」상 잔여지 수용 청구권은 형성권적 성질을 가지므로, 잔여지 수용청구를 받아들이지 않은 재결에 대하여 토지소유자가 불복하여 제기하는 소송은 보상금증감청구소송에 해당한다.

> **ADVICE** ① 농지개량사업 시행지역 내의 토지 등 소유자가 토지사용에 관한 승낙을 하였으나 정당한 보상을 받지 못한 경우, 농지개량사업 시행자가 토지 소유자 및 승계인에 대하여 보상할 의무가 있으며, 보상 없이 타인의 토지를 점유·사용하는 것이 법률상 원인 없이 이득을 얻은 때에 해당한다(대법원2016. 6. 23. 선고 2016다206369).


✎ **ANSWER** 7.④  8.③  9.①

**10** 행정지도에 대한 판례의 입장으로 옳은 것(O)과 옳지 않은 것(×)을 바르게 조합한 것은?

> ㉠ 행정관청이 구 「국토이용관리법」 소정의 토지거래계약신고에 관하여 공시된 기준시가를 기준으로 매매 가격을 신고하도록 행정지도를 하여 그에 따라 허위신고를 한 것이라 하더라도 이와 같은 행정지도는 법에 어긋나는 것으로서 그 범법행위가 정당화될 수 없다.
>
> ㉡ 교육인적자원부장관의 국·공립대학총장들에 대한 학칙시정요구는 대학총장의 임의적인 협력을 통하여 사실상의 효과를 발생시키는 행정지도의 일종으로 헌법소원의 대상이 되는 공권력행사라고 볼 수 없다.
>
> ㉢ 노동부장관이 공공기관 단체협약내용을 분석하여 불합리한 요소를 개선하라고 요구한 행위는 행정지도로서의 한계를 넘어 규제적·구속적 성격을 강하게 갖는다고 할 수 없어 헌법소원의 대상이 되는 공권력의 행사에 해당한다고 볼 수 없다.
>
> ㉣ 행정기관의 위법한 행정지도로 일정기간 어업권을 행사하지 못하는 손해를 입은 자가 그 어업권을 타인에게 매도하여 매매대금 상당의 이득을 얻은 경우, 손해배상액의 산정에서 그 이득을 손익상계할 수 있다.

|      | ㉠ | ㉡ | ㉢ | ㉣ |
|------|----|----|----|----|
| ①    | O  | O  | O  | O  |
| ②    | O  | ×  | ×  | ×  |
| ③    | O  | ×  | O  | ×  |
| ④    | ×  | ×  | O  | O  |

**ADVICE** ㉠ [O] 행정관청이 국토이용관리법 소정의 토지거래계약신고에 관하여 공시된 기준시가를 기준으로 매매가격을 신고하도록 행정지도를 하여 그에 따라 허위신고를 한 것이라 하더라도 이와 같은 행정지도는 법에 어긋나는 것으로서 그와 같은 행정지도나 관행에 따라 허위신고행위에 이르렀다고 하여도 이것만 가지고서는 그 범법행위가 정당화될 수 없다(대법원 1994. 6. 14. 선고 93도3247).

㉡ [×] 교육인적자원부장관의 대학총장들에 대한 이 사건 학칙시정요구는 대학총장의 임의적인 협력을 통하여 사실상의 효과를 발생시키는 행정지도의 일종이지만, 그에 따르지 않을 경우 일정한 불이익조치를 예정하고 있어 사실상 상대방에게 그에 따를 의무를 부과하는 것과 다를 바 없으므로 단순한 행정지도로서의 한계를 넘어 규제적·구속적 성격을 상당히 강하게 갖는 것으로서 헌법소원의 대상이 되는 공권력의 행사라고 볼 수 있다(헌재 2003. 6. 26. 2002헌마337).

㉢ [O] 노동부장관이 2009. 4. 노동부 산하 7개 공공기관의 단체협약내용을 분석하여 2009. 5. 1.경 불합리한 요소를 개선하라고 요구한 행위(이하 '이 사건 개선요구'라 한다)가 공권력행사에 해당하지 않는다. 이 사건 개선요구는 이를 따르지 않을 경우의 불이익을 명시적으로 예정하고 있다고 보기 어렵고, 행정지도로서의 한계를 넘어 규제적·구속적 성격을 강하게 갖는다고 할 수 없어 헌법소원의 대상이 되는 공권력의 행사에 해당한다고 볼 수 없다(헌재 2011. 12. 29. 2009헌마330).

㉣ [×] 행정기관의 위법한 행정지도로 일정기간 어업권을 행사하지 못하는 손해를 입은 자가 그 어업권을 타인에게 매도하여 매매대금 상당의 이득을 얻었더라도 그 이득은 손해배상책임의 원인이 되는 행위인 위법한 행정지도와 상당인과관계에 있다고 볼 수 없고, 행정기관이 배상하여야 할 손해는 위법한 행정지도로 피해자가 일정기간 어업권을 행사하지 못한 데 대한 것임에 반해 피해자가 얻은 이득은 어업권 자체의 매각대금이므로 위 이득이 위 손해의 범위에 대응하는 것이라고 볼 수도 없어, 피해자가 얻은 매매대금 상당의 이득을 행정기관이 배상하여야 할 손해액에서 공제할 수 없다(대법원 2008.9. 25. 선고 2006다18228).

**11** 행정행위의 부관에 대한 설명으로 옳지 않은 것은? (다툼이 있는 경우 판례에 의함)

① 행정청이 행정행위에 부가한 부관과 달리 법령이 직접 행정행위의 조건을 정한 경우에 그 조건이 위법하면 이는 법률 및 법규명령에 대한 통제제도에 의해 통제된다.

② 행정청이 행정처분을 하기 이전에 행정행위의 상대방과 협의하여 의무의 내용을 협약의 형식으로 정한 다음에 행정처분을 하면서 그 의무를 부과하는 것은 부담이라고 할 수 없다.

③ 철회권이 유보된 경우에도 철회의 제한이론인 이익형량의 원칙이 적용되나, 행정행위의 계속성에 대한 상대방의 신뢰는 유보된 철회사유에 대해서는 인정되지 않는다.

④ 허가에 붙은 기한이 그 허가된 사업의 성질상 부당하게 짧은 경우, 이를 그 허가 자체의 존속기간이 아니라 그 허가조건의 존속기간으로 볼 수 있다.

> **ADVICE** ② 수익적 행정처분에 있어서는 법령에 특별한 근거규정이 없다고 하더라도 그 부관으로서 부담을 붙일 수 있고, 그와 같은 부담은 행정청이 행정처분을 하면서 일방적으로 부가할 수도 있지만 부담을 부가하기 이전에 상대방과 협의하여 부담의 내용을 협약의 형식으로 미리 정한 다음 행정처분을 하면서 이를 부가할 수도 있다(대법원 2009. 2. 12. 선고 2005다65500).

**12** 상급행정청 X로부터 권한을 내부 위임받은 하급행정청 Y는 2017. 1. 10. Y의 명의로 甲에 대하여 2,000만 원의 부담금부과처분을 하였다가, 같은 해 2. 3. 부과금액의 과다를 이유로 위 부담금을 1,000만 원으로 감액하는 처분을 하였다. 甲이 이에 대해 취소소송을 제기하는 경우, ㉠ 소의 대상과 ㉡ 피고적격을 바르게 연결한 것은? (다툼이 있는 경우 판례에 의함)

|  | ㉠ | ㉡ |
|---|---|---|
| ① | 1,000만 원으로 감액된 1. 10.자 부담금부과처분 | X |
| ② | 1,000만 원으로 감액된 1. 10.자 부담금부과처분 | Y |
| ③ | 2. 3.자 1,000만 원의 부담금부과처분 | X |
| ④ | 2. 3.자 1,000만 원의 부담금부과처분 | Y |

> **ADVICE** ㉠ [당초처분 : 1,000만 원으로 감액된 1.10.자 부담금부과처분]
> 행정청이 식품위생법령에 따라 영업자에게 행정제재 처분을 한 후 당초처분을 영업자에게 유리하게 변경하는 처분을 한 경우, 변경처분에 의하여 유리하게 변경된 내용의 행정제재가 위법하다 하여 그 취소를 구하는 경우 그 취소소송의 대상은 변경된 내용의 당초처분이지 변경처분은 아니고, 제소기간의 준수여부도 변경처분이 아닌 변경된 내용의 당초처분을 기준으로 판단하여야 한다(대법원 2007.4.27, 2004두9302).
> ㉡ [명의자인 내부수임청 : Y]
> 내부위임이더라도 수임청이 자신의 이름으로 처분을 한 경우 피고는 처분의 명의자인 수임청이 된다.

**13** 정보공개제도에 대한 판례의 입장으로 옳은 것은?

① 정보공개청구의 대상이 되는 공공기관이 보유하는 정보는 공공기관이 직무상 작성 또는 취득한 원본문서이어야 하며 전자적 형태로 보유·관리되는 경우에는 행정기관의 업무수행에 큰 지장을 주지 않는 한도 내에서 검색·편집하여 제공하여야 한다.

② 법무부령인 「검찰보존사무규칙」에서 불기소사건 기록 등의 열람·등사 등을 제한하는 것은 「공공기관의 정보공개에 관한 법률」에 따른 '다른 법률 또는 명령에 의하여 비공개사항으로 규정된 경우'에 해당되어 적법하다.

③ '독립유공자 서훈 공적심사위원회의 심의·의결 과정 및 그 내용을 기재한 회의록'은 공개될 경우에 업무의 공정한 수행에 현저한 지장을 초래한다고 인정할 만한 상당한 이유가 있는 정보에 해당한다.

④ 정보공개제도를 이용하여 사회통념상 용인될 수 없는 부당한 이득을 얻으려 하거나, 오로지 공공기관의 담당공무원을 괴롭힐 목적으로 정보공개청구를 하는 경우라 하더라도 적법한 공개청구 요건을 갖추고 있는 경우라면 정보공개청구권 행사 자체를 권리남용으로 볼 수는 없다.

> **ADVICE** ① 공공기관의 정보공개에 관한 법률상 공개청구의 대상이 되는 <u>정보란 공공기관이 직무상 작성 또는 취득하여 현재 보유·관리하고 있는 문서에 한정되는 것이기는 하나, 그 문서가 반드시 원본일 필요는 없다</u>(대법원 2006. 5. 25. 선고 2006두3049).
>
> ② <u>검찰보존사무규칙</u>이 검찰청법 제11조에 기하여 제정된 법무부령이기는 하지만, 그 사실만으로 같은 규칙 내의 모든 규정이 법규적 효력을 가지는 것은 아니다. 기록의 열람·등사의 제한을 정하고 있는 같은 규칙 제22조는 <u>법률상의 위임근거가 없어 행정기관 내부의 사무처리준칙으로서 행정규칙에 불과하므로</u>, 위 규칙상의 열람·등사의 제한을 공공기관의 정보공개에 관한 법률 제9조 제1항 제1호의 '<u>다른 법률 또는 법률에 의한 명령에 의하여 비공개사항으로 규정된 경우</u>'에 해당한다고 볼 수 없다(대법원 2006. 5. 25. 선고 2006두3049).
>
> ④ 국민의 정보공개청구는 정보공개법 제9조에 정한 비공개 대상 정보에 해당하지 아니하는한 원칙적으로 폭넓게 허용되어야 하지만, 실제로는 해당 정보를 취득 또는 활용할 의사가 전혀 없이 정보공개 제도를 이용하여 <u>사회통념상 용인될 수 없는 부당한 이득을 얻으려 하거나, 오로지 공공기관의 담당공무원을 괴롭힐 목적으로 정보공개청구를 하는 경우처럼 권리의 남용에 해당하는</u> 것이 명백한 경우에는 정보공개청구권의 행사를 허용하지 아니하는 것이 옳다(대법원 2014. 12. 24. 선고 2014두9349).

**14** 행정소송에 대한 판례의 입장으로 옳지 않은 것은?

① 구 「주택법」상 입주자나 입주예정자는 주택의 사용검사처분의 무효확인 또는 취소를 구할 법률상 이익이 있다.
② 명예퇴직한 법관이 미지급 명예퇴직 수당액의 지급을 구하는 소송은 당사자소송에 해당한다.
③ 납세의무자에 대한 국가의 부가가치세 환급세액 지급의무에 대응하는 국가에 대한 납세의무자의 부가가치세 환급세액 지급청구는 민사소송이 아니라 당사자소송의 절차에 따라야 한다.
④ 지방전문직공무원 채용계약 해지의 의사표시에 대하여는 공법상 당사자소송으로 그 의사표시의 무효확인을 청구할 수 있다.

〉**ADVICE** ① 주택에 대한 사용검사처분이 있으면, 그에 따라 입주예정자들이 주택에 입주하여 이를 사용할 수 있게 되므로 일반적으로 입주예정자들에게 이익이 되고, 다수의 입주자들이 사용검사권자의 사용검사처분을 신뢰하여 입주를 마치고 제3자에게 주택을 매매하거나 임대하고 담보로 제공하는 등 사용검사처분을 기초로 다수의 법률관계가 형성되는데, 일부 입주자나 입주예정자가 사업주체와 사이에 생긴 개별적 분쟁 등을 이유로 사용검사처분의 취소를 구하게 되면, 처분을 신뢰한 다수의 이익에 반하게 되는 상황이 발생할 수 있다. 구 주택법에서 사용검사처분 신청의 경우와는 달리, 사업주체 또는 입주예정자 등의 신청에 따라 이루어진 사용검사처분에 대하여 입주자나 입주예정자 등에게 취소를 구할 수 있는 규정을 별도로 두고 있지 않은 것도 이와 같은 취지에서라고 보인다. 따라서 이러한 사정들을 종합해 보면, 구 주택법상 입주자나 입주예정자는 사용검사처분의 취소를 구할 법률상 이익이 없다(대법원 2014. 7. 24. 2011두30465).
② 명예퇴직한 법관이 미지급 명예퇴직수당액에 대하여 가지는 권리는 명예퇴직수당 지급대상자 결정 절차를 거쳐 명예퇴직수당규칙에 의하여 확정된 공법상 법률관계에 관한 권리로서, 그 지급을 구하는 소송은 행정소송법의 당사자소송에 해당하며, 그 법률관계의 당사자인 국가를 상대로 제기하여야 한다(대법원 2016. 5. 24. 2013두14863).
③ 납세의무자에 대한 국가의 부가가치세 환급세액 지급의무는 그 납세의무자로부터 어느 과세기간에 과다하게 거래 징수된 세액 상당을 국가가 실제로 납부받았는지와 관계없이 부가가치세법령의 규정에 의하여 직접 발생하는 것으로서, 그 법적 성질은 정의와 공평의 관념에서 수익자와 손실자 사이의 재산상태 조정을 위해 인정되는 부당이득 반환의무가 아니라 부가가치세법령에 의하여 그 존부나 범위가 구체적으로 확정되고 조세 정책적 관점에서 특별히 인정되는 공법상 의무라고 봄이 타당하다. 그렇다면 납세의무자에 대한 국가의 부가가치세 환급세액 지급의무에 대응하는 국가에 대한 납세의무자의 부가가치세 환급세액 지급청구는 민사소송이 아니라 행정소송법 제3조 제2호에 규정된 당사자소송의 절차에 따라야 한다. (대법원 2013.03.21. 선고 2011다95564 전원합의체).
④ 현행 실정법이 지방전문직공무원 채용계약 해지의 의사표시를 일반공무원에 대한 징계처분과는 달리 (…중략…) 지방자치단체가 채용계약관계의 한쪽 당사자로서 대등한 지위에서 행하는 의사표시로 취급하고 있는 것으로 이해되므로, 지방전문직공무원 채용계약 해지의 의사표시에 대하여는 대등한 당사자 간의 소송형식인 공법상 당사자소송으로 그 의사표시의 무효확인을 청구할 수 있다(대법원 1993. 9. 14, 92누4611).

**15** 행정상 손해배상에 대한 설명으로 옳은 것만을 모두 고른 것은? (다툼이 있는 경우 판례에 의함)

> ㉠ 공무원의 직무상 불법행위로 손해를 입은 피해자의 국가배상청구권의 소멸시효 기간이 지났으나 국가가 소멸시효완성을 주장하는 것이 권리남용으로 허용될 수 없어 배상책임을 이행한 경우에는, 소멸시효 완성 주장이 권리남용에 해당하게 된 원인행위와 관련하여 공무원이 원인이 되는 행위를 적극적으로 주도하였다는 등의 특별한 사정이 없는 한, 국가가 공무원에게 구상권을 행사하는 것은 신의칙상 허용되지 않는다.
>
> ㉡ 경찰은 국민의 생명, 신체 및 재산의 보호 등과 기타 공공의 안녕과 질서유지도 직무로 하고 있고 그 직무의 원활한 수행을 위한 권한은 일반적으로 경찰관의 전문적 판단에 기한 합리적인 재량에 위임되어 있는 것이나, 그 취지와 목적에 비추어 볼 때 구체적인 사정에 따라 경찰관이 그 권한을 행사하여 필요한 조치를 취하지 아니하는 것이 현저하게 불합리하다고 인정되는 경우에는 그러한 권한의 불행사는 직무상의 의무를 위반한 것이 되어 위법하게 된다.
>
> ㉢ 지방자치단체의 장이 기관위임된 국가행정사무를 처리하는 경우 그에 소요되는 경비의 실질적·궁극적 부담자는 국가라고 하더라도 당해 지방자치단체는 국가로부터 내부적으로 교부된 금원으로 그 사무에 필요한 경비를 대외적으로 지출하는 자이므로, 이러한 경우 지방자치단체는 「국가배상법」 제6조 제1항의 비용부담자로서 공무원의 직무상불법행위로 인한 손해를 배상할 책임이 있다.

① ㉠, ㉡
② ㉠, ㉢
③ ㉡, ㉢
④ ㉠, ㉡, ㉢

> **ADVICE** ㉠ [O] 공무원의 불법행위로 손해를 입은 피해자의 국가배상청구권의 소멸시효 기간이 지났으나 국가가 소멸시효 완성을 주장하는 것이 신의성실의 원칙에 반하는 권리남용으로 허용될 수 없어 배상책임을 이행한 경우에는, 소멸시효 완성 주장이 권리남용에 해당하게 된 원인행위와 관련하여 공무원이 그 원인이 되는 행위를 적극적으로 주도하였다는 등의 특별한 사정이 없는 한, 국가가 공무원에게 구상권을 행사하는 것은 신의칙상 허용되지 않는다(대법원 2016. 6. 10. 선고 2015다217843).
>
> ㉡ [O] 경찰은 범죄의 예방, 진압 및 수사와 함께 국민의 생명, 신체 및 재산의 보호 기타 공공의 안녕과 질서유지를 직무로 하고 있고, 직무의 원활한 수행을 위하여 경찰관 직무집행법, 형사소송법등 관계 법령에 의하여 여러 가지 권한이 부여되어 있으므로, 구체적인 직무를 수행하는 경찰관으로서는 제반 상황에 대응하여 자신에게 부여된 여러 가지 권한을 적절하게 행사하여 필요한 조치를 할 수 있고, 그러한 권한은 일반적으로 경찰관의 전문적 판단에 기한 합리적인 재량에 위임되어 있으나, 경찰관에게 권한을 부여한 취지와 목적에 비추어 볼 때 구체적인 사정에 따라 경찰관이 권한을 행사하여 필요한 조치를 하지 아니하는 것이 현저하게 불합리하다고 인정되는 경우에는 권한의 불행사는 직무상의무를 위반한 것이 되어 위법하게 된다(대법원 2016. 4. 15. 선고 2013다20427).
>
> ㉢ [O] 지방자치단체의 장이 기관위임된 국가행정사무를 처리하는 경우 그에 소요되는 경비의 실질적·궁극적 부담자는 국가라고 하더라도 당해 지방자치단체는 국가로부터 내부적으로 교부된 금원으로 그 사무에 필요한 경비를 대외적으로 지출하는 자이므로, 이러한 경우 지방자치단체는 국가배상법 제6조 제1항 소정의 비용부담자로서 공무원의 불법행위로 인한 같은 법에 의한 손해를 배상할 책임이 있다(대법원 1994. 12. 9. 선고 94다38137).

**16** 행정소송에 대한 설명으로 옳지 않은 것은? (다툼이 있는 경우 판례에 의함)

① 지방자치단체가 건축물을 건축하기 위하여 구 「건축법」에 따라 미리 건축물의 소재지를 관할하는 허가권자인 다른 지방자치단체의 장과 건축협의를 한 경우, 허가권자인 지방자치단체의 장이 건축협의를 취소하는 행위는 항고소송의 대상이 되는 처분에 해당한다.

② 불특정 다수인에 대한 행정처분을 고시 또는 공고에 의하여 하는 경우에는 그 행정처분에 이해관계를 갖는 사람이 고시 또는 공고가 있었다는 사실을 현실적으로 알았는지 여부에 관계없이 고시 또는 공고가 효력을 발생한 날에 행정처분이 있음을 알았다고 보아야 한다.

③ 취소소송이 제기된 후에 피고를 경정하는 경우 제소기간의 준수 여부는 피고를 경정한 때를 기준으로 판단한다.

④ 구 「도시 및 주거환경정비법」상 조합설립추진위원회 구성승인처분을 다투는 소송 계속 중 조합설립인가처분이 이루어진 경우 조합설립추진위원회 구성승인처분에 대하여 취소 또는 무효확인을 구할 법률상 이익이 없다.

〉 ADVICE ③ • 행정소송법 제14조(피고경정) 제1항 … 원고가 피고를 잘못 지정한 때에는 법원은 원고의 신청에 의하여 결정으로써 피고의 경정을 허가할 수 있다.

• 동법조 제4항 … 제1항의 규정에 의한 결정이 있은 때에는 새로운 피고에 대한 소송은 처음에 소를 제기한 때에 제기된 것으로 본다.

① 건축협의의 실질은 지방자치단체 등에 대한 건축허가와 다르지 않으므로, 지방자치단체 등이 건축물을 건축하려는 경우 등에는 미리 건축물의 소재지를 관할하는 허가권자인 지방자치단체의 장과 건축협의를 하지 않으면, 지방자치단체라 하더라도 건축물을 건축할 수 없다. 그리고 구 지방자치법 등 관련 법령을 살펴보아도 지방자치단체의 장이 다른 지방자치단체를 상대로 한 건축협의 취소에 관하여 다툼이 있는 경우에 법적 분쟁을 실효적으로 해결할 구제수단을 찾기도 어렵다. 따라서 건축협의 취소는 상대방이 다른 지방자치단체 등 행정주체라 하더라도 '행정청이 행하는 구체적 사실에 관한 법집행으로서의 공권력 행사로서 처분에 해당한다고 볼 수 있다(대법원 2014.2.27. 2012두22980).

④ 조합설립추진위원회 구성승인처분은 조합의 설립을 위한 주체인 추진위원회의 구성행위를 보충하여 그 효력을 부여하는 처분으로서 조합설립이라는 종국적 목적을 달성하기 위한 중간단계의 처분에 해당하지만, 그 법률요건이나 효과가 조합설립인가처분의 그것과는 다른 독립적인 처분이기 때문에, 추진위원회 구성승인처분에 대한 취소 또는 무효확인 판결의 확정만으로는 이미 조합설립인가를 받은 조합에 의한 정비사업의 진행을 저지할 수 없다. 따라서 추진위원회 구성승인처분을 다투는 소송 계속 중에 조합설립인가처분이 이루어진 경우에는, 추진위원회 구성승인처분에 위법이 존재하여 조합설립인가 신청행위가 무효라는 점 등을 들어 직접 조합설립인가처분을 다툼으로써 정비사업의 진행을 저지하여야 하고, 이와는 별도로 추진위원회 구성승인처분에 대하여 취소 또는 무효확인을 구할 법률상의 이익은 없다고 보아야 한다(대법원 2013.1.31. 2011두11112, 2011두11129).

17 항고소송의 대상이 되는 처분에 해당하는 사실행위만을 모두 고른 것은? (다툼이 있는 경우 판례에 의함)

> ㉠ 수형자의 서신을 교도소장이 검열하는 행위
> ㉡ 구청장이 사회복지법인에 특별감사 결과 지적사항에 대한 시정지시와 그 결과를 관계서류와 함께 보고
>   하도록 지시한 경우, 그 시정지시
> ㉢ 구 「공원법」에 의해 건설부장관이 행한 국립공원지정처분에 따라 공원관리청이 행한 경계측량 및 표지
>   의 설치

① ㉠          ② ㉠, ㉡

③ ㉡, ㉢       ④ ㉠, ㉡, ㉢

**》ADVICE** ㉠ [처분] 수형자의 서신을 교도소장이 검열하는 행위는 이른바 권력적 사실행위로서 행정심판이나 행정소송의 대상이 되는 행정처분으로 볼 수 있으나, 위 검열행위가 이미 완료되어 행정심판이나 행정소송을 제기하더라도 소의 이익이 부정될 수 밖에 없으므로 헌법소원심판을 청구하는 외에 다른 효과적인 구제방법이 있다고 보기 어렵기 때문에 보충성의 원칙에 대한 예외에 해당한다(헌재 1998. 8. 27. 96헌마398).

㉡ [처분] 구청장이 사회복지법인에 특별감사 결과 지적사항에 대한 시정지시와 그 결과를 관계서류와 함께 보고하도록 지시한 경우, 그 시정지시는 비권력적 사실행위가 아니라 항고소송의 대상이 되는 행정처분에 해당한다(대법원 2008. 4. 24. 선고 2008두3500).

㉢ [처분×] 건설부장관이 행한 국립공원지정처분은 그 결정 및 첨부된 도면의 공고로써 그 경계가 확정되는 것이고, 시장이 행한 경계측량 및 표지의 설치 등은 공원관리청이 공원구역의 효율적인 보호, 관리를 위하여 이미 확정된 경계를 인식, 파악하는 사실상의 행위로 봄이 상당하며, 위와 같은 사실상의 행위를 가리켜 공권력행사로서의 행정처분의 일부라고 볼 수 없고, 이로 인하여 건설부장관이 행한 공원지정처분이나 그 경계에 변동을 가져온다고 할 수 없다(대법원 1992. 10. 13. 선고 92누2325).

**18** 이행강제금에 대한 설명으로 옳지 않은 것은? (다툼이 있는 경우 판례에 의함)

① 「건축법」 제79조 제1항에 따른 위반 건축물 등에 대한 시정명령을 받은 자가 이를 이행하면, 허가권자는 새로운 이행강제금의 부과를 즉시 중지하되 이미 부과된 이행강제금은 징수하여야 한다.

② 건축주 등이 장기간 건축철거를 명하는 시정명령을 이행하지 아니하였다면, 비록 그 기간 중에 시정명령의 이행 기회가 제공되지 아니하였다가 뒤늦게 시정명령의 이행기회가 제공된 경우라 하더라도, 행정청은 이행 기회가 제공되지 아니한 과거의 기간에 대한 이행강제금까지 한꺼번에 부과할 수 있다.

③ 사용자가 이행하여야 할 행정법상 의무의 내용을 초과하는 것을 '불이행 내용'으로 기재한 이행강제금 부과 예고서에 의하여 이행강제금 부과 예고를 한 다음 이를 이행하지 않았다는 이유로 이행강제금을 부과하였다면, 초과한 정도가 근소하다는 등의 특별한 사정이 없는 한 이행강제금 부과 예고는 이행강제금 제도의 취지에 반하는 것으로서 위법하고, 이에 터 잡은 이행강제금 부과처분 역시 위법하다.

④ 구 「건축법」상 이행강제금 납부의 최초 독촉은 징수처분으로서 항고소송의 대상이 되는 행정처분에 해당한다.

> **ADVICE** ② 비록 건축주 등이 장기간 시정명령을 이행하지 아니하였더라도, 그 기간 중에는 시정명령의 이행 기회가 제공되지 아니하였다가 뒤늦게 시정명령의 이행 기회가 제공된 경우라면, 시정명령의 이행기회 제공을 전제로 한 1회분의 이행강제금만을 부과할 수 있고, 시정명령의 이행 기회가 제공되지 아니한 과거의 기간에 대한 이행강제금까지 한꺼번에 부과할 수는 없다. 그리고 이를 위반하여 이루어진 이행강제금 부과처분은 과거의 위반행위에 대한 제재가 아니라 행정상의 간접강제 수단이라는 이행강제금의 본질에 반하여 구 건축법 제80조 제1항, 제4항 등 법규의 중요한 부분을 위반한 것으로서, 그러한 하자는 중대할 뿐만 아니라 객관적으로도 명백하다(대법원 2016. 7. 14. 선고 2015두46598).

**19** 행정대집행에 대한 설명으로 옳은 것은? (다툼이 있는 경우 판례에 의함)

① 대집행계고처분을 함에 있어서 의무이행을 할 수 있는 상당한 기간을 부여하지 아니하였다 하더라도, 행정청이 대집행계고처분 후에 대집행영장으로써 대집행의 시기를 늦추었다면 그 대집행계고처분은 적법한 처분이다.

② 의무자가 대집행에 요한 비용을 납부하지 않으면 당해 행정청은 「민법」 제750조에 기한 손해배상으로서 대집행비용의 상환을 구할 수 있다.

③ 「공유재산 및 물품관리법」 제83조에 따라 지방자치단체장이 행정대집행의 방법으로 공유재산에 설치한 시설물을 철거할 수 있는 경우, 민사소송의 방법으로도 시설물의 철거를 구하는 것이 허용된다.

④ 구 「공공용지의 취득 및 손실보상에 관한 특례법」에 의한 협의취득시 건물소유자가 협의취득대상 건물에 대하여 철거의무를 부담하겠다는 취지의 약정을 한 경우, 그 철거의무는 「행정대집행법」에 의한 대집행의 대상이 되지 않는다.

> **ADVICE** ④ 행정대집행법상 대집행의 대상이 되는 대체적 작위의무는 공법상 의무이어야 할 것인데, (구)공공용지의 취득 및 손실보상에 관한 특례법에 따른 토지 등의 협의취득은 공공사업에 필요한 토지 등을 그 소유자와의 협의에 의하여 취득하는 것으로서 공공기관이 사경제주체로서 행하는 사법상 매매 내지 사법상 계약의 실질을 가지는 것이므로, 그 협의취득시 건물소유자가 매매대상 건물에 대한 철거의무를 부담하겠다는 취지의 약정을 하였다고 하더라도 이러한 철거의무는 공법상의 의무가 될 수 없고, 이 경우에도 행정대집행법을 준용하여 대집행을 허용하는 별도의 규정이 없는 한 위와 같은 철거의무는 행정대집행법에 의한 대집행의 대상이 되지 않는다(대법원 2006. 10. 13, 2006두7096).
>
> ① 행정대집행법 제3조 제1항은 행정청이 의무자에게 대집행영장으로써 대집행할 시기 등을 통지하기 위하여는 그 전제로서 대집행계고처분을 함에 있어서 의무이행을 할 수 있는 상당한 기간을 부여할 것을 요구하고 있으므로, 행정청인 피고가 의무이행 기한이 1988. 5. 24.까지로 된 이 사건 대집행 계고서를 5. 19. 원고에게 발송하여 원고가 그 이행종기인 5. 24. 이를 수령하였다면, 설사 피고가 대집행영장으로써 대집행의 시기를 1988. 5. 27 15:00로 늦추었더라도 위 대집행계고처분은 상당한 이행기한을 정하여 한 것이 아니어서 대집행의 적법절차에 위배한 것으로 위법한 처분이라고 할 것이다(대법원1990. 9. 14. 선고 90누2048).
>
> ② 대집행권한을 위탁받아 공무인 대집행을 실시하기 위하여 지출한 비용을 행정대집행법 절차에 따라 국세징수법의 예에 의하여 징수할 수 있음에도 민사소송절차에 의하여 그 비용의 상환을 청구한 사안에서, 행정대집행법이 대집행비용의 징수에 관하여 민사소송절차에 의한 소송이 아닌 간이하고 경제적인 특별구제절차를 마련해 놓고 있으므로, 위 청구는 소의 이익이 없어 부적법하다(대법원2011. 9. 8. 선고 2010다48240)
>
> → 대집행에 소요된 비용은 의무자가 부담하며, 의무자가 납부기일까지 납부하지 않으면 국세징수법에 의해 강제징수할 수 있다.
>
> ③ 공유재산 및 물품 관리법 제83조 제1항은 "지방자치단체의 장은 정당한 사유 없이 공유재산을 점유하거나 공유재산에 시설물을 설치한 경우에는 원상복구 또는 시설물의 철거 등을 명하거나 이에 필요한 조치를 할 수 있다."라고 규정하고, 제2항은 "제1항에 따른 명령을 받은 자가 그 명령을 이행하지 아니할 때에는 '행정대집행법'에 따라 원상복구 또는 시설물의 철거 등을 하고 그 비용을 징수할 수 있다."라고 규정하고 있다. 위 규정에 따라 지방자치단체장은 행정대집행의 방법으로 공유재산에 설치한 시설물을 철거할 수 있고, 이러한 행정대집행의 절차가 인정되는 경우에는 민사소송의 방법으로 시설물의 철거를 구하는 것은 허용되지 아니한다(대법원 2017. 4. 13. 선고 2013다207941).

**20** 행정계획에 대한 판례의 입장으로 옳지 않은 것은?

① 이미 고시된 실시계획에 포함된 상세계획으로 관리되는 토지 위의 건물의 용도를 상세계획 승인권자의 변경승인 없이 임의로 판매시설에서 상세계획에 반하는 일반목욕장으로 변경한 사안에서, 그 영업신고를 수리하지 않고 영업소를 폐쇄한 처분은 위법하다.

② 개발제한구역지정처분의 입안·결정에 관하여 행정청은 광범위한 형성의 자유를 갖지만, 이익형량을 전혀 행하지 아니하거나 이익형량의 고려 대상에 마땅히 포함시켜야 할 사항을 누락하는 등 형량에 하자가 있는 행정계획은 위법하게 된다.

③ 「국토의 계획 및 이용에 관한 법률」상 도시계획시설결정에 이해관계가 있는 주민에게는 도시시설계획의 입안 내지 변경을 요구할 수 있는 법규상 또는 조리상의 신청권이 있다.

④ 비구속적 행정계획안이나 행정지침이라도 국민의 기본권에 직접적으로 영향을 끼치고, 앞으로 법령의 뒷받침에 의하여 그대로 실시될 것이 틀림없을 것으로 예상될 수 있을 때에는, 예외적으로 헌법소원의 대상이 될 수 있다.

> **ADVICE** ① 이미 고시된 실시계획에 포함된 상세계획으로 관리되는 <u>토지 위의 건물의 용도를 상세계획 승인권자의 변경승인 없이 임의로 판매시설에서 상세계획에 반하는 일반목욕장으로 변경한 사안에서, 그 영업신고를 수리하지 않고 영업소를 폐쇄한 처분은 적법하다</u>(대법원 2008. 3. 27. 선고 2006두3742,3759).

**1** 행정의 자기구속의 원칙에 대한 설명으로 옳지 않은 것은? (다툼이 있는 경우 판례에 의함)

① 헌법재판소는 평등의 원칙이나 신뢰보호의 원칙을 근거로 행정의 자기구속의 원칙을 인정하고 있다.
② 반복적으로 행해진 행정처분이 위법하더라도 행정의 자기구속의 원칙에 따라 행정청은 선행처분에 구속된다.
③ 행정의 자기구속의 원칙은 법적으로 동일한 사실관계, 즉 동종의 사안에서 적용이 문제되는 것으로 주로 재량의 통제법리와 관련된다.
④ 재량준칙이 공표된 것만으로는 행정의 자기구속의 원칙이 적용될 수 없고, 재량준칙이 되풀이 시행되어 행정관행이 성립한 경우에 행정의 자기구속의 원칙이 적용될 수 있다.

>ADVICE ② 평등의 원칙은 본질적으로 같은 것을 자의적으로 다르게 취급함을 금지하는 것이고, 위법한 행정처분이 수차례에 걸쳐 반복적으로 행하여졌다 하더라도 그러한 처분이 위법한 것인 때에는 행정청에 대하여 <u>자기구속력을 갖게 된다고 할 수 없다</u>(대법원 2009.6.25, 2008두13132).

**2** 법규명령에 대한 설명으로 옳지 않은 것은? (다툼이 있는 경우 판례에 의함)

① 법규명령이 구체적인 집행행위 없이 직접 개인의 권리의무에 영향을 주는 경우 처분성이 인정된다.
② 법규명령이 법률상 위임의 근거가 없어 무효이더라도 나중에 법률의 개정으로 위임의 근거가 부여되면 그 때부터는 유효한 법규명령으로서 구속력을 갖는다.
③ 행정 각부의 장이 정하는 고시(告示)는 법령의 규정으로부터 구체적 사항을 정할 수 있는 권한을 위임받아 그 법령 내용을 보충하는 기능을 가진 경우라도 그 형식상 대외적으로 구속력을 갖지 않는다.
④ 법규명령이 법률에서 위임받은 사항에 관하여 대강을 정하고 그 중의 특정사항에 대하여 범위를 정하여 하위법령에 다시 위임하는 경우에는 재위임이 허용된다.

>ADVICE ③ 법령의 규정이 특정 행정기관에 그 법령 내용의 구체적 사항을 정할 수 있는 권한을 부여하면서 그 권한 행사의 절차나 방법을 특정하고 있지 아니하여 수임행정기관이 행정규칙의 형식으로 그 법령의 내용이 될 사항을 구체적으로 정하고 있는 경우에는 그 <u>행정규칙은 그것이 당해 법령의 위임한계를 벗어나지 아니하는 한 당해 법령과 결합하여 대외적으로 구속력이 있는 법규명령으로서 효력을 가진다</u>(대법원 2012.2.9, 2011두24101).

**3** 「개인정보 보호법」상 개인정보 보호에 대한 설명으로 옳지 않은 것은? (다툼이 있는 경우 판례에 의함)

① 헌법재판소는 개인정보자기결정권을 사생활의 비밀과 자유, 일반적 인격권 등을 이념적 기초로 하는 독자적 기본권으로서 헌법에 명시되지 않은 기본권으로 보고 있다.

② 「개인정보 보호법」에는 개인정보 단체소송을 제기할 수 있는 단체에 대한 제한을 두고 있지 않으므로 법인격이 있는 단체라면 어느 단체든지 권리침해 행위의 금지·중지를 구하는 소송을 제기할 수 있다.

③ 개인정보처리자의 「개인정보 보호법」 위반행위로 손해를 입은 정보주체는 개인정보처리자에게 손해배상을 청구할 수 있고, 그 개인정보처리자는 고의 또는 과실이 없음을 입증하지 않으면 책임을 면할 수 없다.

④ 「개인정보 보호법」은 집단분쟁조정제도에 대하여 규정하고 있다.

**ADVICE** ② 「개인정보 보호법」에는 개인정보 단체소송을 제기할 수 있는 단체에 대한 제한 규정을 두고 있다(동법 제51조).

※ 개인정보 보호법 제51조(단체소송의 대상) … 다음 각 호의 어느 하나에 해당하는 단체는 개인정보처리자가 법에 따라 집단분쟁조정을 거부하거나 집단분쟁조정의 결과를 수락하지 아니한 경우에는 법원에 권리침해 행위의 금지·중지를 구하는 소송을 제기할 수 있다.

    ㉠ 「소비자기본법」에 따라 공정거래위원회에 등록한 소비자단체로서 다음 각 목의 요건을 모두 갖춘 단체
- 정관에 따라 상시적으로 정보주체의 권익증진을 주된 목적으로 하는 단체일 것
- 단체의 정회원수가 1천 명 이상일 것
- 「소비자기본법」 제29조에 따른 등록 후 3년이 경과하였을 것

    ㉡ 「비영리민간단체 지원법」에 따른 비영리민간단체로서 다음 각 목의 요건을 모두 갖춘 단체
- 법률상 또는 사실상 동일한 침해를 입은 100명 이상의 정보주체로부터 단체소송의 제기를 요청받을 것
- 정관에 개인정보 보호를 단체의 목적으로 명시한 후 최근 3년 이상 이를 위한 활동실적이 있을 것
- 단체의 상시 구성원수가 5천 명 이상일 것
- 중앙행정기관에 등록되어 있을 것

**ANSWER** 1.② 2.③ 3.②

**4** 「행정절차법」상 행정절차에 대한 설명으로 옳지 않은 것은?

① 단순·반복적인 처분 또는 경미한 처분으로서 당사자가 그 이유를 명백히 알 수 있는 경우라 하더라도 처분 후 당사자가 요청하는 경우에는 행정청은 그 근거와 이유를 제시하여야 한다.

② 행정청이 당사자에게 의무를 과하거나 권익을 제한하는 처분을 하는 경우라도 당사자가 명백히 의견진술의 기회를 포기한다는 뜻을 표시한 경우에는 의견청취를 하지 않을 수 있다.

③ 행정청은 대통령령을 입법예고하는 경우에는 이를 국회 소관 상임위원회에 제출하여야 한다.

④ 인허가 등의 취소 또는 신분·자격의 박탈, 법인이나 조합 등의 설립허가의 취소 시 의견제출기한 내에 당사자등의 신청이 있는 경우에 공청회를 개최한다.

> **ADVICE** ④ 공청회 개최 사유가 아니라, '청문'을 하는 경우에 해당한다.
> - 행정절차법 제22조(의견청취) 제1항
>   행정청이 처분을 할 때 다음 각 호의 어느 하나에 해당하는 경우에는 <u>청문</u>을 한다.
>   ㉠ 다른 법령등에서 청문을 하도록 규정하고 있는 경우
>   ㉡ 행정청이 필요하다고 인정하는 경우
>   ㉢ 다음 각 목의 처분을 하는 경우 제21조 제1항 제6호에 따른 의견제출기한 내에 당사자등의 신청이 있는 경우
>     가. 인허가 등의 취소
>     나. 신분·자격의 박탈
>     다. <u>법인이나 조합 등의 설립허가의 취소</u>
> ※ 동법조 제2항 … 행정청이 처분을 할 때 다음 각 호의 어느 하나에 해당하는 경우에는 <u>공청회</u>를 개최한다.
> - 다른 법령 등에서 공청회를 개최하도록 규정하고 있는 경우
> - 해당 처분의 영향이 광범위하여 널리 의견을 수렴할 필요가 있다고 행정청이 인정하는 경우
> - 국민생활에 큰 영향을 미치는 처분으로서 대통령령으로 정하는 처분에 대하여 대통령령으로 정하는 수 이상의 당사자등이 공청회 개최를 요구하는 경우
> ① 동법 제23조(처분의 이유제시) 참조
> ② 동법 제22조(의견청취) 제4항
> ③ 동법 제42조(예고방법) 제2항

**5** 행정행위의 하자의 승계에 대한 설명으로 옳지 않은 것은? (다툼이 있는 경우 판례에 의함)

① 「도시 및 주거환경정비법」상 사업시행계획에 관한 취소사유인 하자는 관리처분계획에 승계되지 않는다.
② 「행정대집행법」상 선행처분인 계고처분의 하자는 대집행영장발부통보처분에 승계된다.
③ 「국토의 계획 및 이용에 관한 법률」상 도시·군계획시설결정과 실시계획인가는 동일한 법률효과를 목적으로 하는 것이므로 선행처분인 도시·군계획시설결정의 하자는 실시계획인가에 승계된다.
④ 구 「부동산 가격공시 및 감정평가에 관한 법률」상 선행처분인 표준지공시지가의 결정에 하자가 있는 경우에 그 하자는 보상금 산정을 위한 수용재결에 승계된다.

> **ADVICE** ③ <u>도시·군계획시설결정과 실시계획인가</u>는 도시·군계획시설사업을 위하여 이루어지는 단계적 행정절차에서 별도의 요건과 절차에 따라 <u>별개의 법률효과를 발생시키는 독립적인 행정처분</u>이다. 그러므로 선행처분인 도시·군계획시설결정에 <u>하자가 있더라도 그것이 당연무효가 아닌 한 원칙적으로 후행처분인 실시계획인가에 승계되지 않는다</u>(대법원 2017.7.18, 2016두49938).


**6** 행정계약에 대한 판례의 입장으로 옳지 않은 것은?

① 계약직공무원 채용계약해지의 의사표시는 일반공무원에 대한 징계처분과는 다르지만, 「행정절차법」의 처분절차에 의하여 근거와 이유를 제시하여야 한다.
② 구 「중소기업 기술혁신 촉진법」상 중소기업 정보화지원사업의 일환으로 중소기업기술정보진흥원장이 甲 주식회사와 중소기업 정보화지원사업에 관한 협약을 체결한 후 甲 주식회사의 협약불이행으로 인해 사업실패가 초래된 경우, 중소기업기술진흥원장이 협약에 따라 甲에 대해 행한 협약의 해지 및 지급받은 정부지원금의 환수통보는 행정처분에 해당하지 않는다.
③ 구 「도시계획법」상 도시계획사업의 시행자가 그 사업에 필요한 토지를 협의취득하는 행위는 사경제주체로서 행하는 사법상의 법률행위이므로 행정소송의 대상이 되지 않는다.
④ 「지방공무원법」상 지방전문직공무원 채용계약에서 정한 채용기간이 만료한 경우에는 채용계약의 갱신이나 기간연장 여부는 기본적으로 지방자치단체장의 재량이다.

> **ADVICE** ① <u>계약직공무원 채용계약해지의 의사표시는</u> 일반공무원에 대한 징계처분과는 달라서 <u>항고소송의 대상이 되는 처분 등의 성격을 가진 것으로 인정되지 아니하고,</u> 일정한 사유가 있을 때에 <u>국가 또는 지방자치단체가 채용계약 관계의 한쪽 당사자로서 대등한 지위에서 행하는 의사표시로 취급</u>되는 것으로 이해되므로, 이를 징계해고 등에서와 같이 그 징계사유에 한하여 효력 유무를 판단하여야 하거나, <u>행정처분과 같이 행정절차법에 의하여 근거와 이유를 제시하여야 하는 것은 아니다</u>(대법원 2002.11.26, 2002두5948).
> ② 공법상 계약에 해당한다고 본 경우이다(대법원 2015.8.27, 선고 2015두41449).

**7** 행정청이 법률의 근거 규정 없이도 할 수 있는 조치로 옳은 것만을 모두 고른 것은? (다툼이 있는 경우 판례에 의함)

> ⊙ 하자 있는 처분을 직권으로 취소하는 것
> ⓒ 재량권이 인정되는 영역에서 재량권 행사의 기준이 되는 지침을 제정하는 것
> ⓒ 중대한 공익상의 필요가 발생하여 처분을 철회하는 것
> ⓔ 사정변경으로 인하여 처분에 부가되어 있는 부담의 목적을 달성할 수 없게 되어 부담의 내용을 변경하는 것

① ㉠, ㉡  
② ㉢, ㉣  
③ ㉠, ㉢, ㉣  
④ ㉠, ㉡, ㉢, ㉣

> **ADVICE** ㉠ [O] 위법한 행정행위는 법적 근거 없이도 행정청이 이를 시정하기 위하여 직권취소를 할 수 있다.
>
> ㉡ [O] 개인택시운송사업면허는 특정인에게 권리나 이익을 부여하는 행정행위로서 법령에 특별한 규정이 없는 한 재량행위이고, 그 면허에 필요한 기준을 정하는 것 역시 행정청의 재량에 속하는 것이므로 그 기준이 객관적으로 보아 합리적이 아니라든가 타당하지 아니하여 재량권을 남용한 것이라고 인정되지 아니하는 이상 행정청의 의사는 가능한 한 존중되어야 한다(대판 2005.4.28. 2004두8910).
>
> ㉢ [O] 행정행위를 한 처분청은 비록 처분 당시에 별다른 하자가 없었고, 처분 후에 이를 철회할 별도의 법적 근거가 없더라도 원래의 처분을 존속시킬 필요가 없게 된 사정변경이 생겼거나 중대한 공익상 필요가 발생한 경우에는 그 효력을 상실케 하는 별개의 행정행위로 이를 철회할 수 있다(대판 2017.3.15. 2014두41190).
>
> ㉣ [O] 부관의 사후변경은 법률에 명문 규정이 있거나 그 변경이 미리 유보되어 있는 경우 또는 상대방의 동의가 있는 경우에 한하여 허용되는 것이 원칙이지만, 사정변경으로 인하여 당초에 부담을 부가한 목적을 달성할 수 없게 된 경우에도 그 목적달성에 필요한 범위 내에서 예외적으로 허용된다(대법원 1997.5.30. 97누2627).

**8** 행정입법에 대한 설명으로 옳지 않은 것은? (다툼이 있는 경우 판례에 의함)

① 국민의 구체적인 권리의무에 직접적으로 변동을 초래하지 않는 추상적인 법령의 제정 여부 등은 부작위위
법확인소송의 대상이 될 수 없다.

② 보건복지부 고시인 구 「약제급여ㆍ비급여목록 및 급여상한금액표」는 그 자체로서 국민건강보험가입자, 국
민건강보험공단, 요양기관 등의 법률관계를 직접 규율하는 성격을 가지므로 항고소송의 대상이 되는 행정
처분에 해당한다.

③ 행정규칙의 공표는 행정규칙의 성립요건이나 효력요건은 아니나, 「행정절차법」에서는 행정청은 필요한 처
분기준을 당해 처분의 성질에 비추어 될 수 있는 한 구체적으로 공표하도록 하고 있다.

④ 일반적으로 시행령이 헌법이나 법률에 위반된다는 사정은 그 시행령의 규정을 위헌 또는 위법하여 무효라
고 선언한 대법원의 판결이 선고되지 않은 상태에서도 그 시행령 규정의 위헌 내지 위법 여부가 객관적으
로 명백하다고 할 수 있으므로, 이러한 시행령에 근거한 행정처분의 하자는 무효사유에 해당한다.

> **ADVICE** ④ 일반적으로 시행령이 헌법이나 법률에 위반된다는 사정은 그 시행령의 규정을 위헌 또는 위법하여 무효라고 선언한 대
법원의 판결이 선고되지 아니한 상태에서는 그 시행령 규정의 위헌 내지 위법 여부가 해석상 다툼의 여지가 없을 정도
로 명백하였다고 인정되지 아니하는 이상 객관적으로 명백한 것이라 할 수 없으므로, 이러한 시행령에 근거한 행정처
분의 하자는 취소사유에 해당할 뿐 무효사유가 되지 아니한다(대법원 2007.6.14, 2004두619).
> ③ 행정절차법 제20조(처분기준의 설정ㆍ공표) 제1항 … 행정청은 필요한 처분기준을 해당 처분의 성질에 비추어 되도록 구
체적으로 정하여 공표하여야 한다. 처분기준을 변경하는 경우에도 또한 같다.

**9** 행정청의 확약에 대한 설명으로 옳은 것은? (다툼이 있는 경우 판례에 의함)

① 행정청의 확약은 위법하더라도 중대명백한 하자가 있어 당연무효가 아닌 한 취소되기 전까지는 유효한 것
으로 통용된다.

② 재량행위에 대해 상대방에게 확약을 하려면 확약에 대한 법적 근거가 있어야 한다.

③ 행정청이 상대방에게 확약을 한 후에 사실적ㆍ법률적 상태가 변경되었다면 확약은 행정청의 별다른 의사표
시가 없더라도 실효된다.

④ 행정청의 확약에 대해 법률상 이익이 있는 제3자는 확약에 대해 취소소송으로 다툴 수 있다.

> **ADVICE** ① 확약은 행정행위가 아니다. 따라서 공정력이 인정되지 않는다.
> ② 본행정처분을 할 수 있는 권한을 가진 행정청은 명문의 규정 없이도 확약을 할 수 있다.
> ④ 확약은 처분성이 없으므로 항고소송을 제기할 수 없다.

**ANSWER** 7.④  8.④  9.③

**10** 행정행위의 효력발생요건으로서의 통지에 대한 설명으로 옳지 않은 것은? (다툼이 있는 경우 판례에 의함)

① 처분의 통지는 행정처분을 상대방에게 표시하는 것으로서 상대방이 인식할 수 있는 상태에 둠으로써 족하고, 객관적으로 보아 행정처분으로 인식할 수 있도록 고지하면 된다.

② 처분서를 보통우편의 방법으로 발송한 경우에는 그 우편물이 상당한 기간 내에 도달하였다고 추정할 수 없다.

③ 구 「청소년 보호법」에 따라 정보통신윤리위원회가 특정 웹사이트를 청소년유해매체물로 결정하고 청소년보호위원회가 효력발생시기를 명시하여 고시하였으나 정보통신윤리위원회와 청소년보호위원회가 웹사이트 운영자에게는 위 처분이 있었음을 통지하지 않았다면 그 효력이 발생하지 않는다.

④ 등기에 의한 우편송달의 경우라도 수취인이 주민등록지에 실제로 거주하지 않는 경우에는 우편물의 도달사실을 처분청이 입증해야 한다.

> **ADVICE** ③ 구 청소년보호법에 따른 청소년유해매체물 결정 및 고시처분은 당해 유해매체물의 소유자 등 특정인만을 대상으로 한 행정처분이 아니라 일반 불특정 다수인을 상대방으로 하여 일률적으로 표시의무, 포장의무, 청소년에 대한 판매·대여 등의 금지의무 등 각종 의무를 발생시키는 행정처분으로서, 정보통신윤리위원회가 특정 인터넷 웹사이트를 청소년유해매체물로 결정하고 청소년보호위원회가 효력발생시기를 명시하여 고시함으로써 그 명시된 시점에 효력이 발생하였다고 봄이 상당하고, 정보통신윤리위원회와 청소년보호위원회가 위 처분이 있었음을 위 웹사이트 운영자에게 제대로 통지하지 아니하였다고 하여 그 효력 자체가 발생하지 아니한 것으로 볼 수는 없다(대법원 2007.6.14, 2004두619).

**11** 판례에 의할 때 ⊙과 ⓒ에서 甲과 乙이 적법하게 제기할 수 있는 소송의 종류를 바르게 연결한 것은?

> ⊙ 법관 甲이 이미 수령한 명예퇴직수당액이 구「법관 및 법원공무원 명예퇴직수당 등 지급규칙」에서 정한
>   정당한 명예퇴직수당액에 미치지 못한다고 주장하며 차액의 지급을 신청하였으나 법원행정처장이 이를
>   거부한 경우
> ⓒ 乙이 군인연금법령에 따라 국방부장관의 인정을 받아 퇴역연금을 지급받아 오던 중「군인보수법」및「공무
>   원보수규정」에 의한 호봉이나 봉급액의 개정 등으로 퇴역연금액이 변경되어 국방부장관이 乙에게 법령의
>   개정에 따른 퇴역연금액 감액조치를 한 경우

|  | ⊙ | ⓒ |
|---|---|---|
| ① | 미지급명예퇴직수당액지급을 구하는 당사자소송 | 퇴역연금차액지급을 구하는 당사자소송 |
| ② | 법원행정처장의 거부처분에 대한 취소소송 | 퇴역연금차액지급을 구하는 당사자소송 |
| ③ | 미지급명예퇴직수당액지급을 구하는 당사자소송 | 국방부장관의 퇴역연금감액처분에 대한 취소소송 |
| ④ | 법원행정처장의 거부처분에 대한 취소소송 | 국방부장관의 퇴역연금감액처분에 대한 취소소송 |

> **ADVICE** ⊙ 명예퇴직수당 지급대상자로 결정된 법관에 대하여 지급할 수당액은 명예퇴직수당규칙 제4조 [별표 1]에 산정 기준이
> 정해져 있으므로, 위 법관은 위 규정에서 정한 정당한 산정 기준에 따라 산정된 명예퇴직수당액을 수령할 구체적인 권
> 리를 가진다. 따라서 위 법관이 이미 수령한 수당액이 위 규정에서 정한 정당한 명예퇴직수당액에 미치지 못한다고 주
> 장하며 차액의 지급을 신청함에 대하여 법원행정처장이 거부하는 의사를 표시했더라도, 그 의사표시는 <u>명예퇴직수당액
> 을 형성·확정하는 행정처분이 아니라 공법상의 법률관계의 한쪽 당사자로서 지급의무의 존부 및 범위에 관하여 자신
> 의 의견을 밝힌 것에 불과하므로 행정처분으로 볼 수 없다.</u> 결국 명예퇴직한 법관이 미지급 명예퇴직수당액에 대하여
> 가지는 권리는 명예퇴직수당 지급대상자 결정 절차를 거쳐 명예퇴직수당규칙에 의하여 확정된 공법상 법률관계에 관한
> 권리로서, 그 지급을 구하는 소송은 행정소송법의 <u>당사자소송</u>에 해당하며, 그 법률관계의 당사자인 국가를 상대로 제
> 기하여야 한다(대법원 2016.5.24. 2013두14863).
> ⓒ 법령의 개정에 따른 국방부장관의 퇴역연금액 감액조치에 대하여 이의가 있는 퇴역연금수급권자는 항고소송을 제기하
> 는 방법으로 감액조치의 효력을 다툴 것이 아니라 직접 국가를 상대로 정당한 퇴역연금액과 결정, 통지된 퇴역연금액
> 과의 차액의 지급을 구하는 공법상 <u>당사자소송</u>을 제기하는 방법으로 다툴 수 있다 할 것이고, 같은 법에 그 법에 의한
> 급여에 관하여 이의가 있는 자는 군인연금급여재심위원회에 그 심사를 청구할 수 있다는 규정이 있다 하여 달리 볼 것
> 은 아니다(대법원 2003.9.5. 2002두3522).

✎ **ANSWER**  10.③  11.①

**12** 행정심판에 대한 설명으로 옳은 것은? (다툼이 있는 경우 판례에 의함)

① 종중이나 교회와 같은 비법인사단은 사단 자체의 명의로 행정심판을 청구할 수 없고 대표자가 청구인이 되어 행정심판을 청구하여야 한다.

② 행정심판의 대상과 관련되는 권리나 이익을 양수한 특정승계인은 행정심판위원회의 허가를 받아 청구인의 지위를 승계할 수 있다.

③ 행정심판에서는 항고소송에서와 달리 처분청이 당초 처분의 근거로 삼은 사유와 기본적 사실관계가 동일성이 인정되지 않는 다른 사유를 처분사유로 추가하거나 변경할 수 있다.

④ 행정심판의 재결이 확정되면 피청구인인 행정청을 기속하는 효력이 있고 그 처분의 기초가 된 사실관계나 법률적 판단이 확정되므로 이후 당사자 및 법원은 이에 모순되는 주장이나 판단을 할 수 없다.

> **ADVICE** ① 행정심판법 제14조(법인이 아닌 사단 또는 재단의 청구인 능력) … 법인이 아닌 사단 또는 재단으로서 대표자나 관리인이 정하여져 있는 경우에는 그 <u>사단이나 재단의 이름으로 심판청구를 할 수 있다.</u>
> ③ <u>행정처분의 취소를 구하는 항고소송에서 처분청은 당초 처분의 근거로 삼은 사유와 기본적 사실관계가 동일성이 있다고 인정되는 한도 내에서만 다른 사유를 추가 또는 변경할 수 있고,</u> 이러한 기본적 사실관계의 동일성 유무는 처분사유를 법률적으로 평가하기 이전의 구체적 사실에 착안하여 그 기초인 사회적 사실관계가 기본적인 점에서 동일한지에 따라 결정되므로, <u>추가 또는 변경된 사유가 처분 당시에 이미 존재하고 있었다거나 당사자가 그 사실을 알고 있었다고 하여 당초의 처분사유와 동일성이 있다고 할 수 없다.</u> 그리고 이러한 법리는 행정심판 단계에서도 그대로 적용된다(대법원 2014.5.16, 2013두26118).
> ④ <u>행정심판의 재결은 피청구인인 행정청을 기속하는 효력을 가지므로</u> 재결청이 취소심판의 청구가 이유 있다고 인정하여 처분청에 처분을 취소할 것을 명하면 처분청으로서는 재결의 취지에 따라 처분을 취소하여야 하지만, 나아가 <u>재결에 판결에서와 같은 기판력이 인정되는 것은 아니어서 재결이 확정된 경우에도 처분의 기초가 된 사실관계나 법률적 판단이 확정되고 당사자들이나 법원이 이에 기속되어 모순되는 주장이나 판단을 할 수 없게 되는 것은 아니다</u>(대법원 2015. 11. 27. 2013다6759).

**13** 행정심판과 행정소송에 대한 설명으로 옳지 않은 것은? (다툼이 있는 경우 판례에 의함)

① 행정심판을 청구하려는 자는 행정심판위원회뿐만 아니라 피청구인인 행정청에도 행정심판청구서를 제출할 수 있으나 행정소송을 제기하려는 자는 법원에 소장을 제출하여야 한다.

② 행정심판에서는 행정청이 상대방에게 심판청구기간을 법정 심판청구기간보다 긴 기간으로 잘못 알린 경우에 그 잘못 알린 기간 내에 심판청구가 있으면 그 심판청구는 법정 심판청구기간 내에 제기된 것으로 보나 행정소송에서는 그렇지 않다.

③ 「행정심판법」은 「행정소송법」과는 달리 집행정지뿐만 아니라 임시처분도 규정하고 있다.

④ 행정심판에서 행정심판위원회는 행정청의 부작위가 위법, 부당하다고 판단되면 직접 처분을 할 수 있으나 행정소송에서 법원은 행정청의 부작위가 위법한 경우에만 직접 처분을 할 수 있다.

> **ADVICE** ④ 행정심판에서 행정심판위원회는 행정청의 부작위가 위법, 부당하다고 판단되면 직접 처분을 할 수 있는 의무이행심판이 인정되지만 행정소송에는 의무이행소송이 인정되지 않으므로 부작위가 위법한 경우에도 직접 처분을 할 수 없고 부작위가 위법한지 확인하거나(부작위위법확인소송) 손해배상을 명하는 간접강제만 인정된다.

**14** 「행정대집행법」상 행정대집행에 대한 설명으로 옳지 않은 것은? (다툼이 있는 경우 판례에 의함)

① 퇴거의무 및 점유인도의무의 불이행은 행정대집행의 대상이 되지 않는다.

② 건물철거명령 및 철거대집행계고를 한 후에 이에 불응하자 다시 제2차, 제3차의 계고를 하였다면 철거의무는 처음에 한 건물철거명령 및 철거대집행계고로 이미 발생하였고 그 이후에 한 제2차, 제3차의 계고는 새로운 철거의무를 부과한 것이 아니라 대집행 기한을 연기하는 통지에 불과하다.

③ 관계 법령에서 금지규정 및 그 위반에 대한 벌칙규정은 두고 있으나 금지규정 위반행위에 대한 시정명령의 권한에 대해서는 규정하고 있지 않은 경우에 그 금지규정 및 벌칙규정은 당연히 금지규정 위반행위로 인해 발생한 유형적 결과를 시정하게 하는 것도 예정하고 있다고 할 것이어서 금지규정 위반으로 인한 결과의 시정을 명하는 권한도 인정하고 있는 것으로 해석된다.

④ 대집행계고를 함에 있어서는 의무자가 스스로 이행하지 않는 경우에 대집행할 행위의 내용 및 범위가 구체적으로 특정되어야 하는데 그 내용과 범위는 대집행 계고서뿐만 아니라 계고처분 전후에 송달된 문서나 기타 사정 등을 종합하여 특정될 수 있다.

> **ADVICE** ③ 부작위의무 위반행위에 대하여 대체적 작위의무로 전환하는 규정을 두고 있지 아니하므로 위 금지규정으로부터 그 위반결과의 시정을 명하는 원상복구명령을 할 수 있는 권한이 도출되는 것은 아니다. 결국 행정청의 원고에 대한 원상복구명령은 권한 없는 자의 처분으로 무효라고 할 것이고, 위 원상복구명령이 당연무효인 이상 후행처분인 계고처분의 효력에 당연히 영향을 미쳐 그 계고처분 역시 무효로 된다(대법원 1996.6.28, 96누4374).

✎ **ANSWER** 12.② 13.④ 14.③

**15** 행정의 실효성 확보수단에 대한 설명으로 옳지 않은 것은? (다툼이 있는 경우 판례에 의함)

① 질서위반행위에 대하여 과태료를 부과하는 근거 법령이 개정되어 행위 시의 법률에 의하면 과태료 부과대상이었지만 재판 시의 법률에 의하면 부과대상이 아니게 된 때에는 개정 법률의 부칙 등에서 행위 시의 법률을 적용하도록 명시하는 등 특별한 사정이 없는 한 재판 시의 법률을 적용하여야 한다.

② 「건축법」상 이행강제금은 시정명령의 불이행이라는 과거의 위반행위에 대한 제재이므로, 건축주가 장기간 시정명령을 이행하지 않았다면 그 기간 중에 시정명령의 이행 기회가 제공되지 않았다가 뒤늦게 이행 기회가 제공된 경우라 하더라도 이행 기회가 제공되지 않은 과거의 기간에 대한 이행강제금까지 한꺼번에 부과할 수 있다.

③ 세법상 가산세를 부과할 때 납세자에게 조세납부를 거부 또는 지연하는 데 고의 또는 과실이 있었는지는 원칙적으로 고려하지 않지만, 납세의무자의 의무해태를 탓할 수 없는 정당한 사유가 있는 경우에는 가산세를 부과할 수 없다.

④ 재량행위인 과징금부과처분이 해당 법령이 정한 한도액을 초과하여 부과된 경우 이러한 과징금부과처분은 법이 정한 한도액을 초과하여 위법하므로 법원으로서는 그 전부를 취소할 수밖에 없고, 그 한도액을 초과한 부분만 취소할 수는 없다.

> **ADVICE** ② 건축주 등이 장기간 시정명령을 이행하지 아니하였다 하더라도, 그 기간 중에는 시정명령의 이행 기회가 제공되지 아니하였다가 뒤늦게 시정명령의 이행 기회가 제공된 경우라면, 그 시정명령의 이행 기회 제공을 전제로 한 1회분의 이행강제금만을 부과할 수 있고, <u>시정명령의 이행 기회가 제공되지 아니한 과거의 기간에 대한 이행강제금까지 한꺼번에 부과할 수는 없다고 보아야 한다</u>(대법원 2016.7.14, 2015두46598).
>
> ① • 질서위반행위규제법 제3조 제1항 … 질서위반행위의 성립과 과태료 처분은 <u>행위 시의 법률</u>에 따른다.
>
> • 질서위반행위규제법 제3조 제2항 … 질서위반행위 후 법률이 변경되어 그 행위가 질서위반행위에 해당하지 아니하게 되거나 과태료가 변경되기 전의 법률보다 <u>가볍게</u> 된 때에는 법률에 특별한 규정이 없는 한 변경된 법률을 적용한다.

**16** 행정조사에 대한 설명으로 옳지 않은 것은? (다툼이 있는 경우 판례에 의함)

① 「행정조사기본법」에 따르면, 행정기관은 법령 등에서 행정조사를 규정하고 있는 경우에 한하여 행정조사를 실시할 수 있지만 조사대상자가 자발적으로 협조하는 경우에는 법령 등에서 행정조사를 규정하고 있지 않더라도 행정조사를 실시할 수 있다.

② 「행정조사기본법」에 따르면, 행정조사를 실시하는 경우 조사개시 7일 전까지 조사대상자에게 출석요구서, 보고요구서 · 자료제출요구서, 현장출입조사서를 서면으로 통지하여야 하나, 조사대상자의 자발적인 협조를 얻어 행정조사를 실시하는 경우에는 미리 서면으로 통지하지 않고 행정조사의 개시와 동시에 이를 조사대상자에게 제시할 수 있다.

③ 헌법 제12조 제1항에서 규정하고 있는 적법절차의 원칙은 형사소송절차에 국한되지 않고 모든 국가작용 전반에 대하여 적용되는 원칙이므로 세무공무원의 세무조사권의 행사에서도 적법절차의 원칙은 준수되어야 한다.

④ 행정조사는 처분성이 인정되지 않으므로 세무조사결정이 위법하더라도 이에 대해서는 항고소송을 제기할 수 없다.

> **ADVICE** ④ 납세의무자로 하여금 개개의 과태료 처분에 대하여 불복하거나 조사 종료 후의 과세처분에 대하여만 다툴 수 있도록 하는 것보다는 그에 앞서 세무조사결정에 대하여 다툼으로써 분쟁을 조기에 근본적으로 해결할 수 있는 점 등을 종합하면, <u>세무조사결정은 납세의무자의 권리 · 의무에 직접 영향을 미치는 공권력의 행사에 따른 행정작용으로서 항고소송의 대상이 된다고 할 것이다</u>(대법원 2011.3.10. 2009두23617,23624).

① 행정조사기본법 제5조(행정조사의 근거)

② 동법 제17조(조사의 사전통지) 제1항 … 행정조사를 실시하고자 하는 행정기관의 장은 출석요구서, 보고요구서 · 자료제출요구서 및 현장출입조사서를 조사개시 7일 전까지 조사대상자에게 서면으로 통지하여야 한다. 다만, 다음 각 호의 어느 하나에 해당하는 경우에는 행정조사의 개시와 동시에 출석요구서등을 조사대상자에게 제시하거나 행정조사의 목적 등을 조사대상자에게 구두로 통지할 수 있다.

1. 행정조사를 실시하기 전에 관련 사항을 미리 통지하는 때에는 증거인멸 등으로 행정조사의 목적을 달성할 수 없다고 판단되는 경우
2. 「통계법」에 따른 지정통계의 작성을 위하여 조사하는 경우
3. 조사대상자의 자발적인 협조를 얻어 실시하는 행정조사의 경우

**17** 판례에 따를 경우 甲이 제기하는 소송이 적법하게 되기 위한 설명으로 옳은 것은?

> A시장은 2016. 12. 23. 「식품위생법」 위반을 이유로 甲에 대하여 3월의 영업정지처분을 하였고, 甲은 2016. 12. 26. 처분서를 송달받았다. 甲은 이에 대해 행정심판을 청구하였고, 행정심판위원회는 2017. 3. 6. "A시장은 甲에 대하여 한 3월의 영업정지처분을 2월의 영업정지에 갈음하는 과징금부과처분으로 변경하라."라는 일부인용의 재결을 하였으며, 그 재결서 정본은 2017. 3. 10. 甲에게 송달되었다. A시장은 재결취지에 따라 2017. 3. 13. 甲에 대하여 과징금부과처분을 하였다. 甲은 여전히 자신이 「식품위생법」 위반을 이유로 한 제재를 받을 이유가 없다고 생각하여 취소소송을 제기하려고 한다.

① 행정심판위원회를 피고로 하여 2016. 12. 23. 자 영업정지처분을 대상으로 취소소송을 제기하여야 한다.

② 행정심판위원회를 피고로 하여 2017. 3. 13. 자 과징금부과처분을 대상으로 취소소송을 제기하여야 한다.

③ 과징금부과처분으로 변경된 2016. 12. 23. 자 원처분을 대상으로 2017. 3. 10.부터 90일 이내에 제기하여야 한다.

④ 2017. 3. 13. 자 과징금부과처분을 대상으로 2017. 3. 6.부터 90일 이내에 제기하여야 한다.

> **ADVICE** ③ • [취소소송 대상 : 2016. 12. 23.자 원처분]
>
> 행정청이 식품위생법령에 따라 영업자에게 행정제재처분을 한 후 그 처분을 영업자에게 유리하게 변경하는 처분을 한 경우, 변경처분에 의하여 당초처분은 소멸하는 것이 아니고 당초부터 유리하게 변경된 내용의 처분으로 존재하는 것이므로, 변경처분에 의하여 유리하게 변경된 내용의 행정제재가 위법하다 하여 그 취소를 구하는 경우 그 취소소송의 대상은 변경된 내용의 당초처분이지 변경처분은 아니고, 제소기간의 준수 여부도 변경처분이 아닌 변경된 내용의 당초처분을 기준으로 판단하여야 한다(대판 2007. 4. 27, 2004두9302).
>
> • [취소소송 제소기간 : 2017. 3. 10.(재결서 정본 송달받은 날)부터 90일 이내]
>
> ※ 행정소송법 제20조(제소기간) 제1항 … 취소소송은 처분등이 있음을 안 날부터 90일 이내에 제기하여야 한다. 다만, 제18조 제1항 단서에 규정한 경우와 그 밖에 행정심판청구를 할 수 있는 경우 또는 행정청이 행정심판청구를 할 수 있다고 잘못 알린 경우에 행정심판청구가 있은 때의 기간은 재결서의 정본을 송달받은 날부터 기산한다.

**18** 행정상 손해배상에 대한 설명으로 옳은 것은? (다툼이 있는 경우 판례에 의함)

① 국가나 지방자치단체는 공무원이 직무를 집행하면서 고의 또는 과실로 위법하게 타인에게 손해를 가한 때에 「국가배상법」상 배상책임을 지고, 공무원의 선임 및 감독에 상당한 주의를 한 경우에도 그 배상책임을 면할 수 없다.

② 국가 또는 지방자치단체가 공무원의 위법한 직무집행으로 발생한 손해에 대해 「국가배상법」에 따라 배상한 경우에 당해 공무원에게 구상권을 행사할 수 있는지에 대해 「국가배상법」은 규정을 두고 있지 않으나, 판례에 따르면 당해 공무원에게 고의 또는 중과실이 인정될 경우 국가 또는 지방자치단체는 그 공무원에게 구상권을 행사할 수 있다.

③ 「국가배상법」상 공무원의 직무행위는 객관적으로 직무행위로서의 외형을 갖추고 있어야 할 뿐만 아니라 주관적 공무집행의 의사도 있어야 한다.

④ 민간인과 직무집행 중인 군인의 공동불법행위로 인하여 직무집행 중인 다른 군인이 피해를 입은 경우 민간인이 피해 군인에게 자신의 과실비율에 따라 내부적으로 부담할 부분을 초과하여 피해금액 전부를 배상한 경우에 대법원 판례에 따르면 민간인은 국가에 대해 가해 군인의 과실비율에 대한 구상권을 행사할 수 있다.

> **ADVICE** ② 국가배상법 제2조 제2항 … 공무원에게 고의 또는 중대한 과실이 있으면 국가나 지방자치단체는 그 공무원에게 구상(求償)할 수 있다.
>
> ③ 국가배상법 제2조 제1항의 '직무를 집행함에 당하여'라 함은 직접 공무원의 직무집행행위이거나 그와 밀접한 관련이 있는 행위를 포함하고, 이를 판단함에 있어서는 행위 자체의 외관을 객관적으로 관찰하여 공무원의 직무행위로 보여질 때에는 비록 그것이 실질적으로 직무행위가 아니거나 또는 행위자로서는 주관적으로 공무집행의 의사가 없었다고 하더라도 그 행위는 공무원이 '직무를 집행함에 당하여' 한 것으로 보아야 한다(대법원 2005.1.14. 선고, 2004다26805).
>
> ④ 공동불법행위자 등이 부진정연대채무자로서 각자 피해자의 손해 전부를 배상할 의무를 부담하는 공동불법행위의 일반적인 경우와 달리 예외적으로 민간인은 피해 군인 등에 대하여 그 손해 중 국가 등이 민간인에 대한 구상의무를 부담한다면 그 내부적인 관계에서 부담하여야 할 부분을 제외한 나머지 자신의 부담부분에 한하여 손해배상의무를 부담하고, 한편 국가 등에 대하여는 그 귀책부분의 구상을 청구할 수 없다고 해석함이 상당하다 할 것이고, 이러한 해석이 손해의 공평·타당한 부담을 그 지도원리로 하는 손해배상제도의 이상에도 맞는다 할 것이다(대법원 2001.2.15. 96다42420).

**19** 신고에 대한 설명으로 옳은 것은? (다툼이 있는 경우 판례에 의함)

① 신고는 사인이 행하는 공법행위로 행정기관의 행위가 아니므로 「행정절차법」에는 신고에 관한 규정을 두고 있지 않다.

② 신고의 수리는 타인의 행위를 유효한 행위로 받아들이는 행정행위를 말하며, 이는 강학상 법률행위적 행정행위에 해당한다.

③ 「행정절차법」상 사전통지의 상대방인 당사자는 행정청의 처분에 대하여 직접 그 상대가 되는 자를 의미하므로, 「식품위생법」상의 영업자지위승계신고를 수리하는 행정청은 영업자지위를 이전한 종전의 영업자에 대하여 사전통지를 할 필요가 없다.

④ 숙박업을 하고자 하는 자가 법령이 정하는 시설과 설비를 갖추고 행정청에 신고를 하면 행정청은 공중위생 관리법령의 규정에 따라 원칙적으로 이를 수리하여야 하므로, 새로 숙박업을 하려는 자가 기존에 다른 사람이 숙박업 신고를 한 적이 있는 시설 등의 소유권 등 정당한 사용권한을 취득하여 법령에서 정한 요건을 갖추어 신고하였다면, 행정청으로서는 특별한 사정이 없는 한 이를 수리하여야 하고, 기존의 숙박업 신고가 외관상 남아있다는 이유로 이를 거부할 수 없다.

>ADVICE ① 행정절차법 제40조에서 신고에 관해 규정하고 있다.

② 신고의 수리는 강학상 준법률행위적 행정행위에 해당한다.

③ 행정청이 식품위생법 규정에 의하여 <u>영업자지위승계신고를 수리하는 처분은 종전의 영업자의 권익을 제한하는 처분</u>이라 할 것이고 따라서 <u>종전의 영업자는 그 처분에 대하여 직접 그 상대가 되는 자에 해당</u>한다고 봄이 상당하다. 따라서 이 사건의 경우, <u>피고로서는 이 사건 처분을 함에 있어서 위 행정절차법 규정 소정의 당사자에 해당하는 원고에 대하여 위 규정 소정의 행정절차를 실시하고 이 사건 처분을 하였어야 했다</u>(대법원 2003.2.14, 2001두7015).

**20** 제시문을 전제로 한 설명으로 옳지 않은 것은? (다툼이 있는 경우 판례에 의함)

> 甲이 A시에 공장을 설립하였는데 그 공장이 들어선 이후로 공장 인근에 거주하는 주민들에게 중한 피부질환과 호흡기질환이 발생하였다. 환경운동실천시민단체와 주민들은 역학조사를 실시하였고 그 결과에 따라 甲의 공장에서 배출되는 매연물질과 오염물질이 주민들에게 발생한 질환의 원인이라고 판단하고 있다. 주민들은 규제권한이 있는 A시장에게 甲의 공장에 대해 개선조치를 해줄 것을 요청하였으나, A시장은 상당한 기간이 지나도록 아무런 조치를 취하지 않고 있다.

① 관계 법령에서 A시장에게 일정한 조치를 취하여야 할 작위의무를 규정하고 있지 않더라도 甲의 공장에서 나온 매연물질과 오염물질로 인해 질환을 앓게 된 주민들이 많고 그 정도가 심각하여 주민들의 생명, 신체에 가해지는 위험이 절박하고 중대하다고 인정된다면 A시장에게 그러한 위험을 배제하는 조치를 하여야 할 작위의무를 인정할 수 있다.

② 개선조치를 요청한 주민이 A시장을 상대로 개선조치를 해달라는 행정쟁송을 하고자 할 때 가능한 쟁송 유형으로 의무이행심판은 가능하나 의무이행소송은 허용되지 않는다.

③ 甲의 공장에서 배출된 물질 때문에 피해를 입은 주민이 A시장의 부작위를 원인으로 하여 국가배상을 청구한 경우에 국가배상책임이 인정되기 위해서는 A시장의 작위의무위반이 인정되면 충분하고, A시장이 그와 같은 결과를 예견하여 그 결과를 회피하기 위한 조치를 취할 수 있는 가능성까지 인정되어야 하는 것은 아니다.

④ 부작위위법확인소송에서 A시장의 부작위가 위법하다고 확인한 인용판결이 확정되어도 A시장의 부작위를 원인으로 한 국가배상소송에서 A시장의 부작위가 고의 또는 과실에 의한 불법행위를 구성한다는 점이 곧바로 인정되는 것은 아니다.

> **ADVICE** ③ 공무원의 부작위로 인한 국가배상책임을 인정할 것인지 여부가 문제되는 경우에 관련 공무원에 대하여 작위의무를 명하는 법령의 규정이 없는 때라면 <u>공무원의 부작위로 인하여 침해되는 국민의 법익 또는 국민에게 발생하는 손해가 어느 정도 심각하고 절박한 것인지, 관련 공무원이 그와 같은 결과를 예견하여 그 결과를 회피하기 위한 조치를 취할 수 있는 가능성이 있는지 등을 종합적으로 고려하여 판단하여야 한다</u>(대법원 2012.7.26. 선고, 2010다95666).
>
> ① 국민의 생명, 신체, 재산 등에 대하여 절박하고 중대한 위험상태가 발생하였거나 발생할 우려가 있어서 국민의 생명, 신체, 재산 등을 보호하는 것을 본래적 사명으로 하는 국가가 초법규적·일차적으로 <u>그 위험 배제에 나서지 아니하면 국민의 생명, 신체, 재산 등을 보호할 수 없는 경우 형식적 의미의 법령에 근거가 없더라도 국가나 관련 공무원에 대하여 위험을 배제할 작위의무를 인정할 수 있다</u>(대법원 2004.6.25. 2003다69652).
>
> ② 현행법상 의무이행심판은 인정되지만, 의무이행소송은 허용되지 않는다.
>
> ④ 어떠한 행정처분이 결과적으로 위법한 것으로 평가될 수 있다 하더라도 그 행정처분이 곧바로 공무원의 고의 또는 과실로 인한 것으로서 불법행위를 구성한다고 단정할 수는 없는 것이고, 객관적 주의의무를 위반함으로써 그 행정처분이 객관적 정당성을 상실하였다고 인정될 수 있는 정도에 이르러야 국가배상법 제2조가 정한 국가배상책임의 요건을 충족하였다고 봄이 타당하다(대판 2013.11.14. 2013다206368).

**ANSWER** 19.④ 20.③

**1** 신뢰보호원칙에 대한 설명으로 옳지 않은 것은? (다툼이 있는 경우 판례에 의함)

① 건축허가 신청 후 건축허가기준에 관한 관계 법령 및 조례의 규정이 신청인에게 불리하게 개정된 경우, 당사자의 신뢰를 보호하기 위해 처분 시가 아닌 신청 시 법령에서 정한 기준에 의하여 건축허가 여부를 결정하는 것이 원칙이다.

② 「행정절차법」과 「국세기본법」에서는 법령 등의 해석 또는 행정청의 관행이 일반적으로 국민에게 받아들여졌을 때와 관련하여 신뢰보호의 원칙을 규정하고 있다.

③ 신뢰보호원칙에서 행정청의 견해표명이 정당하다고 신뢰한 데에 대한 개인의 귀책사유의 유무는 상대방뿐만 아니라 그로부터 신청행위를 위임받은 수임인 등 관계자 모두를 기준으로 판단하여야 한다.

④ 서울지방병무청 총무과 민원팀장이 국외영주권을 취득한 사람의 상담에 응하여 법령의 내용을 숙지하지 못한 채 민원봉사차원에서 현역입영대상자가 아니라고 답변하였다면 그것이 서울지방병무청장의 공적인 견해표명이라 할 수 없다.

> **ADVICE** ① 건축허가기준에 관한 관계 법령 및 조례의 규정이 개정된 경우, 새로이 개정된 법령의 경과규정에서 달리 정함이 없는 한 처분 당시에 시행되는 개정 법령에서 정한 기준에 의하여 건축허가 여부를 결정하는 것이 원칙이고, 그러한 개정 법령의 적용과 관련하여서는 개정 전 법령의 존속에 대한 국민의 신뢰가 개정 법령의 적용에 관한 공익상의 요구보다 더 보호가치가 있다고 인정되는 경우에 그러한 국민의 신뢰를 보호하기 위하여 그 적용이 제한될 수 있는 여지가 있을 따름이다(대법원 2007. 11. 16, 2005두8092).
>
> ② • 행정절차법 제4조(신의성실 및 신뢰보호) 제2항 … 행정청은 법령등의 해석 또는 행정청의 관행이 일반적으로 국민들에게 받아들여졌을 때에는 공익 또는 제3자의 정당한 이익을 현저히 해칠 우려가 있는 경우를 제외하고는 새로운 해석 또는 관행에 따라 소급하여 불리하게 처리하여서는 아니 된다.
>
> • 국세기본법 제18조(세법 해석의 기준 및 소급과세의 금지) 제3항 … 세법의 해석이나 국세행정의 관행이 일반적으로 납세자에게 받아들여진 후에는 그 해석이나 관행에 의한 행위 또는 계산은 정당한 것으로 보며, 새로운 해석이나 관행에 의하여 소급하여 과세되지 아니한다.
>
> ③ 일반적으로 행정상의 법률관계에 있어서 행정청의 행위에 대하여 신뢰보호의 원칙이 적용되기 위하여는, 첫째 행정청이 개인에 대하여 신뢰의 대상이 되는 공적인 견해표명을 하여야 하고, 둘째 행정청의 견해표명이 정당하다고 신뢰한 데에 대하여 그 개인에게 귀책사유가 없어야 하며, 셋째 그 개인이 그 견해표명을 신뢰하고 이에 상응하는 어떠한 행위를 하였어야 하고, 넷째 행정청이 그 견해표명에 반하는 처분을 함으로써 그 견해표명을 신뢰한 개인의 이익이 침해되는 결과가 초래되어야 하며, 마지막으로 위 견해표명에 따른 행정처분을 할 경우 이로 인하여 공익 또는 제3자의 정당한 이익을 현저히 해할 우려가 있는 경우가 아니어야 하는바, 둘째 요건에서 말하는 귀책사유라 함은 행정청의 견해표명의 하자가 상대방 등 관계자의 사실은폐나 기타 사위의 방법에 의한 신청행위 등 부정행위에 기인한 것이거나 그러한 부정행위가 없다고 하더라도 하자가 있음을 알았거나 중대한 과실로 알지 못한 경우 등을 의미한다고 해석함이 상당하고, 귀책사유의 유무는 상대방과 그로부터 신청행위를 위임받은 수임인 등 관계자 모두를 기준으로 판단하여야 한다(대법원 2002. 11. 8. 2001두1512).

**2** 행정행위의 부관에 대한 설명으로 옳지 않은 것은? (다툼이 있는 경우 판례에 의함)

① 행정행위의 부관은 법령이 직접 행정행위의 조건이나 기한 등을 정한 경우와 구별되어야 한다.
② 재량행위에는 법령상의 제한에 근거한 것이 아니라 하더라도 공익상 필요에 의하여 부관을 붙일 수 있다.
③ 허가에 붙은 기한이 그 허가된 사업의 성질상 부당하게 짧은 경우에 그 기한은 허가조건의 존속기간이 아니라 허가 자체의 존속기간으로 보아야 한다.
④ 부담은 독립하여 항고소송의 대상이 될 수 있으며, 부담부 행정행위는 부담의 이행여부를 불문하고 효력이 발생한다.

> **ADVICE** ③ 허가에 붙은 기한이 그 허가된 사업의 성질상 부당하게 짧은 경우에는 이를 그 허가 자체의 존속기간이 아니라 그 허가조건의 존속기간으로 보아 그 기한이 도래함으로써 그 조건의 개정을 고려한다는 뜻으로 해석할 수는 있지만, 그와 같은 경우라 하더라도 그 허가기간이 연장되기 위하여는 특별한 사정이 없는 한, 그 종기(終期)가 도래하기 전에 그 허가기간의 연장에 관한 신청이 있어야 하며, 만일 그러한 연장신청이 없는 상태에서 허가기간이 만료하였다면 그 허가의 효력은 상실된다고 보아야 한다(대법원 2007.10.11, 2005두12404).

**3** 「공공기관의 정보공개에 관한 법률」상 정보공개에 대한 설명으로 옳지 않은 것은? (다툼이 있는 경우 판례에 의함)

① 공개될 경우 부동산 투기로 특정인에게 이익 또는 불이익을 줄 우려가 있다고 인정되는 정보는 비공개대상에 해당한다.
② 공개청구의 대상이 되는 정보가 인터넷에 공개되어 인터넷 검색 등을 통하여 쉽게 알 수 있다면 정보공개청구권자는 공개거부처분의 취소를 구할 법률상의 이익이 없다.
③ 불기소처분기록 중 피의자신문조서 등에 기재된 피의자 등의 인적사항 이외의 진술내용이 개인의 사생활의 비밀 또는 자유를 침해할 우려가 인정된다면 비공개대상에 해당한다.
④ 정보공개거부처분취소소송에서 공개를 거부한 정보에 비공개대상 부분과 공개가 가능한 부분이 혼합되어 있는 경우, 공개청구의 취지에 어긋나지 아니하는 범위 안에서 두 부분을 분리할 수 있다면 법원은 청구취지의 변경이 없더라도 공개가 가능한 정보에 관한 부분만의 일부취소를 명할 수 있다.

> **ADVICE** ② 국민의 정보공개청구권은 법률상 보호되는 구체적인 권리이므로, 공공기관에 대하여 정보의 공개를 청구하였다가 공개거부처분을 받은 청구인은 행정소송을 통하여 그 공개거부처분의 취소를 구할 법률상의 이익이 있고, 공개청구의 대상이 되는 정보가 이미 다른 사람에게 공개되어 널리 알려져 있다거나 인터넷 등을 통하여 공개되어 인터넷검색 등을 통하여 쉽게 알 수 있다는 사정만으로는 소의 이익이 없다거나 비공개결정이 정당화될 수 없다(대법원 2010.12.23, 2008두13101).

---

✎ **ANSWER**  1.① 2.③ 3.②

**4** 과징금에 대한 설명으로 옳은 것은? (다툼이 있는 경우 판례에 의함)

① 과징금은 원칙적으로 행위자의 고의·과실이 있는 경우에 부과한다.

② 과징금부과처분의 기준을 규정하고 있는 구 「청소년보호법 시행령」 제40조 [별표 6]은 행정규칙의 성질을 갖는다.

③ 부과관청이 추후에 부과금 산정 기준이 되는 새로운 자료가 나올 경우 과징금액이 변경될 수도 있다고 유보하며 과징금을 부과했다면, 새로운 자료가 나온 것을 이유로 새로이 부과처분을 할 수 있다.

④ 자동차운수사업면허조건 등을 위반한 사업자에 대한 과징금 부과처분이 법이 정한 한도액을 초과하여 위법한 경우 법원은 그 처분 전부를 취소하여야 한다.

> **ADVICE** ① 구 여객자동차 운수사업법 제88조 제1항의 <u>과징금부과처분은 제재적 행정처분</u>으로서 여객자동차 운수사업에 관한 질서를 확립하고 여객의 원활한 운송과 여객자동차 운수사업의 종합적인 발달을 도모하여 공공복리를 증진한다는 행정목적의 달성을 위하여 행정법규 위반이라는 <u>객관적 사실에 착안하여 가하는 제재이므로 반드시 현실적인 행위자가 아니라도 법령상 책임자로 규정된 자에게 부과되고 원칙적으로 위반자의 고의·과실을 요하지 아니하나</u>, 위반자의 의무 해태를 탓할 수 없는 정당한 사유가 있는 등의 특별한 사정이 있는 경우에는 이를 부과할 수 없다고 보아야 한다(대법원 2014.10.15, 2013두5005).
>
> ② <u>구 청소년보호법 제49조 제1항, 제2항에 따른 법시행령 제40조 [별표 6]의 위반행위의 종별에 따른 과징금 처분기준은 법규명령이기는 하나</u> 모법의 위임규정의 내용과 취지 및 헌법상의 과잉금지의 원칙과 평등의 원칙 등에 비추어 같은 유형의 위반행위라 하더라도 그 규모나 기간·사회적 비난 정도·위반행위로 인하여 다른 법률에 의하여 처벌받은 다른 사정·행위자의 개인적 사정 및 위반행위로 얻은 불법이익의 규모 등 여러 요소를 종합적으로 고려하여 사안에 따라 적정한 과징금의 액수를 정하여야 할 것이므로 그 수액은 정액이 아니라 최고한도액이라고 할 것이다(대법원 2001.3.9, 99두5207).
>
> ③ 구 독점규제및공정거래에관한법률 제23조 제1항의 규정에 위반하여 불공정거래행위를 한 사업자에 대하여 법 제24조의2 제1항의 규정에 의하여 부과되는 과징금은 행정법상의 의무를 위반한 자에 대하여 당해 위반행위로 얻게 된 경제적 이익을 박탈하기 위한 목적으로 부과하는 금전적인 제재로서, <u>법이 규정한 범위 내에서 그 부과처분 당시까지 부과관청이 확인한 사실을 기초로 일의적으로 확정되어야 할 것이고, 그렇지 아니하고 부과관청이 과징금을 부과하면서 추후에 부과금 산정 기준이 되는 새로운 자료가 나올 경우에는 과징금액이 변경될 수도 있다고 유보한다든지, 실제로 추후에 새로운 자료가 나왔다고 하여 새로운 부과처분을 할 수는 없다 할 것이다</u>(대법원 1999.5.28, 99두1571).

**5** 행정행위의 취소와 철회에 대한 설명으로 옳은 것만을 모두 고르면? (다툼이 있는 경우 판례에 의함)

> ㉠ 행정행위를 한 처분청은 처분 당시에 별다른 하자가 없었고, 또 그 처분 후에 이를 철회할 별도의 법적 근거가 없다면 사정변경을 이유로 그 효력을 상실케 하는 별개의 행정행위로 이를 철회할 수 없다.
>
> ㉡ 「국세기본법」상 상속세부과처분의 취소에 하자가 있는 경우, 부과의 취소의 취소에 대하여는 법률이 명문으로 그 취소요건이나 그에 대한 불복절차에 대하여 따로 규정을 두고 있지 않더라도 과세관청은 부과의 취소를 다시 취소함으로써 원부과처분을 소생시킬 수 있다.
>
> ㉢ 행정청이 여러 종류의 자동차운전면허를 취득한 자에 대해 그 운전면허를 취소하는 경우, 취소사유가 특정 면허에 관한 것이 아니고 다른 면허와 공통된 것이거나 운전면허를 받은 사람에 관한 것일 경우에는 여러 면허를 전부 취소할 수 있다.
>
> ㉣ 국세감액결정 처분은 이미 부과된 과세처분에 하자가 있음을 이유로 사후에 이를 일부 취소하는 처분이고, 취소의 효력은 판결 등에 의한 취소이거나 과세관청의 직권에 의한 취소이거나에 관계없이 그 부과처분이 있었을 당시로 소급하여 발생한다.

① ㉠, ㉡
② ㉠, ㉣
③ ㉡, ㉢
④ ㉢, ㉣

> **ADVICE** ㉠ [×] 행정행위를 한 <u>처분청은</u> 비록 그 처분 당시에 별다른 하자가 없었고, 또 그 처분 후에 이를 철회할 별도의 법적 근거가 없다 하더라도 원래의 처분을 존속시킬 필요가 없게 된 <u>사정변경이 생겼거나 또는 중대한 공익상의 필요가 발생한 경우에는 그 효력을 상실케 하는 별개의 행정행위로 이를 철회할 수 있다</u>(대판 2004.11.26. 2003두10251).
>
> ㉡ [×] <u>과세관청은 부과의 취소를 다시 취소함으로써 원부과처분을 소생시킬 수는 없고</u> 납세의무자에게 종전의 과세대상에 대한 납부의무를 지우려면 다시 법률에서 정한 부과절차에 좇아 동일한 내용의 새로운 처분을 하는 수밖에 없는 것이다(대법원 1995.3.10. 94누7027).

**6** 위헌법률에 근거한 처분의 효력에 대한 설명으로 옳지 않은 것은? (다툼이 있는 경우 판례에 의함)

① 위헌인 법률에 근거한 행정처분이 당연무효인지의 여부는 위헌결정의 소급효와는 별개의 문제로서 취소소송의 제기기간을 경과하여 확정력이 발생한 행정처분에는 위헌결정의 소급효가 미치지 않는다.

② 근거법률의 위헌결정 이전에 이미 부담금 부과처분과 압류처분 및 이에 기한 압류등기가 이루어지고 각 처분이 확정된 경우에는 기존의 압류등기나 교부청구로도 다른 사람에 의하여 개시된 경매절차에서 배당을 받을 수 있다.

③ 어느 행정처분에 대하여 그 행정처분의 근거가 된 법률이 위헌이라는 이유로 무효확인청구의 소가 제기된 경우, 다른 특별한 사정이 없는 한 법원으로서는 그 법률이 위헌인지 여부에 대하여는 판단할 필요 없이 그 무효확인청구를 기각하여야 한다.

④ 행정처분 자체의 효력이 쟁송기간 경과 후에도 존속 중인 경우, 그 행정처분이 위헌인 법률에 근거하여 내려졌고 그 목적달성을 위해 필요한 후행 행정처분이 아직 이루어지지 않았다면 그 하자가 중대하여 그 구제가 필요한 경우에 대하여서는 쟁송기간 경과 후라도 무효확인을 구할 수 있다.

> **ADVICE** ② 위헌결정 이전에 이미 부담금 부과처분과 압류처분 및 이에 기한 압류등기가 이루어지고 위 각 처분이 확정되었다고 하여도, 위헌결정 이후에는 별도의 행정처분인 매각처분, 분배처분 등 후속 체납처분 절차를 진행할 수 없는 것은 물론이고, 기존의 압류등기나 교부청구만으로는 다른 사람에 의하여 개시된 경매절차에서 배당을 받을 수도 없다고 할 것이다 (대법원 2002.7.12, 2002두3317).


**7** 행정소송에 대한 판례의 입장으로 옳은 것은?

① 개발제한구역 중 일부 취락을 개발제한구역에서 해제하는 내용의 도시관리계획변경결정에 대하여 개발제한구역 해제대상에서 누락된 토지의 소유자는 그 결정의 취소를 구할 법률상 이익이 있다.

② 금융기관 임원에 대한 금융감독원장의 문책경고는 상대방의 권리의무에 직접 영향을 미치지 않으므로 행정소송의 대상이 되는 처분에 해당하지 않는다.

③ 부가가치세 증액경정처분의 취소를 구하는 항고소송에서 납세의무자는 과세관청의 증액경정사유만 다툴 수 있을 뿐이지 당초 신고에 관한 과다신고사유는 함께 주장하여 다툴 수 없다.

④ 주택건설사업 승인신청 거부처분에 대한 취소의 확정판결이 있은 후 행정청이 재처분을 하였다 하더라도 그 재처분이 종전 거부처분에 대한 취소의 확정판결의 기속력에 반하는 경우, 「행정소송법」상 간접강제신청에 필요한 요건을 갖춘 것으로 보아야 한다.

> **ADVICE** ① 이 사건 토지는 이 사건 도시관리계획변경결정 전후를 통하여 개발제한구역으로 지정된 상태에 있으므로 이 사건 도시관리계획변경결정으로 인하여 그 소유자인 원고가 위 토지를 사용·수익·처분하는 데 새로운 공법상의 제한을 받거나 종전과 비교하여 더 불이익한 지위에 있게 되는 것은 아니다(대법원 2008.7.10, 2007두10242).

② 문책경고를 받은 자로서 문책경고일로부터 3년이 경과하지 아니한 자는 은행장, 상근감사위원, 상임이사, 외국은행지점 대표자가 될 수 없다고 규정하고 있어서, 금융기관의 임원에 대한 금융감독원장의 문책경고는 그 상대방에 대한 직업선택의 자유를 직접 제한하는 효과를 발생하게 하는 등 상대방의 권리의무에 직접 영향을 미치는 행위로서 행정처분에 해당한다(대법원 2005.2.17, 2003두14765).

③ 경정청구나 부과처분에 대한 항고소송은 모두 정당한 과세표준과 세액의 존부를 정하고자 하는 동일한 목적을 가진 불복수단으로서 납세의무자로 하여금 과다신고사유에 대하여는 경정청구로써, 과세관청의 증액경정사유에 대하여는 항고소송으로써 각각 다투게 하는 것은 납세의무자의 권익보호나 소송경제에도 부합하지 않는 점 등에 비추어 보면, 납세의무자는 증액경정처분의 취소를 구하는 항고소송에서 과세관청의 증액경정사유뿐만 아니라 당초신고에 관한 과다신고사유도 함께 주장하여 다툴 수 있다고 할 것이다(대법원 2013.4.18, 2010두11733).

## 8 하천점용허가에 대한 설명으로 옳은 것은? (다툼이 있는 경우 판례에 의함)

① 하천점용허가는 성질상 일반적 금지의 해제에 불과하여 허가의 일정한 요건을 갖춘 경우 기속적으로 판단하여야 한다.

② 위법한 점용허가를 다투지 않고 있다가 제소기간이 도과한 경우에는 처분청이라도 그 점용허가를 취소할 수 없다.

③ 하천점용허가에 조건인 부관이 부가된 경우 해당 부관에 대해서는 독립적으로 소를 제기할 수 없다.

④ 점용허가취소처분을 취소하는 확정판결의 기속력은 판결의 주문에 미치는 것으로 그 전제가 되는 처분 등의 구체적 위법사유에 관한 이유 중의 판단에 대해서는 인정되지 않는다.

**》ADVICE** ① • 하천의 점용허가권은 특허에 의한 공물사용권의 일종으로서 하천의 관리주체에 대하여 일정한 특별사용을 청구할 수 있는 채권에 지나지 아니하고 대세적 효력이 있는 물권이라고 할 수 없다(대법원 1990.2.13, 89다카23022).
 • 하천부지 점용허가 여부는 관리청의 자유재량에 속하고, 재량행위에 있어서는 법령상의 근거가 없다고 하더라도 부관을 붙일 것인가의 여부는 당해 행정청의 재량에 속한다고 할 것이고, 또한 같은 법 제25조 단서가 하천의 오염방지에 필요한 부관을 붙이도록 규정하고 있으므로 하천부지 점용허가의 성질의 면으로 보나 법규정으로 보나 부관을 붙일 수 있음은 명백하다(대법원 1991. 10. 11. 90누8688).
② 제소기간이 도과한 경우에도 처분청의 직권취소는 가능하다.
④ 확정판결의 기속력은 주로 판결의 실효성 확보를 위하여 인정되는 효력으로서 판결의 주문뿐만 아니라 그 전제가 되는 처분 등의 구체적 위법사유에 관한 이유 중의 판단에 대하여도 인정된다(대법원 2001.3.23, 99두5238).

**✎ ANSWER** 6.② 7.④ 8.③

**9** 행정행위의 하자에 대한 판례의 입장으로 옳지 않은 것은?

① 친일반민족행위자로 결정한 최종발표와 그에 따라 그 유가족에 대하여 한 「독립유공자 예우에 관한 법률」 적용배제자 결정은 별개의 법률효과를 목적으로 하는 처분이다.

② 무권한의 행위는 원칙적으로 무효라고 할 것이므로, 5급 이상의 국가정보원 직원에 대해 임면권자인 대통령이 아닌 국가정보원장이 행한 의원면직처분은 당연무효에 해당한다.

③ 「국가유공자 등 예우 및 지원에 관한 법률」에 따른 여러 개의 상이에 대한 국가유공자요건비해당처분에 대한 취소소송에서 그 중 일부 상이만이 국가유공자요건이 인정되는 상이에 해당하는 경우, 국가유공자요건 비해당처분 중 그 요건이 인정되는 상이에 대한 부분만을 취소하여야 한다.

④ 위법하게 구성된 폐기물처리시설 입지선정위원회가 의결을 한 경우, 그에 터잡아 이루어진 폐기물처리시설 입지결정처분의 하자는 무효사유로 본다.

> **ADVICE** ② 행정청의 권한에는 사무의 성질 및 내용에 따르는 제약이 있고, 지역적·대인적으로 한계가 있으므로 이러한 권한의 범위를 넘어서는 <u>권한유월의 행위는 무권한 행위로서 원칙적으로 무효</u>라고 할 것이나, 행정청의 공무원에 대한 의원면직처분은 공무원의 사직의사를 수리하는 소극적 행정행위에 불과하고, 당해 공무원의 사직의사를 확인하는 확인적 행정행위의 성격이 강하며 재량의 여지가 거의 없기 때문에 <u>의원면직처분에서의 행정청의 권한유월 행위를 다른 일반적인 행정행위에서의 그것과 반드시 같이 보아야 할 것은 아니다</u>(대법원 2007.7.26, 2005두15748).

**10** 다음 행정상 손해배상과 관련된 사례에 대한 설명으로 옳은 것은? (다툼이 있는 경우 판례에 의함)

> (개) 甲은 자동차로 좌로 굽은 내리막 국도 편도 1차로를 달리던 중 커브 길에서 앞선 차량을 무리하게 추월하기 위하여 중앙선을 침범하여 반대편 도로를 벗어나 도로 옆 계곡으로 떨어져 중상해를 입었다.
>
> (내) 乙은 자동차로 겨울철 눈이 내린 직후에 산간지역에 위치한 국도를 달리던 중 도로에 생긴 빙판길에 미끄러져 상해를 입었다.

① (개)와 (내) 사례에서 국가가 甲과 乙에게 손해배상책임을 부담할 것인지 여부는 위 도로들이 모든 가능한 경우를 예상하여 고도의 안전성을 갖추었는지 여부에 따라 결정될 것이다.

② (개) 사례에서 만약 반대편 갓길에 차량용 방호울타리가 설치되었다면 甲이 상해를 입지 않았거나 경미한 상해를 입었을 것이므로 그 방호울타리 미설치만으로도 손해배상을 받기에 충분한 요건을 갖추었다고 볼 수 있다.

③ (내) 사례에서 乙은 산악지역의 특성상 빙판길 위험 경고나 위험 표지판이 설치되었다면 주의를 기울여 운행하여 상해를 입지 않았을 것이므로 그 미설치만으로도 국가에 대한 손해배상책임을 묻기에 충분하다.

④ (개)와 (내) 사례에서 만약 도로의 관리상 하자가 인정된다면 비록 그 사고의 원인에 제3자의 행위가 개입되었더라도 甲과 乙은 국가에 대하여 손해배상책임을 물을 수 있다.

◐ADVICE ④ 영조물의 설치 또는 관리상의 하자로 인한 사고라 함은 영조물의 설치 또는 관리상의 하자만이 손해발생의 원인이 되는 경우만을 말하는 것이 아니고, 다른 자연적 사실이나 제3자의 행위 또는 피해자의 행위와 경합하여 손해가 발생하더라도 영조물의 설치 또는 관리상의 하자가 공동원인의 하나가 되는 이상 그 손해는 영조물의 설치 또는 관리상의 하자에 의하여 발생한 것이라고 해석함이 상당하다(대법원 1994. 11. 22. 94다32924).

① 영조물인 도로의 경우도 그 설치 및 관리에 있어 완전무결한 상태를 유지할 정도의 고도의 안전성을 갖추지 아니하였다고 하여 하자가 있다고 단정할 수는 없고, 그것을 이용하는 자의 상식적이고 질서 있는 이용 방법을 기대한 상대적인 안전성을 갖추는 것으로 족하다고 할 것이다(대법원 2013.10.24, 2013다208074).

② 좌로 굽은 도로에서 운전자가 무리하게 앞지르기를 시도하여 중앙선을 침범하여 반대편 도로로 미끄러질 경우까지 대비하여 피고가 차량용 방호울타리를 설치하지 않았다고 하여 이 사건 사고가 난 위 도로에 통상 갖추어야 할 안전성이 결여된 설치·관리상의 하자가 있다고 보기 어렵다(대법원 2013.10.24, 2013다208074).

③ 강설의 특성, 기상적 요인과 지리적 요인, 이에 따른 도로의 상대적 안전성을 고려할 때, 눈이 내린 경우에 도로관리자로 하여금 도로에 형성된 모든 빙판을 일시에 제거하도록 요구하는 것은 사실상 불가능하고, 도로관리자가 도로 상황 등에 맞춰 특히 위험성이 높은 지점부터 순차적으로 동결방지조치를 강구하여 왔다면, 아직 그러한 제설작업 내지 빙판제거작업이 실시되지 아니한 도로 구간에서는 운전자가 스스로 그와 같은 도로상황에 알맞은 방식과 태도로 운전함으로써 사고발생의 위험을 방지하여야 할 주의의무가 있다고 보는 것이 타당하고, 그와 같은 주의의무를 다하지 못하여 발생된 사고에 대한 책임을 도로관리자의 관리상의 하자로 돌릴 수는 없다(대법원 2000.4.25, 99다54998).

**11** 「행정소송법」상 행정소송에 해당하지 않는 것은? (다툼이 있는 경우 판례에 의함)

① 행정재산의 사용·수익 허가에 따른 사용료를 미납한 경우에 부과된 가산금의 징수를 다투는 소송
② 행정편의를 위하여 사법상의 금전급부의무의 불이행에 대하여 「국세징수법」상 체납처분에 관한 규정을 준용하는 경우에 체납처분을 다투는 소송
③ 국가나 지방자치단체에 근무하는 청원경찰의 징계처분에 대한 소송
④ 「개발이익환수에 관한 법률」상 개발부담금부과처분이 취소된 경우 그 과오납금의 반환을 청구하는 소송

◐ADVICE ④ 개발부담금 부과처분이 취소된 이상 그 후의 부당이득으로서의 과오납금 반환에 관한 법률관계는 단순한 민사 관계에 불과한 것이고, 행정소송 절차에 따라야 하는 관계로 볼 수 없다(대법원 1995.12.22, 94다51253).

**12** 행정소송과 그 피고에 대한 연결이 옳은 것만을 모두 고르면?

> ㉠ 대통령의 검사임용처분에 대한 취소소송 – 법무부 장관
> ㉡ 국토교통부 장관으로부터 권한을 내부위임 받은 국토교통부 차관이 처분을 한 경우에 그에 대한 취소소
>    송 – 국토교통부 차관
> ㉢ 헌법재판소장이 소속직원에게 내린 징계처분에 대한 취소소송 – 헌법재판소 사무처장
> ㉣ 환경부 장관의 권한을 위임받은 서울특별시장이 내린 처분에 대한 취소소송 – 서울특별시장

① ㉠, ㉡　　　　　　　　　　　　　　　② ㉢, ㉣
③ ㉠, ㉢, ㉣　　　　　　　　　　　　　④ ㉠, ㉡, ㉢, ㉣

> **ADVICE** ㉠ [○] 국가공무원법 제16조(행정소송과의 관계) 제2항 … 제1항에 따른 행정소송을 제기할 때에는 <u>대통령의 처분 또는 부</u>
> <u>작위의 경우에는 소속 장관</u>(대통령령으로 정하는 기관의 장을 포함한다. 이하 같다)을, 중앙선거관리위원회위원장의 처
> 분 또는 부작위의 경우에는 중앙선거관리위원회사무총장을 각각 <u>피고로 한다.</u>
> ㉡ [×] 내부위임의 경우 위임과는 달리 처분권한이 이전되지 않으므로, 피고는 위임기관인 국토교통부 장관이다. 내부위임의
> 경우에는 처분권한이 이전되지 않기 때문이다. 다만, 수임청이 자신의 명의로 처분을 하였다면 피고는 수임청이 된다.
> ㉢ [○] 헌법재판소법 제17조(사무처) 제5항 … 헌법재판소장이 한 처분에 대한 행정소송의 피고는 헌법재판소 사무처장으
> 로 한다.
> ㉣ [○] 권한의 위임이 있으면 위임청의 권한이 수임청으로 완전히 넘어가므로, 취소소송의 피고는 수임청인 서울특별시장
> 이 된다.

**13** 다음 사례에 대한 설명으로 옳지 않은 것은? (다툼이 있는 경우 판례에 의함)

> 甲은 「식품위생법」 제37조 제1항에 따라 허가를 받아 식품조사처리업 영업을 하고 있던 중 乙과 영업양도
> 계약을 체결하였다. 당해 계약은 하자있는 계약이었음에도 불구하고, 乙은 같은 법 제39조에 따라 식품의약
> 품안전처장에게 영업자지위승계신고를 하였다.

① 식품의약품안전처장이 乙의 신고를 수리한다면, 이는 실질에 있어서 乙에게는 적법하게 사업을 할 수 있는
   권리를 설정하여 주는 행위이다.
② 식품의약품안전처장이 乙의 신고를 수리하는 경우에 甲과 乙의 영업양도계약이 무효라면 위 신고수리처분
   도 무효이다.

③ 식품의약품안전처장이 乙의 신고를 수리하기 전에 甲의 영업허가처분이 취소된 경우, 乙이 甲에 대한 영업
　　허가처분의 취소를 구하는 소송을 제기할 법률상 이익은 없다.

④ 甲은 민사쟁송으로 양도·양수행위의 무효를 구함이 없이 막바로 식품의약품안전처장을 상대로 한 행정소
　　송으로 위 신고수리처분의 무효확인을 구할 법률상 이익이 있다.

> **ADVICE** ③ 채석허가가 유효하게 존속하고 있다는 것이 양수인의 명의변경신고의 전제가 된다는 의미에서 관할 행정청이 양도인에
　　대하여 채석허가를 취소하는 처분을 하였다면 이는 양수인의 지위에 대한 직접적 침해가 된다고 할 것이므로 <u>양수인은</u> 채
　　석허가를 취소하는 <u>처분의 취소를 구할 법률상 이익을 가진다고 할 것이다</u>(대법원 2003.7.11, 2001두6289).


## 14 「행정조사기본법」상 행정조사에 대한 설명으로 옳은 것은?

① 행정조사를 행하는 행정기관에는 법령 및 조례·규칙에 따라 행정권한이 있는 기관뿐만 아니라 그 권한을
　　위임 또는 위탁받은 법인·단체 또는 그 기관이나 개인이 포함된다.

② 「행정조사기본법」은 행정조사 실시를 위한 일반적인 근거규범으로서 행정기관은 다른 법령 등에서 따로 행
　　정조사를 규정하고 있지 않더라도 「행정조사기본법」을 근거로 행정조사를 실시할 수 있다.

③ 조사대상자가 조사대상 선정기준에 대한 열람을 신청한 경우에 행정기관은 그 열람이 당해 행정조사업무를
　　수행할 수 없을 정도로 조사활동에 지장을 초래한다는 이유로 열람을 거부할 수 없다.

④ 정기조사 또는 수시조사를 실시한 행정기관의 장은 조사대상자의 자발적인 협조를 얻어 실시하는 경우가
　　아닌 한, 동일한 사안에 대하여 동일한 조사대상자를 재조사하여서는 아니 된다.

> **ADVICE** ① 행정조사기본법 제2조(정의) 제2호
　　② 동법 제5조(행정조사의 근거) … 행정기관은 법령등에서 행정조사를 규정하고 있는 경우에 한하여 행정조사를 실시할 수
　　　있다. 다만, 조사대상자의 자발적인 협조를 얻어 실시하는 행정조사의 경우에는 그러하지 아니하다.
　　③ 동법 제8조(조사대상의 선정) 제3항 … 행정기관의 장이 제2항에 따라 열람신청을 받은 때에는 다음 각 호의 어느 하나
　　　에 해당하는 경우를 제외하고 신청인이 조사대상 선정기준을 열람할 수 있도록 하여야 한다.
　　　1. 행정기관이 당해 행정조사업무를 수행할 수 없을 정도로 조사활동에 지장을 초래하는 경우
　　　2. 내부고발자 등 제3자에 대한 보호가 필요한 경우
　　④ 동법 제15조(중복조사의 제한) 제1항 … 제7조에 따라 정기조사 또는 수시조사를 실시한 행정기관의 장은 동일한 사안에
　　　대하여 동일한 조사대상자를 재조사 하여서는 아니 된다. 다만, 당해 행정기관이 이미 조사를 받은 조사대상자에 대하
　　　여 위법행위가 의심되는 새로운 증거를 확보한 경우에는 그러하지 아니하다.

**15** 행정처분의 이유제시에 대한 설명으로 옳지 않은 것은? (다툼이 있는 경우 판례에 의함)

① 당초 행정처분의 근거로 제시한 이유가 실질적인 내용이 없는 경우에도 행정소송의 단계에서 행정처분의 사유를 추가할 수 있다.

② 행정처분의 이유제시가 아예 결여되어 있는 경우에 이를 사후적으로 추완하거나 보완하는 것은 늦어도 당해 행정처분에 대한 쟁송이 제기되기 전에는 행해져야 위법성이 치유될 수 있다.

③ 당사자가 신청하는 허가 등을 거부하는 처분을 하면서 당사자가 그 근거를 알 수 있을 정도로 이유를 제시했다면 처분의 근거와 이유를 구체적으로 명시하지 않았더라도 당해 처분이 위법한 것은 아니다.

④ 이유제시에 하자가 있어 당해 처분을 취소하는 판결이 확정된 경우에 처분청이 그 이유제시의 하자를 보완하여 종전의 처분과 동일한 내용의 처분을 하는 것은 종전의 처분과는 별개의 처분을 하는 것이다.

> **ADVICE** ① 피고가 당초 처분의 근거로 제시한 사유가 실질적인 내용이 없다고 보는 이상, 위 추가 사유는 그와 기본적 사실관계가 동일한지 여부를 판단할 대상조차 없는 것이므로, 결국 소송단계에서 처분사유를 추가하여 주장할 수 없다(대법원 2017.8.29, 2016두44186).

**16** 처분에 대하여 이해관계가 있는 제3자의 법적 지위에 대한 설명으로 옳은 것만을 모두 고르면?

> ㉠ 행정청이 처분을 서면으로 하는 경우 상대방과 제3자에게 행정심판을 제기할 수 있는지 여부와 제기하는 경우의 행정심판절차 및 청구기간을 직접 알려야 한다.
>
> ㉡ 행정소송의 결과에 따라 권리 또는 이익의 침해 우려가 있는 제3자는 당해 행정소송에 참가할 수 있으며, 이때 참가인인 제3자는 실제로 소송에 참가하여 소송행위를 하였는지 여부를 불문하고 판결의 효력을 받는다.
>
> ㉢ 처분을 취소하는 판결에 의하여 권리의 침해를 받은 제3자는 자기에게 책임 없는 사유로 인하여 소송에 참가하지 못함으로써 판결의 결과에 영향을 미칠 공격 또는 방어방법을 제출하지 못한 때에는 이를 이유로 확정된 종국 판결에 대하여 재심의 청구를 할 수 있다.
>
> ㉣ 이해관계가 있는 제3자는 자신의 신청 또는 행정청의 직권에 의하여 행정절차에 참여하여 처분 전에 그 처분의 관할 행정청에 서면이나 말로 또는 정보통신망을 이용하여 의견제출을 할 수 있다.

① ㉠, ㉡

② ㉢, ㉣

③ ㉡, ㉢, ㉣

④ ㉠, ㉡, ㉢, ㉣

 ㉠ [×] 행정심판법상 고지의무 대상은 처분의 상대방이다.

　　※ 행정심판법 제58조(행정심판의 고지) 제1항 … 행정청이 처분을 할 때에는 <u>처분의 상대방</u>에게 다음 각 호의 사항을 알려야 한다.
　　　1. 해당 처분에 대하여 행정심판을 청구할 수 있는지
　　　2. 행정심판을 청구하는 경우의 심판청구 절차 및 심판　청구 기간

　　※ 동법조 제2항 … 행정청은 <u>이해관계인</u>이 요구하면 다음 각 호의 사항을 지체 없이 알려 주어야 한다. 이 경우 서면으로 알려 줄 것을 요구받으면 서면으로 알려 주어야 한다.
　　　1. 해당 처분이 행정심판의 대상이 되는 처분인지
　　　2. 행정심판의 대상이 되는 경우 소관 위원회 및 심판청구 기간

## 17 사업주 甲에게 고용된 종업원 乙이 영업행위 중 행정법규를 위반한 경우 행정벌의 부과에 대한 설명으로 옳은 것은? (다툼이 있는 경우 판례에 의함)

① 위 위반행위에 대해 내려진 시정명령에 따르지 않았다는 이유로 乙이 과태료 부과처분을 받고 이를 납부하였다면, 당초의 위반행위를 이유로 乙을 형사처벌할 수 없다.

② 행위자 외에 사업주를 처벌한다는 명문의 규정이 없더라도 관계규정의 해석에 의해 과실 있는 사업주도 벌할 뜻이 명확한 경우에는 乙 외에 甲도 처벌할 수 있다.

③ 甲의 처벌을 규정한 양벌규정이 있는 경우에도 乙이 처벌을 받지 않는 경우에는 甲만 처벌할 수 없다.

④ 乙의 위반행위가 과태료 부과대상인 경우에 乙이 자신의 행위가 위법하지 아니한 것으로 오인하였다면 乙에 대해서 과태료를 부과할 수 없다.

 ① 행정법상의 질서벌인 과태료의 부과처분과 형사처벌은 그 성질이나 목적을 달리하는 별개의 것이므로 <u>행정법상의 질서벌인 과태료를 납부한 후에 형사처벌을 한다고 하여 이를 일사부재리의 원칙에 반하는 것이라고 할 수는 없다</u>(대법원 1996.4.12, 96도158).

③ 양벌규정에 의한 영업주의 처벌은 금지위반행위자인 종업원의 처벌에 종속하는 것이 아니라 <u>독립하여 그 자신의 종업원에 대한 선임감독상의 과실로 인하여 처벌되는 것이므로 종업원의 범죄성립이나 처벌이 영업주 처벌의 전제조건이 될 필요는 없다</u>(대법원 2006.2.24, 2005도7673).

④ 질서위반행위규제법 제8조(위법성의 착오) … 자신의 행위가 위법하지 아니한 것으로 오인하고 행한 질서위반행위는 <u>그 오인에 정당한 이유가 있는 때에 한하여</u> 과태료를 부과하지 아니한다.

---

**ANSWER**　15.① 　16.③ 　17.②

**18** 행정강제에 대한 설명으로 옳지 않은 것은? (다툼이 있는 경우 판례에 의함)

① 관계 법령상 행정대집행의 절차가 인정되어 행정청이 행정대집행의 방법으로 건물의 철거 등 대체적 작위 의무의 이행을 실현할 수 있는 경우에는 따로 민사소송의 방법으로 그 의무의 이행을 구할 수 없다.

② 「국세징수법」상 체납자 등에 대한 공매통지는 체납자 등의 법적 지위나 권리·의무에 직접적인 영향을 주 는 행정처분에 해당하지 아니하므로 공매통지가 적법하지 아니한 경우에도 그에 따른 공매처분이 위법하게 되는 것은 아니다.

③ 이행강제금 납부의무는 상속인 기타의 사람에게 승계될 수 없는 일신전속적인 성질의 것이므로 이미 사망 한 사람에게 이행강제금을 부과하는 내용의 처분이나 결정은 당연무효이다.

④ 행정청이 행정대집행의 방법으로 건물철거의무의 이행을 실현할 수 있는 경우, 점유자들이 적법한 행정대 집행을 위력을 행사하여 방해한다면 「형법」상 공무집행방해죄의 범행방지 차원에서 경찰의 도움을 받을 수 도 있다.

 ② 체납자 등에 대한 공매통지는 국가의 강제력에 의하여 진행되는 공매에서 체납자 등의 권리 내지 재산상의 이익을 보 호하기 위하여 법률로 규정한 절차적 요건이라고 보아야 하며, 공매처분을 하면서 체납자 등에게 공매통지를 하지 않았거 나 공매통지를 하였더라도 그것이 적법하지 아니한 경우에는 절차상의 흠이 있어 그 공매처분이 위법하게 되는 것이다(대 판 2011.3.24. 2010두25527).

**19** 협의의 소익에 대한 판례의 입장으로 옳은 것은?

① 학교법인 임원취임승인의 취소처분 후 그 임원의 임기가 만료되고 구 「사립학교법」 소정의 임원결격사유기 간마저 경과한 경우에 취임승인이 취소된 임원은 취임승인취소처분의 취소를 구할 소의 이익이 없다.

② 배출시설에 대한 설치허가가 취소된 후 그 배출시설이 철거되어 다시 가동할 수 없는 상태라도 그 취소처 분이 위법하다는 판결을 받아 손해배상청구소송에서 이를 원용할 수 있다면 배출시설의 소유자는 당해 처 분의 취소를 구할 법률상 이익이 있다.

③ 건축물에 대한 사용검사처분이 취소되면 사용검사 전의 상태로 돌아가 건축물을 사용할 수 없게 되므로 구 「주택법」상 입주자나 입주예정자가 사용검사처분의 무효확인 또는 취소를 구할 법률상 이익이 있다.

④ 구 「도시 및 주거환경정비법」상 조합설립추진위원회 구성승인처분을 다투는 소송 계속 중에 조합설립인가 처분이 이루어졌다면 조합설립추진위원회 구성승인처분의 취소를 구할 법률상 이익은 없다.

 ① 학교법인 임원취임승인의 취소처분 후 그 임원의 임기가 만료되고 구 사립학교법 제22조 제2호 소정의 임원결격사유 기간마저 경과한 경우 또는 위 취소처분에 대한 취소소송 제기 후 임시이사가 교체되어 새로운 임시이사가 선임된 경 우, 위 취임승인취소처분 및 당초의 임시이사선임처분의 취소를 구할 소의 이익이 있다(대법원 2007. 7. 19, 2006두 19297).

② 원고가 이 사건 처분이 위법하다는 점에 대한 판결을 받아 피고에 대한 손해배상청구소송에서 이를 원용할 수 있다거나 위 배출시설을 다른 지역으로 이전하는 경우 행정상의 편의를 제공받을 수 있는 이익이 있다 하더라도, 그러한 이익은 사실적·경제적 이익에 불과하여 이 사건 처분의 취소를 구할 법률상 이익에 해당하지 않는다(대법원 2002.1.11, 2000두2457).

③ 입주자나 입주예정자들은 사용검사처분을 취소하지 않고서도 민사소송 등을 통하여 분양계약에 따른 법률관계 및 하자 등을 주장·증명함으로써 사업주체 등으로부터 하자 제거·보완 등에 관한 권리구제를 받을 수 있으므로, 사용검사처분의 취소여부에 의하여 법률적인 지위가 달라진다고 할 수 없으며, (… 중략 …) 사용검사처분의 취소를 구하게 되면, 처분을 신뢰한 다수의 이익에 반하게 되는 상황이 발생할 수 있다. (… 중략 …) 입주자나 입주예정자는 사용검사처분의 취소를 구할 법률상 이익이 없다(대법원 2014.7.24, 2011두30465).

## 20 항고소송에 대한 설명으로 옳은 것은? (다툼이 있는 경우 판례에 의함)

① 취소소송의 소송물을 처분의 위법성 일반으로 보게 되면, 어떠한 처분에 대한 청구기각의 확정판결이 있는 경우에도 후에 제기되는 취소소송에서 그 처분의 위법성을 주장할 수 있다.

② 소송에 있어서 처분권주의는 사적자치에 근거를 둔 법질서에 뿌리를 두고 있으므로 취소소송에는 적용되지 않는다.

③ 취소소송의 심리에 있어서 주장책임은 직권탐지주의를 보충적으로 인정하고 있는 한도 내에서 그 의미가 완화된다.

④ 부작위위법확인소송에서 사인의 신청권의 존재여부는 부작위의 성립과 관련하므로 원고적격의 문제와는 관련이 없다.

> **ADVICE** ① 기판력은 인용판결과 기각판결 모두에 인정되며, 소송물의 판단인 주문에 미친다. 따라서 기각판결이 확정된 경우 처분의 적법성에 대해 기판력이 발생하므로 후소에서 그 처분의 위법성을 주장할 수 없게 된다.
>
> ② 처분권주의란 민사소송의 원칙으로, 소송의 개시, 심판범위의 특정, 소송의 종결에 관하여 당사자에게 주도권을 인정하고 당사자의 처분에 맡기는 주의이다. 행정소송법에서도 처분권주의 규정을 준용한다.
> - 민사소송법 제203조(처분권주의) … 법원은 당사자가 신청하지 아니한 사항에 대하여는 판결하지 못한다.
> - 행정소송법 제8조(법적용예) 제2항 … 행정소송에 관하여 이 법에 특별한 규정이 없는 사항에 대하여는 법원조직법과 민사소송법 및 민사집행법의 규정을 준용한다.
>
> ④ 판례는 부작위가 성립하기 위해서는 국민이 행정청에 대하여 그 신청에 따른 행정행위를 해 줄 것을 요구할 수 있는 법규상 또는 조리상 신청권이 있어야 하고, 법규상 또는 조리상 신청권이 없는 경우에는 원고적격이 없거나 항고소송의 대상인 위법한 부작위가 있다고 볼 수 없다고 한다. 따라서 부작위위법확인소송에서 사인의 신청권 존재여부에 따라 부작위 성립여부, 원고적격 여부가 달라진다.

---

**ANSWER** 18.② 19.④ 20.③

**1** 행정법의 대상인 행정에 대한 설명으로 가장 옳지 않은 것은?

① 행정은 적극적 미래지향적 형성작용이다.
② 국가행정과 자치행정은 행정주체를 기준으로 행정을 구분한 것이다.
③ 행정법의 대상이 되는 행정은 실질적 행정에 한한다.
④ 행정은 그 법 형식을 기준으로 하여 공법형식의 행정과 사법형식의 행정으로 구분할 수 있다.

〉ADVICE ③ 실질적 의미의 행정뿐만 아니라 형식적 의미의 행정도 행정법의 대상이 되는 행정에 포함된다.

**2** 법률유보원칙에 대한 판례의 입장으로 가장 옳지 않은 것은?

① 법령의 규정보다 더 침익적인 조례는 법률유보원칙에 위반되어 위법하며 무효이다.
② 법률유보원칙에서 요구되는 법적 근거는 작용법적 근거를 의미하며, 조직법적 근거는 모든 행정권 행사에 있어서 당연히 요구된다.
③ 지방의회의원에 대하여 유급보좌인력을 두는 것은 개별지방의회의 조례로써 규정할 사항이 아니라 국회의 법률로써 규정하여야 할 입법사항이다.
④ 토지등소유자가 도시환경정비사업을 시행하는 경우 사업시행인가 신청에 필요한 토지등소유자의 동의정족수를 토지등소유자가 자치적으로 정하여 운영하는 규약에 정하도록 한 것은 법률유보원칙에 위반된다.

〉ADVICE ① 법률유보원칙이란 일정한 행정권의 발동은 법률에 근거하여 이루어져야 한다는 공법상 원칙으로, 법률 규정이 없는데도 행정권을 발동했을 때 문제가 된다. 반면에 법률우위의 원칙은 기존법률의 침해를 금지하는 원칙이다. 보기 지문의 '법령의 규정보다 더 침익적인 조례'는 법률유보원칙이 아니라 '법률우위의 원칙'에 위반된다.
* (참고) 물환경보전법 제32조(배출허용기준)는 환경부령으로 정하는 수질오염물질 배출허용기준보다 더 엄격한 기준을 조례로 정할 수 있도록 규정하고 있다.

**3** 행정행위와 이에 대한 분류 또는 설명으로 가장 옳지 않은 것은?

① 한의사 면허 : 진료행위를 할 수 있는 능력을 설정하는 설권행위

② 행정재산에 대한 사용허가 : 특정인에게 행정재산을 사용할 권리를 설정하여 주는 행위

③ 재개발조합설립에 대한 인가 : 공법인의 지위를 부여하는 설권적 처분

④ 재개발조합의 사업시행계획 인가 : 조합의 행위에 대한 보충행위

> **ADVICE** ① <u>한의사 면허는 경찰금지를 해제하는 명령적 행위(강학상 허가)에 해당하고</u>, 한약조제시험을 통하여 약사에게 한약조제
> 권을 인정함으로써 한의사들의 영업상 이익이 감소되었다고 하더라도 이러한 이익은 사실상의 이익에 불과하다(대법원
> 1998. 3. 10. 선고 97누4289 판결).
> ②③ 특허에 대한 지문이다.
> ④ 인가에 대한 지문이다.


**4** 행정상 손실보상에 대한 설명으로 가장 옳은 것은?

① 헌법재판소는 공용침해로 인한 특별한 손해에 대한 보상규정이 없는 경우에 관련 보상규정을 유추적용하여 보상하려는 경향이 있다.

② 공공용물에 관하여 적법한 개발행위 등이 이루어져 일정범위의 사람들의 일반사용이 종전에 비하여 제한받게 되었다 하더라도 특별한 사정이 없는 한 이는 특별한 손실에 해당한다고 할 수 없다.

③ 공익사업의 시행으로 토석채취허가를 연장 받지 못한 경우 그로 인한 손실은 적법한 공권력의 행사로 가하여진 재산상의 특별한 희생으로서 손실보상의 대상이 된다.

④ 개발제한구역 지정으로 인한 지가의 하락은 원칙적으로 토지소유자가 감수해야 하는 사회적 제약의 범주에 속하나, 지가의 하락이 20% 이상으로 과도한 경우에는 특별한 희생에 해당한다.

> **ADVICE** ① 손해보상의 유추적용은 대법원의 입장이다. 헌법재판소는 위헌무효설 또는 분리이론을 채택하고 있다.
> ③ 산림 내에서의 토석채취허가는 산지관리법 소정의 토석채취제한지역에 속하는 경우에 허용되지 아니함은 물론이나 그
> 에 해당하는 지역이 아니라 하여 반드시 허가하여야 하는 것으로 해석할 수는 없고 허가권자는 신청지 내의 임황과 지
> 황 등의 사항 등에 비추어 국토 및 자연의 보전 등의 중대한 공익상 필요가 있을 때에는 재량으로 그 허가를 거부할
> 수 있는 것이다. 따라서 그 자체로 중대한 공익상의 필요가 있는 공익사업이 시행되어 <u>토석채취허가를 연장 받지 못하
> 게 되었다고 하더라도</u> 토석채취허가가 연장되지 않게 됨으로 인한 손실과 공익사업 사이에 상당인과관계가 있다고 할
> 수 없을 뿐 아니라, 특별한 사정이 없는 한 그러한 손실이 적법한 공권력의 행사로 가하여진 <u>재산상의 특별한 희생으
> 로서 손실보상의 대상이 된다고 볼 수도 없다</u>(대법원 2009.6.23. 선고 2009두2672).
> ④ 헌법재판소는 개발제한구역 지정으로 인해 '토지를 종래의 목적으로 사용할 수 없거나, 토지를 이용할 수 있는 방법이
> 없는 예외적인 경우'는 특별한 희생으로 보았으나, '지가의 하락이나 지가상승률의 상대적 감소'는 토지소유자가 감수해
> 야 할 사회적 제약의 범주 내에 있다고 보았다.

 **ANSWER**  1.③  2.①  3.①  4.②

**5** 재결취소소송에 대한 설명으로 가장 옳지 않은 것은?

① 교원징계처분에 대해 취소소송을 제기하는 경우 사립학교 교원이나 국공립학교 교원 모두 원처분주의가 적용된다.
② 국공립학교 교원의 경우에는 원처분주의에 따라 원처분만이 소의 대상이 된다.
③ 사립학교 교원에 대한 학교법인의 징계는 항고소송의 대상이 되는 처분이 아니다.
④ 사립학교 교원의 경우에는 소청심사위원회의 결정이 원처분이 된다.

>ADVICE ② 원처분주의란 원처분의 위법은 원처분에 대한 항고소송에서 주장할 수 있고 재결에 대한 항고소송에서는 재결의 고유한 하자만을 주장할 수 있도록 하는 행정법상의 제도이다. 사립학교 교원의 경우, 학교의 징계처분 등은 행정처분이 아니므로 교원소청심사위원회의 재심이 있었던 경우 위원회의 재심결정이 원처분으로, 행정소송의 대상이 된다. 반면에, 국공립학교 교원의 경우에는 징계처분이 원처분이고 교원소청심사위원회의 결정은 일반공무원에 대한 소청결정에 대응하는 행정심판이므로, 원처분주의에 따라 항고소송의 대상이 되는 것은 원처분인 징계처분이다. 다만, 재결 자체에 고유한 위법이 경우에는 재결이 소송의 대상이 될 수 있다.

**6** 판례가 그 법적 성질을 다르게 본 것은?

① 학교환경위생정화구역의 금지행위해제
② 토지거래계약허가
③ 사회복지법인의 정관변경허가
④ 자동차관리사업자단체의 조합설립인가

>ADVICE ① 학교환경위생정화구역의 금지행위해제 : 예외적 승인
② 토지거래계약허가 : 강학상 인가
③ 사회복지법인의 정관변경허가 : 강학상 인가
④ 자동차관리사업자단체의 조합설립인가 : 강학상 인가

**7** 행정대집행에 대한 설명으로 가장 옳지 않은 것은?

① 대집행의 대상이 되는 행위는 법률에서 직접 명령된 것이 아니라, 법률에 의거한 행정청의 명령에 의한 행위를 말한다.
② 법령에서 정한 부작위의무 자체에서 의무위반으로 인해 형성된 현상을 제거할 작위의무가 바로 도출되는 것은 아니다.
③ 건물의 용도에 위반되어 장례식장으로 사용하는 것을 중지할 것을 명한 경우, 이 중지의무는 대집행의 대상이 아니다.
④ 공익사업을 위해 토지를 협의 매도한 종전 토지소유자가 토지 위의 건물을 철거하겠다는 약정을 하였다고 하더라도 이러한 약정 불이행 시 대집행의 대상이 되지 아니한다.

> **ADVICE** ① 행정대집행법 제2조(대집행과 그 비용징수) … <u>법률(법률의 위임에 의한 명령, 지방자치단체의 조례를 포함한다. 이하 같다)에 의하여 직접 명령되었거나 또는 법률에 의거한 행정청의 명령에 의한 행위로서 타인이 대신하여 행할 수 있는 행위</u>를 의무자가 이행하지 아니하는 경우 다른 수단으로써 그 이행을 확보하기 곤란하고 또한 그 불이행을 방치함이 심히 공익을 해할 것으로 인정될 때에는 당해 행정청은 스스로 의무자가 하여야 할 행위를 하거나 또는 제삼자로 하여금 이를 하게 하여 그 비용을 의무자로부터 징수할 수 있다.

**8** 행정행위의 직권취소 및 철회에 대한 설명으로 가장 옳지 않은 것은?

① 한 사람이 여러 종류의 자동차 운전면허를 취득하는 경우뿐 아니라 이를 취소 또는 정지함에 있어서도 서로 별개의 것으로 취급하는 것이 원칙이다.
② 처분청은 하자있는 행정행위의 행위자로서 그 하자를 시정할 지위에 있어 그 취소에 관한 법률의 규정이 없어도 행정행위를 취소할 수 있다.
③ 수익적 행정행위의 철회는 법령에 명시적인 규정이 있거나 행정행위의 부관으로 그 철회권이 유보되어 있는 경우, 또는 원래의 행정행위를 존속시킬 필요가 없게 된 사정변경이 생겼거나 또는 중대한 공익상의 필요가 발생한 경우 등의 예외적인 경우에만 허용된다.
④ 철회 자체가 행정행위의 성질을 가지는 것은 아니어서 「행정절차법」상 처분절차를 적용하여야 하는 것은 아니나, 신뢰보호원칙이나 비례원칙과 같은 행정법의 일반원칙은 준수해야 한다.

> **ADVICE** ④ 수익적 행정행위의 철회는 침익적 처분으로서 행정절차법상 처분절차를 준수하여야 하며 행정법의 일반원칙도 준수해야 한다.

**9** 행정소송의 피고적격에 대한 설명으로 가장 옳지 않은 것은?

① 조례가 항고소송의 대상이 되는 경우 피고는 지방자치단체의 의결기관으로서 조례를 제정한 지방의회이다.

② 대리권을 수여받은 데 불과하여 그 자신의 명의로는 행정처분을 할 권한이 없는 행정청의 경우 대리관계를 밝힘이 없이 그 자신의 명의로 행정처분을 하였다면 그에 대하여는 처분명의자인 당해 행정청이 항고소송의 피고가 되어야 하는 것이 원칙이다.

③ 취소소송은 다른 법률에 특별한 규정이 없는 한 그 처분등을 행한 행정청을 피고로 하며, 당사자소송은 국가 · 공공단체 그 밖의 권리주체를 피고로 한다.

④ 「국가공무원법」에 의한 처분, 기타 본인의 의사에 반한 불리한 처분이나 부작위에 관한 행정소송을 제기할 때에 대통령의 처분 또는 부작위의 경우에는 소속 장관을 피고로 한다.

> **ADVICE** ① 조례가 집행행위의 개입 없이도 그 자체로서 직접 국민의 구체적인 권리의무나 법적 이익에 영향을 미치는 등의 법률상 효과를 발생하는 경우 그 조례는 항고소송의 대상이 되는 행정처분에 해당하고, 이러한 조례에 대한 무효확인소송을 제기함에 있어서 행정소송법 제38조 제1항, 제13조에 의하여 피고적격이 있는 처분 등을 행한 행정청은, 행정주체인 지방자치단체 또는 지방자치단체의 내부적 의결기관으로서 <u>지방자치단체의 의사를 외부에 표시한 권한이 없는 지방의회가 아니라</u>, 구 지방자치법(1994. 3. 16. 법률 제4741호로 개정되기 전의 것) 제19조 제2항, 제92조에 의하여 <u>지방자치단체의 집행기관으로서 조례로서의 효력을 발생시키는 공포권이 있는 지방자치단체의 장이다.</u>
>
> * 구 지방교육자치에 관한 법률(1995. 7. 26. 법률 제4951호로 개정되기 전의 것) 제14조 제5항, 제25조에 의하면 시 · 도의 교육 · 학예에 관한 사무의 집행기관은 시 · 도 교육감이고 시 · 도 교육감에게 지방교육에 관한 조례안의 공포권이 있다고 규정되어 있으므로, <u>교육에 관한 조례의 무효확인소송을 제기함에 있어서는 그 집행기관인 시 · 도 교육감을 피고로 하여야 한다.</u>(대법원 1996. 9. 20. 선고 95누8003 판결)

**10** 「행정절차법」상 처분절차에 대한 설명으로 가장 옳지 않은 것은?

① 행정청이 법인이나 조합 등의 설립허가 취소처분을 할 때에는 청문을 해야 한다.

② 행정청에 처분을 구하는 신청을 전자문서로 하는 경우에는 행정청의 컴퓨터 등에 입력된 때에 신청한 것으로 본다.

③ 행정청이 공공의 안전 또는 복리를 위하여 긴급히 처분을 할 필요가 있는 경우에는 의견청취를 하지 아니할 수 있다.

④ 처분의 전제가 되는 사실이 법원의 재판 등에 의하여 객관적으로 증명된 경우에는 행정청이 당사자에게 의무를 부과하거나 권익을 제한하는 처분을 하는 경우에도 사전통지를 하지 아니할 수 있다.

 시험 당시 정답이 ①이었으나, 법 개정으로 정답없음

① 행정절차법 제22조 제1항

제22조(의견청취)
① 행정청이 처분을 할 때 다음 각 호의 어느 하나에 해당하는 경우에는 청문을 한다.
  1. 다른 법령등에서 청문을 하도록 규정하고 있는 경우
  2. 행정청이 필요하다고 인정하는 경우
  3. 다음 각 목의 처분을 하는 경우
    가. 인허가 등의 취소
    나. 신분·자격의 박탈
    다. 법인이나 조합 등의 설립허가의 취소

## 11 행정규칙에 대한 설명으로 가장 옳은 것은?

① 행정각부의 장이 정하는 고시라도 법령 내용을 보충하는 기능을 가지는 경우에는 형식과 상관없이 근거 법령규정과 결합하여 법규명령의 효력을 가진다.

② 구 「지방공무원보수업무 등 처리지침」은 안전행정부 예규로서 행정규칙의 성질을 가진다.

③ 법령에 근거를 둔 고시는 상위 법령의 위임범위를 벗어난 경우에도 법규명령으로서 기능한다.

④ 2014년도 건물 및 기타물건 시가표준액 조정기준은 「건축법」 및 지방세법령의 위임에 따른 것이지만 행정규칙의 성격을 가진다.

 ② 구 지방공무원보수업무 등 처리지침 [별표 1] '직종별 경력환산율표 해설'이 정한 민간근무경력의 호봉 산정에 관한 부분은 지방공무원법 제45조 제1항과 구 지방공무원 보수규정 제8조 제2항, 제9조의2 제2항, [별표 3]의 단계적 위임에 따라 행정자치부장관이 행정규칙의 형식으로 법령의 내용이 될 사항을 구체적으로 정한 것이고, 달리 지침이 위 법령의 내용 및 취지에 저촉된다거나 위임 한계를 벗어났다고 보기 어려우므로, 지침은 상위법령과 결합하여 대외적인 구속력이 있는 법규명령으로서의 효력을 갖게 된다.(대법원 2016. 1. 28. 선고 2015두53121 판결)
* 안전행정부는 2017.7.26. 정부조직개편 이후 행정안전부로 명칭이 변경되었다.

③ 행정규칙이나 규정이 상위법령의 위임범위를 벗어난 경우에는 법규명령으로서 대외적 구속력을 인정할 여지는 없다. (대법원 2012. 7. 5. 선고 2010다72076 판결)

④ 건축법 제80조 제1항 제2호, 지방세법 제4조 제2항, 지방세법 시행령 제4조 제1항 제1호의 내용, 형식 및 취지 등을 종합하면, '2014년도 건물 및 기타물건 시가표준액 조정기준'의 각 규정들은 일정한 유형의 위반 건축물에 대한 이행강제금의 산정기준이 되는 시가표준액에 관하여 행정자치부장관으로 하여금 정하도록 한 위 건축법 및 지방세법령의 위임에 따른 것으로서 그 법령 규정의 내용을 보충하고 있으므로, 그 법령 규정과 결합하여 대외적인 구속력이 있는 법규명령으로서의 효력을 가지고, 그중 증·개축 건물과 대수선 건물에 관한 특례를 정한 '증·개축 건물 등에 대한 시가표준액 산출요령'의 규정들도 마찬가지라고 보아야 한다.(대법원 2017. 5. 31. 선고 2017두30764 판결)

 **ANSWER** 9.① 10.정답없음 11.①

**12** 행정행위의 부관에 대한 설명으로 가장 옳지 않은 것은?

① 부담은 행정청이 행정처분을 하면서 일방적으로 부가할 수도 있지만 부담을 부가하기 이전에 상대방과 협의하여 부담의 내용을 협약의 형식으로 미리 정한 다음 행정처분을 하면서 이를 부가할 수도 있다.

② 행정청이 수익적 행정처분을 하면서 사전에 상대방과 체결한 협약상의 의무를 부담으로 부가하였는데 부담의 전제가 된 주된 행정처분의 근거 법령이 개정되어 부관을 붙일 수 없게 된 경우, 위 협약의 효력이 소멸한다.

③ 부관은 행정의 탄력성을 보장하는 기능을 갖는다.

④ 행정행위의 부관은 부담인 경우를 제외하고는 독립하여 행정소송의 대상이 될 수 없다.

> **ADVICE** ② 행정청이 수익적 행정처분을 하면서 부가한 부담의 위법 여부는 처분 당시 법령을 기준으로 판단하여야 하고, 부담이 처분 당시 법령을 기준으로 적법하다면 처분 후 부담의 전제가 된 주된 행정처분의 근거 법령이 개정됨으로써 행정청이 더 이상 부관을 붙일 수 없게 되었다 하더라도 곧바로 위법하게 되거나 그 효력이 소멸하게 되는 것은 아니다. 따라서 행정처분의 상대방이 수익적 행정처분을 얻기 위하여 행정청과 사이에 행정처분에 부가할 부담에 관한 협약을 체결하고 행정청이 수익적 행정처분을 하면서 협약상의 의무를 부담으로 부가하였으나 부담의 전제가 된 주된 행정처분의 근거 법령이 개정됨으로써 행정청이 더 이상 부관을 붙일 수 없게 된 경우에도 곧바로 협약의 효력이 소멸하는 것은 아니다.(대법원 2009. 2. 12. 선고 2005다65500 판결)


**13** 행정심판제도에 대한 설명으로 가장 옳지 않은 것은?

① 행정심판청구는 엄격한 형식을 요하지 않는 서면행위로 해석된다.
② 행정처분이 있은 날이라 함은 그 행정처분의 효력이 발생한 날을 의미한다.
③ 행정심판의 가구제 제도에는 집행정지제도와 임시처분제도가 있다.
④ 행정심판 재결의 기속력은 인용재결뿐만 아니라 각하재결과 기각재결에도 인정되는 효력이다.

> **ADVICE** ④ 기속력이란 법원이나 행정기관이 자기가 한 재판이나 처분에 스스로 구속되어 자유롭게 취소·변경할 수 없는 효력이다. 기속력은 인용재결에만 인정되며, 각하재결과 기각재결에는 기속력이 발생하지 않는다.
>
> ※ 행정심판법 제49조(재결의 기속력 등) 제1항 … 심판청구를 인용하는 재결은 피청구인과 그 밖의 관계 행정청을 기속한다.

**14** A시장은 새로 확장한 시청 청사 1층의 휴게공간을 갑(甲)에게 커피 전문점 공간으로 임대하였다. 임대기간이 만료 되었으나 갑(甲)은 투자금보전 등을 요구하면서 휴게공간을 불법적으로 점유하고 있다. 이에 대한 설명으로 가장 옳은 것은?

① A시장은 휴게공간을 종합민원실로 사용하기 위해서는 즉시강제 형태로 공간을 확보할 수 있다.

② A시장은 갑(甲)에게 퇴거와 공간반환을 독촉한 후 강제징수절차를 밟을 수 있다.

③ A시장은 갑(甲)에게 퇴거를 명하고 갑(甲)이 불응하면 행정대집행법에 의한 대집행을 실시할 수 있다.

④ A시장은 갑(甲)에 대하여 변상금을 부과징수 할 수 있으며 원상회복명령을 하거나 갑(甲)을 상대로 점유의 이전을 구하는 민사소송을 제기할 수 있다.

> **ADVICE** ④ 국가는 국유재산의 대부 또는 사용·수익허가 등을 받지 아니하고 국유재산을 점유하거나 이를 사용·수익한 자(대부 또는 사용·수익허가 기간이 만료된 후 다시 대부 또는 사용·수익허가 등을 받지 아니하고 국유재산을 계속 점유하거나 이를 사용·수익한 자를 포함한다. 이하 '무단점유자'라고 한다)에 대하여 변상금을 부과하고, 국세징수법의 체납처분에 관한 규정을 준용하여 이를 징수할 수 있다. 구 국유재산법 제51조 제1항, 제4항, 제5항에 의한 <u>변상금 부과·징수권은 민사상 부당이득반환청구권과 법적 성질을 달리하므로, 국가는 무단점유자를 상대로 변상금 부과·징수권의 행사와 별도로 국유재산의 소유자로서 민사상 부당이득반환청구의 소를 제기할 수 있다. 그리고 이러한 법리는 국유재산 중 잡종재산(현행 국유재산법상의 일반재산에 해당한다)의 관리·처분에 관한 사무를 위탁받은 원고의 경우에도 마찬가지로 적용된다. 따라서 원고는 무단점유자를 상대로 변상금 부과·징수권의 행사와 별도로 민사상 부당이득반환청구의 소를 제기할 수 있다.</u>(대법원 2014. 7. 16. 선고 2011다76402 전원합의체 판결)

① 행정상 즉시강제는 의무불이행을 전제로 한다.

② 강제징수절차는 금전급부의무 불이행에 대하여 이루어진다.

③ 퇴거의무는 비대체적 작위의무이므로 대집행의 대상이 아니다.

**15** 판례가 행정소송의 대상이 아니라 민사소송의 대상이라고 판단한 것만을 〈보기〉에서 모두 고른 것은?

〈보기〉

㉠ 개발부담금 부과처분 취소로 인한 그 과오납금의 반환을 청구하는 소송

㉡ 공립유치원 전임강사에 대한 해임처분의 시정 및 수령 지체된 보수의 지급을 구하는 소송

㉢ 「도시 및 주거환경정비법」상 관리처분계획안에 대한 조합회결의의 효력을 다투는 소송

㉣ 공무원의 직무상 불법행위로 손해를 받은 국민이 국가 또는 공공단체에 배상을 청구하는 소송

㉤ 「하천구역 편입토지 보상에 관한 특별조치법」 제2조 제1항의 규정에 의한 손실보상금의 지급을 구하거나 손실보상청구권의 확인을 구하는 소송

① ㉠, ㉢

② ㉠, ㉣

③ ㉡, ㉤

④ ㉠, ㉣, ㉤

**ADVICE** ㉠ [민사소송] 개발부담금 부과처분이 취소된 이상 그 후의 부당이득으로서의 과오납금 반환에 관한 법률관계는 단순한 민사 관계에 불과한 것이고, 행정소송 절차에 따라야 하는 관계로 볼 수 없다(대법원 1995. 12. 22. 94다51253).

㉡ [행정소송] 교육부장관(당시 문교부장관)의 권한을 재위임 받은 공립교육기관의 장에 의하여 공립유치원의 임용기간을 정한 전임강사로 임용되어 지방자치단체로부터 보수를 지급받으면서 공무원복무규정을 적용받고 사실상 유치원 교사의 업무를 담당하여 온 유치원 교사의 자격이 있는 자는 교육공무원에 준하여 신분보장을 받는 정원 외의 임시직 공무원으로 봄이 상당하므로 그에 대한 해임처분의 시정 및 수령지체된 보수의 지급을 구하는 소송은 행정소송의 대상이지 민사소송의 대상이 아니다(대법원 1991. 5. 10. 90다10766).

㉢ [행정소송] 도시 및 주거환경정비법상 행정주체인 주택재건축정비사업조합을 상대로 관리처분계획안에 대한 조합 총회 결의의 효력 등을 다투는 소송은 행정처분에 이르는 절차적 요건의 존부나 효력 유무에 관한 소송으로서 그 소송결과에 따라 행정처분의 위법 여부에 직접 영향을 미치는 공법상 법률관계에 관한 것이므로, 이는 행정소송법상의 당사자소송에 해당한다(대법원 2009. 9. 17. 2007다2428).

㉣ [민사소송] 공무원의 직무상 불법행위로 손해를 받은 국민이 국가 또는 공공단체에 배상을 청구하는 경우 국가 또는 공공단체에 대하여 그의 불법행위를 이유로 손해배상을 구함은 국가배상법이 정한 바에 따른다 하여도 이 역시 민사상의 손해배상 책임을 특별법인 국가배상법이 정한데 불과하다(대법원 1972. 10. 10. 69다701).

㉤ [행정소송] 하천구역 편입토지 보상에 관한 특별조치법에서는 (중략) 소멸시효의 만료 등으로 보상청구권이 소멸되어 보상을 받지 못한 토지에 대하여 시·도지사가 그 손실을 보상하도록 규정하고 있는바, 위 손실보상청구권의 법적 성질은 공법상의 권리임이 분명하므로 그에 관한 쟁송은 민사소송이 아닌 행정소송절차에 의하여야 할 것이고, 위 손실보상청구권은 개정 특조법 제2조 소정의 토지가 하천구역으로 된 경우에 당연히 발생되는 것이지, 관리청의 보상금지급결정에 의하여 비로소 발생하는 것이 아니므로, 위 손실보상금의 지급을 구하거나 손실보상청구권의 확인을 구하는 소송은 행정소송법 제3조 제2호 소정의 당사자소송에 의하여야 할 것이다(대법원 2006. 11. 9. 2006다23503).

**16** 행정행위의 하자승계에 대한 설명으로 가장 옳지 않은 것은?

① 위법한 개별공시지가결정에 대하여 그 정해진 시정절차를 통하여 시정하도록 요구하지 아니하였다는 이유로 위법한 개별공시지가를 기초로 한 과세처분 등 후행 행정처분에서 개별공시지가결정의 위법을 주장할 수 없도록 하는 것은 수인한도를 넘는 불이익을 강요하는 것이다.

② 사업시행계획과 관리처분계획은 서로 독립하여 별개의 법적 효과를 발생시키는 것으로서 사업시행계획의 수립에 관한 취소사유인 하자가 관리처분계획에 승계되지 아니한다.

③ 대집행의 계고, 대집행영장에 의한 통지, 대집행의 실행, 대집행비용의 납부명령은 동일한 행정목적을 달성하기 위하여 일련의 절차로 연속하여 행하여지는 것으로서, 서로 결합하여 하나의 법률효과를 발생시키는 것이다.

④ 선행처분과 후행처분이 서로 독립하여 별개의 법률효과를 목적으로 하는 경우에 선행처분이 당연무효의 하자가 있다는 이유로 후행처분의 효력을 다툴 수 없다.

> **ADVICE** ④ <u>선행처분과 후행처분이 서로 독립하여 별개의 법률효과를 목적으로 하는 때에도 선행처분이 당연무효이면 선행처분의 하자를 이유로 후행처분의 효력을 다툴 수 있다.</u> 도시계획시설사업의 시행자가 작성한 실시계획을 인가하는 처분은 도시계획시설사업 시행자에게 도시계획시설사업의 공사를 허가하고 수용권을 부여하는 처분으로서 <u>선행처분인 도시계획시설사업 시행자 지정 처분이 처분 요건을 충족하지 못하여 당연무효인 경우에는 사업시행자 지정 처분이 유효함을 전제로 이루어진 후행처분인 실시계획 인가처분도 무효라고 보아야 한다</u>(대법원 2017. 7. 11. 선고 2016두35120 판결).

**17** 「행정절차법」상 처분의 사전통지 혹은 의견제출의 기회를 부여할 사항이 아닌 것은?

① 공무원시보임용이 무효임을 이유로 정규임용을 취소하는 경우

② 공사중지명령을 하기 전에 사전 통지를 하게 되면 많은 액수의 보상금을 기대하여 공사를 강행할 우려가 있는 경우

③ 수익적 처분을 바라는 신청에 대한 거부처분

④ 무단으로 용도 변경된 건물에 대해 건물주에게 시정명령이 있을 것과 불이행시 이행강제금이 부과될 것이라는 점을 설명한 후, 다음날 시정명령을 한 경우

> **ADVICE** ③ <u>신청에 따른 처분이 이루어지지 아니한 경우에는 아직 당사자에게 권익이 부과되지 아니하였으므로,</u> 특별한 사정이 없는 한 신청에 대한 거부처분이라고 하더라도 직접 당사자의 권익을 제한하는 것은 아니어서 여기에서 말하는 '당사자의 권익을 제한하는 처분'에 해당한다고 할 수 없고, 따라서 처분의 사전통지대상이나 의견청취대상이 된다고 할 수 없다(대법원 2017. 11. 23. 선고 2014두1628 판결).

---

**ANSWER**  15.②  16.④  17.③

**18** 국가배상책임에 대한 설명으로 가장 옳지 않은 것은?

① 국가배상책임에서의 법령위반에는 널리 그 행위가 객관적인 정당성을 결여하고 있는 경우도 포함된다.

② 담당공무원이 주택구입대부제도와 관련하여 지급보증서 제도에 관해 알려주지 않은 조치는 법령위반에 해당하지 않는다.

③ 공무원의 직무집행이 법령이 정한 요건과 절차에 따라 이루어진 것이라도, 그 과정에서 개인의 권리가 침해되면 법령위반에 해당한다.

④ 교육공무원 성과상여금 지급지침에서 기간제 교원을 성과상여금 지급대상에서 제외하여도 이에 대해 국가배상책임이 있다고 할 수 없다.

> **ADVICE** ③ 국가배상책임은 공무원의 직무집행이 법령에 위반한 것임을 요건으로 하는 것으로서, 공무원의 직무집행이 법령이 정한 요건과 절차에 따라 이루어진 것이라면 특별한 사정이 없는 한 이는 법령에 적합한 것이고 그 과정에서 개인의 권리가 침해되는 일이 생긴다고 하여 그 법령적합성이 곧바로 부정되는 것은 아니다(대법원 2000. 11. 10. 선고 2000다26807,26814 판결).

**19** 정보공개에 관한 설명으로 판례의 입장과 일치하지 않는 것은?

① 「공공기관의 정보공개에 관한 법률」상 공개대상이 되는 정보는 공공기관이 직무상 작성 또는 취득하여 현재 보유, 관리하고 있는 문서에 한정되기는 하지만, 반드시 원본일 필요는 없다.

② 지방자치단체의 업무추진비 세부항목별 집행내역 및 그에 관한 증빙서류에 포함된 개인에 관한 정보는 비공개대상 정보에 해당한다.

③ 지방자치단체 또한 법인격을 가지므로 「공공기관의 정보공개에 관한 법률」 제5조에서 정한 정보공개청구권자인 '국민'에 해당한다.

④ 이미 다른 사람에게 공개하여 널리 알려져 있다거나 인터넷이나 관보 등을 통하여 공개하여 인터넷 검색이나 도서관에서의 열람 등을 통하여 쉽게 알 수 있다는 사정만으로는 소의 이익이 없다고 할 수 없다.

> **ADVICE** ③ 공공기관의 정보공개에 관한 법률은 국민을 정보공개청구권자로, 지방자치단체를 국민에 대응하는 정보공개의무자로 상정하고 있다고 할 것이므로, 지방자치단체는 공공기관의 정보공개에 관한 법률 제5조에서 정한 정보공개청구권자인 '국민'에 해당되지 아니한다(서울행정법원 2005. 10. 12. 선고 2005구합10484 판결 : 확정).

**20** 「행정소송법」상 소의 종류의 변경에 대한 설명으로 옳은 것을 〈보기〉에서 모두 고른 것은?

<보기>

㉠ 소의 종류의 변경은 직권으로도 가능하다.
㉡ 항소심에서도 소의 종류의 변경은 가능하다.
㉢ 당사자소송을 항고소송으로 변경하는 것은 허용되지 않는다.
㉣ 소의 종류의 변경의 요건을 갖춘 경우 면직처분취소소송을 공무원보수지급청구소송으로 변경하는 것은 가능하다.

① ㉠, ㉡    ② ㉠, ㉣
③ ㉡, ㉢    ④ ㉡, ㉣

**ADVICE** ㉠ [×] 원고의 신청이 있어야 한다.

㉡ [○] 항소심은 사실심에 속하므로 항소심에서도 소의 종류의 변경이 가능하다.

㉢ [×] 행정소송법 제42조(소의 변경)에서 '제21조의 규정은 당사자소송을 항고소송으로 변경하는 경우에 준용한다.'라고 규정하고 있으므로 당사자소송을 항고소송으로 변경하는 것이 허용된다.

㉣ [○] 소의 종류 변경 요건을 갖췄다면, 면직처분취소소송(취소소송)을 공무원보수지급청구소송(당사자소송)으로 변경하는 것이 가능하다.

※ 행정소송법 제21조(소의 변경) 제1항 … 법원은 취소소송을 당해 처분등에 관계되는 사무가 귀속하는 국가 또는 공공단체에 대한 당사자소송 또는 취소소송외의 항고소송으로 변경하는 것이 상당하다고 인정할 때에는 청구의 기초에 변경이 없는 한 사실심의 변론종결시까지 원고의 신청에 의하여 결정으로써 소의 변경을 허가할 수 있다.

## 1 행정소송의 대상에 대한 판례의 입장으로 옳지 않은 것은?

① 「수도법」에 의하여 지방자치단체인 수도사업자가 그 수돗물의 공급을 받는 자에게 하는 수도료 부과·징수와 이에 따른 수도료 납부관계는 공법상의 권리의무 관계이므로, 이에 관한 분쟁은 행정소송의 대상이다.

② 구 「예산회계법」상 입찰보증금의 국고귀속조치는 국가가 공권력을 행사하는 것이라는 점에서, 이를 다투는 소송은 행정소송에 해당한다.

③ 「도시 및 주거환경정비법」상 주택재건축정비사업조합을 상대로 관리처분계획안에 대한 조합 총회결의의 효력 등을 다투는 소송은 「행정소송법」상 당사자소송에 해당한다.

④ 공익사업을 위한 토지 등의 취득 및 보상에 관한 법령에 의한 협의취득은 사법상의 법률행위이므로, 이에 관한 분쟁은 민사소송의 대상이다.

> **ADVICE** ② 예산회계법에 따라 체결되는 계약은 사법상의 계약이라고 할 것이고 동법 제70조의5의 입찰보증금은 낙찰자의 계약체결의무이행의 확보를 목적으로 하여 그 불이행시에 이를 국고에 귀속시켜 국가의 손해를 전보하는 사법상의 손해배상 예정으로서의 성질을 갖는 것이라고 할 것이므로 입찰보증금의 국고귀속조치는 국가가 사법상의 재산권의 주체로서 행위하는 것이지 공권력을 행사하는 것이거나 공권력작용과 일체성을 가진 것이 아니라 할 것이므로 이에 관한 분쟁은 행정소송이 아닌 민사소송의 대상이 될 수 밖에 없다고 할 것이다(대법원 1983. 12. 27. 선고 81누366).
>
> ① 수도법에 의한 수도료의 부과징수와 그에 따른 수도료 납부관계는 공법상의 권리의무관계라 할 것이므로 이에 관한 소송은 행정소송절차에 의하여야 한다(대법원 1977.2.22. 선고 76다2517).
>
> ③ 도시 및 주거환경정비법(이하 '도시정비법'이라 한다)상 행정주체인 주택재건축정비사업조합을 상대로 관리처분계획안에 대한 조합 총회결의의 효력을 다투는 소송은 행정처분에 이르는 절차적 요건의 존부나 효력 유무에 관한 소송으로서 소송결과에 따라 행정처분의 위법 여부에 직접 영향을 미치는 공법상 법률관계에 관한 것이므로, 이는 행정소송법상 당사자소송에 해당한다(대법원 2015.8.21. 선고 2015무26).
>
> ④ 공익사업을 위한 토지 등의 취득 및 보상에 관한 법률(이하 '공익사업법'이라고 한다)에 의한 보상합의는 공공기관이 사경제주체로서 행하는 사법상 계약의 실질을 가지는 것으로서, 당사자 간의 합의로 같은 법 소정의 손실보상의 기준에 의하지 아니한 손실보상금을 정할 수 있으며, 이와 같이 같은 법이 정하는 기준에 따르지 아니하고 손실보상액에 관한 합의를 하였다고 하더라도 그 합의가 착오 등을 이유로 적법하게 취소되지 않는 한 유효하다. 따라서 공익사업법에 의한 보상을 하면서 손실보상금에 관한 당사자 간의 합의가 성립하면 그 합의 내용대로 구속력이 있고, 손실보상금에 관한 합의 내용이 공익사업법에서 정하는 손실보상 기준에 맞지 않는다고 하더라도 합의가 적법하게 취소되는 등의 특별한 사정이 없는 한 추가로 공익사업법상 기준에 따른 손실보상금 청구를 할 수는 없다(대법원 2013. 8. 22. 선고 2012다3517).

2 행정행위의 효력에 대한 설명으로 옳지 않은 것은? (다툼이 있는 경우 판례에 의함)

① 과·오납세금반환청구소송에서 민사법원은 그 선결문제로서 과세처분의 무효 여부를 판단할 수 있다.

② 행정처분이 위법임을 이유로 국가배상을 청구하기 위한 전제로서 그 처분이 취소되어야만 하는 것은 아니다.

③ 영업허가취소처분이 청문절차를 거치지 않았다 하여 행정심판에서 취소되었더라도 그 허가취소처분 이후 취소재결시까지 영업했던 행위는 무허가영업에 해당한다.

④ 건물 소유자에게 소방시설 불량사항을 시정·보완하라는 명령을 구두로 고지한 것은 「행정절차법」에 위반한 것으로 하자가 중대·명백하여 당연 무효이다.

>ADVICE ③ 영업의 금지를 명한 영업허가취소처분 자체가 나중에 행정쟁송절차에 의하여 취소되었다면 그 영업허가취소처분은 그 처분시에 소급하여 효력을 잃게 되며, 그 영업허가취소처분에 복종할 의무가 원래부터 없었음이 확정되었다고 봄이 타당하고, 영업허가취소처분이 장래에 향하여서만 효력을 잃게 된다고 볼 것은 아니므로 그 영업허가취소처분 이후의 영업행위를 무허가영업이라고 볼 수는 없다(대법원 1993. 6. 25. 선고 93도277).

① 민사소송에 있어서 어느 행정처분의 당연무효 여부가 선결문제로 되는 때에는 이를 판단하여 당연무효임을 전제로 판결할 수 있고 반드시 행정소송 등의 절차에 의하여 그 취소나 무효확인을 받아야 하는 것은 아니다(대법원 2010.4.8. 선고, 2009다90092).

② 위법한 행정대집행이 완료되면 그 처분의 무효확인 또는 취소를 구할 소의 이익은 없다 하더라도, 미리 그 행정처분의 취소판결이 있어야만, 그 행정처분의 위법임을 이유로 한 손해배상 청구를 할 수 있는 것은 아니다(대법원 1972. 4. 28. 선고 72다337).

④ • 소방시설 설치유지 및 안전관리에 관한 법률 제9조에 의한 소방시설 등의 설치 또는 유지·관리에 대한 명령을 정당한 사유 없이 위반한 자는 같은 법 제48조의2 제1호에 의하여 행정형벌에 처해지는데, 위 명령이 행정처분으로서 하자가 있어 무효인 경우에는 명령에 따른 의무위반이 생기지 아니하므로 행정형벌을 부과할 수 없다.

• 행정절차법 제24조는, 행정청이 처분을 하는 때에는 다른 법령 등에 특별한 규정이 있는 경우를 제외하고는 문서로 하여야 하고 전자문서로 하는 경우에는 당사자 등의 동의가 있어야 하며, 다만 신속을 요하거나 사안이 경미한 경우에는 구술 기타 방법으로 할 수 있다고 규정하고 있는데, 이는 행정의 공정성·투명성 및 신뢰성을 확보하고 국민의 권익을 보호하기 위한 것이므로 위 규정을 위반하여 행하여진 행정청의 처분은 하자가 중대하고 명백하여 원칙적으로 무효이다(대법원 1972. 4. 28. 선고 72다337).

**3** 행정행위의 부관에 대한 설명으로 옳지 않은 것은? (다툼이 있는 경우 판례에 의함)

① 도로점용허가의 점용기간을 정함에 있어 위법사유가 있다면 도로점용허가처분 전부가 위법하게 된다.

② 기속행위에 대해서는 법령상 특별한 근거가 없는 한 부관을 붙일 수 없고, 가사 부관을 붙였다고 하더라도 이는 무효이다.

③ 행정처분에 부담인 부관을 붙인 경우, 부관이 무효라면 부담의 이행으로 이루어진 사법상 매매행위도 당연히 무효가 된다.

④ 사정변경으로 당초에 부담을 부가한 목적을 달성할 수 없게 된 경우에도 그 목적달성에 필요한 범위 내에서 예외적으로 부담의 사후변경이 허용된다.

>ADVICE ③ 행정처분에 부담인 부관을 붙인 경우 부관의 무효화에 의하여 본체인 행정처분 자체의 효력에도 영향이 있게 될 수는 있지만, 그 처분을 받은 사람이 부담의 이행으로 사법상 매매 등의 법률행위를 한 경우에는 그 부관은 특별한 사정이 없는 한 법률행위를 하게 된 동기 내지 연유로 작용하였을 뿐이므로 이는 법률행위의 취소사유가 될 수 있음은 별론으로 하고 그 법률행위 자체를 당연히 무효화하는 것은 아니다(대법원 2009. 6. 25. 선고 2006다18174).

① 원고가 신축한 상가등 시설물을 부산직할시에 기부채납함에 있어 그 무상사용을 위한 도로점용기간은 원고의 총공사비와 시 징수조례에 의한 점용료가 같아지는 때까지로 정하여 줄 것을 전제조건으로 하고 원고의 위 조건에 대하여 시는 아무런 이의없이 수락하고 위 상가등 건물을 기부채납받아 그 소유권을 취득하였다면 시가 원고에 대하여 위 상가 등의 사용을 위한 도로점용허가를 함에 있어서는 그 점용기간을 수락한 조건대로 해야 할 것임에도 합리적인 근거없이 단축한 것은 위법한 처분이라 할 것이며 가사 원고가 위 상가를 타에 임대하여 보증금 및 임료수입을 얻는다하여 위 무상점용기간을 단축할 사유가 될 수 없다(대법원 1985. 7. 9. 선고 84누604).

② 일반적으로 기속행위나 기속적 재량행위에는 부관을 붙을 수 없고 가사 부관을 붙였다 하더라도 이는 무효의 것이다(대법원 1988. 4. 27. 선고 87누1106).

④ 행정처분에 이미 부담이 부가되어 있는 상태에서 그 의무의 범위 또는 내용 등을 변경하는 부관의 사후변경은, 법률에 명문의 규정이 있거나 그 변경이 미리 유보되어 있는 경우 또는 상대방의 동의가 있는 경우에 한하여 허용되는 것이 원칙이지만, 사정변경으로 인하여 당초에 부담을 부가한 목적을 달성할 수 없게 된 경우에도 그 목적달성에 필요한 범위 내에서 예외적으로 허용된다(대법원 1997. 5. 30. 선고 97누2627).

**4** 다른 법률행위를 보충하여 그 법적 효력을 완성시키는 행위에 해당하지 않는 것만을 모두 고르면? (다툼이 있는 경우 판례에 의함)

> ㉠ 사설법인묘지의 설치에 대한 행정청의 허가
> ㉡ 토지거래허가구역 내의 토지거래계약에 대한 행정청의 허가
> ㉢ 재단법인의 정관변경에 대한 행정청의 허가
> ㉣ 재건축조합이 수립하는 관리처분계획에 대한 행정청의 인가

① ㉠

② ㉠, ㉣

③ ㉡, ㉣

④ ㉠, ㉡, ㉢

**》ADVICE** ㉠ [허가] 사설묘지 설치허가 신청 대상지가 관련 법령에 명시적으로 설치제한지역으로 규정되어 있지 않더라도 관할 관청이 그 신청지의 현상과 위치 및 주위의 상황 등 제반 사정을 고려하여 사설묘지의 설치를 억제함으로써 환경오염 내지 지역주민들의 보건위생상의 위해 등을 예방하거나 묘지의 증가로 인한 국토의 훼손을 방지하고 국토의 효율적 이용 및 공공복리의 증진을 도모하는 등 중대한 공익상 필요가 있다고 인정할 때에는 <u>그 허가를 거부할 수 있다고 봄이 상당하다</u>(대법원 2008. 4. 10. 선고 2007두6106).

㉡ [인가] 규제지역 내에서도 토지거래의 자유가 인정되나 다만 위 허가를 허가 전의 유동적 무효 상태에 있는 <u>법률행위의 효력을 완성시켜 주는 인가적 성질을 띤 것이라고 보는 것이 타당하다</u>(대법원 1991. 12. 24. 선고 90다12243).

㉢ [인가] 민법 제45조와 제46조에서 말하는 재단법인의 정관변경 "허가"는 법률상의 표현이 허가로 되어 있기는 하나, <u>그 성질에 있어 법률행위의 효력을 보충해 주는 것이지 일반적 금지를 해제하는 것이 아니므로, 그 법적 성격은 인가라고 보아야 한다</u>(대법원 1996. 5. 16. 선고 95누4810).

㉣ [인가] 도시재개발법 제34조에 의한 행정청의 인가는 주택개량재개발조합의 <u>관리처분계획에 대한 법률상의 효력을 완성시키는 보충행위로서 그 기본 되는 관리처분계획에 하자가 있을 때에는 그에 대한 인가가 있었다 하여도…</u>(대법원 2001. 12. 11. 선고 2001두7541).

※ 허가 … 원래는 누구나 할 수 있는 행위이지만, 일단 그 행위를 법에 의해 금지하였다가 특정한 경우에 해제하여 그 행위를 적법하게 할 수 있게 하는 것을 말한다.

※ 인가 … 제3자의 법률행위를 보충하여 그 법률상 효력을 완성시켜주는 것을 말한다.

※ 특허 … 특정인을 위하여 권리, 능력, 포괄적 법률관계를 설정해주는 것을 말한다.

※ 허가와 인가의 차이

허가는 금지된 행위를 해제하여 주는 행위로서, 허가받지 않고 한 행위 자체는 법률상 효력이 있지만, 처벌의 대상이 된다. 예컨대 일반음식점 영업허가를 보면, 영업허가를 받지 않고 음식을 판매한 행위 자체는 매매로서 효력이 있다. 즉 불법영업이라는 이유로 거래가 무효가 되지는 않으나 불법영업(영업허가 없이 하는 영업)에 대하여는 법적으로 처벌을 받게 된다. 이에 반해 인가의 대상이 되는 행위에 있어 인가를 받지 않고 한다고 해서 처벌을 받지는 않으나, 그 행위 자체가 무효가 된다.

✎ **ANSWER** 3.③ 4.①

**5** 「행정절차법」상 사전통지와 의견제출에 대한 판례의 입장으로 옳은 것은?

① 항만시설 사용허가신청에 대하여 거부처분을 하는 경우, 사전에 통지하여 의견제출 기회를 주어야 한다.

② 용도를 무단변경한 건물의 원상복구를 명하는 시정명령 및 계고처분을 하는 경우, 사전에 통지할 필요가 없다.

③ 고시의 방법으로 불특정 다수인을 상대로 권익을 제한하는 처분을 하는 경우, 상대방에게 사전에 통지하여 의견제출 기회를 주어야 한다.

④ 공매를 통하여 체육시설을 인수한 자의 체육시설업자 지위승계신고를 수리하는 경우, 종전 체육시설업자에게 사전에 통지하여 의견제출 기회를 주어야 한다.

> **ADVICE** ④ 행정절차법 제21조 제1항, 제22조 제3항 및 제2조 제4호의 각 규정에 의하면, 행정청이 당사자에게 의무를 과하거나 권익을 제한하는 처분을 할 때에는 당사자 등에게 처분의 사전통지를 하고 의견제출의 기회를 주어야 하며, 여기서 당사자란 행정청의 처분에 대하여 직접 그 상대가 되는 자를 의미한다(대법원 2012. 12. 13. 선고 2011두29144).
>
> ① 신청에 따른 처분이 이루어지지 아니한 경우에는 아직 당사자에게 권익이 부과되지 아니하였으므로, 특별한 사정이 없는 한 신청에 대한 거부처분이라고 하더라도 직접 당사자의 권익을 제한하는 것은 아니어서 여기에서 말하는 '당사자의 권익을 제한하는 처분'에 해당한다고 할 수 없고, 따라서 처분의 사전통지대상이나 의견청취대상이 된다고 할 수 없다(대법원 2017. 11. 23. 선고 2014두1628).
>
> ② 행정청이 온천지구임을 간과하여 지하수개발·이용신고를 수리하였다가 행정절차법상의 사전통지를 하거나 의견제출의 기회를 주지 아니한 채 그 신고수리처분을 취소하고 원상복구명령의 처분을 한 경우, 행정지도방식에 의한 사전고지나 그에 따른 당사자의 자진 폐공의 약속 등의 사유만으로는 사전통지 등을 하지 않아도 되는 행정절차법 소정의 예외의 경우에 해당한다고 볼 수 없다(대판 2000. 11. 14. 99두5870).
>
> ③ '고시'의 방법으로 불특정 다수인을 상대로 의무를 부과하거나 권익을 제한하는 처분은 성질상 의견제출의 기회를 주어야 하는 상대방을 특정할 수 없으므로, 이와 같은 처분에 있어서까지 구 행정절차법 제22조 제3항에 의하여 그 상대방에게 의견제출의 기회를 주어야 한다고 해석할 것은 아니다(대법원 2014. 10. 27. 선고 2012두7745).

**6** 법률유보의 원칙에 대한 설명으로 옳지 않은 것은? (다툼이 있는 경우 판례에 의함)

① 법률유보의 원칙에서 요구되는 법적 근거는 작용법적 근거를 의미한다.

② 개인택시운송사업자의 운전면허가 아직 취소되지 않았더라도 운전면허 취소사유가 있다면 행정청은 명문 규정이 없더라도 개인택시운송사업면허를 취소할 수 있다.

③ 법률유보의 원칙은 국민의 기본권실현과 관련된 영역에 있어서는 입법자가 그 본질적 사항에 대해서 스스로 결정하여야 한다는 요구까지 내포하고 있다.

④ 국회가 형식적 법률로 직접 규율하여야 하는 필요성은 규율대상이 기본권 및 기본적 의무와 관련된 중요성을 가질수록, 그에 관한 공개적 토론의 필요성 또는 상충하는 이익 사이의 조정 필요성이 클수록 더 증대된다.

〉ADVICE ② 구 여객자동차운수사업법 제76조 제1항 제15호, 같은 법 시행령 제29조에는 관할관청은 개인택시운송사업자의 운전면허가 취소된 때에 그의 개인택시운송사업면허를 취소할 수 있도록 규정되어 있을 뿐 그에게 운전면허 취소사유가 있다는 사유만으로 개인택시운송사업면허를 취소할 수 있도록 하는 규정은 없으므로, 관할관청으로서는 비록 개인택시운송사업자에게 운전면허 취소사유가 있다 하더라도 그로 인하여 운전면허 취소처분이 이루어지지 않은 이상 개인택시운송사업면허를 취소할 수는 없다(대법원 2008. 5. 15. 선고 2007두26001).

**7** 건축허가와 건축신고에 대한 설명으로 옳지 않은 것만을 모두 고르면? (다툼이 있는 경우 판례에 의함)

> ㉠ 「건축법」 제14조 제2항에 의한 인·허가의제 효과를 수반하는 건축신고에 대한 수리거부는 처분성이 인정되나, 동 규정에 의한 인·허가의제 효과를 수반하지 않는 건축신고에 대한 수리거부는 처분성이 부정된다.
> ㉡ 「국토의 계획 및 이용에 관한 법률」에 의해 지정된 도시지역 안에서 토지의 형질변경행위를 수반하는 건축허가는 재량행위에 속한다.
> ㉢ 건축허가권자는 중대한 공익상의 필요가 없음에도 관계 법령에서 정하는 제한사유 이외의 사유를 들어 건축허가 요건을 갖춘 자에 대한 허가를 거부할 수 있다.
> ㉣ 건축허가는 대물적 허가에 해당하므로, 허가의 효과는 허가대상 건축물에 대한 권리변동에 수반하여 이전되고 별도의 승인처분에 의하여 이전되는 것은 아니다.

① ㉠, ㉡                                 ② ㉠, ㉢
③ ㉡, ㉢                                 ④ ㉢, ㉣

> **ADVICE** ㉠ [×] 건축신고 반려행위가 이루어진 단계에서 당사자로 하여금 반려행위의 적법성을 다투어 그 법적 불안을 해소한 다음 건축행위에 나아가도록 함으로써 장차 있을지도 모르는 위험에서 미리 벗어날 수 있도록 길을 열어 주고, 위법한 건축물의 양산과 그 철거를 둘러싼 분쟁을 조기에 근본적으로 해결할 수 있게 하는 것이 법치행정의 원리에 부합한다. 그러므로 건축신고 반려행위는 항고소송의 대상이 된다고 보는 것이 옳다(대법원 2010. 11. 18. 선고 2008두167 전원합의체).
> ㉡ [O] 국토의 계획 및 이용에 관한 법률(이하 '국토계획법'이라 한다)에 따른 토지의 형질변경허가는 그 금지요건이 불확정개념으로 규정되어 있어 그 금지요건에 해당하는지 여부를 판단함에 있어서 행정청에 재량권이 부여되어 있다고 할 것이므로, 국토계획법에 따른 토지의 형질변경행위를 수반하는 건축허가는 재량행위에 속한다. 한편 재량행위에 대한 사법심사는 행정청의 재량에 의한 공익판단의 여지를 감안하여 원칙적으로 재량권의 일탈이나 남용이 있는지 여부만을 대상으로 하고, 재량권의 일탈·남용 여부에 대한 심사는 사실오인, 비례·평등의 원칙 위반 등을 그 판단 대상으로 한다(대법원 2013. 10. 31. 선고 2013두9625).
> ㉢ [×] 건축허가신청이 시장이 수립하고 있는 도시·주거환경정비 기본계획에 배치될 가능성이 높다고 하여 바로 건축허가신청을 반려할 중대한 공익상의 필요가 있다고 보기 어렵다고 한 사례로서 공익상 중대한 필요가 있는 경우에 대하여 거부할 수 있다(대법원 2009. 9. 24. 선고 2009두8946).
> ㉣ [O] 건축허가는 대물적 허가의 성질을 가지는 것으로 그 허가의 효과는 허가대상 건축물에 대한 권리변동에 수반하여 이전되고, 별도의 승인처분에 의하여 이전되는 것이 아니며, 건축주 명의변경은 당초의 허가대장상 건축주 명의를 바꾸어 등재하는 것에 불과하므로 행정소송의 대상이 될 수 없다(대법원 1979. 10. 30. 선고 79누190).
> ※ 건축신고 … 자기완결적 신고로서 행정청의 수리를 요하지 않고 신고서가 행정청에 도달하면 효력이 발생한다. 따라서 건축신고는 처분성이 인정되지 않아 행정소송의 대상이 되지 않는다. 다만, 예외적 수리거부(인·허가의제), 반려처분에 대해서는 처분성을 인정하여 항고소송의 대상이 된다.
> ※ 건축허가 … 건축허가 신고와 행정청의 수리를 요한다. 즉 행정청의 수리가 있어야 효력이 발생한다.

**8** 「공공기관의 정보공개에 관한 법률」상 정보공개에 대한 설명으로 옳은 것은? (다툼이 있는 경우 판례에 의함)

① 공개청구된 정보가 인터넷을 통하여 공개되어 인터넷 검색을 통하여 쉽게 알 수 있다는 사정만으로 비공개 결정이 정당화될 수는 없다.

② 정보공개 청구 후 20일이 경과하도록 정보공개 결정이 없는 경우, 이의신청은 허용되나 행정심판청구는 허용되지 않는다.

③ 정보의 공개 및 우송 등에 드는 비용은 정보공개청구를 받은 행정청이 부담한다.

④ 행정소송의 재판기록 일부의 정보공개청구에 대한 비공개결정은 전자문서로 통지할 수 없다.

> **ADVICE**  ① 구 공공기관의 정보공개에 관한 법률 제8조 제2항은 정보공개청구의 대상이 이미 널리 알려진 사항이라 하더라도 그 공개의 방법만을 제한할 수 있도록 규정하고 있을 뿐 공개 자체를 제한하고 있지는 아니하므로, 공개청구의 대상이 되는 정보가 이미 다른 사람에게 공개하여 널리 알려져 있다거나 인터넷이나 관보 등을 통하여 공개하여 인터넷검색이나 도서관에서의 열람 등을 통하여 쉽게 알 수 있다는 사정만으로는 소의 이익이 없다거나 비공개결정이 정당화될 수는 없다(대법원 2008. 11. 27. 선고 2005두15694).
>
> ② • 공공기관의 정보공개에 관한 법률 제18조(이의신청) 제1항 … 청구인이 정보공개와 관련한 공공기관의 비공개 결정 또는 부분 공개 결정에 대하여 불복이 있거나 정보공개 청구 후 20일이 경과하도록 정보공개 결정이 없는 때에는 공공기관으로부터 정보공개 여부의 결정 통지를 받은 날 또는 정보공개 청구 후 20일이 경과한 날부터 30일 이내에 해당 공공기관에 문서로 <u>이의신청을 할 수 있다.</u>
> • 동법 제18조 제4항 … 공공기관은 이의신청을 각하(却下) 또는 기각(棄却)하는 결정을 한 경우에는 <u>청구인에게 행정심판 또는 행정소송을 제기할 수 있다는 사실을</u> 제3항에 따른 결과 통지와 함께 알려야 한다.
>
> ③ 동법 제17조(비용부담) 제1항 … 정보의 공개 및 우송 등에 드는 비용은 실비(實費)의 범위에서 청구인이 부담한다.
>
> ④ 갑이 재판기록 일부의 정보공개를 청구한 데 대하여 서울행정법원장이 민사소송법 제162조를 이유로 <u>소송기록의 정보를 비공개한다는 결정을 전자문서로 통지한 사안</u>에서, '문서'에 '전자문서'를 포함한다고 규정한 구 공공기관의 정보공개에 관한 법률(2013. 8. 6. 법률 제11991호로 개정되기 전의 것, 이하 '정보공개법'이라 한다) 제2조와 정보의 비공개 결정을 '문서'로 통지하도록 정한 정보공개법 제13조 제4항의 규정에 의하면 <u>정보의 비공개결정은 전자문서로 통지할 수 있고</u>, 위 규정들은 행정절차법 제3조 제1항에서 행정절차법의 적용이 제외되는 것으로 정한 '다른 법률'에 특별한 규정이 있는 경우에 해당하므로, <u>비공개결정 당시 정보의 비공개결정은 정보공개법 제13조 제4항에 의하여 전자문서로 통지할 수 있다</u>고 본 원심판단에 법리오해 등의 위법이 없다고 한 사례(대법원 2014. 4. 10. 선고 2012두17384).

**9** 행정입법에 대한 설명으로 옳은 것은? (다툼이 있는 경우 판례에 의함)

① 상위 법령 등의 단순한 집행을 위해 총리령을 제정하려는 경우, 행정상 입법예고를 하지 아니할 수 있다.

② 특히 긴급한 필요가 있거나 미리 법률로 자세히 정할 수 없는 부득이한 사정이 있어 법률에 형벌의 종류·상한·폭을 명확히 규정하더라도, 행정형벌에 대한 위임입법은 허용되지 않는다.

③ 교육부장관이 대학입시기본계획의 내용에서 내신성적 산정기준에 관한 시행지침을 정한 경우, 각 고등학교는 이에 따라 내신성적을 산정할 수밖에 없어 이는 행정처분에 해당된다.

④ 행정소송에 대한 대법원 판결에 의하여 명령·규칙이 헌법 또는 법률에 위반된다는 것이 확정된 경우, 대법원은 지체없이 그 사유를 해당 법령의 소관부처의 장에게 통보하여야 한다.

> **ADVICE** ① 행정절차법 제41조 제1항 … 법령등을 제정·개정 또는 폐지(이하 "입법"이라 한다)하려는 경우에는 해당 입법안을 마련한 행정청은 이를 예고하여야 한다. 다만, 다음 각 호의 어느 하나에 해당하는 경우에는 예고를 하지 아니할 수 있다.
>
> 1. 신속한 국민의 권리 보호 또는 예측 곤란한 특별한 사정의 발생 등으로 입법이 긴급을 요하는 경우
> 2. <u>상위 법령등의 단순한 집행을 위한 경우</u>
> 3. 입법내용이 국민의 권리·의무 또는 일상생활과 관련이 없는 경우
> 4. 단순한 표현·자구를 변경하는 경우 등 입법내용의 성질상 예고의 필요가 없거나 곤란하다고 판단되는 경우
> 5. 예고함이 공공의 안전 또는 복리를 현저히 해칠 우려가 있는 경우
>
> ② 형벌법규에 대하여도 특히 긴급한 필요가 있거나 미리 법률로서 자세히 정할 수 없는 부득이한 사정이 있는 경우에 한하여 수권법률이 구성요건의 점에서는 처벌대상인 행위가 어떠한 것일거라고 이를 예측할 수 있을 정도로 구체적으로 정하고, 형벌의 점에서는 형벌의 종류 및 그 상한과 폭을 명확히 규정하는 것을 조건으로 위임입법이 허용되며 이러한 위임입법은 죄형법정주의에 반하지 않는다(헌법재판소 1996. 2. 29. 선고 94헌마213).
>
> ③ <u>교육부장관이</u> 내신성적 산정기준의 통일을 기하기 위해 대학입시기본계획의 내용에서 내신성적 산정기준에 관한 시행지침을 마련하여 시·도 교육감에서 통보한 것은 행정조직 내부에서 내신성적 평가에 관한 내부적 심사기준을 시달한 것에 불과하며, 각 고등학교에서 위 지침에 일률적으로 기속되어 내신성적을 산정할 수밖에 없고 또 대학에서도 이를 그대로 내신성적으로 인정하여 입학생을 선발할 수밖에 없는 관계로 장차 일부 수험생들이 위 지침으로 인해 어떤 불이익을 입을 개연성이 없지는 아니하나, 그러한 사정만으로서 위 지침에 의하여 곧바로 개별적이고 구체적인 권리의 침해를 받은 것으로는 도저히 인정할 수 없으므로, <u>그것만으로는 현실적으로 특정인의 구체적인 권리의무에 직접적으로 변동을 초래케 하는 것은 아니라 할 것이어서 내신성적 산정지침을 항고소송의 대상이 되는 행정처분으로 볼 수 없다</u>(대법원 1994. 9. 10. 선고 94두33).
>
> ④ 행정소송법 제6조 제1항 … 행정소송에 대한 대법원판결에 의하여 명령·규칙이 헌법 또는 법률에 위반된다는 것이 확정된 경우에는 <u>대법원은 지체없이 그 사유를 행정안전부장관에게 통보하여야 한다.</u>

**10** 행정강제에 대한 설명으로 옳은 것은? (다툼이 있는 경우 판례에 의함)

① 행정대집행의 방법으로 건물철거의무이행을 실현할 수 있는 경우, 철거의무자인 건물 점유자의 퇴거의무를 실현하려면 퇴거를 명하는 별도의 집행권원이 있어야 하고, 철거 대집행 과정에서 부수적으로 건물 점유자들에 대한 퇴거조치를 할 수는 없다.

② 즉시강제란 법령 또는 행정처분에 의한 선행의 구체적 의무의 불이행으로 인한 목전의 급박한 장해를 제거할 필요가 있는 경우에 행정기관이 즉시 국민의 신체 또는 재산에 실력을 행사하여 행정상의 필요한 상태를 실현하는 작용을 말한다.

③ 공법인이 대집행권한을 위탁받아 공무인 대집행 실시에 지출한 비용을 「행정대집행법」에 따라 강제징수할 수 있음에도 민사소송절차에 의하여 상환을 청구하는 것은 허용되지 않는다.

④ 이행강제금은 심리적 압박을 통하여 간접적으로 의무이행을 확보하는 수단인 행정벌과는 달리 의무이행의 강제를 직접적인 목적으로 하므로, 강학상 직접강제에 해당한다.

> **ADVICE** ③ 대한주택공사가 (… 중략 …) 대집행권한을 위탁받아 공무인 대집행을 실시하기 위하여 지출한 비용을 행정대집행법 절차에 따라 국세징수법의 예에 의하여 징수할 수 있음에도 민사소송절차에 의하여 그 비용의 상환을 청구한 사안에서, 행정대집행법이 대집행비용의 징수에 관하여 민사소송절차에 의한 소송이 아닌 간이하고 경제적인 특별구제절차를 마련해 놓고 있으므로, 위 청구는 소의 이익이 없어 부적법하다(대법원 2011. 9. 8. 선고 2010다48240).
>
> ① 관계 법령상 행정대집행의 절차가 인정되어 행정청이 행정대집행의 방법으로 건물의 철거 등 대체적 작위의무의 이행을 실현할 수 있는 경우에는 따로 민사소송의 방법으로 그 의무의 이행을 구할 수 없다. 한편 건물의 점유자가 철거의무자일 때에는 건물철거의무에 퇴거의무도 포함되어 있는 것이어서 별도로 퇴거를 명하는 집행권원이 필요하지 않다(대법원 2017. 4. 28. 선고 2016다213916).
>
> ② 즉시강제란 급박한 위험 또는 장애를 제거하기 위하여 미리 의무를 명할 시간적 여유가 없는 경우 직접 개인의 신체나 재산에 실력을 가함으로써 행정 목적을 달성하는 것으로 의무의 불이행을 전제로 하지 않는다.
> * 직접강제란 법령 또는 행정처분에 의한 선행의 구체적 의무의 불이행으로 인한 장해를 제거할 필요가 있는 경우에 행정기관이 즉시 국민의 신체 또는 재산에 실력을 행사하여 행정상의 필요한 상태를 실현하는 작용을 말한다.
>
> ④ 이행강제금은 시정명령의 불이행이라는 과거의 위반행위에 대한 제재가 아니라, 시정명령을 이행하지 않고 있는 건축주·공사시공자·현장관리인·소유자·관리자 또는 점유자(이하 '건축주 등'이라 한다)에 대하여 다시 상당한 이행기한을 부여하고 기한 안에 시정명령을 이행하지 않으면 이행강제금이 부과된다는 사실을 고지함으로써 의무자에게 심리적 압박을 주어 시정명령에 따른 의무의 이행을 간접적으로 강제하는 행정상의 간접강제 수단에 해당한다(대법원 2016. 7. 14. 선고 2015두46598).

**11** 행정지도에 대한 설명으로 옳지 않은 것은? (다툼이 있는 경우 판례에 의함)

① 행정지도는 상대방의 의사에 반하여 부당하게 강요하여서는 안 된다.

② 행정지도는 작용법적 근거가 필요하지 않으므로, 비례원칙과 평등원칙에 구속되지 않는다.

③ 교육인적자원부장관의 대학총장들에 대한 학칙시정요구는 법령에 따른 것으로 행정지도의 일종이지만, 단순한 행정지도로서의 한계를 넘어 헌법소원의 대상이 되는 공권력의 행사라고 볼 수 있다.

④ 세무당국이 주류제조회사에 대하여 특정 업체와의 주류거래를 일정기간 중지하여 줄 것을 요청한 행위는 권고적 성격의 행위로서 행정처분이라고 볼 수 없다.

> **ADVICE** ①② 행정지도의 원칙에는 비례성의 원칙과 평등성의 원칙이 적용되며, 조리상의 한계를 가지고 있다.
> - 행정절차법 제48조 제1항 ⋯ 행정지도는 그 목적 달성에 필요한 최소한도에 그쳐야 하며, 행정지도의 상대방의 의사에 반하여 부당하게 강요하여서는 아니 된다.
>
> ③ 교육인적자원부장관의 대학총장들에 대한 이 사건 학칙시정요구는 고등교육법 제6조 제2항, 동법시행령 제4조 제3항에 따른 것으로서 그 법적 성격은 대학총장의 임의적인 협력을 통하여 사실상의 효과를 발생시키는 행정지도의 일종이지만, 그에 따르지 않을 경우 일정한 불이익조치를 예정하고 있어 사실상 상대방에게 그에 따를 의무를 부과하는 것과 다를 바 없으므로 단순한 행정지도로서의 한계를 넘어 규제적 · 구속적 성격을 상당히 강하게 갖는 것으로서 헌법소원의 대상이 되는 공권력의 행사라고 볼 수 있다(헌법재판소 2003. 6. 26. 선고 2002헌마337, 2003헌마7 · 8).
>
> ④ 항고소송의 대상이 되는 행정처분은 행정청의 공법상의 행위로서 상대방 또는 기타 관계자들의 법률상 지위에 직접적으로 법률적인 변동을 일으키는 행위를 말하는 것이므로 세무당국이 소외 회사에 대하여 원고와의 주류거래를 일정기간 중지하여 줄 것을 요청한 행위는 권고 내지 협조를 요청하는 권고적 성격의 행위로서 소외 회사나 원고의 법률상의 지위에 직접적인 법률상의 변동을 가져오는 행정처분이라고 볼수 없는 것이므로 항고소송의 대상이 될 수 없다(대법원 1980. 10. 27. 선고 80누395).

**12** 행정벌에 대한 설명으로 옳지 않은 것은? (다툼이 있는 경우 판례에 의함)

① 과실범을 처벌한다는 명문의 규정이 없더라도 행정형벌법규의 해석에 의하여 과실행위도 처벌한다는 뜻이 도출되는 경우에는 과실범도 처벌될 수 있다.

② 통고처분에 따른 범칙금을 납부한 후에 동일한 사건에 대하여 다시 형사처벌을 하는 것이 일사부재리의 원칙에 반하는 것은 아니다.

③ 과태료는 행정질서벌에 해당할 뿐 형벌이라고 할 수 없어 죄형법정주의의 규율대상에 해당하지 아니한다.

④ 과태료를 부과하는 근거 법령이 개정되어 행위 시의 법률에 의하면 과태료 부과대상이었지만 재판 시의 법률에 의하면 부과대상이 아니게 된 때에는 특별한 사정이 없는 한 과태료를 부과할 수 없다.

> **ADVICE** ② 통고처분이란 조세, 전매 따위에 관한 법률을 어긴 행위에 대해서 벌금, 과료, 몰수 등에 해당하는 금액을 납부할 것을 알리는 행정 처분이다. 즉 형벌을 대신하여 범칙금을 납부하는 것으로서 범칙금을 납부하면 처벌 절차가 종료된다. 따라서 이미 범칙금이 납부 되었다면 처벌이 끝난 것이므로 다시 형사처벌을 하는 것은 일사부재리의 원칙에 반하는 것이다.
>
> ① 구 대기환경보전법(1992.12.8. 법률 제4535호로 개정되기 전의 것)의 <u>입법목적이나 제반 관계규정의 취지 등을 고려하면</u>, 법정의 배출허용기준을 초과하는 배출가스를 배출하면서 자동차를 운행하는 행위를 처벌하는 위 법 제57조 제6호의 규정은 자동차의 운행자가 그 자동차에서 배출되는 배출가스가 소정의 운행 자동차 배출허용기준을 초과한다는 점을 실제로 인식하면서 운행한 <u>고의범의 경우는 물론 과실로 인하여 그러한 내용을 인식하지 못한 과실범의 경우도 함께 처벌하는 규정이다</u>(대법원 1993. 9. 10. 선고 92도1136).
>
> ③ 과태료는 벌금이나 과료와 달리 형벌의 성질을 가지지 않는 법령위반에 대하여 가해지는 행정질서벌이다. 따라서 죄형법정주의의 규율 대상이 아니다.
>
> ④ 질서위반행위규제법 제3조(법 적용의 시간적 범위) 제3항 ⋯ 행정청의 과태료 처분이나 법원의 과태료 재판이 확정된 후 법률이 변경되어 그 행위가 질서위반행위에 해당하지 아니하게 된 때에는 변경된 법률에 특별한 규정이 없는 한 과태료의 징수 또는 집행을 면제한다.

---

**13** 취소소송에서 협의의 소의 이익에 대한 설명으로 옳지 않은 것은? (다툼이 있는 경우 판례에 의함)

① 현역입영대상자가 현역병입영통지처분에 따라 현실적으로 입영을 한 후에는 처분의 집행이 종료되었고 입영으로 처분의 목적이 달성되어 실효되었으므로 입영통지처분을 다툴 법률상 이익이 인정되지 않는다.

② 가중요건이 법령에 규정되어 있는 경우, 업무정지처분을 받은 후 새로운 제재처분을 받음이 없이 법률이 정한 기간이 경과하여 실제로 가중된 제재처분을 받을 우려가 없어졌다면 특별한 사정이 없는 한 업무정지처분의 취소를 구할 법률상 이익이 인정되지 않는다.

③ 공장등록이 취소된 후 그 공장시설물이 철거되었고 다시 복구를 통하여 공장을 운영할 수 없는 상태라 하더라도 대도시 안의 공장을 지방으로 이전할 경우 조세감면 및 우선입주 등의 혜택이 관계법률에 보장되어 있다면, 공장등록취소처분의 취소를 구할 법률상 이익이 인정된다.

④ 지방의회 의원에 대한 제명의결 취소소송 계속 중 의원의 임기가 만료된 경우에도 여전히 제명의결의 취소를 구할 법률상 이익이 인정된다.

**ADVICE** ① 현역입영대상자로서는 현실적으로 입영을 하였다고 하더라도, 입영 이후의 법률관계에 영향을 미치고 있는 현역병입영통지처분 등을 한 관할지방병무청장을 상대로 위법을 주장하여 그 취소를 구할 소송상의 이익이 있다(대법원 2003. 12. 26. 선고 2003두1875).

② 건축사법 제28조 제1항이 건축사 업무정지처분을 연 2회 이상 받고 그 정지기간이 통산하여 12월 이상이 될 경우에는 가중된 제재처분인 건축사사무소 등록취소처분을 받게 되도록 규정하여 건축사에 대한 제재적인 행정처분인 업무정지명령을 더 무거운 제재처분인 사무소등록취소처분의 기준요건으로 규정하고 있으므로, 건축사 업무정지처분을 받은 건축사로서는 위 처분에서 정한 기간이 경과하였다 하더라도 위 처분을 그대로 방치하여 둠으로써 장래 건축사사무소 등록취소라는 가중된 제재처분을 받을 우려가 있어 건축사로서 업무를 행할 수 있는 법률상 지위에 대한 위험이나 불안을 제거하기 위하여 건축사 업무정지처분의 취소를 구할 이익이 있으나, 업무정지처분을 받은 후 새로운 업무정지처분을 받음이 없이 1년이 경과하여 실제로 가중된 제재처분을 받을 우려가 없어졌다면 위 처분에서 정한 정지기간이 경과한 이상 특별한 사정이 없는 한 그 처분의 취소를 구할 법률상 이익이 없다(대법원 2000.4.21, 98두10080).

③ 공장등록이 취소된 후 그 공장시설물이 철거되었다 하더라도 대도시 안의 공장을 지방으로 이전할 경우 조세특례제한법상의 세액공제 및 소득세 등의 감면혜택이 있고, 공업배치및공장설립에관한법률상의 간이한 이전절차 및 우선 입주의 혜택이 있는 경우, 그 공장등록취소처분의 취소를 구할 법률상의 이익이 있다(대법원 2002. 1. 11. 선고 2000두3306).

④ 지방의회 의원에 대한 제명의결 취소소송 계속 중 의원의 임기가 만료된 사안에서, 제명의결의 취소로 의원의 지위를 회복할 수는 없다 하더라도 제명의결시부터 임기만료일까지의 기간에 대한 월정수당의 지급을 구할 수 있는 등 여전히 그 제명의결의 취소를 구할 법률상 이익이 있다(대법원 2009. 1. 30. 선고 2007두13487).

**14** 행정의 실효성 확보수단에 대한 설명으로 옳은 것만을 모두 고르면? (다툼이 있는 경우 판례에 의함)

> ㉠ 조세부과처분에 취소사유인 하자가 있는 경우 그 하자는 후행 강제징수절차인 독촉 · 압류 · 매각 · 청산 절차에 승계된다.
> ㉡ 세법상 가산세는 과세권 행사 및 조세채권 실현을 용이하게 하기 위하여 납세자가 정당한 이유 없이 법에 규정된 신고, 납세 등의 의무를 위반한 경우에 개별세법에 따라 부과하는 행정상 제재로서, 납세자의 고의 · 과실은 고려되지 아니하고 법령의 부지 · 착오 등은 그 의무위반을 탓할 수 없는 정당한 사유에 해당하지 아니한다.
> ㉢ 세무공무원이 체납처분을 하기 위하여 질문 · 검사 또는 수색을 하거나 재산을 압류할 때에는 그 신분을 표시하는 증표를 지니고 이를 관계자에게 보여 주어야 한다.
> ㉣ 구 「국세징수법」상 가산금은 국세를 납부기한까지 납부하지 아니하면 과세청의 확정절차 없이도 법률에 의하여 당연히 발생하는 것이므로 가산금의 고지는 항고소송의 대상이 되는 처분이라고 볼 수 없다.

① ㉠, ㉡

② ㉡, ㉢

③ ㉢, ㉣

④ ㉡, ㉢, ㉣

>**ADVICE** ㉠ [×] 조세의 부과처분과 압류 등의 체납처분은 별개의 행정처분으로서 독립성을 가지므로 부과처분에 하자가 있더라도 그 부과처분이 취소되지 아니하는 한 그 부과처분에 의한 체납처분은 위법이라고 할 수는 없지만, 체납처분은 부과처분의 집행을 위한 절차에 불과하므로 그 부과처분에 중대하고도 명백한 하자가 있어 무효인 경우에는 그 부과처분의 집행을 위한 체납처분도 무효라 할 것이다(대법원 1987. 9. 22. 선고 87누383). → 과세처분이 무효인 경우에는 체납처분도 무효가 되지만, 과세처분의 하자가 단순위법인 경우에는 체납처분에 하자가 승계되지 않는다.
> ㉡ [○] 세법상 가산세는 과세권의 행사 및 조세채권의 실현을 용이하게 하기 위하여 납세자가 정당한 이유 없이 법에 규정된 신고 · 납세의무 등을 위반한 경우에 법이 정하는 바에 의하여 부과하는 행정상의 제재로서 납세자의 고의 · 과실은 고려되지 아니하는 것이며, 법령의 부지는 그 정당한 사유에 해당한다고 볼 수 없다(대법원 1999. 12. 28. 선고 98두3532).
> ㉢ [○] 국세징수법 제25조(신분증의 제시) … 세무공무원이 체납처분을 하기 위하여 질문 · 검사 또는 수색을 하거나 재산을 압류할 때에는 그 신분을 표시하는 증표를 지니고 이를 관계자에게 보여 주어야 한다.
> ㉣ [○] 국세징수법 제21조, 제22조가 규정하는 가산금 또는 중가산금은 국세를 납부기한까지 납부하지 아니하면 과세청의 확정절차 없이도 법률 규정에 의하여 당연히 발생하는 것이므로 가산금 또는 중가산금의 고지가 항고소송의 대상이 되는 처분이라고 볼 수 없다(대법원 2005. 6. 10. 선고 2005다15482).

**ANSWER** 13.① 14.④

**15** 「행정심판법」상 행정심판에 대한 설명으로 옳지 않은 것은? (다툼이 있는 경우 판례에 의함)

① 대통령의 처분 또는 부작위에 대하여는 다른 법률에서 행정심판을 청구할 수 있도록 정한 경우 외에는 행정심판을 청구할 수 없다.

② 당사자의 신청에 대한 행정청의 부당한 거부처분에 대하여 일정한 처분을 하도록 하는 행정심판의 청구는 현행법상 허용되고 있다.

③ 「행정심판법」에 따른 서류의 송달에 관하여는 「행정절차법」 중 송달에 관한 규정을 준용한다.

④ 행정심판 청구인이 경제적 능력으로 인해 대리인을 선임할 수 없는 경우에는 행정심판위원회에 국선대리인을 선임하여 줄 것을 신청할 수 있다.

〉**ADVICE** ③ 행정심판법 제57조(서류의 송달) … 이 법에 따른 서류의 송달에 관하여는 「민사소송법」 중 송달에 관한 규정을 준용한다.

① 행정심판법 제3조(행정심판의 대상) 제2항 … 대통령의 처분 또는 부작위에 대하여는 다른 법률에서 행정심판을 청구할 수 있도록 정한 경우 외에는 행정심판을 청구할 수 없다.

② 행정심판법 제5조(행정심판의 종류) … 행정심판의 종류는 다음 각 호와 같다.

　1. 취소심판 : 행정청의 위법 또는 부당한 처분을 취소하거나 변경하는 행정심판

　2. 무효등확인심판 : 행정청의 처분의 효력 유무 또는 존재 여부를 확인하는 행정심판

　3. 의무이행심판 : 당사자의 신청에 대한 행정청의 위법 또는 부당한 거부처분이나 부작위에 대하여 일정한 처분을 하도록 하는 행정심판

④ 행정심판법 제18조의2(국선대리인) 제1항 … 청구인이 경제적 능력으로 인해 대리인을 선임할 수 없는 경우에는 위원회에 국선대리인을 선임하여 줄 것을 신청할 수 있다.

**16** 항고소송의 대상인 처분에 대한 설명으로 옳은 것은? (다툼이 있는 경우 판례에 의함)

① 국립대학교 총장의 임용권한은 대통령에게 있으므로, 교육부장관이 대통령에게 임용제청을 하면서 대학에서 추천한 복수의 총장 후보자들 중 일부를 임용제청에서 제외한 행위는 처분에 해당하지 않는다.

② 인터넷 포털사이트의 개인정보 유출사고로 주민등록번호가 불법 유출되었음을 이유로 주민등록번호 변경신청을 하였으나 관할 구청장이 이를 거부한 경우, 그 거부행위는 처분에 해당하지 않는다.

③ 검사의 불기소결정은 공권력의 행사에 포함되므로, 검사의 자의적인 수사에 의하여 불기소결정이 이루어진 경우 그 불기소결정은 처분에 해당한다.

④ 국가인권위원회가 진정에 대하여 각하 및 기각결정을 할 경우 피해자인 진정인은 인권침해 등에 대한 구제조치를 받을 권리를 박탈당하게 되므로, 국가인권위원회의 진정에 대한 각하 및 기각결정은 처분에 해당한다.

> **ADVICE** ④ 국가인권위원회는 법률상의 독립된 국가기관이고, 피해자인 진정인에게는 국가인권위원회법이 정하고 있는 구제조치를 신청할 법률상 신청권이 있는데 국가인권위원회가 진정을 각하 및 기각결정을 할 경우 피해자인 진정인으로서는 자신의 인격권 등을 침해하는 인권침해 또는 차별행위 등이 시정되고 그에 따른 구제조치를 받을 권리를 박탈당하게 되므로, 진정에 대한 국가인권위원회의 각하 및 기각결정은 피해자인 진정인의 권리행사에 중대한 지장을 초래하는 것으로서 항고소송의 대상이 되는 행정처분에 해당하므로, 그에 대한 다툼은 우선 행정심판이나 행정소송에 의하여야 할 것이다(헌법재판소 2015. 3. 26. 선고 2013헌마214).
>
> ① 대학의 추천을 받은 총장 후보자는 교육부장관으로부터 정당한 심사를 받을 것이라는 기대를 하게 된다. 만일 교육부장관이 자의적으로 대학에서 추천한 복수의 총장 후보자들 전부 또는 일부를 임용제청하지 않는다면 대통령으로부터 임용을 받을 기회를 박탈하는 효과가 있다. 이를 항고소송의 대상이 되는 처분으로 보지 않는다면, 침해된 권리 또는 법률상 이익을 구제받을 방법이 없다. 따라서 교육부장관이 대학에서 추천한 복수의 총장 후보자들 전부 또는 일부를 임용제청에서 제외하는 행위는 제외된 후보자들에 대한 불이익처분으로서 항고소송의 대상이 되는 처분에 해당한다고 보아야 한다(대법원 2018. 6. 15. 선고 2016두57564).
>
> ② 갑 등이 인터넷 포털사이트 등의 개인정보 유출사고로 자신들의 주민등록번호 등 개인정보가 불법 유출되자 이를 이유로 관할 구청장에게 주민등록번호를 변경해 줄 것을 신청하였으나 구청장이 '주민등록번호가 불법 유출된 경우 주민등록법상 변경이 허용되지 않는다'는 이유로 주민등록번호 변경을 거부하는 취지의 통지를 한 사안에서, (… 중략 …) 주민등록번호를 관리하는 국가로서는 주민등록번호가 유출된 경우 그로 인한 피해가 최소화되도록 제도를 정비하고 보완해야 할 의무가 있으며, 일률적으로 주민등록번호를 변경할 수 없도록 할 것이 아니라 만약 주민등록번호 변경이 필요한 경우가 있다면 그 변경에 관한 규정을 두어서 이를 허용해야 하는 점 등을 종합하면, 피해자의 의사와 무관하게 주민등록번호가 유출된 경우에는 조리상 주민등록번호의 변경을 요구할 신청권을 인정함이 타당하고, 구청장의 주민등록번호 변경신청 거부행위는 항고소송의 대상이 되는 행정처분에 해당한다고 한 사례(대법원 2017. 6. 15. 선고 2013두2945).
>
> ③ 형사소송법에 의하면 검사가 공소를 제기한 사건은 기본적으로 법원의 심리대상이 되고 피의자 및 피고인은 수사의 적법성 및 공소사실에 대하여 형사소송절차를 통하여 불복할 수 있는 절차와 방법이 따로 마련되어 있으므로 검사의 공소제기가 적법절차에 의하여 정당하게 이루어진 것이냐의 여부에 관계없이 검사의 공소에 대하여는 형사소송절차에 의하여서만 이를 다툴 수 있고 행정소송의 방법으로 공소의 취소를 구할 수는 없다(대법원 2000. 3. 28. 선고 99두11264).

**ANSWER** 15.③  16.④

**17** 「국가배상법」상 국가배상에 대한 설명으로 옳은 것(O)과 옳지 않은 것(X)을 바르게 연결한 것은? (다툼이 있는 경우 판례에 의함)

> ㉠ 재판에 대하여 불복절차 내지 시정절차 자체가 없는 경우, 부당한 재판으로 인하여 불이익 내지 손해를 입은 사람에게는 배상책임의 요건이 충족되는 한 국가배상책임이 인정될 수 있다.
>
> ㉡ 국가가 일정한 사항에 관하여 헌법에 의하여 부과되는 구체적인 입법의무를 부담하고 있음에도 불구하고 그 입법에 필요한 상당한 기간이 경과하도록 고의·과실로 입법의무를 이행하지 아니하는 경우, 국가배상책임이 인정될 수 있다.
>
> ㉢ 직무집행과 관련하여 공상을 입은 군인이 먼저 「국가배상법」상 손해배상을 받은 다음 구 「국가유공자 등 예우 및 지원에 관한 법률」상 보훈급여금을 지급청구하는 경우, 국가배상을 받았다는 이유로 그 지급을 거부할 수 없다.
>
> ㉣ 피해자에게 손해를 직접 배상한 경과실이 있는 공무원은 특별한 사정이 없는 한, 국가의 피해자에 대한 손해배상책임의 범위 내에서 자신이 변제한 금액에 관하여 국가에 대한 구상권을 취득한다.

|  | ㉠ | ㉡ | ㉢ | ㉣ |  | ㉠ | ㉡ | ㉢ | ㉣ |
|---|---|---|---|---|---|---|---|---|---|
| ① | O | O | X | O | ② | X | O | O | X |
| ③ | O | X | X | X | ④ | O | O | O | O |

**》ADVICE** ㉠ [O] 재판에 대하여 불복절차 내지 시정절차 자체가 없는 경우에는 부당한 재판으로 인하여 불이익 내지 손해를 입은 사람은 국가배상 이외의 방법으로는 자신의 권리 내지 이익을 회복할 방법이 없으므로, 이와 같은 경우에는 <u>배상책임의 요건이 충족되는 한 국가배상책임을 인정하지 않을 수 없다</u>(대법원 2003. 7. 11. 선고 99다24218).

㉡ [O] 국가가 일정한 사항에 관하여 헌법에 의하여 부과되는 <u>구체적인 입법의무를 부담하고 있음에도 불구하고 그 입법에 필요한 상당한 기간이 경과하도록 고의 또는 과실로 이러한 입법의무를 이행하지 아니하는 등 극히 예외적인 사정이 인정되는 사안에 한정하여 국가배상법 소정의 배상책임이 인정될 수 있으며</u>, 위와 같은 구체적인 입법의무 자체가 인정되지 않는 경우에는 애당초 부작위로 인한 불법행위가 성립할 여지가 없다(대법원 2008. 5. 29. 선고 2004다33469).

㉢ [O] 국가배상법 제2조 제1항 단서가 보훈보상자법 등에 의한 보상을 받을 수 있는 경우 국가배상법에 따른 손해배상청구를 하지 못한다는 것을 넘어 국가배상법상 손해배상금을 받은 경우 보훈보상자법상 보상금 등 보훈급여금의 지급을 금지하는 것으로 해석하기는 어려운 점 등에 비추어, <u>국가보훈처장은 국가배상법에 따라 손해배상을 받았다는 사정을 들어 보상금 등 보훈급여금의 지급을 거부할 수 없다</u>(대법원 2017. 2. 3. 선고 2015두60075).

㉣ [O] 공무원이 직무수행 중 불법행위로 타인에게 손해를 입힌 경우에 국가 등이 국가배상책임을 부담하는 외에 공무원 개인도 고의 또는 중과실이 있는 경우에는 불법행위로 인한 손해배상책임을 지고, 공무원에게 경과실이 있을 뿐인 경우에는 공무원 개인은 손해배상책임을 부담하지 아니한다. 이처럼 경과실이 있는 공무원이 피해자에 대하여 손해배상책임을 부담하지 아니함에도 피해자에게 손해를 배상하였다면 그것은 채무자 아닌 사람이 타인의 채무를 변제한 경우에 해당하고, 이는 민법 제469조의 '제3자의 변제' 또는 민법 제744조의 '도의관념에 적합한 비채변제'에 해당하여 피해자는 공무원에 대하여 이를 반환할 의무가 없고, 그에 따라 피해자의 국가에 대한 손해배상청구권이 소멸하여 국가는 자신의 출연 없이 채무를 면하게 되므로, <u>피해자에게 손해를 직접 배상한 경과실이 있는 공무원은 특별한 사정이 없는 한 국가에 대하여 국가의 피해자에 대한 손해배상책임의 범위 내에서 공무원이 변제한 금액에 관하여 구상권을 취득한다고 봄이 타당하다</u>(대법원 2014. 8. 20. 선고 2012다54478).

**18** 甲은 관할 A행정청에 토지형질변경허가를 신청하였으나 A행정청은 허가를 거부하였다. 이에 甲은 거부처분취소소송을 제기하여 재량의 일탈·남용을 이유로 취소판결을 받았고, 그 판결은 확정되었다. 이에 대한 설명으로 옳은 것은? (다툼이 있는 경우 판례에 의함)

① A행정청이 거부처분 이전에 이미 존재하였던 사유 중 거부처분 사유와 기본적 사실관계의 동일성이 없는 사유를 근거로 다시 거부처분을 하는 것은 허용되지 않는다.

② A행정청이 재처분을 하였더라도 취소판결의 기속력에 저촉되는 경우에는 甲은 간접강제를 신청할 수 있다.

③ A행정청의 재처분이 취소판결의 기속력에 저촉되더라도 당연무효는 아니고 취소사유가 될 뿐이다.

④ A행정청이 간접강제결정에서 정한 의무이행 기한 내에 재처분을 이행하지 않아 배상금이 이미 발생한 경우에는 그 이후에 재처분을 이행하더라도 甲은 배상금을 추심할 수 있다.

 ② 거부처분에 대한 취소의 확정판결이 있음에도 행정청이 아무런 재처분을 하지 아니하거나, 재처분을 하였다 하더라도 그것이 종전 거부처분에 대한 취소의 확정판결의 기속력에 반하는 등으로 당연무효라면 이는 아무런 재처분을 하지 아니한 때와 마찬가지라 할 것이므로 이러한 경우에는 행정소송법 제30조 제2항, 제34조 제1항 등에 의한 간접강제신청에 필요한 요건을 갖춘 것으로 보아야 한다(대법원 2002. 12. 11.자 2002무22).

① 행정처분의 위법 여부는 행정처분이 행하여진 때의 법령과 사실을 기준으로 판단하므로, 확정판결의 당사자인 처분 행정청은 종전 처분 후에 발생한 새로운 사유를 내세워 다시 처분을 할 수 있고, 새로운 처분의 처분사유가 종전 처분의 처분사유와 기본적 사실관계에서 동일하지 않은 다른 사유에 해당하는 이상, 처분사유가 종전 처분 당시 이미 존재하고 있었고 당사자가 이를 알고 있었더라도 이를 내세워 새로이 처분을 하는 것은 확정판결의 기속력에 저촉되지 않는다(대법원 2016. 3. 24. 선고 2015두48235).

③ 확정판결의 당사자인 처분행정청이 그 행정소송의 사실심 변론종결 이전의 사유를 내세워 다시 확정판결과 저촉되는 행정처분을 하는 것은 허용되지 않는 것으로서 이러한 행정처분은 그 하자가 중대하고도 명백한 것이어서 당연무효라 할 것이다(대법원 1990. 12. 11. 선고 90누3560).

④ 행정소송법 제34조 소정의 간접강제결정에 기한 배상금은 거부처분취소판결이 확정된 경우 그 처분을 행한 행정청으로 하여금 확정판결의 취지에 따른 재처분의무의 이행을 확실히 담보하기 위한 것으로서, 확정판결의 취지에 따른 재처분의무내용의 불확정성과 그에 따른 재처분에의 해당 여부에 관한 쟁송으로 인하여 간접강제결정에서 정한 재처분의무의 기한 경과에 따른 배상금이 증가될 가능성이 자칫 행정청으로 하여금 인용처분을 강제하여 행정청의 재량권을 박탈하는 결과를 초래할 위험성이 있는 점 등을 감안하면, 이는 확정판결의 취지에 따른 재처분의 지연에 대한 제재나 손해배상이 아니고 재처분의 이행에 관한 심리적 강제수단에 불과한 것으로 보아야 하므로, 특별한 사정이 없는 한 간접강제결정에서 정한 의무이행기한이 경과한 후에라도 확정판결의 취지에 따른 재처분의 이행이 있으면 배상금을 추심함으로써 심리적 강제를 꾀할 목적이 상실되어 처분상대방이 더 이상 배상금을 추심하는 것은 허용되지 않는다(대법원 2004. 1. 15. 선고 2002두2444).

**19** 甲은 「영유아보육법」에 따라 보건복지부장관의 평가인증을 받아 어린이집을 설치·운영하고 있다. 甲은 어린이집을 운영하면서 부정한 방법으로 보조금을 교부받아 사용하였고, 보건복지부장관은 이를 근거로 관련 법령에 따라 평가인증을 취소하였다. 이에 대한 설명으로 옳은 것은? (다툼이 있는 경우 판례에 의함)

① 평가인증의 취소는 강학상 취소에 해당하며, 행정청이 평가인증취소처분을 하면서 별도의 법적 근거 없이도 평가인증의 효력을 취소사유 발생일로 소급하여 상실시킬 수 있다.

② 평가인증의 취소는 강학상 철회에 해당하며, 행정청이 평가인증취소처분을 하면서 별도의 법적 근거 없이는 평가인증의 효력을 취소사유 발생일로 소급하여 상실시킬 수 없다.

③ 평가인증의 취소는 강학상 취소에 해당하며, 행정청이 평가인증취소처분을 하면서 별도의 법적 근거 없이는 평가인증의 효력을 취소사유 발생일로 소급하여 상실시킬 수 없다.

④ 평가인증의 취소는 강학상 철회에 해당하며, 행정청이 평가인증취소처분을 하면서 별도의 법적 근거 없이도 평가인증의 효력을 취소사유 발생일로 소급하여 상실시킬 수 있다.

> **ADVICE** ② 영유아보육법 제30조 제5항 제3호에 따른 <u>평가인증의 취소</u>는 평가인증 당시에 존재하였던 하자가 아니라 그 이후에 새로이 발생한 사유로 평가인증의 효력을 소멸시키는 경우에 해당하므로, <u>법적 성격은 평가인증의 '철회'(강학상)에 해당한다.</u> 그런데 <u>행정청이 평가인증을 철회하면서 그 효력을 철회의 효력발생일 이전으로 소급하게 하면, 철회 이전의 기간에 평가인증을 전제로 지급한 보조금 등의 지원이 그 근거를 상실하게 되어 이를 반환하여야 하는 법적 불이익이 발생한다.</u> 이는 장래를 향하여 효력을 소멸시키는 철회가 예정한 법적 불이익의 범위를 벗어나는 것이다. 이처럼 <u>행정청이 평가인증이 이루어진 이후에 새로이 발생한 사유를 들어 영유아보육법 제30조 제5항에 따라 평가인증을 철회하는 처분을 하면서도, 평가인증의 효력을 과거로 소급하여 상실시키기 위해서는, 특별한 사정이 없는 한 영유아보육법 제30조 제5항과는 별도의 법적 근거가 필요하다</u>(대법원 2018. 6. 28. 선고 2015두58195).

**20** 항고소송에서 수소법원이 하여야 하는 판결에 대한 설명으로 옳지 않은 것은? (다툼이 있는 경우 판례에 의함)

① 무효확인소송의 제1심 판결시까지 원고적격을 구비하였는데 제2심 단계에서 원고적격을 흠결하게 된 경우, 제2심 수소법원은 각하판결을 하여야 한다.

② 행정처분이 있음을 안 날부터 90일을 넘겨 행정심판을 청구하였다가 각하재결을 받은 후 그 재결서를 송달받은 날부터 90일 내에 원래의 처분에 대하여 취소소송을 제기한 경우, 수소법원은 각하판결을 하여야 한다.

③ 허가처분 신청에 대한 부작위를 다투는 부작위위법확인소송을 제기하여 제1심에서 승소판결을 받았는데 제2심 단계에서 피고 행정청이 허가처분을 한 경우, 제2심 수소법원은 각하판결을 하여야 한다.

④ 행정심판을 청구하여 기각재결을 받은 후 재결 자체에 고유한 위법이 있음을 주장하며 그 기각재결에 대하여 취소소송을 제기한 경우, 수소법원은 심리 결과 재결 자체에 고유한 위법이 없다면 각하판결을 하여야 한다.

> **ADVICE** ④ 행정소송법 제19조는 취소소송은 행정청의 원처분을 대상으로 하되(원처분주의), 다만 "재결 자체에 고유한 위법이 있음을 이유로 하는 경우"에 한하여 행정심판의 재결도 취소소송의 대상으로 삼을 수 있도록 규정하고 있으므로 <u>재결취소소송의 경우 재결 자체에 고유한 위법이 있는지 여부를 심리할 것이고, 재결 자체에 고유한 위법이 없는 경우에는 원처분의 당부와는 상관없이 당해 재결취소소송은 이를 기각하여야 한다</u>(대법원 1994. 1. 25. 선고 93누16901).

① 행정처분의 직접 상대방이 아닌 제3자라 하더라도 당해 행정처분으로 인하여 법률상 보호되는 이익을 침해당한 경우에는 그 처분의 취소나 무효확인을 구하는 행정소송을 제기하여 그 당부의 판단을 받을 자격 즉 원고적격이 있고, 여기에서 말하는 법률상 보호되는 이익은 당해 처분의 근거 법규 및 관련 법규에 의하여 보호되는 개별적 · 직접적 · 구체적 이익을 말하며, <u>원고적격은 소송요건의 하나이므로 사실심 변론종결시는 물론 상고심에서도 존속하여야 하고 이를 흠결하면 부적법한 소가 된다</u>(대법원 2007. 4. 12. 선고 2004두7924). → 따라서 각하되어야 한다.

② 국민건강보험공단이 2009. 9. 2. 국민건강보험법 제85조의2 제1항에 따라 甲에게 과징금을 부과하는 처분을 하여 2009. 9. 7. 甲의 동료가 이를 수령하였는데, 甲이 그때부터 90일을 넘겨 국무총리행정심판위원회에 행정심판을 청구하여 청구기간 경과를 이유로 각하재결을 받았고, 그 후 재결서를 송달받은 때부터 90일 이내에 원처분에 대하여 취소소송을 제기한 사안에서, <u>행정심판은 甲이 처분이 있음을 안 날부터 90일을 넘겨 청구한 것으로서 부적법하고, 행정심판의 재결이 있은 후에 비로소 제기된 과징금 부과처분에 대한 취소소송 또한 제소기간이 경과한 후에 제기된 것으로서 부적법하다는 이유로 이를 각하한 원심판결을 정당하다고 한 사례</u>(대법원 2011. 11. 24. 선고 2011두18786).

③ 부작위위법확인의 소는 행정청이 국민의 법규상 또는 조리상의 권리에 기한 신청에 대하여 상당한 기간내에 그 신청을 인용하는 적극적 처분 또는 각하하거나 기각하는 등의 소극적 처분을 하여야 할 법률상의 응답의무가 있음에도 불구하고 이를 하지 아니하는 경우, <u>판결(사실심의 구두변론 종결)시를 기준으로 그 부작위의 위법을 확인함으로써 행정청의 응답을 신속하게 하여 부작위 내지 무응답이라고 하는 소극적인 위법상태를 제거하는 것을 목적으로 하는 것이고, 나아가 당해 판결의 구속력에 의하여 행정청에게 처분 등을 하게 하고 다시 당해 처분 등에 대하여 불복이 있는 때에는 그 처분 등을 다투게 함으로써 최종적으로는 국민의 권리이익을 보호하려는 제도이므로, 소제기의 전후를 통하여 판결시까지 행정청이 그 신청에 대하여 적극 또는 소극의 처분을 함으로써 부작위상태가 해소된 때에는 소의 이익을 상실하게 되어 당해 소는 각하를 면할 수가 없는 것이다</u>(대법원 1990. 9. 25. 선고 89누4758).

**1** 사인의 공법행위에 대한 설명으로 옳지 않은 것은? (다툼이 있는 경우 판례에 의함)

① 부동산 투기나 이주대책 요구 등을 방지할 목적으로 주민등록전입신고를 거부하는 것은 「주민등록법」의 입법 목적과 취지 등에 비추어 허용될 수 없다.

② 구 「의료법 시행규칙」 제22조 제3항에 의하면 의원개설 신고서를 수리한 행정관청이 소정의 신고필증을 교부하도록 되어 있기 때문에 이와 같은 신고필증의 교부가 없으면 개설신고의 효력이 없다.

③ 「건축법」상 건축신고 반려행위는 항고소송의 대상이 되는 행정처분에 해당한다.

④ 「식품위생법」에 의한 영업양도에 따른 지위승계신고를 수리하는 허가관청의 행위는 단순히 양도·양수인 사이에 이미 발생한 사법상의 사업양도의 법률효과에 의하여 양수인이 그 영업을 승계하였다는 사실의 신고를 접수하는 행위에 그치는 것이 아니라, 영업허가자의 변경이라는 법률효과를 발생시키는 행위이다.

>ADVICE ② 의료법 시행규칙 제22조 제3항에 의하면 의원개설 신고서를 수리한 행정관청이 소정의 신고필증을 교부하도록 되어있다 하여도 이는 신고사실의 확인행위로서 신고필증을 교부하도록 규정한 것에 불과하고 그와 같은 신고필증의 교부가 없다 하여 개설신고의 효력을 부정할 수 없다 할 것이다(대법원 1985. 4. 23. 선고 84도2953).

① • 무허가 건축물을 실제 생활의 근거지로 삼아 10년 이상 거주해 온 사람의 주민등록 전입신고를 거부한 사안에서, 부동산투기나 이주대책 요구 등을 방지할 목적으로 주민등록전입신고를 거부하는 것은 주민등록법의 입법 목적과 취지 등에 비추어 허용될 수 없다고 한 사례(대법원 2009. 6. 18. 선고 2008두10997).

• 전입신고를 받은 시장 등의 심사 대상은 전입신고자가 30일 이상 생활의 근거로서 거주할 목적으로 거주지를 옮기는지 여부만으로 제한된다고 보아야 할 것이다. 따라서 전입신고자가 거주의 목적 이외에 다른 이해관계에 관한 의도를 가지고 있는지 여부, 무허가건축물의 관리, 전입신고를 수리함으로써 당해 지방자치단체에 미치는 영향 등과 같은 사유는 주민등록법이 아닌 다른 법률에 의하여 규율되어야 할 것이고, 주민등록전입신고의 수리 여부를 심사하는 단계에서는 고려 대상이 될 수 없다(2009.6.18. 2008두10997).

③ 건축신고 반려행위가 이루어진 단계에서 당사자로 하여금 반려행위의 적법성을 다투어 그 법적 불안을 해소한 다음 건축행위에 나아가도록 함으로써 장차 있을지도 모르는 위험에서 미리 벗어날 수 있도록 길을 열어 주고, 위법한 건축물의 양산과 그 철거를 둘러싼 분쟁을 조기에 근본적으로 해결할 수 있게 하는 것이 법치행정의 원리에 부합한다. 그러므로 건축신고 반려행위는 항고소송의 대상이 된다고 보는 것이 옳다(대법원 2010. 11. 18. 선고 2008두167).

④ 식품위생법 제25조 제3항에 의한 영업양도에 따른 지위승계신고를 수리하는 허가관청의 행위는 단순히 양도·양수인 사이에 이미 발생한 사법상의 사업양도의 법률효과에 의하여 양수인이 그 영업을 승계하였다는 사실의 신고를 접수하는 행위에 그치는 것이 아니라, 영업허가자의 변경이라는 법률효과를 발생시키는 행위라고 할 것이다(대법원 1995. 2. 24. 선고 94누9146).

**2** 행정법의 일반원칙에 대한 판례의 입장으로 옳지 않은 것은?

① 행정청이 폐기물처리업 사업계획에 대하여 적정통보를 한 것만으로 그 사업부지 토지에 대한 국토이용계획 변경신청을 승인하여 주겠다는 취지의 공적인 견해표명을 한 것으로 볼 수 없다.

② 헌법재판소의 위헌결정은 행정청이 개인에 대하여 신뢰의 대상이 되는 공적인 견해를 표명한 것이라고 할 수 있으므로 그 결정에 관련한 개인의 행위에 대하여는 신뢰보호의 원칙이 적용된다.

③ 지방자치단체장이 사업자에게 주택사업계획승인을 하면서 그 주택사업과는 아무런 관련이 없는 토지를 기부채납하도록 하는 부관을 붙인 경우, 그 부관은 부당결부금지의 원칙에 위반되어 위법하다.

④ 법령 개폐에 있어서 신뢰보호원칙의 위반 여부는 한편으로는 침해받은 신뢰이익의 보호가치, 침해의 중한 정도, 신뢰침해의 방법 등과 다른 한편으로는 새 입법을 통해 실현코자 하는 공익목적을 종합적으로 비교형량하여 판단하여야 한다.

> **ADVICE** ② 헌법재판소의 위헌결정은 행정청이 개인에 대하여 신뢰의 대상이 되는 공적인 견해를 표명한 것이라고 할 수 없으므로 그 결정에 관련한 개인의 행위에 대하여는 신뢰보호의 원칙이 적용되지 아니한다(대법원 2003. 6. 27. 선고 2002두6965).
>
> ① 도시계획구역 안에서의 폐기물처리시설의 결정기준 및 설치기준 등을 규정하고 있는 도시계획법 제2조 제1항 제1호 (나)목, 제16조, 도시계획시설기준에관한규칙 제126조 내지 제128조 및 폐기물관리법령은 도시계획구역 안에서의 토지형질변경의 허가기준을 규정하고 있는 도시계획법 제4조 제1항, 도시계획법시행령 제5조의2 및 토지의형질변경등행위허가기준등에관한규칙 제4조 제1항과 각기 규정대상 및 입법취지를 달리하고 있으므로, 일반적으로 폐기물처리업 사업계획에 대한 적정통보에 당해 토지에 대한 형질변경허가신청을 허가하는 취지의 공적 견해표명이 있는 것으로는 볼 수 없다고 할 것이고, 더구나 토지의 지목변경 등을 조건으로 그 토지상의 폐기물처리업 사업계획에 대한 적정통보를 한 경우에는 위 조건부적정통보에 토지에 대한 형질변경허가의 공적 견해표명이 포함되어 있었다고 볼 수 없다(대법원 1998. 9. 25. 선고 98두6494).
>
> ③ 지방자치단체장이 사업자에게 주택사업계획승인을 하면서 그 주택사업과는 아무런 관련이 없는 토지를 기부채납하도록 하는 부관을 주택사업계획승인에 붙인 경우, 그 부관은 부당결부금지의 원칙에 위반되어 위법하다(대법원 1997. 3. 11. 선고 96다49650).
>
> ④ 신법이 시행되기 전에 이미 하자가 발생하였으나, 구법(집합건물법)에 의하면 10년의 하자담보기간 내이지만 신법에 의할 때 내력구조가 아니어서 1 내지 4년의 하자담보기간이 이미 경과된 경우, 공동주택의 소유자로서는 구법 질서 아래에서 이미 형성된 하자담보청구권이 소급적으로 박탈되는 결과가 된다. 이는 소유자가 구법에 따라 적법하게 지니고 있던 신뢰를 심각하게 침해하는 것인 반면, 개정된 주택법이 추구하는 공익은 중대한 것이라 보기는 어렵다. 따라서 신법이 시행된 이후에 하자가 발생한 경우뿐만 아니라 이미 구법 아래에서 발생한 하자까지 소급하여 신법을 적용하게 할 필요성이 크지 않다. 그러므로 구법 아래에서 하자가 발생한 경우에 공동주택 소유자들이 지녔던 신뢰이익의 보호가치, 부칙 제3항이 진정소급입법으로서 하자담보청구권을 박탈하는 점에서의 침해의 중대성, 신법을 통하여 실현하고자 하는 공익목적의 중요성 정도를 종합적으로 비교형량 하여 볼 때, 부칙 제3항이 신법 시행 전에 발생한 하자에 대하여서까지 주택법을 적용하도록 한 것은 당사자의 신뢰를 헌법에 위반된 방법으로 침해하는 것으로서, 신뢰보호원칙에 위배된다(헌법재판소 2008. 7. 31. 선고 2005헌가16).

✎ **ANSWER** 1.② 2.②

**3** 행정입법에 대한 설명으로 옳지 않은 것은? (다툼이 있는 경우 판례에 의함)

① 집행명령은 상위법령의 집행에 필요한 세칙을 정하는 범위 내에서만 가능하고 새로운 국민의 권리·의무를 정할 수 없다.

② 구 「청소년보호법 시행령」 제40조 [별표 6]의 위반행위의 종별에 따른 과징금처분기준에서 정한 과징금 수액은 정액이 아니고 최고한도액이다.

③ 집행명령은 상위법령이 개정되더라도 개정법령과 성질상 모순·저촉되지 아니하고 개정된 상위법령의 시행에 필요한 사항을 규정하고 있는 이상, 개정법령의 시행을 위한 집행명령이 제정·발효될 때까지는 여전히 그 효력을 유지한다.

④ 상위법령에서 세부사항 등을 시행규칙으로 정하도록 위임하였으나, 이를 고시 등 행정규칙으로 정하였더라도 이는 대외적 구속력을 가지는 법규명령으로서 효력이 인정된다.

〉ADVICE ④ 행정규칙이나 규정 '내용'이 위임범위를 벗어난 경우뿐 아니라 상위법령의 위임규정에서 특정하여 정한 권한행사의 '절차'나 '방식'에 위배되는 경우도 마찬가지이므로, 상위법령에서 세부사항 등을 시행규칙으로 정하도록 위임하였음에도 이를 고시 등 행정규칙으로 정하였다면 그 역시 대외적 구속력을 가지는 법규명령으로서 효력이 인정될 수 없다(대법원 2012. 7. 5. 선고 2010다72076).

① 법률이 행정규칙 등에 위임할 수 있는 사항은 집행명령(헌법 제75조 후단)에 의하여 규정할 수 있는 사항 또는 법률의 의미를 구체화하는 사항에 한정되어야 하는 것이고, 새로운 입법사항이나 국민의 새로운 권리·의무에 관한 사항이 되어서는 아니 된다는 것이다(헌법재판소 2011. 2. 24. 선고 2009헌바13, 52, 110).

② 구 청소년보호법 제49조 제1항, 제2항에 따른 같은법 시행령 제40조 [별표 6]의 위반행위의 종별에 따른 과징금 처분기준은 법규명령이기는 하나 모법의 위임규정의 내용과 취지 및 헌법상의 과잉금지의 원칙과 평등의 원칙 등에 비추어 같은 유형의 위반행위라 하더라도 그 규모나 기간·사회적 비난 정도·위반행위로 인하여 다른 법률에 의하여 처벌받은 다른 사정·행위자의 개인적 사정 및 위반행위로 얻은 불법이익의 규모 등 여러 요소를 종합적으로 고려하여 사안에 따라 적정한 과징금의 액수를 정하여야 할 것이므로 그 수액은 정액이 아니라 최고한도액이다(대법원 2001. 3. 9. 선고 99두5207).

③ 상위법령의 시행에 필요한 세부적 사항을 정하기 위하여 행정관청이 일반적 직권에 의하여 제정하는 이른바 집행명령은 근거법령인 상위법령이 폐지되면 특별한 규정이 없는 이상 실효되는 것이나, 상위법령이 개정됨에 그친 경우에는 개정법령과 성질상 모순, 저촉되지 아니하고 개정된 상위법령의 시행에 필요한 사항을 규정하고 있는 이상 그 집행명령은 상위법령의 개정에도 불구하고 당연히 실효되지 아니하고 개정법령의 시행을 위한 집행명령이 제정, 발효될 때까지는 여전히 그 효력을 유지한다(대법원 1989. 9. 12. 선고 88누6962).

**4** 甲은 강학상 허가에 해당하는 「식품위생법」상 영업허가를 신청하였다. 이에 대한 설명으로 옳은 것은? (다툼이 있는 경우 판례에 의함)

① 甲이 공무원인 경우 허가를 받으면 이는 「식품위생법」상의 금지를 해제할 뿐만 아니라 「국가공무원법」상의 영리업무금지까지 해제하여 주는 효과가 있다.

② 甲이 허가를 신청한 이후 관계법령이 개정되어 허가요건을 충족하지 못하게 된 경우, 행정청이 허가신청을 수리하고도 정당한 이유 없이 그 처리를 늦추어 그 사이에 허가기준이 변경된 것이 아닌 이상 甲에게는 불허가처분을 하여야 한다.

③ 甲에게 허가가 부여된 이후 乙에게 또 다른 신규허가가 행해진 경우, 甲에게는 특별한 규정이 없더라도 乙에 대한 신규허가를 다툴 수 있는 원고적격이 인정되는 것이 원칙이다.

④ 甲에 대해 허가가 거부되었음에도 불구하고 甲이 영업을 한 경우, 당해 영업행위는 사법(私法)상 효력이 없는 것이 원칙이다.

> **ADVICE** ② <u>허가 등의 행정처분은 원칙적으로 처분시의 법령과 허가기준에 의하여 처리되어야 하고 허가신청 당시의 기준에 따라야 하는 것은 아니며, 비록 허가신청 후 허가기준이 변경되었다 하더라도 그 허가관청이 허가신청을 수리하고도 정당한 이유 없이 그 처리를 늦추어 그 사이에 허가기준이 변경된 것이 아닌 이상 변경된 허가기준에 따라서 처분을 하여야 한다</u>(대법원 2006. 8. 25. 선고 2004두2974).
>
> ① 공무원인 경우 허가를 받으면 이는 「식품위생법」상의 금지를 해제할 뿐, 타법인 「국가공무원법」상의 영리업무금지까지 해제하여 주는 것은 아니다.
>
> ③ 석탄수급조정에 관한 임시조치법 소정의 석탄가공업에 관한 허가는 사업경영의 권리를 설정하는 형성적 행정행위가 아니라 질서유지와 공공복리를 위한 금지를 해제하는 명령적 행정행위여서 그 <u>허가를 받은 자는 영업자유를 회복하는데 불과하고 독점적 영업권을 부여받은 것이 아니기 때문에 기존허가를 받은 원고들이 신규허가로 인하여 영업상 이익이 감소된다 하더라도 이는 원고들의 반사적 이익을 침해하는 것에 지나지 아니하므로 원고들은 신규허가 처분에 대하여 행정소송을 제기할 법률상 이익이 없다</u>(대법원 1980. 7. 22. 선고 80누33,34).
>
> ④ 개별법에서 무허가행위를 무효로 규정하고 있지 않은 이상, 무허가행위라도 사법상 효력은 유효하다.

---

**ANSWER** 3.④ 4.②

**5** 행정행위의 효력에 대한 설명으로 옳지 않은 것은? (다툼이 있는 경우 판례에 의함)

① 민사소송에 있어서 어느 행정처분의 당연무효 여부가 선결문제로 되는 때에는 당해 소송의 수소법원은 이를 판단하여 그 행정처분의 무효확인판결을 할 수 있다.

② 과세처분의 하자가 단지 취소할 수 있는 정도에 불과할 때에는 과세관청이 이를 스스로 취소하거나 행정쟁송절차에 의하여 취소되지 않는 한 그로 인한 조세의 납부가 부당이득이 된다고 할 수 없다.

③ 구「소방시설 설치·유지 및 안전관리에 관한 법률」제9조에 의한 소방시설 등의 설치 또는 유지·관리에 대한 명령이 행정처분으로서 하자가 있어 무효인 경우에는 명령에 따른 의무위반이 생기지 아니하므로, 명령 위반을 이유로 행정형벌을 부과할 수 없다.

④ 행정처분이 불복기간의 경과로 인하여 확정될 경우, 그 확정력은 처분으로 인하여 법률상 이익을 침해받은 자가 처분의 효력을 더 이상 다툴 수 없다는 의미일 뿐 판결에 있어서와 같은 기판력이 인정되는 것은 아니다.

> **ADVICE** ① 민사소송에 있어서 어느 행정처분의 당연무효 여부가 선결문제로 되는 때에는 이를 판단하여 당연무효임을 전제로 판결할 수 있고 반드시 행정소송 등의 절차에 의하여 그 취소나 무효확인을 받아야 하는 것은 아니다(대법원 2010. 4. 8. 선고 2009다90092).
> → 처분이 무효임을 전제로 (민사소송에서의 본안판단에 있어) 판결을 할 수 있는 것이지, 처분의 무효확인판결을 할 수 있는 것은 아니다.
>
> ② 조세의 과오납이 부당이득이 되기 위하여는 납세 또는 조세의 징수가 실체법적으로나 절차법적으로 전혀 법률상의 근거가 없거나 과세처분의 하자가 중대하고 명백하여 당연무효이어야 하고, 과세처분의 하자가 단지 취소할 수 있는 정도에 불과할 때에는 과세관청이 이를 스스로 취소하거나 항고소송 절차에 의하여 취소되지 않는 한 그로 인한 조세의 납부가 부당이득이 된다고 할 수 없다(대법원 1994. 11. 11. 선고 94다28000).
>
> ③ 소방시설 설치유지 및 안전관리에 관한 법률 제9조에 의한 소방시설 등의 설치 또는 유지·관리에 대한 명령을 정당한 사유 없이 위반한 자는 같은 법 제48조의2 제1호에 의하여 행정형벌에 처해지는데, 위 명령이 행정처분으로서 하자가 있어 무효인 경우에는 명령에 따른 의무위반이 생기지 아니하므로 행정형벌을 부과할 수 없다(대법원 2011. 11. 10. 선고 2011도11109).
>
> ④ 일반적으로 행정처분이나 행정심판재결이 불복기간의 경과로 인하여 확정될 경우, 그 확정력은 그 처분으로 인하여 법률상 이익을 침해받은 자가 당해 처분이나 재결의 효력을 더 이상 다툴 수 없다는 의미일 뿐, 더 나아가 판결에 있어서와 같은 기판력이 인정되는 것은 아니어서 그 처분의 기초가 된 사실관계나 법률적 판단이 확정되고 당사자들이나 법원이 이에 기속되어 모순되는 주장이나 판단을 할 수 없게 되는 것은 아니다(대법원 2000. 4. 25. 선고 2000다2023).

**6** 행정행위의 부관에 대한 설명으로 옳지 않은 것은? (다툼이 있는 경우 판례에 의함)

① 도로점용허가의 점용기간은 행정행위의 본질적인 요소에 해당한다고 볼 것이어서 부관인 점용기간을 정함에 있어서 위법사유가 있다면 이로써 도로점용허가처분 전부가 위법하게 된다.

② 부담이 처분 당시 법령을 기준으로 적법하다면 처분 후 부담의 전제가 된 주된 행정처분의 근거 법령이 개정됨으로써 행정청이 더 이상 부관을 붙일 수 없게 되었다 하더라도 곧바로 위법하게 되거나 그 효력이 소멸하게 되는 것은 아니다.

③ 기선선망어업의 허가를 하면서 운반선, 등선 등 부속선을 사용할 수 없도록 제한한 부관은 그 어업허가의 목적 달성을 사실상 어렵게 하여 그 본질적 효력을 해하는 것이다.

④ 공유수면매립준공인가처분을 하면서 매립지 일부에 대하여 한 국가 및 지방자치단체에의 귀속처분은 부관 중 부담에 해당하므로 독립하여 행정소송 대상이 될 수 있다.

> **ADVICE** ④ 행정행위의 부관은 부담의 경우를 제외하고는 독립하여 행정소송의 대상이 될 수 없는 것인바, 지방국토관리청장이 일부 공유수면매립지에 대하여 한 국가 또는 직할시 귀속처분은 매립준공인가를 함에 있어서 매립의 면허를 받은 자의 매립지에 대한 소유권 취득을 규정한 공유수면매립법 제14조의 효과 일부를 배제하는 부관을 붙인 것이고, 이러한 행정행위의 부관은 위 법리와 같이 독립하여 행정소송 대상이 될 수 없다(대법원 1993. 10. 8. 선고 93누2032).
>
> ① 상가의 관리운영을 목적으로 막대한 공사비를 투입하여 그 시설물을 축조한 다음 이를 행정청에 기부채납하고 그 사용을 위하여 얻은 도로점용허가에 있어서는 부관인 점용기간은 행정행위의 본질적인 요소에 해당한다고 볼 것이어서 부관인 점용기간을 정함에 위법사유가 있다면 이로써 도로점용허가처분 전부가 위법하게 된다고 아니할 수 없다(대구고등법원 1984. 8. 9. 선고 83구122).
>
> ② 행정청이 수익적 행정처분을 하면서 부가한 부담의 위법 여부는 처분 당시 법령을 기준으로 판단하여야 하고, 부담이 처분 당시 법령을 기준으로 적법하다면 처분 후 부담의 전제가 된 주된 행정처분의 근거 법령이 개정됨으로써 행정청이 더 이상 부관을 붙일 수 없게 되었다 하더라도 곧바로 위법하게 되거나 그 효력이 소멸하게 되는 것은 아니다. 따라서 행정처분의 상대방이 수익적 행정처분을 얻기 위하여 행정청과 사이에 행정처분에 부가할 부담에 관한 협약을 체결하고 행정청이 수익적 행정처분을 하면서 협약상의 의무를 부담으로 부가하였으나 부담의 전제가 된 주된 행정처분의 근거 법령이 개정됨으로써 행정청이 더 이상 부관을 붙일 수 없게 된 경우에도 곧바로 협약의 효력이 소멸하는 것은 아니다(대법원 2009. 2. 12. 선고 2005다65500).
>
> ③ 수산업법 제15조에 의하여 어업의 면허 또는 허가에 붙이는 부관은 그 성질상 허가된 어업의 본질적 효력을 해하지 않는 한도의 것이어야 하고 허가된 어업의 내용 또는 효력 등에 대하여는 행정청이 임의로 제한 또는 조건을 붙일 수 없다고 보아야 할 것이며 수산업법시행령 제14조의4 제3항의 규정내용은 기선선망어업에는 그 어선규모의 대소를 가리지 않고 등선과 운반선을 갖출 수 있고, 또 갖추어야 하는 것이라고 해석되므로 기선선망어업의 허가를 하면서 운반선, 등선 등 부속선을 사용할 수 없도록 제한한 부관은 그 어업허가의 목적달성을 사실상 어렵게 하여 그 본질적 효력을 해하는 것일 뿐만 아니라 위 시행령의 규정에도 어긋나는 것이며, 더욱이 어업조정이나 기타 공익상 필요하다고 인정되는 사정이 없는 이상 위법한 것이다(대법원 1990. 4. 27. 선고 89누6808).

**7** 甲은 관할 행정청에 토지의 형질변경행위가 수반되는 건축허가를 신청하였고, 관할 행정청은 甲에 대해 '건축기간 동안 자재 등을 도로에 불법적치하지 말 것'이라는 부관을 붙여 건축허가를 하였다. 이에 대한 설명으로 옳은 것은? (다툼이 있는 경우 판례에 의함)

① 토지의 형질변경의 허용 여부에 대해 행정청의 재량이 인정되더라도 주된 행위인 건축허가가 기속행위인 경우에는 甲에 대한 건축허가는 기속행위로 보아야 한다.

② 위 건축허가에 대해 건축주를 乙로 변경하는 건축주명의변경신고가 관련 법령의 요건을 모두 갖추어 행해졌더라도 관할 행정청이 신고의 수리를 거부한 경우, 그 수리거부행위는 乙의 권리의무에 직접 영향을 미치는 것으로서 취소소송의 대상이 되는 처분이다.

③ 甲이 위 부관을 위반하여 도로에 자재 등을 불법적치한 경우, 관할 행정청은 바로 「행정대집행법」에 따라 불법적치된 자재 등을 제거할 수 있다.

④ 甲이 위 부관에 위반하였음을 이유로 관할 행정청이 건축허가의 효력을 소멸시키려면 법령상의 근거가 있어야 한다.

> **ADVICE** ① 국토의 계획 및 이용에 관한 법률에 따라 지정된 도시지역 안에 있는 토지에 대한 형질변경행위를 수반하는 건축허가의 법적 성질(=재량행위) 즉, 토지형질변경허가는 재량행위로 보고 있다(대법원 2012. 12. 13. 선고 2011두29205).
> ③ 행정대집행법 제2조는 '행정청의 명령에 의한 행위로서 타인이 대신하여 행할 수 있는 행위를 의무자가 이행하지 아니하는 경우', 즉 대체적 작위의무에 대해서 대집행할 수 있도록 규정하고 있다. '건축기간 동안 자재 등을 도로에 불법적치하지 말 것'이라는 부관은 부작위의무에 해당하므로 대집행의 대상이 될 수 없다.
> ④ 부담부 행정처분에 있어서 처분의 상대방이 부담(의무)을 이행하지 아니한 경우에 처분행정청으로서는 이를 들어 당해 처분을 취소(철회)할 수 있는 것이다(대법원 1989. 10. 24. 선고 89누2431).
> → 철회는 법령상의 근거 없이 가능하다.

**8** 행정행위의 취소에 대한 설명으로 옳은 것만을 모두 고르면? (다툼이 있는 경우 판례에 의함)

> ㉠ 「산업재해보상보험법」상 각종 보험급여 등의 지급결정을 변경 또는 취소하는 처분과 처분에 터 잡아 잘못 지급된 보험급여액에 해당하는 금액을 징수하는 처분이 적법한지를 판단하는 경우, 지급결정을 변경 또는 취소하는 처분이 적법하다면 그에 터 잡은 징수처분도 적법하다고 판단해야 한다.
> ㉡ 권한 없는 행정기관이 한 당연무효인 행정처분을 취소할 수 있는 권한은 당해 행정처분을 한 처분청에게 속하고, 당해 행정처분을 할 수 있는 적법한 권한을 가지는 행정청에게 그 취소권이 귀속되는 것이 아니다.
> ㉢ 수익적 처분이 상대방의 허위 기타 부정한 방법으로 인하여 행하여졌다면 상대방은 그 처분이 그와 같은 사유로 인하여 취소될 것임을 예상할 수 없었다고 할 수 없으므로, 이러한 경우에까지 상대방의 신뢰를 보호하여야 하는 것은 아니다.

① ㉠, ㉡       ② ㉠, ㉢
③ ㉡, ㉢       ④ ㉠, ㉡, ㉢

> **ADVICE** ㉠ [×] 산재보상법상 각종 보험급여 등의 지급결정을 변경 또는 취소하는 처분과 처분에 터 잡아 잘못 지급된 보험급여액에 해당하는 금액을 징수하는 처분이 적법한지를 판단하는 경우 <u>비교·교량할 각 사정이 동일하다고는 할 수 없으므로, 지급결정을 변경 또는 취소하는 처분이 적법하다고 하여 그에 터 잡은 징수처분도 반드시 적법하다고 판단해야 하는 것은 아니다</u>(대법원 2014. 7. 24. 선고 2013두27159).

**ANSWER** 7.② 8.③

**9** 행정절차에 대한 설명으로 옳은 것은? (다툼이 있는 경우 판례에 의함)

① 공정거래위원회의 시정조치 및 과징금납부명령에 「행정절차법」 소정의 의견청취절차 생략사유가 존재하면 공정거래위원회는 「행정절차법」을 적용하여 의견청취절차를 생략할 수 있다.

② 묘지공원과 화장장의 후보지를 선정하는 과정에서 추모공원건립추진협의회가 후보지 주민들의 의견을 청취하기 위하여 그 명의로 개최한 공청회는 「행정절차법」에서 정한 절차를 준수하여야 하는 것은 아니다.

③ 구 「공중위생법」상 유기장업허가취소처분을 함에 있어서 두 차례에 걸쳐 발송한 청문통지서가 모두 반송되어 온 경우, 처분의 상대방이 청문일시에 불출석하였다는 이유로 청문을 거치지 않고 한 침해적 행정처분은 적법하다.

④ 구 「광업법」에 근거하여 처분청이 광업용 토지수용을 위한 사업인정을 하면서 토지소유자와 토지에 관한 권리를 가진 자의 의견을 들은 경우 처분청은 그 의견에 기속된다.

> **ADVICE** ② 묘지공원과 화장장의 후보지를 선정하는 과정에서 서울특별시, 비영리법인, 일반 기업 등이 공동발족한 협의체인 추모공원건립추진협의회가 후보지 주민들의 의견을 청취하기 위하여 그 명의로 개최한 공청회는 행정청이 도시계획시설결정을 하면서 개최한 공청회가 아니므로, 위 공청회의 개최에 관하여 행정절차법에서 정한 절차를 준수하여야 하는 것은 아니라고 한 사례(대법원 2007. 4. 12. 선고 2005두1893).
>
> ① 행정절차법 제3조 제2항, 같은 법 시행령 제2조 제6호에 의하면 공정거래위원회의 의결·결정을 거쳐 행하는 사항에는 행정절차법의 적용이 제외되게 되어 있으므로, 설사 공정거래위원회의 시정조치 및 과징금납부명령에 행정절차법 소정의 의견청취절차 생략사유가 존재한다고 하더라도, 공정거래위원회는 행정절차법을 적용하여 의견청취절차를 생략할 수는 없다(대법원 2001. 5. 8. 선고 2000두10212).
>
> ③ 행정절차법 제21조 제4항 제3호는 침해적 행정처분을 할 경우 청문을 실시하지 않을 수 있는 사유로서 "당해 처분의 성질상 의견청취가 현저히 곤란하거나 명백히 불필요하다고 인정될 만한 상당한 이유가 있는 경우"를 규정하고 있으나, 여기에서 말하는 '의견청취가 현저히 곤란하거나 명백히 불필요하다고 인정될 만한 상당한 이유가 있는지 여부'는 당해 행정처분의 성질에 비추어 판단하여야 하는 것이지, 청문통지서의 반송 여부, 청문통지의 방법 등에 의하여 판단할 것은 아니며, 또한 행정처분의 상대방이 통지된 청문일시에 불출석하였다는 이유만으로 행정청이 관계 법령상 그 실시가 요구되는 청문을 실시하지 아니한 채 침해적 행정처분을 할 수는 없을 것이므로, 행정처분의 상대방에 대한 청문통지서가 반송되었다거나, 행정처분의 상대방이 청문일시에 불출석하였다는 이유로 청문을 실시하지 아니하고 한 침해적 행정처분은 위법하다(대법원 2001. 4. 13. 선고 2000두3337).
>
> ④ 광업법 제88조 제2항에서 처분청이 같은 법조 제1항의 규정에 의하여 광업용 토지수용을 위한 사업인정을 하고자 할 때에 토지소유자와 토지에 관한 권리를 가진 자의 의견을 들어야 한다고 한 것은 그 사업인정 여부를 결정함에 있어서 소유자나 기타 권리자가 의견을 반영할 기회를 주어 이를 참작하도록 하고자 하는 데 있을 뿐, 처분청이 그 의견에 기속되는 것은 아니다(대법원 1995. 12. 22. 선고 95누30).

**10** 행정대집행에 대한 설명으로 옳지 않은 것은? (다툼이 있는 경우 판례에 의함)

① 구 대한주택공사가 대집행권한을 위탁받아 공무인 대집행을 실시하기 위하여 지출한 비용을 「행정대집행법」 절차에 따라 「국세징수법」의 예에 의하여 징수할 수 있음에도 민사소송절차에 의하여 그 비용의 상환을 구하는 청구는 소의 이익이 없어 부적법하다.

② 건물의 점유자가 철거의무자일 때에는 건물철거의무에 퇴거의무도 포함되어 있는 것이어서 별도로 퇴거를 명하는 집행권원이 필요하지 않다.

③ 철거명령에서 주어진 일정기간이 자진철거에 필요한 상당한 기간이라고 하여도 그 기간 속에는 계고시에 필요한 '상당한 이행기간'이 포함되어 있다고 볼 수 없다.

④ 대집행계고처분 취소소송의 변론이 종결되기 전에 대집행영장에 의한 통지절차를 거쳐 사실행위로서 대집행의 실행이 완료된 경우에는 계고처분의 취소를 구할 법률상의 이익이 없다.

> **ADVICE** ③ 철거명령에서 주어진 일정기간이 자진철거에 필요한 상당한 기간이라면 그 기간 속에는 계고시에 필요한 '상당한 이행기간'도 포함되어 있다고 보아야 할 것이다(대법원 1992. 6. 12. 선고 91누13564).
>
> ① 대한주택공사가 법령에 의하여 대집행권한을 위탁받아 공무인 대집행을 실시하기 위하여 지출한 비용을 행정대집행법 절차에 따라 징수할 수 있음에도 민사소송절차에 의하여 그 비용의 상환을 청구한 사안에서, 행정대집행법이 대집행비용의 징수에 관하여 민사소송절차에 의한 소송이 아닌 간이하고 경제적인 특별구제절차를 마련해 놓고 있으므로, 위 청구는 소의 이익이 없어 부적법하다(대법원 2011. 9. 8. 선고 2010다48240).
>
> ② 관계 법령상 행정대집행의 절차가 인정되어 행정청이 행정대집행의 방법으로 건물의 철거 등 대체적 작위의무의 이행을 실현할 수 있는 경우에는 따로 민사소송의 방법으로 그 의무의 이행을 구할 수 없다. 한편 건물의 점유자가 철거의무자일 때에는 건물철거의무에 퇴거의무도 포함되어 있는 것이어서 별도로 퇴거를 명하는 집행권원이 필요하지 않다(대법원 2017. 4. 28. 선고 2016다213916).
>
> ④ 계고처분에 기한 대집행의 실행이 이미 사실행위로서 완료된 이상 계고처분의 취소를 구할 법률상 이익이 없다(대법원 1993. 11. 9. 선고 93누14271).

**11** 「질서위반행위규제법」의 내용에 대한 설명으로 옳은 것은?

① 지방자치단체의 조례상의 의무를 위반하여 과태료를 부과하는 행위는 질서위반행위에 해당되지 않는다.

② 법원의 과태료 재판이 확정된 후 법률이 변경되어 그 행위가 질서위반행위에 해당하지 아니하게 된 때에는 변경된 법률에 특별한 규정이 없는 한 과태료의 집행을 면제한다.

③ 과태료는 행정청의 과태료 부과처분이 있은 후 3년간 징수하지 아니하면 시효로 인하여 소멸한다.

④ 행정청의 과태료 부과에 대한 이의제기는 과태료 부과처분의 효력에 영향을 주지 아니한다.

> **ADVICE** ② 질서위반행위규제법 제3조(법 적용의 시간적 범위) 제3항 … 행정청의 과태료 처분이나 법원의 과태료 재판이 확정된 후 법률이 변경되어 그 행위가 질서위반행위에 해당하지 아니하게 된 때에는 변경된 법률에 특별한 규정이 없는 한 과태료의 징수 또는 집행을 면제한다.
>
> ① 동법 제2조에서 <u>지방자치단체의 조례를 포함한 법률상의 의무</u>를 위반하여 과태료를 부과하는 행위를 질서위반행위라고 정의하고 있다.
>
> ③ 동법 제15조(과태료의 시효) 제1항 … 과태료는 <u>행정청의 과태료 부과처분이나 법원의 과태료 재판이 확정된 후 5년간</u> 징수하지 아니하거나 집행하지 아니하면 시효로 인하여 소멸한다.
>
> ④ 동법 제20조(이의제기) 제2항 … 이의제기가 있는 경우에는 행정청의 과태료 부과처분은 그 효력을 상실한다.


**12** 「행정심판법」의 내용에 대한 설명으로 옳지 않은 것은?

① 행정심판위원회는 필요하면 당사자가 주장하지 아니한 사실에 대하여도 심리할 수 있다.

② 행정심판위원회는 임시처분을 결정한 후에 임시처분이 공공복리에 중대한 영향을 미치는 경우에는 직권으로 또는 당사자의 신청에 의하여 이 결정을 취소할 수 있다.

③ 청구인은 행정심판위원회의 간접강제 결정에 불복하는 경우 그 결정에 대하여 행정소송을 제기할 수 있다.

④ 당사자의 신청을 거부하는 처분에 대한 취소심판에서 인용재결이 내려진 경우, 의무이행심판과 달리 행정청은 재처분의무를 지지 않는다.

> **ADVICE** ④ 행정심판법 제49조(재결의 기속력 등) 제2항 … 재결에 의하여 취소되거나 무효 또는 부존재로 확인되는 처분이 당사자의 신청을 거부하는 것을 내용으로 하는 경우에는 그 처분을 한 행정청은 재결의 취지에 따라 다시 이전의 신청에 대한 처분을 하여야 한다.
>
> ① 동법 제39조(직권심리) … 위원회는 필요하면 당사자가 주장하지 아니한 사실에 대하여도 심리할 수 있다.
>
> ② • 동법 제31조(임시처분) 제2항 … 제1항에 따른 임시처분에 관하여는 제30조 제3항부터 제7항까지를 준용한다.
>   • 동법 제30조(집행정지) 제4항 … 위원회는 집행정지를 결정한 후에 집행정지가 공공복리에 중대한 영향을 미치거나 그 정지사유가 없어진 경우에는 직권으로 또는 당사자의 신청에 의하여 집행정지 결정을 취소할 수 있다.
>
> ③ 동법 제50조의2(위원회의 간접강제) 제4항 … 청구인은 제1항 또는 제2항에 따른 결정에 불복하는 경우 그 결정에 대하여 행정소송을 제기할 수 있다.

**13** 행정소송에 대한 설명으로 옳지 않은 것은? (다툼이 있는 경우 판례에 의함)

① 검사의 불기소결정은 「행정소송법」상 처분에 해당되어 항고소송을 제기할 수 있다.

② 납세의무부존재확인의 소는 공법상의 법률관계 그 자체를 다투는 소송으로서 당사자소송이다.

③ 행정청의 부작위에 대하여 행정심판을 거치지 않고 부작위위법확인소송을 제기하는 경우에는 제소기간의 제한을 받지 않는다.

④ 거부처분에 대하여 무효확인 판결이 확정된 경우, 행정청에 대해 판결의 취지에 따른 재처분의무가 인정될 뿐 그에 대하여 간접강제까지 허용되는 것은 아니다.

> ADVICE ① 검사의 불기소결정에 대해서는 검찰청법에 의한 항고와 재항고, 형사소송법에 의한 재정신청에 의해서만 불복할 수 있는 것이므로, 이에 대해서는 행정소송법상 항고소송을 제기할 수 없다(대법원 2018. 9. 28. 선고 2017두47465).
> ② 납세의무부존재확인의 소는 공법상의 법률관계 그 자체를 다투는 소송으로서 당사자소송이라 할 것이므로 행정소송법 제3조 제2호, 제39조에 의하여 그 법률관계의 한쪽 당사자인 국가·공공단체 그 밖의 권리주체가 피고적격을 가진다(대법원 2000. 9. 8. 선고 99두2765).
> ③ 부작위위법확인의 소는 부작위상태가 계속되는 한 그 위법의 확인을 구할 이익이 있다고 보아야 하므로 원칙적으로 제소기간의 제한을 받지 않는다. 그러나 행정소송법 제38조 제2항이 제소기간을 규정한 같은 법 제20조를 부작위위법확인소송에 준용하고 있는 점에 비추어 보면, 행정심판 등 전심절차를 거친 경우에는 행정소송법 제20조가 정한 제소기간 내에 부작위위법확인의 소를 제기하여야 한다(대법원 2009. 7. 23. 선고 2008두10560).
> ④ 행정소송법 제38조 제1항이 무효확인 판결에 관하여 취소판결에 관한 규정을 준용함에 있어서 같은 법 제30조 제2항 재처분의무를 준용한다고 규정하면서도 같은 법 제34조(간접강제)는 이를 준용한다는 규정을 두지 않고 있으므로, 행정처분에 대하여 무효확인 판결이 내려진 경우에는 그 행정처분이 거부처분인 경우에도 행정청에 판결의 취지에 따른 재처분의무가 인정될 뿐 그에 대하여 간접강제까지 허용되는 것은 아니라고 할 것이다(대법원 1998. 12. 24. 자 98무37).

**14** 행정행위의 하자에 대한 설명으로 옳지 않은 것은? (다툼이 있는 경우 판례에 의함)

① 구 「환경영향평가법」상 환경영향평가를 실시하여야 할 사업에 대하여 환경영향평가를 거치지 아니하였음에도 승인 등 처분을 한 경우, 그 처분은 당연무효이다.

② 적법한 권한 위임 없이 세관출장소장에 의하여 행하여진 관세부과처분은 그 하자가 중대하기는 하지만 객관적으로 명백하다고 할 수 없어 당연무효는 아니다.

③ 행정청이 사전에 교통영향평가를 거치지 아니한 채 '건축허가 전까지 교통영향평가 심의필증을 교부받을 것'을 부관으로 붙여서 한 '실시계획변경 승인 및 공사시행변경 인가 처분'은 그 하자가 중대하고 객관적으로 명백하여 당연무효이다.

④ 징계처분이 중대하고 명백한 하자 때문에 당연무효의 것이라면 징계처분을 받은 자가 이를 용인하였다 하여 그 하자가 치유되는 것은 아니다.

> **ADVICE** ③ 교통영향평가는 환경영향평가와 그 취지 및 내용, 대상사업의 범위, 사전 주민의견수렴절차 생략 여부 등에 차이가 있고 그 후 교통영향평가가 교통영향분석 · 개선대책으로 대체된 점, 행정청은 교통영향평가를 배제한 것이 아니라 '건축허가 전까지 교통영향평가 심의필증을 교부받을 것'을 부관으로 하여 실시계획변경 및 공사시행변경 인가 처분을 한 점 등에 비추어, 행정청이 사전에 교통영향평가를 거치지 아니한 채 위와 같은 부관을 붙여서 한 위 처분에 중대하고 명백한 흠이 있다고 할 수 없으므로 이를 무효로 보기는 어렵다(대법원 2010. 2. 25. 선고 2009두102).
>
> ① 환경영향평가를 거쳐야 할 대상사업에 대하여 환경영향평가를 거치지 아니하였음에도 불구하고 승인 등 처분이 이루어진다면, 사전에 환경영향평가를 함에 있어 평가대상지역 주민들의 의견을 수렴하고 그 결과를 토대로 하여 환경부장관과의 협의내용을 사업계획에 미리 반영시키는 것 자체가 원천적으로 봉쇄되는바, 이렇게 되면 환경파괴를 미연에 방지하고 쾌적한 환경을 유지 · 조성하기 위하여 환경영향평가제도를 둔 입법 취지를 달성할 수 없게 되는 결과를 초래할 뿐만 아니라 환경영향평가대상지역 안의 주민들의 직접적이고 개별적인 이익을 근본적으로 침해하게 되므로, 이러한 행정처분의 하자는 법규의 중요한 부분을 위반한 중대한 것이고 객관적으로도 명백한 것이라고 하지 않을 수 없어, 이와 같은 행정처분은 당연무효이다(대법원 2006.6.30. 2005두14363).
>
> ② 세관출장소장에게 관세부과처분을 할 권한이 있다고 객관적으로 오인할 여지가 다분하다고 인정되므로 결국 적법한 권한 위임 없이 행해진 이 사건 처분은 그 하자가 중대하기는 하지만 객관적으로 명백하다고 할 수는 없어 당연무효는 아니라고 보아야 할 것이다(대법원 2004.11.26. 2003두2403).
>
> ④ 징계처분이 중대하고 명백한 흠 때문에 당연무효의 것이라면 징계처분을 받은 자가 이를 용인하였다 하여 그 흠이 치료되는 것은 아니다(대법원 1989. 12. 12. 선고88누8869).

**15** 손실보상에 대한 설명으로 옳은 것은? (다툼이 있는 경우 판례에 의함)

① 「공익사업을 위한 토지 등의 취득 및 보상에 관한 법률」에 의한 잔여지 수용청구를 받아들이지 않은 토지 수용위원회의 재결에 대하여 토지소유자가 불복하여 제기하는 소송은 항고소송에 해당한다.

② 「공익사업을 위한 토지 등의 취득 및 보상에 관한 법률」에 따른 사업폐지 등에 대한 보상청구권은 사법상 권리로서 그에 관한 소송은 민사소송절차에 의하여야 한다.

③ 「공익사업을 위한 토지 등의 취득 및 보상에 관한 법률」에 의한 보상합의는 공공기관이 사경제주체로서 행하는 사법상 계약의 실질을 가진다.

④ 공유수면매립면허의 고시가 있는 경우 그 사업이 시행되고 그로 인하여 직접 손실이 발생한다고 할 수 있으므로, 관행어업권자는 공유수면매립면허의 고시를 이유로 손실보상을 청구할 수 있다.

> **ADVICE** ① 잔여지 수용청구권은 손실보상의 일환으로 토지소유자에게 부여되는 권리로서 그 요건을 구비한 때에는 잔여지를 수용하는 토지수용위원회의 재결이 없더라도 그 청구에 의하여 수용의 효과가 발생하는 형성권적 성질을 가지므로, 잔여지 수용청구를 받아들이지 않은 토지수용위원회의 재결에 대하여 토지소유자가 불복하여 제기하는 소송은 위 법 제85조 제2항에 규정되어 있는 '보상금의 증감에 관한 소송'에 해당하여 사업시행자를 피고로 하여야 한다(대법원 2010.8.19. 2008두822).
>
> ② 구 공익사업을 위한 토지 등의 취득 및 보상에 관한 법률에 따른 사업폐지 등에 대한 보상청구권은 공익사업의 시행 등 적법한 공권력의 행사에 의한 재산상 특별한 희생에 대하여 전체적인 공평부담의 견지에서 공익사업의 주체가 손해를 보상하여 주는 손실보상의 일종으로 공법상 권리임이 분명하므로 그에 관한 쟁송은 민사소송이 아닌 행정소송절차에 의하여야 한다(대법원 2012. 10. 11. 선고 2010다23210).
>
> ④ 손실보상은 공공필요에 의한 행정작용에 의하여 사인에게 발생한 특별한 희생에 대한 전보라는 점에서 그 사인에게 특별한 희생이 발생하여야 하는 것은 당연히 요구되는 것이고, 공유수면 매립면허의 고시가 있다고 하여 반드시 그 사업이 시행되고 그로 인하여 손실이 발생한다고 할 수 없으므로, 매립면허 고시 이후 매립공사가 실행되어 관행어업권자에게 실질적이고 현실적인 피해가 발생한 경우에만 공유수면매립법에서 정하는 손실보상청구권이 발생하였다고 할 것이다(대법원 2010. 12. 9. 선고 2007두6571).

**16** 행정소송의 당사자에 대한 설명으로 옳지 않은 것은? (다툼이 있는 경우 판례에 의함)

① 대리기관이 대리관계를 표시하고 피대리 행정청을 대리하여 행정처분을 한 때에는 피대리 행정청이 피고로 되어야 한다.

② 「국가공무원법」에 따른 처분, 그 밖에 본인의 의사에 반한 불리한 처분이나 부작위에 관한 행정소송을 제기할 때에 대통령의 처분 또는 부작위의 경우에는 소속 장관을 피고로 한다.

③ 약제를 제조·공급하는 제약회사는 보건복지부 고시인 「약제급여·비급여 목록 및 급여 상한금액표」 중 약제의 상한금액 인하 부분에 대하여 그 취소를 구할 원고적격이 있다.

④ 개발제한구역 안에서의 공장설립을 승인한 처분이 위법하다는 이유로 쟁송취소되었다면, 설령 그 승인처분에 기초한 공장건축허가처분이 잔존하는 경우에도 인근 주민들에게는 공장건축허가처분의 취소를 구할 법률상 이익이 없다.

> **ADVICE** ④ 개발제한구역 안에서의 공장설립을 승인한 처분이 위법하다는 이유로 쟁송취소되었다고 하더라도 그 승인처분에 기초한 공장건축허가처분이 잔존하는 이상, 공장설립승인처분이 취소되었다는 사정만으로 인근 주민들의 환경상 이익이 침해되는 상태나 침해될 위험이 종료되었다거나 이를 시정할 수 있는 단계가 지나버렸다고 단정할 수는 없고, 인근 주민들은 여전히 공장건축허가처분의 취소를 구할 법률상 이익이 있다고 보아야 한다.(대법원 2018. 7. 12. 2015두3485)
>
> ① 항고소송은 다른 법률에 특별한 규정이 없는 한 원칙적으로 소송의 대상인 행정처분을 외부적으로 행한 행정청을 피고로 하여야 하고(행정소송법 제13조 제1항 본문), 다만 대리기관이 대리관계를 표시하고 피대리 행정청을 대리하여 행정처분을 한 때에는 피대리 행정청이 피고로 되어야 한다(대법원 2018. 10. 25. 선고 2018두43095).
>
> ② • 국가공무원법 제16조(행정소송과의 관계) 제1항 … 제75조에 따른 처분, 그 밖에 본인의 의사에 반한 불리한 처분이나 부작위(不作爲)에 관한 행정소송은 소청심사위원회의 심사·결정을 거치지 아니하면 제기할 수 없다.
>
> • 동법조 제2항 … 제1항에 따른 행정소송을 제기할 때에는 대통령의 처분 또는 부작위의 경우에는 소속 장관(대통령령으로 정하는 기관의 장을 포함한다.)을, 중앙선거관리위원회위원장의 처분 또는 부작위의 경우에는 중앙선거관리위원회사무총장을 각각 피고로 한다.
>
> ③ 원고는 자신이 제조·공급하는 이 사건 약제에 대하여 국민건강보험법령 등 약제상한금액 고시의 근거 법령에 의하여 보호되는 직접적이고 구체적인 이익을 향유한다고 할 것이고, 원고는 이 사건 고시로 인하여 이 사건 약제의 상한금액이 인하됨에 따라 위와 같이 근거 법령에 의하여 보호되는 법률상 이익을 침해당하였다고 할 것이므로, 이 사건 고시 중 이 사건 약제의 상한금액 인하 부분에 대하여 그 취소를 구할 원고적격이 있다고 할 것이다(대법원 2006.12.21. 2005두16161).

**17** 이행강제금에 대한 설명으로 옳지 않은 것은? (다툼이 있는 경우 판례에 의함)

① 이행강제금은 과거의 의무불이행에 대한 제재의 기능을 지니고 있으므로, 이행강제금이 부과되기 전에 의무를 이행한 경우에도 시정명령에서 정한 기간을 지나서 이행한 경우라면 이행강제금을 부과할 수 있다.

② 「건축법」상 허가권자는 이행강제금을 부과하기 전에 이행강제금을 부과·징수한다는 뜻을 미리 문서로써 계고하여야 한다.

③ 「건축법」상 이행강제금 납부의 최초 독촉은 징수처분으로서 항고소송의 대상이 되는 행정처분이 될 수 있다.

④ 부작위의무나 비대체적 작위의무뿐만 아니라 대체적 작위의무의 위반에 대하여도 이행강제금을 부과할 수 있다.

> **ADVICE** ① 건축법상의 이행강제금은 시정명령의 불이행이라는 과거의 위반행위에 대한 제재가 아니라, 의무자에게 시정명령을 받은 의무의 이행을 명하고 그 이행기간 안에 의무를 이행하지 않으면 이행강제금이 부과된다는 사실을 고지함으로써 의무자에게 심리적 압박을 주어 의무의 이행을 간접적으로 강제하는 행정상의 간접강제 수단에 해당한다. 이러한 이행강제금의 본질상 시정명령을 받은 의무자가 이행강제금이 부과되기 전에 그 의무를 이행한 경우에는 비록 시정명령에서 정한 기간을 지나서 이행한 경우라도 이행강제금을 부과할 수 없다(대법원 2018. 1. 25. 선고 2015두35116).

② 건축법 제80조(이행강제금) 제3항 … 허가권자는 제1항 및 제2항에 따른 이행강제금을 부과하기 전에 제1항 및 제2항에 따른 이행강제금을 부과·징수한다는 뜻을 미리 문서로써 계고(戒告)하여야 한다.

③ 이행강제금 부과처분을 받은 자가 이행강제금을 기한 내에 납부하지 아니한 때에는 그 납부를 독촉할 수 있으며, 납부독촉에도 불구하고 이행강제금을 납부하지 않으면 체납절차에 의하여 이행강제금을 징수할 수 있고, 이때 이행강제금 납부의 최초 독촉은 징수처분으로서 항고소송의 대상이 되는 행정처분이 될 수 있다고 할 것이다(대법원 2009.12.24. 2009두14507).

④ 전통적으로 행정대집행은 대체적 작위의무에 대한 강제집행수단으로, 이행강제금은 부작위의무나 비대체적 작위의무에 대한 강제집행수단으로 이해되어 왔으나, 이는 이행강제금제도의 본질에서 오는 제약은 아니며, 이행강제금은 대체적 작위의무의 위반에 대하여도 부과될 수 있다(헌재 2004. 2. 26. 2001헌바80,84,102,103,2002헌바26).

---

**ANSWER** 16.④ 17.①

**18** 정보공개에 대한 판례의 입장으로 옳은 것은?

① 지방자치단체의 업무추진비 세부항목별 집행내역 및 그에 관한 증빙서류에 포함된 개인에 관한 정보는 「공공기관의 정보공개에 관한 법률」 소정의 '공개하는 것이 공익을 위하여 필요하다고 인정되는 정보'에 해당하여 공개대상이 된다.

② 학교환경위생구역 내 금지행위(숙박시설) 해제결정에 관한 학교환경위생정화위원회의 회의록에 기재된 발언내용에 대한 해당 발언자의 인적사항 부분에 관한 정보는 「공공기관의 정보공개에 관한 법률」 소정의 비공개대상정보에 해당하지 않는다.

③ 「보안관찰법」 소정의 보안관찰 관련 통계자료는 「공공기관의 정보공개에 관한 법률」 소정의 비공개대상정보에 해당하지 않는다.

④ 학교폭력대책자치위원회가 피해학생의 보호를 위한 조치, 가해학생에 대한 조치, 학교폭력과 관련된 분쟁의 조정 등에 관하여 심의한 결과를 기재한 회의록은 「공공기관의 정보공개에 관한 법률」 소정의 비공개대상정보에 해당한다.

> **ADVICE** ① 지방자치단체의 업무추진비 세부항목별 집행내역 및 그에 관한 증빙서류에 포함된 개인에 관한 정보는 '공개하는 것이 공익을 위하여 필요하다고 인정되는 정보'에 해당하지 않는다고 한 사례(대법원 2003. 3. 11. 선고 2001두6425).
>
> ② 정화위원회의 회의록 중 발언내용 이외에 해당 발언자의 인적 사항까지 공개된다면 정화위원들이나 출석자들은 자신의 발언내용에 관한 공개에 대한 부담으로 인한 심리적 압박 때문에 위 정화위원회의 심의절차에서 솔직하고 자유로운 의사교환을 할 수 없고, 심지어 당사자나 외부의 의사에 영합하는 발언을 하거나 침묵으로 일관할 우려마저 있으므로, 이러한 사태를 막아 정화위원들이 심의에 집중하도록 함으로써 <u>심의의 충실화와 내실화를 도모하기 위하여는 회의록의 발언내용 이외에 해당 발언자의 인적 사항까지 외부에 공개되어서는 아니된다</u>(대법원 2003.8.22. 2002두12946).
>
> ③ <u>위 정보(보안관찰법 소정의 보안관찰 관련 통계자료)가 북한정보기관에 의한 간첩의 파견, 포섭, 선전선동을 위한 교두보의 확보 등 북한의 대남전략에 있어 매우 유용한 자료로 악용될 우려가 없다고 할 수 없으므로, 위 정보는 공공기관의 정보공개에 관한 법률 제7조 제1항 제2호 소정의 공개될 경우 국가안전보장 · 국방 · 통일 · 외교관계 등 국가의 중대한 이익을 해할 우려가 있는 정보, 또는 제3호 소정의 공개될 경우 국민의 생명 · 신체 및 재산의 보호 기타 공공의 안전과 이익을 현저히 해할 우려가 있다고 인정되는 정보에 해당한다</u>(대법원 2004.1.8. 2001두8254 전합).

**19** 행정소송의 대상인 행정처분에 대한 설명으로 옳지 않은 것은? (다툼이 있는 경우 판례에 의함)

① 구 「민원사무 처리에 관한 법률」에서 정한 사전심사결과 통보는 항고소송의 대상이 되는 행정처분에 해당하지 않는다.

② 「교육공무원법」상 승진후보자 명부에 의한 승진심사 방식으로 행해지는 승진임용에서 승진후보자 명부에 포함되어 있던 후보자를 승진임용인사발령에서 제외하는 행위는 항고소송의 대상인 처분에 해당하지 않는다.

③ 건축주가 토지소유자로부터 토지사용승낙서를 받아 그 토지 위에 건축물을 건축하는 건축허가를 받았다가 착공에 앞서 건축주의 귀책사유로 해당 토지를 사용할 권리를 상실한 경우, 토지소유자의 건축허가 철회신청을 거부한 행위는 항고소송의 대상이 된다.

④ 사업시행자인 한국도로공사가 구 「지적법」에 따라 고속도로 건설공사에 편입되는 토지소유자들을 대위하여 토지면적등록 정정신청을 하였으나 관할 행정청이 이를 반려하였다면, 이러한 반려행위는 항고소송 대상이 되는 행정처분에 해당한다.

>ADVICE ② 교육공무원법에 따라 승진후보자 명부에 포함된 후보자는 임용권자로부터 정당한 심사를 받게 될 것에 관한 절차적 기대를 하게 된다. 그런데 임용권자 등이 자의적인 이유로 승진후보자 명부에 포함된 후보자를 승진임용에서 제외하는 처분을 한 경우에, 이러한 승진임용제외처분을 항고소송의 대상이 되는 처분으로 보지 않는다면, 달리 이에 대하여는 불복하여 침해된 권리 또는 법률상 이익을 구제받을 방법이 없다. 따라서 교육공무원법상 승진후보자 명부에 의한 승진심사 방식으로 행해지는 승진임용에서 승진후보자 명부에 포함되어 있던 후보자를 승진임용인사발령에서 제외하는 행위는 불이익처분으로서 항고소송의 대상인 처분에 해당한다고 보아야 한다(대법원 2018. 3. 27. 선고 2015두47492).

① 행정청은 사전심사결과 불가능하다고 통보하였더라도 사전심사결과에 구애되지 않고 민원사항을 처리할 수 있으므로 불가능하다는 통보가 민원인의 권리의무에 직접적 영향을 미친다고 볼 수 없고, 통보로 인하여 민원인에게 어떠한 법적 불이익이 발생할 가능성도 없는 점 등 여러 사정을 종합해 보면, 구 민원사무처리법이 규정하는 사전심사결과 통보는 항고소송의 대상이 되는 행정처분에 해당하지 아니한다(대법원 2014.4.24. 2013두7834).

③ 건축허가는 대물적 성질을 갖는 것이어서 행정청으로서는 허가를 할 때에 건축주 또는 토지 소유자가 누구인지 등 인적 요소에 관하여는 형식적 심사만 한다. 건축주가 토지 소유자로부터 토지사용승낙서를 받아 그 토지 위에 건축물을 건축하는 대물적 성질의 건축허가를 받았다가 착공에 앞서 건축주의 귀책사유로 해당 토지를 사용할 권리를 상실한 경우, 건축허가의 존재로 말미암아 토지에 대한 소유권 행사에 지장을 받을 수 있는 토지 소유자로서는 건축허가의 철회를 신청할 수 있다고 보아야 한다. 따라서 토지 소유자의 위와 같은 신청을 거부한 행위는 항고소송의 대상이 된다(대법원 2017. 3. 15. 선고 2014두41190).

④ 고속도로 건설공사에 편입되는 토지 소유자들을 대위하여 토지면적등록 정정신청을 하였으나 화성시장이 이를 반려한 사안에서, 반려처분은 공공사업의 원활한 수행을 위하여 부여된 사업시행자의 관계 법령상 권리 또는 이익에 영향을 미치는 공권력의 행사 또는 그 거부에 해당하는 것으로서 항고소송 대상이 되는 행정처분에 해당한다고 본 원심판단을 정당하다고 한 사례(대법원 2011. 8. 25. 선고 2011두3371).

**ANSWER** 18.④ 19.②

**20** 국가배상에 대한 설명으로 옳은 것만을 모두 고르면? (다툼이 있는 경우 판례에 의함)

⊙ 헌법재판소 재판관이 청구기간 내에 제기된 헌법소원심판청구 사건에서 청구기간을 오인하여 각하결정을 한 경우, 이에 대한 불복절차 내지 시정절차가 없는 때에는 국가배상책임을 인정할 수 있다.

ⓒ 형벌에 관한 법령이 헌법재판소의 위헌결정으로 소급하여 효력을 상실한 경우, 위헌 선언 전 그 법령에 기초하여 수사가 개시되어 공소가 제기되고 유죄판결이 선고되었더라도, 그러한 사정만으로 국가의 손해배상책임이 발생한다고 볼 수 없다.

ⓒ 법령의 위탁에 의해 지방자치단체로부터 대집행을 수권받은 구 한국토지공사는 지방자치단체의 기관으로서 「국가배상법」 제2조 소정의 공무원에 해당한다.

ⓒ 취소판결의 기판력은 국가배상청구소송에도 미치므로, 행정처분이 후에 항고소송에서 위법을 이유로 취소된 경우에는 그 기판력에 의하여 당해 행정처분이 곧바로 공무원의 고의 또는 과실에 의한 불법행위를 구성한다고 보아야 한다.

① ⊙, ⓒ  ② ⊙, ⓒ

③ ⓒ, ⓒ  ④ ⓒ, ⓒ

> **ADVICE** ⊙ [O] 재판에 대하여 불복절차 내지 시정절차 자체가 없는 경우에는 부당한 재판으로 인하여 불이익 내지 손해를 입은 사람은 국가배상 이외의 방법으로는 자신의 권리 내지 이익을 회복할 방법이 없으므로, 이와 같은 경우에는 배상책임의 요건이 충족되는 한 국가배상책임을 인정하지 않을 수 없다. 헌법재판소 재판관이 청구기간 내에 제기된 헌법소원심판청구 사건에서 청구기간을 오인하여 각하결정을 한 경우, 이에 대한 불복절차 내지 시정절차가 없는 때에는 국가배상책임(위법성)을 인정할 수 있다(대법원 2003.7.11. 99다24218).
>
> ⓒ [O] 형벌에 관한 법령이 헌법재판소의 위헌결정으로 소급하여 효력을 상실하였거나 법원에서 위헌·무효로 선언된 경우, 그 법령이 위헌으로 선언되기 전에 그 법령에 기초하여 수사가 개시되어 공소가 제기되고 유죄판결이 선고되었더라도, 그러한 사정만으로 수사기관의 직무행위나 법관의 재판상 직무행위가 국가배상법 제2조 제1항에서 말하는 공무원의 고의 또는 과실에 의한 불법행위에 해당하여 국가의 손해배상책임이 발생한다고 볼 수는 없다(대법원 2014. 10. 27. 선고 2013다217962).
>
> ⓒ [×] 한국토지공사는 이러한 법령의 위탁에 의하여 대집행을 수권받은 자로서 공무인 대집행을 실시함에 따르는 권리·의무 및 책임이 귀속되는 행정주체의 지위에 있다고 볼 것이지 지방자치단체 등의 기관으로서 국가배상법 제2조 소정의 공무원에 해당한다고 볼 것은 아니다(대법원 2010. 1. 28. 선고 2007다82950,82967).
>
> ⓒ [×] 어떠한 행정처분이 후에 항고소송에서 취소되었다고 할지라도 그 기판력에 의하여 당해 행정처분이 곧바로 공무원의 고의 또는 과실로 인한 것으로서 불법행위를 구성한다고 단정할 수는 없는 것이고, 그 행정처분의 담당공무원이 보통 일반의 공무원을 표준으로 하여 볼 때 객관적 주의의무를 결하여 그 행정처분이 객관적 정당성을 상실하였다고 인정될 정도에 이른 경우에 비로소 국가배상법 제2조 소정의 국가배상책임의 요건을 충족하였다고 봄이 상당하다(대법원 2003. 11. 27. 선고 2001다33789).

**1** 행정법의 법원(法源)에 대한 설명으로 가장 옳은 것은?

① 인간다운 생활을 할 권리와 같은 헌법상의 추상적인 기본권에 관한 규정은 행정법의 법원이 되지 못한다.

② 국제법규도 행정법의 법원이므로, 사인이 제기한 취소 소송에서 WTO협정과 같은 국제협정 위반을 독립된 취소사유로 주장할 수 있다.

③ 위법한 행정관행에 대해서도 신뢰보호의 원칙이 적용될 수 있다.

④ 행정의 자기구속의 원칙은 처분청이 아닌 제3자 행정청에 대해서도 적용된다.

> **ADVICE** ① 헌법상의 추상적인 기본권에 관한 규정은 행정법의 법원이 될 수도 있다. 헌법은 행정법의 최상위의 법원이며, 헌법 규정은 포괄적·추상적 개념으로 정의될 수도 있다.
> ② 협정에 따른 회원국 정부의 반덤핑부과처분이 <u>WTO 협정위반이라는 이유만으로 사인이 직접 국내 법원에 회원국 정부를 상대로 그 처분의 취소를 구하는 소를 제기하거나 위 협정위반을 처분의 독립된 취소사유로 주장할 수는 없다 할 것이어서</u>, 이 점에 관한 상고이유의 주장도 부적법하여 이유 없다(대법원 2009. 1. 30. 선고 2008두17936).
> ④ 행정의 자기구속의 원칙은 처분청에만 적용된다. 21제3자 행정청에는 적용된다 볼 수 없다.

**2** 행정입법에 대한 설명 중 가장 옳지 않은 것은?

① 헌법이 인정하고 있는 위임입법의 형식은 예시적인 것이다.

② 행정 각부가 아닌 국무총리 소속의 독립기관은 독립하여 법규명령을 발할 수 있다.

③ 행정규칙인 고시가 법령의 수권에 의해 법령을 보충하는 사항을 정하는 경우에는 근거법령규정과 결합하여 대외적으로 구속력 있는 법규명령의 효력을 갖는다.

④ 재량권 행사의 기준을 정하는 행정규칙을 재량준칙이라 한다.

> **ADVICE** ② 행정 각부가 아닌 국무총리 소속의 독립기관은 독립하여 법규명령을 발할 수 없다. 국무총리 소속 독립기관이라 하여도 총리령으로 법규명령을 발해야 한다. 헌법에서 총리령·부령을 발할 수 있는 주체를 국무총리·행정각부의 장으로 규정하고 있기 때문이다.
> ※ 대통령령(헌법 제75조 근거) … 시행령이라고 불린다. 위임명령과 집행명령으로 나뉘다.
> ※ 총리령·부령(헌법 제95조 근거) … 부령은 보통 시행규칙 또는 시행세칙이라고 한다. 위임명령과 집행명령을 포함하고 있다.
> ※ 헌법 제95조 … 국무총리 또는 행정각부의 장은 소관사무에 관하여 법률이나 대통령령의 위임 또는 직권으로 총리령 또는 부령을 발할 수 있다.

 **ANSWER** 20.① / 1.③ 2.②

**3** 법률유보원칙에 관한 설명으로 가장 옳은 것은?

① 헌법재판소 결정에 따를 때 기본권 제한에 관한 법률유보원칙은 법률에 근거한 규율을 요청하는 것이므로 그 형식이 반드시 법률일 필요는 없더라도 법률상의 근거는 있어야 한다.

② 행정상 즉시강제는 개인에게 미리 의무를 명할 시간적 여유가 없는 경우를 전제로 하므로 그 긴급성을 고려할 때 원칙적으로 법률적 근거를 요하지 아니한다.

③ 헌법재판소는 법률이 공법적 단체 등의 정관에 자치법적 사항을 위임하는 경우에는 의회유보원칙이 적용될 여지가 없다고 한다.

④ 헌법재판소는 국회의 의결을 거쳐 확정되는 예산도 일종의 법규범이므로 법률과 마찬가지로 국가기관뿐만 아니라 국민도 구속한다고 본다.

> **ADVICE** ① 기본권은 헌법 제37조 제2항에 의하여 국가안전보장, 질서유지 또는 공공복리를 위하여 필요한 경우에 한하여 이를 제한할 수 있으나, 그 제한의 방법은 원칙적으로 법률로써만 가능하다. 이러한 <u>법률유보원칙은 '법률에 의한' 규율만을 뜻하는 것이 아니라 '법률에 근거한' 규율을 요청하는 것이므로, 기본권 제한의 형식이 반드시 법률의 형식일 필요는 없고 법률에 근거를 두고 있으면 된다</u>(헌법재판소 2018. 5. 31. 선고 2016헌마191 외).
>
> ② 행정강제는 행정상 강제집행을 원칙으로 하며, 법치국가적 요청인 예측가능성과 법적 안정성에 반하고, <u>기본권 침해의 소지가 큰 권력작용인 행정상 즉시강제는 어디까지나 예외적인 강제수단이라고 할 것이다. 이러한 행정상 즉시강제는 엄격한 실정법상의 근거를 필요로 할 뿐만 아니라,</u> 그 발동에 있어서는 법규의 범위 안에서도 다시 행정상의 장해가 목전에 급박하고, 다른 수단으로는 행정목적을 달성할 수 없는 경우이어야 하며, 이러한 경우에도 그 행사는 필요 최소한도에 그쳐야 함을 내용으로 하는 조리상의 한계에 기속된다(헌법재판소 2002. 10. 31. 선고 2000헌가12 전원재판부).
>
> ③ <u>법률이 자치적인 사항을 정관에 위임할 경우 원칙적으로 헌법상의 포괄위임입법금지원칙이 적용되지 않는다 하더라도, 그 사항이 국민의 권리·의무에 관련되는 것일 경우에는,</u> 적어도 국민의 권리와 의무의 형성에 관한 사항을 비롯하여 국가의 통치조직과 작용에 관한 기본적이고 본질적인 사항은 <u>반드시 국회가 정하여야 할 것이다.</u> (헌재 2006. 3. 30. 2005헌바31) → 법률이 자치법적 사항을 정관에 위임하는 경우에도 국민의 기본권 등에 관한 사항은 법률유보 내지 의회유보를 적용하여야 한다.
>
> ④ 예산은 일종의 법규범이고 법률과 마찬가지로 국회의 의결을 거쳐 제정되지만 법률과 달리 국가기관만을 구속할 뿐 일반국민을 구속하지 않는다. 국회가 의결한 예산 또는 국회의 예산안 의결은 헌법재판소법 제68조 제1항 소정의 '공권력의 행사에 해당하지 않고 따라서 헌법소원의 대상이 되지 아니한다(헌법재판소 2006. 4. 25. 선고 2006헌마409).

**4** 「행정절차법」상 행정절차에 관한 설명 중 가장 옳지 않은 것은?

① 지방의회의 의결을 거치거나 동의 또는 승인을 받아 행하는 사항에 대해서는 행정절차법이 적용되지 않는다.

② 고시 등 불특정다수인을 상대로 의무를 부과하거나 권익을 제한하는 처분의 경우, 그 상대방에게 의견 제출의 기회를 주어야 하는 것은 아니다.

③ 신청에 따른 처분이 이루어지지 않은 경우에는 특별한 사정이 없는 한 사전통지의 대상이 된다고 할 수 없다.

④ 인허가 등을 취소하는 경우에는 개별 법령상 청문을 하도록 하는 근거 규정이 없고 의견 제출기한 내에 당사자 등의 신청이 없는 경우에도 청문을 하여야 한다.

> **ADVICE** (시험 당시 정답이 ④번이었으나, 법 개정으로 정답없음)
>
> ④ 행정절차법 제22조(의견청취) 제1항 … 행정청이 처분을 할 때 다음 각 호의 어느 하나에 해당하는 경우에는 청문을 한다.
>> 1. 다른 법령등에서 청문을 하도록 규정하고 있는 경우
>> 2. 행정청이 필요하다고 인정하는 경우
>> 3. 다음 각 목의 처분을 하는 경우
>>> 가. 인허가 등의 취소
>>> 나. 신분·자격의 박탈
>>> 다. 법인이나 조합 등의 설립허가의 취소
>
> ① 행정절차법 제3조(적용범위) 제2항 … 이 법은 다음 각 호의 어느 하나에 해당하는 사항에 대하여는 적용하지 아니한다.
>> 1. 국회 또는 지방의회의 의결을 거치거나 동의 또는 승인을 받아 행하는 사항
>> 2. 법원 또는 군사법원의 재판에 의하거나 그 집행으로 행하는 사항
>> 3. 헌법재판소의 심판을 거쳐 행하는 사항
>> 4. 각급 선거관리위원회의 의결을 거쳐 행하는 사항
>> 5. 감사원이 감사위원회의의 결정을 거쳐 행하는 사항
>> 6. 형사(刑事), 행형(行刑) 및 보안처분 관계 법령에 따라 행하는 사항
>> 7. 국가안전보장·국방·외교 또는 통일에 관한 사항 중 행정절차를 거칠 경우 국가의 중대한 이익을 현저히 해칠 우려가 있는 사항
>> 8. 심사청구, 해양안전심판, 조세심판, 특허심판, 행정심판, 그 밖의 불복절차에 따른 사항
>> 9. 「병역법」에 따른 징집·소집, 외국인의 출입국·난민인정·귀화, 공무원 인사 관계 법령에 따른 징계와 그 밖의 처분, 이해 조정을 목적으로 하는 법령에 따른 알선·조정·중재(仲裁)·재정(裁定) 또는 그 밖의 처분 등 해당 행정작용의 성질상 행정절차를 거치기 곤란하거나 거칠 필요가 없다고 인정되는 사항과 행정절차에 준하는 절차를 거친 사항으로서 대통령령으로 정하는 사항
>
> ② '고시'의 방법으로 불특정 다수인을 상대로 의무를 부과하거나 권익을 제한하는 처분은 성질상 의견제출의 기회를 주어야 하는 상대방을 특정할 수 없으므로, 이와 같은 처분에 있어서까지 구 행정절차법 제22조 제3항에 의하여 그 상대방에게 의견제출의 기회를 주어야 한다고 해석할 것은 아니다(대법원, 2014.10.27, 2012두7745).
>
> ③ 신청에 따른 처분이 이루어지지 아니한 경우에는 아직 당사자에게 권익이 부과되지 아니하였으므로 특별한 사정이 없는 한 신청에 대한 거부처분이라고 하더라도 직접 당사자의 권익을 제한하는 것은 아니어서 신청에 대한 거부처분을 여기에서 말하는 '당사자의 권익을 제한하는 처분'에 해당한다고 할 수 없는 것이어서 처분의 사전통지대상이 된다고 할 수 없다(대법원 2003. 11. 28. 선고 2003두674).

 **ANSWER** 3.① 4.정답없음

**5** 갑(甲)은 영업허가를 받아 영업을 하던 중 자신의 영업을 을(乙)에게 양도하고자 을과 사업양도양수계약을 체결하고 관련 법령에 따라 관할 행정청 A에게 지위승계신고를 하였다. 이에 대한 설명으로 가장 옳지 않은 것은?

① 갑과 을 사이의 사업양도양수계약이 무효이더라도 A가 지위승계신고를 수리하였다면 그 수리는 취소되기 전까지 유효하다.

② A가 지위승계신고의 수리를 거부한 경우 갑은 수리 거부에 대해 취소소송으로 다툴 수 있다.

③ 갑과 을이 사업양도양수계약을 체결하였으나 지위 승계신고 이전에 갑에 대해 영업허가가 취소되었다면, 을은 이를 다툴 법률상 이익이 있다.

④ 갑과 을이 관련법령상 요건을 갖춘 적법한 신고를 하였더라도 A가 이를 수리하지 않았다면 지위승계의 효력이 발생하지 않는다.

> **ADVICE** ① 사업양도 · 양수에 따른 허가관청의 지위승계신고의 수리는 적법한 사업의 양도 · 양수가 있었음을 전제로 하는 것이므로 그 수리대상인 사업양도 · 양수가 존재하지 아니하거나 무효인 때에는 수리를 하였다 하더라도 그 수리는 유효한 대상이 없는 것으로서 당연히 무효라 할 것이고, 사업의 양도행위가 무효라고 주장하는 양도자는 민사쟁송으로 양도 · 양수행위의 무효를 구함이 없이 막바로 허가관청을 상대로 하여 행정소송으로 위 신고수리처분의 무효확인을 구할 법률상 이익이 있다(대법원 2005. 12. 23. 선고 2005두3554).
>
> ② 허가를 요하는 영업의 양도에 있어서의 지위승계신고는 허가신청으로 보아야 하므로, 행정청이 수리를 거부한 경우에 처분성이 인정되어 항고소송의 대상이 되며, 양도인에게 원고적격이 인정된다.
>
> ③ 수허가자의 지위를 양수받아 명의변경신고를 할 수 있는 양수인의 지위는 단순한 반사적 이익이나 사실상의 이익이 아니라 산림법령에 의하여 보호되는 직접적이고 구체적인 이익으로서 법률상 이익이라 할 것이고, 채석허가가 유효하게 존속하고 있다는 것이 양수인의 명의변경신고의 전제가 된다는 의미에서 관할 행정청이 양도인에 대하여 채석허가를 취소하는 처분을 하였다면 이는 양수인의 지위에 대한 직접적 침해가 된다고 할 것이므로 양수인은 채석허가를 취소하는 처분의 취소를 구할 법률상 이익을 가진다(대법원 2003. 7. 11. 2001두6289).
>
> ④ 영업양도에 따른 지위승계신고를 수리하는 허가관청의 행위는, 단순히 양도 · 양수인 사이에 이미 발생한 사법상의 사업양도의 법률효과에 의하여 양수인이 그 영업을 승계하였다는 사실의 신고를 접수하는 행위에 그치는 것이 아니라, 실질에 있어서 양도자의 사업허가를 취소함과 아울러 양수자에게 적법히 사업을 할 수 있는 권리를 설정하여 주는 행위로서 사업허가자의 변경이라는 법률효과를 발생시키는 행위라고 할 것이다(대법원 2001. 2. 9. 2000도2050).

**6** 제3자효 행정행위에 관한 설명으로 가장 옳지 않은 것은?

① 행정행위는 상대방에 대한 통지(도달)로서 효력이 발생하며, 행정청은 개별법에서 달리 정하지 않는 한 제3자인 이해관계인에 대한 행정행위 통지의무를 부담하지 않는다.

② 제3자인 이해관계인은 법원의 참가결정이 없어도 관계처분에 의하여 자신의 법률상 이익이 침해되는 한 청문이나 공청회 등 의견청취절차에 참가할 수 있다.

③ 제3자가 어떠한 방법에 의하든지 행정처분이 있었음을 안 경우에는 안 날로부터 90일 이내에 행정심판이나 행정소송을 제기하여야 한다.

④ 갑(甲)에 대한 건축허가에 의하여 법률상 이익을 침해받은 인근주민 을(乙)이 취소소송을 제기한 경우 을은 소송당사자로서 행정소송법 소정의 요건을 충족하는 한 그가 다투는 행정처분의 집행정지를 신청할 수 있다.

> **ADVICE** ② 행정절차법 제2조(정의) 제4호 ⋯ "당사자등"이란 다음 각 목의 자를 말한다.
>
> 　　가. 행정청의 처분에 대하여 직접 그 상대가 되는 당사자
>
> 　　나. 행정청이 직권으로 또는 신청에 따라 행정절차에 참여하게 한 이해관계인
>
> ① 송달은 처분의 상대방에게 하여야 하며, 이해관계에 있는 제3자에 대한 통지의무는 개별법에서 정하고 있는 경우를 제외하고 원칙상 없다.
>
> 　• 행정절차법 제15조(송달의 효력 발생) 제1항 ⋯ 송달은 다른 법령등에 특별한 규정이 있는 경우를 제외하고는 해당 문서가 송달받을 자에게 도달됨으로써 그 효력이 발생한다.
>
> ④ 제3자효 행정행위에 의해 법률상 이익을 침해받은 제3자가 취소소송을 제기한 경우, 소송당사자가 되므로 요건을 충족하는 한 행정소송법 제23조(집행정지) 규정에 따라 그가 다투는 행정처분의 집행정지를 신청할 수 있다.

**7** 강학상 특허가 아닌 것만을 〈보기〉에서 모두 고른 것은?

〈보기〉

㉠ 관할청의 구 「사립학교법」에 따른 학교법인의 이사장 등 임원취임승인행위

㉡ 「출입국관리법」상 체류자격 변경허가

㉢ 구 「수도권 대기환경개선에 관한 특별법」상 대기오염물질 총량관리사업장 설치의 허가

㉣ 지방경찰청장이 운전면허시험에 합격한 사람에게 발급하는 운전면허

㉤ 개발촉진지구 안에서 시행되는 지역개발사업에 관한 지정권자의 실시계획승인처분

① ㉠, ㉢

② ㉠, ㉣

③ ㉡, ㉣

④ ㉢, ㉤

**ADVICE** ㉠ [인가] 학교법인의 이사장·이사·감사 등의 임원은 이사회의 선임을 거쳐 관할청의 승인을 받아 취임하도록 규정하고 있는바, 관할청의 임원취임승인행위는 학교법인의 임원선임행위의 법률상 효력을 완성케 하는 보충적 법률행위이다(대법원 2007. 12. 27. 2005두9651).

㉡ [특허] 체류자격 변경허가는 신청인에게 당초의 체류자격과 다른 체류자격에 해당하는 활동을 할 수 있는 권한을 부여하는 일종의 설권적 처분의 성격을 가지므로 … (대법원 2016. 7. 14. 2015두48846).

㉢ [특허] 구 수도권대기환경특별법 제14조 제1항에서 정한 대기오염물질총량관리사업장 설치의 허가 또는 변경허가는 특정인에게 인구가 밀집되고 대기오염이 심각하다고 인정되는 수도권 대기관리권역에서 총량관리대상 오염물질을 일정량을 초과하여 배출할 수 있는 특정한 권리를 설정하여 주는 행위로서 그 처분의 여부 및 내용의 결정은 행정청의 재량에 속한다.

㉣ [허가] 지방경찰청장이 운전면허시험에 합격한 사람에게 발급하는 운전면허는 허가에 해당한다.

* 운전면허증의 교부는 공증이다.

㉤ [특허] 개발촉진지구 안에서 시행되는 지역개발사업에서 지정권자의 실시계획승인처분은 시행자에게 구 지역균형개발법상 지구개발사업을 시행할 수 있는 지위를 부여하는 일종의 설권적 처분의 성격을 가진 독립된 행정처분으로 보아야 한다(대법원 2014. 9. 26. 2012두5619).

**8** 행정소송의 판결의 효력에 관한 설명으로 가장 옳은 것은?

① 기속력은 청구인용판결뿐만 아니라 청구기각판결에도 미친다.

② 처분 등의 무효를 확인하는 확정판결은 소송당사자 이외의 제3자에 대하여는 효력이 미치지 않는다.

③ 사정판결의 경우에는 처분의 적법성이 아닌 처분의 위법성에 대하여 기판력이 발생한다.

④ 세무서장을 피고로 하는 과세처분취소소송에서 패소하여 그 판결이 확정된 자가 국가를 피고로 하여 과세처분의 무효를 주장하여 과오납금반환청구소송을 제기하더라도 취소소송의 기판력에 반하는 것은 아니다.

> **ADVICE** ③ 행정소송법 제28조(사정판결) 제1항 … 원고의 청구가 이유있다고 인정하는 경우에도 처분등을 취소하는 것이 현저히 공공복리에 적합하지 아니하다고 인정하는 때에는 법원은 원고의 청구를 기각할 수 있다. <u>이 경우 법원은 그 판결의 주문에서 그 처분등이 위법함을 명시하여야 한다.</u>
> → 처분의 위법성에 대해 기판력이 발생한다.
>
> ① 행정소송법 제30조(취소판결등의 기속력) 제1항 … <u>처분등을 취소하는 확정판결은</u> 그 사건에 관하여 당사자인 행정청과 그 밖의 관계행정청을 기속한다.
> → 위 취소소송에서의 기속력 관련 조항과 마찬가지로 취소소송 외의 항고소송과 당사자소송에도 위 조항을 준용하는 규정(동법 제38조, 제44조)을 두고 있다. '당사자인 행정청과 그 밖의 관계행정청이 확정판결의 취지에 따라 행동하도록 하는 구속하는 효력'인 기속력은 행정소송에서 인용판결에 한하여 인정된다.
>
> ② 동법 제29조(취소판결등의 효력) 제1항 … 처분등을 취소하는 확정판결은 제3자에 대하여도 효력이 있다.
>
> ④ <u>과세처분 취소청구를 기각하는 판결이 확정되면 그 처분이 적법하다는 점에 관하여 기판력이 생기고</u> 그 후 원고가 이를 무효라 하여 무효확인을 소구할 수 없는 것이어서 과세처분의 취소소송에서 청구가 기각된 확정판결의 기판력은 <u>그 과세처분의 무효확인을 구하는 소송에도 미친다.</u> (대법원 1998. 7. 24. 98다10854)

**9** 행정행위의 부관에 대한 설명으로 가장 옳지 않은 것은?

① 처분 전에 미리 상대방과 협의하여 부담의 내용을 협약의 형식으로 정한 다음 처분을 하면서 해당 부관을 붙이는 것도 가능하다.

② 부관이 처분 당시의 법령으로는 적법하였으나 처분 후 근거법령이 개정되어 더 이상 부관을 붙일 수 없게 되었다면 당초의 부관도 소급하여 효력이 소멸한다.

③ 처분을 하면서 처분과 관련한 소의 제기를 금지하는 내용의 부제소특약을 부관으로 붙이는 것은 허용되지 않는다.

④ 부당결부금지 원칙에 위반하여 허용되지 않는 부관을 행정처분과 상대방 사이의 사법상 계약의 형식으로 체결하는 것은 허용되지 않는다.

> **ADVICE** ② 부담의 위법 여부는 처분 당시 법령을 기준으로 판단하여야 하고, 부담이 처분 당시 법령을 기준으로 적법하다면 처분 후 부담의 전제가 된 주된 행정처분의 근거 법령이 개정됨으로써 행정청이 더 이상 부관을 붙일 수 없게 되었다 하더라도 곧바로 위법하게 되거나 그 효력이 소멸하게 되는 것은 아니다(대법원 2009. 2. 12. 선고 2005다65500).
>
> ① 수익적 행정처분에 있어서는 법령에 특별한 근거규정이 없다고 하더라도 그 부관으로서 부담을 붙일 수 있고, 그와 같은 부담은 행정청이 행정처분을 하면서 일방적으로 부가할 수도 있지만 부담을 부가하기 이전에 상대방과 협의하여 부담의 내용을 협약의 형식으로 미리 정한 다음 행정처분을 하면서 이를 부가할 수도 있다(대법원 2009. 2. 12. 선고 2008다56262).
>
> ③ '이전 및 지정취소 또는 폐쇄 지시에도 일체 소송이나 손실보상을 청구할 수 없다.'라는 부관을 붙였으나, 그 중 부제소특약에 관한 부분은 당사자가 임의로 처분할 수 없는 공법상의 권리관계를 대상으로 하여 사인의 국가에 대한 공권인 소권을 당사자의 합의로 포기하는 것으로서 허용될 수 없다(대법원 1998. 8. 21. 선고 98두8919).
>
> ④ 행정처분과 실제적 관련성이 없어 부관으로 붙일 수 없는 부담을 사법상 계약의 형식으로 행정처분의 상대방에게 부과할 수 있는지 여부에서 행정처분과 부관 사이에 실제적 관련성이 있다고 볼 수 없는 경우 공무원이 위와 같은 공법상의 제한을 회피할 목적으로 행정처분의 상대방과 사이에 사법상 계약을 체결하는 형식을 취하였다면 이는 법치행정의 원리에 반하는 것으로서 위법하다고 보지 않을 수 없다(대법원 2010. 1. 28. 선고 2007도9331).

**10** 판례에 따를 때 항고소송의 대상이 되는 처분에 해당하는 것은?

① 구 「약관의 규제에 관한 법률」에 따른 공정거래위원회의 표준약관 사용권장행위
② 지적 공부 소관청이 토지대장상의 소유자명의변경신청을 거부한 행위
③ 「국세기본법」에 따른 과세관청의 국세환급금결정
④ 「국가균형발전 특별법」에 따른 시·도지사의 혁신도시 최종입지 선정행위

> **ADVICE** ① 공정거래위원회의 '표준약관 사용권장행위'는 그 통지를 받은 해당 사업자 등에게 표준약관과 다른 약관을 사용할 경우 표준약관과 다르게 정한 주요내용을 고객이 알기 쉽게 표시하여야 할 의무를 부과하고, 그 불이행에 대해서는 과태료에 처하도록 되어 있으므로, 이는 사업자 등의 권리·의무에 직접 영향을 미치는 행정처분으로서 항고소송의 대상이 된다(대법원 2010. 10. 14. 선고 2008두23184).
> ② 행정사무집행의 편의와 사실증명의 자료로 삼기 위한 것일 뿐이어서, 그 소유자 명의가 변경된다고 하여도 이로 인하여 당해 토지에 대한 실체상의 권리관계에 변동을 가져올 수 없고 토지 소유권이 지적공부의 기재만에 의하여 증명되는 것도 아니다. 따라서 소관청이 토지대장상의 소유자명의변경신청을 거부한 행위는 이를 항고소송의 대상이 되는 행정처분이라고 할 수 없다(대판 2012.1.12. 2010두12354).
> ③ 국세기본법 제51조 제1항, 제52조 및 같은법 시행령 제30조에 따른 세무서장의 국세환급금(국세환급가산금 포함)에 대한 결정은 이미 납세의무자의 환급청구권이 확정된 국세환급금에 대하여 내부적인 사무처리 절차로서 과세관청의 환급절차를 규정한 것에 지나지 않고 그 규정에 의한 국세환급금의 결정에 의하여 비로소 환급청구권이 확정되는 것이 아니므로, 국세환급금결정이나 그 결정을 구하는 신청에 대한 환급거부결정 등은 항고소송의 대상이 되는 처분이라고 볼 수 없다(대판 1994.12.2. 92누14250).
> ④ 공공기관의 지방이전을 위한 정부 등의 조치와 공공기관이 이전할 혁신도시 입지선정을 위한 사항 등을 규정하고 있을 뿐 혁신도시입지 후보지에 관련된 지역 주민 등의 권리의무에 직접 영향을 미치는 규정을 두고 있지 않으므로, 피고가 원주시를 혁신도시 최종입지로 선정한 행위는 항고소송의 대상이 되는 행정처분으로 볼 수 없다(대판 2007.11.15. 2007두10198).

**11** 「공공기관의 정보공개에 관한 법률」에 따른 정보공개제도에 관한 설명으로 가장 옳은 것은?

① 정보공개청구권자인 '모든 국민'에는 자연인 외에 법인, 권리능력 없는 사단·재단도 포함되므로 지방자치단체도 포함된다.

② 공개청구의 대상정보가 이미 다른 사람에게 널리 알려져 있거나 인터넷 검색을 통해 쉽게 알 수 있는 경우에는 비공개결정을 할 수 있다.

③ 정보를 취득 또는 활용할 의사가 전혀 없이 사회통념상 용인될 수 없는 부당이득을 얻으려는 목적의 정보공개청구는 권리남용행위로서 허용되지 않는다.

④ 공개청구된 정보가 제3자와 관련이 있는 경우 행정청은 제3자에게 통지하여야 하고 의견을 들을 수 있으나, 제3자가 비공개를 요청할 권리를 갖지는 않는다.

> **ADVICE** ③ 국민의 정보공개청구는 정보공개법 제9조에 정한 비공개 대상 정보에 해당하지 아니하는 한 원칙적으로 폭넓게 허용되어야 하지만, 실제로는 해당 정보를 취득 또는 활용할 의사가 전혀 없이 정보공개 제도를 이용하여 사회통념상 용인될 수 없는 부당한 이득을 얻으려 하거나, 오로지 공공기관의 담당공무원을 괴롭힐 목적으로 정보공개청구를 하는 경우처럼 권리의 남용에 해당하는 것이 명백한 경우에는 정보공개청구권의 행사를 허용하지 아니하는 것이 옳다(대법원 2014. 12. 24. 선고 2014두9349).
>
> ① 정보공개청구제도는 국민이 국가·지방자치단체 등이 보유한 정보에 접근하여 그 정보의 공개를 청구할 수 있는 권리로서 이로 인하여 국정에 대한 국민의 참여를 보장하기 위한 제도인 점, 지방자치단체에게 이러한 정보공개청구권이 인정되지 아니한다고 하더라도 헌법상 보장되는 행정자치권 등이 침해된다고 보기는 어려운 점, 오히려 지방자치단체는 공권력 기관으로서 이러한 국민의 알권리를 보호할 위치에 있다고 보아야 하는 점 등에 비추어 보면, 지방자치단체에게는 알 권리로서의 정보공개청구권이 인정된다고 보기는 어렵고, 나아가 공공기관의 정보공개에 관한 법률 제4조, 제5조, 제6조의 각 규정의 취지를 종합하면, 공공기관의 정보공개에 관한 법률은 국민을 정보공개청구권자로, 지방자치단체를 국민에 대응하는 정보공개의무자로 상정하고 있다고 할 것이므로, 지방자치단체는 공공기관의 정보공개에 관한 법률 제5조에서 정한 정보공개청구권자인 '국민'에 해당되지 아니한다(서울행정법원 2005. 10. 12. 선고 2005구합10484).
>
> ② 구법 제8조 제2항은 정보공개청구의 대상이 이미 널리 알려진 사항이라 하더라도 그 공개의 방법만을 제한할 수 있도록 규정하고 있을 뿐 공개 자체를 제한하고 있지는 아니하므로, 공개청구의 대상이 되는 정보가 이미 다른 사람에게 공개하여 널리 알려져 있다거나 인터넷이나 관보 등을 통하여 공개하여 인터넷검색이나 도서관에서의 열람 등을 통하여 쉽게 알 수 있다는 사정만으로는 소의 이익이 없다거나 비공개결정이 정당화될 수는 없다(대법원 2008. 11. 27. 선고 2005두15694).
>
> ④ • 공공기관의 정보공개에 관한 법률 제11조(정보공개 여부의 결정) 제3항 … 공공기관은 공개 청구된 공개 대상 정보의 전부 또는 일부가 제3자와 관련이 있다고 인정할 때에는 그 사실을 제3자에게 지체 없이 통지하여야 하며, 필요한 경우에는 그의 의견을 들을 수 있다.
>
> • 동법 제21조(제3자의 비공개요청 등) 제1항 … 제11조 제3항에 따라 공개 청구된 사실을 통지받은 제3자는 그 통지를 받은 날부터 3일 이내에 해당 공공기관에 대하여 자신과 관련된 정보를 공개하지 아니할 것을 요청할 수 있다.

**12** 「행정심판법」상 행정심판에 관한 설명으로 가장 옳지 않은 것은?

① 무효등확인심판에서는 사정재결이 허용되지 아니한다.

② 거부처분에 대한 취소심판이나 무효등확인심판청구에서 인용재결이 있었음에도 불구하고 피청구인인 행정청이 재결의 취지에 따른 처분을 하지 아니한 경우에는 당사자가 신청하면 행정심판위원회는 기간을 정하여 서면으로 시정을 명하고 그 기간에 이행하지 아니하면 직접 처분을 할 수 있다.

③ 행정청이 처분을 할 때에 처분의 상대방에게 심판청구 기간을 알리지 아니한 경우에는 처분이 있었던 날부터 180일까지가 취소심판이나 의무이행심판의 청구기간이 된다.

④ 종로구청장의 처분이나 부작위에 대한 행정심판청구는 서울특별시 행정심판위원회에서 심리·재결하여야 한다.

> **ADVICE** ② • 행정심판법 제49조(재결의 기속력 등) 제3항 ⋯ 당사자의 신청을 거부하거나 부작위로 방치한 처분의 이행을 명하는 재결이 있으면 행정청은 지체 없이 이전의 신청에 대하여 재결의 취지에 따라 처분을 하여야 한다.
> • 동법 제50조(위원회의 직접 처분) 제1항 ⋯ 위원회는 피청구인이 제49조 제3항에도 불구하고 처분을 하지 아니하는 경우에는 당사자가 신청하면 기간을 정하여 서면으로 시정을 명하고 그 기간에 이행하지 아니하면 직접 처분을 할 수 있다. 다만, 그 처분의 성질이나 그 밖의 불가피한 사유로 위원회가 직접 처분을 할 수 없는 경우에는 그러하지 아니하다.
> → 이행명령재결이 선행되고 행정청이 이행하지 않았을 때, 행정심판위원회의 직접 처분이 가능하다.
> ① • 행정심판법 제44조(사정재결) 제1항 ⋯ 위원회는 심판청구가 이유가 있다고 인정하는 경우에도 이를 인용(認容)하는 것이 공공복리에 크게 위배된다고 인정하면 그 심판청구를 기각하는 재결을 할 수 있다. 이 경우 위원회는 재결의 주문(主文)에서 그 처분 또는 부작위가 위법하거나 부당하다는 것을 구체적으로 밝혀야 한다.
> • 동법조 제3항 ⋯ 제1항과 제2항은 무효등확인심판에는 적용하지 아니한다.
> ③ • 행정심판법 제27조(심판청구의 기간) 제3항 ⋯ 행정심판은 처분이 있었던 날부터 180일이 지나면 청구하지 못한다. 다만, 정당한 사유가 있는 경우에는 그러하지 아니하다.
> • 동법조 제6항 ⋯ 행정청이 심판청구 기간을 알리지 아니한 경우에는 제3항에 규정된 기간에 심판청구를 할 수 있다.
> • 동법조 제7항 ⋯ 제1항부터 제6항까지의 규정은 무효등확인심판청구와 부작위에 대한 의무이행심판청구에는 적용하지 아니한다.
> ④ 행정심판법 제6조(행정심판위원회의 설치) 제1항 ⋯ 다음 각 호의 행정청의 처분 또는 부작위에 대한 심판청구에 대하여는 시·도지사 소속으로 두는 행정심판위원회에서 심리·재결한다.
> 　1. 시·도 소속 행정청
> 　2. 시·도의 관할구역에 있는 시·군·자치구의 장, 소속 행정청 또는 시·군·자치구의 의회(의장, 위원회의 위원장, 사무국장, 사무과장 등 의회 소속 모든 행정청을 포함한다)
> 　3. 시·도의 관할구역에 있는 둘 이상의 지방자치단체(시·군·자치구를 말한다)·공공법인 등이 공동으로 설립한 행정청

**13** 「질서위반행위규제법」에 관한 설명으로 가장 옳은 것은?

① 민법상의 의무를 위반하여 과태료를 부과하는 행위는 「질서위반행위규제법」상 질서위반행위에 해당한다.

② 하나의 행위가 2 이상의 질서위반행위에 해당하는 경우에는 각 질서위반행위에 대하여 정한 과태료를 합산하여 부과한다.

③ 과태료는 행정청의 과태료 부과처분이나 법원의 과태료재판이 확정된 후 3년간 징수하지 아니하거나 집행하지 아니하면 시효로 인하여 소멸한다.

④ 과태료 사건은 다른 법령에 특별한 규정이 있는 경우를 제외하고는 당사자의 주소지의 지방법원 또는 그 지원의 관할로 한다.

> **ADVICE** ① • 질서위반행위규제법 제2조(정의) 제1호 … "질서위반행위"란 법률(지방자치단체의 조례를 포함한다. 이하 같다)상의 의무를 위반하여 과태료를 부과하는 행위를 말한다. 다만, 다음 각 목의 어느 하나에 해당하는 행위를 제외한다.
>
> 　가. 대통령령으로 정하는 사법($私法$)상 · 소송법상 의무를 위반하여 과태료를 부과하는 행위
>
> 　나. 대통령령으로 정하는 법률에 따른 징계사유에 해당하여 과태료를 부과하는 행위
>
> • 동법 시행령 제2조(질서위반행위에서 제외되는 행위) 제1항 … 「질서위반행위규제법」(이하 "법"이라 한다) 제2조 제1호 가목에서 "대통령령으로 정하는 사법($私法$)상 · 소송법상 의무를 위반하여 과태료를 부과하는 행위"란 「민법」, 「상법」 등 사인($私人$) 간의 법률관계를 규율하는 법 또는 「민사소송법」, 「가사소송법」, 「민사집행법」, 「형사소송법」, 「민사조정법」 등 분쟁 해결에 관한 절차를 규율하는 법률상의 의무를 위반하여 과태료를 부과하는 행위를 말한다.
>
> ② 질서위반행위규제법 제13조(수개의 질서위반행위의 처리) 제1항 … 하나의 행위가 2 이상의 질서위반행위에 해당하는 경우에는 각 질서위반행위에 대하여 정한 과태료 중 가장 중한 과태료를 부과한다.
>
> ③ 질서위반행위규제법 제15조(과태료의 시효) 제1항 … 과태료는 행정청의 과태료 부과처분이나 법원의 과태료 재판이 확정된 후 5년간 징수하지 아니하거나 집행하지 아니하면 시효로 인하여 소멸한다.

**14** 〈보기〉의 행정행위의 하자와 행정소송 상호 간의 관계에 관한 설명으로 옳은 것을 모두 고른 것은?

〈보기〉

㉠ 취소사유 있는 영업정지처분에 대한 취소소송의 제소기간이 도과한 경우 처분의 상대방은 국가배상청구
소송을 제기하여 재산상 손해의 배상을 구할 수 있다.

㉡ 취소사유 있는 과세처분에 의하여 세금을 납부한 자는 과세처분취소소송을 제기하지 않은 채 곧바로 부
당이득반환청구소송을 제기하더라도 납부한 금액을 반환받을 수 있다.

㉢ 파면처분을 당한 공무원은 그 처분에 취소사유인 하자가 존재하는 경우 파면처분취소소송을 제기하여야
하고 곧바로 공무원지위확인소송을 제기할 수 없다.

㉣ 무효인 과세처분에 의하여 세금을 납부한 자는 납부한 금액을 반환받기 위하여 부당이득반환청구소송을
제기하지 않고 곧바로 과세처분무효확인소송을 제기할 수 있다.

① ㉠, ㉡

② ㉢, ㉣

③ ㉠, ㉢, ㉣

④ ㉡, ㉢, ㉣

> **ADVICE** ㉠ [○] 취소사유 있는 영업정지처분에 대한 취소소송의 제소 기간이 도과한 경우 처분의 상대방은 국가배상청구 소송을
> 제기하여 재산상 손해의 배상을 구할 수 있다.
>
> ㉡ [×] 과세처분이 당연무효라고 볼 수 없는 한 과세처분에 취소할 수 있는 위법사유가 있다 하더라도 그 <u>과세처분은 행
> 정행위의 공정력 또는 집행력에 의하여 그것이 적법하게 취소되기 전까지는 유효하다 할 것이므로, 민사소송절차에서
> 그 과세처분의 효력을 부인할 수 없다</u>(대법원 1999. 8. 20. 선고 99다20179).
>
> ㉢ [○] 파면처분을 당한 공무원은 그 처분에 취소사유인 하자가 존재하는 경우 파면처분취소소송을 제기하여야 하고 곧바로 공
> 무원지위확인소송(당사자소송)을 제기할 수 없다.
>
> ㉣ [○] 원고로서는 부당이득반환청구의 소로써 직접 위와 같은 위법상태의 제거를 구할 수 있는지 여부에 관계없이 이
> 사건 처분의 근거 법률에 의하여 보호되는 직접적이고 구체적인 이익을 가지고 있어 행정소송법 제35조에 규정된 '무
> 효확인을 구할 법률상 이익'을 가지는 자에 해당한다(대법원 2008. 3. 20. 선고 2007두6342).

**15** 국가배상에 관한 설명으로 가장 옳지 않은 것은?

① 소방공무원들이 다중이용업소인 주점의 비상구와 피난시설 등에 대한 점검을 소홀히 함으로써 주점의 피난통로 등에 중대한 피난 장애요인이 있음을 발견하지 못하여 업주들에 대한 적절한 지도·감독을 하지 아니한 경우 직무상 의무 위반과 주점 손님들의 사망 사이에 상당인과관계가 인정된다.

② 일본 「국가배상법」이 국가배상청구권의 발생요건 및 상호보증에 관하여 우리나라 「국가배상법」과 동일한 내용을 규정하고 있는 점 등에 비추어 우리나라와 일본 사이에 우리나라 「국가배상법」 제7조가 정하는 상호보증이 있다.

③ 국가배상청구권의 소멸시효 기간이 지났으나 국가가 소멸시효 완성을 주장하는 것이 신의성실의 원칙에 반하는 권리남용으로 허용될 수 없어 배상책임을 이행한 경우에는, 그 소멸시효 완성 주장이 권리남용에 해당하게 된 원인행위와 관련하여 해당 공무원이 그 원인이 되는 행위를 적극적으로 주도하였다는 등의 특별한 사정이 없는 한, 국가가 해당 공무원에게 구상권을 행사하는 것은 신의칙상 허용되지 않는다.

④ 전투·훈련 등 직무집행과 관련하여 공상을 입은 군인 등이 먼저 「국가배상법」에 따라 손해배상금을 지급받은 다음 「보훈보상대상자 지원에 관한 법률」이 정한 보상금 등 보훈급여금의 지급을 청구하는 경우, 보훈지청장은 「국가배상법」에 따라 손해배상을 받았다는 사정을 들어 지급을 거부할 수 있다.

> **ADVICE** ④ 전투·훈련 등 직무집행과 관련하여 공상을 입은 군인·군무원·경찰공무원 또는 향토예비군대원이 먼저 국가배상법에 따라 손해배상금을 지급받은 다음 … 보훈급여금의 지급을 청구하는 경우, … 보훈보상자법은 국가배상법에 따른 손해배상금을 지급받은 자를 보상금 등 보훈급여금의 지급대상에서 제외하는 규정을 두고 있지 않은 점, … 국가배상법상 손해배상금을 받은 경우 보훈보상자법상 보상금 등 보훈급여금의 지급을 금지하는 것으로 해석하기는 어려운 점 등에 비추어, 국가보훈처장은 국가배상법에 따라 손해배상을 받았다는 사정을 들어 보상금 등 보훈급여금의 지급을 거부할 수 없다(대법원 2017. 2. 3. 선고 2015두60075).

## 16 〈보기〉의 법률규정에 대한 설명으로 가장 옳지 않은 것은?

<보기>

여객자동차 운수사업법 제88조(과징금 처분) ① 국토교통부장관 또는 시 · 도지사는 여객자동차 운수사업자가 제49조의6 제1항 또는 제85조 제1항 각 호의 어느 하나에 해당하여 사업정지 처분을 하여야 하는 경우에 그 사업정지 처분이 그 여객자동차 운수사업을 이용하는 사람들에게 심한 불편을 주거나 공익을 해칠 우려가 있는 때에는 그 사업정지 처분을 갈음하여 5천만 원 이하의 과징금을 부과 · 징수할 수 있다.

① 과징금 부과처분은 제재적 행정처분이므로 현실적인 행위자에 부과하여야 하며 위반자의 고의 · 과실을 요한다.
② 사업정지처분을 내릴 것인지 과징금을 부과할 것인지는 통상 행정청의 재량에 속한다.
③ 과징금 부과처분에는 원칙적으로 행정절차법이 적용된다.
④ 과징금은 행정목적 달성을 위하여, 행정법규 위반이라는 객관적 사실에 착안하여 부과된다.

> ADVICE ①④ 과징금부과처분은 제재적 행정처분으로서 행정목적의 달성을 위하여 행정법규 위반이라는 객관적 사실에 착안하여 가하는 제재이므로 반드시 현실적인 행위자가 아니라도 법령상 책임자로 규정된 자에게 부과되고 원칙적으로 위반자의 고의 · 과실을 요하지 아니하나, 위반자의 의무 해태를 탓할 수 없는 정당한 사유가 있는 등의 특별한 사정이 있는 경우에는 이를 부과할 수 없다(대법원 2014. 10. 15. 선고 2013두5005).
> ③ 과징금 부과행위는 부담적 행정행위로 행정소송의 대상이 되는 처분에 해당한다.


## 17 행정벌에 대한 설명으로 가장 옳지 않은 것은?

① 법인의 독자적인 책임에 관한 규정이 없이 단순히 종업원이 업무에 관한 범죄행위를 하였다는 이유만으로 법인에게 형사처벌을 과하는 것은 책임주의 원칙에 반한다.
② 죄형법정주의 원칙 등 형벌법규의 해석 원리는 행정형벌에 관한 규정을 해석할 때에도 적용되어야 한다.
③ 양벌규정에 의해 영업주가 처벌되기 위해서는 종업원의 범죄가 성립하거나 처벌이 이루어져야 함이 전제조건이 되어야 한다.
④ 지방자치단체 소속 공무원이 자치사무를 수행하던 중 법 위반행위를 한 경우 지방자치단체는 같은 법의 양벌규정에 따라 처벌되는 법인에 해당한다.

> ADVICE ③ 양벌규정에 의한 영업주의 처벌은 금지위반행위자인 종업원의 처벌에 종속하는 것이 아니라 독립하여 그 자신의 종업원에 대한 선임감독상의 과실로 인하여 처벌되는 것이므로 종업원의 범죄성립이나 처벌이 영업주 처벌의 전제조건이 될 필요는 없다(대판 2006. 2. 24. 2005도7673).

 **ANSWER** 15.④ 16.① 17.③

**18** 〈보기〉의 행정상 법률관계 중 행정소송의 대상이 되는 경우만을 모두 고른 것은?

〈보기〉

㉠ 「지방재정법」에 따라 지방자치단체가 당사자가 되어 체결하는 계약에 있어 계약보증금의 귀속조치

㉡ 국유재산의 무단점유자에 대한 변상금의 부과

㉢ 시립무용단원의 해촉

㉣ 행정재산의 사용·수익허가 신청의 거부

① ㉠, ㉢

② ㉡, ㉣

③ ㉠, ㉢, ㉣

④ ㉡, ㉢, ㉣

**》ADVICE** ㉠ [민사소송] 예산회계법 또는 지방재정법에 따라 지방자치단체가 당사자가 되어 체결하는 계약은 사법상의 계약일 뿐, 공권력을 행사하는 것이거나 공권력 작용과 일체성을 가진 것은 아니라고 할 것이므로 이에 관한 분쟁은 행정소송의 대상이 될 수 없다(대법원 1996. 12. 20. 선고 96누14708).

㉡ [행정소송] 국유재산의 무단점유자에 대한 변상금 부과는 공권력을 가진 우월적 지위에서 행하는 행정처분이고, 그 부과처분에 의한 변상금 징수권은 공법상의 권리인 반면, 민사상 부당이득반환청구권은 국유재산의 소유자로서 가지는 사법상의 채권이다(대법원 2014. 7. 16. 선고 2011다76402).

㉢ [행정소송] 서울특별시립무용단원이 가지는 지위가 공무원과 유사한 것이라면, 서울특별시립무용단 단원의 위촉은 공법상의 계약이라고 할 것이고, 따라서 그 단원의 해촉에 대하여는 공법상의 당사자소송으로 그 무효확인을 청구할 수 있다(대법원 1995. 12. 22. 선고 95누4636).

㉣ [행정소송] 행정재산의 사용·수익에 대한 허가 신청을 거부한 행위가 항고소송의 대상인 행정처분인지 여부에서 행정재산의 사용·수익허가처분의 성질에 비추어 국민에게는 행정재산의 사용·수익허가를 신청할 법규상 또는 조리상의 권리가 있다고 할 것이므로 공유재산의 관리청이 행정재산의 사용·수익에 대한 허가 신청을 거부한 행위 역시 행정처분에 해당한다(대법원 1998. 2. 27. 선고 97누1105).

**19** 대집행에 관한 설명으로 가장 옳지 않은 것은?

① 건물의 점유자가 철거의무자일 때에는 건물철거의무에 퇴거의무도 포함되어 있는 것이어서 별도로 퇴거를 명하는 집행권원이 필요하지 않다.
② 구 「토지수용법」상 피수용자 등이 기업자에 대하여 부담하는 수용대상 토지의 인도의무는 특별한 사정이 없는 한 「행정대집행법」에 의한 대집행의 대상이 될 수 없다.
③ 민사소송절차에 따라 민법 제750조에 기한 손해배상으로서 대집행비용의 상환을 구하는 청구는 소의 이익이 없어 부적법하다.
④ 해가 지기 전에 대집행에 착수한 경우라고 할지라도 해가 진 후에는 대집행을 할 수 없다.

> **ADVICE** ④ 행정대집행법 제4조(대집행의 실행 등) 제1항 … 행정청(제2조에 따라 대집행을 실행하는 제3자를 포함한다. 이하 이 조에서 같다)은 해가 뜨기 전이나 해가 진 후에는 <u>대집행을 하여서는 아니 된다. 다만, 다음 각 호의 어느 하나에 해당하는 경우에는 그러하지 아니하다.</u>
> 　1. 의무자가 동의한 경우
> 　2. <u>해가 지기 전에 대집행을 착수한 경우</u>
> 　3. 해가 뜬 후부터 해가 지기 전까지 대집행을 하는 경우에는 대집행의 목적 달성이 불가능한 경우
> 　4. 그 밖에 비상시 또는 위험이 절박한 경우
> ② <u>피수용자 등이 기업자에 대하여 부담하는 수용대상 토지의 인도의무에 관한 구 토지수용법에서의 '인도'에는 명도도 포함되는 것으로 보아야 하고, 이러한 명도의무는 그것을 강제적으로 실현하면서 직접적인 실력행사가 필요한 것이지 대체적 작위의무라고 볼 수 없으므로 특별한 사정이 없는 한 행정대집행법에 의한 대집행의 대상이 될 수 있는 것이 아니다</u>(대법원 2005. 8. 19. 선고 2004다2809).
> ③ 대한주택공사가 법령에 의하여 대집행권한을 위탁받아 공무인 <u>대집행을 실시하기 위하여 지출한 비용을 행정대집행법 절차에 따라 징수할 수 있음에도 민사소송절차에 의하여 그 비용의 상환을 청구한 사안에서, 위 청구가 부적법하다고</u> 본 원심판단을 수긍한 사례(대법원 2011. 9. 8. 선고 2010다48240)

---

✎ **ANSWER**　18.④　19.④

**20** 행정소송에 있어서 일부취소판결의 허용여부에 대한 판례의 입장으로 가장 옳은 것은?

① 재량행위의 성격을 갖는 과징금부과처분이 법이 정한 한도액을 초과하여 위법한 경우에는 법원으로서는 그 한도액을 초과한 부분만을 취소할 수 있다.

② 「독점규제 및 공정거래에 관한 법률」을 위반한 광고행위와 표시행위를 하였다는 이유로 공정거래위원회가 사업자에 대하여 법위반사실공표명령을 행한 경우, 표시행위에 대한 법위반사실이 인정되지 아니한다면 법원으로서는 그 부분에 대한 공표명령의 효력만을 취소할 수 있을 뿐, 공표명령 전부를 취소할 수 있는 것은 아니다.

③ 개발부담금부과처분에 대한 취소소송에서 당사자가 제출한 자료에 의하여 정당한 부과금액을 산출할 수 없는 경우에도 법원은 증거조사를 통하여 정당한 부과금액을 산출한 후 정당한 부과금액을 초과하는 부분만을 취소하여야 한다.

④ 「독점규제 및 공정거래에 관한 법률」을 위반한 수개의 행위에 대하여 공정거래위원회가 하나의 과징금부과처분을 하였으나 수개의 위반행위 중 일부의 위반행위에 대한 과징금부과만이 위법하고, 그 일부의 위반행위를 기초로 한 과징금액을 산정할 수 있는 자료가 있는 경우에도 법원은 과징금부과처분 전부를 취소하여야 한다.

> **ADVICE** ② 외형상 하나의 행정처분이라 하더라도 가분성이 있거나 그 처분대상의 일부가 특정될 수 있다면 일부만의 취소도 가능하고 그 일부의 취소는 당해 취소부분에 관하여만 효력이 생기는 것인바, <u>공정거래위원회가 사업자에 대하여 행한 법위반사실공표명령은 비록 하나의 조항으로 이루어진 것이라고 하여도 그 대상이 된 사업자의 광고행위와 표시행위로 인한 각 법위반사실은 별개로 특정될 수 있어 위 각 법위반사실에 대한 독립적인 공표명령이 경합된 것으로 보아야 할 것이므로, 이 중 표시행위에 대한 법위반사실이 인정되지 아니하는 경우에 그 부분에 대한 공표명령의 효력만을 취소할 수 있을 뿐, 공표명령 전부를 취소할 수 있는 것은 아니다</u>(대법원 2000. 12. 12. 선고 99두12243).
>
> ① 과징금 부과처분이 법이 정한 한도액을 초과하여 위법할 경우 <u>법원으로서는 그 전부를 취소할 수밖에 없고, 그 한도액을 초과한 부분이나 법원이 적정하다고 인정되는 부분을 초과한 부분만을 취소할 수는 없다</u>(대법원 1993. 7. 27. 선고 93누1077).
>
> ③ 개발부담금부과처분 취소소송에 있어 당사자가 제출한 자료에 의하여 <u>적법하게 부과될 정당한 부담금액이 산출되는 때에는 그 정당한 금액을 초과하는 부분만 취소하여야 하고 그렇지 않은 경우에는 부과처분 전부를 취소할 수밖에 없다</u>(대법원 2000. 6. 9. 선고 99두5542).
>
> ④ 공정거래위원회가 위반행위에 대한 과징금을 부과하면서 여러 개의 위반행위에 대하여 외형상 하나의 <u>과징금 납부명령을 하였으나 여러 개의 위반행위 중 일부의 위반행위에 대한 과징금 부과만이 위법하고 소송상 그 일부의 위반행위를 기초로 한 과징금액을 산정할 수 있는 자료가 있는 경우에는, 하나의 과징금 납부명령일지라도 그 일부의 위반행위에 대한 과징금액에 해당하는 부분만을 취소하여야 한다</u>(대법원 2019. 1. 31. 선고 2013두14726).

**1** 행정법의 일반원칙에 대한 설명으로 옳은 것은? (다툼이 있는 경우 판례에 의함)

① 비례의 원칙은 행정에만 적용되는 원칙이므로 입법에서는 적용될 여지가 없다.

② 신뢰보호의 원칙이 적용되기 위한 요건인 행정권의 행사에 관하여 신뢰를 주는 선행조치가 되기 위해서는 반드시 처분청 자신의 적극적인 언동이 있어야만 한다.

③ 동일한 사항을 다르게 취급하는 것은 합리적 이유가 없는 차별이므로, 같은 정도의 비위를 저지른 자들은 비록 개전의 정이 있는지 여부에 차이가 있다고 하더라도 징계 종류의 선택과 양정에 있어 동일하게 취급 받아야 한다.

④ 재량권행사의 준칙인 행정규칙이 그 정한 바에 따라 되풀이 시행되어 행정관행이 이루어지게 되면 평등의 원칙이나 신뢰보호의 원칙에 따라 행정기관은 그 상대방에 대한 관계에서 그 규칙에 따라야 할 자기구속을 받게 된다.

> **ADVICE** ④ 재량권행사의 준칙인 규칙이 그 정한 바에 따라 되풀이 시행되어 행정관행이 이룩되게 되면, 평등의 원칙이나 신뢰보호의 원칙에 따라 행정기관은 그 상대방에 대한 관계에서 그 규칙에 따라야할 자기구속을 당하게 되고, 그러한 경우에는 대외적인 구속력을 가지게 된다 할 것이다(헌재결 1990. 9. 3. 90헌마13).
> ① 비례의 원칙은 목적과 수단 사이에 합리적인 비례관계가 유지되어야 한다는 원칙으로 헌법 제37조 제2항을 근거로 하고 있다. 비례의 원칙은 헌법상의 원칙으로 입법행위에도 당연히 적용된다.
> ② 신뢰보호의 원칙 중 하나인 선행조치는 명시적인 행위뿐 아니라 묵시적인 행위인 경우에도 가능하다. 또한 적극적 행위뿐만 아니라 소극적 행위도 선행조치에 해당할 수 있다.
> ③ 같은 정도의 비위를 저지른 자들 사이에 있어서도 그 직무의 특성 등에 비추어, 개전의 정이 있는지 여부에 따라 징계의 종류의 선택과 양정에 있어서 차별적으로 취급하는 것은, 사안의 성질에 따른 합리적 차별로서 이를 자의적 취급이라고 할 수 없는 것이어서 평등원칙 내지 형평에 반하지 아니한다(대판 1999. 8. 20. 99두2611).

**2** 「행정절차법」상 처분의 사전통지 및 의견청취 등에 대한 설명으로 옳은 것은? (다툼이 있는 경우 판례에 의함)

① 고시의 방법으로 불특정 다수인을 상대로 권익을 제한하는 처분을 할 경우 당사자는 물론 제3자에게도 의견제출의 기회를 주어야 한다.

② 청문은 다른 법령 등에서 규정하고 있는 경우 이외에 행정청이 필요하다고 인정하는 경우에도 실시할 수 있으나, 공청회는 다른 법령 등에서 규정하고 있는 경우에만 개최할 수 있다.

③ 행정청이 당사자에게 의무를 과하거나 권익을 제한하는 처분을 하는 경우에는 처분의 사전통지를 하여야 하는데, 이때의 처분에는 신청에 대한 거부처분도 포함된다.

④ 행정청이 당사자와 사이에 도시계획사업시행 관련 협약을 체결하면서 청문 실시를 배제하는 조항을 두었더라도, 이와 같은 협약의 체결로 청문 실시 규정의 적용을 배제할 만한 법령상 규정이 없는 한, 이러한 협약이 체결되었다고 하여 청문을 실시하지 않아도 되는 예외적인 경우에 해당한다고 할 수 없다.

> **ADVICE** ④ 행정청이 당사자와 사이에 도시계획사업의 시행과 관련한 협약을 체결하면서 관계 법령 및 행정절차법에 규정된 청문의 실시 등 의견청취절차를 배제하는 조항을 두었다고 하더라도, 국민의 행정참여를 도모함으로써 행정의 공정성·투명성 및 신뢰성을 확보하고 국민의 권익을 보호한다는 행정절차법의 목적 및 청문제도의 취지 등에 비추어 볼 때, 위와 같은 협약의 체결로 청문의 실시에 관한 규정의 적용을 배제할 수 있다고 볼 만한 법령상의 규정이 없는 한, 이러한 협약이 체결되었다고 하여 청문의 실시에 관한 규정의 적용이 배제된다거나 청문을 실시하지 않아도 되는 예외적인 경우에 해당한다고 할 수 없다(대판 2004. 7. 8. 2002두8350).
>
> ① 구 행정절차법 제22조 제3항에 따라 행정청이 의무를 부과하거나 권익을 제한하는 처분을 할 때 의견제출의 기회를 주어야 하는 '당사자'는 '행정청의 처분에 대하여 직접 그 상대가 되는 당사자'를 의미한다. 그런데 '고시'의 방법으로 불특정 다수인을 상대로 의무를 부과하거나 권익을 제한하는 처분은 성질상 의견제출의 기회를 주어야 하는 상대방을 특정할 수 없으므로, 이와 같은 처분에 있어서까지 구 행정절차법 제22조 제3항에 의하여 그 상대방에게 의견제출의 기회를 주어야 한다고 해석할 것은 아니다(대판 2014. 10. 27. 2012두7745).
>
> ② 행정절차법 제22조(의견청취) 제2항 … 행정청이 처분을 할 때 다음 각 호의 어느 하나에 해당하는 경우에는 공청회를 개최한다.
> 1. 다른 법령 등에서 공청회를 개최하도록 규정하고 있는 경우
> 2. 해당 처분의 영향이 광범위하여 널리 의견을 수렴할 필요가 있다고 행정청이 인정하는 경우
> 3. 국민생활에 큰 영향을 미치는 처분으로서 대통령령으로 정하는 처분에 대하여 대통령령으로 정하는 수 이상의 당사자 등이 공청회 개최를 요구하는 경우
>
> ③ 신청에 따른 처분이 이루어지지 아니한 경우에는 아직 당사자에게 권익이 부과되지 아니하였으므로 특별한 사정이 없는 한 신청에 대한 거부처분이라고 하더라도 직접 당사자의 권익을 제한하는 것은 아니어서 신청에 대한 거부처분을 여기에서 말하는 '당사자의 권익을 제한하는 처분'에 해당한다고 할 수 없는 것이어서 처분의 사전통지대상이 된다고 할 수 없다(대판 2003. 11. 28. 2003두674).

**3** 행정상 강제집행 중 대집행에 대한 설명으로 옳지 않은 것은? (다툼이 있는 경우 판례에 의함)

① 대집행의 대상은 원칙적으로 대체적 작위의무에 한하며, 부작위의무위반의 경우 대체적 작위의무로  전환하는 규정을 두고 있지 아니하는 한 대집행의 대상이 되지 않는다.

② 행정청이 계고를 함에 있어 의무자가 스스로 이행하지 아니하는 경우 대집행의 내용과 범위가 구체적으로 특정되어야 하며, 대집행의 내용과 범위는 반드시 대집행 계고서에 의해서만 특정되어야 한다.

③ 대집행을 함에 있어 계고요건의 주장과 입증책임은 처분행정청에 있는 것이지, 의무불이행자에 있는 것이 아니다.

④ 대집행 비용은 원칙상 의무자가 부담하며 행정청은 그 비용액과 납기일을 정하여 의무자에게 문서로 납부를 명하여야 한다.

> **ADVICE** ② 행정청이 대집행계고를 함에 있어서는 의무자가 스스로 이행하지 아니하는 경우에 대집행할 행위의 내용 및 범위가 구체적으로 특정되어야 하나, 그 행위의 내용 및 범위는 반드시 대집행계고서에 의하여서만 특정되어야 하는 것이 아니고, 계고처분 전후에 송달된 문서나 기타 사정을 종합하여 행위의 내용이 특정되거나 실제건물의 위치, 구조, 평수 등을 계고서의 표시와 대조·검토하여 대집행의무자가 그 이행의무의 범위를 알 수 있을 정도로 하면 족하다(대판 1996. 10. 11. 96누8086).
>
> ① 단순한 부작위의무의 위반의 경우에는 당해 법령에서 그 위반자에 대하여 위반에 의하여 생긴 유형적 결과의 시정을 명하는 행정처분의 권한을 인정하는 규정을 두고 있지 아니한 이상, 법치주의의 원리에 비추어 볼 때 위와 같은 부작위의무로부터 그 의무를 위반함으로써 생긴 결과를 시정하기 위한 작위의무를 당연히 끌어낼 수는 없으며, 위 금지규정으로부터 작위의무, 즉 위반결과의 시정을 명하는 권한이 당연히 추론(推論)되는 것도 아니다. 법령의 근거에 따라 작위의무를 부과하여 그 부작위의무를 작위의무로 전환한 후에 그 작위의무의 불이행에 대해 대집행을 할 수 있다(대판 1996. 6. 28. 96누4374).
>
> ③ 철거의무를 대집행하기 위한 계고처분을 하려면 다른 방법으로는 이행의 확보가 어렵고 불이행을 방치함이 심히 공익을 해하는 것으로 인정될 때에 한하여 허용되고 이러한 요건의 주장·입증책임은 처분 행정청에 있다(대판 1996. 10. 11. 96누8086).
>
> ④ 행정대집행법 제5조(비용납부명령서) … 대집행에 요한 비용의 징수에 있어서는 실제에 요한 비용액과 그 납기일을 정하여 의무자에게 문서로써 그 납부를 명하여야 한다.

**4** 행정의 실효성 확보수단으로서 이행강제금에 대한 설명으로 옳지 않은 것은? (다툼이 있는 경우 판례에 의함)

① 이행강제금은 침익적 강제수단이므로 법적 근거를 요한다.

② 형사처벌과 이행강제금은 병과될 수 있다.

③ 대체적 작위의무 위반에 대해서는 이행강제금이 부과될 수 없다.

④ 「건축법」상 이행강제금은 반복하여 부과·징수될 수 있다.

> **ADVICE** ③ 전통적으로 행정대집행은 대체적 작위의무에 대한 강제집행수단으로, 이행강제금은 부작위의무나 비대체적 작위의무에
> 대한 강제집행수단으로 이해되어 왔으나, 이는 이행강제금제도의 본질에서 오는 제약은 아니며, 이행강제금은 대체적
> 작위의무의 위반에 대하여도 부과될 수 있다(헌재결 2004. 2. 26. 2002헌바26).
>
> ① 이행강제금 부과는 명령적 행정행위인 하명에 해당하므로 법률유보원칙에 따라 법적 근거를 요한다. 일반법은 없으나,
> 건축법·농지법 등 개별법에 규정되어 있다.
>
> ② 이행강제금은 과거의 일정한 법률위반 행위에 대한 제재로서의 형벌이 아니라 장래의 의무이행의 확보를 위한 강제수
> 단일 뿐이어서 범죄에 대하여 국가가 형벌권을 실행한다고 하는 과벌에 해당하지 아니하므로 헌법 제13조 제1항이 금
> 지하는 이중처벌금지의 원칙이 적용될 여지가 없다(헌재결 2011. 10. 25. 2009헌바140).
>
> ④ 건축법 제80조 제5항 … 허가권자는 최초의 시정명령이 있었던 날을 기준으로 하여 1년에 2회 이내의 범위에서 해당
> 지방자치단체의 조례로 정하는 횟수만큼 그 시정명령이 이행될 때까지 반복하여 이행강제금을 부과·징수할 수 있다.

**5** 「행정소송법」에서 규정하고 있는 항고소송이 아닌 것은?

① 기관소송

② 무효등 확인소송

③ 부작위위법확인소송

④ 취소소송

> **ADVICE** 항고소송은 행정청의 처분 등이나 부작위에 대하여 제기하는 소송이다.
>
> ※ 행정소송법 제4조(항고소송)
>
>   1. 취소소송 : 행정청의 위법한 처분등을 취소 또는 변경하는 소송
>   2. 무효등 확인소송 : 행정청의 처분등의 효력 유무 또는 존재여부를 확인하는 소송
>   3. 부작위위법확인소송 : 행정청의 부작위가 위법하다는 것을 확인하는 소송

**6** 공법관계와 사법관계에 대한 설명으로 옳은 것은? (다툼이 있는 경우 판례에 의함)

① 「행정절차법」은 공법관계는 물론 사법관계에 대해서도 적용된다.

② 공법관계는 행정소송 중 항고소송의 대상이 되며, 사인 간의 법적 분쟁에 관한 사법관계는 행정소송 중 당사자소송의 대상이 된다.

③ 법률관계의 한쪽 당사자가 행정주체인 경우에는 공법관계로 보는 것이 판례의 일관된 입장이다.

④ 입찰보증금의 국고귀속조치는 국가가 사법상의 재산권의 주체로서 행위하는 것이지, 공권력을 행사하는 것이거나 공권력작용과 일체성을 가진 것이 아니라 할 것이다.

> **ADVICE** ④ 예산회계법에 따라 체결되는 계약은 사법상의 계약이라고 할 것이고 동법 제70조의5의 입찰보증금은 낙찰자의 계약체결의무이행의 확보를 목적으로 하여 그 불이행시에 이를 국고에 귀속시켜 국가의 손해를 전보하는 사법상의 손해배상예정으로서의 성질을 갖는 것이라고 할 것이므로 <u>입찰보증금의 국고귀속조치는 국가가 사법상의 재산권의 주체로서 행위하는 것이지 공권력을 행사하는 것이거나 공권력작용과 일체성을 가진 것이 아니라 할 것이므로</u> 이에 관한 분쟁은 행정소송이 아닌 민사소송의 대상이 될 수밖에 없다고 할 것이다(대판 1983. 12. 27. 81누366).
>
> ① 행정절차법은 행정절차(처분, 신고, 확약, 위반사실 등의 공표, 행정계획, 행정상 입법예고, 행정예고 및 행정지도의 절차)에 대한 일반법이므로 공법관계에 적용되고 사법관계는 적용되지 않는다.
>
> ② 공법관계는 행정소송의 대상이 되며, 사인 간의 법적 분쟁에 대한 사법관계는 민사소송에 의하여야 한다.
>
> ③ 지방자치단체가 구 지방재정법 시행령 제71조(현행 지방재정법 시행령 제83조)의 규정에 따라 기부채납받은 공유재산을 무상으로 기부자에게 사용을 허용하는 행위는 사경제주체로서 상대방과 대등한 입장에서 하는 사법상 행위이지 행정청이 공권력의 주체로서 행하는 공법상 행위라고 할 수 없으므로, 기부자가 기부채납한 부동산을 일정기간 무상사용한 후에 한 사용허가기간 연장신청을 거부한 행정청의 행위도 단순한 사법상의 행위일 뿐 행정처분 기타 공법상 법률관계에 있어서의 행위는 아니다(대판 1994. 1.25. 93누7365).
>
> → 판례는 관계 법령을 1차적 기준으로 보고, 부차적으로 법률관계의 목적과 성질 등 여러 가지 사정을 고려하여 사안마다 개별적으로 판단한다.

---

**7** 신고와 수리에 대한 설명으로 옳지 않은 것은? (다툼이 있는 경우 판례에 의함)

① 다른 법령에 의한 인허가가 의제되지 않는 일반적인 건축신고는 자기완결적 신고이므로 이에 대한 수리 거부행위는 항고소송의 대상이 되는 처분이 아니다.

② 「국토의 계획 및 이용에 관한 법률」상의 개발행위허가가 의제되는 건축신고는 특별한 사정이 없는 한 행정청이 그 실체적 요건에 관한 심사를 한 후 수리하여야 하는 이른바 '수리를 요하는 신고'로 보아야 한다.

③ 「행정절차법」은 '법령등에서 행정청에 일정한 사항을 통지함으로써 의무가 끝나는 신고'에 대하여 '그 밖에 법령등에 규정된 형식상의 요건에 적합할 것'을 그 신고의무 이행요건의 하나로 정하고 있다.

④ 「식품위생법」에 따른 식품접객업(일반음식점영업)의 영업신고의 요건을 갖춘 자라고 하더라도, 그 영업신고를 한 당해 건축물이 「건축법」 소정의 허가를 받지 아니한 무허가 건물이라면 적법한 신고를 할 수 없다.

> **ADVICE** ① 구 건축법 관련 규정의 내용 및 취지에 의하면, 행정청은 건축신고로써 건축허가가 의제되는 건축물의 경우에도 그 신고 없이 건축이 개시될 경우 건축주 등에 대하여 공사 중지·철거·사용금지 등의 시정명령을 할 수 있고, 그 시정명령을 받고 이행하지 않은 건축물에 대하여는 당해 건축물을 사용하여 행할 다른 법령에 의한 영업 기타 행위의 허가를 하지 않도록 요청할 수 있으며, 그 요청을 받은 자는 특별한 이유가 없는 한 이에 응하여야 하고, 나아가 행정청은 그 시정명령의 이행을 하지 아니한 건축주 등에 대하여는 이행강제금을 부과할 수 있으며 또한 건축신고를 하지 않은 자는 200만 원 이하의 벌금에 처해질 수 있다. 이와 같이 <u>건축주 등은 신고제하에서도 건축신고가 반려될 경우 당해 건축물의 건축을 개시하면 시정명령, 이행강제금, 벌금의 대상이 되거나 당해 건축물을 사용하여 행할 행위의 허가가 거부될 우려가 있어 불안정한 지위에 놓이게 된다.</u> 따라서 건축신고 반려행위가 이루어진 단계에서 당사자로 하여금 반려행위의 적법성을 다투어 그 법적 불안을 해소한 다음 건축행위에 나아가도록 함으로써 장차 있을지도 모르는 위험에서 미리 벗어날 수 있도록 길을 열어 주고, <u>위법한 건축물의 양산과 그 철거를 둘러싼 분쟁을 조기에 근본적으로 해결할 수 있게 하는 것이 법치행정의 원리에 부합한다. 그러므로 건축신고 반려행위는 항고소송의 대상이 된다고 보는 것이 옳다</u>(대판 2010.11.18. 2008두167(전합)).

② 인·허가의제 효과를 수반하는 건축신고는 일반적인 건축신고와는 달리, 특별한 사정이 없는 한 행정청이 그 실체적 요건에 관한 심사를 한 후 수리하여야 하는 이른바 '수리를 요하는 신고'로 보는 것이 옳다(대판 2011. 1. 20. 2010두14954(전합)).

③ 행정절차법 제40조(신고) 제2항 … 제1항에 따른 신고(<u>법령 등에서 행정청에 일정한 사항을 통지함으로써 의무가 끝나는 신고</u>)가 다음 각 호의 요건을 갖춘 경우에는 신고서가 접수기관에 도달된 때에 신고 의무가 이행된 것으로 본다.
1. 신고서의 기재사항에 흠이 없을 것
2. 필요한 구비서류가 첨부되어 있을 것
3. <u>그 밖에 법령 등에 규정된 형식상의 요건에 적합할 것</u>

④ 식품위생법과 건축법은 그 입법 목적, 규정사항, 적용범위 등을 서로 달리하고 있어 식품접객업에 관하여 식품위생법이 건축법에 우선하여 배타적으로 적용되는 관계에 있다고는 해석되지 않는다. 그러므로 식품위생법에 따른 식품접객업(일반음식점영업)의 영업신고의 요건을 갖춘 자라고 하더라도, 그 영업신고를 한 당해 건축물이 건축법 소정의 허가를 받지 아니한 무허가 건물이라면 적법한 신고를 할 수 없다(대판 2009. 4. 23. 2008도6829).

**8** 대외적 구속력을 인정할 수 없는 경우만을 모두 고르면? (다툼이 있는 경우 판례에 의함)

> ㉠ 운전면허에 관한 제재적 행정처분의 기준이 「도로교통법 시행규칙」 [별표]에 규정되어 있는 경우
> ㉡ 행정 각부의 장이 정하는 특정 고시가 비록 법령에 근거를 둔 것이더라도 규정 내용이 법령의 위임 범위를 벗어난 것일 경우
> ㉢ 상위법령에서 세부사항 등을 시행규칙으로 정하도록 위임하였음에도 이를 고시 등 행정규칙으로 정한 경우
> ㉣ 상위 법령의 위임이 없음에도 상위 법령에 규정된 처분 요건에 해당하는 사항을 하위 부령에서 변경하여 규정한 경우

① ㉠, ㉡  
② ㉡, ㉢  
③ ㉠, ㉡, ㉢  
④ ㉠, ㉡, ㉢, ㉣

> **ADVICE** ㉠ 규정형식상 부령인 시행규칙 또는 지방자치단체의 규칙으로 정한 행정처분의 기준은 행정처분 등에 관한 사무처리기준과 처분절차 등 행정청 내의 사무처리준칙을 규정한 것에 불과하므로 행정조직 내부에 있어서의 행정명령의 성격을 지닐 뿐 대외적으로 국민이나 법원을 구속하는 힘이 없다(대판 1995. 10. 17. 94누14148(전합)).
>
> ㉡ 행정 각부의 장이 정하는 특정 고시가 비록 법령에 근거를 둔 것이더라도 규정 내용이 법령의 위임 범위를 벗어난 것일 경우에는 법규명령으로서의 대외적 구속력을 인정할 여지는 없다. 그리고 특정 고시가 위임의 한계를 준수하고 있는지를 판단할 때에는, 당해 법률 규정의 입법 목적과 규정 내용, 규정의 체계, 다른 규정과의 관계 등을 종합적으로 살펴야 하고, 법률의 위임 규정 자체가 의미 내용을 정확하게 알 수 있는 용어를 사용하여 위임의 한계를 분명히 하고 있는데도 고시에서 문언적 의미의 한계를 벗어났다든지, 위임 규정에서 사용하고 있는 용어의 의미를 넘어 범위를 확장하거나 축소함으로써 위임 내용을 구체화하는 단계를 벗어나 새로운 입법을 한 것으로 평가할 수 있다면, 이는 위임의 한계를 일탈한 것으로서 허용되지 아니한다(대판 2019. 5. 30. 2016다276177).
>
> ㉢ 행정규칙이나 규정이 상위법령의 위임범위를 벗어난 경우에는 법규명령으로서 대외적 구속력을 인정할 여지는 없다. 이는 행정규칙이나 규정 '내용'이 위임범위를 벗어난 경우뿐 아니라 상위법령의 위임규정에서 특정하여 정한 권한행사의 '절차'나 '방식'에 위배되는 경우도 마찬가지이므로, 상위법령에서 세부사항 등을 시행규칙으로 정하도록 위임하였음에도 이를 고시 등 행정규칙으로 정하였다면 그 역시 대외적 구속력을 가지는 법규명령으로서 효력이 인정될 수 없다(대판 2012. 7. 5. 2010다72076).
>
> ㉣ 법령의 위임이 없음에도 법령에 규정된 처분 요건에 해당하는 사항을 부령에서 변경하여 규정한 경우에는 그 부령의 규정은 행정청 내부의 사무처리기준 등을 정한 것으로서 행정조직 내에서 적용되는 행정명령의 성격을 지닐 뿐 국민에 대한 대외적 구속력은 없다고 보아야 한다(대판 2013.9.12. 2011두10584).

**9** 강학상 인가에 대한 설명으로 옳은 것만을 모두 고르면? (다툼이 있는 경우 판례에 의함)

> ㉠ 강학상 인가는 기본행위에 대한 법률상의 효력을 완성시키는 보충행위로서, 그 기본이 되는 행위에 하자가 있을 때에는 그에 대한 인가가 있었다 하여도 기본행위가 유효한 것으로 될 수 없다.
> ㉡ 「민법」상 재단법인의 정관변경에 대한 주무관청의 허가는 법률상 표현이 허가로 되어 있기는 하나, 그 성질은 법률행위의 효력을 보충해 주는 것이지 일반적 금지를 해제하는 것은 아니다.
> ㉢ 인가처분에 하자가 없더라도 기본행위에 무효사유가 있다면 기본행위의 무효를 내세워 그에 대한 행정청의 인가처분의 취소 또는 무효확인을 구할 소의 이익이 있다.
> ㉣ 「도시 및 주거환경정비법」상 관리처분계획에 대한 인가는 강학상 인가의 성격을 갖고 있으므로 관리처분계획에 대한 인가가 있더라도 관리처분계획안에 대한 총회결의에 하자가 있다면 민사소송으로 총회결의의 하자를 다투어야 한다.

① ㉠, ㉡
② ㉡, ㉢
③ ㉢, ㉣
④ ㉠, ㉡, ㉣

**》ADVICE** ㉠ [O] 학교법인의 임원에 대한 감독청의 취임승인은 학교법인의 임원선임행위를 보충하여 그 법률상의 효력을 완성케하는 보충적 행정행위로서 성질상 기본행위를 떠나 승인처분 그 자체만으로는 법률상 아무런 효력도 발생할 수 없으므로 <u>기본행위인 학교법인의 임원선임행위가 불성립 또는 무효인 경우에는 비록 그에 대한 감독청의 취임승인이 있었다 하여도 이로써 무효인 그 선임행위가 유효한 것으로 될 수는 없다</u>(대판 1987. 8. 18. 86누152).

㉡ [O] 민법 제45조와 제46조에서 말하는 재단법인의 정관변경 "허가"는 법률상의 표현이 허가로 되어 있기는 하나, 그 성질에 있어 법률행위의 효력을 보충해 주는 것이지 일반적 금지를 해제하는 것이 아니므로, 그 법적 성격은 인가라고 보아야 한다(대판 1996. 5. 16. 95누4810(전합)).

㉢ [×] 기본행위인 이사선임결의가 적법·유효하고 보충행위인 승인처분 자체에만 하자가 있다면 그 승인처분의 무효확인이나 그 취소를 주장할 수 있지만, <u>기본행위인 임시이사들에 의한 이사선임결의의 내용 및 그 절차에 하자가 있다는 이유로 이사선임결의의 효력에 관하여 다툼이 있는 경우에는 민사쟁송으로서 그 기본행위에 해당하는 위 이사선임결의 무효확인을 구하는 등의 방법으로 분쟁을 해결할 것이지</u> 그 이사선임결의에 대한 보충적 행위로서 그 자체만으로는 아무런 효력이 없는 승인처분만의 무효확인이나 그 취소를 구하는 것은 특단의 사정이 없는 한 분쟁해결의 유효적절한 수단이라 할 수 없으므로, 임원취임승인처분의 무효확인이나 그 취소를 구할 법률상 이익이 없다(대판 2002. 5. 24. 2000두3641).

㉣ [×]
- 「도시 및 주거환경정비법」에 기초하여 주택재개발정비사업조합이 수립한 사업시행계획 및 관리처분계획에 대하여 관할 행정청의 인가·고시가 있게 되면, 사업시행계획 및 관리처분계획은 행정처분으로서 효력이 발생한다. 이 경우에 사업시행계획 및 관리처분계획이라는 행정처분에 이르는 절차적 요건 중 하나로서 해당 총회 결의에 하자가 있다 하더라도, <u>행정처분인 사업시행계획 및 관리처분계획에 대하여 항고소송의 방법으로 취소 또는 무효확인을 구하여야 하고,</u> 그와 별도로 해당 총회 결의 부분만을 따로 떼어내어 효력 유무를 다투는 확인의 소를 제기하는 것은 특별한 사정이 없는 한 허용되지 아니한다(대판 2016. 10. 13. 2012두24481).

• 도시 및 주거환경정비법상 행정주체인 주택재건축정비사업조합을 상대로 <u>관리처분계획안에 대한 조합총회 결의의 효력을 다투는 소송은</u> 행정처분에 이르는 절차적 요건의 존부나 효력 유무에 관한 소송으로서 소송결과에 따라 행정처분의 위법 여부에 직접 영향을 미치는 공법상 법률관계에 관한 것이므로, 이는 행정소송법상 <u>당사자소송에 해당한다</u>(대결 2015. 8. 21. 2015무26).

## 10 「행정심판법」상의 행정심판에 대한 설명으로 옳지 <u>않은</u> 것은? (다툼이 있는 경우 판례에 의함)

① 행정청의 부당한 처분을 변경하는 행정심판은 현행법상 허용된다.

② 당사자의 신청에 대한 행정청의 부당한 거부처분에 대하여 일정한 처분을 하도록 하는 행정심판은 현행법상 허용된다.

③ 당사자의 신청에 대한 행정청의 위법한 부작위에 대하여 행정청의 부작위가 위법하다는 것을 확인하는 행정심판은 현행법상 허용되지 않는다.

④ 당사자의 신청에 대한 행정청의 부당한 거부처분을 취소하는 행정심판은 현행법상 허용되지 않는다.

> ADVICE ④ 행정심판법 제5조 1호, 제2조 1호의 해석을 통해 거부처분 취소심판도 인정된다. 판례도 '당사자의 신청을 거부하는 처분을 취소하는 재결이 있는 경우에는 행정청은 그 재결의 취지에 따라 이전의 신청에 대한 처분을 하여야 하는 것'이라고 판시하고 있다(대판 1998. 12. 13. 88누7880).

① 행정심판법 제5조 1호

② 행정심판법 제5조 3호

③ 위법한 부작위에 대해서는 의무이행심판을 제기할 수 있지만(행정심판법 제5조 3호), 부작위위법확인심판은 현행법상 인정되지 않는다.

※ 행정심판법 제2조(정의) 제1호 … "<u>처분</u>"이란 행정청이 행하는 구체적 사실에 관한 법집행으로서의 공권력의 행사 또는 그 <u>거부</u>, 그 밖에 이에 준하는 행정작용을 말한다.

※ 행정심판법 제5조(행정심판의 종류)

1. 취소심판 : 행정청의 위법 또는 <u>부당한 처분을 취소</u>하거나 변경하는 행정심판
2. 무효등확인심판 : 행정청의 처분의 효력 유무 또는 존재 여부를 확인하는 행정심판
3. 의무이행심판 : <u>당사자의 신청에 대한 행정청의 위법 또는 부당한 거부처분</u>이나 부작위에 대하여 일정한 처분을 하도록 하는 행정심판

**11** 기속행위와 재량행위에 대한 설명으로 옳지 않은 것은? (다툼이 있는 경우 판례에 의함)

① 「국토의 계획 및 이용에 관한 법률」상 개발행위허가는 허가기준 및 금지요건이 불확정개념으로 규정된 부분이 많아 그 요건에 해당하는지 여부는 행정청의 재량판단의 영역에 속한다.

② 기속행위와 재량행위의 구분은 당해 행위의 근거가 된 법규의 체재·형식과 그 문언, 당해 행위가 속하는 행정 분야의 주된 목적과 특성, 당해 행위 자체의 개별적 성질과 유형 등을 모두 고려하여 판단하여야 한다.

③ 처분을 할 것인지 여부와 처분의 정도에 관하여 재량이 인정되는 과징금 납부명령에 대하여 그 명령이 재량권을 일탈하였을 경우, 법원은 재량권의 범위 내에서 어느 정도가 적정한 것인지에 관하여 판단할 수 있고 그 일부를 취소할 수 있다.

④ 마을버스운송사업면허의 허용 여부는 운수행정을 통한 공익실현과 아울러 합목적성을 추구하기 위하여 보다 구체적 타당성에 적합한 기준에 의하여야 할 것이므로 행정청의 재량에 속하는 것이라고 보아야 한다.

> **ADVICE** ③ 처분을 할 것인지 여부와 처분의 정도에 관하여 재량이 인정되는 <u>과징금 납부명령에 대하여 그 명령이 재량권을 일탈하였을 경우</u>, 법원으로서는 재량권의 일탈 여부만 판단할 수 있을 뿐이지 재량권의 범위 내에서 어느 정도가 적정한 것인지에 관하여는 판단할 수 없어 <u>그 전부를 취소할 수밖에 없고, 법원이 적정하다고 인정하는 부분을 초과한 부분만 취소할 수는 없다</u>(대판 2009. 6. 23. 2007두18062).
>
> ① 「국토의 계획 및 이용에 관한 법률」상 개발행위허가는 그 금지요건·허가기준 등이 <u>불확정개념으로 규정된 부분이 많아 그 요건·기준에 부합하는지의 판단에 관하여 행정청에 재량권이 부여되어 있으므로, 그 요건에 해당하는지 여부는 행정청의 재량판단 영역에 속한다.</u> 그러므로 그에 대한 사법심사는 행정청의 공익판단에 관한 재량의 여지를 감안하여 원칙적으로 재량권의 일탈이나 남용이 있는지 여부만을 대상으로 하고, 사실오인과 비례·평등의 원칙 위반 여부 등이 그 판단 기준이 된다(대판 2018. 12. 27. 2018두49796).
>
> ② <u>행정행위가 재량성의 유무 및 범위와 관련하여 이른바 기속행위 내지 기속재량행위와 재량행위 내지 자유재량행위로 구분된다고 할 때, 그 구분은 당해 행위의 근거가 된 법규의 체재·형식과 문언, 당해 행위가 속하는 행정 분야의 주된 목적과 특성, 당해 행위 자체의 개별적 성질과 유형 등을 모두 고려하여 판단하여야 한다.</u> 이렇게 구분되는 양자에 대한 사법심사는, 전자의 경우 그 법규에 대한 원칙적인 기속성으로 인하여 법원이 사실인정과 관련 법규의 해석·적용을 통하여 일정한 결론을 도출한 후 그 결론에 비추어 행정청이 한 판단의 적법 여부를 독자의 입장에서 판정하는 방식에 의하게 된다. 후자의 경우 행정청의 재량에 기한 공익판단의 여지를 감안하여 법원은 독자의 결론을 도출함이 없이 당해 행위에 재량권의 일탈·남용이 있는지 여부만을 심사하게 되고, 이러한 재량권의 일탈·남용 여부에 대한 심사는 사실오인, 비례·평등의 원칙 위배, 당해 행위의 목적 위반이나 동기의 부정 유무 등을 판단 대상으로 한다(대판 2018. 10. 4. 2014두37702).
>
> ④ <u>마을버스운송사업면허의 허용 여부는</u> 사업구역의 교통수요, 노선결정, 운송업체의 수송능력, 공급능력 등에 관하여 기술적·전문적인 판단을 요하는 분야로서 이에 관한 행정처분은 <u>운수행정을 통한 공익실현과 아울러 합목적성을 추구하기 위하여 보다 구체적 타당성에 적합한 기준에 의하여야 할 것이므로 그 범위 내에서는 법령이 특별히 규정한 바가 없으면 행정청의 재량에 속하는 것이라고 보아야</u> 할 것이고, 또한 마을버스 한정면허시 확정되는 마을버스 노선을 정함에 있어서도 기존 일반노선버스의 노선과의 중복 허용 정도에 대한 판단도 행정청의 재량에 속한다(대판 2001. 1. 19. 99두3812).

**12** 행정행위의 부관에 대한 설명으로 옳은 것은? (다툼이 있는 경우 판례에 의함)

① 부관 중에서 부담은 주된 행정행위로부터 분리될 수 있다 할지라도 부담 그 자체는 독립된 행정행위가 아니므로 주된 행정행위로부터 분리하여 쟁송의 대상이 될 수 없다.

② 기부채납받은 행정재산에 대한 사용·수익허가에서 공유재산의 관리청이 정한 사용·수익허가의 기간은 그 허가의 효력을 제한하기 위한 행정행위의 부관으로서, 이러한 사용·수익허가의 기간에 대해서는 독립하여 행정소송을 제기할 수 있다.

③ 지방국토관리청장이 일부 공유수면매립지를 국가 또는 지방자치단체에 귀속처분한 것은 법률효과의 일부를 배제하는 부관을 붙인 것이므로 이러한 행정행위의 부관은 독립하여 행정쟁송 대상이 될 수 없다.

④ 행정청이 부담을 부가하기 이전에 상대방과 협의하여 부담의 내용을 협약의 형식으로 미리 정한 경우에는 행정처분을 하면서 이를 부담으로 부가할 수 없다.

> **ADVICE** ③ 행정행위의 부관은 부담의 경우를 제외하고는 독립하여 행정소송의 대상이 될 수 없는 것인바, 지방국토관리청장이 일부 공유수면매립지에 대하여 한 국가 또는 직할시 귀속처분은 매립준공인가를 함에 있어서 매립의 면허를 받은 자의 매립지에 대한 소유권취득을 규정한 공유수면매립법 제14조의 효과 일부를 배제하는 부관을 붙인 것이고, 이러한 행정행위의 부관은 위 법리와 같이 독립하여 행정소송 대상이 될 수 없다(대판 1993. 10. 8. 93누2032).
>
> ① 행정행위의 부관은 행정행위의 일반적인 효력이나 효과를 제한하기 위하여 의사표시의 주된 내용에 부가되는 종된 의사표시이지 그 자체로서 직접 법적 효과를 발생하는 독립된 처분이 아니므로 현행 행정쟁송제도 아래서는 부관 그 자체만을 독립된 쟁송의 대상으로 할 수 없는 것이 원칙이나 행정행위의 부관 중에서도 <u>행정행위에 부수하여 그 행정행위의 상대방에게 일정한 의무를 부과하는 행정청의 의사표시인 부담의 경우</u>에는 다른 부관과는 달리 <u>행정행위의 불가분적인 요소가 아니고</u> 그 존속이 본체인 행정행위의 존재를 전제로 하는 것일 뿐이므로 <u>부담 그 자체로서 행정쟁송의 대상이 될 수 있다</u>(대판 1992. 1. 21. 91누1264).
>
> ② 기부채납받은 행정재산에 대한 사용·수익허가에서 공유재산의 관리청이 정한 사용·수익허가의 기간은 그 허가의 효력을 제한하기 위한 행정행위의 부관으로서 이러한 사용·수익허가의 기간에 대해서는 독립하여 행정소송을 제기할 수 없다(대판 2001. 6. 15. 99두509).
>
> ④ 수익적 행정처분에 있어서는 법령에 특별한 근거규정이 없다고 하더라도 그 부관으로서 부담을 붙일 수 있고, 그와 같은 부담은 행정청이 행정처분을 하면서 일방적으로 부가할 수도 있지만 부담을 부가하기 이전에 <u>상대방과 협의하여 부담의 내용을 협약의 형식으로 미리 정한 다음 행정처분을 하면서 이를 부가할 수도 있다.</u>

**13** 다음은 「행정소송법」상 제소 기간에 대한 설명이다. ㉠ ~ ㉤에 들어갈 내용은?

> 취소소송은 처분등이 ( ㉠ )부터 ( ㉡ ) 이내에 제기하여야 한다. 다만, 행정심판청구를 할 수 있는 경우 또는 행정청이 행정심판청구를 할 수 있다고 잘못 알린 경우에 행정심판청구가 있은 때의 기간은 ( ㉢ )을 ( ㉣ )부터 기산한다. 한편 취소소송은 처분등이 있은 날부터 ( ㉤ )을 경과하면 이를 제기하지 못한다. 다만, 정당한 사유가 있는 때에는 그러하지 아니하다.

| | ㉠ | ㉡ | ㉢ | ㉣ | ㉤ |
|---|---|---|---|---|---|
| ① | 있은 날 | 30일 | 결정서의 정본 | 통지받은 날 | 180일 |
| ② | 있음을 안 날 | 90일 | 재결서의 정본 | 송달받은 날 | 1년 |
| ③ | 있은 날 | 1년 | 결정서의 부본 | 통지받은 날 | 2년 |
| ④ | 있음을 안 날 | 1년 | 재결서의 부본 | 송달받은 날 | 3년 |

**》ADVICE** • 행정소송법 제20조(제소기간) 제1항 ⋯ 취소소송은 처분 등이 있음을 안 날부터 90일 이내에 제기하여야 한다. 다만, 행정심판청구를 할 수 있는 경우 또는 행정청이 행정심판청구를 할 수 있다고 잘못 알린 경우에 행정심판청구가 있은 때의 기간은 재결서의 정본을 송달받은 날부터 기산한다.
• 동법조 제2항 ⋯ 취소소송은 처분등이 있은 날부터 1년을 경과하면 이를 제기하지 못한다. 다만, 정당한 사유가 있는 때에는 그러하지 아니하다.

**14** 행정계획에 대한 설명으로 옳지 않은 것은? (다툼이 있는 경우 판례에 의함)

① 도시계획구역 내 토지 등을 소유하고 있는 사람과 같이 당해 도시계획시설결정에 이해관계가 있는 주민은 도시시설계획의 입안권자 내지 결정권자에게 도시시설계획의 입안 내지 변경을 요구할 수 있는 법규상 또는 조리상의 신청권이 있다.

② 구「국토이용관리법」상의 국토이용계획은 그 계획이 일단 확정된 후에 어떤 사정의 변동이 있다고 하여 지역주민이나 일반 이해관계인에게 일일이 그 계획의 변경을 신청할 권리를 인정하여 줄 수 없다.

③ 장래 일정한 기간 내에 관계 법령이 규정하는 시설 등을 갖추어 일정한 행정처분을 구하는 신청을 할 수 있는 법률상 지위에 있는 자의 국토이용계획변경신청을 거부하는 것이 실질적으로 당해 행정처분 자체를 거부하는 결과가 되는 경우에는 항고소송의 대상이 되는 처분에 해당한다.

④ 문화재보호구역 내의 토지소유자가 문화재보호구역의 지정해제를 신청하는 경우에는 그 신청인에게 법규상 또는 조리상 행정계획 변경을 신청할 권리가 인정되지 않는다.

> **ADVICE** ④ 문화재보호구역 내에 있는 토지소유자 등으로서는 위 보호구역의 지정해제를 요구할 수 있는 법규상 또는 조리상의 신청권이 있다고 할 것이고, 이러한 신청에 대한 거부행위는 항고소송의 대상이 되는 행정처분에 해당한다(대판 2004. 4. 27. 2003두8821).
>
> ① 도시계획구역 내 토지 등을 소유하고 있는 주민으로서는 입안권자에게 도시계획입안을 요구할 수 있는 법규상 또는 조리상의 신청권이 있다고 할 것이고, 이러한 신청에 대한 거부행위는 항고소송의 대상이 되는 행정처분에 해당한다(대판 2004. 4. 28. 2003두1806).
>
> ② 도시계획법상 주민이 행정청에 대하여 도시계획 및 그 변경에 대하여 어떤 신청을 할 수 있다는 규정이 없고, 도시계획과 같이 장기성, 종합성이 요구되는 행정계획에 있어서 그 계획이 일단 확정된 후 어떤 사정의 변동이 있다 하여 지역주민에게 일일이 그 계획의 변경을 청구할 권리를 인정해 줄 수도 없는 것이므로 그 변경 거부행위를 항고소송의 대상이 되는 행정처분에 해당한다고 볼 수 없다(대판 1994. 1. 28. 93누22029). 〈계획변경청구권을 부정하는 판례(원칙)〉
>
> ③ 장래 일정한 기간 내에 관계 법령이 규정하는 시설 등을 갖추어 일정한 행정처분을 구하는 신청을 할 수 있는 법률상 지위에 있는 자의 국토이용계획변경신청을 거부하는 것이 실질적으로 당해 행정처분 자체를 거부하는 결과가 되는 경우에는 예외적으로 그 신청인에게 국토이용계획변경을 신청할 권리가 인정된다고 봄이 상당하므로, 이러한 신청에 대한 거부행위는 항고소송의 대상이 되는 행정처분에 해당한다(대판 2003. 9. 23. 2001두10936).

**15** 정보공개청구에 대한 설명으로 옳은 것은? (다툼이 있는 경우 판례에 의함)

① 공공기관이 공개청구의 대상이 된 정보를 공개는 하되, 청구인이 신청한 공개방법 이외의 방법으로 공개하기로 하는 결정을 한 경우 이는 정보공개방법만을 달리 한 것이므로 일부 거부처분이라 할 수 없다.

② 「공공기관의 정보공개에 관한 법률」에 의하면 "다른 법률 또는 법률에서 위임한 명령에 의하여 비밀 또는 비공개 사항으로 규정된 정보"는 이를 공개하지 아니할 수 있다고 규정하고 있는바, 여기에서 '법률에 의한 명령'은 정보의 공개에 관하여 법률의 구체적인 위임 아래 제정된 법규명령(위임명령)을 의미한다.

③ 국민의 알권리를 두텁게 보호하기 위해 「공공기관의 정보공개에 관한 법률」 제9조 제1항 제6호 본문의 규정에 따라 비공개대상이 되는 정보는 이름·주민등록번호 등 '개인식별정보'로 한정된다.

④ 공개청구의 대상이 되는 정보가 이미 다른 사람에게 공개되어 널리 알려져 있다거나 인터넷 등을 통하여 공개되어 인터넷 검색 등을 통하여 쉽게 알 수 있다면 행정청의 정보비공개 결정이 정당화될 수 있다.

> **ADVICE** ② 「공공기관의 정보공개에 관한 법률」 제7조 제1항 제1호 소정의 '법률에 의한 명령'은 법률의 위임규정에 의하여 제정된 대통령령, 총리령, 부령 전부를 의미한다기보다는 정보의 공개에 관하여 법률의 구체적인 위임 아래 제정된 법규명령(위임명령)을 의미한다(대판 2003. 12. 11. 2003두8395).
>
> ① •공공기관이 공개청구의 대상이 된 정보를 공개는 하되, 청구인이 신청한 공개방법 이외의 방법으로 공개하기로 하는 결정을 하였다면, 이는 정보공개청구 중 정보공개방법에 관한 부분에 대하여 일부 거부처분을 한 것이고, 청구인은 그에 대하여 항고소송으로 다툴 수 있다(대판 2016. 11. 10. 2016두44674).
>
> •정보공개를 청구하는 자가 공공기관에 대해 정보의 사본 또는 출력물의 교부의 방법으로 공개방법을 선택하여 정보공개청구를 한 경우에 공개청구를 받은 공공기관으로서는 정보의 사본 또는 복제물의 교부를 제한할 수 있는 사유에 해당하지 않는 한 정보공개청구자가 선택한 공개방법에 따라 정보를 공개하여야 하므로 그 공개방법을 선택할 재량권이 없다(대판 2002. 12. 12. 2003두8050).
>
> ③ 정보공개법 제9조 제1항 제6호 본문의 규정에 따라 비공개대상이 되는 정보에는 구 「공공기관의 정보공개에 관한 법률」의 이름·주민등록번호 등 정보 형식이나 유형을 기준으로 비공개대상정보에 해당하는지를 판단하는 '개인식별정보'뿐만 아니라 그 외에 정보의 내용을 구체적으로 살펴 '개인에 관한 사항의 공개로 개인의 내밀한 내용의 비밀 등이 알려지게 되고, 그 결과 인격적·정신적 내면생활에 지장을 초래하거나 자유로운 사생활을 영위할 수 없게 될 위험성이 있는 정보'도 포함된다고 새겨야 한다(대판 2012. 6. 18. 2011두2361(전합)).
>
> ④ 공개청구의 대상이 되는 정보가 이미 다른 사람에게 공개하여 널리 알려져 있다거나 인터넷이나 관보 등을 통하여 공개하여 인터넷검색이나 도서관에서의 열람 등을 통하여 쉽게 알 수 있다는 사정만으로는 소의 이익이 없다거나 비공개결정이 정당화될 수는 없다(대판 2008. 11. 27. 2005두15694).

## 16 판례상 항고소송의 대상으로 인정되는 것만을 모두 고르면?

> ㉠ 교도소장이 특정 수형자를 '접견내용 녹음·녹화 및 접견 시 교도관 참여대상자'로 지정한 행위
> ㉡ 행정청이 토지대장상의 소유자명의변경신청을 거부한 행위
> ㉢ 지방경찰청장의 횡단보도 설치 행위
> ㉣ 상표권자인 법인에 대한 청산종결등기가 되었음을 이유로 특허청장이 행한 상표권 말소등록 행위

① ㉠, ㉡

② ㉠, ㉢

③ ㉡, ㉣

④ ㉢, ㉣

>ADVICE ㉠ [○] 교도소장이 수형자 甲을 '접견내용 녹음·녹화 및 접견 시 교도관 참여대상자'로 지정한 사안에서, 위 지정행위는 수형자의 구체적 권리의무에 직접적 변동을 가져오는 행정청의 공법상 행위로서 항고소송의 대상이 되는 '처분'에 해당한다(대판 2014. 2. 13. 2013두20899).

㉡ [×] 토지대장에 기재된 일정한 사항을 변경하는 행위는, 그것이 지목의 변경이나 정정 등과 같이 토지소유권 행사의 전제요건으로서 토지소유자의 실체적 권리관계에 영향을 미치는 사항에 관한 것이 아닌 한 행정사무집행의 편의와 사실증명의 자료로 삼기 위한 것일 뿐이어서, 그 소유자 명의가 변경된다고 하여도 이로 인하여 당해 토지에 대한 실체상의 권리관계에 변동을 가져올 수 없고 토지 소유권이 지적공부의 기재만에 의하여 증명되는 것도 아니다. 따라서 소관청이 토지대장상의 소유자명의변경신청을 거부한 행위는 이를 항고소송의 대상이 되는 행정처분이라고 할 수 없다(대판 2012. 1. 12. 2010두12354).

㉢ [○] 지방경찰청장의 횡단보도 설치행위는 물적 행정행위로서 일반처분에 해당한다. 판례는 횡단보도 설치행위를 국민의 권리의무에 직접 관계가 있는 행위로서 행정처분이라고 판시하였다(대판 2000. 10. 27. 98두896).

㉣ [×] 상표원부에 상표권자인 법인에 대한 청산종결등기가 되었음을 이유로 상표권의 말소등록이 이루어졌다고 해도 이는 상표권이 소멸하였음을 확인하는 사실적·확인적 행위에 지나지 않고, 말소등록으로 비로소 상표권 소멸의 효력이 발생하는 것이 아니어서, 상표권의 말소등록은 국민의 권리의무에 직접적으로 영향을 미치는 행위라고 할 수 없다. 상표권자인 법인에 대한 청산종결등기가 되었음을 이유로 한 상표권의 말소등록행위는 항고소송의 대상이 될 수 없다(대판 2015. 10. 29. 2014두2362).

**17** 국가배상에 대한 설명으로 옳지 않은 것은? (다툼이 있는 경우 판례에 의함)

① 국가배상책임에서의 법령위반은, 인권존중·권력남용금지·신의성실·공서양속 등의 위반도 포함해 널리 그 행위가 객관적인 정당성을 결여하고 있음을 의미한다.

② 공무원에게 부과된 직무상 의무는 전적으로 또는 부수적으로 사회구성원 개인의 안전과 이익을 보호하기 위해 설정된 것이어야 국가배상책임이 인정된다.

③ 배상심의회의 결정은 대외적인 법적 구속력을 가지므로 배상 신청인과 상대방은 그 결정에 항상 구속된다.

④ 판례는 구「국가배상법」(67. 3. 3. 법률 제1899호) 제3조의 배상액 기준은 배상심의회 배상액 결정의 기준이 될 뿐 배상 범위를 법적으로 제한하는 규정이 아니므로 법원을 기속하지 않는다고 보았다.

> **ADVICE** ③ 국가배상법 제15조 제3항에서 '배상결정을 받은 신청인이 배상금 지급을 청구하지 아니하거나 지방자치단체가 대통령령으로 정하는 기간 내(배상금지급 청구를 받은 때로부터 2주 이내)에 배상금을 지급하지 아니하면 그 결정에 동의하지 아니한 것으로 본다'고 규정하고 있어서, 신청인은 배상심의회의 결정에 부동의할 수 있음을 알 수 있다.
>
> ① 국가배상책임에 있어 공무원의 가해행위는 법령을 위반한 것이어야 하고, 법령을 위반하였다 함은 엄격한 의미의 법령 위반뿐 아니라 인권존중, 권력남용금지, 신의성실과 같이 공무원으로서 마땅히 지켜야 할 준칙이나 규범을 지키지 아니하고 위반한 경우를 포함하여 널리 그 행위가 객관적인 정당성을 결여하고 있음을 뜻하는 것이다(대판 2008. 6. 12. 2007다64365).
>
> ② 공무원에게 부과된 직무상 의무의 내용이 단순히 공공일반의 이익을 위한 것이거나 행정기관 내부의 질서를 규율하기 위한 것이 아니고 전적으로 또는 부수적으로 사회구성원 개인의 안전과 이익을 보호하기 위하여 설정된 것이라면, 공무원이 그와 같은 직무상 의무를 위반함으로 인하여 피해자가 입은 손해에 대하여는 상당인과관계가 인정되는 범위 내에서 국가나 지방자치단체가 손해배상책임을 지는 것이다(대판 2006. 2. 24. 2005다29207).
>
> ④ 구 국가배상법 제3조 제1항, 제3항 규정의 손해배상기준은 배상심의회의 배상금지급기준을 정함에 있어서의 하나의 기준을 정한 것에 불과하다(대판 1970. 3. 10. 69다1772).

**18** 조례제정권의 범위와 한계에 대한 설명으로 옳지 않은 것은? (다툼이 있는 경우 판례에 의함)

① 지방자치단체는 법령에 위반되지 않는 범위 내에서 자치사무에 관하여 주민의 권리를 제한하거나 의무를 부과하는 사항이 아닌 한 법률의 위임 없이 조례를 제정할 수 있다.

② 담배자동판매기의 설치를 금지하고 설치된 판매기를 철거하도록 하는 조례는 기존 담배자동판매기업자의 직업의 자유와 재산권을 제한하는 조례이므로 법률의 위임이 필요하다.

③ 영유아 보육시설 종사자의 정년을 조례로 규정하고자 하는 경우에는 법률의 위임이 필요 없다.

④ 군민의 출산을 장려하기 위하여 세 자녀 이상 세대 중 세 번째 이후 자녀에게 양육비 등을 지원할 수 있도록 하는 조례의 제정에는 법률의 위임이 필요 없다.

> **ADVICE** ③ 영유아보육법이 보육시설 종사자의 정년에 관한 규정을 두거나 이를 지방자치단체의 조례에 위임한다는 규정을 두고 있지 않음에도 보육시설 종사자의 정년을 규정한 '서울특별시 중구 영유아 보육조례 일부개정조례안'은, 법률의 위임 없이 헌법이 보장하는 직업을 선택하여 수행할 권리의 제한에 관한 사항을 정한 것이어서 그 효력을 인정할 수 없으므로, 위 조례안에 대한 재의결은 무효이다(대판 2009. 5. 28. 207추134).

> ① 지방자치법 제15조에 의하면, 지방자치단체는 법령의 범위 안에서 그 사무에 관하여 조례를 제정할 수 있되 주민의 권리제한 또는 의무의 부과에 관한 사항이나, 벌칙을 정할 때에는 법률의 위임이 있어야 한다고 규정하고 있으므로 지방자치단체는 그 내용이 주민의 권리의 제한 또는 의무의 부과에 관한 사항이거나 벌칙에 관한 사항이 아닌 한 법률의 위임이 없더라도 조례를 제정할 수 있다(대판 1992.6.23. 92추17).

> ② 부천시의 조례들은 담배소매업을 영위하는 주민들에게 자판기 설치를 제한하는 것을 내용으로 하고 있으므로 주민의 직업선택의 자유 특히 직업수행의 자유를 제한하는 것이 되어 지방자치법 제15조 단서 소정의 주민의 권리의무에 관한 사항을 규율하는 조례라고 할 수 있으므로 지방자치단체가 이러한 조례를 제정함에 있어서는 법률의 위임을 필요로 한다(헌재결 1995. 4. 20. 92헌마264).

> ④ 지방자치단체의 세 자녀 이상 세대 양육비 등 지원에 관한 조례안은 저출산 문제의 국가적·사회적 심각성을 십분 감안하여 향후 지방자치단체의 출산을 적극 장려토록 하여 인구정책을 보다 전향적으로 실효성 있게 추진하고자 세 자녀 이상 세대 중 세 번째 이후 자녀에게 양육비 등을 지원할 수 있도록 하는 것으로서, 위와 같은 사무는 지방자치단체 고유의 자치사무 중 주민의 복지증진에 관한 사무를 규정한 지방자치법 제9조 제2항 제2호 (라)목에서 예시하고 있는 아동·청소년 및 부녀의 보호와 복지증진에 해당되는 사무이고, 또한 위 조례안에는 주민의 편의 및 복리증진에 관한 내용을 담고 있어 그 제정에 있어서 반드시 법률의 개별적 위임이 따로 필요한 것은 아니다(대판 2006. 10. 12. 2006추36).

**19** 행정소송의 소송요건 등에 대한 설명으로 옳지 않은 것은? (다툼이 있는 경우 판례에 의함)

① 고시 또는 공고에 의하여 행정처분을 하는 경우 그 행정처분에 이해관계를 갖는 사람이 고시 또는 공고가 있었다는 사실을 현실적으로 알았는지 여부에 관계없이 고시 또는 공고가 효력을 발생한 날에 행정처분이 있음을 알았다고 보아야 한다.

② 「행정소송법」상 제3자 소송참가의 경우 참가인이 상소를 하였더라도, 소송당사자 본인인 피참가인은 참가인의 의사에 반하여 상소취하나 상소포기를 할 수 있다.

③ 무효인 과세처분에 근거하여 세금을 납부한 경우 부당이득반환청구의 소로써 직접 위법상태의 제거를 구할 수 있는지 여부와 관계없이 「행정소송법」 제35조에 규정된 '무효확인을 구할 법률상 이익'을 가진다.

④ 공법상 당사자소송으로서 납세의무부존재확인의 소는 과세처분을 한 과세관청이 아니라 「행정소송법」 제3조 제2호, 제39조에 의하여 그 법률관계의 한쪽 당사자인 국가 · 공공단체, 그 밖의 권리주체가 피고적격을 가진다.

> **ADVICE** ② 행정소송 사건에서 참가인이 한 보조참가가 행정소송법 제16조가 규정한 제3자의 소송참가에 해당하지 않는 경우에도, 판결의 효력이 참가인에게까지 미치는 점 등 행정소송의 성질에 비추어 보면 그 참가는 민사소송법 제78조에 규정된 공동소송적 보조참가라고 볼 수 있다. (… 중략 …) 피참가인의 소송행위는 모두의 이익을 위하여서만 효력을 가지고, 공동소송적 보조참가인에게 불이익이 되는 것은 효력이 없으므로, 참가인이 상소를 할 경우에 피참가인이 상소취하나 상소포기를 할 수는 없다(대판 2017. 10. 12. 2015두36836).
>
> ① 통상 고시 또는 공고에 의하여 행정처분을 하는 경우에는 그 처분의 상대방이 불특정 다수인이고 그 처분의 효력이 불특정 다수인에게 일률적으로 적용되는 것이므로, 그 행정처분에 이해관계를 갖는 자가 고시 또는 공고가 있었다는 사실을 현실적으로 알았는지 여부에 관계없이 고시가 효력을 발생하는 날 행정처분이 있음을 알았다고 보아야 한다(대판 2007. 6. 14. 2004두619).
>
> ③ 행정처분의 근거 법률에 의하여 보호되는 직접적이고 구체적인 이익이 있는 경우에는 행정소송법 제35조에 규정된 '무효 등 확인을 구할 법률상 이익'이 있다고 보아야 한다. 이와 별도로 무효 등 확인소송의 보충성이 요구되는 것은 아니므로 행정처분의 유 · 무효를 전제로 한 이행소송 등과 같은 직접적인 구제수단이 있는지 여부를 따질 필요가 없다(대판 2019. 2. 14. 2017두62587).
>
> ④ 납세의무부존재확인의 소는 공법상의 법률관계 그 자체를 다투는 소송으로서 당사자소송이라 할 것이므로 행정소송법 제3조 제2호, 제39조에 의하여 그 법률관계의 한쪽 당사자인 국가 · 공공단체 그 밖의 권리주체가 피고적격을 가진다(대판 2000. 9. 8. 99두2765).

20 행정벌에 대한 설명으로 옳은 것으로만 묶은 것은? (다툼이 있는 경우 판례에 의함)

> ㉠ 행정청의 과태료 부과에 불복하는 자는 서면으로 이의제기를 할 수 있으나, 이의제기가 있더라도 과태료 부과처분은 그 효력을 유지한다.
> ㉡ 「도로교통법」상 범칙금 통고처분은 항고소송의 대상이 되는 행정처분에 해당하지 않는다.
> ㉢ 과징금은 어떤 경우에도 영업정지에 갈음하여 부과할 수 없다.
> ㉣ 「질서위반행위규제법」에 따른 과태료는 행정청의 과태료 부과처분이나 법원의 과태료 재판이 확정된 후 5년간 징수하지 아니하거나 집행하지 아니하면 시효로 소멸한다.

① ㉠, ㉡
② ㉠, ㉢
③ ㉡, ㉢
④ ㉡, ㉣

>ADVICE ㉠ [×] 질서위반행위규제법 제20조(이의제기) 제1항 및 제2항 … 행정청의 과태료 부과에 불복하는 당사자는 과태료 부과 통지를 받은 날부터 60일 이내에 해당 행정청에 서면으로 이의제기를 할 수 있다. 이의제기가 있는 경우에는 행정청 의 과태료 부과처분은 그 효력을 상실한다.
> ㉡ [○] 도로교통법에서 규정하는 경찰서장의 통고처분은 행정소송의 대상이 되는 행정처분이 아니므로 그 처분의 취소를 구하는 소송은 부적법하고, 도로교통법상의 통고처분을 받은 자가 그 처분에 대하여 이의가 있는 경우에는 통고처분에 따른 범칙금의 납부를 이행하지 아니함으로써 경찰서장의 즉결심판청구에 의하여 법원의 심판을 받을 수 있게 될 뿐이 다(대판 1995. 6. 29. 95누4674).
> ㉢ [×] 건설산업기본법 제82조(영업정지 등) 제1항 … 국토교통부장관은 건설사업자가 다음 각 호의 어느 하나에 해당하면 6개월 이내의 기간을 정하여 그 건설사업자의 영업정지를 명하거나 영업정지를 갈음하여 1억 원 이하의 과징금을 부과 할 수 있다.
> ㉣ [○] 질서위반행위규제법 제15조(과태료의 시효) 제1항 … 과태료는 행정청의 과태료 부과처분이나 법원의 과태료 재판이 확정된 후 5년간 징수하지 아니하거나 집행하지 아니하면 시효로 인하여 소멸한다.

**1** 행정법의 법원(法源)의 효력에 대한 설명으로 옳지 않은 것은? (다툼이 있는 경우 판례에 의함)

① 학교급식을 위해 국내 우수농산물을 사용하는 자에게 식재료나 구입비의 일부를 지원하는 것 등을 내용으로 하는 지방자치단체의 조례안이 '1994년 관세 및 무역에 관한 일반협정'을 위반하여 위법한 이상, 그 조례안은 효력이 없다.

② 국민의 권리 제한 또는 의무 부과와 직접 관련되는 법률, 대통령령, 총리령 및 부령은 긴급히 시행하여야 할 특별한 사유가 있는 경우를 제외하고는 공포일부터 적어도 30일이 경과한 날부터 시행되도록 하여야 한다.

③ 진정소급입법이라 하더라도 예외적으로 국민이 소급입법을 예상할 수 있었거나 신뢰보호의 요청에 우선하는 심히 중대한 공익상의 사유가 소급입법을 정당화하는 경우 등에는 허용될 수 있다.

④ 개발제한구역의 지정 및 관리에 관한 특별조치법령의 개정으로 허가나 신고 없이 개발제한구역 내 공작물 설치행위를 할 수 있게 되었다면, 그 법령의 시행 전에 이미 범하여진 위법한 설치행위에 대한 가벌성은 소멸한다.

> **ADVICE** ④ 종전에 허가를 받거나 신고를 하여야만 할 수 있던 행위의 일부를 허가나 신고 없이 할 수 있도록 법령이 개정되었다 하더라도 이는 법률 이념의 변천으로 과거에 범죄로서 처벌하던 일부 행위에 대한 처벌 자체가 부당하다는 반성적 고려에서 비롯된 것이라기보다는 사정의 변천에 따른 규제 범위의 합리적 조정의 필요에 따른 것이라고 보이므로, 위 개발제한구역의 지정 및 관리에 관한 특별조치법과 같은 법 시행규칙의 신설 조항들이 시행되기 전에 <u>이미 범하여진 개발제한구역 내 비닐하우스 설치행위에 대한 가벌성이 소멸하는 것은 아니다</u>(대판 2007. 9. 6. 2007도4197).
>
> ① 특정 지방자치단체의 초·중·고등학교에서 실시하는 학교급식을 위해 위 지방자치단체에서 생산되는 우수 농수축산물과 이를 재료로 사용하는 가공식품(이하 '우수농산물')을 우선적으로 사용하도록 하고 그러한 우수농산물을 사용하는 자를 선별하여 식재료나 식재료 구입비의 일부를 지원하며 지원을 받은 학교는 지원금을 반드시 우수농산물을 구입하는 데 사용하도록 하는 것을 내용으로 하는 위 <u>지방자치단체의 조례안이 내국민대우원칙을 규정한 '1994년 관세 및 무역에 관한 일반협정'</u>(General Agreement on Tariffs and Trade 1994)에 <u>위반되어 그 효력이 없다</u>(대판 2005. 9. 9. 2004추10).
>
> ② 법령 등 공포에 관한 법률 제13조의2(법령의 시행유예기간)
>
> ③ 진정소급입법이 허용되는 예외적인 경우로는 일반적으로, 국민이 소급입법을 예상할 수 있었거나, 법적 상태가 불확실하고 혼란스러웠거나 하여 보호할 만한 신뢰의 이익이 적은 경우와 소급입법에 의한 당사자의 손실이 없거나 아주 경미한 경우, 그리고 신뢰보호의 요청에 우선하는 심히 중대한 공익상의 사유가 소급입법을 정당화하는 경우를 들 수 있다(헌재결 1996. 2. 16. 96헌가2 등).

**2** 신뢰보호의 원칙에 대한 설명으로 옳지 않은 것은? (다툼이 있는 경우 판례에 의함)

① 관할관청이 폐기물처리업 사업계획에 대하여 적정통보를 한 것만으로도 그 사업부지 토지에 대한 국토이용 계획변경신청을 승인하여 주겠다는 취지의 공적인 견해표명을 한 것으로 볼 수 있다.

② 행정청의 확약 또는 공적인 의사표명이 있은 후에 사실적·법률적 상태가 변경되었다면, 그와 같은 확약 또는 공적인 의사표명은 행정청의 별다른 의사표시를 기다리지 않고 실효된다.

③ 행정청의 공적 견해표명이 있었는지 여부를 판단하는 데 있어 반드시 행정조직상의 형식적인 권한분장에 구애될 것은 아니고 담당자의 조직상의 지위와 임무, 당해 언동을 하게 된 구체적인 경위 및 그에 대한 상대방의 신뢰가능성에 비추어 실질에 의하여 판단하여야 한다.

④ 입법 예고를 통해 법령안의 내용을 국민에게 예고한 적이 있다고 하더라도 그것이 법령으로 확정되지 아니한 이상 국가가 이해관계자들에게 그 법령안에 관련된 사항을 약속하였다고 볼 수 없으며, 이러한 사정만으로 어떠한 신뢰를 부여하였다고 볼 수도 없다.

> **ADVICE** ① 폐기물관리법령에 의한 폐기물처리업 사업계획에 대한 적정통보와 국토이용관리법령에 의한 국토이용계획변경은 각기 그 제도적 취지와 결정단계에서 고려해야 할 사항들이 다르다는 이유로, 폐기물처리업 사업계획에 대하여 적정통보를 한 것만으로 그 사업부지 토지에 대한 국토이용계획변경신청을 승인하여 주겠다는 취지의 공적인 견해표명을 한 것으로 볼 수 없다(대판 2005. 4. 28. 2004두8828).
>
> ② 행정청이 상대방에게 장차 어떤 처분을 하겠다고 확약 또는 공적인 의사표명을 하였다고 하더라도, 그 자체에서 상대방으로 하여금 언제까지 처분의 발령을 신청을 하도록 유효기간을 두었는데도 그 기간 내에 상대방의 신청이 없었다거나 확약 또는 공적인 의사표명이 있은 후에 사실적·법률적 상태가 변경되었다면, 그와 같은 확약 또는 공적인 의사표명은 행정청의 별다른 의사표시를 기다리지 않고 실효된다(대판 1996. 8. 20. 95누10877).
>
> ③ 행정상의 법률관계에 있어서 행정청의 행위에 대하여 신뢰보호의 원칙이 적용되기 위하여는, 첫째 행정청이 개인에 대하여 신뢰의 대상이 되는 공적인 견해표명을 하여야 하고, 둘째 행정청의 견해표명이 정당하다고 신뢰한 데에 대하여 그 개인에게 귀책사유가 없어야 하며, 셋째 그 개인이 그 견해표명을 신뢰하고 이에 어떠한 행위를 하였어야 하고, 넷째 행정청이 위 견해표명에 반하는 처분을 함으로써 그 견해표명을 신뢰한 개인의 이익이 침해되는 결과가 초래되어야 하며, 이러한 요건을 충족할 때에는 행정청의 처분은 신뢰보호의 원칙에 반하는 행위로서 위법하게 된다고 할 것이고, 또한 위 요건의 하나인 행정청의 공적 견해표명이 있었는지의 여부를 판단하는 데 있어 반드시 행정조직상의 형식적인 권한분장에 구애될 것은 아니고 담당자의 조직상의 지위와 임무, 당해 언동을 하게 된 구체적인 경위 및 그에 대한 상대방의 신뢰가능성에 비추어 실질에 의하여 판단하여야 한다(대판 1997. 9. 12. 96누18380).
>
> ④ 정책의 주무 부처인 중앙행정기관이 그 소관 사항에 대하여 입안한 법령안은 법제처 심사 등의 절차를 거쳐 공포함으로써 확정되므로, 법령이 확정되기 이전에는 법적 효과가 발생할 수 없다. 따라서 입법 예고를 통해 법령안의 내용을 국민에게 예고한 적이 있다고 하더라도 그것이 법령으로 확정되지 아니한 이상 국가가 이해관계자들에게 위 법령안에 관련된 사항을 약속하였다고 볼 수 없으며, 이러한 사정만으로 어떠한 신뢰를 부여하였다고 볼 수도 없다(대판 2018. 6. 15. 2017다249769).

**ANSWER** 1.④ 2.①

**3** 신고에 대한 설명으로 옳지 않은 것은? (다툼이 있는 경우 판례에 의함)

① 「건축법」상 인·허가의제 효과를 수반하는 건축신고는 특별한 사정이 없는 한 행정청이 그 실체적 요건에 관한 심사를 한 후 수리하여야 하는 이른바 '수리를 요하는 신고'이다.

② 「건축법」상의 착공신고의 경우에는 신고 그 자체로서 법적 절차가 완료되어 행정청의 처분이 개입될 여지가 없으므로, 행정청의 착공신고 반려행위는 항고소송의 대상인 처분에 해당하지 않는다.

③ 주민등록의 신고는 행정청에 도달하기만 하면 신고로서의 효력이 발생하는 것이 아니라 행정청이 수리한 경우에 비로소 신고의 효력이 발생한다.

④ 행정청이 구 「식품위생법」상의 영업자지위승계신고 수리처분을 하는 경우, 행정청은 종전의 영업자에 대하여 「행정절차법」 소정의 행정절차를 실시하여야 한다.

> **ADVICE** ② 건축주 등으로서는 착공신고가 반려될 경우, 당해 건축물의 착공을 개시하면 시정명령, 이행강제금, 벌금의 대상이 되거나 당해 건축물을 사용하여 행할 행위의 허가가 거부될 우려가 있어 불안정한 지위에 놓이게 된다. 따라서 착공신고 반려행위가 이루어진 단계에서 당사자로 하여금 반려행위의 적법성을 다투어 법적 불안을 해소한 다음 건축행위에 나아가도록 함으로써 장차 있을지도 모르는 위험에서 미리 벗어날 수 있도록 길을 열어 주고, 위법한 건축물의 양산과 철거를 둘러싼 분쟁을 조기에 근본적으로 해결할 수 있게 하는 것이 법치행정의 원리에 부합한다. 그러므로 행정청의 착공신고 반려행위는 항고소송의 대상이 된다(대판 2011. 6. 10. 2010두7321).
>
> ① 건축신고를 하려는 자는 인·허가의제사항 관련 법령에서 제출하도록 의무화하고 있는 신청서와 구비서류를 제출하여야 하는데, 이는 건축신고를 수리하는 행정청으로 하여금 인·허가의제사항 관련 법률에 규정된 요건에 관하여도 심사를 하도록 하기 위한 것으로 볼 수밖에 없다. 따라서 인·허가의제 효과를 수반하는 건축신고는 일반적인 건축신고와는 달리, 특별한 사정이 없는 한 행정청이 그 실체적 요건에 관한 심사를 한 후 수리하여야 하는 이른바 '수리를 요하는 신고'로 보는 것이 옳다(대판 2011. 1. 20. 2010두14954(전합)).
>
> ③ 주민등록은 단순히 주민의 거주관계를 파악하고 인구의 동태를 명확히 하는 것 외에도 주민등록에 따라 공법관계상의 여러 가지 법률상 효과가 나타나게 되는 것으로서, 주민등록의 신고는 행정청에 도달하기만 하면 신고로서의 효력이 발생하는 것이 아니라 행정청이 수리한 경우에 비로소 신고의 효력이 발생한다. 따라서 주민등록 신고서를 행정청에 제출하였다가 행정청이 이를 수리하기 전에 신고서의 내용을 수정하여 위와 같이 수정된 전입신고서가 수리되었다면 수정된 사항에 따라서 주민등록 신고가 이루어진 것으로 보는 것이 타당하다(대판 2009. 1. 30. 2006다17850).
>
> ④ 행정청이 구 식품위생법 규정에 의하여 영업자지위승계신고를 수리하는 처분은 종전의 영업자의 권익을 제한하는 처분이라 할 것이고 따라서 종전의 영업자는 그 처분에 대하여 직접 그 상대가 되는 자에 해당한다고 봄이 상당하므로, 행정청으로서는 위 신고를 수리하는 처분을 함에 있어서 행정절차법 규정 소정의 당사자에 해당하는 종전의 영업자에 대하여 위 규정 소정의 행정절차를 실시하고 처분을 하여야 한다(대판 2003. 2. 14. 2001두7015).

**4** 행정규칙에 대한 설명으로 옳지 않은 것은? (다툼이 있는 경우 판례에 의함)

① 법령의 위임이 없음에도 법령에 규정된 처분 요건에 해당하는 사항을 부령에서 변경하여 규정한 경우에는 그 부령의 규정은 행정명령의 성격을 지닐 뿐 국민에 대한 대외적 구속력은 없다.

② 행정관청 내부의 사무처리규정에 불과한 전결규정에 위반하여 원래의 전결권자 아닌 보조기관 등이 처분권자인 행정관청의 이름으로 행정처분을 한 경우, 그 처분은 권한 없는 자에 의하여 행하여진 것으로 무효이다.

③ 법령의 규정이 특정 행정기관에게 법령 내용의 구체적 사항을 정할 수 있는 권한을 부여하면서 권한행사의 절차나 방법을 특정하지 아니한 경우에는 수임 행정기관은 행정규칙으로 법령 내용이 될 사항을 구체적으로 정할 수 있다.

④ 재량권행사의 준칙인 행정규칙이 그 정한 바에 따라 되풀이 시행되어 행정관행이 형성되어 행정기관이 그 상대방에 대한 관계에서 그 행정규칙에 따라야 할 자기구속을 당하게 되는 경우에는 그 행정규칙은 헌법소원의 심판대상이 될 수도 있다.

> **ADVICE** ② 전결과 같은 행정권한의 내부위임은 법령상 처분권자인 행정관청이 내부적인 사무처리의 편의를 도모하기 위하여 그의 보조기관 또는 하급 행정관청으로 하여금 그의 권한을 사실상 행사하게 하는 것으로서 법률이 위임을 허용하지 않는 경우에도 인정되는 것이므로, 설사 행정관청 내부의 사무처리규정에 불과한 전결규정에 위반하여 원래의 전결권자 아닌 보조기관 등이 처분권자인 행정관청의 이름으로 행정처분을 하였다고 하더라도 그 처분이 권한 없는 자에 의하여 행하여진 무효의 처분이라고는 할 수 없다(대판 1998. 2. 27. 97누1105).
> ① 법령에서 행정처분의 요건 중 일부 사항을 부령으로 정할 것을 위임한 데 따라 시행규칙 등 부령에서 이를 정한 경우에 그 부령의 규정은 국민에 대해서도 구속력이 있는 법규명령에 해당한다고 할 것이지만, 법령의 위임이 없음에도 법령에 규정된 처분 요건에 해당하는 사항을 부령에서 변경하여 규정한 경우에는 그 부령의 규정은 행정청 내부의 사무처리 기준 등을 정한 것으로서 행정조직 내에서 적용되는 행정명령의 성격을 지닐 뿐 국민에 대한 대외적 구속력은 없다고 보아야 한다(대판 2013. 9. 12. 2011두10584).
> ③ 상급행정기관이 하급행정기관에 대하여 업무처리지침이나 법령의 해석적용에 관한 기준을 정하여 발하는 이른바 행정규칙은 일반적으로 행정조직 내부에서만 효력을 가질 뿐 대외적인 구속력을 갖지 않지만, 법령의 규정이 특정 행정기관에게 그 법령 내용의 구체적 사항을 정할 수 있는 권한을 부여하면서 그 권한 행사의 절차나 방법을 특정하고 있지 않아 수임행정기관이 행정규칙의 형식으로 그 법령의 내용이 될 사항을 구체적으로 정하고 있다면, 그와 같은 행정규칙은 위에서 본 행정규칙이 갖는 일반적 효력으로서가 아니라 행정기관에 법령의 구체적 내용을 보충할 권한을 부여한 법령 규정의 효력에 의하여 그 내용을 보충하는 기능을 갖게 되고, 따라서 이와 같은 행정규칙은 당해 법령의 위임 한계를 벗어나지 않는 한 그것들과 결합하여 대외적인 구속력이 있는 법규명령으로서의 효력을 가진다(대판 2008. 3. 27. 2006두3742).
> ④ 행정규칙은 일반적으로 행정조직 내부에서만 효력을 가지는 것이나, 행정규칙이 법령의 규정에 의하여 행정관청에 법령의 구체적 내용을 보충할 권한을 부여한 경우나 재량권행사의 준칙인 규칙이 그 정한 바에 따라 되풀이 시행되어 행정관행이 이룩되게 되면, 평등의 원칙이나 신뢰보호의 원칙에 따라 행정기관은 그 상대방에 대한 관계에서 그 규칙에 따라야 할 자기구속을 당하게 되는 경우에는 대외적인 구속력을 가지게 되는바, 이러한 경우에는 헌법소원의 대상이 될 수도 있다(헌재결 2001. 5. 31. 99헌마413).

**ANSWER** 3.② 4.②

**5** 행정행위의 하자에 대한 설명으로 옳지 않은 것은? (다툼이 있는 경우 판례에 의함)

① 행정청이 「식품위생법」상의 청문절차를 이행함에 있어 청문서 도달기간을 다소 어겼지만 영업자가 이의하지 아니한 채 청문일에 출석하여 의견을 진술하고 변명하는 등 방어의 기회를 충분히 가졌다면 청문서 도달기간을 준수하지 아니한 하자는 치유되었다고 본다.

② 행정처분을 한 처분청은 그 처분의 성립에 하자가 있는 경우 이를 취소할 별도의 법적 근거가 없다고 하더라도 직권으로 이를 취소할 수 있다.

③ 행정처분에 있어 여러 개의 처분사유 중 일부가 적법하지 않으면 다른 처분사유로써 그 처분의 정당성이 인정된다고 하더라도, 그 처분은 위법하게 된다.

④ 계고처분의 후속절차인 대집행에 위법이 있다고 하더라도 그와 같은 후속절차에 위법성이 있다는 점을 들어 선행절차인 계고처분이 부적법하다는 사유로 삼을 수는 없다.

> **ADVICE** ③ 수 개의 징계사유 중 그 일부가 인정되지 않는다 하더라도 인정되는 타의 일부 징계사유만으로도 당해 징계처분이 정당하다고 인정되는 경우에는 그 징계처분을 유지한다고 하여 위법하다고 할 수 없다(대판 1997. 5. 9. 96누1184).
>
> ① 청문제도의 취지는 처분으로 말미암아 받게 될 영업자에게 미리 변명과 유리한 자료를 제출할 기회를 부여함으로써 부당한 권리침해를 예방하려는 데에 있는 것임을 고려하여 볼 때, 가령 행정청이 청문서 도달기간을 다소 어겼다 하더라도 영업자가 이에 대하여 이의하지 아니한 채 스스로 청문일에 출석하여 그 의견을 진술하고 변명하는 등 방어의 기회를 충분히 가졌다면 청문서 도달기간을 준수하지 아니한 하자는 치유되었다고 봄이 상당하다(대판 1992. 10. 23. 92누2844).
>
> ② 행정처분을 한 처분청은 그 처분의 성립에 하자가 있는 경우 이를 취소할 별도의 법적 근거가 없다고 하더라도 직권으로 이를 취소할 수 있는바, 병역의무가 국가수호를 위하여 전 국민에게 과하여진 헌법상의 의무로서 그를 수행하기 위한 전제로서의 신체등위판정이나 병역처분 등은 공정성과 형평성을 유지하여야 함은 물론 그 면탈을 방지하여야 할 공익적 필요성이 매우 큰 점에 비추어 볼 때, 지방병무청장은 군의관의 신체등위판정이 금품수수에 따라 위법 또는 부당하게 이루어졌다고 인정하는 경우에는 그 위법 또는 부당한 신체등위판정을 기초로 자신이 한 병역처분을 직권으로 취소할 수 있다(대판 2002. 5. 28. 2001두9653).
>
> ④ 행정청이 행정대집행법 제3조 제1항에 의한 대집행계고를 함에 있어서는 의무자가 스스로 이행하지 아니하는 경우에 대집행할 행위의 내용 및 범위가 구체적으로 특정되어야 하지만, 그 행위의 내용 및 범위는 반드시 대집행계고서에 의하여서만 특정되어야 하는 것이 아니고 계고처분 전후에 송달된 문서나 기타 사정을 종합하여 행위의 내용이 특정되거나 대집행 의무자가 그 이행의무의 범위를 알 수 있으면 족하다. 계고처분의 후속절차인 대집행에 위법이 있다고 하더라도, 그와 같은 후속절차에 위법성이 있다는 점을 들어 선행절차인 계고처분이 부적법하다는 사유로 삼을 수는 없다(대판 1997. 2.14. 96누15428).

**6** 행정행위의 부관에 대한 설명으로 옳은 것만을 모두 고르면? (다툼이 있는 경우 판례에 의함)

> ㉠ 허가에 붙은 기한이 그 허가된 사업의 성질상 부당하게 짧아 그 기한을 허가조건의 존속기간으로 볼 수 있는 경우에 허가기간이 연장되기 위하여는 그 종기가 도래하기 전에 그 허가기간의 연장에 관한 신청이 있어야 한다.
> ㉡ 토지소유자가 토지형질변경행위허가에 붙은 기부채납의 부관에 따라 토지를 기부채납(증여)한 경우, 기부채납의 부관이 당연무효이거나 취소되지 않은 상태에서 그 부관으로 인하여 증여계약의 중요 부분에 착오가 있음을 이유로 증여계약을 취소할 수 없다.
> ㉢ 행정청이 수익적 행정처분을 하면서 사전에 상대방과 체결한 협약상의 의무를 부담으로 부가하였는데, 부담의 전제가 된 주된 행정처분의 근거 법령이 개정되어 부관을 붙일 수 없게 된 경우에는 곧바로 협약의 효력이 소멸한다.
> ㉣ 행정처분과 실제적 관련성이 없어 부관으로 붙일 수 없는 부담이라고 하더라도 행정처분의 상대방에게 사법상 계약의 형식으로 이를 부과할 수 있다.

① ㉠, ㉡

② ㉡, ㉢

③ ㉢, ㉣

④ ㉠, ㉡, ㉣

**ADVICE** ㉠ [O] 일반적으로 행정처분에 효력기간이 정하여져 있는 경우에는 그 기간의 경과로 그 행정처분의 효력은 상실되고, 다만 허가에 붙은 기한이 그 허가된 사업의 성질상 부당하게 짧은 경우에는 이를 그 허가 자체의 존속기간이 아니라 그 허가조건의 존속기간으로 보아 그 기한이 도래함으로써 그 조건의 개정을 고려한다는 뜻으로 해석할 수는 있지만, 그와 같은 경우라 하더라도 그 허가기간이 연장되기 위하여는 그 종기가 도래하기 전에 그 허가기간의 연장에 관한 신청이 있어야 하며, 만일 그러한 연장신청이 없는 상태에서 허가기간이 만료하였다면 그 허가의 효력은 상실된다(대판 2007. 10. 11. 2005두12404).

㉡ [O] 토지소유자가 토지형질변경행위허가에 붙은 기부채납의 부관에 따라 토지를 국가나 지방자치단체에 기부채납(증여)한 경우, 기부채납의 부관이 당연무효이거나 취소되지 아니한 이상 토지소유자는 위 부관으로 인하여 증여계약의 중요 부분에 착오가 있음을 이유로 증여계약을 취소할 수 없다고 할 것이다(대판 1999. 5. 25. 98다53134).

㉢ [×] 행정청이 수익적 행정처분을 하면서 부가한 <u>부담의 위법 여부는 처분 당시 법령을 기준으로 판단하여야 하고,</u> 부담이 처분 당시 법령을 기준으로 적법하다면 처분 후 부담의 전제가 된 <u>주된 행정처분의 근거 법령이 개정됨으로써 행정청이 더 이상 부관을 붙일 수 없게 되었다 하더라도 곧바로 위법하게 되거나 그 효력이 소멸하게 되는 것은 아니다</u>(대판 2009. 2. 12. 2005다65500).

㉣ [×] 공무원이 인·허가 등 수익적 행정처분을 하면서 상대방에게 그 처분과 관련하여 이른바 <u>부관으로서 부담을 붙일 수 있다 하더라도,</u> 그러한 부담은 법치주의와 사유재산 존중, 조세법률주의 등 헌법의 기본원리에 비추어 비례의 원칙이나 부당결부의 원칙에 위반되지 않아야만 적법한 것인바, <u>행정처분과 부관 사이에 실제적 관련성이 있다고 볼 수 없는 경우 공무원이 위와 같은 공법상의 제한을 회피할 목적으로 행정처분의 상대방과 사이에 사법상 계약을 체결하는 형식을 취하였다면 이는 법치행정의 원리에 반하는 것으로서 위법하다</u>(대판 2009. 12. 10. 2007다63966).

**7** 행정절차에 대한 설명으로 옳은 것은? (다툼이 있는 경우 판례에 의함)

① 퇴직연금의 환수결정은 당사자에게 의무를 과하는 처분이기는 하나 관련 법령에 따라 당연히 환수금액이 정하여지는 것이므로, 퇴직연금의 환수결정에 앞서 당사자에게 의견진술의 기회를 주지 아니하여도 「행정절차법」에 어긋나지 아니한다.

② 수익적 행정행위의 신청에 대한 거부처분은 직접 당사자의 권익을 제한하는 처분에 해당하므로, 그 거부처분은 「행정절차법」상 처분의 사전통지대상이 된다.

③ 절차상의 하자를 이유로 과세처분을 취소하는 판결이 확정된 후 그 위법사유를 보완하여 이루어진 새로운 부과처분은 확정판결의 기판력에 저촉된다.

④ 행정청이 당사자와 사이에 도시계획사업의 시행과 관련한 협약을 체결하면서 관련 법령상 요구되는 청문절차를 배제하는 조항을 두었다면, 이는 청문을 실시하지 않아도 되는 예외적인 경우에 해당한다.

> **ADVICE** ① 퇴직연금의 환수결정은 당사자에게 의무를 과하는 처분이기는 하나, 관련 법령에 따라 당연히 환수금액이 정하여지는 것이므로, 퇴직연금의 환수결정에 앞서 당사자에게 의견진술의 기회를 주지 아니하여도 행정절차법 제22조 제3항이나 신의칙에 어긋나지 아니한다(대판 2000. 11. 28. 99두5443).
>
> ② 신청에 따른 처분이 이루어지지 아니한 경우에는 아직 당사자에게 권익이 부과되지 아니하였으므로, 특별한 사정이 없는 한 신청에 대한 거부처분이라고 하더라도 직접 당사자의 권익을 제한하는 것은 아니어서 여기에서 말하는 '당사자의 권익을 제한하는 처분'에 해당한다고 할 수 없고, 따라서 처분의 사전통지대상이나 의견청취대상이 된다고 할 수 없다(대판 2017.11.23. 2014두1628).
>
> ③ 과세의 절차 내지 형식에 위법이 있어 과세처분을 취소하는 판결이 확정되었을 때는 그 확정판결의 기판력은 거기에 적시된 절차내지 형식의 위법사유에 한하여 미치는 것이므로 <u>과세관청은 그 위법사유를 보완하여 다시 새로운 과세처분을 할 수 있고 그 새로운 과세처분은 확정판결에 의하여 취소된 종전의 과세처분과는 별개의 처분이라 할 것이어서 확정판결의 기판력에 저촉되는 것이 아니다</u>(대판 1987. 2. 10. 86누91).
>
> ④ 행정청이 당사자와 사이에 도시계획사업의 시행과 관련한 협약을 체결하면서 관계 법령 및 행정절차법에 규정된 청문의 실시 등 <u>의견청취절차를 배제하는 조항을 두었다고 하더라도</u>, 국민의 행정참여를 도모함으로써 행정의 공정성·투명성 및 신뢰성을 확보하고 국민의 권익을 보호한다는 행정절차법의 목적 및 청문제도의 취지 등에 비추어 볼 때, 위와 같은 협약의 체결로 청문의 실시에 관한 규정의 적용을 배제할 수 있다고 볼 만한 법령상의 규정이 없는 한, 이러한 협약이 체결되었다고 하여 <u>청문의 실시에 관한 규정의 적용이 배제된다거나 청문을 실시하지 않아도 되는 예외적인 경우에 해당한다고 할 수 없다</u>(대판 2004. 7. 8. 2002두8350).

**8** 정보공개에 대한 설명으로 옳지 않은 것은? (다툼이 있는 경우 판례에 의함)

① 정보공개거부처분의 취소를 구하는 소송에서 공공기관이 청구정보를 증거 등으로 법원에 제출하여 법원을 통하여 그 사본을 청구인에게 교부 또는 송달되게 하여 청구인에게 정보를 공개하는 셈이 되었다면, 이러한 우회적인 방법에 의한 공개는 「공공기관의 정보공개에 관한 법률」에 의한 공개라고 볼 수 있다.

② 정보공개청구권자에는 자연인은 물론 법인, 권리능력 없는 사단·재단도 포함되고, 법인, 권리능력 없는 사단·재단 등의 경우에는 설립목적을 불문한다.

③ 공개청구의 대상이 되는 정보가 이미 다른 사람에게 공개되어 널리 알려져 있다거나 인터넷 등을 통하여 공개되어 인터넷검색 등을 통하여 쉽게 알 수 있다는 사정만으로는 비공개결정이 정당화될 수 없다.

④ 「공공기관의 정보공개에 관한 법률」은 정보공개청구권자가 공개를 청구하는 정보와 어떤 관련성을 가질 것을 요구하거나 정보공개청구의 목적에 특별한 제한을 두고 있지 아니하므로 정보공개청구권자의 권리구제 가능성 등은 정보의 공개 여부 결정에 아무런 영향을 미치지 못한다.

> **ADVICE** ① 정보공개법 제2조 제2호는 '공개'라 함은 공공기관이 이 법의 규정에 의하여 정보를 열람하게 하거나 그 사본 또는 복제물을 교부하는 것 등을 말한다고 정의하고 있는데, 정보공개방법에 대하여 법 시행령 제14조 제1항은 문서·도면·사진 등은 열람 또는 사본의 교부의 방법 등에 의하도록 하고 있고, 제2항은 공공기관은 정보를 공개함에 있어서 본인 또는 그 정당한 대리인임을 직접 확인할 필요가 없는 경우에는 청구인의 요청에 의하여 사본 등을 우편으로 송부할 수 있도록 하고 있으며, 한편 법 제15조 제1항은 정보의 공개 및 우송 등에 소요되는 비용은 실비의 범위 안에서 청구인의 부담으로 하도록 하고 있는바, 청구인이 정보공개거부처분의 취소를 구하는 소송에서 <u>공공기관이 청구정보를 증거 등으로 법원에 제출하여 법원을 통하여 그 사본을 청구인에게 교부 또는 송달하게 하여 결과적으로 청구인에게 정보를 공개하는 셈이 되었다고 하더라도, 이러한 우회적인 방법은 법이 예정하고 있지 아니한 방법으로서 법에 의한 공개라고 볼 수는 없으므로, 당해 문서의 비공개결정의 취소를 구할 소의 이익은 소멸되지 않는다고 할 것이다</u>(대판 2004. 3. 26. 2002두6583).

② 정보공개법 제6조 제1항은 "모든 국민은 정보의 공개를 청구할 권리를 가진다."고 규정하고 있는데, 여기에서 말하는 국민에는 자연인은 물론 법인, 권리능력 없는 사단·재단도 포함되고, 법인, 권리능력 없는 사단·재단 등의 경우에는 설립목적을 불문하며, 한편 정보공개청구권은 법률상 보호되는 구체적인 권리이므로 청구인이 공공기관에 대하여 정보공개를 청구하였다가 거부처분을 받은 것 자체가 법률상 이익의 침해에 해당한다(대판 2003.12.12. 2003두8050).

③ 국민의 정보공개청구권은 법률상 보호되는 구체적인 권리이므로, 공공기관에 대하여 정보의 공개를 청구하였다가 공개거부처분을 받은 청구인은 행정소송을 통하여 그 공개거부처분의 취소를 구할 법률상의 이익이 있고, 공개청구의 대상이 되는 정보가 이미 다른 사람에게 공개되어 널리 알려져 있다거나 인터넷 등을 통하여 공개되어 인터넷검색 등을 통하여 쉽게 알 수 있다는 사정만으로는 소의 이익이 없다거나 비공개결정이 정당화될 수 없다(대판 2010. 12. 23. 2008두13101).

④ <u>공공기관의 정보공개에 관한 법률은 국민의 알권리를 보장하고 국정에 대한 국민의 참여와 국정 운영의 투명성을 확보함을 목적으로 하고(제1조), 공공기관이 보유·관리하는 정보는 국민의 알권리 보장 등을 위하여 적극적으로 공개하여야 한다는 정보공개의 원칙을 선언하고 있으며(제3조), 모든 국민은 정보의 공개를 청구할 권리를 가진다고 하면서(제5조 제1항) 비공개대상정보에 해당하지 않는 한 공공기관이 보유·관리하는 정보는 공개 대상이 된다고 규정하고 있을 뿐(제9조 제1항)</u> 정보공개 청구권자가 공개를 청구하는 정보와 어떤 관련성을 가질 것을 요구하거나 정보공개청구의 목적에 특별한 제한을 두고 있지 아니하므로 정보공개 청구권자의 권리구제 가능성 등은 정보의 공개 여부 결정에 아무런 영향을 미치지 못한다(대판 2017. 9. 7. 2017두44558).

**9** 「행정심판법」에 의해 행정청이 행정심판위원회의 재결의 취지에 따라 재처분을 할 의무가 있음에도 그 의무를 이행하지 않은 경우에 행정심판위원회가 직접 처분을 할 수 있는 재결은?

① 당사자의 신청에 따른 처분을 절차가 부당함을 이유로 취소하는 재결
② 당사자의 신청을 거부한 처분의 이행을 명하는 재결
③ 당사자의 신청을 거부하는 처분을 취소하는 재결
④ 당사자의 신청을 거부하는 처분을 부존재로 확인하는 재결

>**ADVICE** • 행정심판법 제50조(위원회의 직접 처분) 제1항 … 위원회는 피청구인이 제49조 제3항에도 불구하고 처분을 하지 아니하는 경우에는 당사자가 신청하면 기간을 정하여 서면으로 시정을 명하고 그 기간에 이행하지 아니하면 직접 처분을 할 수 있다. 다만, 그 처분의 성질이나 그 밖의 불가피한 사유로 위원회가 직접 처분을 할 수 없는 경우에는 그러하지 아니하다.
> • 동법 제49조(재결의 기속력 등) 제3항 … 당사자의 신청을 거부하거나 부작위로 방치한 처분의 이행을 명하는 재결이 있으면 행정청은 지체 없이 이전의 신청에 대하여 재결의 취지에 따라 처분을 하여야 한다.
> → 거부처분의 이행을 명하는 재결이 있는 경우에 행정심판위원회는 직접 처분을 할 수 있다.

**10** 「질서위반행위 규제법」의 내용으로 옳은 것만을 모두 고르면?

> ㉠ 행정청이 질서위반행위에 대하여 과태료를 부과하고자 하는 때에는 미리 당사자에게 대통령령으로 정하는 사항을 통지하고, 10일 이상의 기간을 정하여 의견을 제출할 기회를 주어야 한다.
> ㉡ 행정청에 의해 부과된 과태료는 질서위반행위가 종료된 날(다수인이 질서위반행위에 가담한 경우에는 최종행위가 종료된 날을 말한다)부터 5년간 징수하지 아니하거나 집행하지 아니하면 시효로 인하여 소멸한다.
> ㉢ 과태료 사건은 다른 법령에 특별한 규정이 있는 경우를 제외하고는 과태료 부과관청의 소재지의 지방법원 또는 그 지원의 관할로 한다.
> ㉣ 다른 법률에 특별한 규정이 없는 경우, 14세가 되지 아니한 자의 질서위반행위는 과태료를 부과하지 아니한다.

① ㉠, ㉣
② ㉡, ㉣
③ ㉠, ㉡, ㉢
④ ㉠, ㉢, ㉣

>**ADVICE** ㉠ [O] 질서위반행위규제법 제16조(사전통지 및 의견 제출 등) 제1항
> ㉡ [×] 동법 제15조(과태료의 시효) 제1항 … 과태료는 행정청의 과태료 부과처분이나 법원의 과태료 재판이 확정된 후 5년간 징수하지 아니하거나 집행하지 아니하면 시효로 인하여 소멸한다.
> ㉢ [×] 동법 제25조(관할 법원) … 과태료 사건은 다른 법령에 특별한 규정이 있는 경우를 제외하고는 당사자의 주소지의 지방법원 또는 그 지원의 관할로 한다.
> ㉣ [O] 동법 제9조(책임연령)

**11** 인가에 대한 설명으로 옳지 않은 것은? (다툼이 있는 경우 판례에 의함)

① 공유수면매립면허의 공동명의자 사이의 면허로 인한 권리의무양도약정은 면허관청의 인가를 받지 않은 이상 법률상 아무런 효력도 발생할 수 없다.

② 재단법인의 임원취임을 인가 또는 거부할 것인지 여부는 주무관청의 권한에 속하는 사항이라고 할 것이고, 재단법인의 임원취임승인 신청에 대하여 주무관청이 이에 기속되어 이를 당연히 승인(인가)하여야 하는 것은 아니다.

③ 인가처분에 하자가 없다면 기본행위에 하자가 있다 하더라도 따로 그 기본행위의 하자를 다투는 것은 별론으로 하고 기본행위의 무효를 내세워 바로 그에 대한 행정청의 인가처분의 취소 또는 무효확인을 소구할 법률상의 이익이 없다.

④ 공익법인의 기본재산 처분에 대한 허가의 법률적 성질이 형성적 행정행위로서의 인가에 해당하므로, 그 허가에 조건으로서의 부관의 부과가 허용되지 아니한다.

> **ADVICE** ④ 공익법인의 기본재산의 처분에 관한 공익법인의 설립·운영에 관한 법률 제11조 제3항의 규정은 강행규정으로서 이에 위반하여 주무관청의 허가를 받지 않고 기본재산을 처분하는 것은 무효라 할 것인데, 위 처분허가에 부관을 붙인 경우 그 처분허가의 법률적 성질이 형성적 행정행위로서의 인가에 해당한다고 하여 조건으로서의 부관의 부과가 허용되지 아니한다고 볼 수는 없고, 다만 구체적인 경우에 그것이 조건, 기한, 부담, 철회권의 유보 중 어느 종류의 부관에 해당하는지는 당해 부관의 내용, 경위 기타 제반 사정을 종합하여 판단하여야 할 것이다(대판 2005. 9. 28. 2004다50044).
>
> ① 공유수면매립법 제20조 제1항 및 같은 법 시행령 제29조 제1항 등 관계법령의 규정내용과 공유수면매립의 성질 등에 비추어 볼 때, <u>공유수면매립의 면허로 인한 권리의무의 양도·양수에 있어서의 면허관청의 인가는 효력요건으로서</u>, 위 각 규정은 강행규정이라고 할 것인바, 위 면허의 공동명의자 사이의 면허로 인한 권리의무양도약정은 <u>면허관청의 인가를 받지 않은 이상 법률상 아무런 효력도 발생할 수 없다</u>(대판 1991. 6. 25. 90누5184).
>
> ② <u>재단법인의 임원취임이 사법인인 재단법인의 정관에 근거한다 할지라도 이에 대한 행정청의 승인(인가)행위는 법인에 대한 주무관청의 감독권에 연유하는 이상 그 인가행위 또는 인가거부행위는 공법상의 행정처분으로서, 그 임원취임을 인가 또는 거부할 것인지 여부는 주무관청의 권한에 속하는 사항이라고 할 것이고</u>, 재단법인의 임원취임승인 신청에 대하여 주무관청이 이에 기속되어 이를 당연히 승인(인가)하여야 하는 것은 아니다(대판 2000. 1. 28. 98두16996).
>
> ③ 도시재개발법 제34조에 의한 행정청의 인가는 주택개량재개발조합의 관리처분계획에 대한 법률상의 효력을 완성시키는 보충행위로서 그 기본 되는 관리처분계획에 하자가 있을 때에는 그에 대한인가가 있었다 하여도 기본행위인 관리처분계획이 유효한 것으로 될 수 없으며, 다만 그 기본행위가 적법·유효하고 보충행위인 인가처분 자체에만 하자가 있다면 그 인가처분의 무효나 취소를 주장할 수 있다고 할 것이지만, <u>인가처분에 하자가 없다면 기본행위에 하자가 있다 하더라도 따로 그 기본행위의 하자를 다투는 것은 별론으로 하고 기본행위의 무효를 내세워 바로 그에 대한 행정청의 인가처분의 취소 또는 무효확인을 소구할 법률상의 이익이 있다고 할 수 없다</u>(대판 2001. 12. 11. 2001두7541).

**12** 행정의 실효성확보수단에 대한 설명으로 옳지 않은 것은? (다툼이 있는 경우 판례에 의함)

① 대집행과 이행강제금 중 어떠한 강제수단을 선택할 것인지에 대하여 행정청의 재량이 인정된다.

② 「건축법」상 시정명령을 받은 의무자가 이행강제금이 부과되기 전에 그 의무를 이행한 경우에는 비록 시정 명령에서 정한 기간을 지나서 이행한 경우라도 이행강제금을 부과할 수 없다.

③ 「여객자동차 운수사업법」상 과징금부과처분은 원칙적으로 위반자의 고의·과실을 요하지 않는다.

④ 「국세징수법」상 공매통지에 하자가 있는 경우, 다른 특별한 사정이 없는 한 체납자는 공매통지 자체를 항 고소송의 대상으로 삼아 그 취소 등을 구할 수 있다.

> **ADVICE** ④ 공매처분을 하면서 체납자 등에게 공매통지를 하지 않았거나 공매통지를 하였더라도 그것이 적법하지 아니한 경우에는 절차상의 흠이 있어 그 공매처분이 위법하게 되는 것이지만, 공매통지 자체가 그 상대방인 체납자 등의 법적 지위나 권리·의무에 직접적인 영향을 주는 행정처분에 해당한다고 할 것은 아니므로 다른 특별한 사정이 없는 한 체납자 등은 공매통지의 결여나 위법을 들어 공매처분의 취소 등을 구할 수 있는 것이지 공매통지 자체를 항고소송의 대상으로 삼아 그 취소 등을 구할 수는 없다(대판 2011. 3. 24. 2010두25527).

① 개별사건에 있어서 위반내용, 위반자의 시정의지 등을 감안하여 허가권자는 행정대집행과 이행강제금을 선택적으로 활 용할 수 있고, 행정대집행과 이행강제금 부과가 동시에 이루어지는 것이 아니라 허가권자의 합리적인 재량에 의해 선 택하여 활용하는 이상 이를 중첩적인 제재에 해당한다고 볼 수 없다(헌재결 2011. 10. 25. 2009헌바140).

② 건축법상의 이행강제금은 시정명령의 불이행이라는 과거의 위반행위에 대한 제재가 아니라, 의무자에게 시정명령을 받 은 의무의 이행을 명하고 그 이행기간 안에 의무를 이행하지 않으면 이행강제금이 부과된다는 사실을 고지함으로써 의 무자에게 심리적 압박을 주어 의무의 이행을 간접적으로 강제하는 행정상의 간접강제 수단에 해당한다. 이러한 이행강 제금의 본질상 시정명령을 받은 의무자가 이행강제금이 부과되기 전에 그 의무를 이행한 경우에는 비록 시정명령에서 정한 기간을 지나서 이행한 경우라도 이행강제금을 부과할 수 없다(대판 2018. 1. 25. 2015두35116).

③ 과징금부과처분은 제재적 행정처분으로서 여객자동차 운수사업에 관한 질서를 확립하고 여객의 원활한 운송과 여객자 동차 운수사업의 종합적인 발달을 도모하여 공공복리를 증진한다는 행정목적의 달성을 위하여 행정법규 위반이라는 객관적 사실에 착안하여 가하는 제재이므로 반드시 현실적인 행위자가 아니라도 법령상 책임자로 규정된 자에게 부과되고 원칙적 으로 위반자의 고의·과실을 요하지 아니하나, 위반자의 의무 해태를 탓할 수 없는 정당한 사유가 있는 등의 특별한 사정이 있는 경우에는 이를 부과할 수 없다(대판 2014. 10. 15. 2013두5005).

**13** 「행정대집행법」상 대집행에 대한 설명으로 옳지 않은 것은? (다툼이 있는 경우 판례에 의함)

① 「공익사업을 위한 토지 등의 취득 및 보상에 관한 법률」상의 협의취득시에 매매대상 건물에 대한 철거의무를 부담하겠다는 취지의 약정을 건물소유자가 하였다고 하더라도, 그 철거의무는 대집행의 대상이 되지 않는다.

② 공유수면에 설치한 건물을 철거하여 공유수면을 원상회복하여야 할 의무는 대체적 작위의무에 해당하므로 행정대집행의 대상이 된다.

③ 행정청이 건물 철거의무를 행정대집행의 방법으로 실현하는 과정에서, 건물을 점유하고 있는 철거의무자들에 대하여 제기한 건물퇴거를 구하는 소송은 적법하다.

④ 철거대상건물의 점유자들이 적법한 행정대집행을 위력을 행사하여 방해하는 경우, 행정청은 필요하다면 「경찰관 직무집행법」에 근거한 위험발생 방지조치 차원에서 경찰의 도움을 받을 수 있다.

> **ADVICE** ③④ 관계 법령상 행정대집행의 절차가 인정되어 행정청이 행정대집행의 방법으로 건물의 철거 등 대체적 작위의무의 이행을 실현할 수 있는 경우에는 따로 민사소송의 방법으로 그 의무의 이행을 구할 수 없다. 한편 건물의 점유자가 철거의무자일 때에는 건물철거의무에 퇴거의무도 포함되어 있는 것이어서 별도로 퇴거를 명하는 집행권원이 필요하지 않다. 행정청이 행정대집행의 방법으로 건물철거의무의 이행을 실현할 수 있는 경우에는 건물철거 대집행 과정에서 부수적으로 건물의 점유자들에 대한 퇴거 조치를 할 수 있고, 점유자들이 적법한 행정대집행을 위력을 행사하여 방해하는 경우 형법상 공무집행방해죄가 성립하므로, 필요한 경우에는 '경찰관 직무집행법'에 근거한 위험발생 방지조치 또는 형법상 공무집행방해죄의 범행방지 내지 현행범체포의 차원에서 경찰의 도움을 받을 수도 있다(대판 2017. 4. 28. 2016다213916).
>
> ① 구 「공공용지의 취득 및 손실보상에 관한 특례법」에 의한 협의취득시 건물소유자가 협의취득대상 건물에 대하여 약정한 철거의무는 공법상 의무가 아닐 뿐만 아니라, 「공익사업을 위한 토지 등의 취득 및 보상에 관한 법률」 제89조에서 정한 행정대집행법의 대상이 되는 '이 법 또는 이 법에 의한 처분으로 인한 의무'에도 해당하지 아니하므로 위 철거의무에 대한 강제적 이행은 행정대집행법상 대집행의 방법으로 실현할 수 없다(대판 2006. 10. 13. 2006두7096).
>
> ② 이 사건 건물을 철거하여 이 사건 공유수면을 원상회복하여야 할 의무는 대체적 작위의무에 해당하므로 행정대집행의 대상이 된다(대판 2017. 4. 28. 2016다213916).

**14** 甲은 A 지방자치단체가 관리하는 도로를 운행하던 중 도로에 방치된 낙하물로 인하여 손해를 입었고, 이를 이유로 「국가배상법」상 손해배상을 청구하려고 한다. 이에 대한 설명으로 옳지 않은 것은? (다툼이 있는 경우 판례에 의함)

① A 지방자치단체가 위 도로를 권원 없이 사실상 관리하고 있는 경우에는 A 지방자치단체의 배상책임은 인정될 수 없다.

② 위 도로의 설치·관리상의 하자가 있는지 여부는 위 도로가 그 용도에 따라 통상 갖추어야 할 안전성을 갖추었는지 여부에 따라 결정된다.

③ 위 도로가 국도이며 그 관리권이 A 지방자치단체의 장에게 위임되었다면, A 지방자치단체가 도로의 관리에 필요한 일체의 경비를 대외적으로 지출하는 자에 불과하더라도 甲은 A 지방자치단체에 대해 국가배상을 청구할 수 있다.

④ 甲이 배상을 받기 위하여 소송을 제기하는 경우에는 민사소송을 제기하여야 한다.

**》ADVICE** ① 국가배상법 제5조 제1항 소정의 '공공의 영조물'이라 함은 국가 또는 지방자치단체에 의하여 특정 공공의 목적에 공여된 유체물 내지 물적 설비를 말하며, 국가 또는 지방자치단체가 소유권, 임차권 그 밖의 권한에 기하여 관리하고 있는 경우뿐만 아니라 <u>사실상의 관리를 하고 있는 경우도 포함된다</u>(대판 1998. 10. 23. 98다17381).
→ 따라서, 도로를 권원 없이 사실상 관리하고 있는 지방자치단체도 배상책임이 인정된다.

② 공작물의 설치 또는 보존상의 하자란 공작물이 그 용도에 따라 통상 갖추어야 할 안전성을 갖추지 못한 상태에 있음을 말한다. 이와 같은 안전성을 갖추었는지는 당해 공작물의 설치 또는 보존자가 그 공작물의 위험성에 비례하여 사회통념상 일반적으로 요구되는 정도의 방호조치의무를 다하였는지 여부를 기준으로 판단하여야 한다(대판 2015. 2. 12. 2013다61602).

③ 국가배상법 제6조 제1항은 국가배상법 제5조에 따라 국가나 지방자치단체가 영조물의 설치·관리의 하자를 이유로 손해배상책임을 부담하는 경우 <u>영조물의 설치·관리를 맡은 자와 그 비용부담자가 동일하지 아니하면 비용부담자도 손해배상책임이 있다는 취지로 규정하고 있으므로</u>, 국가배상법 제5조 제1항은 영조물의 설치·관리를 맡은 자, 즉 영조물의 설치·관리사무의 귀속주체를 그 배상책임자로 규정하고 있다고 볼 수 있다(대판 2015. 9. 10. 2012다200622).
→ 지방자치단체의 장이 기관위임된 국가행정사무를 처리하는 경우 지방자치단체는 비용부담자로서 공무원의 불법행위로 인한 손해를 배상할 책임이 있다.

④ 공무원의 직무상 불법행위로 손해를 받은 국민이 국가 또는 공공단체에 배상을 청구하는 경우 국가 또는 공공단체에 대하여 그의 불법행위를 이유로 손해배상을 구함은 국가배상법이 정한 바에 따른다 하여도 이 역시 민사상의 손해배상책임을 특별법인 국가배상법이 정한데 불과하다(대판 1972. 10. 10. 69다701).

**15** 「행정소송법」상 피고 및 피고의 경정에 대한 설명으로 옳은 것은? (다툼이 있는 경우 판례에 의함)

① 취소소송에서 원고가 처분청 아닌 행정관청을 피고로 잘못 지정한 경우, 법원은 석명권의 행사 없이 소송 요건의 불비를 이유로 소를 각하할 수 있다.

② 소의 종류의 변경에 따른 피고의 변경은 교환적 변경에 한한다고 봄이 상당하므로 예비적 청구만이 있는 피고의 추가경정신청은 예외적 규정이 있는 경우를 제외하고는 원칙적으로 허용되지 않는다.

③ 상급행정청의 지시에 의해 하급행정청이 자신의 명의로 처분을 하였다면, 당해 처분에 대한 취소소송에서는 지시를 내린 상급행정청이 피고가 된다.

④ 취소소송에서 피고가 될 수 있는 행정청에는 대외적으로 의사를 표시할 수 있는 기관이 아니더라도 국가나 공공단체의 의사를 실질적으로 결정하는 기관이 포함된다.

> **ADVICE** ② 소위 주관적, 예비적 병합은 행정소송법 제28조 제3항과 같은 예외적 규정이 있는 경우를 제외하고는 원칙적으로 허용되지 않는 것이고, 또 행정소송법상 소의 종류의 변경에 따른 당사자(피고)의 변경은 교환적 변경에 한 한다고 봄이 상당하므로 예비적 청구만이 있는 피고의 추가경정신청은 허용되지 않는다(대판 1989. 10. 27. 89두1).
> ① 행정소송에서 원고가 처분청이 아닌 행정관청을 피고로 잘못 지정하였다면 법원으로서는 석명권을 행사하여 원고로 하여금 피고를 처분청으로 경정하게 하여 소송을 진행케 하여야 할 것이다(대판 1990. 1. 12. 89누1032).
> ③④ 취소소송은 다른 법률에 특별한 규정이 없는 한 처분 등을 행한 행정청을 피고로 한다(행정소송법 제13조 제1항). 여기서 '행정청'이란 국가 또는 공공단체의 기관으로서 국가나 공공단체의 의견을 결정하여 외부에 표시할 수 있는 권한, 즉 처분 권한을 가진 기관을 말한다(대판 2019. 4. 3. 2017두52764).

**16** 「행정소송법」상 취소소송에서 확정된 청구인용판결의 효력에 대한 설명으로 옳지 않은 것은? (다툼이 있는 경우 판례에 의함)

① 취소판결의 효력은 원칙적으로 소급적이므로, 취소판결에 의해 취소된 영업허가취소처분 이후의 영업행위는 무허가영업에 해당하지 않는다.

② 취소된 행정처분을 기초로 하여 새로 형성된 제3자의 권리가 취소판결 자체의 효력에 의해 당연히 그 행정처분 전의 상태로 환원되는 것은 아니다.

③ 취소판결의 기속력은 주로 판결의 실효성 확보를 위하여 인정되는 효력으로서 판결의 주문뿐만 아니라 그 전제가 되는 처분 등의 구체적 위법사유에 관한 이유 중의 판단에 대하여도 인정된다.

④ 행정처분이 판결에 의해 취소된 경우, 취소된 처분의 사유와 기본적 사실관계에서 동일성이 인정되지 않는 다른 사유를 들어 새로이 처분을 하는 것은 기속력에 반한다.

> **ADVICE** ③④ 취소 확정판결의 기속력은 판결의 주문 및 전제가 되는 처분 등의 구체적 위법사유에 관한 판단에도 미치나, 종전 처분이 판결에 의하여 취소되었더라도 종전 처분과 다른 사유를 들어서 새로이 처분을 하는 것은 기속력에 저촉되지 않는다. 여기에서 동일 사유인지 다른 사유인지는 확정판결에서 위법한 것으로 판단된 종전 처분사유와 기본적 사실관계에서 동일성이 인정되는지 여부에 따라 판단되어야 하고, 기본적 사실관계의 동일성 유무는 처분사유를 법률적으로 평가하기 이전의 구체적인 사실에 착안하여 그 기초인 사회적 사실관계가 기본적인 점에서 동일한지에 따라 결정된다 (대판 2016. 3. 24. 2015두48235).
>
> ① 영업의 금지를 명한 영업허가취소처분 자체가 나중에 행정쟁송절차에 의하여 취소되었다면 그 영업허가취소처분은 그 처분시에 소급하여 효력을 잃게 되며, 그 영업허가취소처분에 복종할 의무가 원래부터 없었음이 확정되었다고 봄이 타당하고, 영업허가취소처분이 장래에 향하여서만 효력을 잃게 된다고 볼 것은 아니므로 그 영업허가취소처분 이후의 영업행위를 무허가영업이라고 볼 수는 없다(대판 1993. 6. 25. 93도277).
>
> ② 행정소송법 제29조 제1항은 처분 등을 취소하는 확정판결은 제3자에 대하여도 효력이 있다고 규정하고 있기 때문에 제3자가 불측의 손해를 입을 가능성이 있다. 이러한 제3자를 보호하기 위해 행정소송법은 제3자의 소송참가(동법 제16조), 제3자에 의한 재심청구(동법 제31조)규정을 두고 있다. 따라서, 취소판결 자체의 효력에 의해 당연히 제3자의 권리가 소멸되는 것은 아니다.

**17** 행정계획에 대한 설명으로 옳지 않은 것은? (다툼이 있는 경우 판례에 의함)

① 행정주체가 구체적인 행정계획을 입안·결정할 때 가지는 형성의 자유의 한계에 관한 법리는 주민의 입안 제안 또는 변경신청을 받아들여 도시관리계획결정을 하거나 도시계획시설을 변경할 것인지를 결정할 때에도 동일하게 적용된다.

② 「도시 및 주거환경정비법」에 기초하여 주택재건축정비사업조합이 수립한 사업시행계획은 인가·고시를 통해 확정되어도 이해관계인에 대한 직접적인 구속력이 없는 행정계획으로서 독립된 행정처분에 해당하지 아니한다.

③ 장래 일정한 기간 내에 관계 법령이 규정하는 시설 등을 갖추어 일정한 행정처분을 구하는 신청을 할 수 있는 법률상 지위에 있는 자의 국토이용계획변경신청을 거부하는 것이 실질적으로 당해 행정처분 자체를 거부하는 결과가 되는 경우에는 예외적으로 그 신청인에게 국토이용계획변경을 신청할 권리가 인정된다.

④ 장기미집행 도시계획시설결정의 실효제도에 의해 개인의 재산권이 보호되는 것은 입법자가 새로운 제도를 마련함에 따라 얻게 되는 법률에 기한 권리일 뿐 헌법상 재산권으로부터 당연히 도출되는 권리는 아니다.

> **ADVICE** ② 구 도시 및 주거환경정비법에 따른 주택재건축정비사업조합은 관할 행정청의 감독 아래 위 법상 주택재건축사업을 시행하는 공법인으로서, 그 목적 범위 내에서 법령이 정하는 바에 따라 일정한 행정작용을 행하는 행정주체의 지위를 가진다 할 것인데, 재건축정비사업조합이 이러한 행정주체의 지위에서 위 법에 기초하여 수립한 사업시행계획은 인가·고시를 통해 확정되면 이해관계인에 대한 구속적 행정계획으로서 독립된 행정처분에 해당한다(대판 2009. 11. 2. 2009마596).
>
> ① 행정주체가 구체적인 행정계획을 입안·결정할 때에 가지는 비교적 광범위한 형성의 자유는 무제한적인 것이 아니라 행정계획에 관련되는 자들의 이익을 공익과 사익 사이에서는 물론이고 공익 상호 간과 사익 상호 간에도 정당하게 비교 교량하여야 한다는 제한이 있는 것이므로, 행정주체가 행정계획을 입안·결정하면서 이익형량을 전혀 행하지 않거나 이익형량의 고려 대상에 마땅히 포함시켜야 할 사항을 빠뜨린 경우 또는 이익형량을 하였으나 정당성과 객관성이 결여된 경우에는 행정계획결정은 형량에 하자가 있어 위법하게 된다. 이러한 법리는 행정주체가 구 국토의 계획 및 이용에 관한 법률 제26조에 의한 주민의 도시관리계획 입안 제안을 받아들여 도시관리계획결정을 할 것인지를 결정할 때에도 마찬가지이고, 나아가 도시계획시설구역 내 토지 등을 소유하고 있는 주민이 장기간 집행되지 아니한 도시계획시설의 결정권자에게 도시계획시설의 변경을 신청하고, 결정권자가 이러한 신청을 받아들여 도시계획시설을 변경할 것인지를 결정하는 경우에도 동일하게 적용된다고 보아야 한다(대판 2012. 1. 12. 2010두5806).
>
> ③ 장래 일정한 기간 내에 관계 법령이 규정하는 시설 등을 갖추어 일정한 행정처분을 구하는 신청을 할 수 있는 법률상 지위에 있는 자의 국토이용계획변경신청을 거부하는 것이 실질적으로 당해 행정처분 자체를 거부하는 결과가 되는 경우에는 예외적으로 그 신청인에게 국토이용계획변경을 신청할 권리가 인정된다고 봄이 상당하므로, 이러한 신청에 대한 거부행위는 항고소송의 대상이 되는 행정처분에 해당한다(대판 2003. 9. 23. 2001두10936).
>
> ④ 장기미집행 도시계획시설결정의 실효제도는 도시계획시설부지로 하여금 도시계획시설결정으로 인한 사회적 제약으로부터 벗어나게 하는 것으로서 결과적으로 개인의 재산권이 보다 보호되는 측면이 있는 것은 사실이나, 이와 같은 보호는 입법자가 새로운 제도를 마련함에 따라 얻게 되는 법률에 기한 권리일 뿐 헌법상 재산권으로부터 당연히 도출되는 권리는 아니다(헌재결 2005. 9. 29. 2002헌바84·89, 2003헌마678·943(병합)).

✎ **ANSWER**  16.④  17.②

**18** 다음 사례에 대한 설명으로 옳은 것은? (다툼이 있는 경우 판례에 의함)

> • 2020. 1. 6. 인기 아이돌 가수인 甲의 노래가 수록된 음반이 청소년 유해 매체물로 결정 및 고시되었
> 는데, 여성가족부장관은 이 고시를 하면서 그 효력발생 시기를 구체적으로 밝히지 않았다.
> • A시의 시장이 「식품위생법」 위반을 이유로 乙에 대해 영업허가를 취소하는 처분을 하고자 하나 송달이
> 불가능하다.

① 「행정 효율과 협업 촉진에 관한 규정」에 따르면 여성가족부장관의 고시의 효력은 2020. 1. 20.부터 발생
한다.

② 甲의 노래가 수록된 음반을 청소년 유해 매체물로 지정하는 결정 및 고시는 항고소송의 대상이 될 수 없다.

③ A시의 시장이 영업허가취소처분을 송달하려면 乙이 알기 쉽도록 관보, 공보, 게시판, 일간신문 중 하나 이
상에 공고하고 인터넷에도 공고하여야 한다.

④ 乙의 영업허가취소처분이 공보에 공고된 경우, 乙이 자신에 대한 영업허가취소처분이 있음을 알고 있지 못
하더라도 영업허가취소처분에 대한 취소소송을 제기하려면 공고가 효력을 발생한 날부터 90일 안에 제기해
야 한다.

> **ADVICE** ③ 행정절차법 제14조(송달) 제4항 … 다음 각 호의 어느 하나에 해당하는 경우에는 송달받을 자가 알기 쉽도록 <u>관보, 공
> 보, 게시판, 일간신문 중 하나 이상에 공고하고 인터넷에도 공고하여야 한다.</u>
> 1. 송달받을 자의 주소 등을 통상적인 방법으로 확인할 수 없는 경우
> 2. <u>송달이 불가능한 경우</u>
> ① • 행정 효율과 협업 촉진에 관한 규정 제6조(문서의 성립 및 효력 발생) 제2항(현, 행정업무규정) … 문서는 수신자에게 도
> 달(전자문서의 경우는 수신자가 관리하거나 지정한 전자적 시스템 등에 입력되는 것을 말한다)됨으로써 효력을 발생
> 한다.
> • 동법조 제3항 … 제2항에도 불구하고 공고문서는 그 문서에서 <u>효력발생 시기를 구체적으로 밝히고 있지 않으면 그 고
> 시 또는 공고 등이 있은 날부터 5일이 경과한 때에 효력이 발생한다.</u>
> ② <u>청소년유해매체물 결정 및 고시처분은</u> 당해 유해매체물의 소유자 등 특정인만을 대상으로 한 행정처분이 아니라 <u>일반
> 불특정 다수인을 상대방으로 하여</u> 일률적으로 표시의무, 포장의무, 청소년에 대한 판매·대여 등의 금지의무 등 <u>각종
> 의무를 발생시키는 행정처분이다</u>(대판 2007. 6. 14. 2004두619).
> ④ 행정소송법 제20조 제1항 소정의 <u>제소기간 기산점인 '처분이 있음을 안 날'이라 함은</u> 당사자가 통지, 공고 기타의 방법에
> 의하여 당해 처분이 있었다는 사실을 현실적으로 안 날을 의미하는바, 특정인에 대한 행정처분을 주소불명 등의 이유로
> 송달할 수 없어 관보·공보·게시판·일간신문 등에 공고한 경우에는, 공고가 효력을 발생하는 날에 상대방이 그 행정처
> 분이 있음을 알았다고 볼 수는 없고, <u>상대방이 당해 처분이 있었다는 사실을 현실적으로 안 날에 그 처분이 있음을 알았다</u>
> 고 보아야 한다(대판 2006. 4. 28. 2005두14851).
> → 따라서 乙은 공고 효력발생일로부터 90일이 아닌, 처분이 있음을 안 날로부터 90일 안에 취소소송을 제기할 수 있다.

## 19 판례의 입장으로 옳은 것은?

① 변상금부과처분이 당연무효인 경우, 당해 변상금부과처분에 의하여 납부한 오납금에 대한 납부자의 부당이득반환청구권의 소멸시효는 변상금부과처분의 부과시부터 진행한다.

② 행정소송에서 쟁송의 대상이 되는 행정처분의 존부에 관한 사항이 상고심에서 비로소 주장된 경우에 행정처분의 존부에 관한 사항은 상고심의 심판범위에 해당한다.

③ 어떠한 처분의 근거나 법적인 효과가 행정규칙에 규정되어 있다면, 그 처분이 행정규칙의 내부적 구속력에 의하여 상대방의 권리 의무에 직접 영향을 미치는 행위라도 항고소송의 대상이 되는 행정처분이라 볼 수 없다.

④ 어떠한 허가처분에 대하여 타법상의 인·허가가 의제된 경우, 의제된 인·허가는 통상적인 인·허가와 동일한 효력을 갖는 것은 아니므로 '부분 인·허가 의제'가 허용되는 경우에도 의제된 인·허가에 대한 쟁송취소는 허용되지 않는다.

> **ADVICE** ② 행정소송에서 쟁송의 대상이 되는 행정처분의 존부는 소송요건으로서 직권조사사항이고, 자백의 대상이 될 수 없는 것이므로, 설사 그 존재를 당사자들이 다투지 아니한다 하더라도 그 존부에 관하여 의심이 있는 경우에는 이를 직권으로 밝혀 보아야 할 것이고, 사실심에서 변론종결시까지 당사자가 주장하지 않던 직권조사사항에 해당하는 사항을 상고심에서 비로소 주장하는 경우 그 직권조사사항에 해당하는 사항은 상고심의 심판범위에 해당한다(대판 2004. 12. 24. 2003두15195).
>
> ① 지방재정법 제87조 제1항에 의한 변상금부과처분이 당연무효인 경우에 이 변상금부과처분에 의하여 납부자가 납부하거나 징수당한 오납금은 지방자치단체가 법률상 원인 없이 취득한 부당이득에 해당하고, 이러한 오납금에 대한 납부자의 부당이득반환청구권은 처음부터 법률상 원인이 없이 납부 또는 징수된 것이므로 납부 또는 징수시에 발생하여 확정되며, 그 때부터 소멸시효가 진행한다(대판 2005. 1. 27. 2004다50143).
>
> ③ 항고소송의 대상이 되는 행정처분이라 함은 원칙적으로 행정청의 공법상 행위로서 특정 사항에 대하여 법규에 의한 권리의 설정 또는 의무의 부담을 명하거나 기타 법률상 효과를 발생하게 하는 등으로 일반 국민의 권리 의무에 직접 영향을 미치는 행위를 가리키는 것이지만, 어떠한 처분의 근거나 법적인 효과가 행정규칙에 규정되어 있다고 하더라도, 그 처분이 행정규칙의 내부적 구속력에 의하여 상대방에게 권리의 설정 또는 의무의 부담을 명하거나 기타 법적인 효과를 발생하게 하는 등으로 그 상대방의 권리 의무에 직접 영향을 미치는 행위라면, 이 경우에도 항고소송의 대상이 되는 행정처분에 해당한다(대판 2002. 7. 26. 2001두3532).
>
> ④ 의제된 인허가는 통상적인 인허가와 동일한 효력을 가지므로, 적어도 '부분 인허가 의제'가 허용되는 경우에는 그 효력을 제거하기 위한 법적 수단으로 의제된 인허가의 취소나 철회가 허용될 수 있고, 이러한 직권 취소·철회가 가능한 이상 그 의제된 인허가에 대한 쟁송취소 역시 허용된다(대판 2018. 11. 29. 2016두38792).

**20** 「행정소송법」상 부작위위법확인소송에 대한 설명으로 옳지 않은 것은? (다툼이 있는 경우 판례에 의함)

① 어떠한 처분에 대하여 그 근거 법률에서 행정소송 이외의 다른 절차에 의하여 불복할 것을 예정하고 있는 경우, 그 처분이 「행정소송법」상 처분의 개념에 해당한다고 하더라도 그 처분의 부작위는 부작위위법확인소송의 대상이 될 수 없다.

② 어떠한 행정처분에 대한 법규상 또는 조리상의 신청권이 인정되지 않는 경우, 그 처분의 신청에 대한 행정청의 무응답이 위법하다고 하여 제기된 부작위위법확인소송은 적법하지 않다.

③ 취소소송의 제소기간에 관한 규정은 부작위위법확인소송에 준용되지 않으므로 행정심판 등 전심절차를 거친 경우에도 부작위위법확인소송에 있어서는 제소기간의 제한을 받지 않는다.

④ 처분의 신청 후에 원고에게 생긴 사정의 변화로 인하여, 그 처분에 대한 부작위가 위법하다는 확인을 받아도 종국적으로 침해되거나 방해받은 원고의 권리·이익을 보호·구제받는 것이 불가능하게 되었다면, 법원은 각하판결을 내려야 한다.

> **ADVICE** ③ 부작위위법확인의 소는 부작위상태가 계속되는 한 그 위법의 확인을 구할 이익이 있다고 보아야 하므로 원칙적으로 제소기간의 제한을 받지 않는다. 그러나 행정소송법 제38조 제2항이 제소기간을 규정한 같은 법 제20조를 부작위위법확인소송에 준용하고 있는 점에 비추어 보면, 행정심판 등 전심절차를 거친 경우에는 행정소송법 제20조가 정한 제소기간 내에 부작위위법확인의 소를 제기하여야 한다(대판 2009. 7. 23. 2008두10560).
> ① 부작위위법확인소송의 대상인 '부작위'란 '행정청이 당사자의 신청에 대하여 상당한 기간 내에 일정한 처분을 하여야 할 법률상 의무가 있음에도 불구하고 이를 하지 아니하는 것'을 말한다. 여기에서 '처분'이란 행정소송법상 항고소송의 대상이 되는 처분을 의미하는 것으로서, 행정소송법 제2조의 처분의 개념 정의에는 해당한다고 하더라도 그 처분의 근거 법률에서 행정소송 이외의 다른 절차에 의하여 불복할 것을 예정하고 있는 처분은 항고소송의 대상이 될 수 없다. 검사의 불기소결정에 대해서는 검찰청법에 의한 항고와 재항고, 형사소송법에 의한 재정신청에 의해서만 불복할 수 있는 것이므로, 이에 대해서는 행정소송법상 항고소송을 제기할 수 없다(대판 2018. 9. 28. 2017두47465).
> ② 부작위위법확인의 소에 있어 당사자가 행정청에 대하여 어떠한 행정행위를 하여 줄 것을 요구할 수 있는 법규상 또는 조리상 권리를 갖고 있지 아니한 경우에는 원고적격이 없거나 항고소송의 대상인 위법한 부작위가 있다고 볼 수 없어 그 부작위위법확인의 소는 부적법하다(대판 1999. 12. 7. 97누17568).
> ④ 부작위위법확인의 소는 그 부작위의 위법을 확인함으로써 행정청의 응답을 신속하게 하여 부작위 내지 무응답이라고 하는 소극적인 위법상태를 제거하는 것을 목적으로 하는 것이고, 종국적으로 침해되거나 방해받은 권리와 이익을 보호·구제받는 것이 불가능하게 되었다면 그 부작위가 위법하다는 확인을 구할 이익은 없다(대판 2002. 6. 28. 2000두4750).

**1** 행정법의 법원(法源)에 대한 설명으로 옳지 않은 것은? (다툼이 있는 경우 판례에 의함)

① 지방자치단체가 제정한 조례가 헌법에 의하여 체결·공포된 조약에 위반되는 경우 그 조례는 효력이 없다.

② 행정소송에 관하여 「행정소송법」에 특별한 규정이 없는 사항에 대하여는 「법원조직법」과 「민사소송법」 및 「민사집행법」의 규정을 준용한다.

③ 평등원칙은 일체의 차별적 대우를 부정하는 절대적 평등을 의미하는 것이 아니라 입법과 법의 적용에 있어서 합리적인 근거가 없는 차별을 배제하는 상대적 평등을 뜻한다.

④ 개정 법령이 기존의 사실 또는 법률관계를 적용대상으로 하면서 국민의 재산권과 관련하여 종전보다 불리한 법률효과를 규정하고 있는 경우, 그러한 사실 또는 법률관계가 개정 법률이 시행되기 이전에 이미 완성 또는 종결된 것이 아니라면 소급입법금지원칙에 위반된다.

> **ADVICE** ④ 행정처분은 그 근거 법령이 개정된 경우에도 경과 규정에서 달리 정함이 없는 한 처분 당시 시행되는 개정 법령과 그에서 정한 기준에 의하는 것이 원칙이고, 개정 법령이 기존의 사실 또는 법률관계를 적용대상으로 하면서 국민의 재산권과 관련하여 종전보다 불리한 법률효과를 규정하고 있는 경우에도 그러한 사실 또는 법률관계가 개정 법률이 시행되기 이전에 이미 완성 또는 종결된 것이 아니라면 이를 헌법상 금지되는 소급입법에 의한 재산권 침해라고 할 수는 없으며, 그러한 개정 법률의 적용과 관련하여서는 개정 전 법령의 존속에 대한 국민의 신뢰가 개정 법령의 적용에 관한 공익상의 요구보다 더 보호가치가 있다고 인정되는 경우에 그러한 국민의 신뢰보호를 보호하기 위하여 그 적용이 제한될 수 있는 여지가 있을 따름이다(대법원 2020. 7. 23. 선고 2019두31839 판결)

**ANSWER** 20.③ / 1.④

**2** 행정법의 일반원칙에 관련된 다음의 설명 중 옳은 것은? (다툼이 있는 경우 판례에 의함)

① 국가가 국민의 생명·신체의 안전에 대한 보호의무를 다하지 않았는지 여부를 헌법재판소가 심사할 때에는 국가가 이를 보호하기 위하여 적어도 적절하고 효율적인 최소한의 보호조치를 취하였는가 하는 '과소보호 금지원칙'의 위반 여부를 기준으로 삼는다.

② 행정청이 조합설립추진위원회의 설립승인 심사에서 위법한 행정처분을 한 선례가 있는 경우에는, 행정청에 대해 자기구속력을 갖게 되어 이후에도 그러한 기준에 따라야 한다.

③ 공무원 임용신청 당시 잘못 기재된 호적상 출생연월일을 생년월일로 기재하고, 임용 후 36년 동안 이의를 제기하지 않다가, 정년을 1년 3개월 앞두고 정정된 출생연월일을 기준으로 정년연장을 요구하는 것은 신의 성실의 원칙에 반한다.

④ 일반적으로 행정청이 폐기물처리업 사업계획에 대한 적정통보를 한 경우 이는 토지에 대한 형질변경신청을 허가하는 취지의 공적 견해표명까지도 포함한다.

> **ADVICE** ② [×] 행정청이 조합설립추진위원회의 설립승인 심사에서 위법한 행정처분을 한 선례가 있다고 하여 그러한 기준을 따라야 할 의무가 없는 점 등에 비추어, 평등의 원칙이나 신뢰보호의 원칙 또는 자기구속의 원칙 등에 위배되고 재량권을 일탈·남용하여 자의적으로 조합설립추진위원회 승인처분을 한 것으로 볼 수 없다(대법원 2009. 6. 25. 선고 2008두13132 판결).
>
> ③ [×] 지방공무원 임용신청 당시 잘못 기재된 호적상 출생연월일을 생년월일로 기재하고, 이에 근거한 공무원인사기록카드의 생년월일 기재에 대하여 처음 임용된 때부터 약 36년 동안 전혀 이의를 제기하지 않다가, 정년을 1년 3개월 앞두고 호적상 출생연월일을 정정한 후 그 출생연월일을 기준으로 정년의 연장을 요구하는 것이 신의성실의 원칙에 반하지 않는다(대법원 2009. 3. 26. 선고 2008두21300 판결)
>
> ④ [×] 도시계획구역 안에서의 폐기물처리시설의 결정기준 및 설치기준 등을 규정하고 있는 도시계획법 제2조 제1항 제1호 나목, 제16조, 도시계획 시설기준에 관한규칙 제126조 내지 제128조 및 폐기물관리법령은 도시계획구역 안에서의 토지형질변경의 허가기준을 규정하고 있는 도시계획법 제4조 제1항, 도시계획법시행령 제5조의2 및 토지의형질변경등행위허가기준등에관한규칙 제4조 제1항과 각기 규정대상 및 입법취지를 달리하고 있으므로, 일반적으로 폐기물처리업 사업계획에 대한 적정통보에 당해 토지에 대한 형질변경허가신청을 허가하는 취지의 공적 견해표명이 있는 것으로는 볼 수 없다고 할 것이고, 더구나 <u>토지의 지목변경 등을 조건으로 그 토지상의 폐기물처리업 사업계획에 대한 적정통보를 한 경우에는 위 조건부적정통보에 토지에 대한 형질변경허가의 공적 견해표명이 포함되어 있었다고 볼 수 없다</u>(대법원 1998. 9. 25. 선고 98두6494 판결).

**3** 행정행위의 부관에 대한 설명으로 옳은 것은? (다툼이 있는 경우 판례에 의함)

① 행정처분과 부관 사이에 실제적 관련성이 있다고 볼 수 없는 경우, 공무원이 공법상의 제한을 회피할 목적으로 행정처분의 상대방과 사이에 사법상 계약을 체결하는 형식을 취하였더라도 법치행정의 원리에 반하는 것으로서 위법하다고 볼 수 없다.

② 처분 당시 법령을 기준으로 처분에 부가된 부담이 적법하였더라도, 처분 후 부담의 전제가 된 주된 행정처분의 근거 법령이 개정됨으로써 행정청이 더이상 부관을 붙일 수 없게 되었다면 그때부터 부담의 효력은 소멸한다.

③ 부담의 이행으로서 하게 된 사법상 매매 등의 법률행위는 부담을 붙인 행정처분과는 별개의 법률행위이므로, 그 부담의 불가쟁력의 문제와는 별도로 법률행위가 사회질서 위반이나 강행규정에 위반되는지 여부 등을 따져보아 그 법률행위의 유효 여부를 판단하여야 한다.

④ 허가에 붙은 기한이 그 허가된 사업의 성질상 부당하게 짧아서 이 기한이 허가 자체의 존속기간이 아니라 허가조건의 존속기간으로 해석되는 경우에는 허가 여부의 재량권을 가진 행정청은 허가조건의 개정만을 고려할 수 있고, 그 후 당초의 기한이 상당 기간 연장되어 그 기한이 부당하게 짧은 경우에 해당하지 않게 된 때라도 더 이상의 기간연장을 불허가할 수는 없다.

> **ADVICE** ① [×] 공무원이 인 · 허가 등 수익적 행정처분을 하면서 상대방에게 그 처분과 관련하여 이른바 부관으로서 부담을 붙일 수 있다 하더라도, 그러한 부담은 법치주의와 사유재산 존중, 조세법률주의 등 헌법의 기본원리에 비추어 비례의 원칙이나 부당결부의 원칙에 위반되지 않아야만 적법한 것인바, <u>행정처분과 부관 사이에 실제적 관련성이 있다고 볼 수 없는 경우 공무원이 위와 같은 공법상의 제한을 회피할 목적으로 행정처분의 상대방과 사이에 사법상 계약을 체결하는 형식을 취하였다면 이는 법치행정의 원리에 반하는 것으로서 위법하다</u>(대법원 2009. 12. 10. 선고 2007다63966 판결).

②  [×] 행정청이 수익적 행정처분을 하면서 부가한 부담의 위법 여부는 처분 당시 법령을 기준으로 판단하여야 하고, 부담이 처분 당시 법령을 기준으로 적법하다면 처분 후 부담의 전제가 된 주된 행정처분의 근거 법령이 개정됨으로써 행정청이 더 이상 부관을 붙일 수 없게 되었다 하더라도 곧바로 위법하게 되거나 그 효력이 소멸하게 되는 것은 아니다. 따라서 행정처분의 상대방이 수익적 행정처분을 얻기 위하여 행정청과 사이에 행정처분에 부가할 부담에 관한 협약을 체결하고 행정청이 수익적 행정처분을 하면서 협약상의 의무를 부담으로 부가하였으나 부담의 전제가 된 주된 행정처분의 근거 법령이 개정됨으로써 행정청이 더 이상 부관을 붙일 수 없게 된 경우에도 <u>곧바로 협약의 효력이 소멸하는 것은 아니다</u>(대법원 2009. 2. 12. 선고 2005다65500 판결).

④ [×] 일반적으로 행정처분에 효력기간이 정하여져 있는 경우에는 그 기간의 경과로 그 행정처분의 효력은 상실되며, 다만 허가에 붙은 기한이 그 허가된 사업의 성질상 부당하게 짧은 경우에는 이를 그 허가 자체의 존속기간이 아니라 그 허가조건의 존속기간으로 보아 그 기한이 도래함으로써 그 조건의 개정을 고려한다는 뜻으로 해석할 수 있지만, 이와 같이 당초에 붙은 기한을 허가 자체의 존속기간이 아니라 허가조건의 존속기간으로 보더라도 그 후 당초의 기한이 상당 기간 연장되어 연장된 기간을 포함한 존속기간 전체를 기준으로 볼 경우 <u>더 이상 허가된 사업의 성질상 부당하게 짧은 경우에 해당하지 않게 된 때에는 관계 법령의 규정에 따라 허가 여부의 재량권을 가진 행정청으로서는 그때에도 허가조건의 개정만을 고려하여야 하는 것은 아니고 재량권의 행사로서 더 이상의 기간연장을 불허가할 수도 있는 것이며, 이로써 허가의 효력은 상실된다</u>(대법원 2004. 3. 25. 선고 2003두12837 판결).

---

✎ **ANSWER**  2.① 3.③

**4** 정보공개에 대한 판례의 입장으로 옳지 않은 것은?

① 국민의 알 권리의 내용에는 일반 국민 누구나 국가에 대하여 보유·관리하고 있는 정보의 공개를 청구할 수 있는 이른바 일반적인 정보공개청구권이 포함된다.

② 정보공개청구권은 법률상 보호되는 구체적인 권리이므로 청구인이 공공기관에 대하여 정보공개를 청구하였다가 거부처분을 받은 것 자체가 법률상 이익의 침해에 해당한다.

③ 「공공기관의 정보공개에 관한 법률」상 공개청구의 대상이 되는 정보란 공공기관이 직무상 작성 또는 취득하여 현재 보유·관리하고 있는 원본인 문서만을 의미한다.

④ 정보공개가 신청된 정보를 공공기관이 보유·관리하고 있지 아니한 경우에는 특별한 사정이 없는 한 정보공개거부처분의 취소를 구할 법률상의 이익이 없다.

> **ADVICE** ③ 공공기관의 정보공개에 관한 법률상 공개청구의 대상이 되는 정보란 공공기관이 직무상 작성 또는 취득하여 현재 보유·관리하고 있는 문서에 한정되는 것이기는 하나, 그 문서가 반드시 원본일 필요는 없다(대법원 2006. 5. 25. 선고 2006두3049 판결).

**5** 공법상 계약에 대한 설명으로 옳지 않은 것은? (다툼이 있는 경우 판례에 의함)

① 행정청이 자신과 상대방 사이의 법률관계를 일방적인 의사표시로 종료시켰다고 하더라도 곧바로 그 의사표시가 행정청으로서 공권력을 행사하여 행하는 행정처분이라고 단정할 수는 없고, 관계 법령이 상대방의 법률관계에 관하여 구체적으로 어떻게 규정하고 있는지에 따라 개별적으로 판단하여야 한다.

② 채용계약상 특별한 약정이 없는 한, 지방계약직공무원에 대하여 「지방공무원법」, 「지방공무원 징계 및 소청 규정」에 정한 징계절차에 의하지 않고서는 보수를 삭감할 수 없다.

③ 중소기업 정보화지원사업에 대한 지원금출연협약의 해지 및 환수통보는 공법상 계약에 따른 의사표시가 아니라 행정청이 우월한 지위에서 행하는 공권력의 행사로서 행정처분이다.

④ 계약직공무원 채용계약해지는 국가 또는 지방자치단체가 대등한 지위에서 행하는 의사표시로서 처분이 아니므로 「행정절차법」에 의하여 근거와 이유를 제시하여야 하는 것은 아니다.

> **ADVICE** ③ 중소기업기술정보진흥원장이 갑 주식회사와 중소기업 정보화지원사업 지원대상인 사업의 지원에 관한 협약을 체결하였는데, 협약이 갑 회사에 책임이 있는 사업실패로 해지되었다는 이유로 협약에서 정한 대로 지급받은 정부지원금을 반환할 것을 통보한 사안에서, 중소기업 정보화지원사업에 따른 지원금 출연을 위하여 중소기업청장이 체결하는 협약은 공법상 대등한 당사자 사이의 의사표시의 합치로 성립하는 공법상 계약에 해당하는 점, 구 중소기업 기술혁신 촉진법(2010. 3. 31. 법률 제10220호로 개정되기 전의 것) 제32조 제1항은 제10조가 정한 기술혁신사업과 제11조가 정한 산학협력 지원사업에 관하여 출연한 사업비의 환수에 적용될 수 있을 뿐 이와 근거 규정을 달리하는 중소기업 정보화지원사업에 관하여 출연한 지원금에 대하여는 적용될 수 없고 달리 지원금 환수에 관한 구체적인 법령상 근거가 없는 점 등을 종합하면, <u>협약의 해지 및 그에 따른 환수통보는 공법상 계약에 따라 행정청이 대등한 당사자의 지위에서 하는 의사표시로 보아야 하고, 이를 행정청이 우월한 지위에서 행하는 공권력의 행사로서 행정처분에 해당한다고 볼 수는 없다</u>(대법원 2015. 8. 27. 선고 2015두41449 판결).

**6** 인·허가 의제에 대한 설명으로 옳지 않은 것은? (다툼이 있는 경우 판례에 의함)

① 주택건설사업계획 승인권자가 구「주택법」에 따라 도시·군관리계획 결정권자와 협의를 거쳐 관계 주택건설사업계획을 승인하면 도시·군관리계획결정이 이루어진 것으로 의제되고, 이러한 협의 절차와 별도로「국토의 계획 및 이용에 관한 법률」 등에서 정한 도시·군관리계획 입안을 위한 주민 의견청취 절차를 거칠 필요는 없다.

② 건축물의 건축이 「국토의 계획 및 이용에 관한 법률」상 개발행위에 해당할 경우 그 건축의 허가권자는 국토계획법령의 개발행위허가기준을 확인하여야 하므로, 국토계획법상 건축물의 건축에 관한 개발행위허가가 의제되는 건축허가신청이 국토계획법령이 정한 개발행위허가기준에 부합하지 아니하면 허가권자로서는 이를 거부할 수 있다.

③ 「건축법」에서 관련 인·허가 의제 제도를 둔 취지는 인·허가 의제사항 관련 법률에 따른 각각의 인·허가 요건에 관한 일체의 심사를 배제하려는 것이 아니다.

④ 주택건설사업계획 승인처분에 따라 의제된 인·허가가 위법함을 다투고자 하는 이해관계인은, 주택건설사업계획 승인처분의 취소를 구해야지 의제된 인·허가의 취소를 구해서는 아니되며, 의제된 인·허가는 주택건설사업계획 승인처분과 별도로 항고소송의 대상이 되는 처분에 해당하지 않는다.

> **ADVICE** ④ 구 주택법(2016. 1. 19. 법률 제13805호로 전부 개정되기 전의 것) 제17조 제1항에 따르면, 주택건설사업계획 승인권자가 관계 행정청의 장과 미리 협의한 사항에 한하여 승인처분을 할 때에 인허가 등이 의제될 뿐이고, 각호에 열거된 모든 인허가 등에 관하여 일괄하여 사전협의를 거칠 것을 주택건설사업계획 승인처분의 요건으로 규정하고 있지 않다. 따라서 인허가 의제 대상이 되는 처분에 어떤 하자가 있더라도, 그로써 해당 인허가 의제의 효과가 발생하지 않을 여지가 있게 될 뿐이고, 그러한 사정이 주택건설사업계획 승인처분 자체의 위법사유가 될 수는 없다. 또한 의제된 인허가는 통상적인 인허가와 동일한 효력을 가지므로, 적어도 '부분 인허가 의제'가 허용되는 경우에는 그 효력을 제거하기 위한 법적 수단으로 의제된 인허가의 취소나 철회가 허용될 수 있고, 이러한 직권 취소·철회가 가능한 이상 그 의제된 인허가에 대한 쟁송취소 역시 허용된다. 따라서 주택건설사업계획 승인처분에 따라 의제된 인허가가 위법함을 다투고자 하는 이해관계인은, 주택건설사업계획 승인처분의 취소를 구할 것이 아니라 의제된 인허가의 취소를 구하여야 하며, <u>의제된 인허가는 주택건설사업계획 승인처분과 별도로 항고소송의 대상이 되는 처분에 해당한다</u>(대법원 2018. 11. 29. 선고 2016두38792 판결).

**7** 「행정심판법」상 행정심판위원회가 취소심판의 청구가 이유가 있다고 인정하는 경우에 행할 수 있는 재결에 해당하지 않는 것은?

① 처분을 취소하는 재결
② 처분을 할 것을 명하는 재결
③ 처분을 다른 처분으로 변경하는 재결
④ 처분을 다른 처분으로 변경할 것을 명하는 재결

> **ADVICE** 「행정심판법」 제43조(재결의 구분) 제3항 … 위원회는 취소심판의 청구가 이유가 있다고 인정하면 처분을 취소 또는 다른 처분으로 변경하거나 처분을 다른 처분으로 변경할 것을 피청구인에게 명한다.


**8** 「국가배상법」상 공무원의 위법한 직무행위로 인한 손해배상에 대한 설명으로 옳은 것은? (다툼이 있는 경우 판례에 의함)

① 일반적으로 공무원이 필요한 지식을 갖추지 못하고 법규의 해석을 그르쳐 행정처분을 하였다면 그가 법률전문가가 아닌 행정직공무원이라고 하여 과실이 없다고는 할 수 없다.
② 국가배상의 요건인 '공무원의 직무'에는 국가나 지방자치단체의 비권력적 작용과 사경제 주체로서 하는 작용이 포함된다.
③ 손해배상책임을 묻기 위해서는 가해 공무원을 특정하여야 한다.
④ 국가가 가해 공무원에 대하여 구상권을 행사하는 경우 국가가 배상한 배상액 전액에 대하여 구상권을 행사하여야 한다.

> **ADVICE** ② [×] 국가배상법이 정한 손해배상청구의 요건인 '공무원의 직무'에는 국가나 지방자치단체의 권력적 작용뿐만 아니라 비권력적 작용도 포함되지만, 단순한 사경제의 주체로서 하는 작용은 포함되지 아니한다(대법원 1999. 11. 26. 선고 98다47245 판결).
> ③ [×] 가해 공무원을 특정하지 못하여도 손해배상책임을 물을 수 있다.
> ④ [×] 국가 또는 지방자치단체의 산하 공무원이 그 직무를 집행함에 당하여 중대한 과실로 인하여 법령에 위반하여 타인에게 손해를 가함으로써 국가 또는 지방자치단체가 손해배상책임을 부담하고, 그 결과로 손해를 입게된 경우에는 국가 등은 당해 공무원의 직무내용, 당해 불법행위의 상황, 손해발생에 대한 당해 공무원의 기여정도, 당해 공무원의 평소 근무태도, 불법행위의 예방이나 손실분산에 관한 국가 또는 지방자치단체의 배려의 정도 등 제반사정을 참작하여 손해의 공평한 분담이라는 견지에서 신의칙상 상당하다고 인정되는 한도 내에서만 당해 공무원에 대하여 구상권을 행사할 수 있다고 봄이 상당하다(대법원 1991. 5. 10. 선고 91다6764 판결).

**9** 행정행위에 대한 설명으로 옳은 것만을 모두 고르면? (다툼이 있는 경우 판례에 의함)

> ㉠ 행정의사가 외부에 표시되어 행정청이 자유롭게 취소·철회할 수 없는 구속을 받게 되는 시점에 처분이 성립하고, 그 성립 여부는 행정청이 행정의사를 공식적인 방법으로 외부에 표시하였는지를 기준으로 판단해야 한다.
> ㉡ 구「공중위생관리법」상 공중위생영업에 대하여 영업을 정지할 위법사유가 있다면, 관할 행정청은 그 영업이 양도·양수되었다 하더라도 양수인에 대하여 영업정지처분을 할 수 있다.
> ㉢ 「도시 및 주거환경정비법」상 주택재건축조합에 대해 조합설립 인가처분이 행하여진 후에는, 조합설립결의의 하자를 이유로 조합설립의 무효를 주장하려면 조합설립 인가처분의 취소 또는 무효확인을 구하는 소송으로 다투어야 하며, 따로 조합설립결의의 하자를 다투는 확인의 소를 제기할 수 없다.
> ㉣ 공정거래위원회가 부당한 공동행위를 한 사업자들 중 자진신고자에 대하여 구 독점규제 및 공정거래에 관한 법령에 따라 과징금 부과처분(선행처분)을 한 뒤, 다시 자진신고자에 대한 사건을 분리하여 자진신고를 이유로 과징금 감면처분(후행처분)을 한 경우라도 선행처분의 취소를 구하는 소는 적법하다.

① ㉡, ㉢

② ㉠, ㉡, ㉢

③ ㉠, ㉡, ㉣

④ ㉠, ㉢, ㉣

> **ADVICE** ㉣ 공정거래위원회가 부당한 공동행위를 행한 사업자로서 구 독점규제 및 공정거래에 관한 법률(2013. 7. 16. 법률 제11937호로 개정되기 전의 것) 제22조의2에서 정한 자진신고자나 조사협조자에 대하여 과징금 부과처분(이하 '선행처분'이라 한다)을 한 뒤, 독점규제 및 공정거래에 관한 법률 시행령 제35조 제3항에 따라 다시 자진신고자 등에 대한 사건을 분리하여 자진신고 등을 이유로 한 과징금 감면처분(이하 '후행처분'이라 한다)을 하였다면, 후행처분은 자진신고 감면까지 포함하여 처분 상대방이 실제로 납부하여야 할 최종적인 과징금액을 결정하는 종국적 처분이고, 선행처분은 이러한 종국적 처분을 예정하고 있는 일종의 잠정적 처분으로서 후행처분이 있을 경우 선행처분은 후행처분에 흡수되어 소멸한다. 따라서 위와 같은 경우에 선행처분의 취소를 구하는 소는 이미 효력을 잃은 처분의 취소를 구하는 것으로 부적법하다(대법원 2015. 2. 12. 선고 2013두987 판결).

**10** 행정계획에 대한 설명으로 옳지 않은 것은? (다툼이 있는 경우 판례에 의함)

① 구「도시계획법」상 도시기본계획은 도시의 기본적인 공간구조와 장기발전방향을 제시하는 종합계획으로서 도시계획입안의 지침이 되므로 일반 국민에 대한 직접적인 구속력은 없다.

② 장래 일정한 기간 내에 관계 법령이 규정하는 시설 등을 갖추어 일정한 행정처분을 구하는 신청을 할 수 있는 법률상 지위에 있는 자의 국토이용계획변경신청을 거부하는 것이 실질적으로 당해 행정처분 자체를 거부하는 결과가 되는 경우라도, 구「국토이용관리법」상 주민이 국토이용계획의 변경에 대하여 신청을 할 수 있다는 규정이 없으므로 그 신청인에게 국토이용계획변경을 신청할 권리가 인정된다고 볼 수 없다.

③ 구속력 없는 행정계획안이나 행정지침이라도 국민의 기본권에 직접적으로 영향을 끼치고 법령의 뒷받침에 의하여 그대로 실시될 것이 틀림없을 것으로 예상되는 때에는 예외적으로 헌법소원의 대상이 된다.

④ 도시계획의 결정·변경 등에 대한 권한행정청은 이미 도시계획이 결정·고시된 지역에 대하여도 다른 내용의 도시계획을 결정·고시할 수 있고, 이 때에 후행 도시계획에 선행 도시계획과 양립할 수 없는 내용이 포함되어 있다면 특별한 사정이 없는 한 선행 도시계획은 후행 도시계획과 같은 내용으로 변경된다.

> **ADVICE** ② [×] 구 국토이용관리법(2002. 2. 4. 법률 제6655호 국토의계획및이용에관한법률 부칙 제2조로 폐지)상 주민이 국토이용계획의 변경에 대하여 신청을 할 수 있다는 규정이 없을 뿐만 아니라, 국토건설종합계획의 효율적인 추진과 국토이용질서를 확립하기 위한 국토이용계획은 장기성, 종합성이 요구되는 행정계획이어서 원칙적으로는 그 계획이 일단 확정된 후에 어떤 사정의 변동이 있다고 하여 그러한 사유만으로는 지역주민이나 일반 이해관계인에게 일일이 그 계획의 변경을 신청할 권리를 인정하여 줄 수는 없을 것이지만, <u>장래 일정한 기간 내에 관계 법령이 규정하는 시설 등을 갖추어 일정한 행정처분을 구하는 신청을 할 수 있는 법률상 지위에 있는 자의 국토이용계획변경신청을 거부하는 것이 실질적으로 당해 행정처분 자체를 거부하는 결과가 되는 경우에는 예외적으로 그 신청인에게 국토이용계획변경을 신청할 권리가 인정된다고 봄이 상당하므로, 이러한 신청에 대한 거부행위는 항고소송의 대상이 되는 행정처분에 해당한다</u>(대법원 2003. 9. 23. 선고 2001두10936 판결).

**11** 「행정대집행법」상 대집행과 이행강제금에 대한 甲과 乙의 대화 중 乙의 답변이 옳지 않은 것은? (다툼이 있는 경우 판례에 의함)

① 甲 : 행정대집행의 절차가 인정되는 경우에도 행정청이 민사상 강제집행수단을 이용할 수 있나요?

   乙 : 행정대집행의 절차가 인정되어 실현할 수 있는 경우에는 따로 민사소송의 방법을 이용할 수 없습니다.

② 甲 : 대집행의 적용대상은 무엇인가요?

   乙 : 대집행은 공법상 대체적 작위의무의 불이행이 있는 경우에 행할 수 있습니다.

③ 甲 : 행정청은 대집행의 대상이 될 수 있는 것에 대하여 이행강제금을 부과할 수도 있나요?

   乙 : 행정청은 개별사건에 있어서 위법건축물에 대하여 대집행과 이행강제금을 선택적으로 활용할 수 있습니다.

④ 甲 : 만약 이행강제금을 부과받은 사람이 사망하였다면 이행강제금의 납부의무는 상속인에게 승계되나요?

   乙 : 이행강제금의 납부의무는 상속의 대상이 되므로, 상속인이 납부의무를 승계합니다.

 ④ 구 건축법(2005. 11. 8. 법률 제7696호로 개정되기 전의 것)상의 이행강제금은 구 건축법의 위반행위에 대하여 시정 명령을 받은 후 시정기간 내에 당해 시정명령을 이행하지 아니한 건축주 등에 대하여 부과되는 간접강제의 일종으로서 그 이행강제금 납부의무는 상속인 기타의 사람에게 승계될 수 없는 일신전속적인 성질의 것이므로 이미 사망한 사람에게 이 행강제금을 부과하는 내용의 처분이나 결정은 당연무효이고, 이행강제금을 부과받은 사람의 이의에 의하여 비송사건절차 법에 의한 재판절차가 개시된 후에 그 이의한 사람이 사망한 때에는 사건 자체가 목적을 잃고 절차가 종료한다(대법원 2006. 12. 8.자 2006마470 결정).

## 12 행정의 실효성 확보수단의 예와 그 법적 성질의 연결이 옳지 않은 것은? (다툼이 있는 경우 판례에 의함)

① 「건축법」에 따른 이행강제금의 부과 – 집행벌
② 「식품위생법」에 따른 영업소 폐쇄 – 직접강제
③ 「공유재산 및 물품 관리법」에 따른 공유재산 원상복구명령의 강제적 이행 – 즉시강제
④ 「부동산등기 특별조치법」에 따른 과태료의 부과 – 행정벌

 ③ 공유재산 및 물품 관리법 제83조 제1항은 "지방자치단체의 장은 정당한 사유 없이 공유재산을 점유하거나 공유재산에 시설물을 설치한 경우에는 원상복구 또는 시설물의 철거 등을 명하거나 이에 필요한 조치를 할 수 있다."라고 규정하고, 제2항은 "제1항에 따른 명령을 받은 자가 그 명령을 이행하지 아니할 때에는 '행정대집행법'에 따라 원상복구 또는 시설물 의 철거 등을 하고 그 비용을 징수할 수 있다."라고 규정하고 있다.
위 규정에 따라 지방자치단체장은 행정대집행의 방법으로 공유재산에 설치한 시설물을 철거할 수 있고, 이러한 행정대집 행의 절차가 인정되는 경우에는 민사소송의 방법으로 시설물의 철거를 구하는 것은 허용되지 아니한다(대법원 2017. 4. 13. 선고 2013다207941 판결).

---

✎ **ANSWER**　10.② 　11.④ 　12.③

**13** 개인정보의 보호에 대한 판례의 설명으로 옳은 것만을 모두 고르면?

> ㉠ 개인정보자기결정권의 보호대상이 되는 개인정보는 반드시 개인의 내밀한 영역에 속하는 정보에 국한되지 않고 공적 생활에서 형성되었거나 이미 공개된 개인정보까지 포함한다.
>
> ㉡ 이미 공개된 개인정보를 정보주체의 동의가 있었다고 객관적으로 인정되는 범위 내에서 처리를 할 때는 정보주체의 별도의 동의는 불필요하다고 보아야 하고, 별도의 동의를 받지 아니하였다고 하여 「개인정보 보호법」을 위반한 것으로 볼 수 없다.
>
> ㉢ 개인정보 처리위탁에 있어 수탁자는 정보제공자의 관리·감독 아래 위탁받은 범위 내에서만 개인정보를 처리하게 되지만, 위탁자로부터 위탁사무 처리에 따른 대가를 지급받는 이상 개인정보 처리에 관하여 독자적인 이익을 가지므로, 그러한 수탁자는 「개인정보 보호법」 제17조에 의해 개인정보처리자가 정보주체의 개인정보를 제공할 수 있는 '제3자'에 해당한다.
>
> ㉣ 인터넷 포털사이트 등의 개인정보 유출사고로 주민등록번호가 불법 유출 되어 그 피해자가 주민등록번호 변경을 신청했으나 구청장이 거부 통지를 한 사안에서, 피해자의 의사와 무관하게 주민등록번호가 유출된 경우에는 조리상 주민등록번호의 변경요구신청권을 인정함이 타당하다.

① ㉠, ㉢

② ㉡, ㉣

③ ㉠, ㉡, ㉢

④ ㉠, ㉡, ㉣

>**ADVICE** ㉢ 개인정보 보호법 제17조 제1항 제1호, 제26조, 제71조 제1호, 정보통신망 이용촉진 및 정보보호 등에 관한 법률(이하 '정보통신망법'이라고 한다) 제24조의2 제1항, 제25조, 제71조 제3호의 문언 및 취지에 비추어 보면, 개인정보 보호법 제17조와 정보통신망법 제24조의2에서 말하는 개인정보의 '제3자 제공'은 본래의 개인정보 수집·이용 목적의 범위를 넘어 정보를 제공받는 자의 업무처리와 이익을 위하여 개인정보가 이전되는 경우인 반면, 개인정보 보호법 제26조와 정보통신망법 제25조에서 말하는 개인정보의 '처리위탁'은 본래의 개인정보 수집·이용 목적과 관련된 위탁자 본인의 업무 처리와 이익을 위하여 개인정보가 이전되는 경우를 의미한다. <u>개인정보 처리위탁에 있어 수탁자는 위탁자로부터 위탁사무 처리에 따른 대가를 지급받는 것 외에는 개인정보 처리에 관하여 독자적인 이익을 가지지 않고, 정보제공자의 관리·감독 아래 위탁받은 범위 내에서만 개인정보를 처리하게 되므로, 개인정보 보호법 제17조와 정보통신망법 제24조의2에 정한 '제3자'에 해당하지 않는다.</u>
>
> 한편 어떠한 행위가 개인정보의 제공인지 아니면 처리위탁인지는 개인정보의 취득 목적과 방법, 대가 수수 여부, 수탁자에 대한 실질적인 관리·감독 여부, 정보주체 또는 이용자의 개인정보 보호 필요성에 미치는 영향 및 이러한 개인정보를 이용할 필요가 있는 자가 실질적으로 누구인지 등을 종합하여 판단하여야 한다(대법원 2017. 4. 7. 선고 2016도13263 판결).

**14** 행정상 즉시강제에 대한 설명으로 옳지 않은 것은? (다툼이 있는 경우 판례에 의함)

① 행정상 즉시강제는 국민의 권리침해를 필연적으로 수반하므로, 이에 대해서는 항상 영장주의가 적용된다.
② 행정상 즉시강제는 직접강제와는 달리 행정상 강제집행에 해당하지 않는다.
③ 구「음반·비디오물 및 게임물에 관한 법률」상 불법게임물에 대한 수거 및 폐기 조치는 행정상 즉시강제에 해당한다.
④ 다른 수단으로는 행정목적을 달성할 수 없는 경우에만 허용되며, 이 경우에도 최소한으로만 실시하여야 한다.

> **ADVICE** ① 우리 헌법 제12조 제3항은 현행법 등 일정한 예외를 제외하고는 인신의 체포, 구금에는 반드시 법관이 발부한 사전영장이 제시되어야 하도록 규정하고 있는데, 이러한 사전영장주의원칙은 인신보호를 위한 헌법상의 기속원리이기 때문에 인신의 자유를 제한하는 국가의 모든 영역(예컨대, 행정상의 즉시강제)에서도 존중되어야 하고 다만 <u>사전영장주의를 고수하다가는 도저히 그 목적을 달성할 수 없는 지극히 예외적인 경우에만 형사절차에서와 같은 예외가 인정된다고 할 것이다</u>(대법원 1995. 6. 30. 선고 93추83 판결).

**15** 판례상 항고소송의 원고적격이 인정되는 경우만을 모두 고르면?

> ⊙ 중국 국적자인 외국인이 사증발급 거부처분의 취소를 구하는 경우
> ⓛ 소방청장이 처분성이 인정되는 국민권익위원회의 조치요구에 불복하여 조치요구의 취소를 구하는 경우
> ⓒ 지방법무사회가 법무사의 사무원 채용승인 신청을 거부하여 사무원이 될 수 없게 된 자가 지방법무사회를 상대로 거부처분의 취소를 구하는 경우
> ⓔ 개발제한구역 중 일부 취락을 개발제한구역에서 해제하는 내용의 도시관리계획변경결정에 대하여 개발제한구역 해제대상에서 누락된 토지의 소유자가 위 결정의 취소를 구하는 경우

① ㉠, ㉡
② ㉡, ㉢
③ ㉢, ㉣
④ ㉠, ㉢, ㉣

> **ADVICE** ㉠ [×] 사증발급의 법적 성질, 출입국관리법의 입법 목적, 사증발급 신청인의 대한민국과의 실질적 관련성, 상호주의원칙 등을 고려하면, 우리 출입국관리법의 해석상 외국인에게는 사증발급 거부처분의 취소를 구할 법률상 이익이 인정되지 않는다(대법원 2018. 5. 15. 선고 2014두42506 판결).
> ㉣ [×] 개발제한구역 중 일부 취락을 개발제한구역에서 해제하는 내용의 도시관리계획변경결정에 대하여, 개발제한구역 해제대상에서 누락된 토지의 소유자는 위 결정의 취소를 구할 법률상 이익이 없다(대법원 2008. 7. 10. 선고 2007두10242 판결).

✎ **ANSWER**   13.④   14.①   15.②

**16** 취소소송의 제소기간에 대한 설명으로 옳은 것(O)과 옳지 않은 것(×)을 바르게 연결한 것은? (다툼이 있는 경우 판례에 의함)

> ㉠ 행정청이 행정심판청구를 할 수 있다고 잘못 알려 행정심판을 청구한 경우에는 재결서 정본을 송달받은 날이 아닌 처분이 있음을 안 날로부터 제소기간이 기산된다.
> ㉡ 행정심판을 청구하였으나 심판청구기간을 도과하여 각하된 후 제기하는 취소소송은 재결서를 송달받은 날부터 90일 이내에 제기하면 된다.
> ㉢ '처분이 있음을 안 날'은 처분이 있었다는 사실을 현실적으로 안 날을 의미하므로, 처분서를 송달받기 전 정보공개청구를 통하여 처분을 하는 내용의 일체의 서류를 교부받았다면 그 서류를 교부받은 날부터 제소기간이 기산된다.
> ㉣ 동일한 처분에 대하여 무효확인의 소를 제기하였다가 그 처분의 취소를 구하는 소를 추가적으로 병합한 경우, 주된 청구인 무효확인의 소가 적법한 제소기간 내에 제기되었다면 추가로 병합된 취소청구의 소도 적법하게 제기된 것으로 볼 수 있다.

| | ㉠ | ㉡ | ㉢ | ㉣ |
|---|---|---|---|---|
| ① | × | × | O | × |
| ② | O | O | × | O |
| ③ | O | × | O | × |
| ④ | × | × | × | O |

>ADVICE ㉠ [×] 「행정소송법」 제20조(제소기간) 제1항 : 취소소송은 처분등이 있음을 안 날부터 90일 이내에 제기하여야 한다. 다만, 제18조 제1항 단서에 규정한 경우와 그 밖에 행정심판청구를 할 수 있는 경우 또는 행정청이 행정심판청구를 할 수 있다고 잘못 알린 경우에 행정심판청구가 있은 때의 기간은 재결서의 정본을 송달받은 날부터 기산한다.
>
> ㉡ [×] 국민건강보험공단이 2009. 9. 2. 국민건강보험법 제85조의2 제1항에 따라 갑에게 과징금을 부과하는 처분을 하여 2009. 9. 7. 갑의 동료가 이를 수령하였는데, 갑이 그때부터 90일을 넘겨 국무총리행정심판위원회에 행정심판을 청구하여 청구기간 경과를 이유로 각하재결을 받았고, 그 후 재결서를 송달받은 때부터 90일 이내에 원처분에 대하여 취소소송을 제기한 사안에서, 행정심판은 갑이 처분이 있음을 안 날부터 90일을 넘겨 청구한 것으로서 부적법하고, 행정심판의 재결이 있은 후에 비로소 제기된 과징금 부과처분에 대한 취소소송 또한 제소기간이 경과한 후에 제기된 것으로서 부적법하다는 이유로 이를 각하한 원심판결을 정당하다(대법원 2011. 11. 24. 선고 2011두18786 판결).

ⓒ [×] 행정소송법 제20조 제1항이 정한 제소기간의 기산점인 '처분 등이 있음을 안 날'이란 통지, 공고 기타의 방법에 의하여 당해 처분 등이 있었다는 사실을 현실적으로 안 날을 의미한다. 상대방이 있는 행정처분의 경우에는 특별한 규정이 없는 한 의사표시의 일반적 법리에 따라 행정처분이 상대방에게 고지되어야 효력을 발생하게 되므로, 행정처분이 상대방에게 고지되어 상대방이 이러한 사실을 인식함으로써 행정처분이 있다는 사실을 현실적으로 알았을 때 행정소송법 제20조 제1항이 정한 제소기간이 진행한다고 보아야 한다(대법원 2014. 9. 25. 선고 2014두8254 판결).

ⓔ [O] 하자 있는 행정처분을 놓고 이를 무효로 볼 것인지 아니면 단순히 취소할 수 있는 처분으로 볼 것인지는 동일한 사실관계를 토대로 한 법률적 평가의 문제에 불과하고, 행정처분의 무효확인을 구하는 소에는 특단의 사정이 없는 한 그 취소를 구하는 취지도 포함되어 있다고 보아야 하는 점 등에 비추어 볼 때, 동일한 행정처분에 대하여 무효확인의 소를 제기하였다가 그 후 그 처분의 취소를 구하는 소를 추가적으로 병합한 경우, 주된 청구인 무효확인의 소가 적법한 제소기간 내에 제기되었다면 추가로 병합된 취소청구의 소도 적법하게 제기된 것으로 봄이 상당하다(대법원 2005. 12. 23. 선고 2005두3554 판결).


## 17 위임명령의 한계에 대한 설명으로 옳지 않은 것은? (다툼이 있는 경우 판례에 의함)

① 법률이 공법적 단체 등의 정관에 자치법적 사항을 위임한 경우에는 헌법 제75조가 정하는 포괄적인 위임입법의 금지는 원칙적으로 적용되지 않지만, 그 사항이 국민의 권리ㆍ의무에 관련되는 것일 경우에는 적어도 국민의 권리ㆍ의무에 관한 기본적이고 본질적인 사항은 국회가 정하여야 한다.

② 헌법에서 채택하고 있는 조세법률주의의 원칙상 과세요건과 징수절차에 관한 사항을 명령ㆍ규칙 등 하위법령에 구체적ㆍ개별적으로 위임하여 규정할 수 없다.

③ 법률에서 위임받은 사항에 관하여 대강을 정하고 그 중의 특정사항을 범위를 정하여 하위법령에 다시 위임하는 경우에는 재위임이 허용된다. 이러한 법리는 조례가 「지방자치법」에 따라 주민의 권리제한 또는 의무부과에 관한 사항을 법률로부터 위임받은 후, 이를 다시 지방자치단체장이 정하는 '규칙'이나 '고시' 등에 재위임하는 경우에도 마찬가지이다.

④ 법률의 시행령이나 시행규칙의 내용이 모법 조항의 취지에 근거하여 이를 구체화하기 위한 것인 때에는 모법의 규율 범위를 벗어난 것으로 볼 수 없다. 이러한 경우에는 모법에 이에 관하여 직접 위임하는 규정을 두지 않았다고 하여도 이를 무효라고 볼 수 없다.

> ADVICE ② 헌법 제38조, 제59조에서 채택하고 있는 조세법률주의의 원칙은 과세요건과 징수절차 등 조세권행사의 요건과 절차는 국민의 대표기관인 국회가 제정한 법률로써 규정하여야 한다는 것이나, 과세요건과 징수절차에 관한 사항을 명령ㆍ규칙 등 하위법령에 위임하여 규정하게 할 수 없는 것은 아니고, 이러한 사항을 하위법령에 위임하여 규정하게 하는 경우 구체적ㆍ개별적 위임만이 허용되며 포괄적ㆍ백지적 위임은 허용되지 아니하고(과세요건법정주의), 이러한 법률 또는 그 위임에 따른 명령ㆍ규칙의 규정은 일의적이고 명확하여야 한다(과세요건명확주의)는 것이다(대법원 1994. 9. 30.자 94부18 결정).

**18** 甲 회사는 '토석채취허가지 진입도로와 관련 우회도로 개설 등은 인근 주민들과의 충분한 협의를 통해 민원발생에 따른 분쟁이 생기지 않도록 조치 후 사업을 추진할 것'이란 조건으로 토석채취허가를 받았다. 그러나 甲은 위 조건이 법령에 근거가 없다는 이유로 이행하지 아니하였고, 인근 주민이 민원을 제기하자 관할 행정청은 甲에게 공사중지명령을 하였다. 甲은 공사중지명령의 해제를 신청하였으나 거부되자 거부처분 취소소송을 제기하였다. 이에 대한 설명으로 옳지 않은 것은? (다툼이 있는 경우 판례에 의함)

① 일반적으로 기속행위의 경우 법령의 근거 없이 위와 같은 조건을 부가하는 것은 위법하다.

② 공사중지명령의 원인사유가 해소되었다면 甲은 공사중지명령의 해제를 신청할 수 있고, 이에 대한 거부는 처분성이 인정된다.

③ 甲에게는 공사중지명령 해제신청 거부처분에 대한 집행정지를 구할 이익이 인정되지 아니한다.

④ 甲이 앞서 공사중지명령 취소소송에서 패소하여 그 판결이 확정되었더라도, 甲은 그 후 공사중지명령의 해제를 신청한 후 해제신청 거부처분 취소소송에서 다시 그 공사중지명령의 적법성을 다툴 수 있다.

> **ADVICE** ④ 행정청이 관련 법령에 근거하여 행한 공사중지명령의 상대방이 명령의 취소를 구한 소송에서 패소함으로써 그 명령이 적법한 것으로 이미 확정되었다면, 이후 이러한 공사중지명령의 상대방은 그 명령의 해제신청을 거부한 처분의 취소를 구하는 소송에서 그 명령의 적법성을 다툴 수 없다. 그와 같은 공사중지명령에 대하여 그 명령의 상대방이 해제를 구하기 위해서는 명령의 내용 자체로 또는 성질상으로 명령 이후에 원인사유가 해소되었음이 인정되어야 한다(대법원 2014. 11. 27. 선고 2014두37665 판결).

**19** 다음 사례에 관한 설명으로 옳은 것은? (다툼이 있는 경우 판례에 의함)

> • 甲은 자신의 토지에 대한 개별공시지가결정을 통지받은 후 90일이 넘어 과세처분을 받았는데, 과세처분이 위법한 개별공시지가결정에 기초하였다는 이유로 과세처분의 취소를 구하고자 한다.
> • 甲은 토지대장에 전(田)으로 기재되어 있는 지목을 대(垈)로 변경하고자 지목변경신청을 하였다.
> • 乙은 甲의 토지가 사실은 자신 소유라고 주장하면서 토지대장상의 소유자명의변경을 신청하였으나 거부되었다.

① 甲은 과세처분이 있기 전에는 개별공시지가결정에 대해서 취소소송을 제기할 수 없다.

② 甲은 과세처분의 위법성이 인정되지 않더라도 과세처분 취소소송에서 개별공시지가결정의 위법을 독립된 위법사유로 주장할 수 있다.

③ 토지대장에 등재된 사항을 변경하는 행위는 행정사무집행의 편의와 사실증명의 자료로 삼기 위한 것이므로, 甲은 지목변경신청이 거부되더라도 이에 대하여 취소소송으로 다툴 수 없다.

④ 乙에 대한 토지대장상의 소유자명의변경신청 거부는 처분성이 인정된다.

> ▶ADVICE ① [×] 시장·군수 또는 구청장의 개별토지가격결정은 관계법령에 의한 토지초과이득세, 택지초과소유부담금 또는 개발부담금 산정의 기준이 되어 국민의 권리나 의무 또는 법률상 이익에 직접적으로 관계되는 것으로서 행정소송법 제2조 제1항 제1호 소정의 행정청이 행하는 구체적 사실에 관한 법집행으로서의 공권력행사이므로 항고소송의 대상이 되는 행정처분에 해당한다(대법원 1994. 2. 8. 선고 93누111 판결).
>
> ③ [×] 구 지적법(2001. 1. 26. 법률 제6389호로 전문 개정되기 전의 것) 제20조, 제38조 제2항의 규정은 토지소유자에게 지목변경신청권과 지목정정신청권을 부여한 것이고, 한편 지목은 토지에 대한 공법상의 규제, 개발부담금의 부과대상, 지방세의 과세대상, 공시지가의 산정, 손실보상가액의 산정 등 토지행정의 기초로서 공법상의 법률관계에 영향을 미치고, 토지소유자는 지목을 토대로 토지의 사용·수익·처분에 일정한 제한을 받게 되는 점 등을 고려하면, 지목은 토지소유권을 제대로 행사하기 위한 전제요건으로서 토지소유자의 실체적 권리관계에 밀접하게 관련되어 있으므로 지적공부 소관청의 지목변경신청 반려행위는 국민의 권리관계에 영향을 미치는 것으로서 항고소송의 대상이 되는 행정처분에 해당한다(대법원 2004. 4. 22. 선고 2003두9015 전원합의체 판결).
>
> ④ [×] 토지대장에 기재된 일정한 사항을 변경하는 행위는, 그것이 지목의 변경이나 정정 등과 같이 토지소유권 행사의 전제요건으로서 토지소유자의 실체적 권리관계에 영향을 미치는 사항에 관한 것이 아닌 한 행정사무집행의 편의와 사실증명의 자료로 삼기 위한 것일 뿐이어서, 그 소유자 명의가 변경된다고 하여도 이로 인하여 당해 토지에 대한 실체상의 권리관계에 변동을 가져올 수 없고 토지 소유권이 지적공부의 기재만에 의하여 증명되는 것도 아니다. 따라서 소관청이 토지대장상의 소유자명의변경신청을 거부한 행위는 이를 항고소송의 대상이 되는 행정처분이라고 할 수 없다(대법원 2012. 1. 12. 선고 2010두12354 판결).

**20** 다음 사례에 관한 설명으로 옳지 않은 것은? (다툼이 있는 경우 판례에 의함)

> A도(道) B군(郡)에서 식품접객업을 하는 甲은 청소년에게 술을 팔다가 적발되었다. 「식품위생법」은 위법
> 하게 청소년에게 주류를 제공한 영업자에게 "6개월 이내의 기간을 정하여 그 영업의 전부 또는 일부를
> 정지할 수 있다."라고 규정하고, 「식품위생법 시행규칙」 [별표 23]은 청소년 주류제공(1차 위반)시 행정
> 처분기준을 '영업정지 2개월'로 정하고 있다. B군수는 甲에게 2개월의 영업정지처분을 하였다.

① 甲은 영업정지처분에 불복하여 A도 행정심판위원회에 행정심판을 청구할 수 있다.

② 甲은 행정심판을 청구하지 않고 영업정지처분에 대한 취소소송을 제기할 수 있다.

③ 「식품위생법 시행규칙」의 행정처분기준은 행정규칙의 형식이나, 「식품위생법」의 내용을 보충하면서 「식품
위생법」의 규정과 결합하여 위임의 범위 내에서 대외적인 구속력을 가진다.

④ 甲이 취소소송을 제기하는 경우 법원은 재량권의 일탈·남용이 인정되면 영업정지처분을 취소할 수 있다.

> **ADVICE** ③ [×] 식품위생법시행규칙 제53조에서 별표 15로 같은 법 제58조에 따른 행정처분의 기준을 정하였다 하더라도, 이는
> 형식은 부령으로 되어 있으나 성질은 행정기관 내부의 사무처리 준칙을 규정한 것에 불과한 것으로서 보건사회부장관
> 이 관계행정기관 및 직원에 대하여 직무권한행사의 지침을 정하여 주기 위하여 발한 행정명령의 성질을 가지는 것이지
> 같은 법 제58조 제1항의 규정에 의하여 보장된 재량권을 기속하는 것이라고 할 수 없고, <u>대외적으로 국민이나 법원을
> 기속하는 힘이 있는 것은 아니다</u>(대법원 1993. 6. 29. 선고 93누5635 판결).
>
> ① [O] 「행정심판법」 제6조(행정심판위원회의 설치) 제3항 … 다음 각 호의 행정청의 처분 또는 부작위에 대한 심판청구
> 에 대하여는 시·도지사 소속으로 두는 행정심판위원회에서 심리·재결한다.
> 1. 시·도 소속 행정청
> 2. 시·도의 관할구역에 있는 시·군·자치구의 장, 소속 행정청 또는 시·군·자치구의 의회(의장, 위원회의 위원장,
> 사무국장, 사무과장 등 의회 소속 모든 행정청을 포함한다)
> 3. 시·도의 관할구역에 있는 둘 이상의 지방자치단체(시·군·자치구를 말한다)·공공법인 등이 공동으로 설립한 행
> 정청
>
> ② [O] 「행정소송법」 제18조(행정심판과의 관계) 제1항 … 취소소송은 법령의 규정에 의하여 당해 처분에 대한 행정심판
> 을 제기할 수 있는 경우에도 이를 거치지 아니하고 제기할 수 있다. 다만, 다른 법률에 당해 처분에 대한 행정심판의
> 재결을 거치지 아니하면 취소소송을 제기할 수 없다는 규정이 있는 때에는 그러하지 아니하다.
>
> ④ [O] 「행정소송법」 재량처분의 취소(제27조) … 행정청의 재량에 속하는 처분이라도 재량권의 한계를 넘거나 그 남용이
> 있는 때에는 법원은 이를 취소할 수 있다.

**1** 행정법의 법원(法源)의 효력에 대한 설명으로 옳지 않은 것은?

① 헌법개정·법률·조약·대통령령·총리령 및 부령의 공포는 관보에 게재함으로써 한다.
②「국회법」에 따라 하는 국회의장의 법률 공포는 서울특별시에서 발행되는 둘 이상의 일간신문에 게재함으로써 한다.
③ 법령의 공포일은 해당 법령을 게재한 관보 또는 신문이 발행된 날로 한다.
④ 관보의 내용 해석 및 적용 시기 등에 대하여 종이관보가 전자관보보다 우선적 효력을 가진다.

> **ADVICE** ④ 관보의 내용 해석 및 적용 시기 등에 대하여 종이관보와 전자관보는 동일한 효력을 가진다〈법령 등 공포에 관한 법률 제11조 제4항〉.

**2** 행정행위의 취소와 철회에 대한 설명으로 옳지 않은 것은? (다툼이 있는 경우 판례에 의함)

① 과세관청은 과세처분의 취소를 다시 취소함으로써 이미 효력을 상실한 과세처분을 소생시킬 수 있다.
② 행정청은 적법한 처분이 중대한 공익을 위하여 필요한 경우에는 그 처분을 장래를 향하여 철회할 수 있다.
③ 수익적 행정행위의 철회는 특별한 다른 규정이 없는 한「행정절차법」상의 절차에 따라 행해져야 한다.
④ 처분청은 처분의 성립에 하자가 있는 경우 별도의 법적 근거가 없더라도 직권으로 이를 취소할 수 있다.

> **ADVICE** ① 과세관청은 부과의 취소를 다시 취소함으로써 원부과처분을 소생시킬 수는 없고 납세의무자에게 종전의 과세대상에 대한 납부의무를 지우려면 다시 법률에서 정한 부과절차에 좇아 동일한 내용의 새로운 처분을 하는 수밖에 없다(대법원 1995. 3. 10., 선고, 94누7027, 판결).

---

**ANSWER** 20.③ / 1.④ 2.①

**3** 행정행위의 부관에 대한 설명으로 옳지 않은 것은? (다툼이 있는 경우 판례에 의함)

① 행정청은 처분에 재량이 없는 경우에는 법률에 근거가 있는 경우에 부관을 붙일 수 있다.

② 부담이 처분 당시 법령을 기준으로 적법하다면 처분 후 부담의 전제가 된 주된 처분의 근거 법령이 개정됨으로써 행정청이 더 이상 부관을 붙일 수 없게 되었다 하더라도 곧바로 그 효력이 소멸하게 되는 것은 아니다.

③ 처분과 실제적 관련성이 없어 부관으로 붙일 수 없는 부담이라도 사법상 계약의 형식으로 처분의 상대방에게 부과할 수 있다.

④ 행정재산에 대한 사용·수익허가에서 공유재산의 관리청이 정한 사용·수익허가의 기간에 대해서는 독립하여 행정소송을 제기할 수 없다.

> **ADVICE** ③ 행정처분과 부관 사이에 실제적 관련성이 있다고 볼 수 없는 경우 공무원이 위와 같은 공법상의 제한을 회피할 목적으로 행정처분의 상대방과 사이에 사법상 계약을 체결하는 형식을 취하였다면 이는 법치행정의 원리에 반하는 것으로서 위법하다(대법원 2009. 12. 10., 선고, 2007다63966, 판결).

**4** 공법상 계약에 대한 설명으로 옳지 않은 것은? (다툼이 있는 경우 판례에 의함)

① 공중보건의사 채용계약 해지의 의사표시에 대하여는 공법상의 당사자소송으로 그 의사표시의 무효확인을 청구할 수 있다.

② 공법상 계약에는 법률우위의 원칙이 적용된다.

③ 계약직공무원 채용계약해지의 의사표시는 항고소송의 대상이 되는 처분 등의 성격을 가진 것으로 행정처분과 같이 「행정절차법」에 의하여 근거와 이유를 제시하여야 한다.

④ 행정청은 공법상 계약의 상대방을 선정하고 계약 내용을 정할 때 공법상 계약의 공공성과 제3자의 이해관계를 고려하여야 한다.

> **ADVICE** ③ 계약직공무원에 관한 현행 법령의 규정에 비추어 볼 때, 계약직공무원 채용계약해지의 의사표시는 일반공무원에 대한 징계처분과는 달라서 항고소송의 대상이 되는 처분 등의 성격을 가진 것으로 인정되지 아니하고, 일정한 사유가 있을 때에 국가 또는 지방자치단체가 채용계약 관계의 한쪽 당사자로서 대등한 지위에서 행하는 의사표시로 취급되는 것으로 이해되므로, 이를 징계해고 등에서와 같이 그 징계사유에 한하여 효력 유무를 판단하여야 하거나, 행정처분과 같이 행정절차법에 의하여 근거와 이유를 제시하여야 하는 것은 아니다(대법원 2002. 11. 26., 선고, 2002두5948, 판결).

**5** 신뢰보호의 원칙에 대한 설명으로 옳은 것(○)과 옳지 않은 것(×)을 바르게 연결한 것은? (다툼이 있는 경우 판례에 의함)

> ㈎ 행정청이 공적인 의사표명을 하였다면 이후 사실적·법률적 상태의 변경이 있더라도 행정청이 이를 취소하지 않는 한 여전히 공적인 의사표명은 유효하다.
> ㈏ 재량권 행사의 준칙인 행정규칙의 공표만으로 상대방은 보호가치 있는 신뢰를 갖게 되었다고 볼 수 있다.
> ㈐ 행정청이 공적 견해를 표명하였는지를 판단할 때는 반드시 행정조직상의 형식적인 권한분장에 구애될 것은 아니다.
> ㈑ 신뢰보호원칙의 위반은 「국가배상법」상의 위법 개념을 충족시킨다.

|  | ㈎ | ㈏ | ㈐ | ㈑ |
|---|---|---|---|---|
| ① | × | × | ○ | ○ |
| ② | ○ | ○ | × | ○ |
| ③ | ○ | × | ○ | × |
| ④ | × | ○ | ○ | × |

**ADVICE** ㈎ 행정청이 상대방에게 장차 어떤 처분을 하겠다고 확약 또는 공적인 의사표명을 하였다고 하더라도, 그 자체에서 상대방으로 하여금 언제까지 처분의 발령을 신청을 하도록 유효기간을 두었는데도 그 기간 내에 상대방의 신청이 없었다거나 확약 또는 공적인 의사표명이 있은 후에 사실적·법률적 상태가 변경되었다면, 그와 같은 확약 또는 공적인 의사표명은 행정청의 별다른 의사표시를 기다리지 않고 실효된다(대법원 1996. 8. 20., 선고, 95누10877, 판결).

㈏ 행정청 내부의 사무처리준칙에 해당하는 이 사건 지침이 그 정한 바에 따라 되풀이 시행되어 행정관행이 이루어졌다고 인정할 만한 자료를 찾아볼 수 없을 뿐만 아니라, 이 사건 지침의 공표만으로는 원고가 이 사건 지침에 명시된 요건을 충족할 경우 사업자로 선정되어 버 매입자금 지원 등의 혜택을 받을 수 있다는 보호가치 있는 신뢰를 가지게 되었다고 보기도 어렵다(대법원 2009. 12. 24., 선고, 2009두7967, 판결).

---

**✎ ANSWER**  3.③  4.③  5.①

**6** 행정행위의 효력에 대한 설명으로 옳지 않은 것은? (다툼이 있는 경우 판례에 의함)

① 행정처분이 아무리 위법하다고 하여도 그 하자가 중대하고 명백하여 당연 무효라고 보아야 할 사유가 있는 경우를 제외하고는 아무도 그 하자를 이유로 무단히 그 효과를 부정하지 못한다.

② 민사소송에 있어서 어느 행정처분의 당연무효 여부가 선결문제로 되는 때에는 이를 판단하여 당연무효임을 전제로 판결할 수 있고 반드시 행정소송 등의 절차에 의하여 그 취소나 무효확인을 받아야 하는 것은 아니다.

③ 불가쟁력이 발생한 행정행위로 손해를 입은 국민은 국가배상청구를 할 수 있다.

④ 행정행위의 불가변력은 당해 행정행위에 대해서만 인정되는 것이 아니고, 동종의 행정행위라면 그 대상을 달리하더라도 인정된다.

> **ADVICE** ④ 국민의 권리와 이익을 옹호하고 법적안정을 도모하기 위하여 특정한 행위에 대하여는 행정청이라 하여도 이것을 자유로이 취소, 변경 및 철회할 수 없다는 행정행위의 불가변력은 당해 행정행위에 대하여서만 인정되는 것이고, 동종의 행정행위라 하더라도 그 대상을 달리할 때에는 이를 인정할 수 없다(대법원 1974. 12. 10., 선고, 73누129, 판결).


**7** 행정입법에 대한 설명으로 옳은 것은? (다툼이 있는 경우 판례에 의함)

① 법규명령이 위임의 근거가 없어 무효였더라도 나중에 법 개정으로 위임의 근거가 부여되면, 법규명령 제정 당시로 소급하여 유효한 법규명령이 된다.

② 법률의 시행령 내용이 모법 조항의 취지에 근거하여 이를 구체화하기 위한 것인 때에는 모법에 직접 위임하는 규정을 두지 않았더라도 이를 무효라고 볼 수 없다.

③ 대통령령의 입법부작위에 대한 국가배상책임은 인정되지 않는다.

④ 법규명령의 위임근거가 되는 법률에 대하여 위헌결정이 선고되더라도 그 위임에 근거하여 제정된 법규명령은 별도의 폐지행위가 있어야 효력을 상실한다.

> **ADVICE** ① 일반적으로 법률의 위임에 의하여 효력을 갖는 법규명령의 경우, 구법에 위임의 근거가 없어 무효였더라도 사후에 법 개정으로 위임의 근거가 부여되면 그 때부터는 유효한 법규명령이 되나, 반대로 구법의 위임에 의한 유효한 법규명령이 법개정으로 위임의 근거가 없어지게 되면 그 때부터 무효인 법규명령이 되므로, 어떤 법령의 위임 근거 유무에 따른 유효 여부를 심사하려면 법개정의 전·후에 걸쳐 모두 심사하여야만 그 법규명령의 시기에 따른 유효·무효를 판단할 수 있다(대법원 1995. 6. 30., 선고, 93추83, 판결).
> ③ 보수청구권은 단순한 기대이익을 넘어서는 것으로서 법률의 규정에 의해 인정된 재산권의 한 내용이 되는 것으로 봄이 상당하고, 따라서 행정부가 정당한 이유 없이 시행령을 제정하지 않은 것은 위 보수청구권을 침해하는 불법행위에 해당한다(대법원 2007. 11. 29., 선고, 2006다3561, 판결).
> ④ 법규명령의 위임근거가 되는 법률에 대하여 위헌결정이 선고되면 그 위임에 근거하여 제정된 법규명령도 원칙적으로 효력을 상실한다(대법원 1998. 4. 10. 선고 96다52359 판결).

**8** 신고에 대한 설명으로 옳은 것은? (다툼이 있는 경우 판례에 의함)

① 구「관광진흥법」에 의한 지위승계신고를 수리하는 허가관청의 행위는 사실적인 행위에 불과하여 항고소송의 대상이 되지 않는다.

② 정보통신매체를 이용하여 학습비를 받고 불특정 다수인에게 원격 평생교육을 실시하기 위해 구「평생교육법」에서 정한 형식적 요건을 모두 갖추어 신고한 경우, 행정청은 신고대상이 된 교육이나 학습이 공익적 기준에 적합하지 않는다는 등의 실체적 사유를 들어 신고 수리를 거부할 수 없다.

③ 「건축법」에 의한 인·허가의제 효과를 수반하는 건축신고는 건축을 하고자 하는 자가 적법한 요건을 갖춘 신고만 하면 건축을 할 수 있고, 행정청의 수리 등 별단의 조처를 기다릴 필요가 없다.

④ 주민등록의 신고는 행정청에 도달하기만 하면 신고로서의 효력이 발생한다.

>ADVICE ① 행정청이 관광진흥법 또는 체육시설법의 규정에 의하여 유원시설업자 또는 체육시설업자 지위승계신고를 수리하는 처분은 종전의 유원시설업자 또는 체육시설업자의 권익을 제한하는 처분이라 할 것이고, 종전의 유원시설업자 또는 체육시설업자는 그 처분에 대하여 직접 그 상대가 되는 자에 해당한다고 봄이 상당하므로, 행정청으로서는 그 신고를 수리하는 처분을 함에 있어서 행정절차법 규정 소정의 당사자에 해당하는 종전의 유원시설업자 또는 체육시설업자에 대하여 위 규정 소정의 행정절차를 실시하고 처분을 하여야 한다(대법원 2012. 12. 13., 선고, 2011두29144, 판결).

③ 인·허가의제 효과를 수반하는 건축신고는 일반적인 건축신고와는 달리, 특별한 사정이 없는 한 행정청이 그 실체적 요건에 관한 심사를 한 후 수리하여야 하는 이른바 '수리를 요하는 신고'로 보는 것이 옳다(대법원 2011. 1. 20., 선고, 2010두14954, 전원합의체 판결).

④ 주민등록은 단순히 주민의 거주관계를 파악하고 인구의 동태를 명확히 하는 것 외에도 주민등록에 따라 공법관계상의 여러 가지 법률상 효과가 나타나게 되는 것으로서, 주민등록의 신고는 행정청에 도달하기만 하면 신고로서의 효력이 발생하는 것이 아니라 행정청이 수리한 경우에 비로소 신고의 효력이 발생한다(대법원 2009. 1. 30., 선고, 2006다17850, 판결).

**9** 행정절차에 대한 설명으로 옳은 것은? (다툼이 있는 경우 판례에 의함)

① 「국가공무원법」상 직위해제처분은 공무원의 인사상 불이익을 주는 처분이므로 「행정절차법」상 사전통지 및 의견청취절차를 거쳐야 한다.

② 처분 당시 당사자가 어떠한 근거와 이유로 처분이 이루어진 것인지를 충분히 알 수 있어서 그에 불복하여 행정구제절차로 나아가는 데에 별다른 지장이 없었던 것으로 인정되는 경우에도 처분서에 처분의 근거와 이유가 구체적으로 명시되어 있지 않았다면 그 처분은 위법하다.

③ 세액산출근거가 기재되지 아니한 납세고지서에 의한 부과처분은 그 후 부과된 세금을 자진납부하였다거나 또는 조세채권의 소멸시효기간이 만료되었다 하여 하자가 치유되는 것이라고는 할 수 없다.

④ 당사자등은 청문조서의 내용을 열람·확인할 수 있을 뿐, 그 청문조서에 이의가 있더라도 정정을 요구할 수는 없다.

> **ADVICE** ① 국가공무원법상 직위해제처분은 구 행정절차법 제3조 제2항 제9호, 구 행정절차법 시행령 제2조 제3호에 의하여 당해 행정작용의 성질상 행정절차를 거치기 곤란하거나 불필요하다고 인정되는 사항 또는 행정절차에 준하는 절차를 거친 사항에 해당하므로, <u>처분의 사전통지 및 의견청취 등에 관한 행정절차법의 규정이 별도로 적용되지 않는다</u>(대법원 2014. 5. 16., 선고, 2012두26180, 판결).
>
> ② 처분 당시 당사자가 어떠한 근거와 이유로 처분이 이루어진 것인지를 충분히 알 수 있어서 그에 불복하여 행정구제절차로 나아가는 데에 별다른 지장이 없었던 것으로 인정되는 경우에는 <u>처분서에 처분의 근거와 이유가 구체적으로 명시되어 있지 않았다 하더라도 그로 말미암아 그 처분이 위법한 것으로 된다고 할 수는 없다</u>(대법원 2013. 11. 14., 선고, 2011두18571, 판결).
>
> ④ 당사자등은 청문조서의 내용을 열람·확인할 수 있으며, 이의가 있을 때에는 그 정정을 요구할 수 있다〈행정절차법 제34조 제2항〉.

**10** 「공공기관의 정보공개에 관한 법률」상 정보공개에 대한 설명으로 옳지 않은 것은? (다툼이 있는 경우 판례에 의함)

① 정보의 공개 및 우송 등에 드는 비용은 실비의 범위에서 청구인이 부담한다.

② 공공기관은 공개 청구된 정보가 공공기관이 보유·관리하지 아니하는 정보인 경우로서 「민원 처리에 관한 법률」에 따른 민원으로 처리할 수 있는 경우에는 민원으로 처리할 수 있다.

③ 청구인이 공공기관에 대하여 정보공개를 청구하였다가 거부처분을 받은 것 자체가 법률상 이익의 침해에 해당한다.

④ 오로지 공공기관의 담당공무원을 괴롭힐 목적으로 정보공개청구를 하는 경우에도 정보공개청구권의 행사는 허용되어야 한다.

> **ADVICE** ④ 실제로는 해당 정보를 취득 또는 활용할 의사가 전혀 없이 정보공개 제도를 이용하여 사회통념상 용인될 수 없는 부당한 이득을 얻으려 하거나, <u>오로지 공공기관의 담당공무원을 괴롭힐 목적으로 정보공개청구를 하는 경우처럼 권리의 남용에 해당하는 것이 명백한 경우에는 정보공개청구권의 행사를 허용하지 아니하는 것이 옳다</u>(대법원 2014. 12. 24., 선고, 2014두9349, 판결).

**11** 이행강제금에 대한 설명으로 옳지 않은 것은? (다툼이 있는 경우 판례에 의함)

① 이행강제금은 대체적 작위의무의 위반에 대하여도 부과될 수 있다.

② 이미 사망한 사람에게 「건축법」상의 이행강제금을 부과하는 내용의 처분이나 결정은 당연무효이다.

③ 「부동산 실권리자명의 등기에 관한 법률」상 장기미등기자가 이행강제금 부과 전에 등기신청의무를 이행하였더라도 동법에 규정된 기간이 지나서 등기신청의무를 이행하였다면 이행강제금을 부과할 수 있다.

④ 「건축법」상 위법건축물에 대한 이행강제수단으로 대집행과 이행강제금이 인정되고 있는데, 행정청은 개별 사건에 있어서 위반내용, 위반자의 시정의지 등을 감안하여 대집행과 이행강제금을 선택적으로 활용할 수 있다.

> **ADVICE** ③ 장기미등기자가 이행강제금 부과 전에 등기신청의무를 이행하였다면 <u>이행강제금의 부과로써 이행을 확보하고자 하는 목적은 이미 실현된 것이므로 부동산실명법 제6조 제2항에 규정된 기간이 지나서 등기신청의무를 이행한 경우라 하더라도 이행강제금을 부과할 수 없다고 보아야 한다</u>(대법원 2016. 6. 23., 선고, 2015두36454, 판결).

**12** 사정판결에 대한 설명으로 옳지 않은 것은? (다툼이 있는 경우 판례에 의함)

① 사정판결은 본안심리 결과 원고의 청구가 이유 있다고 인정됨에도 불구하고 처분을 취소하는 것이 현저히 공공복리에 적합하지 아니하다고 인정하는 때 원고의 청구를 기각하는 판결을 말한다.

② 사정판결은 항고소송 중 취소소송 및 무효등확인소송에서 인정되는 판결의 종류이다.

③ 법원이 사정판결을 함에 있어서는 미리 원고가 그로 인하여 입게 될 손해의 정도와 배상방법 그 밖의 사정을 조사하여야 한다.

④ 원고는 피고인 행정청이 속하는 국가 또는 공공단체를 상대로 손해배상, 제해시설의 설치 그 밖에 적당한 구제방법의 청구를 당해 취소소송등이 계속된 법원에 병합하여 제기할 수 있다.

> **ADVICE** ② 무효등 확인소송의 경우에 준용하는 경우는 제9조, 제10조, 제13조 내지 제17조, 제19조, 제22조 내지 제26조, 제29조 내지 제31조 및 제33조로 사정판결은 해당하지 않는다.

---

✎ **ANSWER**  9.③  10.④  11.③  12.②

**13** 행정벌에 대한 설명으로 옳지 않은 것은? (다툼이 있는 경우 판례에 의함)

① 법률에 따르지 아니하고는 어떤 행위도 질서위반행위로 과태료를 부과하지 아니한다.

② 경찰서장이 범칙행위에 대하여 통고처분을 한 이상, 통고처분에서 정한 범칙금 납부 기간까지는 원칙적으로 경찰서장은 즉결심판을 청구할 수 없고, 검사도 동일한 범칙행위에 대하여 공소를 제기할 수 없다.

③ 행정청의 과태료 부과에 대해 이의가 제기된 경우에는 행정청의 과태료 부과처분은 그 효력을 상실한다.

④ 신분에 의하여 성립하는 질서위반행위에 신분이 없는 자가 가담한 경우 신분이 없는 자에 대하여는 질서위반행위가 성립하지 않는다.

> **ADVICE** ④ 질서위반행위규제법 제12조 제2항 … 신분에 의하여 성립하는 질서위반행위에 신분이 없는 자가 가담한 때에는 신분이 없는 자에 대하여도 질서위반행위가 성립한다.

**14** 행정대집행에 대한 설명으로 옳지 않은 것은? (다툼이 있는 경우 판례에 의함)

① 도시공원시설 점유자의 퇴거 및 명도 의무는 「행정대집행법」에 의한 대집행의 대상이 아니다.

② 후행처분인 대집행비용납부명령 취소청구 소송에서 선행처분인 계고처분이 위법하다는 이유로 대집행비용 납부명령의 취소를 구할 수 없다.

③ 대집행에 요한 비용을 징수하였을 때에는 그 징수금은 사무비의 소속에 따라 국고 또는 지방자치단체의 수입으로 한다.

④ 대집행에 대하여는 행정심판을 제기할 수 있다.

> **ADVICE** ② 후행처분인 대집행비용납부명령의 취소를 청구하는 소송에서 청구원인으로 선행처분인 계고처분이 위법한 것이기 때문에 그 계고처분을 전제로 행하여진 대집행비용납부명령도 위법한 것이라는 주장을 할 수 있다(대법원 1993. 11. 9., 선고, 93누14271, 판결).

**15** 국가배상에 대한 설명으로 옳지 않은 것은? (다툼이 있는 경우 판례에 의함)

① 국가나 지방자치단체가 손해를 배상할 책임이 있는 경우에 공무원의 선임·감독 또는 영조물의 설치·관리를 맡은 자와 공무원의 봉급·급여, 그 밖의 비용 또는 영조물의 설치·관리 비용을 부담하는 자가 동일하지 아니하면 그 비용을 부담하는 자도 손해를 배상하여야 한다.

② 국가배상책임에 있어서 국가는 직무상의 의무 위반과 피해자가 입은 손해 사이에 상당인과관계가 인정되는 범위 내에서만 배상책임을 지는 것이고, 이 경우 상당인과관계가 인정되기 위해서는 공무원에게 부과된 직무상 의무의 내용이 전적으로 또는 부수적으로 사회구성원 개인의 안전과 이익을 보호하기 위하여 설정된 것이어야 한다.

③ 「국가배상법」상 '공공의 영조물'은 지방자치단체가 소유권, 임차권 그밖의 권한에 기하여 관리하고 있는 경우는 포함하지만, 사실상의 관리를 하고 있는 경우는 포함하지 않는다.

④ 공무원 개인이 고의 또는 중과실이 있는 경우에는 불법행위로 인한 손해배상책임을 진다고 할 것이지만, 공무원의 위법행위가 경과실에 기한 경우에는 공무원은 손해배상책임을 부담하지 않는다.

> ADVICE ③ 국가배상법 제5조 제1항 소정의 '공공의 영조물'이라 함은 국가 또는 지방자치단체에 의하여 특정 공공의 목적에 공여된 유체물 내지 물적 설비를 말하며, 국가 또는 지방자치단체가 소유권, 임차권 그 밖의 권한에 기하여 관리하고 있는 경우뿐만 아니라 사실상의 관리를 하고 있는 경우도 포함된다(대법원 1998. 10. 23., 선고, 98다17381, 판결).

**16** 「행정소송법」에 따른 집행정지에 대한 설명으로 옳지 않은 것은? (다툼이 있는 경우 판례에 의함)

① 처분의 효력정지결정을 하려면 그 효력정지를 구하는 당해 행정처분에 대한 본안소송이 법원에 제기되어 계속중임을 요건으로 한다.

② 거부처분의 효력정지는 그 거부처분으로 인하여 신청인에게 생길 손해를 방지하는 데 필요하므로 신청인에게는 그 효력정지를 구할 이익이 있다.

③ 처분의 효력정지는 처분의 집행 또는 절차의 속행을 정지함으로써 목적을 달성할 수 있는 경우에는 허용되지 아니한다.

④ 신청인의 본안청구의 이유 없음이 명백할 때는 집행정지가 인정되지 않는다.

> ADVICE ② 신청에 대한 거부처분의 효력을 정지하더라도 거부처분이 없었던 것과 같은 상태 즉 거부처분이 있기 전의 신청시의 상태로 되돌아가는 데에 불과하고 행정청에게 신청에 따른 처분을 하여야 할 의무가 생기는 것이 아니므로, 거부처분의 효력정지는 그 거부처분으로 인하여 신청인에게 생길 손해를 방지하는 데에 아무런 소용이 없어 그 효력정지를 구할 이익이 없다(대법원 1992. 2. 13., 자, 91두47, 결정).

**ANSWER** 13.④  14.②  15.③  16.②

**17** 「행정심판법」상 행정심판에 대한 설명으로 옳지 않은 것은? (다툼이 있는 경우 판례에 의함)

① 심판청구기간의 기산점인 '처분이 있음을 안 날'이라 함은 당사자가 통지·공고 기타의 방법에 의하여 당해 처분이 있었다는 사실을 현실적으로 안 날을 의미한다.

② 행정청의 부작위에 대한 의무이행심판은 심판청구기간 규정의 적용을 받지 않고, 사정재결이 인정되지 아니한다.

③ 심판청구에 대한 재결이 있으면 그 재결 및 같은 처분 또는 부작위에 대하여 다시 행정심판을 청구할 수 없다.

④ 재결이 확정된 경우에도 처분의 기초가 된 사실관계나 법률적 판단이 확정되고 당사자들이나 법원이 이에 기속되어 모순되는 주장이나 판단을 할 수 없게 되는 것은 아니다.

> **ADVICE** ② 행정심판법 제27조 제7항 ⋯ 무효등확인심판청구와 부작위에 대한 의무이행심판에는 심판청구의 기간이 적용되지 않는다.
> 행정심판법 제44조 제3항 ⋯ 사정재결은 취소심판·의무이행심판에만 인정되고, 무효등확인심판에는 적용되지 않는다.

**18** 재결의 기속력에 대한 설명으로 옳은 것만을 모두 고르면? (다툼이 있는 경우 판례에 의함)

> ㉠ 재결에 의하여 취소되거나 무효 또는 부존재로 확인되는 처분이 당사자의 신청을 거부하는 것을 내용으로 하는 경우에는 그 처분을 한 행정청은 재결의 취지에 따라 다시 이전의 신청에 대한 처분을 하여야 한다.
> ㉡ 재결의 기속력은 인용재결의 경우에만 인정되고, 기각재결에서는 인정되지 않는다.
> ㉢ 기속력은 재결의 주문에만 미치고, 처분 등의 구체적 위법사유에 관한 판단에는 미치지 않는다.
> ㉣ 행정심판 인용재결에 따른 행정청의 재처분 의무에도 불구하고 행정청이 인용재결에 따른 처분을 하지 아니하는 경우에, 행정심판위원회는 청구인의 신청이 없어도 결정으로 일정한 배상을 하도록 명할 수 있다.

① ㉠, ㉡

② ㉠, ㉡, ㉣

③ ㉠, ㉢, ㉣

④ ㉡, ㉢, ㉣

> **ADVICE** ㉢ 재결의 기속력은 재결의 주문 및 그 전제가 된 요건사실의 인정과 판단, 즉 처분 등의 구체적 위법사유에 관한 판단에만 미친다고 할 것이고, 종전 처분이 재결에 의하여 취소되었다 하더라도 종전 처분시와는 다른 사유를 들어서 처분을 하는 것은 기속력에 저촉되지 않는다고 할 것이며, 여기에서 동일 사유인지 다른 사유인지는 종전 처분에 관하여 위법한 것으로 재결에서 판단된 사유와 기본적 사실관계에 있어 동일성이 인정되는 사유인지 여부에 따라 판단되어야 한다(대법원 2005. 12. 9., 선고, 2003두7705, 판결).
> ㉣ 위원회는 피청구인이 제49조제2항 또는 제3항에 따른 처분을 하지 아니하면 청구인의 신청에 의하여 결정으로 상당한 기간을 정하고 피청구인이 그 기간 내에 이행하지 아니하는 경우에는 그 지연기간에 따라 일정한 배상을 하도록 명하거나 즉시 배상을 할 것을 명할 수 있다〈행정심판법 제50조의2〉.

**19** 행정소송상 협의의 소익에 대한 설명으로 옳은 것만을 모두 고르면? (다툼이 있는 경우 판례에 의함)

⊙ 월정수당을 받는 지방의회 의원에 대한 제명의결 취소소송 계속중 의원의 임기가 만료된 경우 지방의회 의원은 그 제명의결의 취소를 구할 법률상 이익이 있다.

ⓛ 파면처분 취소소송의 사실심 변론종결 전에 금고 이상의 형을 선고받아 당연퇴직된 경우에도 해당 공무원은 파면처분의 취소를 구할 이익이 있다.

ⓒ 공익근무요원 소집해제신청을 거부한 후에 원고가 계속하여 공익근무요원으로 복무함에 따라 복무기간 만료를 이유로 소집해제처분을 한 경우, 원고는 거부처분의 취소를 구할 소의 이익이 있다.

① ⊙

② ⓛ

③ ⊙, ⓛ

④ ⓛ, ⓒ

> **ADVICE** ⓒ 공익근무요원 소집해제신청을 거부한 후에 원고가 계속하여 공익근무요원으로 복무함에 따라 복무기간 만료를 이유로 소집해제처분을 한 경우, 원고가 입게 되는 권리와 이익의 침해는 소집해제처분으로 해소되었으므로 <u>위 거부처분의 취소를 구할 소의 이익이 없다</u>(대법원 2005. 5. 13., 선고, 2004두4369, 판결).

**20** 판례의 입장으로 옳지 않은 것은?

① 개인의 고유성, 동일성을 나타내는 지문은 그 정보주체를 타인으로부터 식별가능하게 하는 개인정보이다.

② 거부처분의 처분성을 인정하기 위한 전제 요건이 되는 신청권은 신청인이 그 신청에 따른 단순한 응답을 받을 권리를 넘어서 신청의 인용이라는 만족적 결과를 얻을 권리를 의미한다.

③ 지적공부 소관청의 지목변경신청 반려행위는 국민의 권리관계에 영향을 미치는 것으로서 항고소송의 대상이 되는 행정처분에 해당한다.

④ 산업단지개발계획상 산업단지 안의 토지 소유자로서 산업단지개발계획에 적합한 시설을 설치하여 입주하려는 자는 산업단지지정권자 또는 그로부터 권한을 위임받은 기관에 대하여 산업단지개발계획의 변경을 요청할 수 있는 법규상 또는 조리상 신청권이 있다.

> **ADVICE** ② 거부처분의 처분성을 인정하기 위한 전제요건이 되는 신청권의 존부는 구체적 사건에서 신청인이 누구인가를 고려하지 않고 관계 법규의 해석에 의하여 일반 국민에게 그러한 신청권을 인정하고 있는가를 살펴 추상적으로 결정되는 것이고, <u>신청인이 그 신청에 따른 단순한 응답을 받을 권리를 넘어서 신청의 인용이라는 만족적 결과를 얻을 권리를 의미하는 것은 아니다</u>(대법원 1996. 6. 11., 선고, 95누12460, 판결).

---

✎ **ANSWER**  17.②  18.①  19.③  20.②

**1** 신뢰보호의 원칙에 대한 설명으로 옳지 않은 것은?(다툼이 있는 경우 판례에 의함)

① 건축주와 그로부터 건축설계를 위임받은 건축사가 관계 법령에서 정하고 있는 건축한계선의 제한이 있다는 사실을 간과한 채 건축설계를 하고 이를 토대로 건축물의 신축 및 증축허가를 받은 경우, 그 신축 및 증축허가가 정당하다고 신뢰한 데에는 귀책사유가 있다.

② 행정청이 상대방에게 장차 어떤 처분을 하겠다고 공적 견해표명을 하였더라도 그 후에 그 전제로 된 사실적·법률적 상태가 변경되었다면, 그와 같은 공적 견해표명은 효력을 잃게 된다.

③ 수강신청 후에 징계요건을 완화하는 학칙개정이 이루어지고 이어 시험이 실시되어 그 개정학칙에 따라 대학이 성적 불량을 이유로 학생에 대하여 징계처분을 한 경우라면 이는 이른바 부진정소급효에 관한 것으로서 특별한 사정이 없는 한 위법이라고 할 수 없다.

④ 병무청 담당부서의 담당공무원에게 공적 견해의 표명을 구하지 아니한 채 민원봉사 담당공무원이 상담에 응하여 안내한 것을 신뢰한 경우에도 신뢰보호의 원칙이 적용된다.

> **ADVICE** ④ 병무청 담당부서의 담당공무원에게 공적 견해의 표명을 구하는 정식의 서면질의 등을 하지 아니한 채 총무과 민원팀장에 불과한 공무원이 민원봉사차원에서 상담에 응하여 안내한 것을 신뢰한 경우, 신뢰보호 원칙이 적용되지 아니한다(대판 2003.12.26. 2003두1875).
>
> ① 일반적으로 행정상의 법률관계에 있어서 행정청의 행위에 대하여 신뢰보호의 원칙이 적용되기 위하여는, 첫째 행정청이 개인에 대하여 신뢰의 대상이 되는 공적인 견해표명을 하여야 하고, 둘째 행정청의 견해표명이 정당하다고 신뢰한 데에 대하여 그 개인에게 귀책사유가 없어야 하며, 셋째 그 개인이 그 견해표명을 신뢰하고 이에 상응하는 어떠한 행위를 하였어야 하고, 넷째 행정청이 그 견해표명에 반하는 처분을 함으로써 그 견해표명을 신뢰한 개인의 이익이 침해되는 결과가 초래되어야 하며, 마지막으로 위 견해표명에 따른 행정처분을 할 경우 이로 인하여 공익 또는 제3자의 정당한 이익을 현저히 해할 우려가 있는 경우가 아니어야 하는바, 둘째 요건에서 말하는 귀책사유라 함은 행정청의 견해표명의 하자가 상대방 등 관계자의 사실은폐나 기타 사위의 방법에 의한 신청행위 등 부정행위에 기인한 것이거나 그러한 부정행위가 없다고 하더라도 하자가 있음을 알았거나 중대한 과실로 알지 못한 경우 등을 의미한다고 해석함이 상당하고, 귀책사유의 유무는 상대방과 그로부터 신청행위를 위임받은 수임인 등 관계자 모두를 기준으로 판단하여야 한다. 건축주와 그로부터 건축설계를 위임받은 건축사가 상세계획지침에 의한 건축한계선의 제한이 있다는 사실을 간과한 채 건축설계를 하고 이를 토대로 건축물의 신축 및 증축허가를 받은 경우, 그 신축 및 증축허가가 정당하다고 신뢰한 데에 귀책사유가 있다(대판 2002.11. 8. 2001두1512).
>
> ② 행정청이 상대방에게 장차 어떤 처분을 하겠다고 확약 또는 공적인 의사표명을 하였다고 하더라도, 그 자체에서 상대방으로 하여금 언제까지 처분의 발령을 신청을 하도록 유효기간을 두었는데도 그 기간 내에 상대방의 신청이 없었다거나 확약 또는 공적인 의사표명이 있은 후에 사실적·법률적 상태가 변경되었다면, 그와 같은 확약 또는 공적인 의사표명은 행정청의 별다른 의사표시를 기다리지 않고 실효된다(대판 1996. 8.20. 95누10877).

③ 소급효는 이미 과거에 완성된 사실 관계를 규율의 대상으로 하는 이른바 진정소급효와 과거에 시작하였으나 아직 완성되지 아니하고 진행과정에 있는 사실관계를 규율대상으로 하는 이른바 부진정소급효를 상정할 수 있는 바, 대학이 성적불량을 이유로 학생에 대하여 징계처분을 하는 경우에 있어서 수강신청이 있은 후 징계요건을 완화하는 학칙개정이 이루어지고 이어 당해 시험이 실시되어 그 개정학칙에 따라 징계처분을 한 경우라면 이는 이른바 부진정소급효에 관한 것으로서 구 학칙의 존속에 관한 학생의 신뢰보호가 대학당국의 학칙개정의 목적달성보다 더 중요하다고 인정되는 특별한 사정이 없는 한 위법이라고 할 수 없다(대판 1989. 7.11. 87누1123).

## 2 행정행위의 효력에 대한 설명으로 옳지 않은 것은?(다툼이 있는 경우 판례에 의함)

① 영업허가취소처분이 나중에 행정쟁송절차에 의하여 취소되었더라도, 그 영업허가취소처분 이후의 영업행위는 무허가영업이다.

② 연령미달 결격자가 다른 사람 이름으로 교부받은 운전면허는 당연무효가 아니고 취소되지 않는 한 유효하므로 그 연령미달 결격자의 운전행위는 무면허운전에 해당하지 아니한다.

③ 구「도시계획법」상 원상회복 등의 조치명령을 받고도 이를 따르지 않은 자에 대해 형사처벌을 하기 위해서는 적법한 조치명령이 전제되어야 하며, 이때 형사법원은 그 적법여부를 심사할 수 있다.

④ 조세부과처분을 취소하는 행정판결이 확정된 경우 부과처분의 효력은 처분 시에 소급하여 효력을 잃게 되므로 확정된 행정판결은 조세포탈에 대한 무죄를 인정할 명백한 증거에 해당한다.

> **ADVICE** ① 영업의 금지를 명한 영업허가취소처분 자체가 나중에 행정쟁송절차에 의하여 취소되었다면 그 영업허가취소처분은 그 처분시에 소급하여 효력을 잃게 되며, 그 영업허가취소처분에 복종할 의무가 원래부터 없었음이 확정되었다고 봄이 타당하고, 영업허가취소처분이 장래에 향하여서만 효력을 잃게 된다고 볼 것은 아니므로 그 영업허가취소처분 이후의 영업행위를 무허가영업이라고 볼 수는 없다(대판 1993. 6.25. 93도277).
>
> ② 연령미달의 결격자인 피고인이 소외인의 이름으로 운전면허시험에 응시, 합격하여 교부받은 운전면허는 당연무효가 아니고 도로교통법 제65조 제3호의 사유에 해당함에 불과하여 취소되지 않는 한 유효하므로 피고인의 운전행위는 무면허운전에 해당하지 아니한다(대판 1982. 6. 8. 80도2646).
>
> ③ 구 도시계획법 제78조 제1항에 정한 처분이나 조치명령을 받은 자가 이에 위반한 경우 이로 인하여 같은 법 제92조에 정한 처벌을 하기 위하여는 그 처분이나 조치명령이 적법한 것이라야 하고, 그 처분이 당연무효가 아니라 하더라도 그것이 위법한 처분으로 인정되는 한 같은 법 제92조 위반죄가 성립될 수 없다(대판 1992. 8.18. 90도1709).*조치명령의 적법여부에 대해 형사법원이 판단할 수 있다는 취지.
>
> ④ 조세의 부과처분을 취소하는 행정소송판결이 확정된 경우 그 조세부과처분의 효력은 처분시에 소급하여 효력을 잃게 되고 따라서 그 부과처분을 받은 사람은 그 처분에 따른 납부의무가 없다고 할 것이므로 위 확정된 행정판결은 조세포탈에 대한 무죄 내지 원판결이 인정한 죄보다 경한 죄를 인정할 명백한 증거라 할 것이다(대판 1985.10.22. 83도2933).

**ANSWER** 1.④ 2.①

**3** 다단계행정결정에 대한 설명으로 옳지 않은 것은?(다툼이 있는 경우 판례에 의함)

① 「공유재산 및 물품 관리법」에 근거하여 공모제안을 받아 이루어지는 민간투자사업 '우선협상대상자 선정행위'나 '우선협상대상자 지위배제행위'에서 '우선협상대상자 지위배제행위'만이 항고소송의 대상인 처분에 해당한다.
② 구 「원자력법」상 원자로 및 관계 시설의 부지사전승인처분 후 건설허가처분까지 내려진 경우, 선행처분은 후행처분에 흡수되어 건설허가처분만이 행정쟁송의 대상이 된다.
③ 공정거래위원회가 부당한 공동행위를 한 사업자에게 과징금 부과처분을 한 뒤 다시 자진신고 등을 이유로 과징금 감면처분을 한 경우, 선행처분은 후행처분에 흡수되어 소멸하므로 선행처분의 취소를 구하는 소는 부적법하다.
④ 자동차운송사업 양도·양수인가신청에 대하여 행정청이 내인가를 한 후 그 본인가신청이 있음에도 내인가를 취소한 경우, 다시 본인가에 대하여 별도로 인가여부의 처분을 한다는 사정이 보이지 않는다면 내인가취소는 행정처분에 해당한다.

> **ADVICE** ① 지방자치단체의 장이 공유재산법에 근거하여 기부채납 및 사용·수익허가 방식으로 민간투자사업을 추진하는 과정에서 사업시행자를 지정하기 위한 전 단계에서 공모제안을 받아 일정한 심사를 거쳐 <u>우선협상대상자를 선정하는 행위와 이미 선정된 우선협상대상자를 그 지위에서 배제하는 행위</u>는 민간투자사업의 세부내용에 관한 협상을 거쳐 공유재산법에 따른 공유재산의 사용·수익허가를 우선적으로 부여받을 수 있는 지위를 설정하거나 또는 이미 설정한 지위를 박탈하는 조치이므로 <u>모두 항고소송의 대상이 되는 행정처분으로 보아야 한다</u>(대판 2020. 4. 29. 2017두31064).
> ② <u>원자로 및 관계 시설의 부지사전승인처분은</u> 그 자체로서 건설부지를 확정하고 사전공사를 허용하는 법률효과를 지닌 독립한 행정처분이기는 하지만, 건설허가 전에 신청자의 편의를 위하여 미리 그 건설허가의 일부 요건을 심사하여 행하는 사전적 부분 건설허가처분의 성격을 갖고 있는 것이어서 <u>나중에 건설허가처분이 있게 되면 그 건설허가처분에 흡수되어 독립된 존재가치를 상실함으로써 그 건설허가처분만이 쟁송의 대상이 되는 것이므로</u>, 부지사전승인처분의 취소를 구하는 소는 소의 이익을 잃게 되고, 따라서 부지사전승인처분의 위법성은 나중에 내려진 건설허가처분의 취소를 구하는 소송에서 이를 다투면 된다(대판 1998. 9. 4. 97누19588).
> ③ 공정거래위원회가 부당한 공동행위를 행한 사업자로서 구 독점규제 및 공정거래에 관한 법률 제22조의2에서 정한 자진신고자나 조사협조자에 대하여 과징금 부과처분(이하 '선행처분')을 한 뒤, 독점규제 및 공정거래에 관한 법률 시행령 제35조 제3항에 따라 다시 자진신고자 등에 대한 사건을 분리하여 자진신고 등을 이유로 한 과징금 감면처분(이하 '후행처분')을 하였다면, <u>후행처분은 자진신고 감면까지 포함하여 처분 상대방이 실제로 납부하여야 할 최종적인 과징금액을 결정하는 종국적 처분이고, 선행처분은 이러한 종국적 처분을 예정하고 있는 일종의 잠정적 처분으로서 후행처분이 있을 경우 선행처분은 후행처분에 흡수되어 소멸한다.</u> 따라서 위와 같은 경우에 <u>선행처분의 취소를 구하는 소는 이미 효력을 잃은 처분의 취소를 구하는 것으로 부적법하다</u>(대판 2015. 2.12. 2013두987).
> ④ 자동차운송사업양도양수계약에 기한 양도양수인가신청에 대하여 피고 시장이 내인가를 한 후 위 내인가에 기한 본인가신청이 있었으나 자동차운송사업 양도양수인가신청서가 합의에 의한 정당한 신청서라고 할 수 없다는 이유로 위 내인가를 취소한 경우, 위 내인가의 법적 성질이 행정행위의 일종으로 볼 수 있든 아니든 그것이 행정청의 상대방에 대한 의사표시임이 분명하고, <u>피고가 위 내인가를 취소함으로써 다시 본인가에 대하여 따로이 인가 여부의 처분을 한다는 사정이 보이지 않는다면 위 내인가취소를 인가신청을 거부하는 처분으로 보아야 할 것이다</u>(대판 1991. 6.28. 90누4402).

**4** 행정행위의 하자에 대한 설명으로 옳지 않은 것은?(다툼이 있는 경우 판례에 의함)

① 이미 불가쟁력이 발생한 보충역편입처분에 하자가 있다고 하더라도 그것이 당연무효의 사유가 아닌 한 공익근무요원소집처분에 승계되는 것은 아니다.

② 건물철거명령이 당연무효가 아니고 불가쟁력이 발생하였다면 건물철거명령의 하자를 이유로 후행 대집행계고처분의 효력을 다툴 수 없다.

③ 도시계획시설사업 시행자 지정 처분이 처분 요건을 충족하지 못하여 당연무효인 경우, 도시계획시설사업의 시행자가 작성한 실시계획을 인가하는 처분도 무효이다.

④ 선행처분인 공무원직위해제처분과 후행 직권면직처분 사이에는 하자의 승계가 인정된다.

> **ADVICE** ④ 구 경찰공무원법 제50조 제1항에 의한 직위해제처분과 같은 제3항에 의한 면직처분은 후자가 전자의 처분을 전제로 한 것이기는 하나 각각 단계적으로 별개의 법률효과를 발생하는 행정처분이어서 선행직위 해제처분의 위법사유가 면직처분에는 승계되지 아니한다 할 것이므로 선행된 직위해제 처분의 위법사유를 들어 면직처분의 효력을 다툴 수는 없다(대판 1984. 9.11. 84누191).
>
> ① 공익근무요원소집처분은 보충역편입처분을 받은 공익근무요원소집대상자에게 기초적 군사훈련과 구체적인 복무기관 및 복무분야를 정한 공익근무요원으로서의 복무를 명하는 구체적인 행정처분이므로, 위 두 처분은 후자의 처분이 전자의 처분을 전제로 하는 것이기는 하나 각각 단계적으로 별개의 법률효과를 발생하는 독립된 행정처분이라고 할 것이므로, 따라서 보충역편입처분의 기초가 되는 신체등위 판정에 잘못이 있다는 이유로 이를 다투기 위하여는 신체등위 판정을 기초로 한 보충역편입처분에 대하여 쟁송을 제기하여야 할 것이며, 그 처분을 다투지 아니하여 이미 불가쟁력이 생겨 그 효력을 다툴 수 없게 된 경우에는, 병역처분변경신청에 의하는 경우는 별론으로 하고, 보충역편입처분에 하자가 있다고 할지라도 그것이 당연무효라고 볼만한 특단의 사정이 없는 한 그 위법을 이유로 공익근무요원소집처분의 효력을 다툴 수 없다(대판 2002.12.10. 2001두5422).
>
> ② 건물철거명령이 당연무효가 아닌 이상 행정심판이나 소송을 제기하여 그 위법함을 소구하는 절차를 거치지 아니하였다면 위 선행행위인 건물철거명령은 적법한 것으로 확정되었다고 할 것이므로 후행행위인 대집행계고처분에서는 그 건물이 무허가건물이 아닌 적법한 건축물이라는 주장이나 그러한 사실인정을 하지 못한다(대판 1998. 9. 8. 97누20502).
>
> ③ 선행처분과 후행처분이 서로 독립하여 별개의 법률효과를 목적으로 하는 때에도 선행처분이 당연무효이면 선행처분의 하자를 이유로 후행처분의 효력을 다툴 수 있다. 도시계획시설사업의 시행자가 작성한 실시계획을 인가하는 처분은 도시계획시설사업 시행자에게 도시계획시설사업의 공사를 허가하고 수용권을 부여하는 처분으로서 선행처분인 도시계획시설사업 시행자 지정 처분이 처분 요건을 충족하지 못하여 당연무효인 경우에는 사업시행자 지정 처분이 유효함을 전제로 이루어진 후행처분인 실시계획 인가처분도 무효라고 보아야 한다(대판 2017. 7.11. 2016두35120).

**5** 다음 사례에 대한 설명으로 옳은 것은?(다툼이 있는 경우 판례에 의함)

> 민간시민단체 A는 관할 행정청 B에게 개발사업의 승인과 관련한 정보공개를 청구하였으나 B는 현재 재판
> 진행 중인 사안이 포함되어 있다는 이유로 「공공기관의 정보공개에 관한 법률」 제9조 제1항 제4호의 사유를
> 들어 A의 정보공개청구를 거부하였다.

① A는 공개청구한 정보에 대해 개별·구체적 이익이 없는 경우에도 B의 정보공개거부에 대해 취소소송으로 다툴 수 있다.

② A가 공개청구한 정보에 대해 직접적인 이해관계가 있는 경우에는 B의 정보공개거부에 대해 정보공개의 이행을 구하는 당사자소송을 제기하여 다툴 수 있다.

③ A가 공개청구한 정보의 일부가 「공공기관의 정보공개에 관한 법률」상 비공개사유에 해당하는 때에는 그 나머지 정보만을 공개하는 것이 가능한 경우라 하더라도 법원은 공개가능한 정보에 관한 부분만의 일부취소를 명할 수는 없다.

④ B의 비공개사유가 정당화되기 위해서는 A가 공개청구한 정보가 진행 중인 재판의 소송기록 자체에 포함된 내용이어야 한다.

> **ADVICE** ①② 공공기관의정보공개에관한법률 제6조 제1항(현, 제5조 제1항)은 "모든 국민은 정보의 공개를 청구할 권리를 가진다."고 규정하고 있는데, 여기에서 말하는 국민에는 자연인은 물론 법인, 권리능력 없는 사단·재단도 포함되고, 법인, 권리능력 없는 사단·재단 등의 경우에는 설립목적을 불문하며, 한편 정보공개청구권은 법률상 보호되는 구체적인 권리이므로 청구인이 공공기관에 대하여 정보공개를 청구하였다가 거부처분을 받은 것 자체가 법률상 이익의 침해에 해당한다(대판 2003.12.12. 2003두8050).
> - 청구인에게는 특정한 공개방법을 지정하여 정보공개를 청구할 수 있는 법령상 신청권이 있다. 따라서 공공기관이 공개청구의 대상이 된 정보를 공개는 하되, 청구인이 신청한 공개방법 이외의 방법으로 공개하기로 하는 결정을 하였다면, 이는 정보공개청구 중 정보공개방법에 관한 부분에 대하여 일부 거부처분을 한 것이고, 청구인은 그에 대하여 항고소송으로 다툴 수 있다(대판 2016.11.10. 2016두44674).
> 상기 판례에 의할 때, 민간시민단체 A도 이해관계 유무를 불문하고 일반적으로 정보공개를 청구할 수 있으며, 관할 행정청 B가 공개를 거부한 경우 그 거부처분에 대해 취소소송을 제기하여 다툴 수 있다.
> ③ 법원이 행정기관의 정보공개거부처분의 위법 여부를 심리한 결과 공개를 거부한 정보에 비공개대상 정보에 해당하는 부분과 공개가 가능한 부분이 혼합되어 있고 공개청구의 취지에 어긋나지 아니하는 범위 안에서 두 부분을 분리할 수 있음을 인정할 수 있을 때에는 청구취지의 변경이 없더라도 공개가 가능한 정보에 관한 부분만의 일부취소를 명할 수 있다 할 것이고, 공개청구의 취지에 어긋나지 아니하는 범위 안에서 비공개대상 정보에 해당하는 부분과 공개가 가능한 부분을 분리할 수 있다고 함은, 이 두 부분이 물리적으로 분리가능한 경우를 의미하는 것이 아니고 당해 정보의 공개방법 및 절차에 비추어 당해 정보에서 비공개대상 정보에 관련된 기술 등을 제외 내지 삭제하고 그 나머지 정보만을 공개하는 것이 가능하고 나머지 부분의 정보만으로도 공개의 가치가 있는 경우를 의미한다고 해석하여야 한다(대판 2004.12. 9. 2003두12707).

④ 정보공개법의 입법 목적, 정보공개의 원칙, 위 비공개대상정보의 규정 형식과 취지 등을 고려하면, 법원 이외의 공공기관이 위 규정이 정한 '진행 중인 재판에 관련된 정보'에 해당한다는 사유로 정보공개를 거부하기 위하여는 반드시 그 정보가 진행 중인 재판의 소송기록 그 자체에 포함된 내용의 정보일 필요는 없으나, 재판에 관련된 일체의 정보가 그에 해당하는 것은 아니고 진행 중인 재판의 심리 또는 재판결과에 구체적으로 영향을 미칠 위험이 있는 정보에 한정된다고 할 것이다(대판 2012. 4.12. 2010두24913).

## 6 항고소송에서 수소법원의 판결에 대한 설명으로 옳지 않은 것은?(다툼이 있는 경우 판례에 의함)

① 행정처분의 취소를 구하는 소에서, 비록 행정처분의 위법을 이유로 취소판결을 받더라도 처분에 의하여 발생한 위법상태를 원상회복시키는 것이 불가능한 경우에는 원칙적으로 취소를 구할 법률상 이익이 없으므로, 수소법원은 소를 각하하여야 한다.

② 해임처분 취소소송 계속 중 임기가 만료되어 해임처분의 취소로 지위를 회복할 수는 없다고 할지라도, 그 취소로 해임처분일부터 임기만료일까지 기간에 대한 보수 지급을 구할 수 있는 경우에는 해임처분의 취소를 구할 법률상 이익이 있으므로, 수소법원은 본안에 대하여 판단하여야 한다.

③ 관할청이 「농지법」상의 이행강제금 부과처분을 하면서 재결청에 행정심판을 청구하거나 관할 행정법원에 행정소송을 할 수 있다고 잘못 안내한 경우 행정법원의 항고소송 재판관할이 생긴다.

④ 「행정소송법」 제19조에서 말하는 '재결 자체에 고유한 위법'이란 원처분에는 없고 재결에만 있는 재결청의 권한 또는 구성의 위법, 재결의 절차나 형식의 위법, 내용의 위법 등을 뜻한다.

> **ADVICE** ③ 관할청이 이행강제금 부과처분을 하면서 재결청에 행정심판을 청구하거나 관할 행정법원에 행정소송을 할 수 있다고 잘못 안내하거나 관할 행정심판위원회가 각하재결이 아닌 기각재결을 하면서 관할 법원에 행정소송을 할 수 있다고 잘못 안내하였다고 하더라도, 그러한 잘못된 안내로 행정법원의 항고소송 재판관할이 생긴다고 볼 수도 없다(대판 2019. 4.11. 2018두42955).
>
> ① 행정처분의 무효확인 또는 취소를 구하는 소에서, 비록 행정처분의 위법을 이유로 무효확인 또는 취소 판결을 받더라도 처분에 의하여 발생한 위법상태를 원상으로 회복시키는 것이 불가능한 경우에는 원칙적으로 무효확인 또는 취소를 구할 법률상 이익이 없고, 다만 원상회복이 불가능하더라도 무효확인 또는 취소로써 회복할 수 있는 다른 권리나 이익이 남아 있는 경우 예외적으로 법률상 이익이 인정될 수 있을 뿐이다(대판 2016. 6.10. 2013두1638).
>
> ② 해임처분 무효확인 또는 취소소송 계속 중 임기가 만료되어 해임처분의 무효확인 또는 취소로 지위를 회복할 수는 없다고 할지라도, 그 무효확인 또는 취소로 해임처분일부터 임기만료일까지 기간에 대한 보수 지급을 구할 수 있는 경우에는 해임처분의 무효확인 또는 취소를 구할 법률상 이익이 있다. 해임권자와 보수지급의무자가 다른 경우에도 마찬가지이다(대판 2012. 2. 23. 2011두5001).
>
> ④ 행정소송법 제19조에서 말하는 '재결 자체에 고유한 위법'이란 원처분에는 없고 재결에만 있는 재결청의 권한 또는 구성의 위법, 재결의 절차나 형식의 위법, 내용의 위법 등을 뜻하고, 그 중 내용의 위법에는 위법·부당하게 인용재결을 한 경우가 해당한다(대판 1997. 9.12. 96누14661).

**ANSWER** 5.① 6.③

**7** 행정법관계에 대한 설명으로 옳지 않은 것은?(다툼이 있는 경우 판례에 의함)

① 군인연금법령상 급여를 받으려고 하는 사람이 국방부장관에게 급여지급을 청구하였으나 거부된 경우, 곧바로 국가를 상대로 한 당사자소송으로 급여의 지급을 청구할 수 있다.

② 법무사가 사무원을 채용할 때 소속 지방법무사회로부터 승인을 받아야 할 의무는 공법상 의무이다.

③ 사무처리의 긴급성으로 인하여 해양경찰의 직접적인 지휘를 받아 보조로 방제작업을 한 경우, 사인은 그 사무를 처리하며 지출한 필요비 내지 유익비의 상환을 국가에 대하여 민사소송으로 청구할 수 있다.

④ 「공익사업을 위한 토지 등의 취득 및 보상에 관한 법률」상 환매권의 존부에 관한 확인을 구하는 소송 및 환매금액의 증감을 구하는 소송은 민사소송이다.

> **ADVICE** ① 국방부장관 등이 하는 급여지급결정은 단순히 급여수급 대상자를 확인·결정하는 것에 그치는 것이 아니라 구체적인 급여수급액을 확인·결정하는 것까지 포함한다. 구 군인연금법령상 급여를 받으려고 하는 사람은 우선 관계 법령에 따라 국방부장관 등에게 급여지급을 청구하여 국방부장관 등이 이를 거부하거나 일부 금액만 인정하는 급여지급결정을 하는 경우 그 결정을 대상으로 항고소송을 제기하는 등으로 구체적 권리를 인정받은 다음 비로소 당사자소송으로 그 급여의 지급을 구해야 한다. 이러한 구체적인 권리가 발생하지 않은 상태에서 곧바로 국가를 상대로 한 당사자소송으로 급여의 지급을 소구하는 것은 허용되지 않는다(대판 2021.12.16. 2019두45944).
>
> ② 법무사의 사무원 채용승인 신청에 대하여 소속 지방법무사회가 '채용승인을 거부'하는 조치 또는 일단 채용승인을 하였으나 법무사규칙 제37조 제6항을 근거로 '채용승인을 취소'하는 조치는 공법인인 지방법무사회가 행하는 구체적 사실에 관한 법집행으로서 공권력의 행사 또는 그 거부에 해당하므로 항고소송의 대상인 '처분'이라고 보아야 한다. 법무사 사무원 채용승인은 본래 법무사에 대한 감독권한을 가지는 소관 지방법원장에 의한 국가사무였다가 지방법무사회로 이관되었으나, 이후에도 소관 지방법원장은 지방법무사회로부터 채용승인 사실의 보고를 받고 이의신청을 직접 처리하는 등 지방법무사회의 업무수행 적정성에 대한 감독을 하고 있다. 또한 법무사가 사무원 채용에 관하여 법무사법이나 법무사규칙을 위반하는 경우에는 소관 지방법원장으로부터 징계를 받을 수 있으므로, 법무사에 대하여 지방법무사회로부터 채용승인을 얻어 사무원을 채용할 의무는 법무사법에 의하여 강제되는 공법적 의무이다(대판 2020. 4. 9. 2015다34444).
>
> ③ 사무관리가 성립하기 위하여는 우선 사무가 타인의 사무이고 타인을 위하여 사무를 처리하는 의사, 즉 관리의 사실상 이익을 타인에게 귀속시키려는 의사가 있어야 하며, 나아가 사무의 처리가 본인에게 불리하거나 본인의 의사에 반한다는 것이 명백하지 아니할 것을 요한다. 다만 타인의 사무가 국가의 사무인 경우, 원칙적으로 사인이 법령상 근거 없이 국가의 사무를 수행할 수 없다는 점을 고려하면, 사인이 처리한 국가의 사무가 사인이 국가를 대신하여 처리할 수 있는 성질의 것으로서, 사무 처리의 긴급성 등 국가의 사무에 대한 사인의 개입이 정당화되는 경우에 한하여 사무관리가 성립하고, 사인은 그 범위 내에서 국가에 대하여 국가의 사무를 처리하면서 지출된 필요비 내지 유익비의 상환을 청구할 수 있다(대판 2014.12.11. 2012다15602).
>
> ④ 구 공익사업을 위한 토지 등의 취득 및 보상에 관한 법률(이하 '구 공익사업법') 제91조에 규정된 환매권은 상대방에 대한 의사표시를 요하는 형성권의 일종으로서 재판상이든 재판 외이든 위 규정에 따른 기간 내에 행사하면 매매의 효력이 생기는 바, 이러한 환매권의 존부에 관한 확인을 구하는 소송 및 구 공익사업법 제91조 제4항에 따라 환매금액의 증감을 구하는 소송 역시 민사소송에 해당한다(대판 2013. 2.28. 2010두22368).

**8** 행정법규의 양벌규정에 대한 설명으로 옳지 않은 것은?(다툼이 있는 경우 판례에 의함)

① 양벌규정은 행위자에 대한 처벌규정임과 동시에 그 위반행위의 이익귀속주체인 영업주에 대한 처벌규정이다.

② 종업원의 범죄성립이나 처벌이 영업주 처벌의 전제조건이 되는 것은 아니다.

③ 법인 대표자의 법규위반행위에 대한 법인의 책임은 법인 자신의 법규위반행위로 평가될 수 있는 행위에 대한 법인의 직접책임이다.

④ 양벌규정에 의한 법인의 처벌은 어디까지나 행정적 제재처분일 뿐 형벌과는 성격을 달리한다.

> **ADVICE** ④③폐기물관리법에서 위와 같이 양벌규정을 따로 둔 취지는, 이 사건 법률조항이 적용되는 위반행위는 통상 개인적인 차원보다는 법인의 업무와 관련하여 반복적·계속적으로 이루어질 가능성이 크다는 점을 감안하여, 법인의 대표자가 그 업무와 관련하여 위반행위를 저지른 경우에는 그 법인도 형사처벌 대상으로 삼음으로써 위와 같은 위반행위 발생을 방지하고 위 조항의 규범력을 확보하려는 데 있다. 또한, 법인은 기관을 통하여 행위하므로 법인이 대표자를 선임한 이상 그의 행위로 인한 법률효과는 법인에게 귀속되어야 하고, 법인 대표자의 범죄행위에 대하여는 법인 자신이 책임을 져야 하는바, 법인 대표자의 법규위반행위에 대한 법인의 책임은 법인 자신의 법규위반행위로 평가될 수 있는 행위에 대한 법인의 직접책임으로서, 대표자의 고의에 의한 위반행위에 대하여는 법인 자신의 고의에 의한 책임을, 대표자의 과실에 의한 위반행위에 대하여는 법인 자신의 과실에 의한 책임을 지는 것이다(대판 2010. 9.30. 2009도3876).
>
> ① 양벌규정은 업무주가 아니면서 당해 업무를 실제로 집행하는 자가 있는 때에 위 벌칙규정의 실효성을 확보하기 위하여 그 적용대상자를 당해 업무를 실제로 집행하는 자에게까지 확장함으로써 그러한 자가 당해 업무집행과 관련하여 위 벌칙규정의 위반행위를 한 경우 위 양벌규정에 의하여 처벌할 수 있도록 한 행위자의 처벌규정임과 동시에 그 위반행위의 이익귀속주체인 업무주에 대한 처벌규정이라고 할 것이다(대판 2005.12.22. 2003도3984).
>
> ② 양벌규정에 의한 영업주의 처벌은 금지위반행위자인 종업원의 처벌에 종속하는 것이 아니라 독립하여 그 자신의 종업원에 대한 선임감독상의 과실로 인하여 처벌되는 것이므로 종업원의 범죄성립이나 처벌이 영업주 처벌의 전제조건이 될 필요는 없다(대판 2006. 2.24. 2005도7673).

---

**9** 행정상 손해배상에 대한 설명으로 옳지 않은 것은?(다툼이 있는 경우 판례에 의함)

① 국가배상청구권의 소멸시효 기간은 지났으나 국가가 소멸시효 완성을 주장하는 것이 신의성실의 원칙에 반하는 권리남용으로 허용될 수 없어 배상책임을 이행한 경우, 국가는 원칙적으로 해당 공무원에 대해 구상권을 행사할 수 있다.

② 공무원이 관계 법령의 해석이 확립되기 전에 어느 한 설을 취하여 업무를 처리한 것이 결과적으로 위법하더라도 처분 당시 그 이상의 업무처리를 성실한 평균적 공무원에게 기대하기 어려웠던 경우라면 원칙적으로 공무원의 과실을 인정할 수 없다.

③ 공무원이 직무를 수행하면서 그 근거가 되는 법령의 규정에 따라 구체적으로 의무를 부여받았어도 그것이 국민의 이익과 관계없이 순전히 행정기관 내부의 질서를 유지하기 위한 것이라면 그 의무에 위반하여 국민에게 손해를 가하여도 국가 등은 배상책임을 부담하지 않는다.

④ 행정처분이 후에 항고소송에서 취소되었다고 할지라도 그 기판력에 의하여 당해 행정처분이 곧바로 공무원의 고의 또는 과실로 인한 것으로서 불법행위를 구성한다고 단정할 수는 없다.

> **ADVICE** ① 공무원의 불법행위로 손해를 입은 피해자의 국가배상청구권의 소멸시효 기간이 지났으나 국가가 소멸시효 완성을 주장하는 것이 신의성실의 원칙에 반하는 권리남용으로 허용될 수 없어 배상책임을 이행한 경우에는, 소멸시효 완성 주장이 권리남용에 해당하게 된 원인행위와 관련하여 공무원이 원인이 되는 행위를 적극적으로 주도하였다는 등의 특별한 사정이 없는 한, 국가가 공무원에게 구상권을 행사하는 것은 신의칙상 허용되지 않는다(대판 2016. 6.10. 2015다217843).
> ② 행정청이 관계 법령의 해석이 확립되기 전에 어느 한 설을 취하여 업무를 처리한 것이 결과적으로 위법하게 되어 그 법령의 부당집행이라는 결과를 빚었다고 하더라도 처분 당시 그와 같은 처리 방법 이상의 것을 성실한 평균적 공무원에게 기대하기 어려웠던 경우라면 특별한 사정이 없는 한 이를 두고 공무원의 과실로 인한 것이라고는 할 수 없기 때문에, 그 행정처분이 후에 항고소송에서 취소되었다고 할지라도 당해 행정처분이 곧바로 공무원의 고의 또는 과실로 인한 불법행위를 구성한다고 단정할 수는 없다(자동차정비업에 대한 허가신청을 받은 행정관청이 주민들의 민원이 해소되지 않았다는 이유로 내린 허가거부처분이 후에 항고소송으로 취소된 경우, 그 거부처분을 행한 경위에 비추어 담당 공무원에게 직무상 과실이 없다고 한 사례)(대판 1997. 7.11. 97다7608).
> ③ 공무원이 직무를 수행하면서 근거되는 법령의 규정에 따라 구체적으로 의무를 부여받았어도 그것이 국민의 이익과는 관계없이 순전히 행정기관 내부의 질서를 유지하기 위한 것이거나, 또는 국민의 이익과 관련된 것이라도 직접 국민 개개인의 이익을 위한 것이 아니라 전체적으로 공공 일반의 이익을 도모하기 위한 것이라면 그 의무를 위반하여 국민에게 손해를 가하여도 국가 또는 지방자치단체는 배상책임을 부담하지 아니한다. 이때 공무원이 준수하여야 할 직무상 의무가 오로지 공공 일반의 전체적인 이익을 도모하기 위한 것에 불과한지 혹은 국민 개개인의 안전과 이익을 보호하기 위하여 설정된 것인지는 결국 근거 법령 전체의 기본적인 취지·목적과 그 의무를 부과하고 있는 개별 규정의 구체적 목적·내용 및 직무의 성질, 가해행위의 태양 및 피해의 정도 등의 제반 사정을 개별적·구체적으로 고려하여 판단하여야 한다(대판 2015. 5.28. 2013다41431).
> ④ 어떠한 행정처분이 후에 항고소송에서 취소되었다고 할지라도 그 기판력에 의하여 당해 행정처분이 곧바로 공무원의 고의 또는 과실로 인한 것으로서 불법행위를 구성한다고 단정할 수는 없는 것이고, 그 행정처분의 담당공무원이 보통 일반의 공무원을 표준으로 하여 볼 때 객관적 주의의무를 결하여 그 행정처분이 객관적 정당성을 상실하였다고 인정될 정도에 이른 경우에 국가배상법 제2조가 정한 국가배상책임의 요건을 충족하였다고 봄이 상당할 것이다(대판 2012. 5.24. 2012다11297).

**10** 과징금 부과처분에 대한 설명으로 옳지 않은 것은?(다툼이 있는 경우 판례에 의함)

① 「독점규제 및 공정거래에 관한 법률」상의 과징금은 법이 규정한 범위 내에서 그 부과처분 당시까지 부과관청이 확인한 사실을 기초로 일의적으로 확정되어야 할 것이지, 추후에 부과금 산정기준이 되는 새로운 자료가 나왔다고 하여 새로운 부과처분을 할 수 있는 것은 아니다.

② 영업정지에 갈음하여 부과되는 이른바 변형된 과징금의 부과 여부는 통상 행정청의 재량행위이다.

③ 과징금은 행정상 제재금이고 범죄에 대한 국가 형벌권의 실행이 아니므로 행정법규 위반에 대해 벌금 이외에 과징금을 부과하는 것은 이중처벌금지의 원칙에 위반되지 않는다.

④ 「부동산 실권리자명의 등기에 관한 법률」상 명의신탁자에 대한 과징금의 부과 여부는 행정청의 재량행위이다.

> **ADVICE** ④ 명의신탁자에 대하여 과징금을 부과할 것인지 여부는 기속행위에 해당하여, 명의신탁이 조세를 포탈하거나 법령에 의한 제한을 회피할 목적이 아닌 경우에 한하여 그 과징금을 일정한 범위 내에서 감경할 수 있을 뿐이지 그에 대하여 과징금 부과처분을 하지 않거나 과징금을 전액 감면할 수 있는 것은 아니라고 할 것이다(대판 2007. 7.12. 2005두17287).

① 과징금은 원칙적으로 행정법상의 의무를 위반한 자에 대하여 당해 위반행위로 얻게 된 경제적 이익을 박탈하기 위한 목적으로 부과하는 금전적인 제재이므로, 법이 규정한 범위 내에서 그 부과처분 당시까지 부과관청이 확인한 사실을 기초로 일의적으로 확정되어야 할 것이지, 추후에 부과금 산정기준이 되는 새로운 자료가 나왔다고 하여 새로운 부과처분을 할 수 있는 것은 아니다(대판 2002. 5.28. 2000두6121).

② 건설업자의 위반행위에 대한 제재 규정으로서의 관련 규정의 체계 및 내용 등에 비추어 보면, 이 사건 처분기준 중 영업정지처분 조항은, 행정청에 영업정지 또는 그를 갈음한 과징금 중 하나를 선택할 수 있도록 재량을 부여하면서도, 다만 앞서 본 바와 같이 일정한 사유에 해당되면 행정청이 영업정지를 갈음한 과징금을 부과할 수 없도록 함으로써 그 재량 행사의 한계를 규정한 것이라고 봄이 타당하다(대판 2017.10.12. 2017두43968).

③ 공정거래법에서 형사처벌과 아울러 과징금의 병과를 예정하고 있더라도 이중처벌금지원칙에 위반된다고 볼 수 없으며, 이 과징금 부과처분에 대하여 공정력과 집행력을 인정한다고 하여 이를 확정판결 전의 형벌집행과 같은 것으로 보아 무죄추정의 원칙에 위반된다고도 할 수 없다(헌재 2003. 7.24. 2001헌가25).

**┃11~12┃ 다음 사례에 대한 설명으로 옳지 않은 것을 고르시오(다툼이 있는 경우 판례에 의함).**

**11**

> 건축주 甲은 토지소유자 乙과 매매계약을 체결하고 乙로부터 토지사용승낙서를 받아 乙의 토지 위에 건축물을 건축하는 건축허가를 관할 행정청인 A시장으로부터 받았다. 매매계약서에 의하면 甲이 잔금을 기일 내에 지급하지 못하면 즉시 매매계약이 해제될 수 있고 이 경우 토지사용승낙서는 효력을 잃으며 甲은 건축허가를 포기·철회하기로 甲과 乙이 약정하였다. 乙은 甲이 잔금을 기일 내에 지급하지 않자 甲과의 매매계약을 해제하였다.

① 착공에 앞서 甲의 귀책사유로 해당 토지를 사용할 권리를 상실한 경우, 乙은 A시장에 대하여 건축허가의 철회를 신청할 수 있다.
② 건축허가는 대물적 성질을 갖는 것이어서 행정청으로서는 그 허가를 할 때에 건축주 또는 토지소유자가 누구인지 등 인적 요소에 관하여는 형식적 심사만 한다.
③ A시장은 건축허가 당시 별다른 하자가 없었고 철회의 법적근거가 없으므로 건축허가를 철회할 수 없다.
④ 철회권의 행사는 기득권의 침해를 정당화할 만한 중대한 공익상의 필요 또는 제3자의 이익을 보호할 필요가 있고, 공익상의 필요 등이 상대방이 입을 불이익을 정당화할 만큼 강한 경우에 한해 허용될 수 있다.

**》ADVICE** 건축허가는 대물적 성질을 갖는 것이어서 행정청으로서는 허가를 할 때에 건축주 또는 토지소유자가 누구인지 등 인적 요소에 관하여는 형식적 심사만 한다. 건축주가 토지 소유자로부터 토지사용승낙서를 받아 그 토지 위에 건축물을 건축하는 대물적(對物的) 성질의 건축허가를 받았다가 착공에 앞서 건축주의 귀책사유로 해당 토지를 사용할 권리를 상실한 경우, 건축허가의 존재로 말미암아 토지에 대한 소유권 행사에 지장을 받을 수 있는 토지 소유자로서는 건축허가의 철회를 신청할 수 있다고 보아야 한다. 따라서 토지 소유자의 위와 같은 신청을 거부한 행위는 항고소송의 대상이 된다. 행정행위를 한 처분청은 비록 처분 당시에 별다른 하자가 없었고, 처분 후에 이를 철회할 별도의 법적 근거가 없더라도 원래의 처분을 존속시킬 필요가 없게 된 사정변경이 생겼거나 중대한 공익상 필요가 발생한 경우에는 그 효력을 상실케 하는 별개의 행정행위로 이를 철회할 수 있다. 다만 수익적 행정행위를 취소 또는 철회하거나 중지시키는 경우에는 이미 부여된 국민의 기득권을 침해하는 것이 되므로, 비록 취소 등의 사유가 있다고 하더라도 그 취소권 등의 행사는 기득권의 침해를 정당화할 만한 중대한 공익상의 필요 또는 제3자의 이익을 보호할 필요가 있고, 이를 상대방이 받는 불이익과 비교·교량하여 볼 때 공익상의 필요 등이 상대방이 입을 불이익을 정당화할 만큼 강한 경우에 한하여 허용될 수 있다(대판 2017. 3. 15. 2014두41190).

12

> A시 시장은 「학교용지 확보 등에 관한 특례법」 관계 조항에 따라 공동주택을 분양받은 甲, 乙, 丙, 丁 등에게 각각 다른 시기에 학교용지 부담금을 부과하였다. 이후 해당 조항에 대하여 법원의 위헌법률심판제청에 따라 헌법재판소가 위헌결정을 하였다. (단, 甲, 乙, 丙, 丁은 모두 위헌법률심판제청신청을 하지 않은 것으로 가정함)

① 甲이 부담금을 납부하였고 부담금부과처분에 불가쟁력이 발생한 상태라면, 해당 조항이 위헌으로 결정되더라도 이미 납부한 부담금을 반환받을 수 없다.

② 乙은 부담금을 납부한 후 부담금부과처분에 대해 행정소송을 제기하였고 현재 소가 계속 중인 경우에도, 乙이 위헌법률심판제청신청을 하지 않았으므로 乙에게 위헌결정의 소급효는 미치지 않는다.

③ 丙이 부담금부과처분에 대한 행정심판청구를 하여 기각재결서를 송달받았으나, 재결서 송달일로부터 90일 이내에 취소소송을 제기하였다면 丙의 청구는 인용될 수 있다.

④ 부담금부과처분에 대한 제소기간이 경과하여 丁의 부담금 납부의무가 확정되었고 위헌결정 전에 丁의 재산에 대한 압류가 이루어진 상태라도, 丁에 대해 부담금 징수를 위한 체납처분을 속행할 수는 없다.

> ADVICE ② 헌법재판소의 위헌결정의 효력은, 위헌제청을 한 당해 사건, 위헌결정이 있기 전에 이와 동종의 위헌여부에 관하여 헌법재판소에 위헌여부심판제청을 하였거나 법원에 위헌여부심판제청신청을 한 경우의 당해 사건과 <u>따로 위헌제청신청은 아니하였지만 당해 법률 또는 법률의 조항이 재판의 전제가 되어 법원에 계속중인 사건</u>뿐만 아니라 위헌결정 이후에 위와 같은 이유로 제소된 일반사건에도 미친다(대판 1994.10.25. 93다42740).
>
> ① 위헌결정의 소급효가 인정된다고 해서 위헌인 법률에 근거한 행정처분이 당연무효가 된다고는 할 수 없고, <u>이미 취소소송의 제기기간을 경과하여 불가쟁력이 발생한 행정처분에는 위헌결정의 소급효가 미치지 않는다</u>(대판 1994.10.28. 93다41860).
>
> ③ 행정소송법 제20조 제1항
>
> > 행정소송법 제20조(제소기간)
> > ① 취소소송은 <u>처분등이 있음을 안 날부터 90일 이내</u>에 제기하여야 한다. 다만, 제18조 제1항 단서에 규정한 경우와 그 밖에 행정심판청구를 할 수 있는 경우 또는 행정청이 <u>행정심판청구를 할 수 있다고 잘못 알린 경우에 행정심판청구가 있은 때의 기간은 재결서의 정본을 송달받은 날부터 기산</u>한다.
> > ② 취소소송은 처분등이 있은 날부터 1년(제1항 단서의 경우는 재결이 있은 날부터 1년)을 경과하면 이를 제기하지 못한다. 다만, 정당한 사유가 있는 때에는 그러하지 아니하다.
> > ③ 제1항의 규정에 의한 기간은 불변기간으로 한다.
>
> ④ 조세 부과의 근거가 되었던 법률규정이 위헌으로 선언된 경우, 비록 그에 기한 과세처분이 위헌결정 전에 이루어졌고, 과세처분에 대한 제소기간이 이미 경과하여 조세채권이 확정되었으며, 조세채권의 집행을 위한 체납처분의 근거규정 자체에 대하여는 따로 위헌결정이 내려진 바 없다고 하더라도, 위와 같은 <u>위헌결정 이후에 조세채권의 집행을 위한 새로운 체납처분에 착수하거나 이를 속행하는 것은 더 이상 허용되지 않고, 나아가 이러한 위헌결정의 효력에 위배하여 이루어진 체납처분은 그 사유만으로 하자가 중대하고 객관적으로 명백하여 당연무효</u>라고 보아야 한다(대판 2012.2.16. 2010두10907(전합)).

 **ANSWER**  11.③  12.②

**13** 행정입법에 대한 설명으로 옳지 않은 것은?(다툼이 있는 경우 판례에 의함)

① 부령의 형식으로 정해진 제재적 행정처분의 기준은 그 규정의 성질과 내용이 행정청 내부의 사무처리준칙을 정한 것에 불과하므로 대외적으로 국민이나 법원을 구속하는 것은 아니다.

② 항정신병 치료제의 요양급여 인정기준에 관한 보건복지부 고시가 다른 집행행위의 매개 없이 그 자체로서 직접 국민의 구체적인 권리의무와 법률관계를 규율하는 성격을 가질 때에는 항고소송의 대상이 되는 행정처분에 해당한다.

③ 법률의 위임에 의하여 효력을 갖는 법규명령이 법개정으로 위임의 근거가 없어지게 되더라도 효력을 상실하지 않는다.

④ 한국수력원자력 주식회사가 조달하는 기자재, 용역 및 정비공사, 기기수리의 공급자에 대한 관리업무 절차를 규정함을 목적으로 제정·운용하고 있는 '공급자관리지침' 중 등록취소 및 그에 따른 일정 기간의 거래제한조치에 관한 규정들은 상위 법령의 구체적 위임 없이 정한 것이어서 대외적 구속력이 없는 행정규칙이다.

> **ADVICE** ③ 일반적으로 법률의 위임에 의하여 효력을 갖는 법규명령의 경우, 구법에 위임의 근거가 없어 무효였더라도 사후에 법개정으로 위임의 근거가 부여되면 그 때부터는 유효한 법규명령이 되나, 반대로 구법의 위임에 의한 유효한 법규명령이 법개정으로 위임의 근거가 없어지게 되면 그 때부터 무효인 법규명령이 되므로, 어떤 법령의 위임 근거 유무에 따른 유효 여부를 심사하려면 법개정의 전·후에 걸쳐 모두 심사하여야만 그 법규명령의 시기에 따른 유효·무효를 판단할 수 있다(대판 1995. 6.30. 93추83).
>
> ① 공중위생법 제23조 제1항은 처분권자에게 영업자가 법에 위반하는 종류와 정도의 경중에 따라 제반사정을 참작하여 위 법에 규정된 것 중 적절한 종류를 선택하여 합리적인 범위내의 행정처분을 할 수 있는 재량권을 부여한 것이고, 이를 시행하기 위하여 동 제4항에 의하여 마련된 공중위생법시행규칙 제41조 별표 7에서 위 행정처분의 기준을 정하고 있더라도 위 시행규칙은 형식은 부령으로 되어 있으나 그 성질은 행정기관 내부의 사무처리준칙을 규정한 것에 불과한 것으로서 보건사회부장관이 관계 행정기관 및 직원에 대하여 그 직무권한 행사의 지침을 정하여 주기 위하여 발한 행정명령(행정규칙)의 성질을 가지는 것이지, 위 법 제23조 제1항에 의하여 보장된 재량권을 기속하거나 대외적으로 국민을 기속하는 것은 아니다(대판 1991. 3. 8. 90누6545).
>
> ② 항정신병 치료제의 요양급여 인정기준에 관한 보건복지부 고시가 다른 집행행위의 매개 없이 그 자체로서 제약회사, 요양기관, 환자 및 국민건강보험공단 사이의 법률관계를 직접 규율한다는 이유로 항고소송의 대상이 되는 행정처분에 해당한다(대판 2003.10. 9. 2003무23).
>
> ④ 공공기관의 운영에 관한 법률(이하 '공공기관운영법')이나 그 하위법령은 공기업이 거래상대방 업체에 대하여 공공기관운영법 제39조 제2항 및 공기업·준정부기관 계약사무규칙 제15조에서 정한 범위를 뛰어넘어 추가적인 제재조치를 취할 수 있도록 위임한 바 없다. 따라서 한국수력원자력 주식회사가 조달하는 기자재, 용역 및 정비공사, 기기수리의 공급자에 대한 관리업무 절차를 규정함을 목적으로 제정·운용하고 있는 '공급자관리지침' 중 등록취소 및 그에 따른 일정 기간의 거래제한 조치에 관한 규정들은 공공기관으로서 행정청에 해당하는 한국수력원자력 주식회사가 상위법령의 구체적 위임 없이 정한 것이어서 대외적 구속력이 없는 행정규칙이다(대판 2020. 5.28. 2017두66541).

**14** 행정작용에 대한 설명으로 옳은 것은?(다툼이 있는 경우 판례에 의함)

① 구체적인 계획을 입안함에 있어 지침이 되거나 특정 사업의 기본방향을 제시하는 내용의 행정계획은 항고소송의 대상인 행정처분에 해당하지 않는다.

② 공법상 계약이 법령 위반 등의 내용상 하자가 있는 경우에도 그 하자가 중대명백한 것이 아니면 취소할 수 있는 하자에 불과하고 이에 대한 다툼은 당사자소송에 의하여야 한다.

③ 지도, 권고, 조언 등의 행정지도는 법령의 근거를 요하고 항고소송의 대상이 된다.

④ 「국가를 당사자로 하는 계약에 관한 법률」에 따라 국가가 당사자가 되는 이른바 공공계약에 관한 법적 분쟁은 원칙적으로 행정법원의 관할 사항이다.

> **ADVICE** ① 이 사건 정부기본계획 등은 4대강 정비사업과 그 주변 지역의 관련 사업을 체계적으로 추진하기 위하여 수립한 종합계획이자 '4대강 살리기 사업'(그중 낙동강 부분을 '이 사건 사업')의 기본방향을 제시하는 계획으로서, 이는 행정기관 내부에서 사업의 기본방향을 제시하는 것일 뿐, 국민의 권리·의무에 직접 영향을 미치는 것은 아니라고 할 것이어서 행정처분에 해당하지 아니한다(대한 2015.12.10. 2012두6322).
>
> ② 공법상 계약에는 공정력이 인정되지 않으므로, 내용상 하자가 있는 경우 무효라고 보는 것이 학설의 일반적 견해이다. cf. 공법상 계약과 관련된 법률관계에 관한 분쟁은 공법상 당사자소송에 의한다.
>
> ③ 법령의 근거가 없어도 행정지도를 할 수 있으며, 행정지도는 비권력적 사실행위로서 처분성이 부정되어 항고소송의 대상이 되지 않는다.
>
> ④ 국가계약법에 따라 국가가 당사자가 되는 이른바 공공계약은 사경제의 주체로서 상대방과 대등한 위치에서 체결하는 사법상의 계약으로서 그 본질적인 내용은 사인 간의 계약과 다를 바가 없으므로, 그에 관한 법령에 특별한 정함이 있는 경우를 제외하고는 사적 자치와 계약자유의 원칙 등 사법의 원리가 그대로 적용된다고 할 것이다(대판 2012.9.20. 2012마1097).

**15** 「행정절차법」상 처분의 사전통지 및 의견제출 절차에 대한 설명으로 옳지 않은 것은?(다툼이 있는 경우 판례에 의함)

① 법령등에서 요구된 자격이 없거나 없어지게 되면 반드시 일정한 처분을 하여야 하는 경우에 그 자격이 없 거나 없어지게 된 사실이 법원의 재판에 의하여 객관적으로 증명된 경우에는 사전통지를 생략할 수 있다.

② 행정청의 처분으로 의무가 부과되거나 권익이 제한되는 경우라도 당사자가 의견진술의 기회를 포기한다는 뜻을 명백히 표시한 경우에는 의견청취를 생략할 수 있다.

③ 별정직 공무원인 대통령기록관장에 대한 직권면직 처분에는 처분의 사전통지 및 의견청취 등에 관한 「행정 절차법」 규정이 적용되지 않는다.

④ 대통령이 한국방송공사 사장을 해임하면서 사전통지절차를 거치지 않은 경우에는 그 해임처분은 위법하다.

**ADVICE** ③ 공무원 인사관계 법령에 의한 처분에 관한 사항이라 하더라도 그 전부에 대하여 행정절차법의 적용이 배제되는 것이 아니 <u>라</u>, 성질상 행정절차를 거치기 곤란하거나 불필요하다고 인정되는 처분이나 행정절차에 준하는 절차를 거치도록 하고 있는 처분의 경우에만 행정절차법의 적용이 배제되는 것으로 보아야 하고, 이러한 법리는 '공무원 인사관계 법령에 의한 처분'에 해 당하는 <u>별정직 공무원에 대한 직권면직 처분의 경우에도 마찬가지로 적용된다</u>고 할 것이다(대판 2013. 1.16. 2011두 30687).

① 행정절차법 제21조 제4항 제2호.

> **제21조(처분의 사전 통지)**
> ④ 다음 각 호의 어느 하나에 해당하는 경우에는 제1항에 따른 통지를 하지 아니할 수 있다.
>   1. 공공의 안전 또는 복리를 위하여 긴급히 처분을 할 필요가 있는 경우
>   2. <u>법령등에서 요구된 자격이 없거나 없어지게 되면 반드시 일정한 처분을 하여야 하는 경우에 그 자격이 없거나 없어 지게 된 사실이 법원의 재판 등에 의하여 객관적으로 증명된 경우</u>
>   3. 해당 처분의 성질상 의견청취가 현저히 곤란하거나 명백히 불필요하다고 인정될 만한 상당한 이유가 있는 경우

② 행정절차법 제22조 제4항

> **행정절차법 제22조(의견청취)**
> ① 행정청이 처분을 할 때 다음 각 호의 어느 하나에 해당하는 경우에는 청문을 한다.
>   1. 다른 법령등에서 청문을 하도록 규정하고 있는 경우
>   2. 행정청이 필요하다고 인정하는 경우
>   3. 다음 각 목의 처분을 하는 경우 〈개정 2022. 1. 11.〉 [시행일: 2022. 7. 12.]
>      가. 인허가 등의 취소   나. 신분·자격의 박탈   다. 법인이나 조합 등의 설립허가의 취소
> ② 행정청이 처분을 할 때 다음 각 호의 어느 하나에 해당하는 경우에는 공청회를 개최한다.
>   1. 다른 법령등에서 공청회를 개최하도록 규정하고 있는 경우
>   2. 해당 처분의 영향이 광범위하여 널리 의견을 수렴할 필요가 있다고 행정청이 인정하는 경우
>   3. 국민생활에 큰 영향을 미치는 처분으로서 대통령령으로 정하는 처분에 대하여 대통령령으로 정하는 수 이상의 당사 자등이 공청회 개최를 요구하는 경우
> ③ 행정청이 당사자에게 의무를 부과하거나 권익을 제한하는 처분을 할 때 제1항 또는 세2항의 경우 외에는 당사자등에게 의견제출의 기회를 주어야 한다.
> ④ 제1항부터 제3항까지의 규정에도 불구하고 제21조제4항 각 호의 어느 하나에 해당하는 경우와 <u>당사자가 의견진술의 기 회를 포기한다는 뜻을 명백히 표시한 경우에는 의견청취를 하지 아니할 수 있다.</u>
> ⑤ 행정청은 청문·공청회 또는 의견제출을 거쳤을 때에는 신속히 처분하여 해당 처분이 지연되지 아니하도록 하여야 한다.
> ⑥ 행정청은 처분 후 1년 이내에 당사자등이 요청하는 경우에는 청문·공청회 또는 의견제출을 위하여 제출받은 서류나 그 밖의 물건을 반환하여야 한다.

④ 대통령의 한국방송공사 사장의 해임 절차에 관하여 방송법이나 관련 법령에도 별도의 규정을 두지 않고 있고, 행정절
차법의 입법 목적과 행정절차법 제3조 제2항 제9호와 관련 시행령의 규정 내용 등에 비추어 보면, 이 사건 해임처분
이 행정절차법과 그 시행령에서 열거적으로 규정한 예외 사유에 해당한다고 볼 수 없으므로 이 사건 해임처분에도 행
정절차법이 적용된다고 할 것이다(대판 2012. 2.23. 2011두5001).

## 16 「행정소송법」상 취소소송에 대한 설명으로 옳지 않은 것은?(다툼이 있는 경우 판례에 의함)

① 대한민국에서 출생하여 오랜 기간 대한민국 국적을 보유하면서 거주한 재외동포는 사증발급 거부처분의 취
소를 구할 법률상 이익이 있다.
② 국민권익위원회가 소방청장에게 일정한 의무를 부과하는 내용의 조치요구를 한 경우 소방청장은 조치요구
의 취소를 구할 당사자능력 및 원고적격이 인정되지 않는다.
③ 임용지원자가 특별채용 대상자로서 자격을 갖추고 있고 유사한 지위에 있는 자에 대하여 정규교사로 특별채용
한 전례가 있다 하더라도, 교사로의 특별채용을 요구할 법규상 또는 조리상의 권리가 있다고 할 수 없다.
④ 피해자의 의사와 무관하게 주민등록번호가 유출된 경우, 조리상 주민등록번호의 변경을 요구할 신청권을
인정함이 타당하다.

> ADVICE ② 부패방지 및 국민권익위원회의 설치와 운영에 관한 법률은 소방청장에게 국민권익위원회의 조치요구에 따라야 할 의무
를 부담시키는 외에 별도로 그 의무를 이행하지 않을 경우 과태료나 형사처벌까지 정하고 있으므로 위와 같은 조치요
구에 불복하고자 하는 '소속기관 등의 장'에게는 조치요구를 다툴 수 있는 소송상의 지위를 인정할 필요가 있는 점에
비추어, 처분성이 인정되는 국민권익위원회의 조치요구에 불복하고자 하는 소방청장으로서는 조치요구의 취소를 구하
는 항고소송을 제기하는 것이 유효·적절한 수단으로 볼 수 있으므로 소방청장은 예외적으로 당사자능력과 원고적격을
가진다(대판 2018. 8. 1. 2014두35379).

① 대한민국에서 출생하여 오랜 기간 대한민국 국적을 보유하면서 거주한 사람이므로 이미 대한민국과 실질적 관련성이
있거나 대한민국에서 법적으로 보호가치 있는 이해관계를 형성하였다고 볼 수 있다. 또한 재외동포의 대한민국 출입국
과 대한민국 안에서의 법적 지위를 보장함을 목적으로 「재외동포의 출입국과 법적 지위에 관한 법률」(이하 '재외동포
법')이 특별히 제정되어 시행 중이다. 따라서 원고는 이 사건 사증발급 거부처분의 취소를 구할 법률상 이익이 인정된
다(대판 2019. 7.11. 2017두38874).

③ 교사에 대한 임용권자가 교육공무원법 제12조에 따라 임용지원자를 특별채용하는 경우, 임용지원자가 임용권자에게 자
신의 임용을 요구할 법규상 또는 조리상 권리가 없다(대판 2005. 4. 15. 2004두11626).

④ 피해자의 의사와 무관하게 주민등록번호가 유출된 경우에는 조리상 주민등록번호의 변경을 요구할 신청권을 인정함이
타당하고, 구청장의 주민등록번호 변경신청 거부행위는 항고소송의 대상이 되는 행정처분에 해당한다(대판 2017.
6.15. 2013두2945).

---

✎ **ANSWER**　15.③　16.②

**17** 행정상 즉시강제에 대한 설명으로 옳은 것만을 모두 고르면?

> ㉠ 항고소송의 대상이 되는 처분의 성질을 갖는다.
> ㉡ 과거의 의무위반에 대하여 가해지는 제재이다.
> ㉢ 목전에 급박한 장해를 예방하기 위한 경우에는 예외적으로 법률의 근거가 없이도 발동될 수 있다는 것이 일반적인 견해이다.
> ㉣ 강제 건강진단과 예방접종은 대인적 강제수단에 해당한다.
> ㉤ 위법한 즉시강제작용으로 손해를 입은 자는 국가나 지방자치단체를 상대로 「국가배상법」이 정한 바에 따라 손해배상을 청구할 수 있다.

① ㉡, ㉢  
③ ㉠, ㉣, ㉤  
② ㉠, ㉡, ㉤  
④ ㉢, ㉣, ㉤

> **ADVICE** ㉠ (o)권력적 사실행위인 행정상 즉시강제는 항고소송의 대상이 된다.
> ㉡ (x)행정상 즉시강제는 과거의 의무위반에 대한 제재가 아니라, 목전의 급박한 장해를 제거할 필요가 있는 경우에 행해지는 제재이다.
> ㉢ (x)행정상 즉시강제는 실정법적 근거를 필요로 한다.
> ㉣ (o)
> ㉤ (o)

**18** 다음 중 「행정심판법」에 따른 행정심판을 제기할 수 없는 경우만을 모두 고르면?(다툼이 있는 경우 판례에 의함)

> ㉠ 「공공기관의 정보공개에 관한 법률」상 정보공개와 관련한 공공기관의 비공개결정에 대하여 이의신청을 한 경우
> ㉡ 「공익사업을 위한 토지 등의 취득 및 보상에 관한 법률」상 토지수용위원회의 수용재결에 이의가 있어 중앙토지수용위원회에 이의를 신청한 경우
> ㉢ 「난민법」상 난민불인정결정에 대해 법무부장관에게 이의신청을 한 경우
> ㉣ 「민원 처리에 관한 법률」상 법정민원에 대한 행정기관의 장의 거부처분에 대해 그 행정기관의 장에게 이의신청을 한 경우

① ㉠, ㉡  
③ ㉡, ㉢  
② ㉠, ㉣  
④ ㉢, ㉣

 ㉡ 토지보상법 제85조

> **토지보상법 제85조(행정소송의 제기)**
> ① 사업시행자, 토지소유자 또는 관계인은 제34조에 따른 재결에 불복할 때에는 재결서를 받은 날부터 90일 이내에, 이의 신청을 거쳤을 때에는 이의신청에 대한 재결서를 받은 날부터 60일 이내에 각각 행정소송을 제기할 수 있다. 이 경우 사업시행자는 행정소송을 제기하기 전에 제84조에 따라 늘어난 보상금을 공탁하여야 하며, 보상금을 받을 자는 공탁된 보상금을 소송이 종결될 때까지 수령할 수 없다.
> ② 제1항에 따라 제기하려는 행정소송이 보상금의 증감(增減)에 관한 소송인 경우 그 소송을 제기하는 자가 토지소유자 또는 관계인일 때에는 사업시행자를, 사업시행자일 때에는 토지소유자 또는 관계인을 각각 피고로 한다.

㉢ 난민법 제21조 제2항

> **난민법 제21조(이의신청)**
> ① 제18조제2항 또는 제19조에 따라 난민불인정결정을 받은 사람 또는 제22조에 따라 난민인정이 취소 또는 철회된 사람은 그 통지를 받은 날부터 30일 이내에 법무부장관에게 이의신청을 할 수 있다. 이 경우 이의신청서에 이의의 사유를 소명 하는 자료를 첨부하여 지방출입국·외국인관서의 장에게 제출하여야 한다.
> ② 제1항에 따른 이의신청을 한 경우에는 「행정심판법」에 따른 행정심판을 청구할 수 없다.

㉠ 정보공개법 제19조

> **정보공개법 제19조(행정심판)**
> ① 청구인이 정보공개와 관련한 공공기관의 결정에 대하여 불복이 있거나 정보공개 청구 후 20일이 경과하도록 정보공개 결정이 없는 때에는 「행정심판법」에서 정하는 바에 따라 행정심판을 청구할 수 있다. 이 경우 국가기관 및 지방자치단 체 외의 공공기관의 결정에 대한 감독행정기관은 관계 중앙행정기관의 장 또는 지방자치단체의 장으로 한다.
> ② 청구인은 제18조에 따른 이의신청 절차를 거치지 아니하고 행정심판을 청구할 수 있다.

㉣ 민원처리법 제35조 제3항

> **민원처리법 제35조(거부처분에 대한 이의신청)**
> ① 법정민원에 대한 행정기관의 장의 거부처분에 불복하는 민원인은 그 거부처분을 받은 날부터 60일 이내에 그 행정기관 의 장에게 문서로 이의신청을 할 수 있다.
> ② 행정기관의 장은 이의신청을 받은 날부터 10일 이내에 그 이의신청에 대하여 인용 여부를 결정하고 그 결과를 민원인 에게 지체 없이 문서로 통지하여야 한다. 다만, 부득이한 사유로 정하여진 기간 이내에 인용 여부를 결정할 수 없을 때 에는 그 기간의 만료일 다음 날부터 기산(起算)하여 10일 이내의 범위에서 연장할 수 있으며, 연장 사유를 민원인에게 통지하여야 한다.
> ③ 민원인은 제1항에 따른 이의신청 여부와 관계없이 「행정심판법」에 따른 행정심판 또는 「행정소송법」에 따른 행정소송 을 제기할 수 있다.

**19**

> 건설회사 A는 택지개발사업을 위해 관련 법령에 따른 절차를 거쳐 甲 소유의 토지 등을 취득하고자 甲과 보상에 관한 협의를 하였으나 협의가 성립되지 않았다. 이에 관할 지방토지수용위원회에 재결을 신청하여 토지의 수용 및 보상금에 대한 수용재결을 받았다.

① 甲이 수용재결에 대하여 이의신청을 제기하면 사업의 진행 및 토지의 수용 또는 사용을 정지시키는 효력이 있다.

② 甲이 수용 자체를 다투는 경우 관할 지방토지수용위원회를 상대로 수용재결에 대하여 취소소송을 제기할 수 있다.

③ 甲은 보상금 증액을 위해 A를 상대로 손실보상을 구하는 민사소송을 제기할 수 있다.

④ 甲이 계속 거주하고 있는 건물과 토지의 인도를 거부할 경우 행정대집행의 대상이 될 수 있다.

> **ADVICE** ②①토지보상법 제85조, 제88조
>
> **토지보상법 제85조(행정소송의 제기)**
> ① 사업시행자, 토지소유자 또는 관계인은 제34조에 따른 <u>재결에 불복할 때에는 재결서를 받은 날부터 90일 이내에,</u> 이의신청을 거쳤을 때에는 이의신청에 대한 재결서를 받은 날부터 60일 이내에 각각 행정소송을 제기할 수 있다. 이 경우 사업시행자는 행정소송을 제기하기 전에 제84조에 따라 늘어난 보상금을 공탁하여야 하며, 보상금을 받을 자는 공탁된 보상금을 소송이 종결될 때까지 수령할 수 없다.
> ② 제1항에 따라 제기하려는 <u>행정소송이 보상금의 증감(增減)에 관한 소송인 경우 그 소송을 제기하는 자가 토지소유자 또는는 관계인일 때에는 사업시행자를, 사업시행자일 때에는 토지소유자 또는 관계인을 각각 피고로 한다.</u>
> **제88조(처분효력의 부정지)**
> 제83조에 따른 <u>이의의 신청이나 제85조에 따른 행정소송의 제기는 사업의 진행 및 토지의 수용 또는 사용을 정지시키지 아니한다.</u>

③ 보상금의 증감에 관한 소송은 행정소송(형식적 당사자소송)에 해당한다(토지보상법 제85조 제2항).

④ 대집행의 대상은 대체적 작위의무이어야 한다. 건물·토지의 인도는 점유의 이전인데, 이것은 대체적 작위의무가 아니어서 대집행의 대상이 되지 않는다.

**20**

> A시 시장은 식품접객업주 甲에게 청소년고용금지업소에 청소년을 고용하였다는 사유로 식품위생법령에 근거하여 영업정지 2개월 처분에 갈음하는 과징금부과처분을 하였고, 甲은 부과된 과징금을 납부하였다. 그러나 甲은 이후 과징금부과처분에 하자가 있음을 알게 되었다.

① 甲은 납부한 과징금을 돌려받기 위해 관할 행정법원에 과징금반환을 구하는 당사자소송을 제기할 수 있다.

② A시 시장이 과징금부과처분을 함에 있어 과징금부과통지서의 일부 기재가 누락되어 이를 이유로 甲이 관할 행정법원에 과징금부과처분의 취소를 구하는 소를 제기한 경우, A시 시장은 취소소송 절차가 종결되기 전까지 보정된 과징금부과처분 통지서를 송달하면 일부 기재 누락의 하자는 치유된다.

③ 「식품위생법」이 청소년을 고용한 행위에 대하여 영업허가를 취소하거나 6개월 이내의 기간을 정하여 그 영업의 전부 또는 일부를 정지하거나 영업소 폐쇄를 명할 수 있다고 하면서 행정처분의 세부기준은 총리령으로 위임한다고 정하고 있는 경우에, 총리령에서 정하고 있는 행정처분의 기준은 재판규범이 되지 못한다.

④ 甲이 자신은 청소년을 고용한 적이 없다고 주장하면서 제기한 과징금부과처분의 취소소송 계속 중에 A시 시장은 甲이 유통기한이 경과한 식품을 판매한 사실을 처분사유로 추가·변경할 수 있다.

> **ADVICE** ③ 총리령·부령형식(시행규칙)의 행정처분기준은 행정기관 내부의 사무처리준칙인 행정규칙에 해당하여 국민이나 법원을 구속하지 못한다.
>
> cf. <u>식품위생법 제58조에 따른 행정처분의 기준을 정하였다고 하더라도 이는 형식만 부령으로 되어 있을 뿐, 그 성질은 행정기관 내부의 사무처리준칙을 정한 것으로서 행정명령(행정규칙)의 성질을 가지는 것이고, 대외적으로 국민이나 법원을 기속하는 힘이 있는 것은 아니므로 같은 법 제58조 제1항에 의한 처분의 적법 여부는 같은 법 시행 규칙에 적합한 것인가의 여부에 따라 판단할 것이 아니라 같은 법의 규정 및 그 취지에 적합한 것인가의 여부에 따라 판단하여야 한다</u>(대판 1995. 3.28. 94누6925).
>
> ① 과징금 반환을 받기 위해서는 과징금부과처분에 대한 취소소송을 제기하여 공정력을 제거한 후, 이 판결을 기초로 민법상 부당이득 반환을 구해야 한다.
>
> cf. 행정상대방이 행정청에 이미 납부한 돈이 민법상 부당이득에 해당한다고 주장하면서 그 반환을 청구하는 것은 민사소송절차를 따라야 한다(대판 1995. 4.28. 94다55019).
>
> ② 행정행위 하자의 치유는 행정쟁송 제기 이전에만 가능하다.
>
> cf. <u>세액산출근거가 기재되지 아니한 납세고지서에 의한 부과처분은 강행법규에 위반하여 취소대상이 된다 할 것이므로 이와 같은 하자는</u> 납세의무자가 전심절차에서 이를 주장하지 아니하였거나, 그 후 부과된 세금을 자진납부하였다거나, 또는 조세채권의 소멸시효기간이 만료되었다 하여 치유되는 것이라고는 할 수 없다(대판 1985. 4. 9. 84누431).
>
> ④ 행정처분의 취소를 구하는 소송에 있어서는 실질적 법치주의와 행정처분의 상대방인 국민에 대한 신뢰보호라는 견지에서, <u>처분청은 당초의 처분사유와 기본적 사실관계에 있어서 동일성이 인정되는 한도 내에서만 새로운 처분사유를 추가하거나 변경할 수 있을 뿐,</u> 기본적 사실관계와 동일성이 없는 별개의 사실을 들어 처분사유로서 주장함은 허용되지 아니하고, 법원으로서도 당초 처분사유와 기본적 사실관계의 동일성이 없는 사실은 이를 처분사유로 인정할 수 없다고 할 것이며, 여기서 <u>기본적 사실관계의 동일성 유무는 처분사유를 법률적으로 평가하기 이전의 구체적인 사실에 착안하여 그 기초가 되는 사회적 사실관계가 기본적인 점에서 동일한지 여부에 따라 결정된다</u>(대판 2001. 3.23. 99두6392).
>
> *판례에 의할 때 청소년을 고용한 적이 없다는 주장과 유통기한이 경과한 식품을 판매한 사실은 기본적 사실관계의 동일성이 인정되지 않아 처분사유 추가·변경할 수 없다.

**ANSWER** 19.② 20.③

**1** 행정입법에 대한 설명으로 옳지 않은 것은?(다툼이 있는 경우 판례에 의함)

① 자치조례에 대한 법률의 위임은 반드시 구체적으로 범위를 정하여 할 필요가 없으며 포괄적인 것으로 족하다.

② 부령 형식으로 정해진 제재적 행정처분의 기준은 법규성이 있어서 대외적으로 국민이나 법원을 기속하는 효력이 있다.

③ 고시가 법령의 수권에 의하여 법령을 보충하는 사항을 정하는 경우 위임의 한계를 벗어나지 않는 한 그 근거 법령과 결합하여 대외적으로 구속력이 있는 법규명령으로서의 효력을 가진다.

④ 법률의 시행령이 형사처벌에 관한 사항을 규정하면서 법률의 명시적인 위임 범위를 벗어나 처벌의 대상을 확장하는 것은 위임입법의 한계를 벗어난 것으로 그 시행령은 무효이다.

> ᴬᴰⱽᴵᶜᴱ ② 제재적 행정처분의 기준이 부령의 형식으로 규정되어 있더라도 그것은 행정청 내부의 사무처리준칙을 정한 것에 지나지 아니하여 대외적으로 국민이나 법원을 기속하는 효력이 없고, 당해 처분의 적법 여부는 위 처분기준만이 아니라 관계 법령의 규정 내용과 취지에 따라 판단되어야 하므로, 위 처분기준에 적합하다 하여 곧바로 당해 처분이 적법한 것이라고 할 수는 없지만, 위 처분기준이 그 자체로 헌법 또는 법률에 합치되지 아니하거나 위 처분기준에 따른 제재적 행정처분이 그 처분사유가 된 위반행위의 내용 및 관계 법령의 규정 내용과 취지에 비추어 현저히 부당하다고 인정할 만한 합리적인 이유가 없는 한 섣불리 그 처분이 재량권의 범위를 일탈하였거나 재량권을 남용한 것이라고 판단해서는 안 된다(대판 2007. 9. 20. 2007두6946).
>
> ① 조례의 제정권자인 지방의회는 지역적인 민주적 정당성을 지니고 있으며, 헌법이 지방자치단체에 대해 포괄적인 자치권을 보장하고 있는 취지에 비추어, 조례에 대한 법률의 위임은 반드시 구체적으로 범위를 정하여 할 필요가 없으며 포괄적인 것으로 족하다(헌재 2019. 11. 28. 2017헌마1356).
>
> ③ 행정규칙인 부령이나 고시가 법령의 수권에 의하여 법령을 보충하는 사항을 정하는 경우에는 그 근거 법령규정과 결합하여 대외적으로 구속력이 있는 법규명령으로서의 성질과 효력을 가진다 할 것인데, 보충규범인 행정규칙의 내용에 해당되는 행위가 공소사실이나 범죄사실로 기재되어 있고, 법률의 적용란에 근거 법령규정이 명시되어 있다면 보충규범이 법률의 적용란에 따로 명시되어 있지 않다고 하더라도 이를 들어 판결에 영향을 미친 위법이 있다고는 할 수 없다(대판 2007. 5. 10. 2005도591).
>
> ④ 법률의 시행령은 모법인 법률의 위임 없이 법률이 규정한 개인의 권리·의무에 관한 내용을 변경·보충하거나 법률에서 규정하지 아니한 새로운 내용을 규정할 수 없고, 특히 법률의 시행령이 형사처벌에 관한 사항을 규정하면서 법률의 명시적인 위임 범위를 벗어나 그 처벌의 대상을 확장하는 것은 죄형법정주의의 원칙에도 어긋나므로, 그러한 시행령은 위임입법의 한계를 벗어난 것으로서 무효이다(대판 2017. 2. 21. 2015도14966).

**2** 행정행위의 부관에 대한 설명으로 옳은 것은?(다툼이 있는 경우 판례에 의함)

① 행정처분에 부가한 부담이 무효인 경우에는 그 부담의 이행으로 이루어진 사법상 법률행위도 무효가 된다.

② 부관의 사후변경은 종전의 부관을 변경하지 아니하면 해당 처분의 목적을 달성할 수 없는 경우가 아니라면 인정되지 않는다.

③ 행정처분과 실제적 관련성이 없어 부관을 붙일 수 없는 경우에도 사법상 계약의 형식으로 공법상 제한을 회피할 수 있다.

④ 행정재산에 대한 기한부 사용·수익허가를 받은 경우, 그 사용·수익허가의 기간에 대하여 독립하여 행정소송을 제기할 수 없다.

> **ADVICE** ④ 행정행위의 부관은 부담인 경우를 제외하고는 독립하여 행정소송의 대상이 될 수 없는바, 기부채납받은 행정재산에 대한 사용·수익허가에서 공유재산의 관리청이 정한 사용·수익허가의 기간은 그 허가의 효력을 제한하기 위한 행정행위의 부관으로서 이러한 사용·수익허가의 기간에 대해서는 독립하여 행정소송을 제기할 수 없다(대판 2001. 6. 15. 99두509).
>
> ① 행정처분에 부담인 부관을 붙인 경우 부관의 무효화에 의하여 본체인 행정처분 자체의 효력에도 영향이 있게 될 수는 있지만, 그 처분을 받은 사람이 부담의 이행으로 사법상 매매 등의 법률행위를 한 경우에는 그 부관은 특별한 사정이 없는 한 법률행위를 하게 된 동기 내지 연유로 작용하였을 뿐이므로 이는 법률행위의 취소사유가 될 수 있음은 별론으로 하고 그 법률행위 자체를 당연히 무효화하는 것은 아니다(대판 2009. 6. 25. 2006다18174).
>
> ② 행정기본법 제17조 제3항

행정기본법 제17조(부관)

③ 행정청은 부관을 붙일 수 있는 처분이 다음 각 호의 어느 하나에 해당하는 경우에는 그 처분을 한 후에도 부관을 새로 붙이거나 종전의 부관을 변경할 수 있다.

1. 법률에 근거가 있는 경우
2. 당사자의 동의가 있는 경우
3. 사정이 변경되어 부관을 새로 붙이거나 종전의 부관을 변경하지 아니하면 해당 처분의 목적을 달성할 수 없다고 인정되는 경우

> ③ 공무원이 인·허가 등 수익적 행정처분을 하면서 상대방에게 그 처분과 관련하여 이른바 부관으로서 부담을 붙일 수 있다 하더라도, 그러한 부담은 법치주의와 사유재산 존중, 조세법률주의 등 헌법의 기본원리에 비추어 비례의 원칙이나 부당결부의 원칙에 위반되지 않아야만 적법한 것인바, 행정처분과 부관 사이에 실제적 관련성이 있다고 볼 수 없는 경우 공무원이 위와 같은 공법상의 제한을 회피할 목적으로 행정처분의 상대방과 사이에 사법상 계약을 체결하는 형식을 취하였다면 이는 법치행정의 원리에 반하는 것으로서 위법하다(대판 2009. 12. 10. 2007다63966).

---

✎ **ANSWER** 1.② 2.④

**3** 판례상 재량행위에 해당하는 것만을 모두 고르면?

> ㉠ 「여객자동차 운수사업법」상 개인택시운송사업면허
> ㉡ 구 「수도권대기환경특별법」상 대기오염물질 총량관리사업장 설치허가
> ㉢ 「국가공무원법」상 휴직 사유 소멸을 이유로 한 신청에 대한 복직명령
> ㉣ 「출입국관리법」상 체류자격 변경허가

① ㉠, ㉣

② ㉡, ㉢

③ ㉠, ㉡, ㉣

④ ㉠, ㉡, ㉢, ㉣

**ADVICE** ㉠ 여객자동차 운수사업법에 의한 개인택시운송사업의 면허는 특정인에게 권리나 이익을 부여하는 행정청의 재량행위이고, 위 법과 그 시행규칙의 범위 내에서 면허를 위하여 필요한 기준을 정하는 것 역시 행정청의 재량에 속하는 것이므로, 그 설정된 기준이 객관적으로 합리적이 아니라거나 타당하지 않다고 볼 만한 다른 특별한 사정이 없는 이상 행정청의 의사는 가능한 한 존중되어야 하는바, 행정청이 개인택시운송사업의 면허를 하면서, 택시 운전경력이 버스 등 다른 차종의 운전경력보다 개인택시의 운전업무에 더 유용할 수 있다는 점 등을 고려하여 택시의 운전경력을 다소 우대하는 것이 객관적으로 합리적이 아니라거나 타당하지 않다고 볼 수 없다(대판 2004. 11. 12. 2004두9463).

㉡ 구 수도권대기환경특별법 제14조 제1항에서 정한 대기오염물질 총량관리사업장 설치의 허가 또는 변경허가는 특정인에게 인구가 밀집되고 대기오염이 심각하다고 인정되는 수도권 대기관리권역에서 총량관리대상 오염물질을 일정량을 초과하여 배출할 수 있는 특정한 권리를 설정하여 주는 행위로서 그 처분의 여부 및 내용의 결정은 행정청의 재량에 속한다(대판 2013. 5. 9. 2012두22799).

㉣ 체류자격 변경허가는 신청인에게 당초의 체류자격과 다른 체류자격에 해당하는 활동을 할 수 있는 권한을 부여하는 일종의 설권적 처분의 성격을 가지므로, 허가권자는 신청인이 관계 법령에서 정한 요건을 충족하였더라도, 신청인의 적격성, 체류 목적, 공익상의 영향 등을 참작하여 허가 여부를 결정할 수 있는 재량을 가진다. 다만 재량을 행사할 때 판단의 기초가 된 사실인정에 중대한 오류가 있는 경우 또는 비례·평등의 원칙을 위반하거나 사회통념상 현저하게 타당성을 잃는 등의 사유가 있다면 이는 재량권의 일탈·남용으로서 위법하다(대판 2016. 7. 14. 2015두48846).

㉢ 구 교육공무원법 제44조 제1항 제7호는 '만 6세 이하의 초등학교 취학 전 자녀'를 양육대상으로 하여 '교육공무원이 그 자녀를 양육하기 위하여 필요한 경우'를 육아휴직의 사유로 규정하고 있으므로, 육아휴직 중 그 사유가 소멸하였는지는 해당 자녀가 사망하거나 초등학교에 취학하는 등으로 양육대상에 관한 요건이 소멸한 경우뿐만 아니라 육아휴직 중인 교육공무원에게 해당 자녀를 더 이상 양육할 수 없거나, 양육을 위하여 휴직할 필요가 없는 사유가 발생하였는지 여부도 함께 고려하여야 하고, 국가공무원법 제73조 제2항의 문언에 비추어 복직명령은 기속행위이므로 휴직사유가 소멸하였음을 이유로 신청하는 경우 임용권자는 지체 없이 복직명령을 하여야 한다(대판 2014. 6. 12. 2012두4852).

4  행정절차에 대한 설명으로 옳지 않은 것은?(다툼이 있는 경우 판례에 의함)

① 계약직공무원 채용계약해지의 의사표시는 「행정절차법」에 의하여 근거와 이유를 제시하여야 하는 것은 아니다.

② 교육부장관이 부적격사유가 없는 후보자들 사이에서 어떤 후보자를 상대적으로 더욱 적합하다고 판단하여 국립대학교의 총장으로 임용제청을 하였다면, 그러한 임용제청행위 자체로서 이유제시의무를 다한 것이다.

③ 「국가공무원법」상 직위해제처분에는 처분의 사전통지 및 의견청취 등에 관한 「행정절차법」의 규정이 적용된다.

④ 과세처분 시 납세고지서에 법으로 규정한 과세표준 등의 기재가 누락되면 그 과세처분 자체가 위법한 처분이 되어 취소의 대상이 된다.

> **ADVICE** ③ 국가공무원법상 직위해제처분은 구 행정절차법 제3조 제2항 제9호, 구 행정절차법 시행령 제2조 제3호에 의하여 당해 행정작용의 성질상 행정절차를 거치기 곤란하거나 불필요하다고 인정되는 사항 또는 행정절차에 준하는 절차를 거친 사항에 해당하므로, 처분의 사전통지 및 의견청취 등에 관한 행정절차법의 규정이 별도로 적용되지 않는다(대판 2014. 5. 16. 2012두26180).
>
> ① 계약직공무원에 관한 현행 법령의 규정에 비추어 볼 때, 계약직공무원 채용계약해지의 의사표시는 일반공무원에 대한 징계처분과는 달라서 항고소송의 대상이 되는 처분 등의 성격을 가진 것으로 인정되지 아니하고, 일정한 사유가 있을 때에 국가 또는 지방자치단체가 채용계약 관계의 한쪽 당사자로서 대등한 지위에서 행하는 의사표시로 취급되는 것으로 이해되므로, 이를 징계해고 등에서와 같이 그 징계사유에 한하여 효력 유무를 판단하여야 하거나, 행정처분과 같이 행정절차법에 의하여 근거와 이유를 제시하여야 하는 것은 아니다(대판 2002. 11. 26. 2002두5948).
>
> ② 교육부장관이 어떤 후보자를 총장으로 임용제청하는 행위 자체에 그가 총장으로 더욱 적합하다는 정성적 평가 결과가 당연히 포함되어 있는 것으로, 이로써 행정절차법상 이유제시의무를 다한 것이라고 보아야 한다. 여기에서 나아가 교육부장관에게 개별 심사항목이나 고려요소에 대한 평가 결과를 더 자세히 밝힐 의무까지는 없다(대판 2018. 6. 15. 2016두57564).
>
> ④ 국세징수법 제9조 제1항은 "세무서장은 국세를 징수하려면 납세자에게 그 국세의 과세기간, 세목, 세액 및 그 산출근거, 납부기한과 납부장소를 적은 납세고지서를 발급하여야 한다."라고 규정하고 있다. 따라서 납세고지서에 해당 본세의 과세표준과 세액의 산출근거 등이 제대로 기재되지 않았다면 특별한 사정이 없는 한 그 징수처분은 위법하다(대판 2019. 7. 4. 2017두38645).

**5** 행정법의 일반원칙에 대한 설명으로 옳은 것만을 모두 고르면?(다툼이 있는 경우 판례에 의함)

> ㉠ 비례의 원칙은 법치국가원리에서 당연히 파생되는 헌법상의 기본원리이다.
> ㉡ 평등의 원칙은 본질적으로 같은 것을 자의적으로 다르게 취급함을 금지하는 것이므로, 위법한 행정처분이 수차례에 걸쳐 반복적으로 행하여졌다면 행정청에 대하여 자기구속력을 갖게 된다.
> ㉢ 국가가 임용결격사유가 있는 자에 대하여 결격사유가 있는 것을 알지 못하고 공무원으로 임용하였다가 나중에 결격사유가 있음을 발견하고 그 임용행위를 취소하는 경우 신의칙이 적용된다.
> ㉣ 지방자치단체장이 사업자에게 주택사업계획승인을 하면서 그 주택사업과는 아무런 관련이 없는 토지를 기부채납 하도록 하는 부관을 주택사업계획승인에 붙인 경우, 그 부관은 부당결부금지의 원칙에 위반되어 위법하다.

① ㉠, ㉡      ② ㉠, ㉣
③ ㉡, ㉢      ④ ㉢, ㉣

> **ADVICE** ㉠ 비례의 원칙은 법치국가 원리에서 당연히 파생되는 헌법상의 기본원리로서, 모든 국가작용에 적용된다. 행정목적을 달성하기 위한 수단은 목적달성에 유효·적절하고, 가능한 한 최소침해를 가져오는 것이어야 하며, 아울러 그 수단의 도입에 따른 침해가 의도하는 공익을 능가하여서는 안 된다(대판 2019. 7. 11. 2017두38874).
>
> ㉣ 지방자치단체장이 사업자에게 주택사업계획승인을 하면서 그 주택사업과는 아무런 관련이 없는 토지를 기부채납하도록 하는 부관을 주택사업계획승인에 붙인 경우, 그 부관은 부당결부금지의 원칙에 위반되어 위법하지만, 지방자치단체장이 승인한 사업자의 주택사업계획은 상당히 큰 규모의 사업임에 반하여, 사업자가 기부채납한 토지 가액은 그 100분의 1 상당의 금액에 불과한 데다가, 사업자가 그 동안 그 부관에 대하여 아무런 이의를 제기하지 아니하다가 지방자치단체장이 업무착오로 기부채납한 토지에 대하여 보상협조요청서를 보내자 그 때서야 비로소 부관의 하자를 들고 나온 사정에 비추어 볼 때 부관의 하자가 중대하고 명백하여 당연무효라고는 볼 수 없다(대판 1997. 3. 11. 96다49650).
>
> ㉡ 평등의 원칙은 본질적으로 같은 것을 자의적으로 다르게 취급함을 금지하는 것이고, 위법한 행정처분이 수차례에 걸쳐 반복적으로 행하여졌다 하더라도 그러한 처분이 위법한 것인 때에는 행정청에 대하여 자기구속력을 갖게 된다고 할 수 없다(대판 2009. 6. 25. 2008두13132).
>
> ㉢ 국가가 공무원임용결격사유가 있는 자에 대하여 결격사유가 있는 것을 알지 못하고 공무원으로 임용하였다가 사후에 결격사유가 있는 자임을 발견하고 공무원 임용행위를 취소하는 것은 당사자에게 원래의 임용행위가 당초부터 당연무효이었음을 통지하여 확인시켜 주는 행위에 지나지 아니하는 것이므로, 그러한 의미에서 당초의 임용처분을 취소함에 있어서는 신의칙 내지 신뢰의 원칙을 적용할 수 없고 또 그러한 의미의 취소권은 시효로 소멸하는 것도 아니다(대판 1987. 4. 14. 86누459).

**6** 행정행위에 대한 설명으로 옳지 않은 것은?(다툼이 있는 경우 판례에 의함)

① 건축허가는 대물적 성질을 갖는 것이어서 행정청으로서는 허가를 할 때에 건축주 또는 토지 소유자가 누구인지 등 인적 요소에 관하여는 형식적 심사만 한다.

② 시·도경찰청장이 횡단보도를 설치하여 보행자 통행방법 등을 규제하는 것은 국민의 권리·의무에 직접 관계가 있는 행위로서 행정처분이다.

③ 국유재산의 무단점유에 대한 변상금 징수의 요건은 「국유재산법」에 명백히 규정되어 있으므로 변상금을 징수할 것인가는 처분청의 재량을 허용하지 않는 기속행위이다.

④ 공유수면의 점용·사용허가는 특정인에게 공유수면 이용권이라는 독점적 권리를 설정하여 주는 처분이 아니라 일반적인 상대적 금지를 해제하는 처분이다.

> **ADVICE** ④ 구 공유수면관리법에 따른 공유수면의 점·사용허가는 특정인에게 공유수면 이용권이라는 독점적 권리를 설정하여 주는 처분으로서 그 처분의 여부 및 내용의 결정은 원칙적으로 행정청의 재량에 속한다고 할 것이고, 이와 같은 재량처분에 있어서는 그 재량권 행사의 기초가 되는 사실인정에 오류가 있거나 그에 대한 법령적용에 잘못이 없는 한 그 처분이 위법하다고 할 수 없다(대판 2004. 5. 28. 2002두5016).
>
> ① 건축허가는 대물적 성질을 갖는 것이어서 행정청으로서는 그 허가를 할 때에 건축주 또는 토지 소유자가 누구인지 등 인적 요소에 관하여는 형식적 심사만 한다(대판 2010. 5. 13. 2010두2296).
>
> ② 시·도경찰청장의 횡단보도 설치행위는 물적 행정행위로서 일반처분에 해당한다.
>
> ③ 국유재산의 무단점유 등에 대한 변상금 징수의 요건은 국유재산법 제51조 제1항에 명백히 규정되어 있으므로 변상금을 징수할 것인가는 처분청의 재량을 허용하지 않는 기속행위이고, 여기에 재량권 일탈·남용의 문제는 생길 여지가 없다(대판 1998. 9. 22. 98두7602).

**7** 「공공기관의 정보공개에 관한 법률」상 정보공개에 대한 설명으로 옳지 않은 것은?(다툼이 있는 경우 판례에 의함)

① 정보공개 청구권자의 권리구제 가능성은 정보의 공개 여부 결정에 아무런 영향을 미치지 못한다.

② 학교환경위생구역 내 금지행위 해제결정에 관한 학교환경위생정화위원회의 회의록에 기재된 발언내용에 대한 해당 발언자의 인적사항 부분에 관한 정보는 비공개대상에 해당하지 아니한다.

③ 공공기관이 정보공개를 거부하는 경우에는 어느 부분이 어떠한 법익 또는 기본권과 충돌되어 비공개사유에 해당하는지를 주장·증명하여야 하고, 그에 이르지 아니한 채 개괄적인 사유만을 들어 공개를 거부하는 것은 허용되지 아니한다.

④ 공개를 구하는 정보를 공공기관이 한때 보유·관리하였으나 후에 그 정보가 담긴 문서등이 폐기되어 존재하지 않게 된 것이라면 그 정보를 더 이상 보유·관리하고 있지 아니하다는 점에 대한 증명책임은 공공기관에게 있다.

> **ADVICE** ② 학교환경위생구역 내 금지행위(숙박시설) 해제결정에 관한 학교환경위생정화위원회의 회의록에 기재된 발언내용에 대한 해당 발언자의 인적사항 부분에 관한 정보는 공공기관의 정보공개에 관한법률 제7조 제1항 제5호 소정의 비공개대상에 해당한다(대판 2003. 8. 22. 2002두12946).
> ① 공공기관의 정보공개에 관한 법률은 국민의 알권리를 보장하고 국정에 대한 국민의 참여와 국정 운영의 투명성을 확보함을 목적으로 하고(제1조), 공공기관이 보유·관리하는 정보는 국민의 알권리 보장 등을 위하여 적극적으로 공개하여야 한다는 정보공개의 원칙을 선언하고 있으며(제3조), 모든 국민은 정보의 공개를 청구할 권리를 가진다고 하면서(제5조 제1항) 비공개대상정보에 해당하지 않는 한 공공기관이 보유·관리하는 정보는 공개 대상이 된다고 규정하고 있을 뿐(제9조 제1항) 정보공개 청구권자가 공개를 청구하는 정보와 어떤 관련성을 가질 것을 요구하거나 정보공개청구의 목적에 특별한 제한을 두고 있지 아니하므로 정보공개 청구권자의 권리구제 가능성 등은 정보의 공개 여부 결정에 아무런 영향을 미치지 못한다(대판 2017. 9. 7. 2017두44558).
> ③ 구 공공기관의 정보공개에 관한 법률(이하 '정보공개법') 제13조 제4항은 공공기관이 정보를 비공개하는 결정을 한 때에는 비공개이유를 구체적으로 명시하여 청구인에게 그 사실을 통지하여야 한다고 규정하고 있다. 정보공개법 제1조, 제3조, 제6조는 국민의 알 권리를 보장하고 국정에 대한 국민의 참여와 국정운영의 투명성을 확보하기 위하여 공공기관이 보유·관리하는 정보를 모든 국민에게 원칙적으로 공개하도록 하고 있다. 그러므로 국민으로부터 보유·관리하는 정보에 대한 공개를 요구받은 공공기관으로서는, 정보공개법 제9조 제1항 각호에서 정하고 있는 비공개사유에 해당하지 않는 한 이를 공개하여야 한다. 이를 거부하는 경우라 할지라도, 대상이 된 정보의 내용을 구체적으로 확인·검토하여, 어느 부분이 어떠한 법익 또는 기본권과 충돌되어 정보공개법 제9조 제1항 몇 호에서 정하고 있는 비공개사유에 해당하는지를 주장·증명하여야만 하고, 그에 이르지 아니한 채 개괄적인 사유만을 들어 공개를 거부하는 것은 허용되지 아니한다(대판 2018. 4. 12. 2014두5477).
> ④ 정보공개제도는 공공기관이 보유·관리하는 정보를 그 상태대로 공개하는 제도로서 공개를 구하는 정보를 공공기관이 보유·관리하고 있을 상당한 개연성이 있다는 점에 대하여 원칙적으로 공개청구자에게 증명책임이 있다고 할 것이지만, 공개를 구하는 정보를 공공기관이 한 때 보유·관리하였으나 후에 그 정보가 담긴 문서등이 폐기되어 존재하지 않게 된 것이라면 그 정보를 더 이상 보유·관리하고 있지 아니하다는 점에 대한 증명책임은 공공기관에게 있다(대판 2004. 12. 9. 2003두12707).

**8** 행정처분의 위법성에 대한 설명으로 옳지 않은 것은?(다툼이 있는 경우 판례에 의함)

① 행정청이 행정처분을 하면서 상대방에게 불복절차에 관한 고지의무를 이행하지 않았다면 이는 절차적 하자로서 그 행정처분은 위법하게 된다.

② 행정처분이 나중에 항고소송에서 위법하다고 판단되어 취소되더라도 그러한 사실만으로 바로 행정처분이 공무원의 고의나 과실로 인한 불법행위를 구성한다고 할 수 없다.

③ 절차상의 하자를 이유로 행정처분을 취소하는 판결이 선고되어 확정된 경우, 그 확정판결의 기속력은 취소사유로 된 절차의 위법에 한하여 미치는 것이므로 행정청은 적법한 절차를 갖추어 동일한 내용의 처분을 다시 할 수 있다.

④ 권한 없는 행정청이 한 위법한 행정처분을 취소할 수 있는 권한은 그 행정처분을 한 처분청에게 속하는 것이고, 그 행정처분을 할 수 있는 적법한 권한을 가지는 행정청에게 그 취소권이 귀속되는 것은 아니다.

>ADVICE ① 행정절차법 제26조는 "행정청이 처분을 할 때에는 당사자에게 그 처분에 관하여 행정심판 및 행정소송을 제기할 수 있는지 여부, 그 밖에 불복을 할 수 있는지 여부, 청구절차 및 청구기간 그 밖에 필요한 사항을 알려야 한다."라고 규정하고 있다. 이러한 고지절차에 관한 규정은 행정처분의 상대방이 그 처분에 대한 행정심판의 절차를 밟는 데 편의를 제공하려는 것이어서 처분청이 위 규정에 따른 고지의무를 이행하지 아니하였다고 하더라도 경우에 따라 행정심판의 제기기간이 연장될 수 있음에 그칠 뿐, 그 때문에 심판의 대상이 되는 행정처분이 위법하다고 할 수는 없다(대판 2018. 2. 8. 2017두66633).

② 어떠한 행정처분이 뒤에 항고소송에서 취소되었다고 할지라도 그 자체만으로 그 행정처분이 곧바로 공무원의 고의 또는 과실로 인한 불법행위를 구성한다고 단정할 수는 없는바, 그 이유는 행정청이 관계 법령의 해석이 확립되기 전에 어느 한 설을 취하여 업무를 처리한 것이 결과적으로 위법하게 되어 그 법령의 부당집행이라는 결과를 빚었다고 하더라도 처분 당시 그와 같은 처리방법 이상의 것을 성실한 평균적 공무원에게 기대하기 어려웠던 경우라면 특별한 사정이 없는 한 이를 두고 공무원의 과실로 인한 것이라고는 볼 수 없기 때문이다(대판 2001. 3. 13. 2000다20731).

③ 과세처분을 취소하는 확정판결의 기판력(기속력)은 확정판결에 나온 위법사유에 대하여만 미치므로 과세처분권자가 확정판결에 나온 위법사유를 보완하여 한 새로운 과세처분은 확정판결에 의하여 취소된 종전의 과세처분과는 별개의 처분으로서 확정판결의 기판력(기속력)에 저촉되지 아니한다(대판 2002. 7. 23. 2000두6237).

④ 권한없는 행정기관이 한 당연무효인 행정처분을 취소할 수 있는 권한은 당해 행정처분을 한 처분청에게 속하고, 당해 행정처분을 할 수 있는 적법한 권한을 가지는 행정청에게 그 취소권이 귀속되는 것이 아니다(대판 1984. 10. 10. 84누463).

**9** 영업의 양도와 영업자지위승계에 대한 설명으로 옳지 않은 것은?(다툼이 있는 경우 판례에 의함)

① 「식품위생법」상 허가영업자의 지위승계신고수리처분을 하는 경우 「행정절차법」 규정 소정의 당사자에 해당하는 종전의 영업자에게 행정절차를 실시하여야 한다.

② 관할 행정청은 여객자동차운송사업의 양도·양수에 대한인가를 한 후에도 그 양도·양수 이전에 있었던 양도인에 대한 운송사업면허 취소사유를 들어 양수인의 사업면허를 취소할 수 있다.

③ 영업양도행위가 무효임에도 행정청이 승계신고를 수리하였다면 양도자는 민사쟁송이 아닌 행정소송으로 신고수리처분의 무효확인을 구할 수 있다.

④ 사실상 영업이 양도·양수되었지만 승계신고 및 수리처분이 있기 전에 양도인이 허락한 양수인의 영업 중 발생한 위반행위에 대한 행정적 책임은 양수인에게 귀속된다.

> **ADVICE** ④ <u>사실상 영업이 양도·양수되었지만 아직 승계신고 및 그 수리처분이 있기 이전에는 여전히 종전의 영업자인 양도인이 영업허가자이고, 양수인은 영업허가자가 되지 못한다 할 것이어서 행정제재처분의 사유가 있는지 여부 및 그 사유가 있다고 하여 행하는 행정제재처분은 영업허가자인 양도인을 기준으로 판단하여 그 양도인에 대하여 행하여야 할 것이고, 한편 양도인이 그의 의사에 따라 양수인에게 영업을 양도하면서 양수인으로 하여금 영업을 하도록 허락하였다면 그 양수인의 영업 중 발생한 위반행위에 대한 행정적인 책임은 영업허가자인 양도인에게 귀속된다고 보아야 할 것이다</u>(대판 1995. 2. 24. 94누9146).

① 행정청이 구 식품위생법 규정에 의하여 영업자지위승계신고를 수리하는 처분은 종전의 영업자의 권익을 제한하는 처분이라 할 것이고 따라서 종전의 영업자는 그 처분에 대하여 직접 그 상대가 되는 자에 해당한다고 봄이 상당하므로, <u>행정청으로서는 위 신고를 수리하는 처분을 함에 있어서 행정절차법 규정 소정의 당사자에 해당하는 종전의 영업자에 대하여 위 규정 소정의 행정절차를 실시하고 처분을 하여야 한다</u>(대판 2003. 2. 14. 2001두7015).

② 구 여객자동차 운수사업법 제14조 제4항에 의하면 개인택시운송사업을 양수한 사람은 양도인의 운송사업자로서의 지위를 승계하므로, <u>관할 관청은 개인택시 운송사업의 양도·양수에 대한 인가를 한 후에도 그 양도·양수 이전에 있었던 양도인에 대한 운송사업면허 취소사유를 들어 양수인의 사업면허를 취소할 수 있다</u>(대판 2010. 11. 11. 2009두14934).

③ 사업양도·양수에 따른 허가관청의 지위승계신고의 수리는 적법한 사업의 양도·양수가 있었음을 전제로 하는 것이므로 그 수리대상인 사업양도·양수가 존재하지 아니하거나 무효인 때에는 수리를 하였다 하더라도 그 수리는 유효한 대상이 없는 것으로서 당연히 무효라 할 것이고, <u>사업의 양도행위가 무효라고 주장하는 양도자는 민사쟁송으로 양도·양수행위의 무효를 구함이 없이 막바로 허가관청을 상대로 하여 행정소송으로 위 신고수리처분의 무효확인을 구할 법률상 이익이 있다</u>(대판 2005. 12. 23. 2005두3554).

**10** 여객자동차운송사업을 하는 甲은 관련법규 위반을 이유로 사업정지 처분에 갈음하는 과징금부과처분을 받았다. 이에 대한 설명으로 옳지 않은 것은?(다툼이 있는 경우 판례에 의함)

① 甲이 현실적인 위반행위자가 아닌 법령상 책임자인 경우에도 甲에게 과징금을 부과할 수 있다.

② 甲에게 고의 · 과실이 없는 경우에는 과징금을 부과할 수 없다.

③ 과징금부과처분에 대해 甲은 취소소송을 제기하여 다툴 수 있다.

④ 甲에게 부과된 과징금이 법이 정한 한도액을 초과하여 위법한 경우, 법원은 그 초과부분에 대하여 일부 취소할 수 없고 그 전부를 취소하여야 한다.

> **ADVICE** ②①행정법규 위반에 대한 제재처분은 행정목적의 달성을 위하여 행정법규 위반이라는 객관적 사실에 착안하여 가하는 제재이므로, 반드시 현실적인 행위자가 아니라도 법령상 책임자로 규정된 자에게 부과되고, 특별한 사정이 없는 한 위반자에게 고의나 과실이 없더라도 부과할 수 있다(대법원 2017. 5. 11. 선고 2014두8773).
> ③ 과징금부과처분은 침익적 행정행위로서 취소소송의 대상이 되는 처분에 해당한다.
> ④ 자동차운수사업면허조건 등을 위반한 사업자에 대하여 행정청이 행정제재수단으로 사업 정지를 명할 것인지, 과징금을 부과할 것인지, 과징금을 부과키로 한다면 그 금액은 얼마로 할 것인지에 관하여 재량권이 부여되었다 할 것이므로 과징금부과처분이 법이 정한 한도액을 초과하여 위법할 경우 법원으로서는 그 전부를 취소할 수밖에 없고, 그 한도액을 초과한 부분이나 법원이 적정하다고 인정되는 부분을 초과한 부분만을 취소할 수 없다(금 1,000,000원을 부과한 당해 처분 중 금 100,000원을 초과하는 부분은 재량권 일탈 · 남용으로 위법하다며 그 일부분만을 취소한 원심판결을 파기한 사례)(대판 1998. 4. 10. 98두2270).

**11** 국가배상제도에 대한 설명으로 옳은 것은?(다툼이 있는 경우 판례에 의함)

① 공무원에게 부과된 직무상 의무가 단순히 공공일반의 이익만을 위한 경우라면 그러한 직무상 의무 위반에 대해서는 국가배상책임이 인정되지 않는다.

② 국가의 비권력적 작용은 국가배상청구의 요건인 직무에 포함되지 않는다.

③ 경과실로 불법행위를 한 공무원이 피해자에게 손해를 배상하였다면 이는 타인의 채무를 변제한 경우에 해당하므로 피해자는 공무원에게 이를 반환할 의무가 있다.

④ 지방자치단체가 권원 없이 사실상 관리하고 있는 도로는 국가배상책임의 대상이 되는 영조물에 해당하지 않는다.

> **ADVICE** ① 공무원이 고의 또는 과실로 그에게 부과된 직무상 의무를 위반하였을 경우라고 하더라도 국가는 그러한 직무상의 의무 위반과 피해자가 입은 손해 사이에 상당인과관계가 인정되는 범위 내에서만 배상책임을 지는 것이고, 이 경우 상당인과관계가 인정되기 위하여는 공무원에게 부과된 직무상 의무의 내용이 단순히 공공 일반의 이익을 위한 것이거나 행정기관 내부의 질서를 규율하기 위한 것이 아니고 전적으로 또는 부수적으로 사회구성원 개인의 안전과 이익을 보호하기 위하여 설정된 것이어야 한다(대판 2010. 9. 9. 2008다77795).
>
> ② 국가배상법이 정한 손해배상청구의 요건인 '공무원의 직무'에는 국가나 지방자치단체의 권력적 작용뿐만 아니라 비권력적 작용도 포함되지만, 단순한 사경제의 주체로서 하는 작용은 포함되지 아니한다(대판 1999. 11. 26. 98다47245).
>
> ③ 공무원이 직무수행 중 불법행위로 타인에게 손해를 입힌 경우에 국가 등이 국가배상책임을 부담하는 외에 공무원 개인도 고의 또는 중과실이 있는 경우에는 불법행위로 인한 손해배상책임을 지고, 공무원에게 경과실이 있을 뿐인 경우에는 공무원 개인은 손해배상책임을 부담하지 아니한다. 이처럼 경과실이 있는 공무원이 피해자에 대하여 손해배상책임을 부담하지 아니함에도 피해자에게 손해를 배상하였다면 그것은 채무자 아닌 사람이 타인의 채무를 변제한 경우에 해당하고, 이는 민법 제469조의 '제3자의 변제' 또는 민법 제744조의 '도의관념에 적합한 비채변제'에 해당하여 피해자는 공무원에 대하여 이를 반환할 의무가 없고, 그에 따라 피해자의 국가에 대한 손해배상청구권이 소멸하여 국가는 자신의 출연 없이 채무를 면하게 되므로, 피해자에게 손해를 직접 배상한 경과실이 있는 공무원은 특별한 사정이 없는 한 국가에 대하여 국가의 피해자에 대한 손해배상책임의 범위 내에서 공무원이 변제한 금액에 관하여 구상권을 취득한다고 봄이 타당하다(대판 2014. 8. 20. 2012다54478).
>
> ④ 국가배상법 제5조 제1항 소정의 '공공의 영조물'이라 함은 국가 또는 지방자치단체에 의하여 특정 공공의 목적에 공여된 유체물 내지 물적 설비를 말하며, 국가 또는 지방자치단체가 소유권, 임차권 그 밖의 권한에 기하여 관리하고 있는 경우뿐만 아니라 사실상의 관리를 하고 있는 경우도 포함된다(대판 1998. 10. 23. 98다17381).

**12** 행정벌에 대한 설명으로 옳은 것은?(다툼이 있는 경우 판례에 의함)

① 양벌규정에 의한 영업주의 처벌은 금지위반행위자인 종업원의 처벌에 종속되는 것이므로 영업주만 따로 처벌할 수는 없다.

② 통고처분은 법정기간 내에 납부하지 않는 것을 해제조건으로 하는 행정처분이므로 행정소송의 대상이 된다.

③ 행정청의 과태료 부과에 대해 서면으로 이의가 제기된 경우 과태료 부과처분은 그 효력을 상실한다.

④ 법원이 하는 과태료재판에는 원칙적으로 행정소송에서와 같은 신뢰보호의 원칙이 적용된다.

 ③ 질서위반행위규제법 제20조 제1항, 제2항.

> 제20조(이의제기)
> ① 행정청의 과태료 부과에 불복하는 당사자는 제17조 제1항에 따른 과태료 부과 통지를 받은 날부터 60일 이내에 해당 행정청에 서면으로 이의제기를 할 수 있다.
> ② 제1항에 따른 이의제기가 있는 경우에는 행정청의 과태료 부과처분은 그 효력을 상실한다.

① 양벌규정에 의한 영업주의 처벌은 금지위반행위자인 종업원의 처벌에 종속하는 것이 아니라 독립하여 그 자신의 종업원에 대한 선임감독상의 과실로 인하여 처벌되는 것이므로 종업원의 범죄성립이나 처벌이 영업주 처벌의 전제조건이 될 필요는 없다(대판 1987. 11. 10. 87도1213).

② 도로교통법에서 규정하는 경찰서장의 통고처분은 행정소송의 대상이되는 행정처분이 아니므로 그 처분의 취소를 구하는 소송은 부적법하고, 도로교통법상의 통고처분을 받은 자가 그 처분에 대하여 이의가 있는 경우에는 통고처분에 따른 범칙금의 납부를 이행하지 아니함으로써 경찰서장의 즉결심판청구에 의하여 법원의 심판을 받을 수 있게 될 뿐이다(대판1995. 6. 29. 95누4674).

④ 법원이 비송사건절차법에 따라서 하는 과태료 재판은 관할 관청이 부과한 과태료처분에 대한 당부를 심판하는 행정소송절차가 아니라 법원이 직권으로 개시·결정하는 것이므로, 원칙적으로 과태료 재판에서는 행정소송에서와 같은 신뢰보호의 원칙 위반 여부가 문제로 되지 아니하고, 다만 위반자가 그 의무를 알지 못하는 것이 무리가 아니었다고 할 수 있어 그것을 정당시할 수 있는 사정이 있을 때 또는 그 의무의 이행을 그 당사자에게 기대하는 것이 무리라고 하는 사정이 있을 때 등 그 의무 해태를 탓할 수 없는 정당한 사유가 있는 때에는 이를 부과할 수 없다(대판 2006. 4. 28. 2003마715).

**13** 행정상 강제집행에 대한 설명으로 옳은 것만을 모두 고르면?(다툼이 있는 경우 판례에 의함)

> ㉠ 행정청은 퇴거를 명하는 집행권원이 없더라도 건물철거 대집행 과정에서 부수적으로 철거의무자인 건물의 점유자들에 대해 퇴거 조치를 할 수 있다.
>
> ㉡ 권원 없이 국유재산에 설치한 시설물에 대하여 관리청이 행정대집행을 통해 철거를 하지 않는 경우 그 국유재산에 대하여 사용청구권을 가진 자는 국가를 대위하여 민사소송으로 그 시설물의 철거를 구할 수 있다.
>
> ㉢ 공유 일반재산의 대부료 지급은 사법상 법률관계이므로 행정상 강제집행절차가 인정되더라도 따로 민사소송으로 대부료의 지급을 구하는 것이 허용된다.
>
> ㉣ 관계법령에 위반하여 장례식장 영업을 하고 있는 자에게 부과된 장례식장 사용중지의무는 공법상 의무로서 행정대집행의 대상이 된다.

① ㉠, ㉡      ② ㉠, ㉣

③ ㉡, ㉢      ④ ㉢, ㉣

> **ADVICE** ㉠ 관계 법령상 행정대집행의 절차가 인정되어 행정청이 행정대집행의 방법으로 건물의 철거 등 대체적 작위의무의 이행을 실현할 수 있는 경우에는 따로 민사소송의 방법으로 그 의무의 이행을 구할 수 없다. 한편 건물의 점유자가 철거의무자일 때에는 건물철거의무에 퇴거의무도 포함되어 있는 것이어서 별도로 퇴거를 명하는 집행권원이 필요하지 않다. 행정청이 행정대집행의 방법으로 건물철거의무의 이행을 실현할 수 있는 경우에는 건물철거 대집행 과정에서 부수적으로 건물의 점유자들에 대한 퇴거 조치를 할 수 있고, 점유자들이 적법한 행정대집행을 위력을 행사하여 방해하는 경우 형법상 공무집행방해죄가 성립하므로, 필요한 경우에는 '경찰관 직무집행법'에 근거한 위험발생 방지조치 또는 형법상 공무집행방해죄의 범행방지 내지 현행범체포의 차원에서 경찰의 도움을 받을 수도 있다.(대판 2017. 4. 28. 2016다213916).
>
> ㉡ 대판 2009. 6. 11. 2009다1122
>
> ㉢ 공유 일반재산의 대부료와 연체료를 납부기한까지 내지 아니한 경우에도 공유재산 및 물품 관리법 제97조 제2항에 의하여 지방세 체납처분의 예에 따라 이를 징수할 수 있다. 이와 같이 공유 일반재산의 대부료의 징수에 관하여도 지방세 체납처분의 예에 따른 간이하고 경제적인 특별한 구제절차가 마련되어 있으므로, 특별한 사정이 없는 한 민사소송으로 공유 일반재산의 대부료의 지급을 구하는 것은 허용되지 아니한다(대판 2017. 4. 13. 2013다207941).
>
> ㉣ 행정대집행법 제2조는 '행정청의 명령에 의한 행위로서 타인이 대신하여 행할 수 있는 행위를 의무자가 이행하지 아니하는 경우'에 대집행할 수 있도록 규정하고 있는데, 이 사건 용도위반 부분을 장례식장으로 사용하는 것이 관계 법령에 위반한 것이라는 이유로 장례식장의 사용을 중지할 것과 이를 불이행할 경우 행정대집행법에 의하여 대집행하겠다는 내용의 이 사건 처분은, 이 사건 처분에 따른 '장례식장 사용중지 의무'가 원고 이외의 '타인이 대신'할 수도 없고, 타인이 대신하여 '행할 수 있는 행위'라고도 할 수 없는 비대체적 부작위 의무에 대한 것이므로, 그 자체로 위법함이 명백하다고 할 것인데도, 원심은 그 판시와 같은 이유를 들어 이 사건 처분이 적법하다고 판단하고 말았으니, 거기에는 대집행계고처분의 요건에 관한 법리를 오해한 위법이 있다고 할 것이다(대판 2005. 9. 28. 2005두7464).

**14** 선결문제에 대한 판례의 입장으로 옳지 않은 것은?

① 조세부과처분이 무효임을 이유로 이미 납부한 세금의 반환을 청구하는 민사소송에서 법원은 그 조세부과처분이 무효라는 판단과 함께 세금을 반환하라는 판결을 할 수 있다.

② 영업허가취소처분으로 손해를 입은 자가 제기한 국가배상청구소송에서 법원은 영업허가취소처분에 취소사유에 해당하는 하자가 있는 경우에는 영업허가취소처분의 위법을 이유로 배상청구를 인용할 수 없다.

③ 물품을 수입하고자 하는 자가 세관장에게 수입신고를 하여 그 면허를 받고 물품을 통관한 경우에는, 세관장의 수입면허가 중대하고도 명백한 하자가 있는 행정행위이어서 당연무효가 아닌 한 「관세법」 소정의 무면허수입죄가 성립될 수 없다.

④ 영업허가취소처분 이후에 영업을 한 행위에 대하여 무허가영업으로 기소되었으나 형사법원이 판결을 내리기 전에 영업허가취소처분이 행정소송에서 취소되면 형사법원은 무허가영업행위에 대해서 무죄를 선고하여야 한다.

> **ADVICE** ② 영업허가취소처분에 취소사유에 해당하는 하자가 있는 경우 처분에 대한 취소판결이 없이도 손해배상청구를 인용할 수 있다.
>
> [관련판례] 위법한 행정대집행이 완료되면 그 처분의 무효확인 또는 취소를 구할 소의 이익은 없다 하더라도, <u>미리 그 행정처분의 취소판결이 있어야만 그 행정처분의 위법임을 이유로 한 손해배상 청구를 할 수 있는 것은 아니다.</u>(72다337)
>
> ① 행정행위의 효력유무가 선결문제인 경우 행정행위가 무효 또는 부존재인 때에는 민사법원이 직접 행정행위의 무효 또는 부존재를 판단 할 수 있다.
>
> ③ 대판 1989. 3. 28. 89도149
>
> ④ <u>영업의 금지를 명한 영업허가취소처분 자체가 나중에 행정쟁송절차에 의하여 취소되었다면 그 영업허가취소처분은 그 처분시에 소급하여 효력을 잃게 되며</u>, 그 영업허가취소처분에 복종할 의무가 원래부터 없었음이 확정되었다고 봄이 타당하고, 영업허가취소처분이 장래에 향하여서만 효력을 잃게 된다고 볼 것은 아니므로 그 <u>영업허가취소처분 이후의 영업행위를 무허가영업이라고 볼 수는 없다</u>(대판 1993. 6.25. 93도277).

**15** 공법상 계약에 대한 설명으로 옳은 것은?(다툼이 있는 경우 판례에 의함)

① 지방자치단체가 일방 당사자가 되는 이른바 '공공계약'이 사법상 계약에 해당하는 경우에도 법령에 특별한 규정이 없다면 사적자치와 계약자유의 원칙 등 사법의 원리가 그대로 적용되지 않는다.

② 국립의료원 부설 주차장 위탁관리용역운영계약은 공법상 계약에 해당한다.

③ 공법상 계약이더라도 한쪽 당사자가 다른 당사자를 상대로 계약의 이행을 청구하는 소송은 민사소송으로 제기하여야 한다.

④ 지방자치단체가 A주식회사를 자원회수시설과 부대시설의 운영·유지관리 등을 위탁할 민간사업자로 선정하고 A주식회사와 체결한 위 시설에 관한 위·수탁 운영 협약은 사법상 계약에 해당한다.

> **ADVICE** ④①지방자치법 제104조 제3항은 지방자치단체의 장은 조례나 규칙으로 정하는 바에 따라 그 권한에 속하는 사무 중 조사·검사·검정·관리업무 등 주민의 권리·의무와 직접 관련되지 아니하는 사무를 법인·단체 또는 그 기관이나 개인에게 위탁할 수 있다고 규정하고 있다. 그리고 지방자치단체가 일방 당사자가 되는 이른바 '공공계약이 사경제의 주체로서 상대방과 대등한 위치에서 체결하는 사법상 계약에 해당하는 경우 그에 관한 법령에 특별한 정함이 있는 경우를 제외하고는 사적 자치와 계약자유의 원칙 등 사법의 원리가 그대로 적용된다(대판 2017. 1. 25. 2015다205796).
>
> ② 국유재산 등의 관리청이 하는 행정재산의 사용·수익에 대한 허가는 순전히 사경제주체로서 행하는 사법상의 행위가 아니라 관리청이 공권력을 가진 우월적 지위에서 행하는 행정처분으로서 특정인에게 행정재산을 사용할 수 있는 권리를 설정하여 주는 강학상 특허에 해당한다. 국립의료원 부설 주차장에 관한 위탁관리용역운영계약의 실질은 행정재산에 대한 국유재산법 제24조 제1항의 사용·수익 허가이다(대판 2006. 3. 9. 2004다31074).
>
> ③ 서울특별시립무용단원의 공연 등 활동은 지방문화 및 예술을 진흥시키고자 하는 서울특별시의 공공적 업무수행의 일환으로 이루어진다고 해석될 뿐 아니라, 단원으로 위촉되기 위하여는 일정한 능력요건과 자격요건을 요하고, 계속적인 재위촉이 사실상 보장되며, 공무원연금법에 따른 연금을 지급받고, 단원의 복무규율이 정해져 있으며, 정년제가 인정되고, 일정한 해촉사유가 있는 경우에만 해촉되는 등 서울특별시립무용단원이 가지는 지위가 공무원과 유사한 것이라면, 서울특별시립무용단 단원의 위촉은 공법상의 계약이라고 할 것이고, 따라서 그 단원의 해촉에 대하여는 공법상의 당사자소송으로 그 무효확인을 청구할 수 있다(대판 1995.12.22. 95누4636).

**16** 취소소송의 판결에 대한 설명으로 옳은 것은?(다툼이 있는 경우 판례에 의함)

① 원고의 청구가 이유있다고 인정하는 경우에도 이를 인용하는 것이 현저히 공공복리에 적합하지 않다고 판단되면 법원은 피고 행정청의 주장이나 신청이 없더라도 사정판결을 할 수 있다.

② 영업정지처분에 대한 취소소송에서 취소판결이 확정되면 처분청은 영업정지처분의 효력을 소멸시키기 위하여 영업정지처분을 취소하는 처분을 하여야 할 의무를 진다.

③ 공사중지명령의 상대방이 제기한 공사중지명령취소소송에서 기각판결이 확정된 경우 특별한 사정변경이 없더라도 그 후 상대방이 제기한 공사중지명령해제신청 거부처분취소소송에서는 그 공사중지명령의 적법성을 다시 다툴 수 있다.

④ 행정청은 취소판결에서 위법하다고 판단된 처분사유와 기본적 사실관계의 동일성이 없는 사유이더라도 처분시에 존재한 사유를 들어 종전의 처분과 같은 처분을 다시 할 수 없다.

ADVICE ③ 행정소송법 제28조

> 제28조(사정판결)
> ① 원고의 청구가 이유있다고 인정하는 경우에도 처분등을 취소하는 것이 현저히 공공복리에 적합하지 아니하다고 인정하는 때에는 법원은 원고의 청구를 기각할 수 있다. 이 경우 법원은 그 판결의 주문에서 그 처분등이 위법함을 명시하여야 한다.
> ② 법원이 제1항의 규정에 의한 판결을 함에 있어서는 미리 원고가 그로 인하여 입게 될 손해의 정도와 배상방법 그 밖의 사정을 조사하여야 한다.
> ③ 원고는 피고인 행정청이 속하는 국가 또는 공공단체를 상대로 손해배상, 제해시설의 설치 그 밖에 적당한 구제방법의 청구를 당해 취소소송등이 계속된 법원에 병합하여 제기할 수 있다.

② 취소소송에서 취소판결이 확정되면 처분청의 별도의 행위 없이도 처분의 효력이 소급하여 소멸한다(형성력).

③ 행정청이 관련 법령에 근거하여 행한 공사중지명령의 상대방이 명령의 취소를 구한 소송에서 패소함으로써 그 명령이 적법한 것으로 이미 확정되었다면, 이후 이러한 공사중지명령의 상대방은 그 명령의 해제신청을 거부한 처분의 취소를 구하는 소송에서 그 명령의 적법성을 다툴 수 없다. 그와 같은 공사중지명령에 대하여 그 명령의 상대방이 해제를 구하기 위해서는 명령의 내용 자체로 또는 성질상으로 명령 이후에 원인사유가 해소되었음이 인정되어야 한다(대판 2014. 11. 27. 2014두37665).

④ 취소 확정판결의 기속력은 판결의 주문 및 전제가 되는 처분 등의 구체적 위법사유에 관한 판단에도 미치나, 종전 처분이 판결에 의하여 취소되었더라도 종전 처분과 다른 사유를 들어서 새로이 처분을 하는 것은 기속력에 저촉되지 않는다. 여기에서 동일 사유인지 다른 사유인지는 확정판결에서 위법한 것으로 판단된 종전 처분사유와 기본적 사실관계에서 동일성이 인정되는지 여부에 따라 판단되어야 하고, 기본적 사실관계의 동일성 유무는 처분사유를 법률적으로 평가하기 이전의 구체적인 사실에 착안하여 그 기초인 사회적 사실관계가 기본적인 점에서 동일한지에 따라 결정된다(대판 2016. 3. 24. 2015두48235).

**17** 다음 각 사례에 대한 설명으로 옳은 것은?(다툼이 있는 경우 판례에 의함)

> • A 시장으로부터 3월의 영업정지처분을 받은 숙박업자 甲은 이에 불복하여 행정쟁송을 제기하고자 한다.
> • B 시장으로부터 건축허가거부처분을 받은 乙은 이에 불복하여 행정쟁송을 제기하고자 한다.

① 甲이 취소소송을 제기하면서 집행정지신청을 한 경우 법원이 집행정지결정을 하는 데 있어 甲의 본안청구의 적법 여부는 집행정지의 요건에 포함되지 않는다.

② 甲이 2022. 1. 5. 영업정지처분을 통지받았고, 행정심판을 제기하여 2022. 3. 29. 1월의 영업정지처분으로 변경하는 재결이 있었고 그 재결서 정본을 2022. 4. 2. 송달받은 경우 취소소송의 기산점은 2022. 1. 5.이다.

③ 乙이 의무이행심판을 제기하여 처분명령재결이 있었음에도 B시장이 허가를 하지 않는 경우 행정심판위원회는 직권으로 시정을 명하고 이를 이행하지 아니하면 직접 건축허가처분을 할 수 있다.

④ 乙이 건축허가거부처분에 대해 제기한 취소소송에서 인용판결이 확정되었으나 B시장이 기속력에 위반하여 다시 거부처분을 한 경우 乙은 간접강제신청을 할 수 있다.

**>ADVICE** ④ 거부처분에 대한 취소의 확정판결이 있음에도 행정청이 아무런 재처분을 하지 아니하거나, <u>재처분을 하였다 하더라도 그것이 종전 거부처분에 대한 취소의 확정판결의 기속력에 반하는 등으로 당연무효라면</u> 이는 아무런 재처분을 하지 아니한 때와 마찬가지라 할 것이므로 이러한 경우에는 행정소송법 제30조 제2항, 제34조 제1항 등에 의한 <u>간접강제신청에 필요한 요건을 갖춘 것으로 보아야 한다</u>(대판 2002. 12. 11. 2002무22).

> **행정소송법 제30조(취소판결등의 기속력)**
> ② <u>판결에 의하여 취소되는 처분이 당사자의 신청을 거부하는 것을 내용으로 하는 경우에는 그 처분을 행한 행정청은 판결</u>의 취지에 따라 다시 이전의 신청에 대한 처분을 하여야 한다.
> **제34조(거부처분취소판결의 간접강제)**
> ① 행정청이 제30조제2항의 규정에 의한 처분을 하지 아니하는 때에는 제1심수소법원은 당사자의 신청에 의하여 결정으로써 상당한 기간을 정하고 행정청이 그 기간내에 이행하지 아니하는 때에는 그 지연기간에 따라 일정한 배상을 할 것을 명하거나 즉시 손해배상을 할 것을 명할 수 있다.

① 행정처분의 효력정지나 집행정지를 구하는 신청사건에서 행정처분 자체의 적법 여부는 원칙적으로 판단의 대상이 아니고, 그 행정처분의 효력이나 집행을 정지할 것인가에 관한 행정소송법 제23조 제2항 소정의 요건의 존부만이 판단의 대상이 된다. 다만, 집행정지는 행정처분의 집행부정지원칙의 예외로서 인정되는 것이고, 또 본안에서 원고가 승소할 수 있는 가능성을 전제로 한 권리보호수단이라는 점에 비추어 보면, <u>집행정지사건 자체에 의하여도 신청인의 본안청구가 적법한 것이어야 한다는 것을 집행정지의 요건에 포함시킴이 상당하다</u>(대판 2013. 1. 31. 2011아73).

② 행정심판청구가 있은 때의 취소소송의 기산점은 재결서의 정본을 송달받은 날부터 기산한다.

③ 행정심판법 제50조 제1항

> **제50조(위원회의 직접 처분)**
> ① 위원회는 피청구인이 제49조제3항에도 불구하고 처분을 하지 아니하는 경우에는 <u>당사자가 신청하면 기간을 정하여 서면으로 시정을 명하고 그 기간에 이행하지 아니하면 직접 처분을 할 수 있다</u>. 다만, 그 처분의 성질이나 그 밖의 불가피한 사유로 위원회가 직접 처분을 할 수 없는 경우에는 그러하지 아니하다.
> **제49조(재결의 기속력 등)**
> ③ <u>당사자의 신청을 거부하거나 부작위로 방치한 처분의 이행을 명하는 재결이 있으면</u> 행정청은 지체 없이 이전의 신청에 대하여 재결의 취지에 따라 처분을 하여야 한다.

**18** A행정청이 甲에게 한 처분에 대하여 甲은 B행정심판위원회에 행정심판을 청구하였다. 이에 대한 설명으로 옳은 것은?(다툼이 있는 경우 판례에 의함)

① B행정심판위원회의 기각재결이 있은 후에는 A행정청은 원처분을 직권으로 취소할 수 없다.

② 甲이 취소심판을 제기한 경우, B행정심판위원회는 심판청구가 이유가 있다고 인정하면 처분변경명령재결을 할 수 있다.

③ 甲이 무효확인심판을 제기한 경우, B행정심판위원회는 심판청구가 이유있다고 인정하면서도 이를 인용하는 것이 공공복리에 크게 위배된다고 인정하면 甲의 심판청구를 기각할 수 있다.

④ B행정심판위원회의 재결에 고유한 위법이 있는 경우에는 甲은 다시 행정심판을 청구할 수 있다.

> **ADVICE** ② 위원회는 취소심판의 청구가 이유가 있다고 인정하면 처분을 <u>취소</u> 또는 <u>다른 처분으로 변경</u>하거나 처분을 <u>다른 처분으로 변경할 것을 피청구인에게 명한다</u>(행정심판법 제43조 제3항).

　① 행정청은 위원회의 기각재결에도 불구하고 원처분을 직권으로 취소할 수 있다.

　③ 행정심판법 제44조 제3항.

> 제44조(사정재결)
> ① 위원회는 심판청구가 이유가 있다고 인정하는 경우에도 이를 인용(認容)하는 것이 공공복리에 크게 위배된다고 인정하면 그 심판청구를 기각하는 재결을 할 수 있다. 이 경우 위원회는 재결의 주문(主文)에서 그 처분 또는 부작위가 위법하거나 부당하다는 것을 구체적으로 밝혀야 한다.
> ② 위원회는 제1항에 따른 재결을 할 때에는 청구인에 대하여 상당한 구제방법을 취하거나 상당한 구제방법을 취할 것을 피청구인에게 명할 수 있다.
> ③ <u>제1항과 제2항은 무효등확인심판에는 적용하지 아니한다.</u>

　④ 위원회의 재결에 고유한 위법이 있는 경우 재결을 대상으로 취소소송을 제기해야 한다(행정소송법 제19조).

> 제19조(취소소송의 대상)
> 취소소송은 처분등을 대상으로 한다. 다만, 재결취소소송의 경우에는 재결 자체에 고유한 위법이 있음을 이유로 하는 경우에 한한다.

**19** 다음 사례에 대한 설명으로 옳은 것은?(다툼이 있는 경우 판례에 의함)

「도시 및 주거환경정비법」에 따라 설립된 A주택재건축정비사업조합은 관할 B구청장으로부터 ㉠ 조합설립인가를 받은 후, 조합총회에서 재건축 관련 ㉡ 관리처분계획에 대한 의결을 하였고, 관할 B구청장으로부터 위 ㉢ 관리처분계획에 대한 인가를 받았다. 이후 조합원 甲은 위 관리처분계획의 의결에는 조합원 전체의 4/5 이상의 결의가 있어야 함에도 불구하고, 이를 위반하여 위법한 것임을 이유로 ㉣ 관리처분계획의 무효를 주장하며 소송으로 다투려고 한다.

① ㉠과 ㉢의 인가의 강학상 법적 성격은 동일하다.
② 甲이 ㉡에 대해 소송으로 다투려면 A주택재건축정비사업조합을 상대로 민사소송을 제기하여야 한다.
③ 甲이 ㉣에 대해 소송으로 다투려면 항고소송을 제기하여야 한다.
④ 甲이 ㉣에 대해 소송으로 다투려면 B구청장을 피고로 하여야 한다.

>**ADVICE** ③ 구 도시 및 주거환경정비법에 따른 주택재건축정비사업조합은 관할 행정청의 감독 아래 위 법상 주택재건축사업을 시행하는 공법인으로서, 그 목적 범위 내에서 법령이 정하는 바에 따라 일정한 행정작용을 행하는 행정주체의 지위를 가진다 할 것인데, 재건축정비사업조합이 이러한 행정주체의 지위에서 위 법에 기초하여 수립한 사업시행계획은 인가·고시를 통해 확정되면 이해관계인에 대한 구속적 행정계획으로서 독립된 행정처분에 해당하고, 이와 같은 사업시행계획안에 대한 조합 총회결의는 그 행정처분에 이르는 절차적 요건 중 하나에 불과한 것으로서, 그 계획이 확정된 후에는 항고소송의 방법으로 계획의 취소 또는 무효확인을 구할 수 있을 뿐, 절차적 요건에 불과한 총회결의 부분만을 대상으로 그 효력 유무를 다투는 확인의 소를 제기하는 것은 허용되지 아니하고, 한편 이러한 항고소송의 대상이 되는 행정처분의 효력이나 집행 혹은 절차속행 등의 정지를 구하는 신청은 행정소송법상 집행정지신청의 방법으로서만 가능할 뿐 민사소송법상 가처분의 방법으로는 허용될 수 없다(대판 2009.11. 2. 2009마596).
① 조합설립인가는 강학상 특허, 관리처분계획에 대한인가는 강학상 인가에 해당한다.
② 관리처분계획안에 대한 의결에 대해서 다투고자 하는 경우에는 당사자소송, 관리처분계획이 인가되어 확정된 경우에는 항고소송을 제기해야 한다.
[관련판례]
도시 및 주거환경정비법상 행정주체인 주택재건축정비사업조합을 상대로 관리처분계획안에 대한 조합 총회결의의 효력 등을 다투는 소송은 행정처분에 이르는 절차적 요건의 존부나 효력 유무에 관한 소송으로서 그 소송결과에 따라 행정처분의 위법 여부에 직접 영향을 미치는 공법상 법률관계에 관한 것이므로, 이는 행정소송법상의 당사자소송에 해당한다(대판 2009.9.17.2007다2428(전합)
④ 관리처분계획의 무효확인소송은 행정주체인 A 주택재건축정비사업조합을 피고로 하여야 한다.

**20** 행정쟁송에 대한 설명으로 옳은 것은?(다툼이 있는 경우 판례에 의함)

① 행정심판의 재결에도 판결에서와 같은 기판력이 인정되는 것이어서 재결이 확정되면 처분의 기초가 된 사실관계나 법률적 판단이 확정되는 것이므로 당사자는 이와 모순되는 주장을 할 수 없게 된다.

② 무효인 처분에 대해 무효선언을 구하는 취소소송을 제기하는 경우에는 제소기간의 제한이 없다.

③ 거부행위가 항고소송의 대상인 처분이 되기 위해서는 그 거부행위가 신청인의 실체상의 권리관계에 직접적인 변동을 일으키는 것이어야 하며, 신청인이 실체상의 권리자로서 권리를 행사함에 중대한 지장을 초래하는 것만으로는 부족하다.

④ 처분시에 행정청으로부터 행정심판 제기기간에 관하여 법정 심판청구기간보다 긴 기간으로 잘못 통지받은 경우에 보호할 신뢰 이익은 그 통지받은 기간 내에 행정소송을 제기한 경우에까지 확대되지 않는다.

> **ADVICE** ④ 행정청이 법정 심판청구기간보다 긴 기간으로 잘못 알린 경우에 그 잘못 알린 기간 내에 심판청구가 있으면 그 심판청구는 법정 심판청구기간 내에 제기된 것으로 본다는 취지의 <u>행정심판법 제18조 제5항의 규정은 행정심판 제기에 관하여 적용되는 규정이지, 행정소송 제기에도 당연히 적용되는 규정이라고 할 수는 없다</u>(대판 2001. 5. 8. 2000두6916).
>
> ① 행정심판의 재결은 피청구인인 행정청을 기속하는 효력을 가지므로 재결청이 취소심판의 청구가 이유 있다고 인정하여 처분청에게 처분을 취소할 것을 명하면 처분청으로서는 그 재결의 취지에 따라 당해 처분을 취소하여야 하는 것이지만, 나아가 <u>그 재결에 판결에서와 같은 기판력이 인정되는 것은 아니어서 재결이 확정된 경우에도 그 처분의 기초가 된 사실관계나 법률적 판단이 확정되고 당사자들이나 법원이 이에 기속되어 모순되는 주장이나 판단을 할 수 없게 되는 것은 아니다</u>(대판 1993. 4. 13. 92누17181).
>
> ② 행정처분의 당연무효를 선언하는 의미에서 그 취소를 청구하는 행정소송을 제기하는 경우에도 소원의 전치와 제소기간의 준수등 <u>취소소송의 제소요건을 갖추어야</u> 한다(대판 1984. 5.29. 84누175).
>
> ③ 국민의 적극적 행위 신청에 대하여 행정청이 그 신청에 따른 행위를 하지 않겠다고 거부한 행위가 항고소송의 대상이 되는 행정처분에 해당하는 것이라고 하려면, <u>그 신청한 행위가 공권력의 행사 또는 이에 준하는 행정작용이어야 하고, 그 거부행위가 신청인의 법률관계에 어떤 변동을 일으키는 것이어야 하며,</u> 그 국민에게 <u>그 행위발동을 요구할 법규상 또는 조리상의 신청권이 있어야 하는바,</u> 여기에서 '신청인의 법률관계에 어떤 변동을 일으키는 것'이라는 의미는 신청인의 실체상의 권리관계에 직접적인 변동을 일으키는 것은 물론, 그렇지 않다 하더라도 <u>신청인이 실체상의 권리자로서 권리를 행사함에 중대한 지장을 초래하는</u> 것도 포함한다(대판 2007. 10. 11. 2007두1316).

**1** 행정절차법령상 처분의 신청에 대한 설명으로 옳지 않은 것은?

① 행정청은 신청인의 편의를 위하여 다른 행정청에 신청을 접수하게 할 수 있다.

② 행정청은 신청에 구비서류의 미비 등 흠이 있는 경우 접수를 거부하여야 한다.

③ 행정청은 처리기간이 "즉시"로 되어 있는 신청의 경우에는 접수증을 주지 아니할 수 있다.

④ 행정청은 다수의 행정청이 관여하는 처분을 구하는 신청을 접수한 경우에는 관계 행정청과의 신속한 협조를 통하여 그 처분이 지연되지 아니하도록 하여야 한다.

> **ADVICE** ② 행정청은 신청에 구비서류의 미비 등 흠이 있는 경우에는 <u>보완에 필요한 상당한 기간을 정하여 지체 없이 신청인에게 보완을 요구하여야</u> 한다(행정절차법 제17조 제5항).
> ① 행정절차법 제17조 제7항
> ③ 행정절차법 제17조 제4항 단서, 행정절차법 시행령 제9조
> ④ 행정절차법 제18조

**2** 행정행위의 취소와 철회에 대한 설명으로 옳지 않은 것은?

① 「행정기본법」은 직권취소나 철회의 일반적 근거규정을 두고 있고, 직권취소나 철회는 개별법률의 근거가 없어도 가능하다.

② 행정행위의 철회 사유는 행정행위가 성립되기 이전에 발생한 것으로서 행정행위의 효력을 존속시킬 수 없는 사유를 말한다.

③ 수익적 처분이 상대방의 허위 기타 부정한 방법으로 인하여 행하여졌다면 상대방은 그 처분이 그와 같은 사유로 인하여 취소될 것임을 예상할 수 있으므로, 이러한 경우까지 상대방의 신뢰를 보호하여야 하는 것은 아니다.

④ 수익적 행정처분을 직권취소할 때에는 이를 취소하여야 할 중대한 공익상 필요와 취소로 인하여 처분상대방이 입게 될 기득권과 법적 안정성에 대한 침해 정도 등 불이익을 비교·교량한 후 공익상 필요가 처분상대방이 입을 불이익을 정당화할 만큼 강한 경우에 한하여 취소할 수 있다.

> **ADVICE** ② 철회는 사후적으로 발생한 사유로 인해 행정행위의 효력을 장래를 향하여 소멸시키는 의사표시를 말한다.
> ①④행정기본법 제15조, 제18조 제1항

> 제15조(처분의 효력)
> 처분은 권한이 있는 기관이 취소 또는 철회하거나 기간의 경과 등으로 소멸되기 전까지는 유효한 것으로 통용된다. 다만, 무
> 효인 처분은 처음부터 그 효력이 발생하지 아니한다.
> 제18조(위법 또는 부당한 처분의 취소)
> ① 행정청은 위법 또는 부당한 처분의 전부나 일부를 소급하여 취소할 수 있다. 다만, 당사자의 신뢰를 보호할 가치가 있는
>   등 정당한 사유가 있는 경우에는 장래를 향하여 취소할 수 있다.

행정행위를 한 처분청은 그 행위에 하자가 있는 경우에는 별도의 법적 근거가 없더라도 스스로 이를 취소할 수 있고, 다만 수익적 행정처분을 취소할 때에는 이를 취소하여야 할 공익상의 필요와 그 취소로 인하여 당사자가 입게 될 기득권과 신뢰보호 및 법률생활 안정의 침해 등 불이익을 비교·교량한 후 공익상의 필요가 당사자가 입을 불이익을 정당화할 만큼 강한 경우에 한하여 취소할 수 있으며, 나아가 수익적 행정처분의 하자가 당사자의 사실은폐나 기타 사위의 방법에 의한 신청행위에 기인한 것이라면 당사자는 처분에 의한 이익이 위법하게 취득되었음을 알아 취소가능성도 예상하고 있었다 할 것이므로, 그 자신이 처분에 관한 신뢰이익을 원용할 수 없음은 물론 행정청이 이를 고려하지 아니하였다고 하여도 재량권의 남용이 되지 않는다(대판 2006. 5. 25. 2003두4669).

③ 수익적 처분이 있으면 상대방은 그것을 기초로 하여 새로운 법률관계 등을 형성하게 되는 것이므로, 이러한 상대방의 신뢰를 보호하기 위하여 수익적 처분의 취소에는 일정한 제한이 따르는 것이나, 수익적 처분이 상대방의 허위 기타 부정한 방법으로 인하여 행하여졌다면 상대방은 그 처분이 그와 같은 사유로 인하여 취소될 것임을 예상할 수 없었다고 할 수 없으므로, 이러한 경우에까지 상대방의 신뢰를 보호하여야 하는 것은 아니라고 할 것이다(대판 1995. 1. 20. 94누6529).

**3** 「행정기본법」상 제재처분의 제척기간인 5년이 지나면 제재처분을 할 수 없는 경우는?

① 제재처분을 하지 아니하면 국민의 안전·생명 또는 환경을 심각하게 해치거나 해칠 우려가 있는 경우
② 거짓이나 그 밖의 부정한 방법으로 인허가를 받거나 신고를 한 경우
③ 정당한 사유 없이 행정청의 조사·출입·검사를 기피·방해·거부하여 제척기간이 지난 경우
④ 당사자가 인허가나 신고의 위법성을 경과실로 알지 못한 경우

> **ADVICE** 행정기본법 제23조 제1항, 제2항
>
> 제23조(제재처분의 제척기간)
> ① 행정청은 법령등의 위반행위가 종료된 날부터 5년이 지나면 해당 위반행위에 대하여 제재처분(인허가의 정지·취소·철회,
>   등록 말소, 영업소 폐쇄와 정지를 갈음하는 과징금 부과를 말한다)을 할 수 없다.
> ② 다음 각 호의 어느 하나에 해당하는 경우에는 제1항을 적용하지 아니한다.
>   1. 거짓이나 그 밖의 부정한 방법으로 인허가를 받거나 신고를 한 경우
>   2. 당사자가 인허가나 신고의 위법성을 알고 있었거나 중대한 과실로 알지 못한 경우
>   3. 정당한 사유 없이 행정청의 조사·출입·검사를 기피·방해·거부하여 제척기간이 지난 경우
>   4. 제재처분을 하지 아니하면 국민의 안전·생명 또는 환경을 심각하게 해치거나 해칠 우려가 있는 경우

✎ **ANSWER** 1.② 2.② 3.④

**4** 행정행위의 부관에 대한 설명으로 옳지 않은 것은?

① 수익적 행정처분에 있어서는 법령에 특별한 근거규정이 있는 경우에만 그 부관으로서 부담을 붙일 수 있다.

② 기선선망어업의 허가를 하면서 운반선, 등선 등 부속선을 사용할 수 없도록 제한한 부관은 그 어업허가의 목적달성을 사실상 어렵게 하여 그 본질적 효력을 해하는 것이므로 위법한 것이다.

③ 부관은 면허 발급 당시에 붙이는 것뿐만 아니라 면허 발급 이후에 붙이는 것도 법률에 명문의 규정이 있거나 변경이 미리 유보되어 있는 경우 또는 상대방의 동의가 있는 경우 등에는 특별한 사정이 없는 한 허용된다.

④ 토지소유자가 토지형질변경행위허가에 붙은 기부채납의 부관에 따라 토지를 국가나 지방자치단체에 기부채납한 경우, 기부채납의 부관이 당연무효이거나 취소되지 아니한 이상 토지소유자는 위 부관으로 인하여 기부채납계약의 중요부분에 착오가 있음을 이유로 기부채납계약을 취소할 수 없다.

> ADVICE  ① 행정기본법 제17조 제1항, 제2항

> 제17조(부관)
> ① 행정청은 처분에 재량이 있는 경우에는 부관(조건, 기한, 부담, 철회권의 유보 등을 말한다)을 붙일 수 있다.
> ② 행정청은 처분에 재량이 없는 경우에는 법률에 근거가 있는 경우에 부관을 붙일 수 있다.

② 수산업법 제15조에 의하여 어업의 면허 또는 허가에 붙이는 부관은 그 성질상 허가된 어업의 본질적 효력을 해하지 않는 한도의 것이어야 하고 허가된 어업의 내용 또는 효력 등에 대하여는 행정청이 임의로 제한 또는 조건을 붙일 수 없다고 보아야 할 것이며 수산업법시행령 제14조의4 제3항의 규정내용은 <u>기선선망어업에는 그 어선규모의 대소를 가리지 않고 등선과 운반선을 갖출 수 있고, 또 갖추어야 하는 것이라고 해석되므로 기선선망어업의 허가를 하면서 운반선, 등선 등 부속선을 사용할 수 없도록 제한한 부관은 그 어업허가의 목적달성을 사실상 어렵게 하여 그 본질적 효력을 해하는 것일 뿐만 아니라 위 시행령의 규정에도 어긋나는 것이며</u>, 더욱이 어업조정이나 기타 공익상 필요하다고 인정되는 사정이 없는 이상 위법한 것이다(대판 1990. 4. 27. 89누6808).

③ <u>부관은 면허 발급 당시에 붙이는 것뿐만 아니라 면허 발급 이후에 붙이는 것도 법률에 명문의 규정이 있거나 변경이 미리 유보되어 있는 경우 또는 상대방의 동의가 있는 경우 등에는 특별한 사정이 없는 한 허용된다.</u> 따라서 관할 행정청은 면허 발급 이후에도 운송사업자의 동의하에 여객자동차운송사업의 질서 확립을 위하여 운송사업자가 준수할 의무를 정하고 이를 위반할 경우 감차명령을 할 수 있다는 내용의 면허 조건을 붙일 수 있고, 운송사업자가 조건을 위반하였다면 여객자동차법 제85조 제1항 제38호에 따라 감차명령을 할 수 있으며, 감차명령은 행정소송법 제2조 제1항 제1호가 정한 처분으로서 항고소송의 대상이 된다(대판 2016. 11. 24. 2016두45028).

④ 대판 1999. 5. 25. 98다53134

**5** 공법관계와 사법관계의 구별에 대한 설명으로 옳지 않은 것은?

① 국유재산 중 행정재산의 사용허가는 공법관계이나, 한국공항공단이 무상사용허가를 받은 행정재산에 대하여 하는 전대행위는 사법관계이다.
② 조달청장이 「예산회계법」에 따라 계약을 체결하거나 입찰보증금 국고귀속조치를 취하는 것은 사법관계에 해당한다.
③ 국유재산의 무단점유에 대한 변상금부과는 공법관계에 해당하나, 국유 일반재산의 대부행위는 사법관계에 해당한다.
④ 조달청장이 법령에 근거하여 입찰참가자격을 제한하는 것은 사법관계에 해당한다.

> **ADVICE** ④②국가를 당사자로 하는 계약에 관한 법률에 따른 입찰보증금 국고귀속조치는 사법관계, 동법에 따른 입찰참가자격 제한은 공법관계에 해당한다.
> 예산회계법에 따라 체결되는 계약은 사법상의 계약이라고 할 것이고 동법 제70조의5의 입찰보증금은 낙찰자의 계약체결의 무이행의 확보를 목적으로 하여 그 불이행시에 이를 국고에 귀속시켜 국가의 손해를 전보하는 사법상의 손해배상 예정으로서의 성질을 갖는 것이라고 할 것이므로 입찰보증금의 국고귀속조치는 국가가 사법상의 재산권의 주체로서 행위하는 것이지 공권력을 행사하는 것이거나 공권력작용과 일체성을 가진 것이 아니라 할 것이므로 이에 관한 분쟁은 행정소송이 아닌 민사소송의 대상이 될 수밖에 없다고 할 것이다(대판 1983. 12. 27. 81누366).
> ① 한국공항공단이 정부로부터 무상사용허가를 받은 행정재산을 구 한국공항공단법 제17조에서 정한 바에 따라 전대하는 경우에 미리 그 계획을 작성하여 건설교통부장관에게 제출하고 승인을 얻어야 하는 등 일부 공법적 규율을 받고 있다고 하더라도, 한국공항공단이 그 행정재산의 관리청으로부터 국유재산관리사무의 위임을 받거나 국유재산관리의 위탁을 받지 않은 이상, 한국공항공단이 무상사용허가를 받은 행정재산에 대하여 하는 전대행위는 통상의 사인간의 임대차와 다를 바가 없고, 그 임대차계약이 임차인의 사용승인신청과 임대인의 사용승인의 형식으로 이루어졌다고 하여 달리 볼 것은 아니다(대판 2003. 10. 24. 2001다82514, 82521).
> ③ 국유재산법 제51조 제1항은 국유재산의 무단점유자에 대하여는 대부 또는 사용, 수익허가 등을 받은 경우에 납부하여야 할 대부료 또는 사용료 상당액 외에도 그 징벌적 의미에서 국가측이 일방적으로 그 2할 상당액을 추가하여 변상금을 징수토록 하고 있으며 동조 제2항은 변상금의 체납시 국세징수법에 의하여 강제징수토록 하고 있는 점 등에 비추어 보면 국유재산의 관리청이 그 무단점유자에 대하여 하는 변상금부과처분은 순전히 사경제 주체로서 행하는 사법상의 법률행위라 할 수 없고 이는 관리청이 공권력을 가진 우월적 지위에서 행한 것으로서 행정소송의 대상이 되는 행정처분이라고 보아야 한다(대판 1988. 2. 23. 87누1046).

**6** 행정입법에 대한 설명으로 옳지 않은 것은?

① 총리령·부령의 제정절차는 대통령령의 경우와는 달리 국무회의 심의는 거치지 않아도 된다.

② 법령보충적 행정규칙은 물론이고 재량권 행사의 준칙이 되는 행정규칙이 행정의 자기구속원리에 따라 대외적 구속력을 가지는 경우에는 헌법소원의 대상이 될 수 있다.

③ 상위법령의 위임이 없음에도 상위법령에 규정된 처분 요건에 해당하는 사항을 부령에서 변경하여 규정한 경우 그 부령의 규정은 국민에 대한 대외적 구속력이 있다.

④ 「특정다목적댐법」에서 댐 건설로 손실을 입으면 국가가 보상해야 하고 그 절차와 방법은 대통령령으로 제정토록 명시되어 있음에도 미제정된 경우, 법령제정의 여부는 「행정소송법」상 부작위위법확인소송의 대상이 될 수 없다.

> **ADVICE** ③ 법령에서 행정처분의 요건 중 일부 사항을 부령으로 정할 것을 위임한 데 따라 시행규칙 등 부령에서 이를 정한 경우에 그 부령의 규정은 국민에 대해서도 구속력이 있는 법규명령에 해당한다고 할 것이지만, <u>법령의 위임이 없음에도 법령에 규정된 처분 요건에 해당하는 사항을 부령에서 변경하여 규정한 경우에는 그 부령의 규정은 행정청 내부의 사무처리 기준 등을 정한 것으로서 행정조직 내에서 적용되는 행정명령의 성격을 지닐 뿐 국민에 대한 대외적 구속력은 없다고 보아야 한다</u>(대판 2013. 9. 12. 2011두10584).
>
> ① 헌법 제89조 제3호
>
> ② 일반적으로 행정규칙은 행정조직 내부에서만 효력을 가지는 것이고 대외적인 구속력을 가지는 것이 아니어서 원칙적으로 헌법소원의 대상이 되는 '공권력의 행사'에 해당하지 아니한다. 다만, <u>법령의 규정에 의하여 행정관청에 법령의 구체적 내용을 보충할 권한을 부여한 경우나, 재량권 행사의 준칙으로서 그 정한 바에 따라 되풀이 시행되어 행정관행이 형성됨으로써 평등의 원칙이나 신뢰보호의 원칙에 따라 행정기관이 그 상대방에 대한 관계에서 그 규칙에 따라야 할 자기구속을 당하게 되는 경우에는 헌법소원의 대상이 될 수 있다</u>(헌재결 1990. 9. 3. 90헌마13).
>
> ④ 행정소송은 구체적 사건에 대한 법률상 분쟁을 법에 의하여 해결함으로써 법적 안정을 기하자는 것이므로 <u>부작위위법확인소송의 대상이 될 수 있는 것은 구체적 권리의무에 관한 분쟁이어야 하고 추상적인 법령에 관하여 제정의 여부 등은 그 자체로서 국민의 구체적인 권리의무에 직접적 변동을 초래하는 것이 아니어서 그 소송의 대상이 될 수 없다</u>(대판 1992. 5. 8. 91누11261).

**7** 행정행위의 하자에 대한 설명으로 옳은 것은?

① 과세처분의 취소를 구하는 행정소송에서 선행처분인 개별공시지가결정의 위법을 독립된 위법사유로 주장할 수 있다.

② 재건축조합설립인가처분 당시 동의율을 충족하지 못한 하자는 후에 추가동의서가 제출되었다는 사정만으로도 치유된다.

③ 적법한 건축물에 대한 철거명령은 그 하자가 중대하고 명백하여 당연무효라고 할 것이지만, 그 후행행위인 건축물철거 대집행계고처분은 당연무효라고 할 수 없다.

④ 세액산출근거가 기재되지 아니한 납세고지서에 의한 부과처분은 강행법규에 위반하여 취소대상이 된다고 할 것이지만 이와 같은 하자는 납세의무자가 전심절차에서 이를 주장하지 아니하였거나, 그 후 부과된 세금을 자진납부하였다거나, 또는 조세채권의 소멸시효기간이 만료된 경우 치유된다.

〉ADVICE ① 개별공시지가결정은 이를 기초로 한 과세처분 등과는 별개의 독립된 처분으로서 서로 독립하여 별개의 법률효과를 목적으로 하는 것이나, 개별공시지가는 이를 토지소유자나 이해관계인에게 개별적으로 고지하도록 되어 있는 것이 아니어서 토지소유자 등이 개별공시지가결정 내용을 알고 있었다고 전제하기도 곤란할 뿐만 아니라 결정된 개별공시지가가 자신에게 유리하게 작용될 것인지 또는 불이익하게 작용될 것인지 여부를 쉽사리 예견할 수 있는 것도 아니며, 더욱이 장차 어떠한 과세처분 등 구체적인 불이익이 현실적으로 나타나게 되었을 경우에 비로소 권리구제의 길을 찾는 것이 우리 국민의 권리의식임을 감안하여 볼 때 토지소유자 등으로 하여금 결정된 개별공시지가를 기초로 하여 장차 과세처분 등이 이루어질 것에 대비하여 항상 토지의 가격을 주시하고 개별공시지가결정이 잘못된 경우 정해진 시정절차를 통하여 이를 시정하도록 요구하는 것은 부당하게 높은 주의의무를 지우는 것이라고 아니할 수 없고, 위법한 개별공시지가결정에 대하여 그 정해진 시정절차를 통하여 시정하도록 요구하지 아니하였다는 이유로 위법한 개별공시지가를 기초로 한 과세처분 등 후행 행정처분에서 개별공시지가결정의 위법을 주장할 수 없도록 하는 것은 수인한도를 넘는 불이익을 강요하는 것으로서 국민의 재산권과 재판받을 권리를 보장한 헌법의 이념에도 부합하는 것이 아니라고 할 것이므로, 개별공시지가결정에 위법이 있는 경우에는 그 자체를 행정소송의 대상이 되는 행정처분으로 보아 그 위법 여부를 다툴 수 있음은 물론 이를 기초로 한 과세처분 등 행정처분의 취소를 구하는 행정소송에서도 선행처분인 개별공시지가결정의 위법을 독립된 위법사유로 주장할 수 있다고 해석함이 타당하다(대판 1994. 1. 25. 93누8542).

② 변경인가처분은 이 사건 설립인가처분 후 추가동의서가 제출되어 동의자 수가 변경되었음을 이유로 하는 것으로서 조합원의 신규가입을 이유로 한 경미한 사항의 변경에 대한 신고를 수리하는 의미에 불과하므로 이 사건 설립인가처분이 이 사건 변경인가처분에 흡수된다고 볼 수 없고, 또한 이 사건 설립인가처분 당시 동의율을 충족하지 못한 하자는 후에 추가동의서가 제출되었다는 사정만으로 치유될 수 없다(대판 2013. 7. 11. 2011두27544).

③ 적법한 건축물에 대한 철거명령은 그 하자가 중대하고 명백하여 당연무효라고 할 것이고, 그 후행행위인 건축물철거 대집행계고처분 역시 당연무효라고 할 것이다(대판 1999. 4. 27. 97누6780).

④ 납세고지서에는 원칙적으로 납세의무자가 부과처분의 내용을 상세하게 알 수 있도록 과세대상 재산을 특정하고 그에 대한 과세표준액, 적용할 세율 등 세액의 산출근거를 구체적으로 기재하여야 하고, 위 규정은 강행규정으로서 위 규정에서 요구하는 사항 중 일부를 누락시킨 하자가 있는 경우 그 과세처분은 위법하다 할 것이나, 과세관청이 과세처분에 앞서 납세의무자에게 보낸 과세예고통지서 등에 납세고지서의 필요적 기재사항이 제대로 기재되어 있어 납세의무자가 그 처분에 대한 불복 여부의 결정 및 불복신청에 전혀 지장을 받지 않았음이 명백하다면, 이로써 납세고지서의 하자가 보완되거나 치유될 수 있다(대판 2010. 11. 11. 2008두5773).

✎ **ANSWER** 6.③ 7.①

**8** 항고소송의 대상에 대한 설명으로 옳지 않은 것은?

① 어떠한 처분에 법령상 근거가 있는지, 「행정절차법」에서 정한 처분 절차를 준수하였는지는 소송요건 심사 단계에서 고려하여야 한다.

② 병무청장이 「병역법」에 따라 병역의무 기피자의 인적사항 등을 인터넷 홈페이지에 게시하는 등의 방법으로 공개한 경우 병무청장의 공개결정은 항고소송의 대상이 되는 행정처분이다.

③ 국민건강보험공단이 행한 '직장가입자 자격상실 및 자격변동 안내' 통보는 가입자 자격의 변동 여부 및 시기를 확인하는 의미에서 한 사실상 통지행위에 불과할 뿐, 항고소송의 대상이 되는 행정처분에 해당하지 않는다.

④ 행정청의 행위가 '처분'에 해당하는지가 불분명한 경우에는 그에 대한 불복방법 선택에 중대한 이해관계를 가지는 상대방의 인식가능성과 예측가능성을 중요하게 고려하여 규범적으로 판단하여야 한다.

〉**ADVICE** ① 어떠한 처분에 법령상 근거가 있는지, 행정절차법에서 정한 처분 절차를 준수하였는지는 본안에서 해당 처분이 적법한가를 판단하는 단계에서 고려할 요소이지, 소송요건 심사단계에서 고려할 요소가 아니다(대판 2016. 8. 30. 2015두 60617).

② 병무청장이 병역법 제81조의2 제1항에 따라 병역의무 기피자의 인적사항 등을 인터넷 홈페이지에 게시하는 등의 방법으로 공개한 경우 병무청장의 공개결정을 항고소송의 대상이 되는 행정처분으로 보아야 한다. 그 구체적인 이유는 다음과 같다. ① 병무청장이 하는 병역의무 기피자의 인적사항 등 공개는, 특정인을 병역의무 기피자로 판단하여 그 사실을 일반 대중에게 공표함으로써 그의 명예를 훼손하고 그에게 수치심을 느끼게 하여 병역의무 이행을 간접적으로 강제하려는 조치로서 병역법에 근거하여 이루어지는 공권력의 행사에 해당한다. ② 병무청장이 하는 병역의무 기피자의 인적사항 등 공개조치에는 특정인을 병역의무 기피자로 판단하여 그에게 불이익을 가한다는 행정결정이 전제되어 있고, 공개라는 사실행위는 행정결정의 집행행위라고 보아야 한다. 병무청장이 그러한 행정결정을 공개 대상자에게 미리 통보하지 않은 것이 적절한지는 본안에서 해당 처분이 적법한가를 판단하는 단계에서 고려할 요소이며, 병무청장이 그러한 행정결정을 공개 대상자에게 미리 통보하지 않았다거나 처분서를 작성·교부하지 않았다는 점만으로 항고소송의 대상적격을 부정하여서는 아니 된다. ③ 병무청 인터넷 홈페이지에 공개 대상자의 인적사항 등이 게시되는 경우 그의 명예가 훼손되므로, 공개 대상자는 자신에 대한 공개결정이 병역법령에서 정한 요건과 절차를 준수한 것인지를 다툴 법률상 이익이 있다. 병무청장이 인터넷 홈페이지 등에 게시하는 사실행위를 함으로써 공개 대상자의 인적사항 등이 이미 공개되었더라도, 재판에서 병무청장의 공개결정이 위법함이 확인되어 취소판결이 선고되는 경우, 병무청장은 취소판결의 기속력에 따라 위법한 결과를 제거하는 조치를 할 의무가 있으므로 공개 대상자의 실효적 권리구제를 위해 병무청장의 공개결정을 행정처분으로 인정할 필요성이 있다. 만약 병무청장의 공개결정을 항고소송의 대상이 되는 처분으로 보지 않는다면 국가배상청구 외에는 침해된 권리 또는 법률상 이익을 구제받을 적절한 방법이 없다. ④ 관할 지방병무청장의 공개 대상자 결정의 경우 상대방에게 통보하는 등 외부에 표시하는 절차가 관계 법령에 규정되어 있지 않아, 행정실무상으로도 상대방에게 통보되지 않는 경우가 많다. 또한 관할 지방병무청장이 위원회의 심의를 거쳐 공개 대상자를 1차로 결정하기는 하지만, 병무청장에게 최종적으로 공개 여부를 결정할 권한이 있으므로, 관할 지방병무청장의 공개 대상자 결정은 병무청장의 최종적인 결정에 앞서 이루어지는 행정기관 내부의 중간적 결정에 불과하다. 가까운 시일 내에 최종적인 결정과 외부적인 표시가 예정된 상황에서, 외부에 표시되지 않은 행정기관 내부의 결정을 항고소송의 대상인 처분으로 보아야 할 필요성은 크지 않다. 관할 지방병무청장이 1차로 공개 대상자 결정을 하고, 그에 따라 병무청장이 같은 내용으로 최종적 공개결정을 하였다면, 공개 대

　　상자는 병무청장의 최종적 공개결정만을 다투는 것으로 충분하고, 관할 지방병무청장의 공개 대상자 결정을 별도로
　　다툴 소의 이익은 없어진다(대판 2019. 6. 27. 2018두49130).

③ 항고소송의 대상이 되는 행정처분이란 행정청의 공법상 행위로서 특정사항에 대하여 법규에 의한 권리의 설정 또는 의
　　무의 부담을 명하며 기타 법률상 효과를 발생하게 하는 등 국민의 구체적 권리의무에 직접적 변동을 초래하는 행위를
　　말하고, 행정청 내부에서의 행위나 알선, 권유, 사실상의 통지 등과 같이 상대방 또는 기타 관계자들의 법률상 지위에
　　직접적인 법률적 변동을 일으키지 아니하는 행위는 항고소송의 대상이 될 수 없다. 국민건강보험 직장가입자 또는 지
　　역가입자 자격 변동은 법령이 정하는 사유가 생기면 별도 처분 등의 개입 없이 사유가 발생한 날부터 변동의 효력이
　　당연히 발생하므로, 국민건강보험공단이 甲 등에 대하여 가입자 자격이 변동되었다는 취지의 '직장가입자 자격상실 및
　　자격변동 안내' 통보를 하였거나, 그로 인하여 사업장이 국민건강보험법상의 적용대상사업장에서 제외되었다는 취지의 '
　　사업장 직권탈퇴에 따른 가입자 자격상실 안내' 통보를 하였더라도, 이는 甲 등의 가입자 자격의 변동 여부 및 시기를
　　확인하는 의미에서 한 사실상 통지행위에 불과할 뿐, 위 각 통보에 의하여 가입자 자격이 변동되는 효력이 발생한다고
　　볼 수 없고, 또한 위 각 통보로 甲 등에게 지역가입자로서의 건강보험료를 납부하여야 하는 의무가 발생함으로써 甲
　　등의 권리의무에 직접적 변동을 초래하는 것도 아니라는 이유로, 위 각 통보의 처분성이 인정되지 않는다(대판 2019.
　　2. 14. 2016두41729).

④ 대판 2020. 4. 9. 2019두61137

**9** 공익신고자 丙은 甲이 「국민기초생활 보장법」상의 복지급여를 부정수급하고 있다고 관할 乙행정청에 신고하였다. 이에 대하여 甲은 乙에게 부정수급 신고를 한 자와 그 내용에 대해 정보공개청구를 하였다. 이후 甲은 乙의 비공개결정통지를 받았고(2022. 8. 26.) 이에 대해 국민권익위원회에 고충민원을 제기하였으나(2022. 9. 16.) 국민권익위원회로부터 乙의 결정은 문제가 없다는 안내를 받았다(2022. 10. 26.). 그리고 甲은 乙의 비공개결정의 취소를 구하는 행정심판을 제기하게 되었다(2022. 12. 27.) 이에 대한 설명으로 옳은 것만을 모두 고르면?

> ㉠ 「개인정보 보호법」상 정보주체에게 열람청구권이 보장되어 있더라도, 甲은 이에 근거하여 乙에게 신고자에 대한 정보공개를 요구하여 그 정보를 받을 수 없다.
> ㉡ 甲의 행정심판청구는 행정심판 제기기간 내에 이루어졌으므로 적법하다.
> ㉢ 甲의 국민권익위원회에 대한 고충민원 제기는 이의신청에 해당하므로, 고충민원에 대한 답변을 받은 날이 행정심판 제기기간의 기산점이 된다.
> ㉣ 학술·연구를 위하여 일시적으로 체류하는 외국인 丙은 「국민기초생활 보장법」상의 복지급여 지급기준에 대해 정보공개를 청구할 권리가 인정된다.

① ㉠, ㉡
② ㉠, ㉣
③ ㉡, ㉢
④ ㉠, ㉢, ㉣

**ADVICE** ㉠ (o) 누구든지 공익신고자등이라는 사정을 알면서 그의 인적사항이나 그가 공익신고자등임을 미루어 알 수 있는 사실을 다른 사람에게 알려주거나 공개 또는 보도하여서는 아니 된다(공익신고자보호법 제12조 제1항). 다른 법률 또는 법률에서 위임한 명령(국회규칙·대법원규칙·헌법재판소규칙·중앙선거관리위원회규칙·대통령령 및 조례로 한정한다)에 따라 비밀이나 비공개 사항으로 규정된 정보는 공개하지 아니할 수 있다(정보공개법 제9조 제1항 1호).

㉡ (x) 행정심판은 처분이 있음을 알게 된 날부터 90일 이내에 청구하여야 하므로(행정심판법 제27조 제1항), 비공개결정통지를 받은 2022년 8월 26일을 기산점으로 90일 내에 행정심판을 청구하여야 한다.

㉢ (x) 국민권익위원회의 고충민원에 대한 답변은 처분이 아니므로 답변의 통지를 받은 날을 행정심판 청구의 기산점으로 삼을 수 없다.

㉣ (o) 정보공개법 시행령 제3조 1호

> **제3조(외국인의 정보공개 청구)**
> 법 제5조제2항에 따라 정보공개를 청구할 수 있는 외국인은 다음 각 호의 어느 하나에 해당하는 자로 한다.
> 1. 국내에 일정한 주소를 두고 거주하거나 학술·연구를 위하여 일시적으로 체류하는 사람
> 2. 국내에 사무소를 두고 있는 법인 또는 단체

**10** 「행정절차법」상 송달과 처분절차에 대한 설명으로 옳지 <u>않은</u> 것은?

① 처분기준의 설정·공표의 규정은 침익적 처분뿐만 아니라 수익적 처분의 경우에도 적용된다.

② 정보통신망을 이용하여 전자문서로 송달하는 경우에는 송달받을 자가 지정한 컴퓨터 등에 입력된 때에 도달된 것으로 본다.

③ 공청회가 개최는 되었으나 정상적으로 진행되지 못하고 무산된 횟수가 2회인 경우 온라인공청회를 단독으로 개최할 수 있다.

④ 송달이 불가능한 경우에는 송달받을 자가 알기 쉽도록 관보, 공보, 게시판, 일간신문 중 하나 이상에 공고하고 인터넷에도 공고하여야 한다.

> ⟩ADVICE ③ 행정절차법 제38조의2 제2항 2호

제38조의2(온라인공청회)
① 행정청은 제38조에 따른 공청회와 병행하여서만 정보통신망을 이용한 공청회(이하 "온라인공청회")를 실시할 수 있다.
② 제1항에도 불구하고 <u>다음 각 호의 어느 하나에 해당하는 경우에는 온라인공청회를 단독으로 개최할 수 있다.</u>
  1. 국민의 생명·신체·재산의 보호 등 국민의 안전 또는 권익보호 등의 이유로 제38조에 따른 공청회를 개최하기 어려운 경우
  2. 제38조에 따른 공청회가 행정청이 책임질 수 없는 사유로 개최되지 못하거나 <u>개최는 되었으나 정상적으로 진행되지 못하고 무산된 횟수가 3회 이상인 경우</u>
  3. 행정청이 널리 의견을 수렴하기 위하여 온라인공청회를 단독으로 개최할 필요가 있다고 인정하는 경우. 다만, 제22조제2항제1호 또는 제3호에 따라 공청회를 실시하는 경우는 제외한다.

① 행정청은 필요한 처분기준을 해당 처분의 성질에 비추어 되도록 구체적으로 정하여 공표하여야 한다(행정절차법 제20조 제1항).

② 행정절차법 제15조 제2항

제15조(송달의 효력 발생)
① 송달은 다른 법령등에 특별한 규정이 있는 경우를 제외하고는 해당 문서가 송달받을 자에게 도달됨으로써 그 효력이 발생한다.
② 제14조제3항에 따라 <u>정보통신망을 이용하여 전자문서로 송달하는 경우에는 송달받을 자가 지정한 컴퓨터 등에 입력된 때에 도달된 것으로 본다.</u>

④ 행정절차법 제14조 제4항 2호

제14조(송달)
③ 정보통신망을 이용한 송달은 송달받을 자가 동의하는 경우에만 한다. 이 경우 송달받을 자는 송달받을 전자우편주소 등을 지정하여야 한다.
④ 다음 각 호의 어느 하나에 해당하는 경우에는 <u>송달받을 자가 알기 쉽도록 관보, 공보, 게시판, 일간신문 중 하나 이상에 공고하고 인터넷에도 공고하여야 한다.</u>
  1. 송달받을 자의 주소등을 통상적인 방법으로 확인할 수 없는 경우
  2. <u>송달이 불가능한 경우</u>

**11** 「질서위반행위규제법」상 과태료에 대한 설명으로 옳지 않은 것은?

① 신분에 의하여 성립하는 질서위반행위에 신분이 없는 자가 가담한 때에는 신분이 없는 자에 대하여도 질서위반행위가 성립한다.

② 하나의 행위가 2 이상의 질서위반행위에 해당하는 경우에는 각 질서위반행위에 대하여 정한 과태료 중 가장 중한 과태료를 부과한다.

③ 자신의 행위가 위법하지 아니한 것으로 오인하고 행한 질서위반행위는 그 오인에 정당한 이유가 있는 때에 한하여 과태료를 부과하지 아니한다.

④ 행정청이 위반사실을 적발하면 과태료를 부과받을 자의 주소지를 관할하는 지방법원에 통보하여야 하고, 당해 법원은 「비송사건절차법」에 따라 결정으로써 과태료를 부과한다.

> **ADVICE** ④ 행정청이 위반사실을 발견하면 당사자에게 사전통지 및 의견제출 기회(질서위반행위규제법 제16조)를 주고 이 절차를 마친 후에 서면으로 과태료를 부과하여야 한다(동법 제17조). 행정청의 과태료 부과에 불복하는 당사자는 과태료 부과 통지를 받은 날부터 60일 이내에 해당 행정청에 서면으로 이의제기를 할 수 있다(동법 제20조). 이의제기를 받은 행정청은 이의제기를 받은 날부터 14일 이내에 이에 대한 의견 및 증빙서류를 첨부하여 관할 법원에 통보하여야 한다(동법 제21조).
> ① 질서위반행위규제법 제12조 제2항
> ② 질서위반행위규제법 제13조 제1항
> ③ 질서위반행위규제법 제8조

**12** 「행정조사기본법」상 행정조사에 대한 설명으로 옳지 않은 것은?

① 행정기관의 장은 조사원이 조사목적의 달성을 위하여 한 시료채취로 조사대상자에게 손실을 입힌 때에는 그 손실을 보상하여야 한다.

② 개별 법령 등에서 행정조사를 규정하고 있지 않더라도, 행정기관은 조사대상자가 자발적으로 협조하는 경우에는 행정조사를 실시할 수 있다.

③ 행정기관의 장은 조사대상자의 신상이나 사업비밀 등이 유출될 우려가 있으므로 인터넷 등 정보통신망을 통하여 조사대상자로 하여금 자료의 제출 등을 하게 할 수 없다.

④ 행정기관의 장은 당해 행정기관 내의 2 이상의 부서가 동일하거나 유사한 업무분야에 대하여 동일한 조사대상자에게 행정조사를 실시하는 경우에는 공동조사를 하여야 한다.

> **ADVICE** ③ 행정조사기본법 제28조

> 제28조(정보통신수단을 통한 행정조사)
> ① 행정기관의 장은 인터넷 등 정보통신망을 통하여 조사대상자로 하여금 자료의 제출 등을 하게 할 수 있다.
> ② 행정기관의 장은 정보통신망을 통하여 자료의 제출 등을 받은 경우에는 조사대상자의 신상이나 사업비밀 등이 유출되지 아니하도록 제도적 · 기술적 보안조치를 강구하여야 한다.

① 행정조사기본법 제12조 제2항

> 제12조(시료채취)
> ① 조사원이 조사목적의 달성을 위하여 시료채취를 하는 경우에는 그 시료의 소유자 및 관리자의 정상적인 경제활동을 방해하지 아니하는 범위 안에서 최소한도로 하여야 한다.
> ② 행정기관의 장은 제1항에 따른 시료채취로 조사대상자에게 손실을 입힌 때에는 대통령령으로 정하는 절차와 방법에 따라 그 손실을 보상하여야 한다.

② 행정조사기본법 제5조

> 제5조(행정조사의 근거)
> 행정기관은 법령등에서 행정조사를 규정하고 있는 경우에 한하여 행정조사를 실시할 수 있다. 다만, 조사대상자의 자발적인 협조를 얻어 실시하는 행정조사의 경우에는 그러하지 아니하다.

④ 행정조사기본법 제14조

> 제14조(공동조사)
> ① 행정기관의 장은 다음 각 호의 어느 하나에 해당하는 행정조사를 하는 경우에는 공동조사를 하여야 한다.
>   1. 당해 행정기관 내의 2 이상의 부서가 동일하거나 유사한 업무분야에 대하여 동일한 조사대상자에게 행정조사를 실시하는 경우
>   2. 서로 다른 행정기관이 대통령령으로 정하는 분야에 대하여 동일한 조사대상자에게 행정조사를 실시하는 경우

**13** 「국가배상법」상 이중배상금지에 대한 판례의 입장으로 옳지 않은 것은?

① 「국가배상법」제2조제1항 단서에서 정한 '다른 법령의 규정'에 따른 보상금청구권이 모두 시효로 소멸된 경우라고 하더라도 「국가배상법」제2조제1항 단서 규정이 적용된다.

② 경찰공무원인 피해자가 「공무원연금법」에 따라 공무상 요양비를 지급받는 것은 「국가배상법」제2조제1항 단서에서 정한 '다른 법령의 규정'에 따라 보상을 지급받는 것에 해당하지 않는다.

③ 훈련으로 공상을 입은 군인이 「국가배상법」에 따라 손해배상금을 지급받은 다음 「보훈보상대상자 지원에 관한 법률」이 정한 보훈급여금의 지급을 청구하는 경우, 국가는 「국가배상법」제2조제1항 단서에 따라 그 지급을 거부할 수 있다.

④ 군인이 교육훈련으로 공상을 입은 경우라도 「군인연금법」 또는 「국가유공자예우등에관한법률」에 의하여 재해보상금 · 유족연금 · 상이연금 등 별도의 보상을 받을 수 없는 경우에는 「국가배상법」제2조제1항 단서의 적용 대상에서 제외하여야 한다.

> **ADVICE** ③ 전투 · 훈련 등 직무집행과 관련하여 공상을 입은 군인 · 군무원 · 경찰공무원 또는 향토예비군대원이 먼저 국가배상법에 따라 손해배상금을 지급받은 다음 보훈보상대상자 지원에 관한 법률이 정한 보상금 등 보훈급여금의 지급을 청구하는 경우, 국가배상법 제2조 제1항 단서가 명시적으로 '다른 법령에 따라 보상을 지급받을 수 있을 때에는 국가배상법 등에 따른 손해배상을 청구할 수 없다'고 규정하고 있는 것과 달리 <u>보훈보상자법은 국가배상법에 따른 손해배상금을 지급받은 자를 보상금 등 보훈급여금의 지급대상에서 제외하는 규정을 두고 있지 않은 점</u>, 국가배상법 제2조 제1항 단서의 입법 취지 및 보훈보상자법이 정한 보상과 국가배상법이 정한 손해배상의 목적과 산정방식의 차이 등을 고려하면 국가배상법 제2조 제1항 단서가 보훈보상자법 등에 의한 보상을 받을 수 있는 경우 국가배상법에 따른 손해배상청구를 하지 못한다는 것을 넘어 <u>국가배상법상 손해배상금을 받은 경우 보훈보상자법상 보상금 등 보훈급여금의 지급을 금지하는 것으로 해석하기는 어려운 점 등에 비추어, 국가보훈처장은 국가배상법에 따라 손해배상을 받았다는 사정을 들어 보상금 등 보훈급여금의 지급을 거부할 수 없다</u>(대판 2017. 2. 3. 2015두60075).
> ① 공상을 입은 군인이 국가배상법에 의한 손해배상청구 소송 도중에 국가유공자등예우및지원에관한법률에 의한 국가유공자 등록신청을 하였다가 인과관계가 없어 공상군경 요건에 해당되지 않는다는 이유로 비해당결정 통보를 받고 이에 불복하지 아니한 후 위 법률에 의한 <u>보상금청구권과 군인연금법에 의한 재해보상금청구권이 모두 시효완성된 경우, 국가배상법 제2조 제1항 단서 소정의 '다른 법령에 의하여 보상을 받을 수 있는 경우'라 하여 국가배상청구를 할 수 없다</u>(대판 2002. 5. 10. 2000다39735).
> ② 구 공무원연금법에 따라 각종 급여를 지급하는 제도는 공무원의 생활안정과 복리향상에 이바지하기 위한 것이라는 점에서 국가배상법 제2조 제1항 단서에 따라 손해배상금을 지급하는 제도와 그 취지 및 목적을 달리하므로, <u>경찰공무원인 피해자가 구 공무원연금법의 규정에 따라 공무상 요양비를 지급받는 것은 국가배상법 제2조 제1항 단서에서 정한 '다른 법령의 규정'에 따라 보상을 지급받는 것에 해당하지 않는다</u>(대판 2019. 5. 30. 2017다16174).
> ④ 군인 · 군무원 등 국가배상법 제2조 제1항에 열거된 자가 전투, 훈련 기타 직무집행과 관련하는 등으로 공상을 입은 경우라고 하더라도 군인연금법 또는 국가유공자예우등에관한법률에 의하여 재해보상금 · 유족연금 · 상이연금 등 별도의 보상을 받을 수 없는 경우에는 국가배상법 제2조 제1항 단서의 적용 대상에서 제외하여야 한다(대판 1997. 2. 14. 96다28066).

**14** 판례의 입장으로 옳지 않은 것은?

① 거부처분에 대한 집행정지는 그 거부처분으로 인하여 신청인에게 생길 손해를 방지하는 데 아무런 보탬이 되지 아니하므로 허용되지 않는다.

② 사정판결의 요건인 처분의 위법성은 변론 종결시를 기준으로 판단하고, 공공복리를 위한 사정판결의 필요성은 처분시를 기준으로 판단하여야 한다.

③ 집행정지의 요건으로 규정하고 있는 '공공복리에 중대한 영향을 미칠 우려'가 없을 것이라고 할 때의 '공공복리'는 그 처분의 집행과 관련된 구체적이고도 개별적인 공익을 말하는 것으로서 이러한 집행정지의 소극적 요건에 대한 주장·소명책임은 행정청에게 있다.

④ 「도시 및 주거환경정비법」에 근거한 조합설립인가처분은 행정주체로서의 지위를 부여하는 설권적 처분이고, 조합설립결의는 조합설립인가처분의 요건이므로, 조합설립결의에 하자가 있다면 그 하자를 이유로 직접 항고소송의 방법으로 조합설립인가처분의 취소 또는 무효확인을 구하여야 한다.

> ADVICE ② 사정판결의 요건인 처분의 위법성은 처분시를 기준으로 하고, 공공복리를 위한 사정판결의 필요성은 변론 종결시를 기준으로 판단하여야 한다(대판 1970. 3. 24. 69누29).
>
> ① 허가신청에 대한 거부처분은 그 효력이 정지되더라도 그 처분이 없었던 것과 같은 상태를 만드는 것에 지나지 아니하는 것이고 그 이상으로 행정청에 대하여 어떠한 처분을 명하는 등 적극적인 상태를 만들어 내는 경우를 포함하지 아니하는 것이므로, 교도소장이 접견을 불허한 처분에 대하여 효력정지를 한다 하여도 이로 인하여 위 교도소장에게 접견의 허가를 명하는 것이 되는 것도 아니고 또 당연히 접견이 되는 것도 아니어서 접견허가거부처분에 의하여 생길 회복할 수 없는 손해를 피하는 데 아무런 보탬도 되지 아니하니 접견허가거부처분의 효력을 정지할 필요성이 없다(대판 1991. 5. 2. 91두15).
>
> ③ 행정소송법 제23조 제3항에서 규정하고 있는 집행정지의 장애사유로서의 '공공복리에 중대한 영향을 미칠 우려'라 함은 일반적·추상적인 공익에 대한 침해의 가능성이 아니라 당해 처분의 집행과 관련된 구체적·개별적인 공익에 중대한 해를 입힐 개연성을 말하는 것으로서 이러한 집행정지의 소극적 요건에 대한 주장·소명책임은 행정청에게 있다(대판 2004. 5. 12.자 2003무41)
>
> ④ 행정청이 도시 및 주거환경정비법 등 관련 법령에 근거하여 행하는 조합설립인가처분은 단순히 사인들의 조합설립행위에 대한 보충행위로서의 성질을 갖는 것에 그치는 것이 아니라 법령상 요건을 갖출 경우 도시 및 주거환경정비법상 주택재건축사업을 시행할 수 있는 권한을 갖는 행정주체(공법인)로서의 지위를 부여하는 일종의 설권적 처분의 성격을 갖는다고 보아야 한다. 그리고 그와 같이 보는 이상 조합설립결의는 조합설립인가처분이라는 행정처분을 하는 데 필요한 요건 중 하나에 불과한 것이어서, 조합설립결의에 하자가 있다면 그 하자를 이유로 직접 항고소송의 방법으로 조합설립인가처분의 취소 또는 무효확인을 구하여야 하고, 이와는 별도로 조합설립결의 부분만을 따로 떼어내어 그 효력 유무를 다투는 확인의 소를 제기하는 것은 원고의 권리 또는 법률상의 지위에 현존하는 불안·위험을 제거하는 데 가장 유효·적절한 수단이라 할 수 없어 특별한 사정이 없는 한 확인의 이익은 인정되지 아니한다(대판 2009. 9. 24. 2008다60568).

---

✎ **ANSWER**  13.③  14.②

**15** 다음 사례에 대한 설명으로 옳은 것은?

> A구 의회 의원인 甲은 공무원을 폭행하는 등 의원으로서 품위를 손상시키는 행위를 하였다. 이러한 사유를 들어 A구 의회는 甲을 의원직에서 제명하는 의결을 하였다. 이에 甲은 위 제명의결을 행정소송의 방법으로 다투고자 한다.

① 甲이 제명의결을 행정소송으로 다투는 경우 소송의 유형은 무효확인소송으로 하여야 하며 취소소송으로는 할 수 없다.
② A구 의회는 입법기관으로서 행정청의 지위를 가지지 못하므로 甲에 대한 제명의결을 다투는 행정소송에서는 A구 의회 사무총장이 피고가 되어야 한다.
③ 「행정소송법」 제12조의 '법률상 이익' 개념에 관하여 법률상 이익구제설에 따르는 판례에 의하면 甲은 제명의결을 다툴 원고적격을 갖지 못한다.
④ 법원이 甲이 제기한 행정소송을 받아들여 소송의 계속 중에 甲의 임기가 만료되었더라도 수소법원은 소의 이익을 인정할 수 있다.

> ADVICE ④ 지방자치법 제78조 내지 제81조의 규정에 의거한 <u>지방의회의 의원징계의결은 그로 인해 의원의 권리에 직접 법률효과</u> <u>를 미치는 행정처분의 일종으로서 행정소송의 대상이 되고</u>, 그와 같은 의원징계의결의 당부를 다투는 소송의 관할법원에 관하여는 동법에 특별한 규정이 없으므로 일반법인 행정소송법의 규정에 따라 지방의회의 소재지를 관할하는 고등법원이 그 소송의 제1심 관할법원이 된다(대판 1993. 11. 26. 93누7341). 해임처분 무효확인 또는 취소소송 계속 중 임기가 만료되어 해임처분의 무효확인 또는 취소로 지위를 회복할 수는 없다고 할지라도, <u>그 무효확인 또는 취소로 해</u> <u>임처분일부터 임기만료일까지 기간에 대한 보수 지급을 구할 수 있는 경우에는 해임처분의 무효확인 또는 취소를 구할</u> <u>법률상 이익이 있다.</u> 해임권자와 보수지급의무자가 다른 경우에도 마찬가지이다(대판 2012. 2. 23. 2011두5001).

## 16  행정소송에 대한 설명으로 옳지 않은 것은?

① 건축물의 하자를 다투는 입주예정자들은 건물의 사용검사처분에 대해 제3자효 행정행위의 차원에서 행정소송을 통해 다툴 수 있다.

② 당사자소송으로 서울행정법원에 제기할 것을 민사소송으로 지방법원에 제기하여 판결이 내려진 경우, 그 판결은 관할위반에 해당한다.

③ 민사소송인 소가 서울행정법원에 제기되었는데도 피고가 제1심법원에서 관할위반이라고 항변하지 않고 본안에서 변론을 한 경우에는 제1심법원에 변론관할이 생긴다.

④ 환경부장관이 생태·자연도 1등급으로 지정되었던 지역을 2등급으로 변경하는 내용의 생태·자연도 수정·보완을 고시하는 경우, 1등급지역에 거주하던 인근 주민은 생태·자연도 등급변경처분의 무효 확인을 구할 원고적격이 없다.

> **ADVICE**  ① 오히려 주택에 대한 사용검사처분이 있으면, 그에 따라 입주예정자들이 주택에 입주하여 이를 사용할 수 있게 되므로 일반적으로 입주예정자들에게 이익이 되고, 다수의 입주자들이 사용검사권자의 사용검사처분을 신뢰하여 입주를 마치고 제3자에게 주택을 매매하거나 임대하고 담보로 제공하는 등 사용검사처분을 기초로 다수의 법률관계가 형성되는데, 일부 입주자나 입주예정자가 사업주체와 사이에 생긴 개별적 분쟁 등을 이유로 사용검사처분의 취소를 구하게 되면, 처분을 신뢰한 다수의 이익에 반하게 되는 상황이 발생할 수 있다. 구 주택법에서 사용검사처분 신청의 경우와는 달리, 사업주체 또는 입주예정자 등의 신청에 따라 이루어진 사용검사처분에 대하여 입주자나 입주예정자 등에게 취소를 구할 수 있는 규정을 별도로 두고 있지 않은 것도 이와 같은 취지에서라고 보인다. 따라서 이러한 사정들을 종합해 보면, 구 주택법상 입주자나 입주예정자는 사용검사처분의 취소를 구할 법률상 이익이 없다(대판 2014. 7. 24. 2011두30465).
>
> ② 원고가 고의 또는 중대한 과실 없이 행정소송으로 제기하여야 할 사건을 민사소송으로 잘못 제기한 경우, 수소법원으로서는 만약 그 행정소송에 대한 관할도 동시에 가지고 있다면 이를 행정소송으로 심리·판단하여야 하고, 그 행정소송에 대한 관할을 가지고 있지 아니하다면 관할법원에 이송하여야 한다(대판 2023. 6. 29. 2021다250025). 이송을 하여야 함에도 판결이 내려진 경우 관할 위반에 해당한다.
>
> ③ 피고가 제1심 법원에서 관할위반이라고 항변하지 아니하고 본안에 대하여 변론하거나 변론준비기일에서 진술하면 그 법원은 관할권을 가진다(민사소송법 제30조, 행정소송법 제8조 제2항).
>
> ④ 환경부장관이 생태·자연도 1등급으로 지정되었던 지역을 2등급 또는 3등급으로 변경하는 내용의 생태·자연도 수정·보완을 고시하자, 인근 주민 甲이 생태·자연도 등급변경처분의 무효 확인을 청구한 사안에서, 생태·자연도의 작성 및 등급변경의 근거가 되는 구 자연환경보전법 제34조 제1항 및 그 시행령 제27조 제1항, 제2항에 의하면, 생태·자연도는 토지이용 및 개발계획의 수립이나 시행에 활용하여 자연환경을 체계적으로 보전·관리하기 위한 것일 뿐, 1등급 권역의 인근 주민들이 가지는 생활상 이익을 직접적이고 구체적으로 보호하기 위한 것이 아님이 명백하고, 1등급 권역의 인근 주민들이 가지는 이익은 환경보호라는 공공의 이익이 달성됨에 따라 반사적으로 얻게 되는 이익에 불과하므로, 인근 주민에 불과한 甲은 생태·자연도 등급권역을 1등급에서 일부는 2등급으로, 일부는 3등급으로 변경한 결정의 무효 확인을 구할 원고적격이 없다(대판 2014. 2. 21. 2011두29052).

**17** 손실보상에 대한 설명으로 옳은 것은?

① 「공익사업을 위한 토지 등의 취득 및 보상에 관한 법률」상 사업시행자와 토지소유자 사이의 협의취득에 대한 분쟁은 민사소송으로 다투어야 한다.

② 공익사업을 위한 토지 등의 취득 및 보상에 관한 법률」에 따라 사업인정고시가 된 후 토지의 사용으로 인하여 토지의 형질이 변경되는 경우에 토지소유자는 중앙토지수용위원회에 그 토지의 매수청구권을 행사할 수 있다.

③ 헌법재판소는 「개발제한구역의 지정 및 관리에 관한 특별조치법」 제11조제1항 등에 대한 위헌소원사건에서 토지의 효용이 감소한 토지소유자에게 토지매수청구권을 인정하는 등 보상규정을 두었지만 적절한 손실보상에 해당하지 않는다고 위헌결정을 하였다.

④ 사업시행자는 동일한 사업지역에 보상시기를 달리하는 동일인 소유의 토지등이 여러 개가 있는 경우 토지등의 소유자가 일괄보상을 요구하더라도 「공익사업을 위한 토지 등의 취득 및 보상에 관한 법률」에 따라 단계적으로 보상금을 지급하여야 한다.

〉ADVICE ① 공익사업을 위한 토지 등의 취득 및 보상에 관한 법률에 의한 보상합의는 공공기관이 사경제주체로서 행하는 사법상 계약의 실질을 가지는 것으로서, 당사자 간의 합의로 같은 법 소정의 손실보상의 기준에 의하지 아니한 손실보상금을 정할 수 있으며, 이와 같이 같은 법이 정하는 기준에 따르지 아니하고 손실보상액에 관한 합의를 하였다고 하더라도 그 합의가 착오 등을 이유로 적법하게 취소되지 않는 한 유효하다(대판 2013. 8. 22. 2012다3517).

② 토지보상법 제72조

> **제72조(사용하는 토지의 매수청구 등)**
> 사업인정고시가 된 후 다음 각 호의 어느 하나에 해당할 때에는 해당 토지소유자는 사업시행자에게 해당 토지의 매수를 청구하거나 관할 토지수용위원회에 그 토지의 수용을 청구할 수 있다. 이 경우 관계인은 사업시행자나 관할 토지수용위원회에 그 권리의 존속(存續)을 청구할 수 있다.
> 1. 토지를 사용하는 기간이 3년 이상인 경우
> 2. 토지의 사용으로 인하여 토지의 형질이 변경되는 경우
> 3. 사용하려는 토지에 그 토지소유자의 건축물이 있는 경우

③ 개발제한구역의 지정으로 인하여 토지의 효용이 현저히 감소하거나 그 사용·수익이 사실상 불가능한 토지소유자에게 토지매수청구권을 인정하는 등 보상규정을 두고 있는 점에 비추어, 이 사건 특조법 조항이 토지재산권의 제한을 통하여 실현하고자 하는 공익의 비중과 이 사건 특조법 조항에 의하여 발생하는 토지재산권의 침해의 정도를 비교형량할 때 양자 사이에 적정한 비례관계가 성립한다고 보이므로 법익균형성도 충족된다. 따라서 개발제한구역내에서 건축물의 건축 및 용도변경 등의 행위를 제한하는 이 사건 특조법 조항이 비례의 원칙을 위반하여 청구인들의 재산권을 과도하게 침해한 것으로 보기 어렵다(헌재결 2004. 2. 26. 2001헌바80).

④ 토지보상법 제65조

> **제65조(일괄보상)**
> 사업시행자는 동일한 사업지역에 보상시기를 달리하는 동일인 소유의 토지등이 여러 개 있는 경우 토지소유자나 관계인이 요구할 때에는 한꺼번에 보상금을 지급하도록 하여야 한다.

**18** 행정의 실효성 확보수단에 대한 대법원 판례의 입장으로 옳지 않은 것은?

① 행정법상의 질서벌인 과태료의 부과처분과 형사처벌은 그 성질이나 목적을 달리하는 별개의 것이므로 행정법상의 질서벌인 과태료를 납부한 후에 형사처벌을 한다고 하여 이를 일사부재리의 원칙에 반하는 것이라고 할 수는 없다.

② 「건축법」상 시정명령을 받은 의무자가 그 시정명령의 취지에 부합하는 의무를 이행하기 위한 정당한 방법으로 행정청에 신청 또는 신고를 하였으나 행정청이 위법하게 이를 거부 또는 반려함으로써 결국 그 처분이 취소되기에 이르렀더라도, 이행강제금 제도의 취지에 비추어 볼 때 그 시정명령의 불이행을 이유로 이행강제금을 부과할 수 있다.

③ 건물의 소유자에게 위법건축물을 일정기간까지 철거할 것을 명함과 아울러 불이행할 때에는 대집행한다는 내용의 철거대집행 계고처분을 고지한 후 이에 불응하자 다시 제2차, 제3차 계고서를 발송하여 일정기간까지의 자진철거를 촉구하고 불이행하면 대집행을 한다는 뜻을 고지한 경우, 제2차, 제3차의 계고처분은 새로운 철거의무를 부과한 것이 아니라 대집행기한을 연기통지한 것에 불과하다.

④ 관할 행정청이 여객자동차운송사업자가 범한 여러 가지 위반행위 중 일부만 인지하여 과징금 부과처분을 하였는데 그 후 과징금 부과처분 시점 이전에 이루어진 다른 위반행위를 인지하여 이에 대하여 별도의 과징금 부과처분을 하게 되는 경우, 종전 과징금 부과처분의 대상이 된 위반행위와 추가 과징금 부과처분의 대상이 된 위반행위에 대하여 일괄하여 하나의 과징금 부과처분을 하는 경우와의 형평을 고려하여 추가 과징금 부과처분의 처분양정이 이루어져야 한다.

> **ADVICE** ② 이행강제금의 본질상 시정명령을 받은 의무자가 이행강제금이 부과되기 전에 그 의무를 이행한 경우에는 비록 시정명령에서 정한 기간을 지나서 이행한 경우라도 이행강제금을 부과할 수 없다. 나아가 시정명령을 받은 의무자가 그 시정명령의 취지에 부합하는 의무를 이행하기 위한 정당한 방법으로 행정청에 신청 또는 신고를 하였으나 행정청이 위법하게 이를 거부 또는 반려함으로써 결국 그 처분이 취소되기에 이르렀다면, 특별한 사정이 없는 한 그 시정명령의 불이행을 이유로 이행강제금을 부과할 수는 없다고 보는 것이 위와 같은 이행강제금 제도의 취지에 부합한다(대판 2018. 1. 25. 2015두35116).
>
> ① 행정법상의 질서벌인 과태료를 납부한 후에 형사처벌을 한다하여 일사부재리의 원칙에 반하는 것이라고 할 수 없다(대판 1988. 1. 19. 87도2265).
>
> ③ 제1차로 철거명령 및 계고처분을 한 데 이어 제2차로 계고서를 송달하였음에도 불응함에 따라 대집행을 일부 실행한 후 철거의무자의 연기원을 받아들여 나머지 부분의 철거를 진행하지 않고 있다가 연기기한이 지나자 다시 제3차로 철거명령 및 대집행계고를 한 경우, 행정대집행법상의 철거의무는 제1차 철거명령 및 계고처분으로써 발생하였다고 할 것이고, 제3차 철거명령 및 대집행계고는 새로운 철거의무를 부과하는 것이라고는 볼 수 없으며, 단지 종전의 계고처분에 의한 건물철거를 독촉하거나 그 대집행기한을 연기한다는 통지에 불과하므로 취소소송의 대상이 되는 독립한 행정처분이라고 할 수 없다(대판 2000. 2. 22. 98두4665).
>
> ④ 관할 행정청이 여객자동차운송사업자가 범한 여러 가지 위반행위 중 일부만 인지하여 과징금 부과처분을 하였는데 그 후 과징금 부과처분 시점 이전에 이루어진 다른 위반행위를 인지하여 이에 대하여 별도의 과징금 부과처분을 하게 되는 경우에도 종전 과징금 부과처분의 대상이 된 위반행위와 추가 과징금 부과처분의 대상이 된 위반행위에 대하여 일괄하여 하나의 과징금 부과처분을 하는 경우와의 형평을 고려하여 추가 과징금 부과처분의 처분양정이 이루어져야 한다. 다시 말해, 행정청이 전체 위반행위에 대하여 하나의 과징금 부과처분을 할 경우에 산정되었을 정당한 과징금액에서 이미 부과된 과징금액을 뺀 나머지 금액을 한도로 하여서만 추가 과징금 부과처분을 할 수 있다. 행정청이 여러 가지 위반행위를 언제 인지하였느냐는 우연한 사정에 따라 처분상대방에게 부과되는 과징금의 총액이 달라지는 것은 그 자체로 불합리하기 때문이다(대판 2021. 2. 4. 2020두48390).

---

**ANSWER** 17.① 18.②

**19** 서훈 또는 서훈취소에 대한 설명으로 옳은 것만을 모두 고르면?

> ⊙ 서훈취소는 대통령이 국가원수로서 행하는 행위이지만 통치행위는 아니다.
> ⓛ 서훈은 서훈대상자의 특별한 공적에 의하여 수여되는 고도의 일신전속적 성격을 가지는 것이므로 유족
> 이라고 하더라도 처분의 상대방이 될 수 없다.
> ⓒ 건국훈장 독립장이 수여된 망인에 대한 서훈취소를 국무회의에서 의결하고 대통령이 결재함으로써 서훈
> 취소가 결정된 후에 국가보훈처장이 망인의 유족에게 독립유공자 서훈취소결정 통보를 하였다면 서훈취
> 소처분취소소송에서의 피고적격은 국가보훈처장에 있다.
> ⓔ 국가보훈처장이 서훈추천 신청자에 대한 서훈추천을 거부한 것은 항고소송의 대상으로 볼 수는 없어 항
> 고소송을 제기할 수는 없으나 행정권력의 부작위에 대한 헌법소원으로서 다툴 수 있다.

① ㉠, ㉡  
② ㉠, ㉣  
③ ㉠, ㉢, ㉣  
④ ㉡, ㉢, ㉣

> **ADVICE** ㉠ (o) 서훈취소는 서훈수여의 경우와는 달리 이미 발생된 서훈대상자 등의 권리 등에 영향을 미치는 행위로서 관련 당사
> 자에게 미치는 불이익의 내용과 정도 등을 고려하면 사법심사의 필요성이 크다. 따라서 기본권의 보장 및 법치주의의
> 이념에 비추어 보면, 비록 서훈취소가 대통령이 국가원수로서 행하는 행위라고 하더라도 법원이 사법심사를 자제하여
> 야 할 고도의 정치성을 띤 행위라고 볼 수는 없다(대판 2015. 4. 23. 2012두26920).
>
> ㉡ (o) ㉢.(x) 서훈은 서훈대상자의 특별한 공적에 의하여 수여되는 고도의 일신전속적 성격을 가지는 것이다. 나아가 서
> 훈은 단순히 서훈대상자 본인에 대한 수혜적 행위로서의 성격만을 가지는 것이 아니라, 국가에 뚜렷한 공적을 세운 사
> 람에게 영예를 부여함으로써 국민 일반에 대하여 국가와 민족에 대한 자긍심을 높이고 국가적 가치를 통합 · 제시하는
> 행위의 성격도 있다. 서훈의 이러한 특수성으로 말미암아 상훈법은 일반적인 행정행위와 달리 사망한 사람에 대하여도
> 그의 공적을 영예의 대상으로 삼아 서훈을 수여할 수 있도록 규정하고 있다. 그러나 그러한 경우에도 서훈은 어디까지
> 나 서훈대상자 본인의 공적과 영예를 기리기 위한 것이므로 비록 유족이라고 하더라도 제3자는 서훈수여 처분의 상대
> 방이 될 수 없고, 구 상훈법 제33조, 제34조 등에 따라 망인을 대신하여 단지 사실행위로서 훈장 등을 교부받거나 보
> 관할 수 있는 지위에 있을 뿐이다. 이러한 서훈의 일신전속적 성격은 서훈취소의 경우에도 마찬가지이므로, 망인에게
> 수여된 서훈의 취소에서도 유족은 그 처분의 상대방이 되는 것이 아니다. 이와 같이 망인에 대한 서훈취소는 유족에
> 대한 것이 아니므로 유족에 대한 통지에 의해서만 성립하여 효력이 발생한다고 볼 수 없고, 그 결정이 처분권자의 의
> 사에 따라 상당한 방법으로 대외적으로 표시됨으로써 행정행위로서 성립하여 효력이 발생한다고 봄이 타당하다. 국무
> 회의에서 건국훈장 독립장이 수여된 망인에 대한 서훈취소를 의결하고 대통령이 결재함으로써 서훈취소가 결정된 후
> 국가보훈처장이 망인의 유족 甲에게 '독립유공자 서훈취소결정 통보'를 하자 甲이 국가보훈처장을 상대로 서훈취소결정
> 의 무효 확인 등의 소를 제기한 사안에서, 甲이 서훈취소 처분을 행한 행정청(대통령)이 아니라 국가보훈처장을 상대
> 로 제기한 위 소는 피고를 잘못 지정한 경우에 해당하므로, 법원으로서는 석명권을 행사하여 정당한 피고로 경정하게
> 하여 소송을 진행해야 함에도 국가보훈처장이 서훈취소 처분을 한 것을 전제로 처분의 적법 여부를 판단한 원심판결에
> 법리오해 등의 잘못이 있다(대판 2014. 9. 26. 2013두2518).

㉣ (x) 피고 국가보훈처장이 발행·보급한 독립운동사, 피고 문교부장관이 저작하여 보급한 국사교과서 등의 각종 책자와 피고 문화부장관이 관리하고 있는 독립기념관에서의 각종 해설문·전시물의 배치 및 전시 등에 있어서, 일제치하에서의 국내외의 각종 독립운동에 참가한 단체와 독립운동가의 활동상을 잘못 기술하거나, 전시·배치함으로써 그 역사적 의의가 그릇 평가되게 하였다는 이유로 그 사실관계의 확인을 구하고, 또 피고 국가보훈처장은 이들 독립운동가들의 활동상황을 잘못 알고 국가보훈상의 서훈추천권을 행사함으로써 서훈추천권의 행사가 적정하지 아니하였다는 이유로 이러한 서훈추천권의 행사, 불행사가 당연무효임의 확인, 또는 그 불작위가 위법함의 확인을 구하는 청구는 과거의 역사적 사실관계의 존부나 공법상의 구체적인 법률관계가 아닌 사실관계에 관한 것들을 확인의 대상으로 하는 것이거나 행정청의 단순한 부작위를 대상으로 하는 것으로서 항고소송의 대상이 되지 아니하는 것이다(대판 1990. 11. 23. 90누3553). 독립유공자의 구체적 인정절차는 입법자가 헌법의 취지에 반하지 않는 한 입법재량으로 정할 수 있다. 독립유공자 인정의 전 단계로서 상훈법에 따른 서훈추천은 해당 후보자에 대한 공적심사를 거쳐서 이루어지며, 그러한 공적심사의 통과 여부는 해당 후보자가 독립유공자로서 인정될만한 사정이 있는지에 달려 있다. 이에 관한 판단에 있어서 국가는 나름대로의 재량을 지닌다. 따라서 국가보훈처장이 서훈추천 신청자에 대한 서훈추천을 하여 주어야 할 헌법적 작위의무가 있다고 할 수는 없으므로, 서훈추천을 거부한 것에 대하여 행정권력의 부작위에 대한 헌법소원으로서 다툴 수 없다(헌재결 2005. 6. 30. 2004헌마859).

**20** 행정대집행에 대한 설명으로 옳지 않은 것은?

① 행정대집행은 「행정기본법」상 행정상 강제에 해당한다.

② 대집행에 요한 비용은 「국세징수법」의 예에 의하여 징수할 수 있다.

③ 「행정대집행법」상 대집행의 대상이 되는 대체적 작위의무는 공법상 의무이어야 한다.

④ 대집행에 요한 비용에 대하여서는 행정청은 사무비의 소속에 따라 국세와 동일한 순위의 선취득권을 가지며, 대집행에 요한 비용을 징수하였을 때에는 그 징수금은 국고의 수입으로 한다.

> **ADVICE** ④② 행정대집행법 제6조

---

제6조(비용징수)
① 대집행에 요한 비용은 국세징수법의 예에 의하여 징수할 수 있다.
② 대집행에 요한 비용에 대하여서는 행정청은 사무비의 소속에 따라 국세에 다음가는 순위의 선취득권을 가진다.
③ 대집행에 요한 비용을 징수하였을 때에는 그 징수금은 사무비의 소속에 따라 국고 또는 지방자치단체의 수입으로 한다.

---

① 행정기본법 제30조 제1항 1호

---

제30조(행정상 강제)
① 행정청은 행정목적을 달성하기 위하여 필요한 경우에는 법률로 정하는 바에 따라 필요한 최소한의 범위에서 다음 각 호의 어느 하나에 해당하는 조치를 할 수 있다.
1. 행정대집행: 의무자가 행정상 의무(법령등에서 직접 부과하거나 행정청이 법령등에 따라 부과한 의무를 말한다. 이하 이 절에서 같다)로서 타인이 대신하여 행할 수 있는 의무를 이행하지 아니하는 경우 법률로 정하는 다른 수단으로는 그 이행을 확보하기 곤란하고 그 불이행을 방치하면 공익을 크게 해칠 것으로 인정될 때에 행정청이 의무자가 하여야 할 행위를 스스로 하거나 제3자에게 하게 하고 그 비용을 의무자로부터 징수하는 것

---

③ 행정대집행법상 대집행의 대상이 되는 대체적 작위의무는 공법상 의무이어야 할 것인데, 구 공공용지의 취득 및 손실보상에 관한 특례법에 따른 토지 등의 협의취득은 공공사업에 필요한 토지 등을 그 소유자와의 협의에 의하여 취득하는 것으로서 공공기관이 사경제주체로서 행하는 사법상 매매 내지 사법상 계약의 실질을 가지는 것이므로, 그 협의취득시 건물소유자가 매매대상 건물에 대한 철거의무를 부담하겠다는 취지의 약정을 하였다고 하더라도 이러한 철거의무는 공법상의 의무가 될 수 없고, 이 경우에도 행정대집행법을 준용하여 대집행을 허용하는 별도의 규정이 없는 한 위와 같은 철거의무는 행정대집행법에 의한 대집행의 대상이 되지 않는다(대판 2006. 10. 13. 2006두7096).

## 1 자동화된 행정결정에 대한 설명으로 옳지 않은 것은?

① 자동화된 행정결정의 예로는 컴퓨터를 통한 중·고등학생의 학교배정, 신호등에 의한 교통신호 등이 있다.
② 「행정기본법」상 자동적 처분은 항고소송의 대상이 된다.
③ 「행정기본법」상 자동적 처분을 할 수 있는 '완전히 자동화된 시스템'에는 '인공지능 기술을 적용한 시스템'이 포함되지 않는다.
④ 「행정기본법」은 재량행위에 대해서 자동적 처분을 허용하지 않고 있다.

> **ADVICE**
> 행정기본법 제20조(자동적 처분)
> 행정청은 법률로 정하는 바에 따라 완전히 자동화된 시스템(인공지능 기술을 적용한 시스템을 포함한다)으로 처분을 할 수 있다. 다만, 처분에 재량이 있는 경우는 그러하지 아니하다.

## 2 행정지도에 대한 설명으로 옳지 않은 것은?

① 행정기관은 행정지도의 상대방이 행정지도에 따르지 아니하였다는 것을 이유로 불이익한 조치를 하여서는 아니 된다.
② 행정기관이 같은 행정목적을 실현하기 위하여 많은 상대방에게 행정지도를 하려는 경우에는 특별한 사정이 없으면 행정지도에 공통적인 내용이 되는 사항을 공표하여야 한다.
③ 위법한 행정지도에 따라 행한 사인의 행위는 위법성이 조각되어 범법행위가 되지 않는다.
④ 행정지도가 강제성을 띠지 않은 비권력적 작용으로서 행정지도의 한계를 일탈하지 아니하였다면, 그로 인하여 상대방에게 손해가 발생하였다 하더라도 행정기관은 손해배상책임이 없다.

> **ADVICE** ③ 행정지도를 따를지 여부에 대해서는 상대방에게 완전한 자유가 보장되므로, 위법한 행정지도에 따라 행한 행위라도 위법성이 조각되지는 않는다.
> ① 행정절차법 제48조 제2항
> ② 행정절차법 제51조
> ④ 대판 2008. 9. 25. 2006다18228

**ANSWER** 20.④ / 1.③ 2.③

**3** 법치행정의 원칙에 대한 설명으로 옳지 않은 것은?

① 규율대상이 국민의 기본권 및 기본적 의무와 관련한 중요성을 가질수록 그리고 그에 관한 공개적 토론의 필요성 또는 상충하는 이익 사이의 조정 필요성이 클수록, 그것이 국회의 법률에 의해 직접 규율될 필요성은 더 증대된다고 보아야 한다.

② 법률의 시행령은 법률에 의한 위임 없이도 법률이 규정한 개인의 권리·의무에 관한 내용을 변경·보충하거나 법률에 규정되지 아니한 새로운 내용을 규정할 수 있다.

③ 법률유보의 원칙은 '법률에 의한 규율'만을 요청하는 것이 아니라 '법률에 근거한 규율'을 요청하는 것이기 때문에 기본권의 제한에는 법률의 근거가 필요할 뿐이고 기본권제한의 형식이 반드시 법률의 형식일 필요는 없다.

④ 행정작용은 법률에 위반되어서는 아니 되며, 국민의 권리를 제한하거나 의무를 부과하는 경우와 그 밖에 국민생활에 중요한 영향을 미치는 경우에는 법률에 근거해야 한다.

> ⓐDVICE ② 헌법 제75조에 의하면 대통령은 법률에서 구체적으로 범위를 정하여 위임받은 사항과 법률을 집행하기 위하여 필요한 사항에 관하여만 대통령령을 발할 수 있으므로, 법률의 시행령은 모법인 법률에 의하여 위임받은 사항이나 법률이 규정한 범위 내에서 법률을 현실적으로 집행하는 데 필요한 세부적인 사항만을 규정할 수 있을 뿐, 법률에 의한 위임이 없는 한 법률이 규정한 개인의 권리·의무에 관한 내용을 변경·보충하거나 법률에 규정되지 아니한 새로운 내용을 규정할 수는 없다(대판 1995. 1. 24. 93다37342).
>
> ① 어떠한 사안이 국회가 형식적 법률로 스스로 규정하여야 하는 본질적 사항에 해당되는지는, 구체적 사례에서 관련된 이익 내지 가치의 중요성, 규제 또는 침해의 정도와 방법 등을 고려하여 개별적으로 결정하여야 하지만, 규율대상이 국민의 기본권과 관련한 중요성을 가질수록 그리고 그에 관한 공개적 토론의 필요성 또는 상충하는 이익 사이의 조정 필요성이 클수록, 그것이 국회의 법률에 의하여 직접 규율될 필요성은 더 증대된다. 따라서 국민의 권리·의무에 관한 기본적이고 본질적인 사항은 국회가 정하여야 하고, 헌법상 보장된 국민의 자유나 권리를 제한할 때에는 적어도 그 제한의 본질적인 사항에 관하여 국회가 법률로써 스스로 규율하여야 한다(대판 2007. 10. 12. 2006두14476).
>
> ③ 기본권은 헌법 제37조 제2항에 의하여 국가안전보장·질서유지 또는 공공복리를 위하여 필요한 경우에 한하여 이를 제한할 수 있으나, 그 제한의 방법은 원칙적으로 법률로써만 가능하고 제한의 정도도 기본권의 본질적 내용을 침해할 수 없고 필요한 최소한도에 그쳐야 한다. 그런데 위 조항에서 규정하고 있는 기본권제한에 관한 법률유보의 원칙은 '법률에 의한 규율'을 요청하는 것이 아니라 '법률에 근거한 규율'을 요청하는 것이므로, 기본권의 제한에는 법률의 근거가 필요할 뿐이고 기본권 제한의 형식이 반드시 법률의 형식일 필요는 없다(헌재결 2005. 5. 26. 99헌마513).
>
> ④ 헌법 제37조 제2항은 "국민의 모든 자유와 권리는 국가안전보장·질서유지 또는 공공복리를 위하여 필요한 경우에 한하여 법률로써 제한할 수 있으며, 제한하는 경우에도 자유와 권리의 본질적인 내용을 침해할 수 없다."라고 규정하고 있다. 헌법상 법치주의는 법률유보원칙, 즉 행정작용에는 국회가 제정한 형식적 법률의 근거가 요청된다는 원칙을 핵심적 내용으로 한다. 나아가 오늘날의 법률유보원칙은 단순히 행정작용이 법률에 근거를 두기만 하면 충분한 것이 아니라, 국가공동체와 그 구성원에게 기본적이고도 중요한 의미를 갖는 영역, 특히 국민의 기본권 실현에 관련된 영역에 있어서는 행정에 맡길 것이 아니고 국민의 대표자인 입법자 스스로 그 본질적 사항에 대하여 결정하여야 한다는 요구, 즉 의회유보원칙까지 내포하는 것으로 이해되고 있다(대판 2020. 9. 3. 2016두32992(전합)).

**4** 행정의 실효성 확보 수단에 대한 설명으로 옳지 않은 것은?

① 구「국세징수법」상 가산금 또는 중가산금의 고지는 항고소송의 대상이 되는 처분이 아니다.

② 지방자치단체 소속 공무원이 지방자치단체 고유의 자치사무를 수행하던 중 구「도로법」에 위반하는 행위를 한 경우 지방자치단체는 구「도로법」상 양벌규정에 따라 처벌대상이 되는 법인에 해당한다.

③ 구「음반·비디오물 및 게임물에 관한 법률」상 불법게임물에 대한 수거 및 폐기조치는 행정상 즉시강제에 해당한다.

④ 공매처분을 하면서 체납자에게 공매통지를 하지 않았거나 공매통지를 하였지만 그것이 적법하지 아니하다 하더라도 공매처분 자체는 위법하지 않다.

> **ADVICE** ④ 체납자 등에 대한 공매통지는 국가의 강제력에 의하여 진행되는 공매에서 체납자 등의 권리 내지 재산상의 이익을 보호하기 위하여 법률로 규정한 절차적 요건이라고 보아야 하며, 공매처분을 하면서 체납자 등에게 공매통지를 하지 않았거나 공매통지를 하였더라도 그것이 적법하지 아니한 경우에는 절차상의 흠이 있어 그 공매처분은 위법하다. 다만, 공매통지의 목적이나 취지 등에 비추어 보면, 체납자 등은 자신에 대한 공매통지의 하자만을 공매처분의 위법사유로 주장할 수 있을 뿐 다른 권리자에 대한 공매통지의 하자를 들어 공매처분의 위법사유로 주장하는 것은 허용되지 않는다(대판 2008. 11. 20. 2007두18154(전합)).
>
> ① 국세징수법 제21조, 제22조가 규정하는 가산금 또는 중가산금은 국세를 납부기한까지 납부하지 아니하면 과세청의 확정절차 없이도 법률 규정에 의하여 당연히 발생하는 것이므로 가산금 또는 중가산금의 고지가 항고소송의 대상이 되는 처분이라고 볼 수 없다(대판 2005. 6. 10. 2005다15482).
>
> ② 국가가 본래 그의 사무의 일부를 지방자치단체의 장에게 위임하여 그 사무를 처리하게 하는 기관위임사무의 경우에는 지방자치단체는 국가기관의 일부로 볼 수 있는 것이지만, 지방자치단체가 그 고유의 자치사무를 처리하는 경우에는 지방자치단체는 국가기관의 일부가 아니라 국가기관과는 별도의 독립한 공법인이므로, 지방자치단체 소속 공무원이 지방자치단체 고유의 자치사무를 수행하던 중 도로법 제81조 내지 제85조의 규정에 의한 위반행위를 한 경우에는 지방자치단체는 도로법 제86조의 양벌규정에 따라 처벌대상이 되는 법인에 해당한다. 지방자치단체 소속 공무원이 압축트럭 청소차를 운전하여 고속도로를 운행하던 중 제한축중을 초과 적재 운행함으로써 도로관리청의 차량운행제한을 위반한 사안에서, 해당 지방자치단체가 도로법 제86조의 양벌규정에 따른 처벌대상이 된다(대판 2005. 11. 10. 2004도2657).
>
> ③ 이 사건 법률조항은 문화관광부장관, 시·도지사, 시장·군수·구청장이 법 제18조 제5항의 규정에 의한 등급분류를 받지 아니하거나 등급분류를 받은 게임물과 다른 내용의 게임물을 발견한 때에는 관계공무원으로 하여금 이를 수거하여 폐기하게 할 수 있도록 규정하고 있는바, 이는 어떤 하명도 거치지 않고 행정청이 직접 대상물에 실력을 가하는 경우로서, 위 조항은 행정상 즉시강제 그 중에서도 대물적(對物的) 강제를 규정하고 있다고 할 것이다(헌재결 2002. 10. 31 2000헌가12).

**5** 행정입법의 사법적 통제에 대한 설명으로 옳지 않은 것은?

① 중앙선거관리위원회규칙은 법규명령이므로 구체적 규범통제의 대상이 될 수 있다.

② 처분적 법규명령은 무효등확인소송 또는 취소소송의 대상이 된다.

③ 대법원 이외의 각급법원도 구체적 규범통제의 방법으로 법규명령 조항에 대한 위헌·위법 판단을 할 수 있다.

④ 행정입법부작위는 부작위위법확인소송의 대상이 된다.

> **ADVICE** ④ 행정소송은 구체적 사건에 대한 법률상 분쟁을 법에 의하여 해결함으로써 법적 안정을 기하자는 것이므로 <u>부작위위법 확인소송의 대상이 될 수 있는 것은 구체적 권리의무에 관한 분쟁이어야 하고 추상적인 법령에 관하여 제정의 여부 등 은 그 자체로서 국민의 구체적인 권리의무에 직접적 변동을 초래하는 것이 아니어서 그 소송의 대상이 될 수 없다</u>(대 판 1992. 5. 8. 91누11261).
>
> ① <u>공직선거관리규칙은 중앙선거관리위원회가 헌법 제114조 제6항 소정의 규칙제정권</u>에 의하여 공직선거및선거부정방지 법에서 위임된 사항과 대통령·국회의원·지방의회의원 및 지방자치단체의 장의 선거의 관리에 필요한 세부사항을 규 정함을 목적으로 하여 제정된 <u>법규명령</u>이라고 할 것이다(대판 1996. 7. 12. 96우16).

**6** 사인의 공법행위에 대한 설명으로 옳은 것은?

① 공무원에 의해 제출된 사직원은 그에 터잡은 의원면직처분이 있을 때까지 철회될 수 있고, 일단 면직처분 이 있고 난 이후에도 자유로이 취소 및 철회될 수 있다.

② 시장 등의 주민등록전입신고 수리 여부에 대한 심사는 「주민등록법」의 입법 목적의 범위 내에서 제한적으 로 이루어져야 하는바, 전입신고자가 30일 이상 생활의 근거로서 거주할 목적으로 거주지를 옮기는지 여부 가 심사 대상으로 되어야 한다.

③ 행정청은 신청에 구비서류의 미비 등 흠이 있는 경우 원칙상 형식적·절차적인 요건만을 보완요구하여야 하므로 실질적인 요건에 관한 흠이 민원인의 단순한 착오나 일시적인 사정 등에 기인한 경우에도 보완을 요구할 수 없다.

④ 사인의 공법행위는 원칙적으로 발신주의에 따라 그 효력이 발생한다.

> **ADVICE** ② 주민들의 거주지 이동에 따른 주민등록전입신고에 대하여 행정청이 이를 심사하여 그 수리를 거부할 수 있으나 그러한 행위는 자칫 헌법상 보장된 국민의 거주·이전의 자유를 침해하는 결과를 초래할 수도 있으므로, <u>시장 등의 주민등록 전입신고 수리 여부에 대한 심사는 주민등록법의 입법 목적의 범위 내에서 제한적으로 이루어져야 하는바, 그 전입신 고자가 30일 이상 생활의 근거로서 거주할 목적으로 거주지를 옮기는지 여부가 심사 대상으로 되어야 한다</u>(대판 2009. 7. 9. 2008두19048).
>
> ① 공무원이 한 사직 의사표시의 철회나 취소는 그에 터잡은 의원면직처분이 있을 때까지 할 수 있는 것이고, <u>일단 면직 처분이 있고 난 이후에는 철회나 취소할 여지가 없다</u>(대판 2001. 8. 24. 99두9971).
>
> ③ 행정기관은 민원사항의 신청이 있는 때에는 다른 법령에 특별한 규정이 있는 경우를 제외하고는 그 접수를 보류하거나 거부할 수 없으며, 민원서류에 흠이 있는 경우에는 보완에 필요한 상당한 기간을 정하여 지체 없이 민원인에게 보완을 요구하고 그 기간 내에 민원서류를 보완하지 아니할 때에는 7일의 기간 내에 다시 보완을 요구할 수 있으며, 위 기간

내에 민원서류를 보완하지 아니한 때에 비로소 접수된 민원서류를 되돌려 보낼 수 있도록 규정되어 있는바, 위 규정 소정의 <u>보완의 대상이 되는 흠은 보완이 가능한 경우이어야 함은 물론이고, 그 내용 또한 형식적·절차적인 요건이거나, 실질적인 요건에 관한 흠이 있는 경우라도 그것이 민원인의 단순한 착오나 일시적인 사정 등에 기한 경우 등이라야 할 것이다</u>(대판 1991. 6. 11. 90누8862).

④ 사인의 공법행위는 특별한 규정이 없는 한 도달주의에 따라 효력이 발생한다.

## 7  행정소송의 판결에 대한 설명으로 옳지 않은 것은?

① 처분등을 취소하는 확정판결은 제3자에 대하여도 효력이 있다.

② 취소 확정판결의 기속력은 판결의 주문 및 전제가 되는 처분등의 구체적 위법사유에 관한 판단에도 미치므로, 종전 처분이 판결에 의하여 취소되었다면 종전 처분의 처분사유와 기본적 사실관계에서 동일하지 않은 다른 사유를 들어서 새로이 동일한 내용을 처분하는 것 또한 확정판결의 기속력에 저촉된다.

③ 법원은 원고의 청구가 이유있다고 인정하는 경우에도 처분등을 취소하는 것이 현저히 공공복리에 적합하지 아니하다고 인정하는 때에는 원고의 청구를 기각할 수 있다.

④ 과세의 절차 내지 형식에 위법이 있어 과세처분을 취소하는 판결이 확정되었을 경우 과세관청은 그 위법사유를 보완하여 다시 새로운 과세처분을 할 수 있고, 그 새로운 과세처분은 확정판결에 의하여 취소된 종전의 과세처분과는 별개의 처분이다.

> **ADVICE** ② 취소 확정판결의 기속력은 판결의 주문 및 전제가 되는 처분 등의 구체적 위법사유에 관한 판단에도 미치나, 종전 처분이 판결에 의하여 취소되었더라도 종전 처분과 다른 사유를 들어서 새로이 처분을 하는 것은 기속력에 저촉되지 않는다. 여기에서 동일 사유인지 다른 사유인지는 확정판결에서 위법한 것으로 판단된 종전 처분사유와 기본적 사실관계에서 동일성이 인정되는지 여부에 따라 판단되어야 하고, 기본적 사실관계의 동일성 유무는 처분사유를 법률적으로 평가하기 이전의 구체적인 사실에 착안하여 그 기초인 사회적 사실관계가 기본적인 점에서 동일한지에 따라 결정된다. 또한 행정처분의 위법 여부는 행정처분이 행하여진 때의 법령과 사실을 기준으로 판단하므로, <u>확정판결의 당사자인 처분 행정청은 종전 처분 후에 발생한 새로운 사유를 내세워 다시 처분을 할 수 있고, 새로운 처분의 처분사유가 종전 처분의 처분사유와 기본적 사실관계에서 동일하지 않은 다른 사유에 해당하는 이상, 처분사유가 종전 처분 당시 이미 존재하고 있었고 당사자가 이를 알고 있었더라도 이를 내세워 새로이 처분을 하는 것은 확정판결의 기속력에 저촉되지 않는다</u>(대판 2016. 3. 24. 2015두48235).
>
> ① 행정소송법 제29조 제1항
>
> ③ 행정소송법 제28조 제1항
>
> ④ 과세대상 소득이 부동산임대소득이 아니라 이자소득이라는 이유로 종합소득세 등 부과처분이 확정판결에 의하여 전부 취소된 후 과세관청이 그 소득을 이자소득으로 보고 종전처분의 부과세액을 한도로 하여 다시 종합소득세 등 부과처분을 한 경우, <u>그 처분은 종전처분에 대한 확정판결에서 나온 위법사유를 보완하여 한 새로운 과세처분으로서 종전처분과 그 과세원인을 달리하여 확정판결의 기속력 내지 기판력에 어긋나지 아니한다</u>(대판 2002. 7. 23. 2000두6237).

**ANSWER**  5.④  6.②  7.②

**8** 행정상 사실행위에 대한 설명으로 옳지 않은 것은?

① 행정상 사실행위의 예로는 폐기물 수거, 행정지도, 대집행의 실행, 행정상 즉시강제 등이 있다.
② 정청이 위법 건축물에 대한 단전 및 전화통화 단절조치를 요청한 것은 항고소송의 대상이 되는 행정처분이라고 볼 수 없다.
③ 교도소장이 영치품인 티셔츠 사용을 재소자에게 불허한 행위는 항고소송의 대상이 되는 행정처분에 해당한다.
④ 교도소 내 마약류 관련 수형자에 대한 교도소장의 소변강제채취는 권력적 사실행위이나 헌법소원의 대상은 아니다.

> **ADVICE** ④ 교도소 수형자에게 소변을 받아 제출하게 한 것은, 형을 집행하는 우월적인 지위에서 외부와 격리된 채 형의 집행에 관한 지시, 명령을 복종하여야 할 관계에 있는 자에게 행해진 것으로서 그 목적 또한 교도소 내의 안전과 질서유지를 위하여 실시하였고, 일방적으로 강제하는 측면이 존재하며, 응하지 않을 경우 직접적인 징벌 등의 제재는 없다고 하여도 불리한 처우를 받을 수 있다는 심리적 압박이 존재하리라는 것을 충분이 예상할 수 있는 점에 비추어, 권력적 사실행위로서 헌법재판소법 제68조 제1항의 공권력의 행사에 해당한다(헌재결 2006. 7. 27. 2005헌마277).
> ① 행정상 사실행위에는 ⅰ)감염병 환자의 강제격리, 대집행의 실행, 행정상 즉시강제 등 권력적 사실행위와 ⅱ)폐기물 수거, 행정지도, 보고 등 비권력적 사실행위가 있다.
> ② 행정청이 위법 건축물에 대한 시정명령을 하고 나서 위반자가 이를 이행하지 아니하여 전기·전화의 공급자에게 그 위법 건축물에 대한 전기·전화공급을 하지 말아 줄 것을 요청한 행위는 권고적 성격의 행위에 불과한 것으로서 전기·전화공급자나 특정인의 법률상 지위에 직접적인 변동을 가져오는 것은 아니므로 이를 항고소송의 대상이 되는 행정처분이라고 볼 수 없다(대판 1996. 3. 22. 96누433).
> ③ 공권력의 행사 또는 불행사로 인하여 헌법상 보장된 기본권을 침해받은 자는 다른 법률에 구체절차가 있는 경우에는 그 절차를 모두 거친 후가 아니면 헌법소원심판을 청구할 수 없다(헌법재판소법 제68조 제1항 단서). 피청구인(교도소장)의 영치품 교부신청 불허행위는 행정소송의 대상이 되는 처분에 해당하므로 청구인(재소자)은 이에 대하여 법원에 취소소송을 제기하는 등 구제절차를 밟을 수 있는 바, 이러한 구제절차를 거치지 아니하고 청구된 이 사건 심판청구는 보충성 원칙에 위반된다(헌재결 2009. 11. 9. 2009헌마581).

**9** 행정의 실효성 확보 수단에 대한 설명으로 옳지 않은 것은?

① 「농지법」상 이행강제금 부과처분에 대한 불복은 「비송사건절차법」에 따른 재판절차뿐만 아니라 「행정소송법」상 항고소송 절차에 따를 수 있다.

② 관계 법령상 행정대집행의 절차가 인정되어 행정청이 행정대집행의 방법으로 건물의 철거 등 대체적 작위의무의 이행을 실현할 수 있는 경우에는 따로 민사소송의 방법으로 그 의무의 이행을 구할 수 없다.

③ 「행정조사기본법」에 따르면 조사대상자의 자발적인 협조를 얻어 행정조사를 실시하고자 하는 경우 조사대상자는 문서·전화·구두 등의 방법으로 당해 행정조사를 거부할 수 있다.

④ 통고처분은 상대방의 임의의 승복을 그 발효요건으로 하기 때문에 그 자체만으로는 통고이행을 강제하거나 상대방에게 아무런 권리·의무를 형성하지 않으므로 행정심판이나 행정소송의 대상으로서의 처분성을 인정할 수 없다.

> **ADVICE** ① 농지법은 농지 처분명령에 대한 이행강제금 부과처분에 불복하는 자가 그 처분을 고지받은 날부터 30일 이내에 부과권자에게 이의를 제기할 수 있고, 이의를 받은 부과권자는 지체 없이 관할 법원에 그 사실을 통보하여야 하며, 그 통보를 받은 관할 법원은 비송사건절차법에 따른 과태료 재판에 준하여 재판을 하도록 정하고 있다(제62조 제1항, 제6항, 제7항). 따라서 농지법 제62조 제1항에 따른 이행강제금 부과처분에 불복하는 경우에는 비송사건절차법에 따른 재판절차가 적용되어야 하고, 행정소송법상 항고소송의 대상은 될 수 없다(대판 2019. 4. 11. 2018두42955).
>
> ② 관계 법령상 행정대집행의 절차가 인정되어 행정청이 행정대집행의 방법으로 건물의 철거 등 대체적 작위의무의 이행을 실현할 수 있는 경우에는 따로 민사소송의 방법으로 그 의무의 이행을 구할 수 없다. 한편 건물의 점유자가 철거의무자일 때에는 건물철거의무에 퇴거의무도 포함되어 있는 것이어서 별도로 퇴거를 명하는 집행권원이 필요하지 않다(대판 2017. 4. 28. 2016다213916).
>
> ③ 행정조사기본법 제20조 제1항
>
> ④ 도로교통법 제118조에서 규정하는 경찰서장의 통고처분은 행정소송의 대상이되는 행정처분이 아니므로 그 처분의 취소를 구하는 소송은 부적법하고, 도로교통법상의 통고처분을 받은 자가 그 처분에 대하여 이의가 있는 경우에는 통고처분에 따른 범칙금의 납부를 이행하지 아니함으로써 경찰서장의 즉결심판청구에 의하여 법원의 심판을 받을 수 있게 될 뿐이다(대판 1995. 6. 29. 95누4674).

**10** 다음 각 사례에 대한 설명으로 옳은 것만을 모두 고르면?

> - 행정청 甲은 국유 일반재산인 건물 1층을 5년간 대부하는 계약을 乙과 체결하면서 대부료는 1년에 1억으로 정하였고 6회에 걸쳐 분납하기로 하였다. 甲은 乙이 1년간 대부료를 납부하지 않자, 체납한 대부료를 납부할 것을 통지하였다. 「국유재산법」에 따르면 국유재산의 대부료 등이 납부기한까지 납부되지 아니한 경우에는 「국세징수법」상의 강제징수에 관한 규정을 준용하고 있다.
> - 행정청 甲은 국가 소유의 땅을 무단점유하여 사용하고 있는 丙에게 변상금 100만 원 부과처분을 하였다.

> ㉠ 甲이 乙에게 대부하는 행위는 공권력의 주체로서 상대방의 의사 여하에 불구하고 일방적으로 행하는 행정처분이 아니다.
> ㉡ 甲은 대부료를 납부하지 않은 乙을 상대로 민사소송을 제기하여 대부료 지급을 구해야 한다.
> ㉢ 변상금 부과처분은 순전히 사경제 주체로서 행하는 사법상의 법률행위이므로, 丙은 그 처분에 대해 민사소송을 제기하여 다툴 수 있다.

① ㉠  
② ㉡  
③ ㉠, ㉢  
④ ㉠, ㉡, ㉢

> **ADVICE** ㉠ (o)국유재산의 관리청이 국유잡종재산을 대부하거나 무상양여하는 것은 사경제주체로서 행하는 사법상의 법률행위에 해당하고 공권력을 가진 우월적 지위에서 하는 행정행위가 아니므로 행정소송의 대상이 되지 아니한다(대판 1983. 8. 23. 83누239).
>
> ㉡ (x)국유 일반재산의 관리·처분에 관한 사무를 위탁받은 자는 국유 일반재산의 대부료 등이 납부기한까지 납부되지 아니한 경우에는 국세징수법 제23조와 같은 법의 체납처분에 관한 규정을 준용하여 대부료 등을 징수할 수 있다. 이와 같이 국유 일반재산의 대부료 등의 징수에 관하여는 국세징수법 규정을 준용한 간이하고 경제적인 특별구제절차가 마련되어 있으므로, 특별한 사정이 없는 한 민사소송의 방법으로 대부료 등의 지급을 구하는 것은 허용되지 아니한다(대판 2014. 9. 4. 2014다203588).
>
> ㉢ (x)국유재산의 무단점유자에 대한 변상금 부과는 공권력을 가진 우월적 지위에서 행하는 행정처분이고, 그 부과처분에 의한 변상금 징수권은 공법상의 권리인 반면, 민사상 부당이득반환청구권은 국유재산의 소유자로서 가지는 사법상의 채권이다. 또한 변상금은 부당이득 산정의 기초가 되는 대부료나 사용료의 120%에 상당하는 금액으로서 부당이득금과 액수가 다르고, 이와 같이 할증된 금액의 변상금을 부과·징수하는 목적은 국유재산의 사용·수익으로 인한 이익의 환수를 넘어 국유재산의 효율적인 보존·관리라는 공익을 실현하는 데 있다. 그리고 대부 또는 사용·수익허가 없이 국유재산을 점유하거나 사용·수익하였지만 변상금 부과처분은 할 수 없는 때에도 민사상 부당이득반환청구권은 성립하는 경우가 있으므로, 변상금 부과·징수의 요건과 민사상 부당이득반환청구권의 성립 요건이 일치하는 것도 아니다. 이처럼 구 국유재산법 제51조 제1항, 제4항, 제5항에 의한 변상금 부과·징수권은 민사상 부당이득반환청구권과 법적 성질을 달리하므로, 국가는 무단점유자를 상대로 변상금 부과·징수권의 행사와 별도로 국유재산의 소유자로서 민사상 부당이득반환청구의 소를 제기할 수 있다(대판 2014. 7. 16. 2011다76402(전합)).

**11** 행정행위의 하자의 승계에 대한 설명으로 옳지 않은 것은?

① 2개 이상의 행정처분이 연속적 또는 단계적으로 이루어지는 경우 선행처분과 후행처분이 서로 합하여 1개의 법률효과를 완성하는 때에는 선행처분에 하자가 있으면 그 하자는 후행처분에 승계된다.

② 선행처분과 후행처분이 서로 독립하여 별개의 법률효과를 발생시키는 경우에는 선행처분에 불가쟁력이 생겨 그 효력을 다툴 수 없게 되면 수인한도를 넘는 가혹함을 가져오며 그 결과가 당사자에게 예측가능하지 않더라도 하자의 승계가 인정되지 않는다.

③ 과세관청의 선행처분인 소득금액변동통지에 하자가 존재하더라도 당연무효사유에 해당하지 않는 한 후행처분인 징수처분에 대한 항고소송에서 그 하자를 다툴 수 없다.

④ 수용보상금의 증액을 구하는 소송에서는 선행처분으로서 그 수용대상 토지 가격 산정의 기초가 된 비교표준지공시지가결정의 위법을 독립된 사유로 주장할 수 있다.

》**ADVICS** ② 두 개 이상의 행정처분을 연속적으로 하는 경우 선행처분과 후행처분이 서로 독립하여 별개의 법률효과를 목적으로 하는 때에는 선행처분에 불가쟁력이 생겨 그 효력을 다툴 수 없게 된 경우에는 선행처분의 하자가 중대하고 명백하여 당연무효인 경우를 제외하고는 선행처분의 하자를 이유로 후행처분의 효력을 다툴 수 없는 것이 원칙이다. 그러나 <u>선행처분과 후행처분이 서로 독립하여 별개의 효과를 목적으로 하는 경우에도 선행처분의 불가쟁력이나 구속력이 그로 인하여 불이익을 입게 되는 자에게 수인한도를 넘는 가혹함을 가져오며, 그 결과가 당사자에게 예측가능한 것이 아닌 경우에는 국민의 재판받을 권리를 보장하고 있는 헌법의 이념에 비추어 선행처분의 후행처분에 대한 구속력은 인정될 수 없다.</u>(대판 2013. 3. 14. 2012두6964).

① <u>2개 이상의 행정처분이 연속적 또는 단계적으로 이루어지는 경우 선행처분과 후행처분이 서로 합하여 1개의 법률효과를 완성하는 때에는 선행처분에 하자가 있으면 그 하자는 후행처분에 승계된다.</u> 이러한 경우에는 선행처분에 불가쟁력이 생겨 그 효력을 다툴 수 없게 되더라도 선행처분의 하자를 이유로 후행처분의 효력을 다툴 수 있다. 그러나 선행처분과 후행처분이 서로 독립하여 별개의 법률효과를 발생시키는 경우에는 선행처분에 불가쟁력이 생겨 그 효력을 다툴 수 없게 되면 선행처분의 하자가 당연무효인 경우를 제외하고는 특별한 사정이 없는 한 선행처분의 하자를 이유로 후행처분의 효력을 다툴 수 없는 것이 원칙이다(대판 2017. 7. 18. 2016두49938).

③ 과세관청의 소득처분과 그에 따른 소득금액변동통지가 있는 경우 원천징수의무자인 법인은 소득금액변동통지서를 받은 날에 그 통지서에 기재된 소득의 귀속자에게 당해 소득금액을 지급한 것으로 의제되어 그때 원천징수하는 소득세의 납세의무가 성립함과 동시에 확정되므로 소득금액변동통지는 원천징수의무자인 법인의 납세의무에 직접 영향을 미치는 과세관청의 행위로서 항고소송의 대상이 된다. 그리고 원천징수의무자인 법인이 원천징수하는 소득세의 납세의무를 이행하지 아니함에 따라 과세관청이 하는 납세고지는 확정된 세액의 납부를 명하는 징수처분에 해당하므로 선행처분인 소득금액변동통지에 하자가 존재하더라도 당연무효 사유에 해당하지 않는 한 후행처분인 징수처분에 그대로 승계되지 아니한다. 따라서 과세관청의 소득처분과 그에 따른 소득금액변동통지가 있는 경우 원천징수하는 소득세의 납세의무에 관하여는 이를 확정하는 소득금액변동통지에 대한 항고소송에서 다투어야 하고, <u>소득금액변동통지가 당연무효가 아닌 한 징수처분에 대한 항고소송에서 이를 다툴 수는 없다</u>(대판 2012. 1. 26. 2009두14439).

④ 표준지공시지가결정이 위법한 경우에는 그 자체를 행정소송의 대상이 되는 행정처분으로 보아 그 위법 여부를 다툴 수 있음은 물론, <u>수용보상금의 증액을 구하는 소송에서도 선행처분으로서 그 수용대상 토지 가격 산정의 기초가 된 비교표준지공시지가결정의 위법을 독립한 사유로 주장할 수 있다</u>(대판 2008. 8. 21. 2007두13845).

**ANSWER** 10.① 11.②

**12** 「행정소송법」상 당사자소송에 대한 설명으로 옳지 않은 것은?

① 당사자소송이란 행정청의 처분등을 원인으로 하는 법률관계에 관한 소송, 그 밖에 공법상의 법률관계에 관한 소송으로서 그 법률관계의 한쪽 당사자를 피고로 하는 소송을 의미한다.

② 공법상 계약의 한쪽 당사자가 다른 당사자를 상대로 효력을 다투거나 이행을 청구하는 소송은 공법상의 법률관계에 관한 분쟁이므로 분쟁의 실질이 공법상 권리·의무의 존부·범위에 관한 다툼이 아니라 손해배상액의 구체적인 산정방법·금액에 국한되는 등의 특별한 사정이 없는 한 당사자소송으로 제기하여야 한다.

③ 명예퇴직한 법관이 미지급 명예퇴직수당액에 대하여 가지는 권리는 명예퇴직수당 지급대상자 결정 절차를 거쳐 명예퇴직수당규칙에 의하여 확정된 공법상 법률관계에 관한 권리로서, 그 지급을 구하는 소송은 당사자소송에 해당하며, 그 법률관계의 당사자인 국가를 상대로 제기하여야 한다.

④ 당사자소송은 공법상 법률관계에 관한 소송이므로 이를 본안으로 하는 가처분에 대하여는 「민사집행법」상 가처분에 관한 규정이 준용되지 않는다.

> **ADVICE** ④ 도시 및 주거환경정비법상 행정주체인 주택재건축정비사업조합을 상대로 관리처분계획안에 대한 조합 총회결의의 효력을 다투는 소송은 행정처분에 이르는 절차적 요건의 존부나 효력 유무에 관한 소송으로서 소송결과에 따라 행정처분의 위법 여부에 직접 영향을 미치는 공법상 법률관계에 관한 것이므로, 이는 행정소송법상 당사자소송에 해당한다. 그리고 이러한 당사자소송에 대하여는 행정소송법 제23조 제2항의 집행정지에 관한 규정이 준용되지 아니하므로(행정소송법 제44조 제1항), 이를 본안으로 하는 가처분에 대하여는 행정소송법 제8조 제2항에 따라 민사집행법상 가처분에 관한 규정이 준용되어야 한다(대판 2015. 8. 21. 2015무26).
>
> ①② 공법상 당사자소송이란 행정청의 처분 등을 원인으로 하는 법률관계에 관한 소송 그 밖에 공법상의 법률관계에 관한 소송으로서 그 법률관계의 한쪽 당사자를 피고로 하는 소송을 말한다(행정소송법 제3조 제2호). 공법상 계약이란 공법적 효과의 발생을 목적으로 하여 대등한 당사자 사이의 의사표시의 합치로 성립하는 공법행위를 말한다. 공법상 계약의 한쪽 당사자가 다른 당사자를 상대로 효력을 다투거나 이행을 청구하는 소송은 공법상의 법률관계에 관한 분쟁이므로 분쟁의 실질이 공법상 권리·의무의 존부·범위에 관한 다툼이 아니라 손해배상액의 구체적인 산정방법·금액에 국한되는 등의 특별한 사정이 없는 한 공법상 당사자소송으로 제기하여야 한다(대판 2021. 2. 4. 2019다277133).
>
> ③ 명예퇴직한 법관이 미지급 명예퇴직수당액에 대하여 가지는 권리는 명예퇴직수당 지급대상자 결정 절차를 거쳐 명예퇴직수당규칙에 의하여 확정된 공법상 법률관계에 관한 권리로서, 그 지급을 구하는 소송은 행정소송법의 당사자소송에 해당하며, 그 법률관계의 당사자인 국가를 상대로 제기하여야 한다(대판 22016. 5. 24. 2013두14863).

**13** 「공공기관의 정보공개에 관한 법률」상 정보공개에 대한 설명으로 옳은 것만을 모두 고르면?

> ㉠ 모든 국민은 정보의 공개를 청구할 권리를 가진다.
>
> ㉡ 법무부령인 「검찰보존사무규칙」은 행정기관 내부의 사무처리준칙인 행정규칙이지만, 「검찰보존사무규칙」 상의 열람·등사의 제한은 「공공기관의 정보공개에 관한 법률」 제9조제1항제1호의 '다른 법률 또는 법률 에 의한 명령에 의하여 비공개사항으로 규정된 경우'에 해당한다.
>
> ㉢ 해당 정보를 취득 또는 활용할 의사가 전혀 없이 정보공개 제도를 이용하여 사회통념상 용인될 수 없는 부당한 이득을 얻으려 하거나, 오로지 공공기관의 담당 공무원을 괴롭힐 목적으로 정보공개청구를 하는 경우 권리 남용에 해당함이 명백하므로 정보공개청구권의 행사가 허용되지 아니한다.
>
> ㉣ 청구인이 정보공개와 관련한 공공기관의 결정에 대하여 불복이 있거나 정보공개청구 후 10일이 경과하도록 정보공개 결정이 없는 때에는 「행정심판법」에서 정하는 바에 따라 행정심판을 청구할 수 있다.

① ㉠, ㉡  
② ㉠, ㉢  
③ ㉡, ㉣  
④ ㉢, ㉣

> **ADVICE** ㉠ (o)정보공개법 제5조 제1항
>
> ㉡ (x)검찰보존사무규칙이 검찰청법 제11조에 기하여 제정된 법무부령이기는 하지만, 그 중 불기소사건기록의 열람·등사 의 제한을 정하고 있는 위 규칙 제22조는 법률상의 위임근거가 없는 행정기관 내부의 사무처리준칙으로서 행정규칙에 불과하므로, <u>위 규칙 제22조에 의한 열람·등사의 제한을 공공기관의 정보공개에 관한 법률 제4조 제1항의 '정보의 공 개에 관하여 다른 법률에 특별한 규정이 있는 경우' 또는 같은 법 제9조 제1항 제1호의 '다른 법률 또는 법률이 위임 한 명령(국회규칙·대법원규칙·헌법재판소규칙·중앙선거관리위원회규칙·대통령령 및 조례에 한한다)에 의하여 비밀 또는 비공개 사항으로 규정된 경우'에 해당한다고 볼 수 없다</u>(대판 2004. 5. 28. 2001두3358).
>
> ㉢ (o)국민의 정보공개청구는 정보공개법 제9조에 정한 비공개 대상 정보에 해당하지 아니하는 한 원칙적으로 폭넓게 허 용되어야 하지만, 실제로는 해당 정보를 취득 또는 활용할 의사가 전혀 없이 <u>정보공개 제도를 이용하여 사회통념상 용 인될 수 없는 부당한 이득을 얻으려 하거나, 오로지 공공기관의 담당공무원을 괴롭힐 목적으로 정보공개청구를 하는 경 우처럼 권리의 남용에 해당하는 것이 명백한 경우에는 정보공개청구권의 행사를 허용하지 아니하는 것이 옳다</u>(대판 2014. 12. 24. 2014두9349).
>
> ㉣ (x)정보공개법 제19조 제1항
>
> > **제19조(행정심판)**
> > ① 청구인이 정보공개와 관련한 공공기관의 결정에 대하여 <u>불복이 있거나 정보공개 청구 후 20일이 경과하도록 정보공개 결정이 없는 때에는</u> 「행정심판법」에서 정하는 바에 따라 행정심판을 청구할 수 있다. 이 경우 국가기관 및 지방자치단 체 외의 공공기관의 결정에 대한 감독행정기관은 관계 중앙행정기관의 장 또는 지방자치단체의 장으로 한다.

✎ **ANSWER** 12.④ 13.②

**14** 국가배상에 대한 설명으로 옳지 않은 것은?

① 시·도경찰청장 또는 경찰서장이 지방자치단체의 장으로부터 권한을 위탁받아 설치·관리하는 신호기의 하자로 인해 손해가 발생한 경우 「국가배상법」 제5조 소정의 배상책임의 귀속 주체는 국가뿐이다.

② 헌법재판소 재판관이 청구기간 내에 제기된 헌법소원심판청구 사건에서 청구기간을 오인하여 각하결정을 한 경우, 이에 대한 불복절차 내지 시정절차가 없는 때에는 배상책임의 요건이 충족되는 한 국가배상책임을 인정할 수 있다.

③ 영조물의 설치·관리자와 비용부담자가 다른 경우 피해자에게 손해를 배상한 자는 내부관계에서 그 손해를 배상할 책임이 있는 자에게 구상할 수 있다.

④ 군 복무 중 사망한 군인 등의 유족이 「국가배상법」에 따른 손해배상금을 지급받은 경우 그 손해배상금 상당 금액에 대해서는 「군인연금법」에서 정한 사망보상금을 지급받을 수 없다.

> **ADVICE** ①③국가배상법 제6조 제1항, 제2항

**제5조(공공시설 등의 하자로 인한 책임)**
① 도로·하천, 그 밖의 공공의 영조물의 설치나 관리에 하자가 있기 때문에 타인에게 손해를 발생하게 하였을 때에는 국가나 지방자치단체는 그 손해를 배상하여야 한다. 이 경우 제2조제1항 단서, 제3조 및 제3조의2를 준용한다.
② 제1항을 적용할 때 손해의 원인에 대하여 책임을 질 자가 따로 있으면 국가나 지방자치단체는 그 자에게 구상할 수 있다.
**제6조(비용부담자 등의 책임)**
① 제2조·제3조 및 제5조에 따라 <u>국가나 지방자치단체가 손해를 배상할 책임이 있는 경우에 공무원의 선임·감독 또는 영조물의 설치·관리를 맡은 자와 공무원의 봉급·급여, 그 밖의 비용 또는 영조물의 설치·관리 비용을 부담하는 자가 동일하지 아니하면 그 비용을 부담하는 자도 손해를 배상하여야</u> 한다.
② 제1항의 경우에 손해를 배상한 자는 내부관계에서 그 손해를 배상할 책임이 있는 자에게 구상할 수 있다.

② 대판 2003. 7. 11. 99다24218

④ 다른 법령에 따라 지급받은 급여와의 조정에 관한 조항을 두고 있지 아니한 보훈보상대상자 지원에 관한 법률과 달리, <u>군인연금법 제41조 제1항은 "다른 법령에 따라 국가나 지방자치단체의 부담으로 이 법에 따른 급여와 같은 종류의 급여를 받은 사람에게는 그 급여금에 상당하는 금액에 대하여는 이 법에 따른 급여를 지급하지 아니한다."라고 명시적으로 규정</u>하고 있다. 나아가 군인연금법이 정하고 있는 급여 중 사망보상금(군인연금법 제31조)은 일실손해의 보전을 위한 것으로 불법행위로 인한 소극적 손해배상과 같은 종류의 급여라고 봄이 타당하다(대판 1998. 11. 19. 97다36873(전합)).

**15** 행정소송의 심리에 대한 설명으로 옳지 않은 것은?

① 「행정소송법」에 따르면 법원은 필요하다고 인정할 때에는 직권으로 증거조사를 할 수 있으나, 당사자가 주장하지 아니한 사실에 대하여는 판단할 수 없다.

② 법원은 행정처분 당시 행정청이 알고 있었던 자료뿐만 아니라 사실심 변론종결 당시까지 제출된 모든 자료를 종합하여 처분 당시 존재하였던 객관적 사실을 확정하고 그 사실에 기초하여 처분의 위법 여부를 판단할 수 있다.

③ 「행정소송법」에 따르면 법원은 당사자의 신청이 있는 때에는 결정으로써 재결을 행한 행정청에 대하여 행정심판에 관한 기록의 제출을 명할 수 있고, 제출명령을 받은 행정청은 지체없이 당해 행정심판에 관한 기록을 법원에 제출하여야 한다.

④ 결혼이민[F-6 (다)목] 체류자격을 신청한 외국인에 대하여 행정청이 그 요건을 충족하지 못하였다는 이유로 거부처분을 하는 경우 '그 요건을 갖추지 못하였다는 판단', 즉 '혼인파탄의 주된 귀책사유가 국민인 배우자에게 있지 않다는 판단' 자체가 처분사유가 되는바, 결혼이민[F-6 (다)목] 체류자격 거부처분 취소소송에서 그 처분사유에 관한 증명책임은 피고 행정청에 있다.

**ADVICE** ① 법원은 필요하다고 인정할 때에는 직권으로 증거조사를 할 수 있고, 당사자가 주장하지 아니한 사실에 대하여도 판단할 수 있다(행정소송법 제26조).

② 행정처분의 위법 여부는 행정처분이 있을 때의 법령과 사실 상태를 기준으로 판단하여야 하며, 법원은 행정처분 당시 행정청이 알고 있었던 자료뿐만 아니라 사실심 변론종결 당시까지 제출된 모든 자료를 종합하여 처분 당시 존재하였던 객관적 사실을 확정하고 그 사실에 기초하여 처분의 위법 여부를 판단할 수 있다(대판 2019. 7. 25. 2017두55077).

③ 행정소송법 제25조

> 제25조(행정심판기록의 제출명령)
> ① 법원은 당사자의 신청이 있는 때에는 결정으로써 재결을 행한 행정청에 대하여 행정심판에 관한 기록의 제출을 명할 수 있다.
> ② 제1항의 규정에 의한 제출명령을 받은 행정청은 지체없이 당해 행정심판에 관한 기록을 법원에 제출하여야 한다.

④ 대판 2019. 7. 4. 2018두66869

**16** 「공익사업을 위한 토지 등의 취득 및 보상에 관한 법률」에 대한 설명으로 옳지 않은 것은?

① 구「하천법」에 의한 하천수 사용권은 「공익사업을 위한 토지 등의 취득 및 보상에 관한 법률」이 손실보상의 대상으로 규정하고 있는 '물의 사용에 관한 권리'에 해당한다.

② 토지수용위원회의 재결에 대한 토지소유자의 행정소송 제기는 사업의 진행 및 토지의 수용 또는 사용을 정지시키지 아니한다.

③ 사업인정은 공익사업의 시행자에게 그 후 일정한 절차를 거칠 것을 조건으로 일정한 내용의 수용권을 설정하여 주는 형성행위이다.

④ 어떤 보상항목이 공익사업을 위한 토지 등의 취득 및 보상에 관한 법령상 손실보상대상에 해당함에도 관할 토지수용위원회가 사실을 오인하거나 법리를 오해함으로써 손실보상대상에 해당하지 않는다고 잘못된 내용의 재결을 한 경우에는, 피보상자는 관할 토지수용위원회를 상대로 재결취소소송을 제기하여야 한다.

>**ADVICE** ④ 어떤 보상항목이 토지보상법령상 손실보상대상에 해당하는데도 관할 토지수용위원회가 사실을 오인하거나 법리를 오해함으로써 손실보상대상에 해당하지 않는다고 잘못된 내용의 재결을 한 경우에는, 피보상자는 관할 토지수용위원회를 상대로 그 재결에 대한 취소소송을 제기할 것이 아니라 사업시행자를 상대로 토지보상법 제85조 제2항에 따른 보상금 증감의 소를 제기하여야 한다(대판 2010. 8. 19. 2008두822).

① 하천법 제50조에 의한 하천수 사용권은 하천법 제33조에 의한 하천의 점용허가에 따라 해당 하천을 점용할 수 있는 권리와 마찬가지로 특허에 의한 공물사용권의 일종으로서, 양도가 가능하고 이에 대한 민사집행법상의 집행 역시 가능한 독립된 재산적 가치가 있는 구체적인 권리라고 보아야 한다. 따라서 하천법 제50조에 의한 하천수 사용권은 공익사업을 위한 토지 등의 취득 및 보상에 관한 법률 제76조 제1항이 손실보상의 대상으로 규정하고 있는 '물의 사용에 관한 권리'에 해당한다(대판 2018. 12. 27. 2014두11601).

② 제83조에 따른 이의의 신청이나 제85조에 따른 행정소송의 제기는 사업의 진행 및 토지의 수용 또는 사용을 정지시키지 아니한다(토지보상법 제88조).

③ 사업인정이란 공익사업을 토지 등을 수용 또는 사용할 사업으로 결정하는 것으로서 공익사업의 시행자에게 그 후 일정한 절차를 거칠 것을 조건으로 일정한 내용의 수용권을 설정하여 주는 형성행위이다. 그러므로 해당 사업이 외형상 토지 등을 수용 또는 사용할 수 있는 사업에 해당하더라도 사업인정기관으로서는 그 사업이 공용수용을 할 만한 공익성이 있는지 여부와 공익성이 있는 경우에도 그 사업의 내용과 방법에 관하여 사업인정에 관련된 자들의 이익을 공익과 사익 사이에서는 물론, 공익 상호 간 및 사익 상호 간에도 정당하게 비교·교량하여야 하고, 비교·교량은 비례의 원칙에 적합하도록 하여야 한다(대판 2019. 2. 28. 2017두71031).

**17** 다음 사례에 대한 설명으로 옳은 것은?

> 식품접객업을 하는 甲은 청소년의 연령을 확인하지 않고 주류를 판매한 사실이 적발되어 관할 행정청 乙로부터 「식품위생법」 위반을 이유로 영업정지 2개월을 부과받자 관할 행정심판위원회 丙에 행정심판을 청구하였다.

① 丙은 영업정지 2개월에 갈음하여 「식품위생법」 소정의 과징금으로 변경할 수 없다.
② 甲이 丙의 기각재결을 받은 후 재결 자체에 고유한 하자가 있음을 주장하며 그 기각재결에 대하여 취소소송을 제기한 경우, 수소법원은 심리 결과 재결 자체에 고유한 위법이 없다면 각하판결을 하여야 한다.
③ 丙이 영업정지처분을 취소하는 재결을 할 경우, 乙은 이 인용재결의 취소를 구하는 행정소송을 제기할 수 없다.
④ 丙은 행정심판의 심리과정에서 甲의 「식품위생법」상의 또 다른 위반 사실을 인지한 경우, 乙의 2개월 영업정지와는 별도로 1개월 영업정지를 추가하여 부과하는 재결을 할 수 있다.

〉**ADVICE** ③ 심판청구를 인용하는 재결은 피청구인과 그 밖의 관계 행정청을 기속한다(행정심판법 제49조 제1항). 재결의 기속력으로 인해 乙 행정청은 인용재결의 취소를 구하는 행정소송을 제기할 수 없다.
　① 위원회는 취소심판의 청구가 이유가 있다고 인정하면 <u>처분을 취소 또는 다른 처분으로 변경하거나 처분을 다른 처분으로 변경할 것을 피청구인에게</u> 명한다(행정심판법 제43조 제3항).
　② 수소법원이 재결자체의 고유한 위법이 있는지 여부를 판단하기 위해서는 본안 판단을 거쳐야 하므로 심리결과 고유한 위법이 없다면 <u>기각판결</u>을 하여야 한다.
　④ 위원회는 심판청구의 대상이 되는 처분 또는 부작위 외의 사항에 대하여는 재결하지 못한다(행정심판법 제47조 제1항).

**18** 「행정절차법」에 대한 설명으로 옳지 않은 것은?

① 처분기준을 공표하는 것이 해당 처분의 성질상 현저히 곤란하거나 공공의 안전 또는 복리를 현저히 해치는 것으로 인정될 만한 상당한 이유가 있는 경우에는 처분기준을 공표하지 아니할 수 있다.

② 행정처분의 상대방에 대한 청문통지서가 반송되었거나 행정처분의 상대방이 청문일시에 불출석하였다는 이유만으로 행정청이 관계 법령상 그 실시가 요구되는 청문을 실시하지 아니하고 한 침해적 행정처분은 위법하다.

③ 「행정절차법」상 사전통지 및 의견제출에 대한 권리를 부여하고 있는 '당사자등'에는 불이익처분의 직접 상대방인 당사자와 행정청이 직권으로 또는 신청에 따라 행정절차에 참여하게 한 이해관계인, 그 밖에 제3자가 포함된다.

④ 행정청이 처분을 하면서 당사자가 그 근거를 알 수 있을 정도로 이유를 제시한 경우에는 처분의 근거와 이유를 구체적으로 명시하지 않았더라도 그로 말미암아 그 처분이 위법하다고 볼 수는 없다.

> ⦿ADVICE ③ 행정절차법 제2조 4호

제2조(정의)

이 법에서 사용하는 용어의 뜻은 다음과 같다.

4. "당사자등"이란 다음 각 목의 자를 말한다.

    가. 행정청의 처분에 대하여 직접 그 상대가 되는 당사자

    나. 행정청이 직권으로 또는 신청에 따라 행정절차에 참여하게 한 이해관계인

① 행정절차법 제20조 제3항

② 행정절차법 제21조 제4항 제3호는 침해적 행정처분을 할 경우 청문을 실시하지 않을 수 있는 사유로서 "당해 처분의 성질상 의견청취가 현저히 곤란하거나 명백히 불필요하다고 인정될 만한 상당한 이유가 있는 경우"를 규정하고 있으나, 여기에서 말하는 '의견청취가 현저히 곤란하거나 명백히 불필요하다고 인정될 만한 상당한 이유가 있는지 여부'는 당해 행정처분의 성질에 비추어 판단하여야 하는 것이지, 청문통지서의 반송 여부, 청문통지의 방법 등에 의하여 판단할 것은 아니며, 또한 행정처분의 상대방이 통지된 청문일시에 불출석하였다는 이유만으로 행정청이 관계 법령상 그 실시가 요구되는 청문을 실시하지 아니한 채 침해적 행정처분을 할 수는 없을 것이므로, 행정처분의 상대방에 대한 청문통지서가 반송되었다거나, 행정처분의 상대방이 청문일시에 불출석하였다는 이유로 청문을 실시하지 아니하고 한 침해적 행정처분은 위법하다(대판 2001. 4. 13. 2000두3337).

④ 행정청이 처분을 할 때에는 원칙적으로 당사자에게 그 근거와 이유를 제시하여야 한다(행정절차법 제23조 제1항). 이 경우 행정청은 처분의 원인이 되는 사실과 근거가 되는 법령 또는 자치법규의 내용을 구체적으로 명시하여야 한다(행정절차법 시행령 제14조의2). 다만 행정청의 자의적 결정을 배제하고 당사자로 하여금 행정구제절차에서 적절히 대처할 수 있도록 하는 처분의 근거 및 이유제시 제도의 취지에 비추어, 처분을 하면서 당사자가 그 근거를 알 수 있을 정도로 이유를 제시한 경우에는 처분의 근거와 이유를 구체적으로 명시하지 않았더라도 그로 말미암아 그 처분이 위법하다고 볼 수는 없다. 이때 '이유를 제시한 경우'는 처분서에 기재된 내용과 관계 법령 및 당해 처분에 이르기까지의 전체적인 과정 등을 종합적으로 고려하여, 처분 당시 당사자가 어떠한 근거와 이유로 처분이 이루어진 것인지를 충분히 알 수 있어서 그에 불복하여 행정구제절차로 나아가는 데 별다른 지장이 없었다고 인정되는 경우를 뜻한다(대판 2019. 1. 31. 2016두64975).

**19** 「질서위반행위규제법」에 대한 설명으로 옳지 않은 것은?

① 질서위반행위 후 법률이 변경되어 그 행위가 질서위반행위에 해당하지 아니하게 되거나 과태료가 변경되기 전의 법률보다 가볍게 된 때에는 법률에 특별한 규정이 없는 한 변경된 법률을 적용하여야 한다.

② 고의 또는 과실이 없는 질서위반행위라고 하더라도 과태료를 부과할 수 있다.

③ 행정청의 과태료 부과에 불복하는 당사자는 과태료 부과 통지를 받은 날부터 60일 이내에 해당 행정청에 서면으로 이의제기를 할 수 있다.

④ 법원이 심문 없이 과태료 재판을 하고자 하는 때에는 당사자와 검사는 특별한 사정이 없는 한 약식재판의 고지를 받은 날부터 7일 이내에 이의신청을 할 수 있다.

> **ADVICE** ② 고의 또는 과실이 없는 질서위반행위는 과태료를 부과하지 아니한다(질서위반행위규제법 제7조).
> ① 질서위반행위규제법 제3조 제2항
> ③ 질서위반행위규제법 제20조 제1항
> ④ 질서위반행위규제법 제44조, 제45조 제1항

**20** 인가에 대한 설명으로 옳지 않은 것은?

① 「자동차관리법」상 자동차관리사업자로 구성하는 사업자단체인 조합 또는 협회의 설립인가처분은 자동차관리사업자들의 단체결성행위를 보충하여 효력을 완성시키는 처분에 해당한다.

② 구「도시 및 주거환경정비법」상 조합설립추진위원회 구성승인처분은 조합의 설립을 위한 주체인 추진위원회의 구성행위를 보충하여 그 효력을 부여하는 처분이다.

③ 주택재개발정비사업조합이 수립한 사업시행계획에 하자가 있음에도 불구하고 관할 행정청이 해당 사업시행계획에 대한 인가처분을 하였다면, 그 인가처분에는 고유한 하자가 없더라도 사업시행계획의 무효를 주장하면서 곧바로 그에 대한 인가처분의 무효확인이나 취소를 구하여야 한다.

④ 구「도시 및 주거환경정비법」상 토지소유자들이 조합을 설립하지 아니하고 직접 도시환경정비사업을 시행하고자 하는 경우에 내려진 사업시행인가처분은 설권적 처분의 성격을 가진다.

> **ADVICE** ③ 기본행위인 사업시행계획에는 하자가 없는데 보충행위인 인가처분에 고유한 하자가 있다면 그 인가처분의 무효확인이나 취소를 구하여야 할 것이지만, <u>인가처분에는 고유한 하자가 없는데 사업시행계획에 하자가 있다면 사업시행계획의 무효확인이나 취소를 구하여야 할 것이지 사업시행계획의 무효를 주장하면서 곧바로 그에 대한 인가처분의 무효확인이나 취소를 구하여서는 아니 된다</u>(대판 2021. 2. 10. 2020두48031).
>
> ① 자동차관리법상 자동차관리사업자로 구성하는 사업자단체인 조합 또는 협회의 설립인가처분은 국토해양부장관 또는 시·도지사가 자동차관리사업자들의 단체결성행위를 보충하여 효력을 완성시키는 <u>처분에 해당한다</u>(대판 2015. 5. 29. 2013두635).
>
> ② <u>추진위원회 구성을 승인하는 처분은 조합의 설립을 위한 주체에 해당하는 비법인 사단인 추진위원회를 구성하는 행위를 보충하여 그 효력을 부여하는 처분인 데 반하여, 조합설립인가처분은 법령상 요건을 갖출 경우 도시정비법상 주택재개발사업을 시행할 수 있는 권한을 갖는 행정주체(공법인)로서의 지위를 부여하는 일종의 설권적 처분이다</u>(대판 2014. 2. 13. 2011두21652).
>
> ④ <u>토지 등 소유자들이 직접 시행하는 도시환경정비사업에서 토지 등 소유자에 대한 사업시행인가처분은 단순히 사업시행계획에 대한 보충행위로서의 성질을 가지는 것이 아니라 구 도시정비법상 정비사업을 시행할 수 있는 권한을 가지는 행정주체로서의 지위를 부여하는 일종의 설권적 처분</u>의 성격을 가진다(대판 2013. 6. 13. 2011두19994).

**1** 「행정기본법」상 기간의 계산에 대한 설명으로 옳지 않은 것은?

① 행정에 관한 기간의 계산에 관하여는 「행정기본법」 또는 다른 법령등에 특별한 규정이 있는 경우를 제외하고는 「민법」을 준용한다.

② 법령등을 공포한 날부터 일정 기간이 경과한 날부터 시행하는 경우 그 기간의 말일이 토요일 또는 공휴일인 때에는 그 말일로 기간이 만료한다.

③ 법령등을 공포한 날부터 일정 기간이 경과한 날부터 시행하는 경우 법령등을 공포한 날을 첫날에 산입한다.

④ 법령등 또는 처분에서 국민의 권익을 제한하거나 의무를 부과하는 경우 권익이 제한되거나 의무가 지속되는 기간을 계산할 때에 기간을 일, 주, 월 또는 연으로 정한 경우에는 기간의 첫날을 산입한다. 다만, 그러한 기준을 따르는 것이 국민에게 불리한 경우에는 그러하지 아니하다.

> **ADVICE** ③ 법령등을 공포한 날부터 일정 기간이 경과한 날부터 시행하는 경우 법령등을 공포한 날을 첫날에 산입하지 아니한다
> (행정기본법 제7조 제2호).

> 행정기본법 제6조(행정에 관한 기간의 계산)
> ① 행정에 관한 기간의 계산에 관하여는 이 법 또는 다른 법령등에 특별한 규정이 있는 경우를 제외하고는 「민법」을 준용한다.
> ② 법령등 또는 처분에서 국민의 권익을 제한하거나 의무를 부과하는 경우 권익이 제한되거나 의무가 지속되는 기간의 계산은 다음 각 호의 기준에 따른다. 다만, 다음 각 호의 기준에 따르는 것이 국민에게 불리한 경우에는 그러하지 아니하다.
> 　1. 기간을 일, 주, 월 또는 연으로 정한 경우에는 기간의 첫날을 산입한다.
> 　2. 기간의 말일이 토요일 또는 공휴일인 경우에도 기간은 그 날로 만료한다.
> 제7조(법령등 시행일의 기간 계산) 법령등(훈령·예규·고시·지침 등을 포함한다. 이하 이 조에서 같다)의 시행일을 정하거나 계산할 때에는 다음 각 호의 기준에 따른다.
> 　1. 법령등을 공포한 날부터 시행하는 경우에는 공포한 날을 시행일로 한다.
> 　2. 법령등을 공포한 날부터 일정 기간이 경과한 날부터 시행하는 경우 법령등을 공포한 날을 첫날에 산입하지 아니한다.
> 　3. 법령등을 공포한 날부터 일정 기간이 경과한 날부터 시행하는 경우 그 기간의 말일이 토요일 또는 공휴일인 때에는 그 말일로 기간이 만료한다.
> 제7조의2(행정에 관한 나이의 계산 및 표시) 행정에 관한 나이는 다른 법령등에 특별한 규정이 있는 경우를 제외하고는 출생일을 산입하여 만(滿) 나이로 계산하고, 연수(年數)로 표시한다. 다만, 1세에 이르지 아니한 경우에는 월수(月數)로 표시할 수 있다.

**ANSWER** 20.③ / 1.③

**2** 행정절차에 대한 설명으로 옳지 않은 것은?

① 청문은 당사자가 공개를 신청하거나 청문 주재자가 필요하다고 인정하는 경우 공개할 수 있다. 다만, 공익 또는 제3자의 정당한 이익을 현저히 해칠 우려가 있는 경우에는 공개하여서는 아니 된다.

② 일반적으로 당사자가 근거규정 등을 명시하여 신청하는 인·허가 등을 거부하는 처분을 함에 있어 당사자가 그 근거를 알 수 있을 정도로 상당한 이유를 제시한 경우에는 당해 처분의 근거 및 이유를 구체적 조항 및 내용까지 명시하지 않았더라도 그로 말미암아 그 처분이 위법한 것이 된다고 할 수 없다.

③ 공무원 인사관계 법령에 따른 처분에 관하여는 「행정절차법」 적용을 배제하고 있으므로, 군인사법령에 의하여 진급예정자명단에 포함된 자에 대하여 의견제출의 기회를 부여하지 아니하고 진급선발취소처분을 한 것이 절차상 하자가 있어 위법하다고 할 수 없다.

④ 과세의 절차 내지 형식에 위법이 있어 과세처분을 취소하는 판결이 확정되었을 때는 그 확정판결의 기판력은 거기에 적시된 절차 내지 형식의 위법사유에 한하여 미치는 것이므로 과세관청은 그 위법사유를 보완하여 다시 새로운 과세처분을 할 수 있다.

> **ADVICE** ③ 행정과정에 대한 국민의 참여와 행정의 공정성, 투명성 및 신뢰성을 확보하고 국민의 권익을 보호함을 목적으로 하는 행정절차법의 입법목적과 행정절차법 제3조 제2항 제9호의 규정 내용 등에 비추어 보면, 공무원 인사관계 법령에 의한 처분에 관한 사항 전부에 대하여 행정절차법의 적용이 배제되는 것이 아니라 <u>성질상 행정절차를 거치기 곤란하거나 불필요하다고 인정되는 처분이나 행정절차에 준하는 절차를 거치도록 하고 있는 처분의 경우에만 행정절차법의 적용이 배제된다. 군인사법령에 의하여 진급예정자명단에 포함된 자에 대하여 의견제출의 기회를 부여하지 아니한 채 진급선발을 취소하는 처분을 한 것이 절차상 하자가 있어 위법</u>하다(대판 2007. 9. 21. 2006두20631).

**3** 국가배상에 대한 설명으로 옳은 것은?

① 국가배상청구의 요건인 '공무원의 직무'에는 행정주체가 사경제주체로서 하는 작용도 포함된다.

② 청구기간 내에 헌법소원이 적법하게 제기되었음에도 헌법재판소 재판관이 청구기간을 오인하여 각하결정을 한 경우, 이에 대한 불복절차 내지 시정절차가 없는 때에는 국가배상책임을 인정할 수 있다.

③ 군 복무 중 사망한 군인 등의 유족인 원고가 「국가배상법」에 따른 손해배상금을 지급받은 경우, 국가는 「군인연금법」 소정의 사망보상금을 지급함에 있어 원고가 받은 손해배상금 상당 금액을 공제할 수 없다.

④ 외국인이 피해자인 경우 해당 국가와 상호보증이 없더라도 「국가배상법」이 적용된다.

> **ADVICE** ① 국가배상법이 정한 배상청구의 요건인 '공무원의 직무'에는 권력적 작용만이 아니라 행정지도와 같은 비권력적 작용도 포함되며 단지 행정주체가 사경제주체로서 하는 활동만 제외된다(대판 1998. 7. 10. 96다38971).
>
> ③ 군인연금법 제41조 제1항은 "다른 법령에 따라 국가나 지방자치단체의 부담으로 이 법에 따른 급여와 같은 종류의 급여를 받은 사람에게는 그 급여금에 상당하는 금액에 대하여는 이 법에 따른 급여를 지급하지 아니한다."라고 명시적으로 규정하고 있다. 나아가 군인연금법이 정하고 있는 급여 중 사망보상금(군인연금법 제31조)은 일실손해의 보전을 위한 것으로 불법행위로 인한 소극적 손해배상과 같은 종류의 급여라고 봄이 타당하다(대판 1998. 11. 19. 97다36873(전합)).
>
> ④ 이 법은 외국인이 피해자인 경우에는 해당 국가와 <u>상호 보증이 있을 때에만 적용</u>한다(국가배상법 제7조).

**4** 정보공개에 대한 설명으로 옳지 않은 것은?

① 구「학교폭력예방 및 대책에 관한 법률」에 따른 학교폭력대책자치위원회의 회의록은 「공공기관의 정보공개에 관한 법률」 소정의 '공개될 경우 업무의 공정한 수행에 현저한 지장을 초래한다고 인정할 만한 상당한 이유가 있는 정보'에 해당한다.

② 정보공개를 청구하는 자가 공공기관에 대해 정보의 사본 또는 출력물의 교부 방법으로 공개방법을 선택하여 정보공개청구를 한 경우, 공개청구를 받은 공공기관은 「공공기관의 정보공개에 관한 법률」에서 규정한 정보의 사본 또는 복제물의 교부를 제한할 수 있는 사유에 해당하지 않는 한 그 공개방법을 선택할 재량권이 없다.

③ '2002학년도부터 2005학년도까지의 대학수학능력시험 원데이터'는 연구목적으로 그 정보의 공개를 청구하는 경우 「공공기관의 정보공개에 관한 법률」 소정의 비공개대상정보에 해당한다.

④ 「공공기관의 정보공개에 관한 법률」상 '공개하는 것이 공익 또는 개인의 권리구제를 위하여 필요하다고 인정되는 정보'에 해당하는지 여부는 비공개에 의하여 보호되는 개인의 사생활의 비밀 등 이익과 공개에 의하여 보호되는 국정운영의 투명성 확보 등의 공익 또는 개인의 권리구제 등 이익을 비교·교량하여 구체적 사안에 따라 신중히 판단하여야 한다.

> **ADVICE** ③ '2002년도 및 2003년도 국가 수준 학업성취도평가 자료'는 표본조사 방식으로 이루어졌을 뿐만 아니라 학교식별정보 등도 포함되어 있어서 그 원자료 전부가 그대로 공개될 경우 학업성취도평가 업무의 공정한 수행이 객관적으로 현저하게 지장을 받을 것이라는 고도의 개연성이 존재한다고 볼 여지가 있어 공공기관의 정보공개에 관한 법률 제9조 제1항 제5호에서 정한 비공개대상정보에 해당하는 부분이 있으나, '2002학년도부터 2005학년도까지의 대학수학능력시험 원데이터'는 연구 목적으로 그 정보의 공개를 청구하는 경우, 공개로 인하여 초래될 부작용이 공개로 얻을 수 있는 이익보다 더 클 것이라고 단정하기 어려우므로 그 공개로 대학수학능력시험 업무의 공정한 수행이 객관적으로 현저하게 지장을 받을 것이라는 고도의 개연성이 존재한다고 볼 수 없어 위 조항의 비공개대상정보에 해당하지 않는다(대판 2010. 2. 25. 2007두9877).

**5** 과징금에 대한 설명으로 옳지 않은 것은?

① 구「독점규제 및 공정거래에 관한 법률」소정의 부당지원행위에 대한 과징금은 부당지원행위의 억지라는 행정목적을 실현하기 위한 행정상 제재금으로서의 성격에 부당이득환수적 요소도 부가되어 있으므로 국가형벌권 행사로서의 처벌에 해당하지 아니한다.

② 행정기본법령에 따르면, 과징금 납부 의무자가 과징금을 분할 납부하려는 경우에는 납부기한 7일 전까지 과징금의 분할 납부를 신청하는 문서에 해당 사유를 증명하는 서류를 첨부하여 행정청에 신청해야 한다.

③ 관할 행정청이 여객자동차운송사업자의 여러 가지 위반행위를 인지하였다면 전부에 대하여 일괄하여 최고 한도 내에서 하나의 과징금 부과처분을 하는 것이 원칙이고, 인지한 위반행위 중 일부에 대해서만 우선 과징금 부과처분을 하고 나머지에 대해서는 차후에 별도의 과징금 부과처분을 하는 것은 다른 특별한 사정이 없는 한 허용되지 않는다.

④ 과징금의 근거가 되는 법률에는 과징금에 관한 부과·징수 주체, 부과 사유, 상한액, 가산금을 징수하려는 경우 그 사항, 과징금 또는 가산금 체납 시 강제징수를 하려는 경우 그 사항을 명확하게 규정하여야 한다.

> **ADVICE** ② 과징금 납부 의무자는 법 제29조 각 호 외의 부분 단서에 따라 과징금 납부기한을 연기하거나 과징금을 분할 납부하려는 경우에는 <u>납부기한 10일 전까지 과징금 납부기한의 연기나 과징금의 분할 납부를 신청하는 문서에 같은 조 각 호의 사유를 증명하는 서류를 첨부하여 행정청에 신청해야 한다</u>(행정기본법 시행령 제7조 제1항).

---

행정기본법 제29조(과징금의 납부기한 연기 및 분할 납부)
과징금은 한꺼번에 납부하는 것을 원칙으로 한다. 다만, 행정청은 과징금을 부과받은 자가 다음 각 호의 어느 하나에 해당하는 사유로 과징금 전액을 한꺼번에 내기 어렵다고 인정될 때에는 그 납부기한을 연기하거나 분할 납부하게 할 수 있으며, 이 경우 필요하다고 인정하면 담보를 제공하게 할 수 있다.
  1. 재해 등으로 재산에 현저한 손실을 입은 경우
  2. 사업 여건의 악화로 사업이 중대한 위기에 처한 경우
  3. 과징금을 한꺼번에 내면 자금 사정에 현저한 어려움이 예상되는 경우
  4. 그 밖에 제1호부터 제3호까지에 준하는 경우로서 대통령령으로 정하는 사유가 있는 경우

---

**6** 행정행위의 직권취소 및 철회에 대한 설명으로 옳지 않은 것은?

① 처분에 대하여 행정심판이나 행정소송이 제기되어 쟁송이 진행되고 있는 도중에는 행정청은 스스로 대상 처분을 취소할 수 없다.

② 행정청은 사정변경으로 적법한 처분을 더 이상 존속시킬 필요가 없게 된 경우 그 처분의 전부 또는 일부를 장래를 향하여 철회할 수 있다.

③ 제소기간의 경과 등으로 처분에 불가쟁력이 발생하였다 하여도 행정청은 실권의 법리에 해당하지 않는다면 직권으로 처분을 취소할 수 있다.

④ 행정청은 위법 또는 부당한 처분의 전부나 일부를 소급하여 취소할 수 있다. 다만, 당사자의 신뢰를 보호할 가치가 있는 등 정당한 사유가 있는 경우에는 장래를 향하여 취소할 수 있다.

> **ADVICE** ① 처분청은 기간의 제한 없이 당해 처분을 직권으로 취소할 수 있다. 특별한 법적 근거를 요하지 않고 직권 취소할 수 있다.


**7** 신뢰보호의 원칙에 대한 설명으로 옳지 않은 것은?

① 개발사업을 시행하기 전에 사건 토지 지상에 예식장 등을 건축하는 것이 관계 법령상 가능한지 여부를 질의하여 민원 부서로부터 '저촉사항 없음'이라고 기재된 민원예비심사 결과를 통보받았다면, 이는 이후의 개발부담금부과처분에 관하여 신뢰보호의 원칙을 적용하기 위한 공적인 견해표명을 한 것에 해당한다.

② 시의 도시계획과장과 도시계획국장이 도시계획사업의 준공과 동시에 사업부지에 편입한 토지에 대한 완충녹지 지정을 해제함과 아울러 당초의 토지소유자들에게 환매하겠다는 약속을 했음에도 이를 믿고 토지를 협의매매한 토지소유자의 완충녹지지정해제신청을 거부한 것은 신뢰보호의 원칙을 위반하거나 재량권을 일탈·남용한 위법한 처분이다.

③ 국회에서 일정한 법률안을 심의하거나 의결한 적이 있다고 하더라도 그것이 법률로 확정되지 아니한 이상 국가가 이해관계자들에게 위 법률안에 관련된 사항을 약속하였다고 볼 수 없으며, 이러한 사정만으로 어떠한 신뢰를 부여하였다고 볼 수도 없다.

④ 헌법재판소의 위헌결정은 행정청이 개인에 대하여 신뢰의 대상이 되는 공적인 견해를 표명한 것이라고 할 수 없으므로 그 결정에 관련한 개인의 행위에 대하여는 신뢰보호의 원칙이 적용되지 아니한다.

> **ADVICE** ① 개발이익환수에 관한 법률에 정한 개발사업을 시행하기 전에, 행정청이 토지 지상에 예식장 등을 건축하는 것이 관계 법령상 가능한지 여부를 질의하는 민원예비심사에 대하여 관련부서 의견으로 개발이익환수에 관한 법률에 '저촉사항 없음'이라고 기재하였다고 하더라도, 이후의 개발부담금부과처분에 관하여 신뢰보호의 원칙을 적용하기 위한 요건인, 개인에 대하여 신뢰의 대상이 되는 공적인 견해표명을 한 것이라고는 보기 어렵다(대판 2006. 6. 9. 2004두46).


✎ **ANSWER**  5.②  6.①  7.①

**8** 다음 사례에 대한 설명으로 옳은 것만을 모두 고르면?

> A시는 관광지개발사업을 시행하기 위하여 「공익사업을 위한 토지 등의 취득 및 보상에 관한 법률」의 절차에 따라 甲 소유 토지 및 건물을 포함하고 있는 지역 일대의 토지 및 건물들을 수용하였다. A시 시장은 甲에게 적법하게 토지의 인도와 건물의 철거 및 퇴거를 명하였으나 甲이 건물을 점유한 채 그 의무를 이행하지 않고 있다.

> ㉠ A시 시장의 토지인도명령에 대해 甲이 이를 불이행하더라도 그 불이행에 대해서 A시 시장은 행정대집행을 할 수 없다.
> ㉡ 甲이 위 건물철거의무를 이행하지 않을 경우, A시 시장은 행정대집행의 방법으로 건물의 철거 등 대체적 작위의무의 이행을 실현할 수 있는 경우에는 따로 민사소송의 방법으로 그 의무의 이행을 구할 수 없다.
> ㉢ 甲이 토지 인도의무를 이행하지 않을 경우, 甲의 토지 인도의무는 공법상 의무에 해당하므로 그 권리에 끼칠 현저한 손해를 피하기 위한 경우라 하더라도 A시 시장이 그 권리를 피보전권리로 하는 민사상 명도단행가처분을 구할 수는 없다.
> ㉣ 甲이 위력을 행사하여 적법한 행정대집행을 방해하는 경우 대집행 행정청은 필요한 경우에는 「경찰관 직무집행법」에 근거한 위험발생 방지조치 또는 「형법」상 공무집행방해죄의 범행방지 내지 현행범체포의 차원에서 경찰의 도움을 받을 수 있다.

① ㉠, ㉢
② ㉡, ㉣
③ ㉠, ㉡, ㉣
④ ㉡, ㉢, ㉣

> **ADVICE** 피수용자 등이 기업자에 대하여 부담하는 수용대상 토지의 인도의무에 관한 구 토지수용법 제63조, 제64조, 제77조 규정에서의 '인도'에는 명도도 포함되는 것으로 보아야 하고, 이러한 명도의무는 그것을 강제적으로 실현하면서 직접적인 실력행사가 필요한 것이지 대체적 작위의무라고 볼 수 없으므로 특별한 사정이 없는 한 행정대집행법에 의한 대집행의 대상이 될 수 있는 것이 아니다. 구 토지수용법 제63조의 규정에 따라 피수용자 등이 기업자에 대하여 부담하는 수용대상 토지의 인도 또는 그 지장물의 명도의무 등이 비록 공법상의 법률관계라고 하더라도, 그 권리를 피보전권리로 하는 명도단행가처분은 그 권리에 끼칠 현저한 손해를 피하거나 급박한 위험을 방지하기 위하여 또는 그 밖의 필요한 이유가 있을 경우에는 허용될 수 있다(대판 2005. 8. 19. 2004다2809).

**9** 행정처분에 대한 설명으로 옳지 않은 것은?

① 과징금부과처분이 법이 정한 한도액을 초과하여 위법할 경우 법원으로서는 그 한도액을 초과한 부분이나 법원이 적정하다고 인정되는 부분을 초과한 부분만을 취소할 수 있다.

② 건축물대장의 용도는 건축물의 소유권을 제대로 행사하기 위한 전제요건으로서 건축물 소유자의 실체적 권리관계에 밀접하게 관련되어 있으므로, 건축물대장 소관청의 용도변경신청 거부행위는 국민의 권리관계에 영향을 미치는 것으로서 항고소송의 대상이 되는 행정처분에 해당한다.

③ 한국철도시설공단(현 국가철도공단)이 공사낙찰적격심사 감점처분의 근거로 내세운 규정은 공사낙찰적격심사세부기준이고, 이러한 규정은 공공기관이 사인과의 계약관계를 공정하고 합리적·효율적으로 처리할 수 있도록 관계 공무원이 지켜야 할 계약사무처리에 관한 필요한 사항을 규정한 것으로서 공공기관의 내부규정에 불과하여 대외적 구속력이 없다.

④ 「식품위생법」에 따른 식품접객업(일반음식점영업)의 영업신고의 요건을 갖춘 자라고 하더라도, 그 영업신고를 한 당해 건축물이 「건축법」 소정의 허가를 받지 아니한 무허가 건물이라면 적법한 신고를 할 수 없다.

> **ADVICE** ① 자동차운수사업면허조건 등을 위반한 사업자에 대하여 행정청이 행정제재수단으로 사업 정지를 명할 것인지, 과징금을 부과할 것인지, 과징금을 부과키로 한다면 그 금액은 얼마로 할 것인지에 관하여 재량권이 부여되었다 할 것이므로 과징금부과처분이 법이 정한 한도액을 초과하여 위법할 경우 법원으로서는 그 전부를 취소할 수밖에 없고, 그 한도액을 초과한 부분이나 법원이 적정하다고 인정되는 부분을 초과한 부분만을 취소할 수 없다(금 1,000,000원을 부과한 당해 처분 중 금 100,000원을 초과하는 부분은 재량권 일탈·남용으로 위법하다)(대판 1998. 4. 10. 98두2270).

**10** 「공익사업을 위한 토지 등의 취득 및 보상에 관한 법률」상 손실보상에 대한 설명으로 옳지 않은 것은?

① 영업을 하기 위해 투자한 비용이나 그 영업을 통해 얻을 것으로 기대되는 이익에 대한 손실은 영업손실보상의 대상이 된다고 할 수 없다.

② 토지소유자가 손실보상금의 액수를 다투고자 하는 경우 토지수용위원회가 아니라 사업시행자를 상대로 보상금의 증액을 구하는 소송을 제기해야 한다.

③ 토지수용위원회의 재결에 대한 토지소유자의 행정소송 제기는 사업의 진행 및 토지의 수용 또는 사용을 정지시키지 아니한다.

④ 어떤 보상항목이 손실보상대상에 해당함에도 관할 토지수용위원회가 사실을 오인하거나 법리를 오해함으로써 손실보상대상에 해당하지 않는다고 잘못된 내용의 재결을 한 경우에는, 피보상자는 관할 토지수용위원회를 상대로 재결취소소송을 제기하여야 한다.

> **ADVICE** ④ 어떤 보상항목이 공익사업을 위한 토지 등의 취득 및 보상에 관한 법령상 손실보상대상에 해당함에도 관할 토지수용위원회가 사실을 오인하거나 법리를 오해함으로써 손실보상대상에 해당하지 않는다고 잘못된 내용의 재결을 한 경우에는, 피보상자는 관할 토지수용위원회를 상대로 그 재결에 대한 취소소송을 제기할 것이 아니라, 사업시행자를 상대로 공익사업을 위한 토지 등의 취득 및 보상에 관한 법률 제85조 제2항에 따른 보상금증감소송을 제기하여야 한다(대판 2019. 11. 28. 2018두227).

**✎ ANSWER** 8.③ 9.① 10.④

**11** 행정심판 재결의 효력에 대한 설명으로 옳지 않은 것은?

① 행정심판 재결의 내용이 처분청의 처분을 스스로 취소하는 것일 때에는 그 재결의 형성력이 발생하여 당해 행정처분은 별도의 행정처분을 기다릴 것 없이 당연히 취소되어 소멸된다.

② 행정처분이나 행정심판 재결이 불복기간의 경과로 확정될 경우 그 확정력은 처분으로 법률상 이익을 침해받은 자가 당해 처분이나 재결의 효력을 더 이상 다툴 수 없다는 의미일 뿐 판결과 같은 기판력이 인정되는 것은 아니다.

③ 당사자의 신청을 받아들이지 않은 거부처분이 재결에서 취소된 경우에 행정청은 종전 거부처분 또는 재결 후에 발생한 새로운 사유를 내세워 다시 거부처분을 할 수 없다.

④ 교원소청심사위원회의 결정은 처분청에 대하여 기속력을 가지고 이는 그 결정의 주문에 포함된 사항뿐 아니라 처분 등의 구체적 위법사유에 관한 판단에까지 미친다.

> **ADVICE** ③ 행정청이 한 처분 등의 취소를 구하는 소송은 처분에 의하여 발생한 위법 상태를 배제하여 원래 상태로 회복시키고 처분으로 침해된 권리나 이익을 구제하고자 하는 것이다. 따라서 해당 처분 등의 취소를 구하는 것보다 실효적이고 직접적인 구제수단이 있음에도 처분 등의 취소를 구하는 것은 특별한 사정이 없는 한 분쟁해결의 유효적절한 수단이라고 할 수 없어 법률상 이익이 있다고 할 수 없다. 그런데 당사자의 신청을 받아들이지 않은 거부처분이 재결에서 취소된 경우에 행정청은 종전 거부처분 또는 재결 후에 발생한 새로운 사유를 내세워 다시 거부처분을 할 수 있다. 그 재결의 취지에 따라 이전의 신청에 대하여 다시 어떠한 처분을 하여야 할지는 처분을 할 때의 법령과 사실을 기준으로 판단하여야 하기 때문이다. 또한 행정청이 재결에 따라 이전의 신청을 받아들이는 후속처분을 하였더라도 후속처분이 위법한 경우에는 재결에 대한 취소소송을 제기하지 않고도 곧바로 후속처분에 대한 항고소송을 제기하여 다툴 수 있다. 나아가 거부처분을 취소하는 재결이 있더라도 그에 따른 후속처분이 있기까지는 제3자의 권리나 이익에 변동이 있다고 볼 수 없고 후속처분 시에 비로소 제3자의 권리나 이익에 변동이 발생하며, 재결에 대한 항고소송을 제기하여 재결을 취소하는 판결이 확정되더라도 그와 별도로 후속처분이 취소되지 않는 이상 후속처분으로 인한 제3자의 권리나 이익에 대한 침해 상태는 여전히 유지된다. 이러한 점들을 종합하면, 거부처분이 재결에서 취소된 경우 재결에 따른 후속처분이 아니라 그 재결의 취소를 구하는 것은 실효적이고 직접적인 권리구제수단이 될 수 없어 분쟁해결의 유효적절한 수단이라고 할 수 없으므로 법률상 이익이 없다(대판 2017. 10. 31. 2015두45045).

**12** 판례의 입장으로 옳지 않은 것만을 모두 고르면?

> ㉠ 정보의 부분 공개가 허용되는 경우란 당해 정보에서 비공개대상정보에 관련된 기술 등을 제외 혹은 삭제하고 나머지 정보만 공개하는 것이 가능하고 나머지 부분의 정보만으로도 공개의 가치가 있는 경우를 의미한다.
>
> ㉡ 음주운전으로 적발된 주취운전자가 도로 밖으로 차량을 이동하겠다며 단속경찰관으로부터 보관중이던 차량열쇠를 반환받아 몰래 차량을 운전하여 가던 중 사고를 일으킨 경우, 국가배상책임이 인정되지 않는다.
>
> ㉢ 원고적격의 요건으로서 법률상 이익에는 당해 처분의 근거 법률에 의하여 보호되는 직접적이고 구체적인 이익뿐만 아니라 간접적이거나 사실적·경제적 이해관계를 가지는 경우도 여기에 포함된다.
>
> ㉣ 영어 과목의 2종 교과용 도서에 대하여 검정신청을 하였다가 불합격결정처분을 받은 자는 자신들이 검정신청한 교과서의 과목과 전혀 관계가 없는 수학 과목의 교과용 도서에 대한 합격결정처분에 대하여 그 취소를 구할 법률상 이익이 없다.

① ㉠, ㉡

② ㉠, ㉣

③ ㉡, ㉢

④ ㉢, ㉣

⬥ADVICE ㉡ (x) 경찰관의 주취운전자에 대한 권한 행사가 관계 법률의 규정 형식상 경찰관의 재량에 맡겨져 있다고 하더라도, 그러한 권한을 행사하지 아니한 것이 구체적인 상황하에서 현저하게 합리성을 잃어 사회적 타당성이 없는 경우에는 경찰관의 직무상 의무를 위배한 것으로서 위법하게 된다. 음주운전으로 적발된 주취운전자가 도로 밖으로 차량을 이동하겠다며 단속경찰관으로부터 보관중이던 차량열쇠를 반환받아 몰래 차량을 운전하여 가던 중 사고를 일으킨 경우, 국가배상책임이 인정된다(대판 1998. 5. 8. 97다54482).

㉢ (x) 행정소송법 제12조에서 말하는 법률상 이익이란 당해 행정처분의 근거 법률에 의하여 보호되는 직접적이고 구체적인 이익을 말하고 당해 행정처분과 관련하여 간접적이거나 사실적·경제적 이해관계를 가지는 데 불과한 경우는 여기에 포함되지 아니한다 할 것이나, 행정처분의 직접 상대방이 아닌 제3자라 하더라도 당해 행정처분으로 인하여 법률상 보호되는 이익을 침해당한 경우에는 취소소송을 제기하여 그 당부의 판단을 받을 자격이 있다(대판 2004. 5. 14. 2002두12465).

**13** 행정벌에 대한 설명으로 옳지 않은 것은?

① 지방자치단체 소속 공무원이 지방자치단체 고유의 자치사무를 수행하던 중 「도로법」 규정에 의한 위반행위를 한 경우 지방자치단체는 「도로법」 소정의 양벌규정에 따라 처벌대상이 되는 법인에 해당하지 않는다.

② 「개인정보 보호법」에 따르면, 죄형법정주의의 원칙상 '법인격 없는 공공기관'을 「개인정보 보호법」 소정의 양벌규정에 의하여 처벌할 수 없고, 그 경우 행위자 역시 위 양벌규정으로 처벌할 수 없다.

③ 과태료의 부과·징수, 재판 및 집행 등의 절차에 관한 다른 법률의 규정 중 「질서위반행위규제법」의 규정에 저촉되는 것은 「질서위반행위규제법」으로 정하는 바에 따른다.

④ 「질서위반행위규제법」에 따르면, 당사자와 검사는 과태료 재판에 대하여 즉시항고를 할 수 있으며, 이 경우 항고는 집행정지의 효력이 있다.

> **ADVICE** ① 국가가 본래 그의 사무의 일부를 지방자치단체의 장에게 위임하여 그 사무를 처리하게 하는 기관위임사무의 경우에는 지방자치단체는 국가기관의 일부로 볼 수 있는 것이지만, <u>지방자치단체가 그 고유의 자치사무를 처리하는 경우에는 지방자치단체는 국가기관의 일부가 아니라 국가기관과는 별도의 독립한 공법인이므로, 지방자치단체 소속 공무원이 지방자치단체 고유의 자치사무를 수행하던 중 도로법 제81조 내지 제85조의 규정에 의한 위반행위를 한 경우에는 지방자치단체는 도로법 제86조의 양벌규정에 따라 처벌대상이 되는 법인에 해당한다.</u> 지방자치단체 소속 공무원이 압축트럭 청소차를 운전하여 고속도로를 운행하던 중 제한축중을 초과 적재 운행함으로써 도로관리청의 차량운행제한을 위반한 사안에서, 해당 지방자치단체가 도로법 제86조의 양벌규정에 따른 처벌대상이 된다(대판 2005. 11. 10. 2004도2657).

**14** 다음 사례에 대한 설명으로 옳지 않은 것만을 모두 고르면?

> 세무서장 A가 甲에게 과세처분을 하였는데, 그 후 과세처분의 근거가 되었던 법률규정은 헌법재판소에 의해 위헌으로 선언되었다. 그러나 그 과세처분에 대한 제소기간은 이미 경과하여 확정되었고, A는 甲 명의의 예금에 대한 압류처분을 하였다. 한편, 과세처분의 집행을 위한 위 압류처분의 근거규정 자체는 따로 위헌결정이 내려진 바 없다.

> ㉠ 甲에 대한 과세처분과 압류처분은 별개의 행정처분이므로 선행처분인 과세처분이 당연무효가 아닌 이상 압류처분을 다툴 수 있는 방법은 존재하지 않는다.
> ㉡ 압류처분은 과세처분 근거규정이 직접 적용되지 않고 압류처분 관련 규정이 적용될 뿐이므로, 과세처분 근거규정에 대한 위헌결정의 기속력은 압류처분과는 무관하다.
> ㉢ 과세처분 이후 조세부과의 근거가 되었던 법률규정에 대하여 위헌결정이 내려진 경우, 과세처분이 당연무효가 아니더라도 위헌결정 이후에 과세처분의 집행을 위한 압류처분을 하는 것은 더 이상 허용되지 않는다.

① ㉠
② ㉠, ㉡
③ ㉠, ㉢
④ ㉡, ㉢

》**ADVICE** ㉠ (x), ㉡ (x) 위헌결정의 기속력과 헌법을 최고규범으로 하는 법질서의 체계적 요청에 비추어 국가기관 및 지방자치단체는 위헌으로 선언된 법률규정에 근거하여 새로운 행정처분을 할 수 없음은 물론이고, 위헌결정 전에 이미 형성된 법률관계에 기한 후속처분이라도 그것이 새로운 위헌적 법률관계를 생성·확대하는 경우라면 이를 허용할 수 없다. 따라서 조세 부과의 근거가 되었던 법률규정이 위헌으로 선언된 경우, 비록 그에 기한 과세처분이 위헌결정 전에 이루어졌고, 과세처분에 대한 제소기간이 이미 경과하여 조세채권이 확정되었으며, 조세채권의 집행을 위한 체납처분의 근거규정 자체에 대하여는 따로 위헌결정이 내려진 바 없다고 하더라도, 위와 같은 위헌결정 이후에 조세채권의 집행을 위한 새로운 체납처분에 착수하거나 이를 속행하는 것은 더 이상 허용되지 않고, 나아가 이러한 위헌결정의 효력에 위배하여 이루어진 체납처분은 그 사유만으로 하자가 중대하고 객관적으로 명백하여 당연무효라고 보아야 한다(대판 2012. 2. 16. 2010두10907).

**15** 공법상 계약에 대한 설명으로 옳은 것만을 모두 고르면?

> ㉠ 행정청은 법령등을 위반하지 아니하는 범위에서 행정목적을 달성하기 위하여 필요한 경우에는 공법상 법률관계에 관한 계약을 체결할 수 있고, 이 경우 계약의 목적 및 내용을 명확하게 적은 계약서를 작성하여야 한다.
>
> ㉡ 계약직공무원 채용계약해지의 의사표시를 하는 경우 징계해고 등에서와 같이 그 징계사유에 한하여 효력 유무를 판단하여야 하거나, 행정처분과 같이 「행정절차법」에 의하여 근거와 이유를 제시하여야 한다.
>
> ㉢ 공익사업을 위한 토지 등의 취득 및 보상에 관한 법령에 의한 협의취득은 사법상의 법률행위이지만 당사자 사이의 자유로운 의사에 따라 채무불이행책임이나 매매대금 과부족금에 대한 지급의무를 약정할 수 있는 것은 아니다.
>
> ㉣ 「지방자치단체를 당사자로 하는 계약에 관한 법률」에 따라 지방자치단체가 일방 당사자가 되는 이른바 공공계약이 사경제의 주체로서 상대방과 대등한 위치에서 체결하는 사법상의 계약에 해당하는 경우 그에 관한 법령에 특별한 정함이 있는 경우를 제외하고는 사적 자치와 계약자유의 원칙 등 사법의 원리가 그대로 적용된다.

① ㉠, ㉡

② ㉠, ㉣

③ ㉠, ㉢, ㉣

④ ㉡, ㉢, ㉣

> **ADVICE** ㉡ (x) 계약직공무원에 관한 현행 법령의 규정에 비추어 볼 때, 계약직공무원 채용계약해지의 의사표시는 일반공무원에 대한 징계처분과는 달라서 항고소송의 대상이 되는 처분 등의 성격을 가진 것으로 인정되지 아니하고, <u>일정한 사유가 있을 때에 국가 또는 지방자치단체가 채용계약 관계의 한쪽 당사자로서 대등한 지위에서 행하는 의사표시로 취급되는 것으로 이해되므로, 이를 징계해고 등에서와 같이 그 징계사유에 한하여 효력 유무를 판단하여야 하거나, 행정처분과 같이 행정절차법에 의하여 근거와 이유를 제시하여야 하는 것은 아니다</u>(대판 2002. 11. 26. 2002두5948).
>
> ㉢ (x) <u>공익사업을 위한 토지 등의 취득 및 보상에 관한 법령에 의한 협의취득은 사법상의 법률행위이므로 당사자 사이의 자유로운 의사에 따라 채무불이행책임이나 매매대금 과부족금에 대한 지급의무를 약정할 수 있다.</u> 그리고 협의취득을 위한 매매계약을 해석함에 있어서도 처분문서 해석의 일반원칙으로 돌아와 매매계약서에 기재되어 있는 문언대로의 의사표시의 존재와 내용을 인정하여야 하고, 당사자 사이에 계약의 해석을 둘러싸고 이견이 있어 처분문서에 나타난 당사자의 의사해석이 문제되는 경우에는 그 문언의 내용, 그러한 약정이 이루어진 동기와 경위, 그 약정에 의하여 달성하려는 목적, 당사자의 진정한 의사 등을 종합적으로 고찰하여 논리와 경험칙에 따라 합리적으로 해석하여야 한다. 다만 공익사업법은 공익사업의 효율적인 수행을 통하여 공공복리의 증진과 재산권의 적정한 보호를 도모하는 것을 목적으로 하고 협의취득의 배후에는 수용에 의한 강제취득 방법이 남아 있어 토지 등의 소유자로서는 협의에 불응하면 바로 수용을 당하게 된다는 심리적 강박감이 자리 잡을 수밖에 없으며 협의취득 과정에는 여러 가지 공법적 규제가 있는 등 공익적 특성을 고려하여야 한다(대판 2012. 2. 23. 2010다91206).

**16** 행정행위의 부관에 대한 설명으로 옳지 않은 것은?

① 기부채납받은 행정재산에 대한 사용 · 수익허가에서 공유재산의 관리청이 정한 사용 · 수익허가의 기간은 그 허가의 효력을 제한하기 위한 행정행위의 부관으로서 이러한 사용 · 수익허가의 기간에 대해서는 독립하여 행정소송을 제기할 수 없다.

② 토지소유자가 토지형질변경행위허가에 붙은 기부채납의 부관에 따라 토지를 국가나 지방자치단체에 기부채납(증여)한 경우, 기부채납의 부관이 당연무효이거나 취소되지 아니한 이상 토지소유자는 위 부관으로 인하여 증여계약의 중요부분에 착오가 있음을 이유로 증여계약을 취소할 수 없다.

③ 행정행위의 부관인 부담에 정해진 바에 따라 당해 행정청이 아닌 다른 행정청이 그 부담상의 의무이행을 요구하는 의사표시를 하였을 경우, 이러한 행위가 당연히 항고소송의 대상이 되는 처분에 해당한다고 할 수는 없다.

④ 행정처분에 부담인 부관을 붙인 경우 부관의 무효화에 의하여 본체인 행정처분 자체의 효력에도 영향이 있게 될 수 있으며, 그 처분을 받은 사람이 부담의 이행으로 사법상 매매 등의 법률행위를 한 경우 그 법률행위 자체는 당연무효이다.

> **ADVICE** ④ 행정처분에 부담인 부관을 붙인 경우 부관의 무효화에 의하여 본체인 행정처분 자체의 효력에도 영향이 있게 될 수는 있지만, 그 처분을 받은 사람이 부담의 이행으로 사법상 매매 등의 법률행위를 한 경우에는 그 부관은 특별한 사정이 없는 한 법률행위를 하게 된 동기 내지 연유로 작용하였을 뿐이므로 이는 법률행위의 취소사유가 될 수 있음은 별론으로 하고 그 법률행위 자체를 당연히 무효화하는 것은 아니다. 또한, 행정처분에 붙은 부담인 부관이 제소기간의 도과로 확정되어 이미 불가쟁력이 생겼다면 그 하자가 중대하고 명백하여 당연 무효로 보아야 할 경우 외에는 누구나 그 효력을 부인할 수 없을 것이지만, 부담의 이행으로서 하게 된 사법상 매매 등의 법률행위는 부담을 붙인 행정처분과는 어디까지나 별개의 법률행위이므로 그 부담의 불가쟁력의 문제와는 별도로 법률행위가 사회질서 위반이나 강행규정에 위반되는지 여부 등을 따져보아 그 법률행위의 유효 여부를 판단하여야 한다(대판 2009. 6. 25. 2006다18174).

**17** 행정계획에 대한 설명으로 옳지 않은 것은?

① 행정청은 구체적인 행정계획을 입안·결정할 때 비교적 광범위한 형성의 재량을 가진다.

② 행정청이 행정계획을 입안·결정할 때 이익형량을 하였으나 정당성과 객관성이 결여된 경우에는 그 행정계획 결정은 위법하게 될 수 있다.

③ 도시계획의 결정·변경 등에 관한 권한을 가진 행정청은 이미 도시계획이 결정·고시된 지역에 대하여도 다른 내용의 도시계획을 결정·고시할 수 있고, 이때에 후행 도시계획에 선행 도시계획과 서로 양립할 수 없는 내용이 포함되어 있다면, 특별한 사정이 없는 한 선행 도시계획은 후행 도시계획과 같은 내용으로 변경된다.

④ 도시기본계획은 도시의 장기적 개발 방향과 미래상을 제시하는 도시계획 입안의 지침이 되는 장기적·종합적인 개발계획으로서 직접적인 구속력이 있으므로, 도시계획시설결정 대상면적이 도시기본계획에서 예정했던 것보다 증가할 경우 도시기본계획의 범위를 벗어나 위법하다.

> **ADVICE** ④ 도시계획법 제11조 제1항에는, 시장 또는 군수는 그 관할 도시계획구역 안에서 시행할 도시계획을 도시기본계획의 내용에 적합하도록 입안하여야 한다고 규정하고 있으나, <u>도시기본계획이라는 것은 도시의 장기적 개발방향과 미래상을 제시하는 도시계획 입안의 지침이 되는 장기적·종합적인 개발계획으로서 직접적인 구속력은 없는 것이므로, 도시계획시설결정 대상면적이 도시기본계획에서 예정했던 것보다 증가하였다 하여 그것이 도시기본계획의 범위를 벗어나 위법한 것은 아니다</u>(대판 1998. 11. 27. 96누13927).


**18** 행정행위에 대한 설명으로 옳지 않은 것은?

① 여객자동차운송사업의 한정면허는 특정인에게 권리나 이익을 부여하는 수익적 행정행위로서 재량행위에 해당한다.

② 난민 인정에 관한 신청을 받은 행정청은 원칙적으로 법령이 정한 난민 요건에 해당하는지를 심사하여 난민 인정 여부를 결정할 수 있을 뿐이고, 법령이 정한 난민 요건과 무관한 다른 사유만을 들어 난민 인정을 거부할 수는 없다.

③ 자동차관리사업자로 구성하는 사업자단체 설립인가는 인가권자가 가지는 지도·감독 권한의 범위 등과 아울러 설립인가에 관하여 구체적인 기준이 정하여져 있지 않은 점 등에 비추어 재량행위로 보아야 한다.

④ 공익법인의 기본재산 처분허가에 부관을 붙인 경우, 그 처분허가의 법적 성질은 명령적 행정행위인 허가에 해당하며 조건으로서 부관의 부과가 허용되지 아니한다.

> **ADVICE** ④ <u>공익법인의 기본재산의 처분에 관한 공익법인의 설립·운영에 관한 법률 제11조 제3항의 규정은 강행규정으로서 이에 위반하여 주무관청의 허가를 받지 않고 기본재산을 처분하는 것은 무효라 할 것인데, 위 처분허가에 부관을 붙인 경우 그 처분허가의 법률적 성질이 형성적 행정행위로서의 인가에 해당한다고 하여 조건으로서의 부관의 부과가 허용되지 아니한다고 볼 수는 없고,</u> 다만 구체적인 경우에 그것이 조건, 기한, 부담, 철회권의 유보 중 어느 종류의 부관에 해당하는지는 당해 부관의 내용, 경위 기타 제반 사정을 종합하여 판단하여야 할 것이다(대판 2005. 9. 28. 2004다50044).

**19** 행정입법에 대한 설명으로 옳지 않은 것은?

① 정부는 권한 있는 기관에 의하여 위헌으로 결정되어 법령이 헌법에 위반되거나 법률에 위반되는 것이 명백한 경우 등 대통령령으로 정하는 경우에는 해당 법령을 개선하여야 한다.

② 헌법 제107조제2항은 구체적 규범통제를 규정하고 있기 때문에 당사자는 구체적 사건의 심판을 위한 선결문제로서 행정입법의 위법성을 주장하여 법원에 대하여 당해 사건에 대한 적용 여부의 판단을 구할 수 있다.

③ 일반적으로 법률의 위임에 따라 효력을 갖는 법규명령의 경우에 위임의 근거가 없어 무효였다면 나중에 법 개정으로 위임의 근거가 부여되었다고 하여 그때부터 유효한 법규명령이 되는 것은 아니다.

④ 법률의 시행령은 모법인 법률에 의하여 위임받은 사항이나 법률이 규정한 범위 내에서 법률을 현실적으로 집행하는 데 필요한 세부적인 사항만을 규정할 수 있을 뿐, 법률에 의한 위임이 없는 한 법률이 규정한 개인의 권리·의무에 관한 내용을 변경·보충하거나 법률에 규정되지 아니한 새로운 내용을 규정할 수는 없다.

> **ADVICE** ③ 일반적으로 법률의 위임에 따라 효력을 갖는 법규명령의 경우에 <u>위임의 근거가 없어 무효였더라도 나중에 법 개정으로 위임의 근거가 부여되면 그때부터는 유효한 법규명령으로 볼 수 있다.</u> 그러나 법규명령이 개정된 법률에 규정된 내용을 함부로 유추·확장하는 내용의 해석규정이어서 위임의 한계를 벗어난 것으로 인정될 경우에는 법규명령은 여전히 무효이다(대판 2017. 4. 20. 2015두45700).

**20** 판례의 입장으로 옳지 않은 것은?

① 「여객자동차 운수사업법」에 따르면, 여객자동차 운수사업자가 거짓이나 부정한 방법으로 지급받은 보조금에 대한 국토교통부장관 또는 시·도지사의 환수처분은 기속행위에 해당한다.

② 재량권의 일탈·남용에 관하여는 행정행위의 효력을 다투는 사람이 주장·증명책임을 부담한다.

③ 사업주가 당연가입자가 되는 고용보험 및 산업재해보상보험에서 보험료 납부의무 부존재확인은 당사자소송으로 다투어야 한다.

④ 지방자치단체의 장이 「공유재산 및 물품관리법」에 근거하여 기부채납 및 사용·수익허가 방식으로 민간투자사업을 추진하는 과정에서 사업시행자를 지정하기 위한 전 단계에서 공모 제안을 받아 일정한 심사를 거쳐 우선협상대상자를 선정하는 행위는 항고소송의 대상이 되는 행정처분에 해당하지 않는다.

> **ADVICE** ④ 공유재산 및 물품관리법 제2조 제1호, 제7조 제1항, 제20조 제1항, 제2항 제2호의 내용과 체계에 관련 법리를 종합하면, 지방자치단체의 장이 공유재산법에 근거하여 기부채납 및 사용·수익허가 방식으로 민간투자사업을 추진하는 과정에서 사업시행자를 지정하기 위한 전 단계에서 공모제안을 받아 일정한 심사를 거쳐 <u>우선협상대상자를 선정하는 행위와 이미 선정된 우선협상대상자를 그 지위에서 배제하는 행위는 민간투자사업의 세부내용에 관한 협상을 거쳐 공유재산법에 따른 공유재산의 사용·수익허가를 우선적으로 부여받을 수 있는 지위를 설정하거나 또는 이미 설정한 지위를 박탈하는 조치이므로 모두 항고소송의 대상이 되는 행정처분으로 보아야 한다</u>(대판 2020. 4. 29. 2017두31064).
>
> ① 마을버스 운수업자 甲이 유류사용량을 실제보다 부풀려 유가보조금을 과다 지급받은 데 대하여 관할 시장이 甲에게 부정수급기간 동안 지급된 유가보조금 전액을 회수하는 내용의 처분을 한 사안에서, 구 여객자동차 운수사업법 제51조 제3항에 따라 국토해양부장관 또는 시·도지사는 여객자동차 운수사업자가 '거짓이나 부정한 방법으로 지급받은 보조금'에 대하여 반환할 것을 명하여야 하고, 위 규정을 '정상적으로 지급받은 보조금'까지 반환하도록 명할 수 있는 것으로 해석하는 것은 문언의 범위를 넘어서는 것이며, 규정의 형식이나 체재 등에 비추어 보면, <u>위 환수처분은 국토해양부장관 또는 시·도지사가 지급받은 보조금을 반환할 것을 명하여야 하는 기속행위라고 본 원심판단을 정당하다</u>(대판 2013. 12. 12. 2011두3388).

**1** 신뢰보호의 원칙에 대한 설명으로 옳지 않은 것은?

① 행정청의 공적 견해의 표명 후 그 견해표명 당시의 사정이 변경된 경우에도 행정청이 공적 견해표명에 반하는 처분을 하는 경우에는 특별한 사정이 없는 한 신뢰보호의 원칙에 위반된다.

② 신뢰보호의 원칙에서 개인의 귀책사유라 함은 행정청의 견해표명의 하자가 상대방 등 관계자의 사실은폐나 기타 사위의 방법에 의한 신청행위 등 부정행위에 기인한 것이거나 그러한 부정행위가 없더라도 하자가 있음을 알았거나 중대한 과실로 알지 못한 경우 등을 의미한다.

③ 행정청의 공적 견해표명이 있었는지 여부를 판단함에 있어서는, 반드시 행정조직상의 형식적인 권한분장에 구애될 것은 아니고, 담당자의 조직상의 지위와 임무, 당해 언동을 하게 된 구체적인 경위 및 그에 대한 상대방의 신뢰가능성에 비추어 실질에 의하여 판단하여야 한다.

④ 행정청은 권한 행사의 기회가 있음에도 불구하고 장기간 권한을 행사하지 아니하여 국민이 그 권한이 행사되지 아니할 것으로 믿을 만한 정당한 사유가 있는 경우에는 그 권한을 행사해서는 아니 되지만, 공익 또는 제3자의 이익을 현저히 해칠 우려가 있는 경우는 예외이다.

> **ADVICE** ① 신뢰보호의 원칙은 행정청이 공적인 견해를 표명할 당시의 사정이 그대로 유지됨을 전제로 적용되는 것이 원칙이므로, 사후에 그와 같은 사정이 변경된 경우에는 그 공적 견해가 더 이상 개인에게 신뢰의 대상이 된다고 보기 어려운 만큼, 특별한 사정이 없는 한 행정청이 그 견해표명에 반하는 처분을 하더라도 신뢰보호의 원칙에 위반된다고 할 수 없다. 한편 재건축조합에서 일단 내부 규범이 정립되면 조합원들은 특별한 사정이 없는 한 그것이 존속하리라는 신뢰를 가지게 되므로, 내부 규범 변경을 통해 달성하려는 이익이 종전 내부 규범의 존속을 신뢰한 조합원들의 이익보다 우월해야 한다. 조합 내부 규범을 변경하는 총회결의가 신뢰보호의 원칙에 위반되는지를 판단하기 위해서는, 종전 내부 규범의 내용을 변경하여야 할 객관적 사정과 필요가 존재하는지, 그로써 조합이 달성하려는 이익은 어떠한 것인지, 내부 규범의 변경에 따라 조합원들이 침해받은 이익은 어느 정도의 보호가치가 있으며 침해 정도는 어떠한지, 조합이 종전 내부 규범의 존속에 대한 조합원들의 신뢰 침해를 최소화하기 위하여 어떤 노력을 기울였는지 등과 같은 여러 사정을 종합적으로 비교·형량해야 한다(대판 2020. 6. 25. 2018두34732).

**ANSWER** 20.④ / 1.①

**2** 개인적 공권에 대한 설명으로 옳지 않은 것은?

① 환경영향평가 대상지역 밖의 주민이라 할지라도 공유수면매립면허처분 등으로 인하여 그 처분 전과 비교하여 수인한도를 넘는 환경피해를 받거나 받을 우려가 있는 경우에는, 공유수면매립면허처분 등으로 인하여 환경상 이익에 대한 침해 또는 침해우려가 있다는 것을 입증함으로써 그 처분 등의 무효확인을 구할 원고적격을 인정받을 수 있다.

② 공무원연금 수급권과 같은 사회보장수급권은 헌법규정만으로는 이를 실현할 수 없어 법률에 의한 형성이 필요하고, 그 구체적인 내용 즉 수급요건 등은 법률에 의하여 비로소 확정된다.

③ 행정처분에 있어서 수익처분의 상대방은 그의 권리나 법률상 보호되는 이익이 침해되었다고 볼 수 없으므로 달리 특별한 사정이 없는 한 그 수익처분의 취소를 구할 이익이 없다.

④ 행정계획은 행정기관 내부의 행동 지침에 불과하므로, 도시계획구역 내 토지 등을 소유하고 있는 주민은 입안권자에게 도시계획입안을 요구할 수 있는 법규상 또는 조리상의 신청권이 없다.

> **ADVICE** ④ 국토의 계획 및 이용에 관한 법률은 국토의 이용·개발과 보전을 위한 계획의 수립 및 집행 등에 필요한 사항을 규정함으로써 공공복리를 증진시키고 국민의 삶의 질을 향상시키는 것을 목적으로 하면서도 도시계획시설결정으로 인한 개인의 재산권행사의 제한을 줄이기 위하여, 도시·군계획시설부지의 매수청구권(제47조), 도시·군계획시설결정의 실효(제48조)에 관한 규정과 아울러 도시·군관리계획의 입안권자인 특별시장·광역시장·특별자치시장·특별자치도지사·시장 또는 군수(이하 '입안권자'라 한다)는 5년마다 관할 구역의 도시·군관리계획에 대하여 타당성 여부를 전반적으로 재검토하여 정비하여야 할 의무를 지우고(제34조), 주민(이해관계자 포함)에게는 도시·군관리계획의 입안권자에게 기반시설의 설치·정비 또는 개량에 관한 사항, 지구단위계획구역의 지정 및 변경과 지구단위계획의 수립 및 변경에 관한 사항에 대하여 도시·군관리계획도서와 계획설명서를 첨부하여 도시·군관리계획의 입안을 제안할 권리를 부여하고 있고, 입안제안을 받은 입안권자는 그 처리 결과를 제안자에게 통보하도록 규정하고 있다. 이들 규정에 헌법상 개인의 재산권 보장의 취지를 더하여 보면, <u>도시계획구역 내 토지 등을 소유하고 있는 사람과 같이 당해 도시계획시설결정에 이해관계가 있는 주민으로서는 도시시설계획의 입안권자 내지 결정권자에게 도시시설계획의 입안 내지 변경을 요구할 수 있는 법규상 또는 조리상의 신청권이 있고, 이러한 신청에 대한 거부행위는 항고소송의 대상이 되는 행정처분에 해당한다</u>(대판 2015. 3. 26 2014두42742).

**3** 무효등 확인소송에 대한 설명으로 옳은 것은?

① 무효확인판결에는 취소판결의 기속력에 관한 규정이 준용되지 않는다.

② 무효등 확인소송의 제기 당시에 원고적격을 갖추었다면 상고심 계속중에 원고적격을 상실하더라도 그 소는 적법하다.

③ 행정처분의 무효란 행정처분이 처음부터 아무런 효력도 발생하지 아니한다는 의미이므로 무효등 확인소송에 대해서는 집행정지가 인정되지 아니한다.

④ 행정처분의 당연무효를 주장하여 그 무효확인을 구하는 행정소송에 있어서는 원고에게 그 행정처분이 무효인 사유를 주장·입증할 책임이 있다.

> **ADVICE** ①③제9조(재판관할), 제10조(관련청구소송의 이송,병합), 제13조 내지 제17조(피고적격, 피고경정, 공동소송, 제3자의 소송참가, 행정청의 소송참가), 제19조(취소소송의 대상), 제22조 내지 제26조(처분변경으로 인한 소의 변경, 집행정지, 집행정지의 취소, 행정심판기록의 제출명령, 직권심리), 제29조 내지 제31조(취소판결의 효력, 취소판결등의 기속력, 제3자에 의한 재심청구) 및 제33조(소송비용에 관한 재판의 효력)의 규정은 무효등 확인소송의 경우에 준용한다(행정소송법 제38조 제1항).
> ② 원고적격은 소송요건에 해당하고 법원의 직권조사사항이며 상고심에서도 존속해야 한다.

**4** 행정소송의 피고에 대한 설명으로 옳지 않은 것은?

① 취소소송은 다른 법률에 특별한 규정이 없는 한 그 처분등을 행한 행정청을 피고로 하지만, 처분등이 있은 뒤에 그 처분등에 관계되는 권한이 다른 행정청에 승계된 때에는 이를 승계한 행정청을 피고로 한다.

② 조례가 집행행위의 개입 없이도 그 자체로서 직접 국민의 구체적인 권리·의무나 법적 이익에 영향을 미치는 등의 법률상 효과를 발생하는 경우 무효확인소송의 피고는 당해 조례를 통과시킨 지방의회가 된다.

③ 「행정소송법」상 원고가 피고를 잘못 지정한 때에는 법원은 원고의 신청에 의하여 결정으로써 피고의 경정을 허가할 수 있다.

④ 행정처분을 행할 적법한 권한 있는 상급행정청으로부터 내부위임을 받은 데 불과한 하급행정청이 권한 없이 행정처분을 한 경우 실제로 그 처분을 행한 하급행정청을 피고로 하여야 할 것이지 그 처분을 행할 적법한 권한 있는 상급행정청을 피고로 할 것은 아니다.

> **ADVICE** ② 조례가 집행행위의 개입 없이도 그 자체로서 직접 국민의 구체적인 권리의무나 법적 이익에 영향을 미치는 등의 법률상 효과를 발생하는 경우 그 조례는 항고소송의 대상이 되는 행정처분에 해당하고, 이러한 조례에 대한 무효확인소송을 제기함에 있어서 행정소송법 제38조 제1항, 제13조에 의하여 피고적격이 있는 처분 등을 행한 행정청은, 행정주체인 지방자치단체 또는 지방자치단체의 내부적 의결기관으로서 지방자치단체의 의사를 외부에 표시한 권한이 없는 지방의회가 아니라, 구 지방자치법 제19조 제2항, 제92조에 의하여 지방자치단체의 집행기관으로서 조례로서의 효력을 발생시키는 공포권이 있는 지방자치단체의 장이다(대판 1996. 9. 20. 95누8003).

 **ANSWER** 2.④  3.④  4.②

**5** 행정조사에 대한 설명으로 옳지 않은 것은?

① 우편물 통관검사절차에서 이루어지는 우편물의 개봉, 시료채취, 성분분석 등의 검사는 수출입물품에 대한 적정한 통관 등을 목적으로 한 행정조사의 성격을 가지는 것으로서 압수·수색영장 없이도 이러한 검사를 진행할 수 있다.

② 세무조사결정은 납세자의 권리·의무에 직접 영향을 미치는 공권력의 행사에 따른 행정작용으로서 항고소송의 대상이 된다.

③ 「행정조사기본법」에 따르면 조사대상자의 자발적인 협조에 따라 실시하는 행정조사에 대하여 조사대상자가 조사에 응할 것인지에 대한 응답을 하지 아니하는 경우에는 법령등에 특별한 규정이 없는 한 그 조사를 거부한 것으로 본다.

④ 「행정조사기본법」상 행정조사를 실시하기 전에 관련 사항을 미리 통지하는 경우 증거인멸 등으로 행정조사의 목적을 달성할 수 없다고 판단되는 때에는, 행정기관의 장은 행정조사 종료 후 지체 없이 행정조사의 목적 등을 조사대상자에게 구두로 통지할 수 있다.

> **ADVICE** ④ 행정조사기본법 제17조 제1항 1호

제17조(조사의 사전통지)
① 행정조사를 실시하고자 하는 행정기관의 장은 제9조에 따른 출석요구서, 제10조에 따른 보고요구서·자료제출요구서 및 제11조에 따른 현장출입조사서(이하 "출석요구서등"이라 한다)를 조사개시 7일 전까지 조사대상자에게 서면으로 통지하여야 한다. 다만, 다음 각 호의 어느 하나에 해당하는 경우에는 행정조사의 개시와 동시에 출석요구서등을 조사대상자에게 제시하거나 행정조사의 목적 등을 조사대상자에게 구두로 통지할 수 있다.
  1. 행정조사를 실시하기 전에 관련 사항을 미리 통지하는 때에는 증거인멸 등으로 행정조사의 목적을 달성할 수 없다고 판단되는 경우

**6** 위법한 직무집행행위로 인한 손해배상책임에 대한 설명으로 옳지 않은 것은?

① 「국가배상법」상 '공무원'이라 함은 널리 공무를 위탁받아 실질적으로 공무에 종사하고 있는 일체의 자를 가리키는 것으로서, 단지 공무의 위탁이 일시적인 사항에 관한 활동을 위한 것은 포함되지 않는다.

② 「국가배상법」이 정한 배상청구의 요건인 '공무원의 직무'에는 권력적 작용만이 아니라 행정지도와 같은 비권력적 공행정작용도 포함된다.

③ 어떠한 행정처분이 후에 항고소송에서 위법한 것으로서 취소되었다고 하더라도 그로써 곧 당해 행정처분이 공무원의 고의 또는 과실에 의한 불법행위를 구성한다고 단정할 수는 없다.

④ 헌법상 과잉금지의 원칙 내지 비례의 원칙을 위반하여 국민의 기본권을 침해한 국가작용은 국가배상책임에 있어 법령을 위반한 가해행위가 된다.

> **ADVICE** 「국가배상법」상 '공무원'에는 「국가공무원법」, 「지방공무원법」상의 모든 공무원 뿐만 아니라 널리 공무을 위탁받아 종사하는 모든 자가 포함된다.

**7** 행정행위에 대한 설명으로 옳은 것만을 모두 고르면?

> ㉠ 변상금 부과처분에 대한 취소소송이 진행 중인 경우 부과권자는 위법한 처분을 스스로 취소하고 그 하자를 보완하여 다시 적법한 부과처분을 할 수 없다.
> ㉡ 행정청이 「도시 및 주거환경정비법」 등 관련 법령에 근거하여 행하는 조합설립인가처분은 사인들의 조합설립행위에 대한 보충행위로서의 성질을 갖는 것에 그친다.
> ㉢ 「여객자동차 운수사업법」에 따른 개인택시운송사업면허는 특정인에게 권리나 이익을 부여하는 재량행위이다.
> ㉣ 귀화허가는 외국인에게 대한민국 국적을 부여함으로써 국민으로서의 법적 지위를 포괄적으로 설정하는 행위에 해당한다.

① ㉠, ㉡

② ㉡, ㉢

③ ㉢, ㉣

④ ㉠, ㉢, ㉣

>**ADVICE** ㉠ (x) 소멸시효는 객관적으로 권리가 발생하여 그 권리를 행사할 수 있는 때로부터 진행하고 그 권리를 행사할 수 없는 동안만은 진행하지 아니하는데, 여기서 권리를 행사할 수 없는 경우라 함은 그 권리행사에 법률상의 장애사유가 있는 경우를 말하는데, 변상금 부과처분에 대한 취소소송이 진행중이라도 그 부과권자로서는 위법한 처분을 스스로 취소하고 그 하자를 보완하여 다시 적법한 부과처분을 할 수도 있는 것이어서 그 권리행사에 법률상의 장애사유가 있는 경우에 해당한다고 할 수 없으므로, 그 처분에 대한 취소소송이 진행되는 동안에도 그 부과권의 소멸시효가 진행된다(대판 2006. 2. 10. 2003두5686).
>
> ㉡ (x) 재개발조합설립인가신청에 대한 행정청의 조합설립인가처분은 단순히 사인의 조합설립행위에 대한 보충행위로서의 성질을 가지는 것이 아니라 법령상 일정한 요건을 갖추는 경우 행정주체로서 공법인의 지위를 부여하는 일종의 설권적 처분의 성질을 가진다(대판 2023. 8. 18. 2022두51901).

---

✎ **ANSWER**  5.④  6.①  7.③

**8** 국가배상에 대한 설명으로 옳은 것은?

① 「국가배상법」에 따른 손해배상의 소송은 배상심의회에 배상신청을 하지 아니하면 제기할 수 없다.

② 국가배상소송을 제기하는 경우 민사소송이 아니라 공법상 당사자소송으로 제기하여야 한다.

③ 군 복무 중 사망한 사람의 유족이 국가배상을 받은 경우, 관할 행정청 등은 「군인연금법」상 사망보상금에서 소극적 손해배상금 상당액을 공제할 수 있을 뿐, 이를 넘어 정신적 손해배상금까지 공제할 수는 없다.

④ 공공시설물의 하자로 손해를 입은 외국인에게는 해당 국가와 상호 보증이 없더라도 「국가배상법」이 적용된다.

> **ADVICE** ① 이 법에 따른 손해배상의 소송은 배상심의회에 배상신청을 하지 아니하고도 제기할 수 있다(국가배상법 제9조).
> ② 학설은 국가배상소송을 공법상 당사자 소송으로 보는 것이 다수설이지만, 판례는 국가배상법 제8조를 근거로 국가배상 소송을 민사소송으로 본다.
> ④ 이 법은 외국인이 피해자인 경우에는 해당 <u>국가와 상호 보증이 있을 때에만</u> 적용한다(국가배상법 제7조).

**9** 「공공기관의 정보공개에 관한 법률」상 정보공개청구에 대한 설명으로 옳지 않은 것은?

① 정보의 공개를 청구하는 자는 정보공개청구서에 청구대상 정보를 기재함에 있어서 사회일반인의 관점에서 청구대상정보의 내용과 범위를 확정할 수 있을 정도로 특정함을 요한다.

② 공공기관이 공개청구의 대상이 된 정보를 공개는 하되, 청구인이 신청한 공개방법 이외의 방법으로 공개하기로 하는 결정을 하였다면, 이는 정보공개청구 중 정보공개방법에 관한 부분에 대하여 일부 거부처분을 한 것이고, 청구인은 그에 대하여 항고소송으로 다툴 수 있다.

③ 「유아교육법」에 따른 사립유치원은 공공기관의 정보공개에 관한 법령상 공공기관에 해당하지 않는다.

④ 행정청이 정보를 공개하는 경우에 그 정보의 원본이 더럽혀지거나 파손될 우려가 있거나 그 밖에 상당한 이유가 있다고 인정할 때에는 그 정보의 사본·복제물을 공개할 수 있다.

> **ADVICE** ③ 정보공개법 제2조 3호 마목, 정보공개법 시행령 제2조 1호

**정보공개법 제2조(정의)**
이 법에서 사용하는 용어의 뜻은 다음과 같다.
 3. "공공기관"이란 다음 각 목의 기관을 말한다.
 마. <u>그 밖에 대통령령으로 정하는 기관</u>
**정보공개법 시행령 제2조(공공기관의 범위)**
「공공기관의 정보공개에 관한 법률」(이하 "법"이라 한다) 제2조제3호마목에서 "대통령령으로 정하는 기관"이란 다음 각 호의 기관 또는 단체를 말한다.
 1. <u>「유아교육법」</u>, 「초·중등교육법」, 「고등교육법」에 따른 각급 학교 또는 그 밖의 다른 법률에 따라 <u>설치된 학교</u>

**10** 행정절차에 대한 설명으로 옳지 않은 것은?

① 「행정절차법」상 행정청은 처분을 할 때에 단순·반복적인 처분 또는 경미한 처분으로서 당사자가 그 이유를 명백히 알 수 있는 경우에는 처분 후 당사자가 요청하더라도 당사자에게 그 근거와 이유를 제시하지 않아도 된다.

② 육군3사관학교의 사관생도에 대한 징계절차에서 징계심의대상자가 대리인으로 선임한 변호사가 징계위원회 심의에 출석하여 진술하려고 하였음에도, 징계권자나 그 소속 직원이 변호사가 징계위원회의 심의에 출석하는 것을 막은 후 내린 징계위원회의 징계의결에 따른 징계처분은 특별한 사정이 없는 한 위법하여 원칙적으로 취소되어야 한다.

③ 공무원 인사관계 법령에 의한 처분에 관한 사항 전부에 대하여 「행정절차법」의 적용이 배제되는 것이 아니라 성질상 행정절차를 거치기 곤란하거나 불필요하다고 인정되는 처분이나 행정절차에 준하는 절차를 거치도록 하고 있는 처분의 경우에만 「행정절차법」의 적용이 배제된다.

④ 군인사법령에 의하여 진급예정자명단에 포함된 자에 대하여 「행정절차법」상 의견제출의 기회를 부여하지 아니한 채 진급선발을 취소한 처분은 위법하다.

> **ADVICE** ① 행정절차법 제23조 제1항, 제2항

> 제23조(처분의 이유 제시)
> ① 행정청은 처분을 할 때에는 다음 각 호의 어느 하나에 해당하는 경우를 제외하고는 당사자에게 그 근거와 이유를 제시하여야 한다.
> 　1. 신청 내용을 모두 그대로 인정하는 처분인 경우
> 　2. 단순·반복적인 처분 또는 경미한 처분으로서 당사자가 그 이유를 명백히 알 수 있는 경우
> 　3. 긴급히 처분을 할 필요가 있는 경우
> ② 행정청은 제1항제2호 및 제3호의 경우에 처분 후 당사자가 요청하는 경우에는 그 근거와 이유를 제시하여야 한다.

> ② 육군3사관학교의 사관생도에 대한 징계절차에서 징계심의대상자가 대리인으로 선임한 변호사가 징계위원회 심의에 출석하여 진술하려고 하였음에도, 징계권자나 그 소속 직원이 변호사가 징계위원회의 심의에 출석하는 것을 막았다면 징계위원회 심의·의결의 절차적 정당성이 상실되어 그 징계의결에 따른 징계처분은 위법하여 원칙적으로 취소되어야 한다. 다만 징계심의대상자의 대리인이 관련된 행정절차나 소송절차에서 이미 실질적인 증거조사를 하고 의견을 진술하는 절차를 거쳐서 징계심의대상자의 방어권 행사에 실질적으로 지장이 초래되었다고 볼 수 없는 특별한 사정이 있는 경우에는, 징계권자가 징계심의대상자의 대리인에게 징계위원회에 출석하여 의견을 진술할 기회를 주지 아니하였더라도 그로 인하여 징계위원회 심의에 절차적 정당성이 상실되었다고 볼 수 없으므로 징계처분을 취소할 것은 아니다(대판 2018. 3. 13. 2016두33339).

**11** 행정소송에 대한 설명으로 옳지 않은 것은?

① 해당 처분을 다툴 법률상 이익이 있는지 여부는 직권조사사항으로 이에 관한 당사자의 주장은 직권발동을 촉구하는 의미밖에 없으므로, 원심법원이 이에 관하여 판단하지 않았다고 하여 판단유탈의 상고이유로 삼을 수 없다.

② 행정청은 「민사소송법」상의 보조참가를 할 수 있을 뿐만 아니라 「행정소송법」에 의한 소송참가를 할 수 있고 공법상 당사자소송의 원고가 된다.

③ 부작위위법확인의 소에 있어 당사자가 행정청에 대하여 어떠한 행정행위를 하여 줄 것을 요구할 수 있는 법규상 또는 조리상 권리를 갖고 있지 아니한 경우에는 원고적격이 없거나 항고소송의 대상인 위법한 부작위가 있다고 볼 수 없어 그 부작위위법확인의 소는 부적법하다.

④ 국가가 국토이용계획과 관련한 지방자치단체의 장의 기관위임사무의 처리에 관하여 지방자치단체의 장을 상대로 취소소송을 제기하는 것은 허용되지 않는다.

> **ADVICE** ② 당사자소송은 행정청의 처분등을 원인으로 하는 법률관계에 관한 소송 그 밖에 공법상의 법률관계에 관한 소송으로서 그 법률관계의 한쪽 당사자를 피고로 하는 소송을 말하며 행정청은 원고가 될 수 없다.


**12** 행정의 실효성 확보수단에 대한 설명으로 옳지 않은 것은?

① 행정법상의 질서벌인 과태료의 부과처분과 형사처벌을 병과하는 것은 일사부재리의 원칙에 반하지 않는다는 것이 대법원의 입장이다.

② 계고서라는 명칭의 1장의 문서로서 일정기간 내에 위법건축물의 자진철거를 명함과 동시에 그 소정기한 내에 자진철거를 하지 아니할 때에는 대집행할 뜻을 미리 계고한 경우라면 「건축법」에 의한 철거명령과 「행정대집행법」에 의한 계고처분의 요건이 충족된 것은 아니다.

③ 직접강제는 행정대집행이나 이행강제금 부과의 방법으로는 행정상 의무 이행을 확보할 수 없거나 그 실현이 불가능한 경우에 실시하여야 한다.

④ 과세관청이 체납처분으로서 행하는 공매는 우월한 공권력의 행사로서 행정소송의 대상이 되는 공법상의 행정처분이며 공매에 의하여 재산을 매수한 자는 그 공매처분이 취소된 경우에 그 취소처분의 위법을 주장하여 행정소송을 제기할 법률상 이익이 있다.

> **ADVICE** ② 계고서라는 명칭의 1장의 문서로서 일정기간 내에 위법건축물의 자진철거를 명함과 동시에 그 소정기한 내에 자진철거를 하지 아니할 때에는 대집행할 뜻을 미리 계고한 경우라도 건축법에 의한 철거명령과 행정대집행법에 의한 계고처분은 독립하여 있는 것으로서 각 그 요건이 충족되었다고 볼 것이다(대판 1992. 6. 12. 91누13564).

**13** 행정대집행에 대한 설명으로 옳지 않은 것은?

① 관계 법령상 행정대집행의 절차가 인정되어 행정청이 행정대집행의 방법으로 건물의 철거 등 대체적 작위
의무의 이행을 실현할 수 있는 경우에는 따로 민사소송의 방법으로 그 의무의 이행을 구할 수 없다.

② 「공익사업을 위한 토지 등의 취득 및 보상에 관한 법률」에 따른 토지 등의 협의취득은 사법상 계약에 해당
하므로, 협의취득시 부담한 의무는 행정대집행의 대상이 되지 않는다.

③ 「행정대집행법」에 따르면 대집행에 요한 비용을 징수하였을 때에는 그 징수금은 사무비의 소속에 따라 국
고 또는 지방자치단체의 수입으로 한다.

④ 자기완결적 신고에 해당하는 대문설치신고가 형식적 하자가 없는 적법한 요건을 갖춘 신고임에도 불구하고
관할 행정청이 수리를 거부한 후 당해 대문의 철거명령을 하였더라도, 후행행위인 대문철거 대집행계고처
분이 당연무효가 되는 것은 아니다.

> **ADVICE** ④ 주택건설촉진법 제38조 제2항 단서, 공동주택관리령 제6조 제1항 및 제2항, 공동주택관리규칙 제4조 및 제4조의2의
각 규정들에 의하면, 공동주택 및 부대시설 · 복리시설의 소유자 · 입주자 · 사용자 및 관리주체가 건설부령이 정하는 경
미한 사항으로서 신고대상인 건축물의 건축행위를 하고자 할 경우에는 그 관계 법령에 정해진 적법한 요건을 갖춘 신
고만을 하면 그와 같은 건축행위를 할 수 있고, 행정청의 수리처분 등 별단의 조처를 기다릴 필요가 없다고 할 것이
며, 또한 이와 같은 신고를 받은 행정청으로서는 그 신고가 같은 법 및 그 시행령 등 관계 법령에 신고만으로 건축할
수 있는 경우에 해당하는 여부 및 그 구비서류 등이 갖추어져 있는지 여부 등을 심사하여 그것이 법규정에 부합하는
이상 이를 수리하여야 하고, 같은 법 규정에 정하지 아니한 사유를 심사하여 이를 이유로 신고수리를 거부할 수는 없
다. 적법한 건축물에 대한 철거명령은 그 하자가 중대하고 명백하여 당연무효라고 할 것이고, 그 후행행위인 건축물철
거 대집행계고처분 역시 당연무효라고 할 것이다(대판 1999. 4. 27. 97누6780).

**14** 행정입법에 대한 설명으로 옳지 않은 것은?

① 위임명령이 위임 내용을 구체화하는 단계를 벗어나 새로운 입법을 한 것으로 평가할 수 있다면 이는 위임의 한계를 일탈한 것으로서 허용되지 않는다.

② 교육부장관이 대학입시기본계획에서 내신성적 산정기준에 관한 시행지침을 마련하여 시·도교육감에게 통보한 경우, 각 고등학교에서 위 지침에 일률적으로 기속되어 내신성적을 산정할 수밖에 없고 대학에서도 이를 그대로 내신성적으로 인정하여 입학생을 선발할 수밖에 없으므로 내신성적 산정지침은 항고소송의 대상이 되는 행정처분에 해당한다.

③ 법규명령이 법률상 위임의 근거가 없어 무효였더라도 사후에 법 개정으로 위임의 근거가 부여되면 그때부터는 유효한 법규명령이 된다.

④ 행정청이 개인택시운송사업면허발급 여부를 심사함에 있어서 이미 설정된 면허기준의 해석상 당해 신청이 면허발급의 우선순위에 해당함이 명백함에도 면허거부처분을 하였다면 특별한 사정이 없는 한 그 거부처분은 위법한 처분이 된다.

> **ADVICE** ② 교육부장관이 내신성적 산정기준의 통일을 기하기 위해 대학입시기본계획의 내용에서 내신성적 산정기준에 관한 시행지침을 마련하여 시·도 교육감에서 통보한 것은 행정조직 내부에서 내신성적 평가에 관한 내부적 심사기준을 시달한 것에 불과하며, 각 고등학교에서 위 지침에 일률적으로 기속되어 내신성적을 산정할 수밖에 없고 또 대학에서도 이를 그대로 내신성적으로 인정하여 입학생을 선발할 수밖에 없는 관계로 장차 일부 수험생들이 위 지침으로 인해 어떤 불이익을 입을 개연성이 없지는 아니하나, 그러한 사정만으로서 위 지침에 의하여 곧바로 개별적이고 구체적인 권리의 침해를 받은 것으로는 도저히 인정할 수 없으므로, 그것만으로는 현실적으로 특정인의 구체적인 권리의무에 직접적으로 변동을 초래케 하는 것은 아니라 할 것이어서 내신성적 산정지침을 항고소송의 대상이 되는 행정처분으로 볼 수 없다(대판 1994. 9. 10. 94두33).

**15** 행정행위의 부관에 대한 설명으로 옳지 않은 것은?

① 행정처분에 붙은 부담인 부관이 제소기간 도과로 확정되어 이미 불가쟁력이 생긴 경우에도 그 부담의 이행으로서 하게 된 사법상 매매 등의 법률행위의 효력을 다툴 수 있다.

② 부담부 행정처분에 있어서 처분의 상대방이 부담을 이행하지 아니한 경우에 처분청이 이를 들어 당해 처분을 철회할 수 없다.

③ 지방국토관리청장이 일부 공유수면매립지에 대하여 한 국가 귀속처분은 매립준공인가를 함에 있어서 매립의 면허를 받은 자의 매립지에 대한 소유권취득을 규정한 구「공유수면매립법」의 법률효과를 일부 배제하는 부관을 붙인 것이다.

④ 부담이 처분 당시 법령을 기준으로 적법하다면 처분 후 부담의 전제가 된 주된 행정처분의 근거 법령이 개정됨으로써 행정청이 더 이상 부관을 붙일 수 없게 되었다 하더라도 곧바로 위법하게 되거나 그 효력이 소멸하게 되는 것은 아니다.

> **ADVICE** ② 부담부 행정처분에 있어서 처분의 상대방이 부담(의무)을 이행하지 아니한 경우에 처분행정청으로서는 이를 들어 당해 처분을 <u>취소(철회)할 수 있는 것</u>이다(대판 1989. 10. 24. 89누2431).


**16** 행정행위의 하자에 대한 설명으로 옳지 않은 것은?

① 수익적 행정처분의 취소 제한에 관한 법리는 처분청이 수익적 행정처분을 직권으로 취소하는 경우에 적용되는 법리일 뿐 쟁송취소의 경우에는 적용되지 않는다.

② 구「학교보건법」상 학교환경위생정화구역에서의 금지행위 및 시설의 해제 여부에 관한 행정처분을 함에 있어 학교환경위생정화위원회 심의절차를 누락하였다면, 특별한 사정이 없는 한 이는 행정처분을 위법하게 하는 취소사유가 된다.

③ 행정청이 청문서 도달기간을 어겼다면 당사자가 이에 대하여 이의 하지 아니한 채 스스로 청문일에 출석하여 방어의 기회를 충분히 가졌더라도 청문서 도달기간을 준수하지 아니한 하자가 치유되는 것은 아니다.

④ 토지등급결정내용의 개별통지가 있었다고 볼 수 없어 토지등급결정이 무효라면, 토지소유자가 그 결정 이전이나 이후에 토지등급결정내용을 알았다 하더라도 개별통지의 하자가 치유되는 것은 아니다.

> **ADVICE** ③ 행정청이 식품위생법상의 청문절차를 이행함에 있어 소정의 청문서 도달기간을 지키지 아니하였다면 이는 청문의 절차적 요건을 준수하지 아니한 것이므로 이를 바탕으로 한 행정처분은 일단 위법하다고 보아야 할 것이지만 이러한 청문제도의 취지는 처분으로 말미암아 받게 될 영업자에게 미리 변명과 유리한 자료를 제출할 기회를 부여함으로써 부당한 권리침해를 예방하려는 데에 있는 것임을 고려하여 볼 때, <u>가령 행정청이 청문서 도달기간을 다소 어겼다하더라도 영업자가 이에 대하여 이의하지 아니한 채 스스로 청문일에 출석하여 그 의견을 진술하고 변명하는 등 방어의 기회를 충분히 가졌다면 청문서 도달기간을 준수하지 아니한 하자는 치유되었다고 봄이 상당하다</u>(대판 1992. 10. 23. 92누2844).

 **ANSWER** 14.② 15.② 16.③

## 17 행정계획에 대한 설명으로 옳지 않은 것은?

① 후행 도시계획결정을 하는 행정청이 선행 도시계획의 결정·변경 등에 관한 권한을 가지고 있지 아니한 경우 선행 도시계획과 양립할 수 없는 내용이 포함된 후행 도시계획결정은 다른 특별한 사정이 없는 한 무효이다.

② 「도시 및 주거환경정비법」에 따라 인가·고시된 관리처분계획은 구속적 행정계획으로서 처분성이 인정된다.

③ 도시계획시설의 지정으로 말미암아 당해 토지의 이용가능성이 배제되거나 또는 토지소유자가 토지를 종래 허용된 용도대로도 사용할 수 없기 때문에 이로 인하여 현저한 재산적 손실이 발생하는 경우에는, 원칙적으로 국가나 지방자치단체는 이에 대한 보상을 해야 한다.

④ 도시계획시설결정의 장기미집행으로 인해 재산권이 침해된 경우, 도시계획시설결정의 실효를 주장할 수 있고, 이는 헌법상 재산권으로부터 당연히 직접 도출되는 권리이다.

 ④ 장기미집행 도시계획시설결정의 실효제도는 도시계획시설부지로 하여금 도시계획시설결정으로 인한 사회적 제약으로부터 벗어나게 하는 것으로서 결과적으로 개인의 재산권이 보다 보호되는 측면이 있는 것은 사실이나, 이와 같은 보호는 입법자가 새로운 제도를 마련함에 따라 얻게 되는 법률에 기한 권리일 뿐 헌법상 재산권으로부터 당연히 도출되는 권리는 아니다(헌재결 2005. 9. 29. 2002헌바84).

## 18 이행강제금에 대한 설명으로 옳지 않은 것은?

① 「건축법」상 이행강제금은 시정명령의 불이행이라는 과거의 위반행위에 대한 제재이다.

② 행정청은 이행강제금을 부과받은 자가 납부기한까지 이행강제금을 내지 아니하면 국세강제징수의 예 또는 「지방행정제재·부과금의 징수 등에 관한 법률」에 따라 징수한다.

③ 처분의 근거법령에 의하면 「비송사건절차법」에 따라 이행강제금 부과처분에 불복하도록 규정하고 있었지만, 관할청이 이행강제금 부과처분을 하면서 재결청에 행정심판을 청구하거나 관할 행정법원에 행정소송을 할 수 있다고 잘못 안내한 경우라도 이행강제금 부과처분에 대해 행정법원에 항고소송을 제기할 수 없다.

④ 「건축법」상 이행강제금을 부과받은 사람이 이행강제금사건의 제1심결정 후 항고심결정이 있기 전에 사망한 경우, 항고심결정은 당연무효이고, 이미 사망한 사람의 이름으로 제기된 재항고는 보정할 수 없는 흠결이 있는 것으로서 부적법하다.

 ① 구 건축법상 이행강제금은 시정명령의 불이행이라는 과거의 위반행위에 대한 제재가 아니라, 시정명령을 이행하지 않고 있는 건축주·공사시공자·현장관리인·소유자·관리자 또는 점유자(이하 '건축주 등'이라 한다)에 대하여 다시 상당한 이행기한을 부여하고 기한 안에 시정명령을 이행하지 않으면 이행강제금이 부과된다는 사실을 고지함으로써 의무자에게 심리적 압박을 주어 시정명령에 따른 의무의 이행을 간접적으로 강제하는 행정상의 간접강제 수단에 해당한다(대판 2016. 7. 14. 2015두46598).

**19** 손실보상에 대한 설명으로 옳은 것만을 모두 고르면?

> ㉠ 공공필요에 의한 재산권의 수용·사용 또는 제한 및 그에 대한 보상은 법률로써 하되, 정당한 보상을 지급하여야 한다.
> ㉡ 「하천법」 부칙과 이에 따른 특별조치법이 하천구역으로 편입된 토지에 대하여 손실보상청구권을 규정하였다고 하더라도 당해 법률규정이 아니라 관리청의 보상금지급결정에 의하여 비로소 손실보상청구권이 발생한다.
> ㉢ 「공익사업을 위한 토지 등의 취득 및 보상에 관한 법률」상 보상금의 증감에 관한 소송인 경우 그 소송을 제기하는 자가 토지소유자 또는 관계인일 때에는 지방토지수용위원회 또는 중앙토지수용위원회를 피고로 한다.
> ㉣ 수용재결에 불복하여 취소소송을 제기하는 때에는 이의신청을 거친 경우에도 수용재결을 한 중앙토지수용위원회 또는 지방토지수용위원회를 피고로 하여 수용재결의 취소를 구하여야 하지만, 이의신청에 대한 재결 자체에 고유한 위법이 있는 경우에는 그 이의재결을 한 중앙토지수용위원회를 피고로 하여 이의재결의 취소를 구할 수 있다.

① ㉠, ㉡

② ㉠, ㉣

③ ㉡, ㉢

④ ㉡, ㉢, ㉣

> ❯ADVICE ㉡ (x) 하천법 부칙 제2조와 '법률 제3782호 하천법 중 개정법률 부칙 제2조의 규정에 의한 보상청구권의 소멸시효가 만료된 하천구역 편입토지 보상에 관한 특별조치법' 제2조, 제6조의 각 규정들을 종합하면, 위 규정들에 의한 <u>손실보상청구권은 1984. 12. 31. 전에 토지가 하천구역으로 된 경우에는 당연히 발생되는 것이지, 관리청의 보상금지급결정에 의하여 비로소 발생하는 것은 아니므로,</u> 위 규정들에 의한 손실보상금의 지급을 구하거나 손실보상청구권의 확인을 구하는 소송은 행정소송법 제3조 제2호 소정의 당사자소송에 의하여야 한다(대판 2006. 5. 18. 2004다6207).
> ㉢ (x) 공익사업을 위한 토지 등의 취득 및 보상에 관한 법률 제85조
>
> > 제85조(행정소송의 제기)
> > ① 사업시행자, 토지소유자 또는 관계인은 제34조에 따른 재결에 불복할 때에는 재결서를 받은 날부터 90일 이내에, 이의신청을 거쳤을 때에는 이의신청에 대한 재결서를 받은 날부터 60일 이내에 각각 행정소송을 제기할 수 있다. 이 경우 사업시행자는 행정소송을 제기하기 전에 제84조에 따라 늘어난 보상금을 공탁하여야 하며, 보상금을 받을 자는 공탁된 보상금을 소송이 종결될 때까지 수령할 수 없다.
> > ② <u>제1항에 따라 제기하려는 행정소송이 보상금의 증감(增減)에 관한 소송인 경우 그 소송을 제기하는 자가 토지소유자 또는 는 관계인일 때에는 사업시행자를, 사업시행자일 때에는 토지소유자 또는 관계인을 각각 피고로 한다.</u>

**20** 판례의 입장으로 옳지 않은 것은?

① 교원소청심사위원회의 결정은 학교법인에 대하여 기속력을 가지지만 기속력은 그 결정의 주문에 포함된 사항에 미치는 것이지 그 전제가 된 요건사실의 인정과 불리한 처분 등의 구체적 위법사유에 관한 판단에까지 미치는 것은 아니다.

② 어업권면허에 선행하는 우선순위결정은 행정청이 우선권자로 결정된 자의 신청이 있으면 어업권면허처분을 하겠다는 것을 약속하는 행위로서 행정처분이 아니다.

③ 행정지도가 강제성을 띠지 않은 비권력적 작용으로서 행정지도의 한계를 일탈하지 않았다면, 그로 인하여 상대방에게 어떤 손해가 발생하였다 하더라도 행정기관은 그에 대한 손해배상책임이 없다.

④ 「공익사업을 위한 토지 등의 취득 및 보상에 관한 법률」상 적법하게 시행된 공익사업으로 인하여 이주하게 된 주거용 건축물 세입자의 주거이전비 보상청구권은 공법상의 권리이고, 따라서 그 보상을 둘러싼 쟁송은 민사소송이 아니라 공법상의 법률관계를 대상으로 하는 행정소송에 의하여야 한다.

)**ADVICE** ① 교원소청심사위원회의 결정은 처분청에 대하여 기속력을 가지고 이는 그 결정의 주문에 포함된 사항뿐 아니라 그 전제가 된 요건사실의 인정과 판단, 즉 처분 등의 구체적 위법사유에 관한 판단에까지 미친다. 따라서 위원회가 사립학교 교원의 소청심사청구를 인용하여 징계처분을 취소한 데 대하여 행정소송이 제기되지 아니하거나 그에 대하여 학교법인 등이 제기한 행정소송에서 법원이 위원회 결정의 취소를 구하는 청구를 기각하여 위원회 결정이 그대로 확정되면, 위원회 결정의 주문과 그 전제가 되는 이유에 관한 판단만이 학교법인 등 처분청을 기속하게 되고, 설령 판결 이유에서 위원회의 결정과 달리 판단된 부분이 있더라도 이는 기속력을 가질 수 없다(대판 2013. 7. 25. 2012두12297).

**1** 행정법의 일반원칙에 대한 설명으로 옳지 않은 것은?

① 폐기물처리업에 대하여 사전에 관할 관청으로부터 사업계획 적합통보를 받고 막대한 비용을 들여 허가요건을 갖춘 다음 허가신청을 하였음에도 다수 청소업자의 난립으로 안정적이고 효율적인 청소업무의 수행에 지장이 있다는 이유로 한 불허가처분은 신뢰보호의 원칙 및 비례의 원칙에 반하는 것으로서 재량권을 남용한 위법한 처분이다.

② 지방자치단체장이 사업자에게 주택사업계획승인을 하면서 그 주택사업과는 아무런 관련이 없는 토지를 기부채납하도록 하는 부관을 주택사업계획승인에 붙인 경우, 그 부관은 부당결부금지의 원칙에 위반되어 위법하다.

③ 지방의회의 조사·감사를 위해 채택된 증인의 불출석 등에 대한 과태료를 그 사회적 신분에 따라 차등 부과할 것을 규정한 조례안은 과태료를 부과하는 목적에 비추어 볼 때 그 합리성을 인정할 수 있어서 헌법에 규정된 평등의 원칙에 위배되지 않는다.

④ 과세관청이 납세의무자에게 부가가치세 면세사업자용 사업자등록증을 교부한 행위는 그가 영위하는 사업에 관하여 부가가치세를 과세하지 아니함을 시사하는 언동이나 공적인 견해를 표명한 것으로 볼 수 없다.

> **ADVICE** ③ 조례안이 지방의회의 감사 또는 조사를 위하여 출석요구를 받은 증인이 5급 이상 공무원인지 여부, 기관(법인)의 대표나 임원인지 여부 등 증인의 사회적 신분에 따라 미리부터 과태료의 액수에 차등을 두고 있는 경우, 그와 같은 차별은 증인의 불출석이나 증언거부에 대하여 과태료를 부과하는 목적에 비추어 볼 때 그 합리성을 인정할 수 없고 <u>지위의 높고 낮음만을 기준으로 한 부당한 차별대우라고 할 것이어서 헌법에 규정된 평등의 원칙에 위배되어 무효이다</u>(대판 1997. 2. 25. 96추213).

✎ **ANSWER** 20.① / 1.③

**2** 사인의 공법행위에 대한 설명으로 옳지 않은 것은?

① 「체육시설의 설치·이용에 관한 법률」상의 신고체육시설업에 있어서 적법한 요건을 갖춘 신고의 경우에는 행정청의 수리처분 등 별단의 조처를 기다릴 필요 없이 그 접수시에 신고로서의 효력이 발생하는 것이므로 그 수리가 거부되었다고 하여 무신고 영업이 되는 것은 아니다.

② 허가대상 건축물의 양수인이 구「건축법 시행규칙」에 규정되어 있는 형식적 요건을 갖추어 시장·군수 등 행정관청에 적법하게 건축주의 명의변경을 신고한 때에는 행정관청은 그 신고를 수리하여야지 실체적인 이유를 내세워 신고의 수리를 거부할 수는 없다.

③ 인허가의제 효과를 수반하는 건축신고는 일반적인 건축신고와는 달리 특별한 사정이 없는 한 행정청이 그 실체적 요건에 관한 심사를 한 후 수리하여야 하는 이른바 '수리를 요하는 신고'에 해당한다.

④ 구「장사 등에 관한 법률」상 납골당설치 신고는 수리를 요하지 않는 자기완결적 신고에 해당하므로, 형식적 요건을 갖춘 신고서가 접수기관에 도달한 때 곧바로 효력이 발생한다.

> **ADVICE** ④ 납골당설치 신고는 이른바 '수리를 요하는 신고라 할 것이므로, 납골당설치 신고가 구 장사법 관련 규정의 모든 요건에 맞는 신고라 하더라도 신고인은 곧바로 납골당을 설치할 수는 없고, 이에 대한 행정청의 수리처분이 있어야만 신고한 대로 납골당을 설치할 수 있다. 한편 수리란 신고를 유효한 것으로 판단하고 법령에 의하여 처리할 의사로 이를 수령하는 수동적 행위이므로 수리행위에 신고필증 교부 등 행위가 꼭 필요한 것은 아니다(대판 2011. 9. 8. 2009두6766).

**3** 행정행위의 취소에 대한 설명으로 옳지 않은 것은?

① 도로관리청이 도로점용허가 중 특별사용의 필요가 없는 부분을 소급적으로 직권취소하였더라도, 도로관리청은 이미 징수한 점용료 중 취소된 부분의 점용면적에 해당하는 점용료를 반환하여야 하는 것은 아니다.

② 과세관청이 조세부과처분을 취소하면 그 부과처분으로 인한 법률효과는 일단 소멸하는 것이므로, 그 후 다시 동일한 과세대상에 대하여 조세부과처분을 하여도 이미 소멸한 법률효과가 다시 회복되는 것은 아니다.

③ 수익적 행정처분에 대한 취소권의 행사는 기득권의 침해를 정당화할 만한 중대한 공익상의 필요 또는 제3자의 이익보호의 필요가 있는 때에 한하여 허용될 수 있다는 법리는 쟁송취소의 경우에는 적용되지 않는다.

④ 행정청이 의료법인의 이사에 대한 이사취임승인취소처분(제1처분)을 직권으로 취소(제2처분)한 경우, 제1처분과 제2처분 사이에 법원에 의하여 선임결정된 임시이사들의 지위는 법원의 해임결정이 없더라도 당연히 소멸된다.

> **ADVICE** ① 도로점용허가는 도로의 일부에 대한 특정사용을 허가하는 것으로서 도로의 일반사용을 저해할 가능성이 있으므로 그 범위는 점용목적 달성에 필요한 한도로 제한되어야 한다. 도로관리청이 도로점용허가를 하면서 특별사용의 필요가 없는 부분을 점용장소 및 점용면적에 포함하는 것은 그 재량권 행사의 기초가 되는 사실인정에 잘못이 있는 경우에 해당하므로 그 도로점용허가 중 특별사용의 필요가 없는 부분은 위법하다. 이러한 경우 도로점용허가를 한 도로관리청은 위와 같은 흠이 있다는 이유로 유효하게 성립한 도로점용허가 중 특별사용의 필요가 없는 부분을 직권취소할 수 있음이 원칙이다. 다만 이 경우 행정청이 소급적 직권취소를 하려면 이를 취소하여야 할 공익상 필요와 그 취소로 당사자가 입을 기득권 및

신뢰보호와 법률생활 안정의 침해 등 불이익을 비교 교량한 후 공익상 필요가 당사자의 기득권 침해 등 불이익을 정당화할 수 있을 만큼 강한 경우여야 한다. 이에 따라 도로관리청이 도로점용허가 중 특별사용의 필요가 없는 부분을 소급적으로 직권취소하였다면, 도로관리청은 이미 징수한 점용료 중 취소된 부분의 점용면적에 해당하는 점용료를 반환하여야 한다(대판 2019. 1. 17. 2016두56721, 56738).

## 4  행정계획에 대한 설명으로 옳은 것만을 모두 고르면?

> ㉠ 구「도시 및 주거환경정비법」에 따른 주택재건축정비사업조합이 수립한 사업시행계획은 인가 · 고시를 통해 확정되면 구속적 행정계획으로서 행정처분에 해당한다.
> ㉡ 환지계획은 환지예정지 지정이나 환지처분의 근거가 되고 그 자체가 직접 토지소유자 등의 법률상의 지위를 변동시키거나 다른 고유한 법률효과를 수반하는 것이어서 항고소송의 대상이 되는 처분에 해당한다.
> ㉢ 비구속적 행정계획안이나 행정지침이라도 국민의 기본권에 직접적으로 영향을 끼치고, 앞으로 법령의 뒷받침에 의하여 그대로 실시될 것이 틀림없을 것으로 예상될 수 있을 때에는, 공권력행위로서 예외적으로 헌법소원의 대상이 될 수 있다.

① ㉠, ㉡　　　　　　　　　　　　　　② ㉠, ㉢
③ ㉡, ㉢　　　　　　　　　　　　　　④ ㉠, ㉡, ㉢

⟩ADVICE ㉠ (o) 구 「도시 및 주거환경정비법」에 기초하여 도시환경정비사업조합이 수립한 사업시행계획은 그것이 인가 · 고시를 통해 확정되면 이해관계인에 대한 구속적 행정계획으로서 독립된 행정처분에 해당하므로, 사업시행계획을 인가하는 행정청의 행위는 도시환경정비사업조합의 사업시행계획에 대한 법률상의 효력을 완성시키는 보충행위에 해당한다(대판 2010. 12. 9. 2010두1248 2010).
　㉡ (x) 토지구획정리사업법 제57조, 제62조 등의 규정상 환지예정지 지정이나 환지처분은 그에 의하여 직접 토지소유자 등의 권리의무가 변동되므로 이를 항고소송의 대상이 되는 처분이라고 볼 수 있으나, 환지계획은 위와 같은 환지예정지 지정이나 환지처분의 근거가 될 뿐 그 자체가 직접 토지소유자 등의 법률상의 지위를 변동시키거나 또는 환지예정지 지정이나 환지처분과는 다른 고유한 법률효과를 수반하는 것이 아니어서 이를 항고소송의 대상이 되는 처분에 해당한다고 할 수가 없다(대판 1999. 8. 20. 97누6889).
　㉢ (o) 행정계획이 헌법소원의 대상이 되는 공권력의 행사에 해당하는지 여부는 일률적으로 말할 수 없고, 그 행정계획의 구체적인 성격을 고려하여 개별적으로 판단하여야 한다. 국민적 구속력을 갖는 행정계획은 공권력의 행사로 볼 수 있지만, 구속력을 갖지 않고 사실상의 준비행위나 사전안내 또는 행정기관 내부의 지침에 지나지 않는 행정계획은 원칙적으로 헌법소원의 대상이 되는 공권력의 행사라 할 수 없다. 하지만, 비구속적 행정계획안이나 행정지침이라도 국민의 기본권에 직접적으로 영향을 끼치고, 앞으로 법령의 뒷받침에 의하여 그대로 실시될 것이 틀림없을 것으로 예상될 수 있을 때에는, 공권력의 행사로서 예외적으로 헌법소원의 대상이 된다(헌재결 2000. 6. 1. 99헌마538).

✎ **ANSWER**　2.④　3.①　4.②

**5** 행정행위의 부관에 대한 설명으로 옳지 않은 것은?

① 어업면허처분에서 면허의 유효기간을 1년으로 정하는 경우, 면허의 유효기간은 어업면허처분의 효력을 제한하기 위한 행정행위의 부관이라 할 것이고 이러한 행정행위의 부관은 독립하여 행정소송의 대상이 될 수 없다.

② 도로점용허가의 점용기간은 행정행위의 본질적인 요소에 해당한다고 볼 것이어서 부관인 점용기간을 정함에 있어서 위법사유가 있다면 이로써 도로점용허가 처분 전부가 위법하게 된다.

③ 행정처분과 실제적 관련성이 없어 부관으로 붙일 수 없는 부담은 사법상 계약의 형식으로도 행정처분의 상대방에게 부과할 수 없다.

④ 사도개설허가에서 정해진 공사기간은 사도개설허가 자체의 존속기간을 정한 것이라 보아야 하므로, 공사기간 내에 사도로 준공검사를 받지 못하였다면 사도개설허가는 당연히 실효된다.

> **ADVICE** ④ 이 사건 제1 처분에 명시된 공사기간은 변경된 허가권자인 보조참가인에 대하여 공사기간을 준수하여 공사를 마치도록 하는 의무를 부과하는 일종의 부담에 불과한 것이지, 사도개설허가 자체의 존속기간(즉, 유효기간)을 정한 것이라 볼 수 없고, 따라서 <u>보조참가인이 이 사건 제1 처분의 사도개설허가에서 정해진 공사기간 내에 사도로 준공검사를 받지 못하였다 하더라도, 이를 이유로 행정관청이 새로운 행정처분을 하는 것은 별론으로 하고, 사도개설허가가 당연히 실효되는 것은 아니다</u>(대판 2004. 11. 25. 2004두7023).

**6** 행정행위에 대한 설명으로 옳은 것은?

① 사실상 영업이 양도·양수되었지만 승계신고 및 그 수리처분이 있기 이전에 양도인이 양수인으로 하여금 영업을 하도록 허락하였다면 양수인의 영업 중 발생한 위반행위에 대한 행정적인 책임은 양도인에게 귀속된다.

② 산림청장이 「산림법」등이 정하는 바에 따라 국유임야를 대부하는 행위는 사경제적 주체로서 하는 사법상 계약이지만, 이 대부계약에 의한 대부료부과 조치는 행정청이 공권력의 주체로서 일방적으로 행하는 행정처분이다.

③ 인가처분에 하자가 없더라도 기본행위에 하자가 있다면, 기본행위의 하자를 내세워 바로 그에 대한 행정청의 인가처분의 취소를 구할 수 있다.

④ 행정청이 행정처분을 하면서 논리적으로 당연히 수반되어야 하는 의사표시를 명시적으로 하지 않았으면, 그것이 행정청의 추단적 의사에 부합하고 상대방이 이를 알 수 있는 경우에도, 행정처분에 이와 같은 의사표시가 묵시적으로 포함되어 있다고 볼 수 없다.

> **ADVICE** ② 산림청장이나 그로부터 권한을 위임받은 행정청이 산림법 등이 정하는 바에 따라 국유임야를 대부하거나 매각하는 행위는 사경제적 주체로서 상대방과 대등한 입장에서 하는 사법상 계약이지 행정청이 공권력의 주체로서 상대방의 의사 여하에 불구하고 일방적으로 행하는 행정처분이라고 볼 수 없으며 <u>이 대부계약에 의한 대부료부과 조치 역시 사법상 채무이행을 구하는 것으로 보아야지 이를 행정처분이라고 할 수 없다</u>(대판 1993. 12. 7. 91누11612).
> ③ 도시재개발법 제34조에 의한 행정청의 인가는 주택개량재개발조합의 관리처분계획에 대한 법률상의 효력을 완성시키는 보충행위로서 그 기본되는 관리처분계획에 하자가 있을 때에는 그에 대한인가가 있었다 하여도 기본행위인 관리처분계

획이 유효한 것으로 될 수 없으며, 다만 그 기본행위가 적법·유효하고 보충행위인 인가처분 자체에만 하자가 있다면 그 인가처분의 무효나 취소를 주장할 수 있다고 할 것이지만, 인가처분에 하자가 없다면 기본행위에 하자가 있다 하더라도 따로 그 기본행위의 하자를 다투는 것은 별론으로 하고 기본행위의 무효를 내세워 바로 그에 대한 행정청의 인가처분의 취소 또는 무효확인을 소구할 법률상의 이익이 있다고 할 수 없다(대판 2001. 12. 11. 2001두7541).

④ 행정절차법 제24조 제1항은 행정청이 처분을 할 때에는 다른 법령 등에 특별한 규정이 있는 경우, 신속히 처리할 필요가 있거나 사안이 경미한 경우를 제외하고는 원칙적으로 문서로 하여야 한다고 정하고 있다. 이는 처분 내용의 명확성을 확보하고 처분의 존부에 관한 다툼을 방지하여 처분상대방의 권익을 보호하기 위한 것이므로, 행정청이 문서로 처분을 한 경우 원칙적으로 처분서의 문언에 따라 어떤 처분을 하였는지 확정하여야 한다. 그러나 처분서의 문언만으로는 행정청이 어떤 처분을 하였는지 불분명한 경우에는 처분 경위와 목적, 처분 이후 상대방의 태도 등 여러 사정을 고려하여 처분서의 문언과 달리 처분의 내용을 해석할 수 있다. 특히 행정청이 행정처분을 하면서 논리적으로 당연히 수반되어야 하는 의사표시를 명시적으로 하지 않았다고 하더라도, 그것이 행정청의 추단적 의사에도 부합하고 상대방도 이를 알 수 있는 경우에는 행정처분에 위와 같은 의사표시가 묵시적으로 포함되어 있다고 볼 수 있다(대판 2021. 2. 4. 2017다207932).


## 7 공법상 계약에 대한 설명으로 옳은 것은?

① 甲 주식회사가 국책사업인 '한국형헬기 개발사업'에 개발주관사업자 중 하나로 참여하여 국가 산하 중앙행정기관인 방위사업청과 체결한 '한국형헬기 민군겸용 핵심구성품 개발협약'의 법률관계는 공법관계에 해당한다.
② 구「예산회계법」상 입찰보증금의 국고귀속조치는 국가가 공권력을 행사하는 것이므로 이에 관한 분쟁은 행정소송의 대상이 된다.
③ 과학기술기본법령상 국가연구개발사업 협약의 해지 통보는 단순히 대등 당사자의 지위에서 형성된 공법상 계약을 계약당사자의 지위에서 종료시키는 의사표시에 불과하다.
④ 국립의료원 부설주차장에 관한 위탁관리용역운영계약은 관리청인 국립의료원이 순전히 사경제주체로서 행한 사법상 계약이다.

> ADVICE ② 예산회계법에 따라 체결되는 계약은 사법상의 계약이라고 할 것이고 동법 제70조의5의 입찰보증금은 낙찰자의 계약체결의무이행의 확보를 목적으로 하여 그 불이행시에 이를 국고에 귀속시켜 국가의 손해를 전보하는 사법상의 손해배상 예정으로서의 성질을 갖는 것이라고 할 것이므로 입찰보증금의 국고귀속조치는 국가가 사법상의 재산권의 주체로서 행위하는 것이지 공권력을 행사하는 것이거나 공권력작용과 일체성을 가진 것이 아니라 할 것이므로 이에 관한 분쟁은 행정소송이 아닌 민사소송의 대상이 될 수밖에 없다고 할 것이다(대판 1983. 12. 27. 81누366).
> ③ 과학기술기본법령상 사업 협약의 해지 통보는 단순히 대등 당사자의 지위에서 형성된 공법상계약을 계약당사자의 지위에서 종료시키는 의사표시에 불과한 것이 아니라 행정청이 우월적 지위에서 연구개발비의 회수 및 관련자에 대한 국가연구개발사업 참여제한 등의 법률상 효과를 발생시키는 행정처분에 해당하므로(대판 2011. 6. 30. 2010두23859).
> ④ 국유재산 등의 관리청이 하는 행정재산의 사용·수익에 대한 허가는 순전히 사경제주체로서 행하는 사법상의 행위가 아니라 관리청이 공권력을 가진 우월적 지위에서 행하는 행정처분으로서 특정인에게 행정재산을 사용할 수 있는 권리를 설정하여 주는 강학상 특허에 해당한다(대판 2006. 3. 9. 2004다31074).

**8** 기속행위와 재량행위에 대한 설명으로 옳지 않은 것은?

① 구 여객자동차 운수사업법령상 마을버스 한정면허시 확정되는 마을버스 노선을 정함에 있어서 기존 일반노선버스의 노선과의 중복 허용 정도에 대한 판단은 행정청의 재량에 속한다.

② 구「수도권 대기환경개선에 관한 특별법」에서 정한 대기오염물질 총량관리사업장 설치의 허가는 부작위의무를 해제해 주는 행위로서 그 처분의 여부 및 내용의 결정은 기속행위에 해당한다.

③ 국유재산의 무단점유 등에 대한 변상금 징수의 요건은 구「국유재산법」에 명백히 규정되어 있으므로 변상금을 징수할 것인가는 처분청의 기속행위이다.

④ 「국토의 계획 및 이용에 관한 법률」상 개발행위허가는 허가기준 및 금지요건이 불확정개념으로 규정된 부분이 많아 그 요건에 해당하는지 여부는 행정청의 재량판단의 영역에 속한다.

> **ADVICE** ② 구 수도권대기환경특별법 제14조 제1항에서 정한 대기오염물질 총량관리사업장 설치의 허가 또는 변경허가는 특정인에게 인구가 밀집되고 대기오염이 심각하다고 인정되는 수도권 대기관리권역에서 총량관리대상 오염물질을 일정량을 초과하여 배출할 수 있는 특정한 권리를 설정하여 주는 행위로서 그 처분의 여부 및 내용의 결정은 행정청의 재량에 속한다(대판 2013. 5. 9. 2012두22799).


**9** 「행정절차법」상 행정절차에 대한 설명으로 옳은 것은?

① 행정청은 행정입법안에 관하여 공청회를 마친 후 입법할 때까지 새로운 사정이 발견되어 공청회를 다시 개최할 필요가 있다고 인정할 때에는 공청회를 다시 개최하여야 한다.

② 구「국적법」에 따른 귀화는 성질상 행정절차를 거치기 곤란하거나 거칠 필요가 없다고 인정되는 사항이 아니므로, 처분의 이유제시를 규정한 「행정절차법」이 적용된다.

③ 국가에 대해 행정처분을 할 때에도 사전 통지, 의견청취, 이유 제시와 관련한 「행정절차법」이 그대로 적용된다고 보아야 한다.

④ 다수의 당사자등에 의해 선정된 대표자가 있는 경우에는 당사자등은 직접 또는 그 대표자를 통하여 행정절차에 관한 행위를 할 수 있다.

> **ADVICE** ③ 행정절차법 제2조 제4호에 의하면, '당사자 등'이란 행정청의 처분에 대하여 직접 그 상대가 되는 당사자와 행정청이 직권 또는 신청에 의하여 행정절차에 참여하게 한 이해관계인을 의미하는데, 같은 법 제9조에서는 자연인, 법인, 법인 아닌 사단 또는 재단 외에 '다른 법령 등에 따라 권리·의무의 주체가 될 수 있는 자' 역시 '당사자 등'이 될 수 있다고 규정하고 있을 뿐, 국가를 '당사자 등'에서 제외하지 않고 있다. 또한 행정절차법 제3조 제2항에서 행정절차법이 적용되지 않는 사항을 열거하고 있는데, '국가를 상대로 하는 행정행위'는 그 예외사유에 해당하지 않는다. 위와 같은 행정절차법의 규정과 행정의 공정성·투명성 및 신뢰성 확보라는 행정절차법의 입법 취지 등을 고려해 보면, 행정기관의 처분에 의하여 불이익을 입게 되는 국가를 일반 국민과 달리 취급할 이유가 없다. 따라서 국가에 대해 행정처분을 할 때에도 사전 통지, 의견청취, 이유 제시와 관련한 행정절차법이 그대로 적용된다고 보아야 한다(대판 2023. 9. 21. 2023두39724).

① 행정청은 공청회를 마친 후 처분을 할 때까지 새로운 사정이 발견되어 공청회를 다시 개최할 필요가 있다고 인정할 때에는 공청회를 다시 개최할 수 있다(행정절차법 제39조의3).

② 행정절차법 제3조 제2항 9호

제3조(적용 범위)

② 이 법은 다음 각 호의 어느 하나에 해당하는 사항에 대하여는 적용하지 아니한다.

9. 「병역법」에 따른 징집·소집, 외국인의 출입국·난민인정·귀화, 공무원 인사 관계 법령에 따른 징계와 그 밖의 처분, 이해 조정을 목적으로 하는 법령에 따른 알선·조정·중재(仲裁)·재정(裁定) 또는 그 밖의 처분 등 해당 행정작용의 성질상 행정절차를 거치기 곤란하거나 거칠 필요가 없다고 인정되는 사항과 행정절차에 준하는 절차를 거친 사항으로서 대통령령으로 정하는 사항

④ 대표자가 있는 경우에는 당사자등은 그 대표자를 통하여서만 행정절차에 관한 행위를 할 수 있다(행정절차법 제11조 제5항).

## 10 제재처분에 대한 설명으로 옳지 않은 것은?

① 자동차운수사업면허조건 등을 위반한 사업자에 대한 과징금부과처분이 법이 정한 한도액을 초과하여 위법할 경우 법원으로서는 그 전부를 취소할 수밖에 없다.

② 「행정기본법」상 제재처분 제척기간의 적용 대상인 제재처분은 '인허가의 정지·취소·철회, 등록 말소, 영업소 폐쇄와 정지를 갈음하는 과징금 부과'에 한정된다.

③ 여러 처분사유에 관하여 하나의 제재처분을 하였을 때 그중 일부가 인정되지 않고 나머지 처분사유들만으로 처분의 정당성이 인정된다고 하더라도 그 처분은 위법하다고 보아 취소할 수 있다.

④ 효력기간이 정해져 있는 제재적 행정처분의 효력이 발생한 이후에도 행정청은 특별한 사정이 없는 한 상대방에 대한 별도의 처분으로써 효력기간의 시기와 종기를 다시 정할 수 있다.

> ADVICE ③ 여러 처분사유에 관하여 하나의 제재처분을 하였을 때 그중 일부가 인정되지 않는다고 하더라도 나머지 처분사유들만으로도 처분의 정당성이 인정되는 경우에는 그 처분을 위법하다고 보아 취소하여서는 아니 된다. 행정청이 여러 개의 위반행위에 대하여 하나의 제재처분을 하였으나, 위반행위별로 제재처분의 내용을 구분하는 것이 가능하고 여러 개의 위반행위 중 일부의 위반행위에 대한 제재처분 부분만이 위법하다면, 법원은 제재처분 중 위법성이 인정되는 부분만 취소하여야 하고 제재처분 전부를 취소하여서는 아니 된다(대판 2020. 5. 14. 2019두63515).

**11** 「공공기관의 정보공개에 관한 법률」상 정보공개에 대한 설명으로 옳은 것만을 모두 고르면?

> ㉠ 정보비공개결정에 대하여 이의신청이 있는 경우 국가기관등은 정보공개심의회를 개최해야 하는데, 법령
> 에 따라 비밀로 규정된 정보에 대한 청구에 해당하는 경우에는 정보공개심의회를 개최하지 아니할 수
> 있다.
> ㉡ 공공기관이 보유·관리하고 있는 정보가 제3자와 관련이 있는 경우, 제3자의 비공개요청이 있다는 사유
> 만으로도 「공공기관의 정보공개에 관한 법률」상 정보의 비공개사유에 해당한다.
> ㉢ 재소자가 교도관의 가혹행위를 이유로 형사고소 및 민사소송을 제기하면서 그 증명자료 확보를 위해 '징
> 벌위원회 회의록' 등의 정보공개를 요청한 경우, 징벌위원회 회의록 중 징벌절차 진행 부분은 비공개사
> 유에 해당한다.

① ㉠

② ㉠, ㉢

③ ㉡, ㉢

④ ㉠, ㉡, ㉢

>**ADVICE** ㉠ (O) 정보공개법 제18조 제2항 3호

ㄴ (X) 정보공개법 제21조 제2항

> **정보공개법 제21조(제3자의 비공개 요청 등)**
> ① 제11조제3항에 따라 공개 청구된 사실을 통지받은 제3자는 그 통지를 받은 날부터 3일 이내에 해당 공공기관에 대하여
>    자신과 관련된 정보를 공개하지 아니할 것을 요청할 수 있다.
> ② 제1항에 따른 비공개 요청에도 불구하고 공공기관이 공개 결정을 할 때에는 공개 결정 이유와 공개 실시일을 분명히
>    밝혀 지체 없이 문서로 통지하여야 하며, 제3자는 해당 공공기관에 문서로 이의신청을 하거나 행정심판 또는 행정소송
>    을 제기할 수 있다. 이 경우 이의신청은 통지를 받은 날부터 7일 이내에 하여야 한다.

㉢ (X) 교도소에 수용 중이던 재소자가 담당 교도관들을 상대로 가혹행위를 이유로 형사고소 및 민사소송을 제기하면서
그 증명자료 확보를 위해 '근무보고서'와 '징벌위원회 회의록' 등의 정보공개를 요청하였으나 교도소장이 이를 거부한
사안에서, 근무보고서는 공공기관의 정보공개에 관한 법률 제9조 제1항 제4호에 정한 비공개대상정보에 해당한다고
볼 수 없고, 징벌위원회 회의록 중 비공개 심사·의결 부분은 위 법 제9조 제1항 제5호의 비공개사유에 해당하지만
재소자의 진술, 위원장 및 위원들과 재소자 사이의 문답 등 징벌절차 진행 부분은 비공개사유에 해당하지 않는다고 보
아 분리 공개가 허용된다(대판 2009. 12. 10. 2009두12785).

**12** 공법상 부당이득에 대한 설명으로 옳지 <u>않은</u> 것은?

① 개발부담금 부과처분이 취소된 이상 그 후의 부당이득으로서의 과오납금 반환에 관한 법률관계는 단순한 민사 관계에 불과한 것이고, 행정소송 절차에 따라야 하는 관계로 볼 수 없다.

② 조세환급금은 조세채무가 처음부터 존재하지 않거나 그 후 소멸하였음에도 불구하고 국가가 법률상 원인 없이 수령하거나 보유하고 있는 부당이득에 해당하고, 환급가산금은 그 부당이득에 대한 법정이자로서의 성질을 가진다.

③ 당연무효인 변상금부과처분에 의하여 납부한 오납금에 대한 납부자의 부당이득반환청구권은 처음부터 법률상 원인이 없이 납부된 것이므로 납부시에 발생하여 확정된다.

④ 국가는 국유재산의 무단점유자를 상대로 구 「국유재산법」에 따른 변상금 부과 · 징수권을 행사해야 하고, 이와 별도로 국유재산의 소유자로서 민사상 부당이득반환청구의 소를 제기할 수는 없다.

> **ADVICE** ④ 국유재산의 무단점유자에 대한 변상금 부과는 공권력을 가진 우월적 지위에서 행하는 행정처분이고, 그 부과처분에 의한 변상금 징수권은 공법상의 권리인 반면, 민사상 부당이득반환청구권은 국유재산의 소유자로서 가지는 사법상의 채권이다. 또한 변상금은 부당이득 산정의 기초가 되는 대부료나 사용료의 120%에 상당하는 금액으로서 부당이득금과 액수가 다르고, 이와 같이 할증된 금액의 변상금을 부과 · 징수하는 목적은 국유재산의 사용 · 수익으로 인한 이익의 환수를 넘어 국유재산의 효율적인 보존 · 관리라는 공익을 실현하는 데 있다. 그리고 대부 또는 사용 · 수익허가 없이 국유재산을 점유하거나 사용 · 수익하였지만 변상금 부과처분은 할 수 없는 때에도 민사상 부당이득반환청구권은 성립하는 경우가 있으므로, 변상금 부과 · 징수의 요건과 민사상 부당이득반환청구권의 성립 요건이 일치하는 것도 아니다. 이처럼 구 국유재산법 제51조 제1항, 제4항, 제5항에 의한 변상금 부과 · 징수권은 민사상 부당이득반환청구권과 법적 성질을 달리하므로, <u>국가는 무단점유자를 상대로 변상금 부과 · 징수권의 행사와 별도로 국유재산의 소유자로서 민사상 부당이득반환청구의 소를 제기할 수 있다</u>(대판(전합) 2014. 7. 16. 2011다76402).

**13** 행정의 실효성 확보수단에 대한 설명으로 옳지 않은 것은?

① 대집행에 요한 비용을 「국세징수법」의 예에 의하여 징수하였을 때에는 그 징수금은 사무비의 소속에 따라 국고 또는 지방자치단체의 수입으로 한다.

② 외국인의 출입국에 관한 사항에 관하여는 「행정기본법」상 행정상 강제 규정이 적용된다.

③ 「부동산 실권리자명의 등기에 관한 법률」상 장기미등기자가 같은 법에 규정된 기간이 지나서 등기신청의무를 이행하였다고 하더라도 이행강제금을 부과할 수 없다.

④ 지방자치단체 소속 공무원이 지방자치단체 고유의 자치사무를 수행하던 중 「도로법」의 규정에 의한 위반행위를 한 경우, 지방자치단체는 「도로법」의 양벌규정에 따라 처벌대상이 되는 법인에 해당한다.

〉**ADVICE** ② 형사(刑事), 행형(行刑) 및 보안처분 관계 법령에 따라 행하는 사항이나 <u>외국인의 출입국 · 난민인정 · 귀화 · 국적회복에</u> <u>관한 사항에 관하여는 이 절(행정상 강제)을 적용하지 아니한다</u>(행정기본법 제30조 제3항).

① 행정대집행법 제6조 제3항

> 제6조(비용징수)
> ① 대집행에 요한 비용은 국세징수법의 예에 의하여 징수할 수 있다.
> ③ <u>대집행에 요한 비용을 징수하였을 때에는 그 징수금은 사무비의 소속에 따라 국고 또는 지방자치단체의 수입으로 한다.</u>

③ <u>장기미등기자가 이행강제금 부과 전에 등기신청의무를 이행하였다면 이행강제금의 부과로써 이행을 확보하고자 하는</u> <u>목적은 이미 실현된 것이므로</u> 부동산실명법 제6조 제2항에 규정된 기간이 지나서 등기신청의무를 이행한 경우라 하더라도 이행강제금을 부과할 수 없다(대판 2016. 6. 23. 2015두36454).

**14** 행정소송의 제소기간과 행정심판의 청구기간에 대한 설명으로 옳지 않은 것은?

① 부작위위법확인의 소는 부작위상태가 계속되는 한 제소기간의 제한을 받지 않으므로, 행정심판 등 전심절차를 거친 경우에도 「행정소송법」상 제소기간이 적용되지 않는다.

② 당사자소송에 관하여 법령에 제소기간이 정하여져 있는 때에는 그 기간은 불변기간으로 한다.

③ 행정청이 법정 심판청구기간보다 긴 기간으로 잘못 알린 경우에 그 잘못 알린 기간 내에 심판청구가 있으면 그 심판청구는 법정 심판청구기간 내에 제기된 것으로 본다는 취지의 「행정심판법」의 규정은 행정소송 제기에도 당연히 적용되는 규정이라고 할 수는 없다.

④ 처분이 있음을 안 날부터 90일을 넘겨 청구한 부적법한 행정심판청구에 대한 재결이 있은 후 재결서를 송달받은 날부터 90일 이내에 원래의 처분에 대하여 취소소송을 제기하였다고 하여 취소소송이 다시 제소기간을 준수한 것으로 되는 것은 아니다.

〉**ADVICE** ① 부작위위법확인의 소는 부작위상태가 계속되는 한 그 위법의 확인을 구할 이익이 있다고 보아야 하므로 원칙적으로 제소기간의 제한을 받지 않는다. 그러나 행정소송법 제38조 제2항이 제소기간을 규정한 같은 법 제20조를 부작위위법확인 소송에 준용하고 있는 점에 비추어 보면, <u>행정심판 등 전심절차를 거친 경우에는 행정소송법 제20조가 정한 제소기간 내</u> <u>에 부작위위법확인의 소를 제기하여야 한다</u>(대판 2009. 7. 23. 2008두10560).

**15** 항고소송의 피고적격에 대한 설명으로 옳은 것은?

① 조례에 대한 무효확인소송에서 피고적격이 있는 행정청은 지방의회이다.

② 합의제 행정기관의 처분에 대해서는 그 기관 자체가 피고가 되므로, 중앙노동위원회의 처분에 대한 소는 중앙노동위원회가 피고가 된다.

③ 국가공무원에 대한 징계처분의 처분청이 대통령인 경우에는 대통령이 피고가 된다.

④ 대리기관이 대리관계를 표시하고 피대리 행정청을 대리하여 행정처분을 한 때에는 피대리 행정청이 피고가 된다.

> **ADVICE** ① 조례가 집행행위의 개입 없이도 그 자체로서 직접 국민의 구체적인 권리의무나 법적 이익에 영향을 미치는 등의 법률상 효과를 발생하는 경우 그 조례는 항고소송의 대상이 되는 행정처분에 해당하고, 이러한 조례에 대한 무효확인소송을 제기함에 있어서 행정소송법 제38조 제1항, 제13조에 의하여 <u>피고적격이 있는 처분 등을 행한 행정청은</u>, 행정주체인 지방자치단체 또는 지방자치단체의 내부적 의결기관으로서 지방자치단체의 의사를 외부에 표시한 권한이 없는 지방의회가 아니라, 구 지방자치법 제19조 제2항, 제92조에 의하여 <u>지방자치단체의 집행기관으로서 조례로서의 효력을 발생시키는 공포권이 있는 지방자치단체의 장이다.</u> 시·도의 교육·학예에 관한 사무의 집행기관은 시·도 교육감이고 시·도 교육감에게 지방교육에 관한 조례안의 공포권이 있다고 규정되어 있으므로, <u>교육에 관한 조례의 무효확인소송을 제기함에 있어서는 그 집행기관인 시·도 교육감을 피고로</u> 하여야 한다(대판 1996. 9. 20. 95누8003).
>
> ② 노동위원회법 제19조의2 제1항의 규정은 행정처분의 성질을 가지는 지방노동위원회의 처분에 대하여 중앙노동위원장을 상대로 행정소송을 제기할 경우의 전치요건에 관한 규정이라 할 것이므로 <u>당사자가 지방노동위원회의 처분에 대하여 불복하기 위하여는 처분 송달일로부터 10일 이내에 중앙노동위원회에 재심을 신청하고 중앙노동위원회의 재심판정서 송달일로부터 15일 이내에 중앙노동위원장을 피고로 하여 재심판정취소의 소를 제기하여야</u> 할 것이다(대판 1995. 9. 15. 95누6724).
>
> ③ <u>행정소송을 제기할 때에는 대통령의 처분 또는 부작위의 경우에는 소속 장관(대통령령으로 정하는 기관의 장을 포함)</u>을, 중앙선거관리위원회위원장의 처분 또는 부작위의 경우에는 중앙선거관리위원회사무총장을 각각 피고로 한다(국가공무원법 제16조 제2항).

**16** 「공익사업을 위한 토지 등의 취득 및 보상에 관한 법률」의 내용으로 옳지 않은 것은?

① 사업시행자가 사업인정고시가 된 날부터 1년 이내에 재결신청을 하지 아니한 경우에는 사업인정고시가 된 날부터 1년이 되는 날의 다음 날에 사업인정은 그 효력을 상실한다.

② 재결에 계산상 또는 기재상의 잘못이 있는 것이 명백할 때에는 토지수용위원회는 직권으로 또는 당사자의 신청에 의하여 경정재결을 할 수 있다.

③ 보상액의 산정은 협의에 의한 경우에는 협의 성립 당시의 가격을, 재결에 의한 경우에는 수용 또는 사용의 재결 당시의 가격을 기준으로 한다.

④ 중앙토지수용위원회는 이의신청을 받은 경우 재결이 위법하다고 인정할 때에는 그 재결의 전부 또는 일부를 취소할 수 있고 보상액을 변경할 수는 없다.

> **ADVICE** ④ 중앙토지수용위원회는 제83조에 따른 이의신청을 받은 경우 제34조에 따른 재결이 위법하거나 부당하다고 인정할 때에는 그 재결의 전부 또는 일부를 취소하거나 보상액을 변경할 수 있다(토지보상법 제84조 제1항).
>
> 〈참고판례〉
> 어떤 보상항목이 공익사업을 위한 토지 등의 취득 및 보상에 관한 법령상 손실보상대상에 해당함에도 관할 토지수용위원회가 사실을 오인하거나 법리를 오해함으로써 손실보상대상에 해당하지 않는다고 잘못된 내용의 재결을 한 경우에는, 피보상자는 관할 토지수용위원회를 상대로 그 재결에 대한 취소소송을 제기할 것이 아니라, 사업시행자를 상대로 공익사업을 위한 토지 등의 취득 및 보상에 관한 법률 제85조 제2항에 따른 보상금증감소송을 제기하여야 한다(대판 2019. 11. 28. 2018두227).

**17** 「국가배상법」상 영조물의 설치·관리의 하자로 인한 손해배상책임에 대한 설명으로 옳지 않은 것은?

① 「국가배상법」상의 영조물의 설치·관리상의 하자로 인한 책임은 무과실책임이고 나아가 「민법」상의 공작물의 점유자의 책임과는 달리 면책사유도 규정되어 있지 않다.

② '공공의 영조물'이라 함은 국가 또는 지방자치단체에 의하여 특정 공공의 목적에 공여된 유체물 내지 물적 설비를 말하며, 국가 또는 지방자치단체가 소유권, 임차권 그 밖의 권한에 기하여 관리하고 있는 경우뿐만 아니라 사실상의 관리를 하고 있는 경우도 포함된다.

③ '영조물의 설치 또는 관리의 하자'에는 영조물이 공공의 목적에 이용됨에 있어 그 이용상태 및 정도가 일정한 한도를 초과하여 제3자에게 사회통념상 수인할 것이 기대되는 한도를 넘는 피해를 입히는 경우까지 포함된다.

④ 공유나 사유임을 불문하고 사실상 도로로 사용되고 있었다면, 도로의 노선인정 기타 공용개시가 없었다고 하여도 해당 도로는 「국가배상법」상 영조물이라고 할 수 있다.

>ADVICE ④ 국가배상법 제5조 소정의 공공의 영조물이란 공유나 사유임을 불문하고 행정주체에 의하여 특정공공의 목적에 공여된 유체물 또는 물적 설비를 의미하므로 사실상 군민의 통행에 제공되고 있던 도로 옆의 암벽으로부터 떨어진 낙석에 맞아 소외인이 사망하는 사고가 발생하였다고 하여도 동 사고지점 <u>도로가 피고 군에 의하여 노선인정 기타 공용개시가 없었으면 이를 영조물이라 할 수 없다</u>(대판 1981. 7. 7. 80다2478).

**18** 판례의 입장으로 옳지 않은 것은?

① 증액경정처분이 있는 경우 당초처분은 증액경정처분에 흡수되어 소멸하고, 소멸한 당초처분의 절차적 하자는 존속하는 증액경정처분에 승계되지 아니한다.

②「공무원연금법」상 퇴직연금의 환수결정은 당사자에게 의무를 과하는 처분이므로 퇴직연금의 환수결정에 앞서 당사자에게 의견진술의 기회를 주지 아니하면「행정절차법」상 의견제출에 관한 규정이나 신의칙에 어긋난다.

③ 거부처분이 있은 후 당사자가 다시 신청을 한 경우에는 그 내용이 새로운 신청을 하는 취지라면 관할 행정청이 이를 다시 거절하는 것은 새로운 거부처분이라고 보아야 한다.

④ 처분청이「행정절차법」상 고지절차에 관한 규정에 따른 고지의무를 이행하지 아니하였다고 하더라도 경우에 따라 행정심판의 제기기간이 연장될 수 있음에 그칠 뿐, 그 때문에 심판의 대상이 되는 행정처분이 위법하다고 할 수는 없다.

> **ADVICE** ② 공무원으로 재직하다가 퇴직하여 공무원연금법에 따라 퇴직연금을 지급받고 있던 사람이 구 사립학교교원연금법 제3조가 정한 교직원으로 임용되어 그 기관으로부터 급여를 받게 되는 경우에는 재직기간 합산신청 여부와는 관련 없이 그 법의 적용을 받게 되고, 그 재직기간 중에는 공무원연금법 제47조, 같은 법시행령 제40조 제1항에 의하여 공무원연금관리공단의 지급정지처분 여부에 관계없이 그 사유가 발생한 때로부터 당연히 퇴직연금의 지급이 정지되는 것이므로, 그 지급정지 사유기간 중 퇴직연금 수급자에게 지급된 퇴직연금은 공무원연금법 제31조 제1항 제3호에 정하여진 '기타 급여가 과오급된 경우'에 해당한다. <u>퇴직연금의 환수결정은 당사자에게 의무를 과하는 처분이기는 하나, 관련 법령에 따라 당연히 환수금액이 정하여지는 것이므로, 퇴직연금의 환수결정에 앞서 당사자에게 의견진술의 기회를 주지 아니하여도 행정절차법 제22조 제3항이나 신의칙에 어긋나지 아니한다</u>(대판 2000. 11. 28. 99두5443).

**19** 행정입법에 대한 설명으로 옳지 않은 것은?

① 행정규칙의 내용이 상위법령에 반하는 것이라면 법치국가원리에서 파생되는 법질서의 통일성과 모순금지원칙에 따라 그것은 법질서상 당연무효이고, 행정내부적 효력도 인정될 수 없다.

② 행정처분이 법규성이 없는 내부지침 등의 규정에 위배된다고 하더라도 그 이유만으로 처분이 위법하게 되는 것은 아니고, 또 내부지침 등에서 정한 요건에 부합한다고 하여 반드시 그 처분이 적법한 것이라고 할 수도 없다.

③ 행정관청 내부의 사무처리규정에 불과한 전결규정에 위반하여 원래의 전결권자 아닌 보조기관 등이 처분권자인 행정관청의 이름으로 행정처분을 하였다면 그 처분은 권한 없는 자에 의하여 행하여진 무효의 처분이다.

④ 행정소송에 대한 대법원판결에 의하여 명령·규칙이 헌법 또는 법률에 위반된다는 것이 확정된 경우에는 대법원은 지체없이 그 사유를 행정안전부장관에게 통보하여야 한다.

 ③ 전결과 같은 행정권한의 내부위임은 법령상 처분권자인 행정관청이 내부적인 사무처리의 편의를 도모하기 위하여 그의 보조기관 또는 하급 행정관청으로 하여금 그의 권한을 사실상 행사하게 하는 것으로서 법률이 위임을 허용하지 않는 경우에도 인정되는 것이므로, 설사 행정관청 내부의 사무처리규정에 불과한 전결규정에 위반하여 원래의 전결권자 아닌 보조기관 등이 처분권자인 행정관청의 이름으로 행정처분을 하였다고 하더라도 그 처분이 권한 없는 자에 의하여 행하여진 무효의 처분이라고는 할 수 없다(대판 1998. 2. 27. 97누1105).

## 20 인허가의제에 대한 설명으로 옳지 않은 것은?

① 인허가의제의 효과는 주된 인허가의 해당 법률에 규정된 관련 인허가에 한정된다.
② 「국토의 계획 및 이용에 관한 법률」상 건축물의 건축에 관한 개발행위허가가 의제되는 건축허가신청이 국토의 계획 및 이용에 관한 법령이 정한 개발행위허가기준에 부합하지 아니하면 허가권자로서는 이를 거부할 수 있다.
③ 주택건설사업계획 승인처분에 따라 의제된 인허가가 위법함을 다투고자 하는 이해관계인은 의제된 인허가의 취소를 구할 것이 아니라 주택건설사업계획 승인처분의 취소를 구하여야 한다.
④ 어떤 개발사업의 시행과 관련하여 인허가의 근거 법령에서 절차간소화를 위하여 관련 인허가를 의제 처리할 수 있는 근거 규정을 둔 경우, 사업시행자는 인허가를 신청하면서 반드시 관련 인허가의제 처리를 신청할 의무가 있는 것은 아니다.

 ③ 주택건설사업계획 승인권자가 관계 행정청의 장과 미리 협의한 사항에 한하여 승인처분을 할 때에 인허가 등이 의제될 뿐이고, 각호에 열거된 모든 인허가 등에 관하여 일괄하여 사전협의를 거칠 것을 주택건설사업계획 승인처분의 요건으로 규정하고 있지 않다. 따라서 인허가 의제 대상이 되는 처분에 어떤 하자가 있더라도, 그로써 해당 인허가 의제의 효과가 발생하지 않을 여지가 있게 될 뿐이고, 그러한 사정이 주택건설사업계획 승인처분 자체의 위법사유가 될 수는 없다. 또한 의제된 인허가는 통상적인 인허가와 동일한 효력을 가지므로, 적어도 '부분 인허가 의제'가 허용되는 경우에는 그 효력을 제거하기 위한 법적 수단으로 의제된 인허가의 취소나 철회가 허용될 수 있고, 이러한 직권 취소·철회가 가능한 이상 그 의제된 인허가에 대한 쟁송취소 역시 허용된다. 따라서 주택건설사업계획 승인처분에 따라 의제된 인허가가 위법함을 다투고자 하는 이해관계인은, 주택건설사업계획 승인처분의 취소를 구할 것이 아니라 의제된 인허가의 취소를 구하여야 하며, 의제된 인허가는 주택건설사업계획 승인처분과 별도로 항고소송의 대상이 되는 처분에 해당한다(대판 2018. 11. 29. 2016두38792).

---

✎ **ANSWER**  18.②  19.③  20.③

**1** 행정쟁송에 있어서 가구제에 대한 설명으로 옳지 않은 것은?

① 「행정소송법」상 집행정지의 결정 또는 기각의 결정에 대하여는 즉시항고할 수 있다.

② 행정처분의 효력이나 집행 혹은 절차속행 등의 정지를 구하는 신청은 「행정소송법」상 집행정지신청의 방법으로서만 가능할 뿐 「민사소송법」상 가처분의 방법으로는 허용될 수 없다.

③ 「행정심판법」상 임시처분은 집행정지로 목적을 달성할 수 없는 경우 관할 행정심판위원회가 직권으로 또는 당사자의 신청에 의하여 결정할 수 있다.

④ 집행정지결정 후 본안소송이 취하되어 소송이 계속되지 아니하더라도 집행정지결정의 효력이 당연히 소멸되는 것은 아니고 별도의 취소조치를 필요로 한다.

> **ADVICE** ④ 행정처분의 집행정지는 행정처분집행 부정지의 원칙에 대한 예외로서 인정되는 일시적인 응급처분이라 할 것이므로 <u>집행정지결정을 하려면 이에 대한 본안소송이 법원에 제기되어 계속 중임을 요한다.</u> 따라서 집행정지신청 기각결정 후 본안소송이 취하되었다면 위 기각결정에 대한 재항고는 그 실익이 없어 각하될 수밖에 없다(대결 1980. 4. 30. 79두10).
> ① 행정소송법 제23조 제5항
> ② 대결 2009. 11. 2. 2009마596
> ③ 행정심판법 제31조 제3항

**2** 「행정절차법」상 처분의 이유제시에 대한 설명으로 옳은 것은?

① 신청 내용을 모두 그대로 인정하는 처분인 경우, 처분 후 당사자가 요청하더라도 행정청은 그 근거와 이유를 제시하지 않아도 된다.

② 단순·반복적인 처분 또는 경미한 처분으로서 당사자가 그 이유를 명백히 알 수 있는 경우, 처분 후 당사자가 요청하더라도 행정청은 그 근거와 이유를 제시하지 않아도 된다.

③ 긴급히 처분을 할 필요가 있는 경우, 처분 후 당사자가 요청하더라도 행정청은 그 근거와 이유를 제시하지 않아도 된다.

④ 처분 당시 당사자가 어떠한 근거와 이유로 처분이 이루어진 것인지를 충분히 알 수 있어 그에 불복하여 행정구제절차로 나아가는 데 별다른 지장이 없었던 것으로 인정되는 경우에도 처분서에 처분의 근거와 이유가 구체적으로 명시되지 않았다면 그 처분은 위법하다.

 ① 행정절차법 제23조

> 제23조(처분의 이유 제시)
> ① 행정청은 처분을 할 때에는 다음 각 호의 어느 하나에 해당하는 경우를 제외하고는 당사자에게 그 근거와 이유를 제시
>   하여야 한다.
>   1. 신청 내용을 모두 그대로 인정하는 처분인 경우
>   2. 단순·반복적인 처분 또는 경미한 처분으로서 당사자가 그 이유를 명백히 알 수 있는 경우
>   3. 긴급히 처분을 할 필요가 있는 경우
> ② 행정청은 제1항 제2호 및 제3호의 경우에 처분 후 당사자가 요청하는 경우에는 그 근거와 이유를 제시하여야 한다.

## 3 선결문제에 대한 설명으로 옳지 않은 것은?

① 위법한 행정대집행이 완료되면 대집행계고처분의 무효확인 또는 취소를 구할 소의 이익은 없다 하더라도, 미리 그 행정처분의 취소판결이 있어야만, 그 행정처분이 위법임을 이유로 한 손해배상 청구를 할 수 있는 것은 아니다.

② 행정행위의 하자가 취소사유에 불과한 때에는 그 처분이 취소되지 않는 한 처분의 효력을 부정하여 그로 인한 이득을 법률상 원인 없는 이득이라고 말할 수 없다.

③ 과세대상과 납세의무자 확정이 잘못되어 당연무효한 과세에 대하여는 체납이 문제될 여지가 없으므로 체납 범이 성립하지 않는다.

④ 연령미달의 결격자인 피고인이 소외인의 이름으로 운전면허시험에 응시, 합격하여 교부받은 운전면허는 당연무효이므로, 그 경우 피고인의 운전행위는 무면허운전에 해당한다.

 ④ 연령미달의 결격자인 피고인이 소외인의 이름으로 운전면허시험에 응시, 합격하여 교부받은 운전면허는 당연무효가 아니고 도로교통법 제65조 제3호의 사유에 해당함에 불과하여 취소되지 않는 한 유효하므로 피고인의 운전행위는 무면허운전에 해당하지 아니한다(대판 1982. 6. 8. 80도2646).

✎ **ANSWER**　1.④　2.①　3.④

**4** 법치행정에 대한 설명으로 옳지 않은 것은?

① 자치조례에 대한 법률의 위임은 법규명령에 대한 법률의 위임과 같이 반드시 구체적으로 범위를 정하여야 할 필요가 없으며 포괄적인 것으로 족하다.

② 구 「여객자동차 운수사업법」 및 동법 시행령상 개인택시운송사업자의 운전면허가 취소된 때에는 그의 개인택시운송사업면허를 취소할 수 있도록 규정되어 있으므로, 개인택시운송사업자 甲이 운전면허 취소사유인 음주운전 교통사고로 사망하였다면 그 운전면허 취소처분이 없더라도 관할관청은 甲에 대한 개인택시운송사업면허를 취소할 수 있다.

③ 고도의 정치성을 띤 국가행위에 대하여는 이른바 통치행위라 하여 법원 스스로 사법심사권의 행사를 억제하여 그 심사대상에서 제외하는 영역이 있을 수 있으나, 이와 같이 통치행위의 개념을 인정하더라도 과도한 사법심사의 자제가 기본권을 보장하고 법치주의 이념을 구현하여야 할 법원의 책무를 태만히 하거나 포기하는 것이 되지 않도록 그 인정을 지극히 신중하게 하여야 한다.

④ 법률의 시행령은 모법인 법률에 의하여 위임받은 사항이나 법률이 규정한 범위 내에서 법률을 현실적으로 집행하는 데 필요한 세부적인 사항만을 규정할 수 있을 뿐, 법률에 의한 위임이 없는 한 법률이 규정한 개인의 권리·의무에 관한 내용을 변경·보충하거나 법률에 규정되지 아니한 새로운 내용을 규정할 수는 없다.

> **ADVICE** ② 구 여객자동차운수사업법 제76조 제1항 제15호, 같은 법 시행령 제29조에는 관할관청은 개인택시운송사업자의 운전면허가 취소된 때에 그의 개인택시운송사업면허를 취소할 수 있도록 규정되어 있을 뿐 그에게 운전면허 취소사유가 있다는 사유만으로 개인택시운송사업면허를 취소할 수 있도록 하는 규정은 없으므로, 관할관청으로서는 비록 개인택시운송사업자에게 운전면허 취소사유가 있다 하더라도 그로 인하여 운전면허 취소처분이 이루어지지 않은 이상 개인택시운송사업면허를 취소할 수는 없다(대판 2008. 5. 15. 2007두26001).


**5** 행정소송상 재판관할에 대한 설명으로 옳지 않은 것은?

① 토지의 수용 기타 부동산에 관계되는 처분등에 대한 취소소송은 그 부동산의 소재지를 관할하는 행정법원에 이를 제기할 수 있다.

② 수소법원의 재판관할권 유무는 법원의 직권조사사항이며, 소송당사자에게도 관할위반을 이유로 하는 이송신청권이 인정된다.

③ 원고가 고의 또는 중대한 과실 없이 행정소송으로 제기하여야 할 사건을 민사소송으로 잘못 제기한 경우, 수소법원으로서는 만약 그 행정소송에 대한 관할도 동시에 가지고 있다면 이를 행정소송으로 심리·판단하여야 한다.

④ 처분과 관련되는 손해배상청구소송이 계속된 법원에 당해 처분에 대한 취소소송을 병합할 수는 없다.

> **ADVICE** ② 수소법원의 재판관할권 유무는 법원의 직권조사사항으로서 법원이 그 관할에 속하지 아니함을 인정한 때에는 민사소송법 제34조 제1항에 의하여 직권으로 이송결정을 하는 것이고, 소송당사자에게 관할위반을 이유로 하는 이송신청권이 있는 것은 아니다. 따라서 당사자가 관할위반을 이유로 한 이송신청을 한 경우에도 이는 단지 법원의 직권발동을 촉구하는 의미밖에 없다. 한편 법원이 당사자의 신청에 따른 직권발동으로 이송결정을 한 경우에는 즉시항고가 허용되지만(민사소송법 제39조), 위와 같이 당사자에게 이송신청권이 인정되지 않는 이상 항고심에서 당초의 이송결정이 취소되었다 하더라도 이에 대한 신청인의 재항고는 허용되지 않는다(대결 2018. 1. 19. 2017마1332).

**6** 거부처분의 취소소송에 대한 설명으로 옳지 않은 것은?

① 도시계획구역 내 토지 등을 소유하고 있는 주민으로서는 도시시설계획의 입안권자 내지 결정권자에게 도시시설계획의 입안 내지 변경을 요구할 수 있는 법규상 또는 조리상 신청권이 있다.

② 주민등록번호가 피해자의 의사와 무관하게 유출된 경우 조리상 주민등록번호의 변경을 요구할 신청권이 인정된다.

③ 신청권은 그 신청에 따른 단순한 응답을 받을 권리를 넘어서 신청의 인용이라는 만족적 결과를 얻을 권리를 의미한다.

④ 「민원사무 처리에 관한 법률」에서 민원사항의 신청에 대한 행정기관의 절차적인 접수의무를 규정하고 있다고 하더라도, 그로써 바로 민원인에게 그 민원에서 요구하는 행정기관의 행위에 대한 실체적인 신청권까지 인정되는 것이라고 볼 수 없다.

> **ADVICE** ③ 거부처분의 처분성을 인정하기 위한 전제요건이 되는 신청권의 존부는 구체적 사건에서 신청인이 누구인가를 고려하지 않고 관계 법규의 해석에 의하여 일반 국민에게 그러한 신청권을 인정하고 있는가를 살펴 추상적으로 결정되는 것이고, 신청인이 그 신청에 따른 단순한 응답을 받을 권리를 넘어서 신청의 인용이라는 만족적 결과를 얻을 권리를 의미하는 것은 아니다. 따라서 국민이 어떤 신청을 한 경우에 그 신청의 근거가 된 조항의 해석상 행정발동에 대한 개인의 신청권을 인정하고 있다고 보여지면 그 거부행위는 항고소송의 대상이 되는 처분으로 보아야 할 것이고, 구체적으로 그 신청이 인용될 수 있는가 하는 점은 본안에서 판단하여야 할 사항인 것이다(대판 1996. 6. 11. 95누12460).
>
> ② 주민등록번호를 관리하는 국가로서는 주민등록번호가 유출된 경우 그로 인한 피해가 최소화되도록 제도를 정비하고 보완해야 할 의무가 있으며, 일률적으로 주민등록번호를 변경할 수 없도록 할 것이 아니라 만약 주민등록번호 변경이 필요한 경우가 있다면 그 변경에 관한 규정을 두어서 이를 허용해야 하는 점 등을 종합하면, 피해자의 의사와 무관하게 주민등록번호가 유출된 경우에는 조리상 주민등록번호의 변경을 요구할 신청권을 인정함이 타당하고, 구청장의 주민등록번호 변경신청 거부행위는 항고소송의 대상이 되는 행정처분에 해당한다(대판 2017. 6. 15. 2013두2945).

**7** 법령보충적 행정규칙에 대한 설명으로 옳지 않은 것은?

① 헌법 제40조와 헌법 제75조, 제95조의 의미를 살펴보면, 의회가 구체적으로 범위를 정하여 위임한 사항에 관하여는 당해 행정기관이 법정립의 권한을 갖게 되고, 입법자가 규율의 형식도 선택할 수도 있다 할 것이다.

② 법령에서 전문적 · 기술적 사항이나 경미한 사항으로서 업무의 성질상 위임이 불가피한 사항에 관하여 구체적으로 범위를 정하여 위임한 경우에는 고시 등으로 정할 수 있다.

③ 구「지방공무원보수업무 등 처리지침」[별표 1] '직종별 경력환산율표 해설'이 정한 민간근무경력의 호봉 산정에 관한 부분은 「지방공무원법」과 구「지방공무원 보수규정」[별표 3]의 단계적 위임에 따라 행정규칙의 형식으로 법령의 내용이 될 사항을 구체적으로 정한 것이고, 법령의 내용 및 취지에 저촉된다거나 위임 한계를 벗어났다고 보기 어렵다면, 대외적 구속력이 있는 법규명령으로서의 효력을 갖는다.

④ 법령보충적 행정규칙은 법규명령 또는 행정규칙에 해당하므로 처분성을 갖는 경우라도 항고소송의 대상이 될 수 없다.

> **ADVICE** ④ 어떠한 고시가 일반적 · 추상적 성격을 가질 때에는 법규명령 또는 행정규칙에 해당할 것이지만, 다른 집행행위의 매개 없이 그 자체로서 직접 국민의 구체적인 권리의무나 법률관계를 규율하는 성격을 가질 때에는 행정처분에 해당한다. 보건복지부 고시인 약제급여 · 비급여목록 및 급여상한금액표(보건복지부 고시 제2002-46호로 개정된 것)는 다른 집행행위의 매개 없이 그 자체로서 국민건강보험가입자, 국민건강보험공단, 요양기관 등의 법률관계를 직접 규율하는 성격을 가지므로 항고소송의 대상이 되는 행정처분에 해당한다(대판 2006. 9. 22. 2005두2506).

**8** 행정상 손실보상제도에 대한 설명으로 옳지 않은 것은?

① 「공익사업을 위한 토지 등의 취득 및 보상에 관한 법률」상 토지소유자가 행정소송으로 손실보상금의 증액을 구하는 경우에는 관할 토지수용위원회를 피고로 하여 보상금 증액 청구의 소를 제기하여야 한다.

② 손실보상은 공공필요에 의한 행정작용에 의하여 사인에게 발생한 특별한 희생에 대한 전보라는 점에서 그 사인에게 특별한 희생이 발생하여야 하는 것은 당연히 요구되는 것이고, 공유수면 매립면허의 고시가 있다고 하여 반드시 간척사업이 시행되고 그로 인하여 손실이 발생한다고 할 수 없다.

③ 「산업입지 및 개발에 관한 법률」상 민간기업에게 산업단지개발사업에 필요한 토지 등을 수용할 수 있도록 규정한 조항은 헌법 제23조제3항의 '공공필요'에 위반되지 않는다.

④ 「공익사업을 위한 토지 등의 취득 및 보상에 관한 법률」상 적법하게 시행된 공익사업으로 인하여 이주하게 된 주거용 건축물 세입자의 주거이전비 보상청구권은 공법상의 권리이고, 주거이전비 보상청구소송은 공법상의 법률관계를 대상으로 하는 행정소송에 의하여야 한다.

 ① 토지보상법 제85조 제2항

> **제85조(행정소송의 제기)**
> ① 사업시행자, 토지소유자 또는 관계인은 제34조에 따른 재결에 불복할 때에는 재결서를 받은 날부터 90일 이내에, 이의
> 　신청을 거쳤을 때에는 이의신청에 대한 재결서를 받은 날부터 60일 이내에 각각 행정소송을 제기할 수 있다. 이 경우
> 　사업시행자는 행정소송을 제기하기 전에 제84조에 따라 늘어난 보상금을 공탁하여야 하며, 보상금을 받을 자는 공탁된
> 　보상금을 소송이 종결될 때까지 수령할 수 없다.
> ② 제1항에 따라 제기하려는 행정소송이 보상금의 증감(增減)에 관한 소송인 경우 그 소송을 제기하는 자가 토지소유자 또
> 　는 관계인일 때에는 사업시행자를, 사업시행자일 때에는 토지소유자 또는 관계인을 각각 피고로 한다.

**9** 「행정소송법」상 취소판결의 기속력에 대한 설명으로 옳은 것은?

① 취소소송에서 청구를 기각하는 판결이 확정된 경우에도 기속력이 인정된다.

② 취소판결의 기속력은 판결의 주문에 대해서만 인정된다.

③ 행정청의 거부처분을 취소하는 판결이 확정된 경우, 취소사유가 행정처분의 절차의 위법으로 인한 것이라
면 그 처분 행정청은 확정판결의 취지에 따라 그 위법사유를 보완하여 다시 종전의 신청에 대한 거부처분
을 할 수 있다.

④ 취소판결의 기속력에 반하는 처분은 그 하자가 중대하지만 명백하다고 볼 수는 없다.

 ① 처분등을 취소하는 확정판결은 그 사건에 관하여 당사자인 행정청과 그 밖의 관계행정청을 기속한다(행정소송법 제30
조 제1항).

② 취소 확정판결의 기속력은 판결의 주문 및 전제가 되는 처분 등의 구체적 위법사유에 관한 판단에도 미치나, 종전 처
분이 판결에 의하여 취소되었더라도 종전 처분과 다른 사유를 들어서 새로이 처분을 하는 것은 기속력에 저촉되지 않
는다. 여기에서 동일 사유인지 다른 사유인지는 확정판결에서 위법한 것으로 판단된 종전 처분사유와 기본적 사실관계
에서 동일성이 인정되는지 여부에 따라 판단되어야 하고, 기본적 사실관계의 동일성 유무는 처분사유를 법률적으로 평
가하기 이전의 구체적인 사실에 착안하여 그 기초인 사회적 사실관계가 기본적인 점에서 동일한지에 따라 결정된다.
또한 행정처분의 위법 여부는 행정처분이 행하여진 때의 법령과 사실을 기준으로 판단하므로, 확정판결의 당사자인 처
분 행정청은 종전 처분 후에 발생한 새로운 사유를 내세워 다시 처분을 할 수 있고, 새로운 처분의 처분사유가 종전
처분의 처분사유와 기본적 사실관계에서 동일하지 않은 다른 사유에 해당하는 이상, 처분사유가 종전 처분 당시 이미
존재하고 있었고 당사자가 이를 알고 있었더라도 이를 내세워 새로이 처분을 하는 것은 확정판결의 기속력에 저촉되지
않는다(대판 2016. 3. 24. 2015두48235).

④ 확정판결의 당사자인 처분행정청이 그 행정소송의 사실심 변론종결 이전의 사유를 내세워 다시 확정판결과 저촉되는
행정처분을 하는 것은 허용되지 않는 것으로서 이러한 행정처분은 그 하자가 중대하고도 명백한 것이어서 당연무효라
할 것이다(대판 1990. 12. 11. 90누3560).

---

✎ **ANSWER**　7.④　8.①　9.③

**10** 소의 이익에 대한 설명으로 옳지 않은 것은?

① 지방의회 의원에 대한 제명의결 취소소송 계속 중 의원의 임기가 만료된 경우라도 그 제명의결의 취소를 구할 법률상 이익이 인정된다.
② 특별한 사정이 없는 한 경원관계에서 허가 등 수익적 처분을 받지 못한 사람은 자신에 대한 거부처분의 취소를 구할 소의 이익이 있다.
③ 항고소송의 일종인 무효확인소송에서는 행정처분의 근거 법률에 의해 보호되는 직접적이고 구체적인 이익이 있는 경우에 '무효확인을 구할 법률상 이익'이 있고, 별도로 무효확인소송의 보충성이 요구되지 않는다.
④ 고등학교에서 퇴학처분을 당한 후 고등학교졸업학력검정고시에 합격하였다면 퇴학처분을 받은 자는 퇴학처분의 위법을 주장하여 그 취소를 구할 소송상의 이익이 없다.

> **ADVICE** ④ 고등학교졸업이 대학입학자격이나 학력인정으로서의 의미밖에 없다고 할 수 없으므로 고등학교졸업학력검정고시에 합격하였다 하여 고등학교 학생으로서의 신분과 명예가 회복될 수 없는 것이니 퇴학처분을 받은 자로서는 퇴학처분의 위법을 주장하여 그 취소를 구할 소송상의 이익이 있다. 학칙시행상 필요한 세칙은 학교장이 정한다고 규정한 학칙의 부칙에 따라 학교장이 학생징계에 관하여 규정한 선도규정이, 무기정학 이상의 중징계에 관하여 그 절차와 사유를 특히 엄격하게 정함으로써 신중과 공정을 기하고 학생의 신분을 보장할 목적으로 마련된 것이고 학생이나 교직원들은 위 절차에 의하여 징계가 이루어질 것으로 신뢰하고 있다 할 것이므로 징계권자인 학교장도 이 절차에 기속되어 이를 어기고 한 징계처분은 위법하다(대판 1992. 7. 14. 91누4737).

**11** 취소소송 확정판결의 기판력에 대한 설명으로 옳지 않은 것은?

① 「행정소송법」은 기판력에 관한 명문의 규정을 두지 않아, 「행정소송법」 제8조제2항에 따라 「민사소송법」상 기판력 규정이 준용된다.
② 취소판결의 기판력은 소송물로 된 행정처분의 위법성 존부에 관한 판단에 미치는 것이므로 전소와 후소가 그 소송물을 달리하는 경우에는 전소 확정판결의 기판력이 후소에 미치지 아니한다.
③ 과세처분의 취소소송에서 청구가 기각된 확정판결의 기판력은 그 과세처분의 무효확인을 구하는 소송에는 미치지 않는다.
④ 과세처분 취소소송의 피고는 처분청이지만 행정청을 피고로 하는 취소소송에 있어서의 기판력은 당해 처분이 귀속하는 국가 또는 공공단체에 미친다.

> **ADVICE** ③ 과세처분의 취소소송은 과세처분의 실체적, 절차적 위법을 그 취소원인으로 하는 것으로서 그 심리의 대상은 과세관청의 과세처분에 의하여 인정된 조세채무인 과세표준 및 세액의 객관적 존부, 즉 당해 과세처분의 적부가 심리의 대상이 되는 것이며, 과세처분 취소청구를 기각하는 판결이 확정되면 그 처분이 적법하다는 점에 관하여 기판력이 생기고 그 후 원고가 이를 무효라 하여 무효확인을 소구할 수 없는 것이어서 과세처분의 취소소송에서 청구가 기각된 확정판결의 기판력은 그 과세처분의 무효확인을 구하는 소송에도 미친다(대판 1998. 7. 24. 98다10854).

**12** 처분사유의 추가 · 변경에 대한 설명으로 옳지 않은 것은?

① 항고소송에서 처분청은 당초 처분의 근거로 삼은 사유와 기본적 사실관계가 동일성이 있다고 인정되는 한도 내에서만 다른 사유를 추가 · 변경할 수 있다.

② 당초 처분의 근거로 삼은 사유와 사회적 사실관계의 기본적 동일성이 인정된다면 그에 대한 규범적 평가와 처분의 근거 법령 변경으로 당초 처분의 내용을 변경할 필요성이 제기되는 경우라도, 처분청은 당초 처분의 내용을 그대로 유지한 채 근거 법령만 추가 · 변경할 수 있다.

③ 처분청이 처분 당시에 적시한 구체적 사실을 변경하지 아니하는 범위 내에서 단지 그 처분의 근거 법령만을 추가 · 변경하는 것에 불과한 경우에는 새로운 처분사유의 추가라고 볼 수 없다.

④ 어떤 처분 내용의 적법성을 뒷받침하기 위하여 당초 처분사유와 기본적 사실관계의 동일성이 인정되는 다른 사유가 처분 당시에 이미 존재하고 있다면 처분청은 그 처분에 대한 취소소송의 사실심 변론종결 시까지 그 사유를 적극적으로 주장 · 증명하여 법원으로부터 그 처분이 적법하다는 판단을 받아야 한다.

> **ADVICE** ② 행정처분의 적법성과 효력을 다투는 항고소송에서는 처분청이 당초 처분의 근거로 삼은 사유와 기본적 사실관계의 동일성이 인정되지 않는 별개의 사유를 주장하는 것은 원칙적으로 허용되지 않는다(이를 '처분사유 추가 · 변경 제한 법리'라고 한다). 여기서 기본적 사실관계의 동일성 유무는 처분사유를 법률적으로 평가하기 이전의 구체적인 사실에 착안하여 그 기초가 되는 사회적 사실관계가 기본적인 점에서 동일한지에 따라 판단하는 것이 원칙이고, 행정청이 처분 당시에 제시한 구체적 사실을 변경하지 않는 범위 내에서 단지 처분의 근거 법령만을 추가 · 변경하거나 당초의 처분사유를 구체적으로 표시하는 것에 불과한 경우에는 새로운 처분사유를 추가하거나 변경하는 것이라고 볼 수 없다. 그러나 사회적 사실관계의 기본적 동일성이 인정되는 경우라고 하더라도 그에 대한 규범적 평가와 처분의 근거 법령의 변경으로, 예를 들어 기속행위가 재량행위로 변경되는 경우와 같이, 당초 처분의 내용을 변경할 필요성이 제기되는 경우에는 해당 처분을 취소한 후 처분청으로 하여금 다시 처분절차를 거쳐 새로운 처분을 하도록 하여야 할 것이지 당초 처분의 내용을 그대로 유지한 채 근거 법령만 추가 · 변경하는 것은 허용될 수 없다(대판 2024. 11. 28. 2023두61349).

**13** 행정법의 법원(法源)에 대한 설명으로 옳지 않은 것은?

① 재량권 행사의 준칙인 행정규칙이 그 정한 바에 따라 되풀이 시행되어 행정관행이 이루어지게 되면 평등의 원칙이나 신뢰보호의 원칙에 따라 행정기관은 그 상대방에 대한 관계에서 그 규칙에 따라야 할 자기구속을 받게 된다.

② 위법한 행정처분이 수차례에 걸쳐 반복적으로 행하여졌다 하더라도 그러한 처분이 위법한 것인 때에는 행정청에 대하여 자기구속력을 갖게 된다고 할 수 없다.

③ 구 농림수산식품부에 의하여 공표된 「2008년도 농림사업시행지침서」가 되풀이 시행되어 행정관행이 이루어졌다거나 그 공표만으로 신청인이 보호가치 있는 신뢰를 갖게 되었다고 볼 수 없다면, 이 지침에 명시되지 않은 기준을 충족하지 못하였다는 이유를 들어 신청인의 사업자 인정신청을 반려한 처분은 행정의 자기구속의 원칙에 위배되지 않는다.

④ 세무조사가 과세자료의 수집 또는 신고내용의 정확성 검증이라는 본연의 목적이 아니라 부정한 목적을 위하여 행하여졌다고 하더라도, 이러한 세무조사에 의하여 수집된 과세자료를 기초로 한 과세처분은 위법하지 않다.

> **ADVICE** ④ 국세기본법은 제81조의4 제1항에서 "세무공무원은 적정하고 공평한 과세를 실현하기 위하여 필요한 최소한의 범위에서 세무조사를 하여야 하며, 다른 목적 등을 위하여 조사권을 남용해서는 아니 된다."라고 규정하고 있다. 이 조항은 세무조사의 적법 요건으로 객관적 필요성, 최소성, 권한 남용의 금지 등을 규정하고 있는데, 이는 법치국가원리를 조세절차법의 영역에서도 관철하기 위한 것으로서 그 자체로서 구체적인 법규적 효력을 가진다. 따라서 <u>세무조사가 과세자료의 수집 또는 신고내용의 정확성 검증이라는 본연의 목적이 아니라 부정한 목적을 위하여 행하여진 것이라면 이는 세무조사에 중대한 위법사유가 있는 경우에 해당하고 이러한 세무조사에 의하여 수집된 과세자료를 기초로 한 과세처분 역시 위법하다.</u> 세무조사가 국가의 과세권을 실현하기 위한 행정조사의 일종으로서 과세자료의 수집 또는 신고내용의 정확성 검증 등을 위하여 필요불가결하며, 종국적으로는 조세의 탈루를 막고 납세자의 성실한 신고를 담보하는 중요한 기능을 수행하더라도 만약 남용이나 오용을 막지 못한다면 납세자의 영업활동 및 사생활의 평온이나 재산권을 침해하고 나아가 과세권의 중립성과 공공성 및 윤리성을 의심받는 결과가 발생할 것이기 때문이다(대판 2016. 12. 15. 2016두47659).

**14** 판례의 입장으로 옳은 것은?

① 행정청이 구「토지구획정리사업법」상 토지구획정리사업의 환지예정지를 지정하고, 그 사업에 편입되는 건축물로서 지장물 소유자에게 지장물의 자진이전을 요구한 후 이에 응하지 않자 지장물의 이전에 대한 대집행을 계고하고 다시 대집행영장을 통지한 경우, 위 계고처분 등은 「행정대집행법」 제2조에 따라 명령된 지장물 이전의무가 없음에도 그러한 의무의 불이행을 사유로 행하여진 것이므로 위법하다.

② 선행처분인 철거명령을 다투지 못한 경우에도, 이에 후속하는 대집행계고처분 취소소송에서 불가쟁력이 발생한 철거명령의 위법을 다툴 수 있다.

③ 행정청이 행정대집행의 방법으로 건물철거의무의 이행을 실현할 수 있는 경우에는 건물철거 대집행과정에서 부수적으로 건물의 점유자들에 대한 퇴거조치를 할 수 없다.

④ 법령상 요구되는 청문절차가 의무적 절차인 경우, 그 청문절차를 거치지 않은 처분은 무효이다.

 ① 대판 2010. 6. 24. 2010두1231

② 건물철거명령에 대한 소원이나 소송을 제기하여 그 위법함을 소구하는 절차를 거치지 아니하였다면 위 선행행위인 건물철거명령은 적법한 것으로 확정되었다고 할 것이니 후행 행위인 대집행계고처분에서는 동 건물이 무허가건물이 아닌 적법한 건축물이라는 주장이나 그러한 사실인정을 하지 못한다(대판 1982. 7. 27. 81누293).

③ 행정청이 행정대집행의 방법으로 건물철거의무의 이행을 실현할 수 있는 경우에는 건물철거 대집행 과정에서 부수적으로 건물의 점유자들에 대한 퇴거 조치를 할 수 있고, 점유자들이 적법한 행정대집행을 위력을 행사하여 방해하는 경우 형법상 공무집행방해죄가 성립하므로, 필요한 경우에는 '경찰관 직무집행법'에 근거한 위험발생 방지조치 또는 형법상 공무집행방해죄의 범행방지 내지 현행범체포의 차원에서 경찰의 도움을 받을 수도 있다(대판 2017. 4. 28. 2016다213916).

④ 청문절차에 관한 각 규정과 행정처분의 사유에 대하여 당해 영업자에게 변명과 유리한 자료를 제출할 기회를 부여함으로써 위법사유의 시정 가능성을 고려하고 처분의 신중과 적정을 기하려는 청문제도의 취지에 비추어 볼 때, 행정청이 침해적 행정처분을 함에 즈음하여 청문을 실시하지 않아도 되는 예외적인 경우에 해당하지 않는 한 반드시 청문을 실시하여야 하고, 그 절차를 결여한 처분은 위법한 처분으로서 취소 사유에 해당한다고 보아야 할 것이다(대판 1983. 6. 14. 83누14).

## 15 행정행위 하자의 치유에 대한 설명으로 옳지 않은 것은?

① 주택재건축정비사업조합설립인가처분 당시 토지소유자 등의 동의율을 충족하지 못한 하자는 소제기 이후에 추가동의서가 제출되어 동의율을 충족한다면 치유된다.

② 흠이 있는 행정행위의 치유는 행정행위의 성질이나 법치주의 관점에서 볼 때 원칙적으로 허용될 수 없는 것이고, 예외적으로 이를 허용하는 때에도 국민의 권리나 이익을 침해하지 않는 범위에서 구체적 사정에 따라 합목적적으로 인정하여야 할 것이다.

③ 행정청이 청문서 도달기간을 다소 어겼다 하더라도 처분 상대방이 방어의 기회를 충분히 가졌다면 청문서 도달기간을 준수하지 아니한 하자는 치유되었다고 봄이 상당하다.

④ 징계처분이 중대하고 명백한 흠 때문에 당연무효의 것이라면 징계처분을 받은 자가 이를 용인하였다 하여 그 흠이 치유되는 것은 아니다.

 ① 행정소송에서 행정처분의 위법 여부는 행정처분이 있을 때의 법령과 사실상태를 기준으로 하여 판단하여야 하고, 처분 후 법령의 개폐나 사실상태의 변동에 의하여 영향을 받지는 않는다고 할 것이며, 흠이 있는 행정행위의 치유는 행정행위의 성질이나 법치주의 관점에서 볼 때 원칙적으로 허용될 수 없는 것이고, 예외적으로 행정행위의 무용한 반복을 피하고 당사자의 법적 안정성을 위해 이를 허용하는 때에도 국민의 권리나 이익을 침해하지 않는 범위에서 구체적 사정에 따라 합목적적으로 인정하여야 할 것이다. 제1심판결 이후 이 사건 정비구역 내 토지 등 소유자 318명 중 그 4분의 3을 초과하는 247명으로부터 새로 조합설립동의서를 받았으니 이 사건 처분의 흠은 치유되었다는 피고 및 참가인의 주장에 대하여, 구 도시정비법 제16조 제1항에서 정하는 조합설립인가처분은 설권적 처분의 성질을 갖고 있고, 흠의 치유를 인정하더라도 원고들을 비롯한 토지 등 소유자들에게 아무런 손해가 발생하지 않는다고 단정할 수 없다(대판 2010. 8. 26. 2010두2579).

✎ **ANSWER**  13.④  14.①  15.①

**16** 행정계획에 대한 설명으로 옳지 않은 것은?

① 이미 고시된 실시계획에 포함된 상세계획으로 관리되는 토지 위의 건물의 용도를 상세계획 승인권자의 변경승인 없이 임의로 판매시설에서 상세계획에 반하는 일반목욕장으로 변경한 경우, 행정청이 그 영업신고를 수리하지 않고 영업소를 폐쇄한 처분은 적법하다.

② 구 건설교통부장관이 구역지정의 실효성이 적은 7개 중소도시권은 개발제한구역을 해제하고 구역지정이 필요한 7개 대도시권은 개발제한구역을 부분조정 하는 등의 내용을 담은 '개발제한구역제도개선방안'을 발표한 것은 헌법소원의 대상이 되는 공권력의 행사에 해당되지 아니한다.

③ 구「도시계획법」상 도시계획은 도시기본계획에 부합되어야 한다고 규정되어 있으므로, 서울특별시 도시기본계획에 포함되어 있지 않은 원지동 추모공원의 설치를 내용으로 하는 서울특별시장의 도시계획시설결정은 위법하다.

④ 자연환경 보호 등을 목적으로 하는 도시관리계획결정은 식생이 양호한 수림의 훼손 등과 같이 장래 발생할 불확실한 상황과 파급효과에 대한 예측 등을 반영한 행정청의 재량적 판단으로서, 그 내용이 현저히 합리성을 결여하거나 형평이나 비례의 원칙에 뚜렷하게 반하는 등의 사정이 없는 한 폭넓게 존중하여야 한다.

> **ADVICE** ③ 개발제한구역은 도시의 무질서한 확산을 방지하고 도시 주변의 자연환경을 보전하여 도시민의 건전한 생활환경을 확보하기 위하여 도시의 개발을 제한할 필요에 의하여 지정되는 것이어서 원칙적으로 개발제한구역에서의 개발행위는 제한되는 것이기는 하지만 위와 같은 개발제한구역의 지정목적에 위배되지 않는다면 허용될 수 있는 것인바, <u>도시계획시설인 묘지공원과 화장장 시설의 설치가 위와 같은 개발제한구역의 지정목적에 위배된다고 보이지 않으므로, 시장이 이미 개발제한구역으로 지정되어 있는 부지에 묘지공원과 화장장 시설들을 설치하기로 하는 내용의 도시계획시설결정을 하였다 하더라도 이를 두고 위법하다고 할 수 없다.</u> 구 도시계획법 제19조 제1항 및 도시계획시설결정 당시의 지방자치단체의 도시계획조례에서는, 도시계획이 도시기본계획에 부합되어야 한다고 규정하고 있으나, 도시기본계획은 도시의 장기적 개발방향과 미래상을 제시하는 도시계획 입안의 지침이 되는 장기적·종합적인 개발계획으로서 행정청에 대한 직접적인 구속력은 없다(대판 2007. 4. 12. 2005두1893).

**17** 다음 사례에 대한 설명으로 옳은 것만을 모두 고르면?

> 1976. 12. 15. 대한민국에서 출생한 甲은 2002. 1. 18. 미국 시민권을 취득하여 대한민국 국적을 상실한 재외동포이다. 법무부장관은 '甲이 공연을 위하여 병무청장의 국외여행허가를 받고 출국한 후 미국 시민권을 취득하여 사실상 병역의무를 면탈하였으므로 甲의 입국 자체를 금지해 달라'는 병무청장의 요청에 응하여 「출입국관리법」에 따라 2002. 2. 1. 甲의 입국을 금지하는 결정을 하였다. 법무부장관은 그 정보를 내부전산망인 '출입국관리정보시스템'에 입력하였으나, 甲에게 통보하지는 않았다(이하 '이 사건 입국금지결정'). 이후 2015. 8. 27. 甲은 자신의 거주 지역을 관할하는 재외공관장 乙에게 재외동포(F-4) 체류자격의 사증발급을 신청하였다. 乙은 甲의 아버지에게 전화로 '이 사건 입국금지결정으로 사증발급이 불허되었다.'고 통보하면서 처분이유를 기재한 사증발급 거부처분서를 작성해 주지는 않았다(이하 '이 사건 사증발급 거부처분').

> ㉠ 이 사건 입국금지결정은 항고소송의 대상인 처분에 해당한다.
> ㉡ 이 사건 사증발급 거부처분은 문서로 처분을 하도록 한 「행정절차법」 제24조제1항을 위반한 하자가 있다.
> ㉢ 乙은 이 사건 입국금지결정의 공정력과 불가쟁력으로 인해 甲에게 사증을 발급할 수 없다.
> ㉣ 재외동포에 대한 사증발급은 행정청의 재량행위에 속하는 것으로서, 재외동포가 사증발급을 신청한 경우 재외동포체류자격의 요건을 갖추었다고 해서 무조건 사증을 발급해야 하는 것은 아니다.

① ㉠, ㉢          ② ㉠, ㉣

③ ㉡, ㉢          ④ ㉡, ㉣

> **ADVICE** ㉠. ㉢.(x)
>
> 병무청장이 법무부장관에게 '가수 甲이 공연을 위하여 국외여행허가를 받고 출국한 후 미국 시민권을 취득함으로써 사실상 병역의무를 면탈하였으므로 재외동포 자격으로 재입국하고자 하는 경우 국내에서 취업, 가수활동 등 영리활동을 할 수 없도록 하고, 불가능할 경우 입국 자체를 금지해 달라'고 요청함에 따라 법무부장관이 甲의 입국을 금지하는 결정을 하고, 그 정보를 내부전산망인 '출입국관리정보시스템'에 입력하였으나, 甲에게는 통보하지 않은 사안에서, <u>행정청이 행정의사를 외부에 표시하여 행정청이 자유롭게 취소·철회할 수 없는 구속을 받기 전에는 '처분'이 성립하지 않으므로 법무부장관이 출입국관리법 제11조 제1항 제3호 또는 제4호, 출입국관리법 시행령 제14조 제1항, 제2항에 따라 위 입국금지결정을 했다고 해서 '처분'이 성립한다고 볼 수는 없고, 위 입국금지결정은 법무부장관의 의사가 공식적인 방법으로 외부에 표시된 것이 아니라 단지 그 정보를 내부전산망인 '출입국관리정보시스템'에 입력하여 관리한 것에 지나지 않으므로, 위 입국금지결정은 항고소송의 대상이 될 수 있는 '처분'에 해당하지 않는데도, 위 입국금지결정이 처분에 해당하여 공정력과 불가쟁력이 있다고 본 원심판단에 법리를 오해한 잘못이 있다</u>(대판 2019. 7. 11. 2017두38874).

**18** 「행정기본법」상 처분의 재심사에 대한 설명으로 옳지 않은 것은?

① 처분에 관한 법원의 확정판결이 있는 경우, 그러한 처분은 재심사의 대상에서 제외된다.

② 처분으로 법률상 이익이 침해된 제3자는 해당 처분에 대해 재심사를 청구할 수 있다.

③ 공무원 인사 관계 법령에 따른 징계 등 처분에 관한 사항은 재심사의 대상에서 제외된다.

④ 처분의 재심사 결과 중 처분을 유지하는 결과에 대해서는 행정소송을 통하여 불복할 수 없다.

> **ADVICE** ②행정기본법 제37조 제1항

> 행정기본법 제37조(처분의 재심사)
> ① 당사자는 처분(제재처분 및 행정상 강제는 제외한다. 이하 이 조에서 같다)이 행정심판, 행정소송 및 그 밖의 쟁송을 통하여 다툴 수 없게 된 경우(법원의 확정판결이 있는 경우는 제외한다)라도 다음 각 호의 어느 하나에 해당하는 경우에는 해당 처분을 한 행정청에 처분을 취소·철회하거나 변경하여 줄 것을 신청할 수 있다.
> 　　1. 처분의 근거가 된 사실관계 또는 법률관계가 추후에 당사자에게 유리하게 바뀐 경우
> 　　2. 당사자에게 유리한 결정을 가져다주었을 새로운 증거가 있는 경우
> 　　3. 「민사소송법」 제451조에 따른 재심사유에 준하는 사유가 발생한 경우 등 대통령령으로 정하는 경우
> ⑤ 제4항에 따른 처분의 재심사 결과 중 처분을 유지하는 결과에 대해서는 행정심판, 행정소송 및 그 밖의 쟁송수단을 통하여 불복할 수 없다.
> ⑥ 행정청의 제18조에 따른 취소와 제19조에 따른 철회는 처분의 재심사에 의하여 영향을 받지 아니한다.
> ⑦ 제1항부터 제6항까지에서 규정한 사항 외에 처분의 재심사의 방법 및 절차 등에 관한 사항은 대통령령으로 정한다.
> ⑧ 다음 각 호의 어느 하나에 해당하는 사항에 관하여는 이 조를 적용하지 아니한다.
> 　　1. 공무원 인사 관계 법령에 따른 징계 등 처분에 관한 사항

**19** 행정상 강제에 대한 설명으로 옳은 것은?

① 외국인의 출입국에 관한 사항에 대하여는 「행정기본법」상 행정상 강제에 대한 규정이 적용된다.

② 행정상 강제조치에 관하여 「행정기본법」에서 정한 사항 이외의 사항을 다른 법률에서 정할 수 없다.

③ 행정상 즉시강제는 현재의 급박한 행정상의 장해를 제거하기 위한 경우로서 의무를 명할 시간적 여유가 없는 상황에서 의무불이행을 전제로 하지 않고 행정청이 곧바로 국민의 신체 또는 재산에 실력을 행사하여 행정목적을 달성하는 것을 말한다.

④ 보안처분 관계 법령에 따라 행하는 사항에 관하여는 「행정기본법」상 행정상 강제에 대한 규정이 적용된다.

> **ADVICE** ①④형사(刑事), 행형(行刑) 및 보안처분 관계 법령에 따라 행하는 사항이나 외국인의 출입국·난민인정·귀화·국적회복에 관한 사항에 관하여는 이 절을 적용하지 아니한다(행정기본법 제30조 제3항).
> ② 행정청은 행정목적을 달성하기 위하여 필요한 경우에는 법률로 정하는 바에 따라 필요한 최소한의 범위에서 다음 각 호의 어느 하나에 해당하는 조치를 할 수 있다(행정기본법 제30조 제1항).

**20** 영업허가의 양도와 제재처분의 효과 및 제재사유의 승계에 대한 설명으로 옳지 않은 것은?

① 「식품위생법」에 따른 영업장 면적 변경에 관한 신고의무가 이행되지 않은 영업을 양수한 자가 그 신고의무를 이행하지 않은 채 영업을 계속하는 경우, 시정명령 또는 영업정지 등 제재처분의 대상이 된다.

② 불법증차를 실행하고 유가보조금을 받은 운송사업자로부터 운송사업 영업을 양수하고 구「화물자동차 운수사업법」에 따라 신고를 하여 운송사업자의 지위를 승계한 양수인에게, 행정청은 불법증차 차량에 관하여 지급된 유가보조금의 반환을 명할 수 있다. 다만, 그에 따른 양수인의 책임범위는 지위승계 후 유가보조금 부정수급액에 한정된다.

③ 행정청은 개인택시운송사업의 양도·양수에 대한인가를 한 후, 그 양도·양수 이전에 있었던 양도인에 대한 운송사업면허 취소사유를 들어 양수인의 사업면허를 취소할 수 있다.

④ 분할하는 회사의 분할 전 「하도급거래 공정화에 관한 법률」 위반행위를 이유로 신설회사에 대하여 동법에 따른 시정조치를 명하는 것이 허용된다.

> **ADVICE** ④ 회사 분할 시 특별한 규정이 없는 한 신설회사에 대하여 분할하는 회사의 분할 전 하도급거래 공정화에 관한 법률(이하 '하도급법'이라 한다) 위반행위를 이유로 하도급법 제25조 제1항에 따른 시정조치를 명하는 것은 허용되지 않는다. 구체적인 이유는 아래와 같다.
>
> ① 대법원은 2007. 11. 29. 선고 2006두18928 판결에서 법률 규정이 없는 이상 분할하는 회사의 분할 전 독점규제 및 공정거래에 관한 법률(이하 '공정거래법'이라 한다) 위반행위를 이유로 신설회사에 대하여 과징금을 부과하는 것은 허용되지 않는다고 판시하였다. 공정거래법에 따른 과징금 부과처분과 하도급법 제25조 제1항에 따른 시정조치명령 모두 해당 법 규정을 위반한 사업자를 처분 상대방으로 하는 점, 회사분할 전에 공정거래법 위반이나 하도급법 위반이 있는 경우 시정조치의 제재사유는 이미 발생하였고 신설회사로서는 제재사유를 제거할 수 있는 지위에 있지 않는 점(예를 들어 분할하는 회사가 목적물 등의 수령일부터 60일 이내에 하도급대금을 지급하지 않았다면 그 사실만으로 하도급법상 시정조치의 제재사유가 발생하고, 이후 신설회사가 이를 지급하였다고 하여 위 제재사유가 소멸하지는 않는다. 신설회사가 하도급대금 지급채무를 승계하였음에도 그로부터 일정 기한 내에 이를 지급하지 아니하는 경우 이것이 별도의 위반사실이 될 여지가 있을 뿐이다), 공정거래위원회는 사업자에게 하도급법 위반 제재사유가 있는 경우 시정조치 또는 과징금을 선택적으로 부과할 수 있고, 과징금 부과처분의 성격이 공정거래법상의 그것과 다르지 않은바, 제재사유 승계에 관한 특별한 규정이 없음에도 법 위반사유에 대한 처분의 선택에 따라 제재사유의 승계 여부가 달라지는 결과를 초래하는 것은 형평에 맞지 않은 점 등에 비추어 볼 때, 공정거래법상 과징금 부과처분에 관한 위 법리는 아래에서 보는 바와 같이 제재사유의 승계에 관하여 법률 규정을 두고 있지 않은 하도급법상 시정조치명령의 경우에도 그대로 적용되어야 한다.
>
> ② 현행 공정거래법은 분할하는 회사의 분할 전 공정거래법 위반행위를 이유로 신설회사에 과징금 부과 또는 시정조치를 할 수 있도록 규정을 신설하였다. 현행 하도급법은 과징금 부과처분에 관하여는 신설회사에 제재사유를 승계시키는 공정거래법 규정을 준용하고 있으나 시정조치에 관하여는 이러한 규정을 두고 있지 않다. 이와 같이 공정거래법과 하도급법이 회사분할 전 법 위반행위에 관하여 신설회사에 과징금 부과 또는 시정조치의 제재사유를 승계시킬 수 있는 경우를 따로 규정하고 있는 이상, 그와 같은 규정을 두고 있지 아니하는 사안, 즉 회사분할 전 법 위반행위에 관하여 신설회사에 시정조치의 제재사유가 승계되는지가 쟁점이 되는 사안에서는 이를 소극적으로 보는 것이 자연스럽다(대판 2023. 6. 15. 2021두55159).

✎ **ANSWER**  18.② 19.③ 20.④

### 시사용어사전 1228

매일 접하는 각종 기사와 정보! 공기업/언론사/기업체/공무원 채용을 준비하는 수험생과
현대인이  꼭 알아야 할 최신 시사상식을 쏙쏙 뽑아 이해하기 쉽도록 영역별로 정리

### 경제용어사전 1050

주요 경제용어는 거의 다 실었다! 금융권/공기업/언론사/기업체/공무원 채용을 준비하기 전에,
경제 공부를 시작하기 전에 읽어보면 경제가 쉬워지도록 사전식으로 구성

### 부동산용어사전 1310

부동산에 대한 이해를 높이고 부동산의 개발과 활용, 투자 및 부동산 용어 학습에도
적극적으로 이용할 수 있는 교재, 공인중개사 출제용어도 수록